1945년 미국의 핵무기 투하의 책임을 묻는

원폭국제민중법정
제1차 국제토론회 자료집

1945년 미국의 핵무기 투하의 책임을 묻는

원폭국제민중법정
제1차 국제토론회 자료집

The International People's Tribunal to hold the US accountable
for dropping Atomic Bombs on Hiroshima and Nagasaki
1st International Forum

原爆国際民衆法廷 第1回目の国際会議

원폭국제민중법정실행위원회·
평화와통일을여는사람들 엮음

사진으로 보는 1차 국제토론회

토론회를 마치고 초청자와 발표자, 참가자들이 함께한 모습.
손에 든 노란 꽃은 한국원폭피해자의 한을 풀자는 의미가 담겨 있다.

2023년 6월 6일
발표자와 토론자, 통역자들이
처음 만나 반갑게
인사를 나누는 모습

6월 6일 저녁, 사전 인사를 나누고 있는
평화와통일을여는사람들 회원들.
원폭피해자 심진태 선생과 이기열 선생(왼쪽)이
토론회 개최에 대해 평통사에 감사 인사를 하고,
고영대 공동대표가 토론회의 의미에 대해 말하고 있다.

6월 7일 토론회 시작에 앞서 제안자 및 제안 단체 인사. 왼쪽부터 한국원폭피해자 2세 한정순 선생, 일본원수협 야요이 선생, 한국원폭피해자 1세 심진태·이기열 선생, 2세 이태재 선생, 평화와통일을여는사람들 고영대 공동대표

인사말을 하고 있는 천주교 제주교구 강우일 주교, 한국원폭피해자협회 합천지부 심진태 지부장, 평통사 고영대 공동대표

1주제 발제와 토론을 맡은 이삼성 교수(왼쪽 위)와
오동석 교수(오른쪽 위), 오쿠보 겐이치 변호사(왼쪽).
아래는 진지하게 듣고 있는 참가자들과 질문자들

2주제 발제와 토론을 맡은 에릭 데이비드 교수(왼쪽 위)와
정태욱 교수(오른쪽 위). 최봉태 변호사(왼쪽 아래).
아래는 적극적으로 질문하고 있는 청중들

3주제 발제와 토론을 맡은 야마다 토시노리 교수(왼쪽 위)와 다니엘 리티커 교수(오른쪽 위). 아래는 질문하는 청중들

'한반도 비핵화, 핵 없는 세상 실현' 현수막을 든 초청자와 발표자들

2026년 원폭국제민중법정 실현 방안을
모색하는 좌담회. 원폭민중법정에
대한 지지와 지원 의사를 밝힌 콜린 무어
미국 평화활동가가 발언하고 있다.

토론회 행사장
밖에서 열린
한국원폭피해자들의
투쟁 역사를 담은
사진 전시회

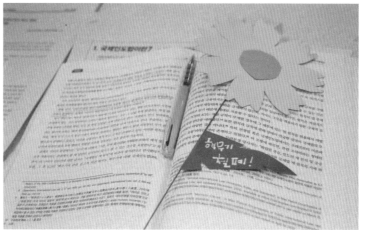

CONTENTS

2　1945년 당시 조약국제법으로 본 히로시마·나가사키 핵무기 투하의 불법성

The illegality of the United States atomic bombings
of Hiroshima and Nagasaki from the perspective of conventional
international law as of 1945
1945年当時の条約、国際法から見た広島·長崎への核兵器投下の違法性

3 1945년 당시 관습국제법으로 본 히로시마·나가사키 핵무기 투하의 불법성

The illegality of the United States atomic bombings of Hiroshima and
Nagasaki from the perspective of customary international law as of 1945

1945年当時の慣習国際法から見た広島·長崎への核兵器投下の違法性

발표 : **야마다 토시노리** Yamada Toshinori

강우일
주교 / 천주교 제주교구

저는 원폭과 관련된 국제토론회 개회 인사를 드리게 된 강우일 주교입니다. 저는 가톨릭 교회의 주교로서 활동해 오는 동안 기회가 있을 때마다 한반도의 평화, 동북아의 평화에 깊은 관심을 가지고 평화를 증진하기 위한 노력과 연대를 펼쳐 왔습니다. 2차 세계 대전 막바지에 인류의 전쟁사에 큰 변화를 초래한 사건이 일어났습니다. 그것은 1945년 8월 미군 항공기가 일본의 히로시마와 나가사키에 지구 역사상 처음으로 원자폭탄을 투하한 일이었습니다. 이 신형 폭탄은 재래의 모든 무기를 뛰어넘는 가공할 파괴력으로 수십만 명의 두 도시 일반 시민을 일시에 살상하였을 뿐 아니라, 폭탄 투하 이후 몇십 년을 두고 폭탄의 방사능은 피폭한 수십만의 지역주민을 서서히 죽음으로 몰고 갔습니다.

희생자들은 무기를 들지 않은 후방의 민간인들이었습니다. 이들 중 히로시마에서 죽은 3만 5천여 명, 나가사키에서 죽은 1만 5천여 명이 한국인이었습니다. 특히 이들 중 상당수가 한국의 합천이라는 시골 지역 출신들로 히로시마와 나가사키 공장에 강제로 동원된 노동자들과 그 가족들이었습니다. 저 자신도 그 합천 주민의 후손 중 한 사람입니다. 수많은 동향인들이 전쟁과는 아무런 직접적인 관계가 없는 노동자들이었음에도 한순간에 집단으로 살해된 비극에 저도 큰 슬픔과 경악을 금할 수 없습니다. 피폭 후 살아남았으나 방사선 피폭 후유증으로 서서히 죽어간 이들, 또 전쟁 후에 태어났으나 부모로부터 물려받은 각종 원폭 후유증 때문에 오랫동안 고통 속에 살아온 2세, 3세 후손들을 생각할 때 원폭이 얼마나 무자비하고 비인간적인 무기인가를 새삼 깨닫게 됩니다.

전쟁과 무관한 민간인들이 집단 학살된 것은 전쟁의 당사국 정부에 일차적 책임이 있습니다. 한국에서도 가장 오지의 농촌 마을이었던 합천의 주민들을 집단적으로 고향에서 멀리 떨어진 일본 땅으로 강제징용한 일본 정부에 책임이 있습니다. 또한 엄청난 살상력을 가진 원폭을 민간인 주거 지역에 무차별 투하한 미국 정부에 직접적인 책임이 있습니다.

그러나 민간인 신분인 이들에게 참혹한 죽음과 고통을 안겨준 국가들은 전쟁이 끝난 후 78년이 지난 지금까지 그 사실을 올바로 인정한 적도 없고, 희생자들에게 마땅한 사과나 배상을 한 적도 없습니다.

일본 정부, 미국 정부도 침묵과 외면으로 일관해 왔습니다. 또한 한국 정부도 자국민이 겪은 참극과 희생에 아무런 관심을 보이지 않았고 사후 지원이나 조처를 취하지 않았습니다. 국가의 권력을 행사하는 지도자들은 국민의 생명과 안전을 지키고 보호하기 위해 국민으로부터 그 책임과 권한을 위임받은 국민의 심부름꾼입니다. 국민 다수의 생명이 희생되고 짓밟힌 현실에 관심을 쏟지 않고 외면하는 국가 지도자들은 자신들의 가장 중대한 임무를 방기한 것입니다.

원폭 피폭 당사자들은 대부분 이미 세상을 떠나고 없습니다. 아직 생존하고 있는 2세대 피폭자들마저 고령에 이르렀습니다. 우선은 일본과 미국의 2차대전 당사국 정부가 서둘러 국가의 책임을 명백히 밝히고 원폭 희생자들과 한 맺힌 일생을 살아온 2세대, 3세대 후손과 유가족들에게 진정한 사죄를 표하기를 바랍니다. 그리고 이보다 먼저 자국민 다수의 아픔과 희생을 외면해 온 한국 정부의 무관심과 무책임에 정부 지도자들은 용서를 구하고 늦었으나 가능한 지원을 시작하기 바랍니다. 그리고 이러한 비인간적·비윤리적 참극이 재현되는 일이 없도록 정치인들은 지상에서 모든 종류의 핵무기를 퇴출하기 위해 최선의 노력을 다해야 할 것입니다. 핵무기는 어떤 이유로도 정당화될 수 없는 악입니다. 불특정 다수의 생명을 영구히 살상하는 핵무기의 생산도, 보급도, 매매도 이 지상에서 이루어져서는 안 되는 범죄적 행동입니다.

오늘날 동북아는 국제정치적 갈등과 마찰로 강대국들이 무력 충돌할 위기가 증폭되고 있습니다. 북한과 남한, 중국과 대만의 위기적 긴장에 미국과 일본이 깊숙이 개입하고 있습니다. 각국의 권력층에 포진하고 있는 정치인들은 이런 국제적 위기를 자신들의 개인적·집단적 이해관계의 지렛대로 사용하며 위기를 상승시키는 모험을 감행하고 있습니다. 이 시대에 동북아에서 무력 충돌이 발생한다면 상상할 수 없는 민간인의 희생을 초래할 수밖에 없음은 명백합니다. 우리는 이러한 비이성적이고 비윤리적인 충돌을 예방하고 저지하기 위해 모든 수단과 노력을 다 기울여야 할 것입니다. 오늘의 원폭 관련 국제토론회가 그러한 비극을 차단하고 평화의 버팀목을 마련하는 데 유익한 기회가 되기를 간절히 바랍니다. 이 국제토론회에 멀리서 와주신 분들에게 진심으로 감사의 인사를 드립니다.

Kang Uil (Peter)
Bishop, Catholic Diocese of Jeju

I am Bishop Kang Uil, and I will be making an opening remark for today's international forum on the 1945 atomic bombings. During my career as a bishop of the Catholic Church, I have made special efforts to build solidarity in promoting peace in the Korean Peninsula and Northeast Asia. Toward the end of World War II, a major change occurred in the history of human warfare. For the first time in human history, an atomic bomb was used by the U.S. on Hiroshima and Nagasaki in August 1945. This new bomb, with its destructive power surpassing all conventional weapons, instantly killed hundreds of thousands of civilians in the two cities. And more, hundreds of thousands who were exposed to the radiation were gradually led to die for decades after the war.

The victims were unarmed civilians in undefended areas. Among the dead, around 35,000 Korean people died in Hiroshima, around 15,000 Korean people died in Nagasaki. Most Korean victims were from Hapcheon, a rural area in Korea. They were forced laborers who worked in factories in those cities and their families. My ancestors were also from Hapcheon. I am deeply saddened and shocked by such a tragic sudden mass killing of workers who had no direct link to the war. I realize how ruthless and inhumane an atomic bomb is when I think of those who survived the war but slowly died from the radiation exposure and the descendants who were born post-war but greatly suffered the side effects inherited from their parents.

The governments that waged the war are primarily responsible for the mass killing of civilians unrelated to the war. The Japanese government is responsible for the forced mobilization of people from Hapcheon, one of the most isolated and rural areas, to Japan. And the U.S. government is directly responsible for its indiscriminate bombings of such destructive nuclear weapons on civilian areas. Although they directly caused terrible deaths and severe suffering of civilian victims, these countries never apologized or admitted the atrocities they committed, even until today, after seventy-eight years since the war ended.

Japan and the U.S. have neglected the victims and remained silent on this issue. Even the South Korean government stayed indifferent to the victims and failed to care for them or provide needed support. The leaders who wield the power of the state are the people's servants, entrusted by the people with the responsibility and authority to protect and preserve the lives and safety of the people. Staying indifferent to the sacrificed and trampled lives of its people is the same as neglecting a government's most important responsibility.

Most of the atomic bomb victims have already passed away. Even the second-generation atomic bomb victims have reached old age. I strongly request the Japanese and the U.S. governments to admit their accountability and pay the deepest apology to the atomic bomb victims, their families, and their descendants, who suffered so much. And despite having dismissed the suffering of its own people so far, the Korean government should seek belated forgiveness and provide immediate support. And all the world's political leaders should make a special effort to stop the development and ban the use of nuclear weapons. That is the only way to prevent such unethical and inhumane tragedies from occurring again. Nuclear weapons are evil and not justified by whatever means. The production, transfer, and acquisition of nuclear weapons that cause destructive mass killing of all life is criminal and should not be allowed on this earth.

Today, armed conflict is escalating in Northeast Asia as the crisis of international conflict looms over the region. The United States and Japan are deeply involved in the North-South Korea and China-Taiwan conflicts. Politicians in powerful positions are aggravating the crisis by using this international crisis as leverage for their own interests. It is evident that armed conflict in Northeast Asia would lead to unimaginable civilian casualties. We must do everything possible to prevent such irrational and unethical conflicts. I sincerely hope today's international forum will be a great opportunity to build a foundation to end such tragedies and build world peace. I extend my most sincere gratitude to all the participants.

｜ カン・ウイル
司教／カトリック済州教区

私は原爆に関する国際討論会の開会式の挨拶を差し上げることになったカトリック教会の司教、カン・ウイルと申します。私はカトリック教会の司教として活動してくるうちに、機会がある度に「韓半島」(日本語：朝鮮半島)の平和、北東アジアでの平和に深い関心を持って平和を増進するための努力と連帯を繰り広げてきました。第二次世界大戦が終盤に差し掛かったとき、人類の戦争史に大きな変化をもたらした事件が起きました。それは1945年8月、アメリカ軍所属の戦闘機が日本の広島と長崎に人類史上初めての原子爆弾を投下したことでした。この例のない爆弾は、従来のすべての兵器を超える恐るべき破壊力をもって、この2つの都市で暮らしていた数十万人の一般市民を一気に殺傷した上に、爆弾投下から数十年にわたって核爆弾による放射能は被爆した数十万人の人々を徐々に死に追いやってきました。

犠牲者は武器を持っていない、戦場から離れて暮らしを営んでいた、ただの民間人でした。犠牲になった民間人のうち、広島では約3万5千人、長崎では約1万5千人が韓半島の出身だと知られております。韓半島出身の犠牲者の多数は現在韓国の陜川(ハプチョン)という地域の出身であり、広島と長崎の工場へ強制的に動員された労働者とその家族であります。私自身もその陜川地域住民の子孫であります。数多くの同郷の人々が戦争とは何の縁も関係もない労働者だったにもかかわらず、一瞬で虐殺されてしまった悲劇に私も大きな悲しみと驚愕を禁じ得ません。被爆後生き残ったものの、放射線の被爆後遺症で徐々に死んでいった多くの犠牲者と、また戦後生まれたものの、両親から受け継がれた原爆の後遺症の影響で、長い間苦しんできた2世、3世の子孫を考えると、原爆がどれほど無慈悲でむごたらしい兵器なのかが改めて実感できます。

戦争と無縁な多数の民間人が虐殺されたことは、戦争の当事国政府に一次的な責任があります。韓国の一農村である陜川の住民を集団で故郷から遠く離れた日本へ強制的に徴用した日本政府にも責任があります。それに、例のない殺傷力を持つ原爆を民間人の住居地域へ無差別的に投下したアメリカ政府は直接的な責任があるのは言うまでもありません。しかし、民間人の身分である犠牲者に残酷な死と苦痛を与えた日本とアメリカは、戦争が終わってから78年が経った今までその事実を正しく認めたこともなく、犠牲

者にすべき謝罪や賠償をしたこともありません。日本政府も、アメリカ政府も沈黙と無視を一貫してきました。また、韓国政府も自国民が経験した惨劇と犠牲に何の関心も示さず、いかなる支援や措置を行ったことがありませんでした。国家の権力を行使する指導者は、国民の生命と安全を保ち、護るために、国民からその責任と権限を委任された国民の使い手です。国民多数の生命が犠牲になり、踏みにじられた現実に関心を寄せず、蔑ろにする国の指導者は最も重大な責務を放棄したとも言っても過言ではありません。

原爆被爆者の多くはすでに亡くなっており、まだ生存している第2世代被爆者も高齢であります。まずは日本とアメリカが第2次世界大戦の当事者として早急に国家の責任を明確にし、原爆犠牲者と無念の一生から苦しまれた第2世代、第3世代の子孫と遺族に心から謝罪することを要求します。またその前に自国民の痛みと犠牲に度外視してきた韓国政府の無関心と無責任な態度に対し、政府の関係者は謝罪と反省の態度を示さなければなりません。それに加え、遅れたとはいえ、可能な限り早めに支援を始める必要があると思います。そしてこのような非人道的、非倫理的な惨劇が再現することがないように、政治家は地上からあらゆる種類の核兵器を廃絶させるために最善の努力を尽くさなければならないでしょう。核兵器はいかなる理由であれ、正当化できない「悪」、そのものです。不特定多数の命を永久に殺傷する核兵器は生産も、普及も、売買もこの地上で行われてはならない犯罪行為であることを忘れてはなりません。

現在、北東アジアは国をこえる政治的な紛争と摩擦により、戦争能力を持ついくつかの軍事大国が武力をつかい、衝突する危険性を高めております。北韓(日本語：北朝鮮）と韓国、中国と台湾の緊張が深まるうちにアメリカと日本がこの緊張状態に手を伸ばしております。各国の権力層に属している政治家はこうした国際的な危機を個人的、集団的な利益に関係する鍵としてつかい、緊張を高めさせようとする一計を案じております。このように緊張感が漂う現在の北東アジアで武力による衝突が発生する場合、必然的に想像もつかない数の民間人の犠牲が伴うのは免れない事実とも言えるでしょう。私どもはこのような人間の理性と倫理に反する衝突を予防し、阻止するためにできるすべての手段と努力に力を注がなければなりません。本日の原爆関連の国際討論会がそのような悲劇を防ぎ、平和への道標をつくるのに有益な機会になることを心深くお祈りいたします。この国際討論会に遠くからお越しいただいた方々に重ねて心より御礼の言葉申し上げます。

심진태
한국원폭피해자협회 합천지부장

공사다망하신 중에도 이렇게 찾아오신 여러 국내외 내빈 분들께 먼저 인사 드립니다. 저는 한국원폭피해자협회 합천지부장 심진태입니다.

1945년 8월 미국 핵무기 투하의 위법성을 알리기 위한 국제민중법정 토론회에 참석하신 국내외 귀빈 여러분, 오늘 토론회에서 주제발표를 하실 이삼성 한림대학교 명예교수님, 에릭 데이비드 브뤼셀자유대학교 명예교수님, 야마다 토시노리 메이지대학교 법학전문대학원 겸임강사님, 그리고 토론을 하실 국내외 교수님, 변호사님, 어려운 걸음으로 자리를 빛내 주시어 피폭자의 한 사람으로서 너무 감사하고 고맙습니다.

일제강점기 일본의 수탈 작전에 의해 저의 부모님은 일본 히로시마로 강제징용되었습니다. 저의 어머니께서는 강제징용으로 군수품 공장에서 일을 하셨습니다. 저는 일본 히로시마 에바마치 251번지에서 1943년 1월 9일 출생하였습니다. 부모님과 저는 1945년 8월 6일 8시 15분에 미국이 투하한 원자폭탄에 피폭당했습니다. 구사일생으로 살아남아 할아버지가 계시는 한국으로 돌아온 저는 어린 시절을 초근목피로 연명하며 지냈습니다.

2001년부터 현재까지 한국원폭피해자협회 합천지부장 일을 해오면서 회원들의 아픔과 고통을 자세히 알게 되었고, 특히 원폭피해자들이 겪어 온 피폭 후유증으로 인한 삶의 고통을 20여 년간 지켜보았습니다. 전범국인 일본에 강제징용되어 끌려간 한국인(일반인)들이 왜 폭사를 당하고, 원인 모를 병마에 시달리다 죽어가야 하는지 원폭을 투하한 미국 정부에 묻고 싶습니다. 어떤 이유에서든 전쟁으로 인해 아무런 죄가 없는 민간인이 죽거나 다쳐서는 안 됩니다. 하지만 전쟁의 참혹함을 오롯이 견뎌내고 참아야 하는 현실을 한국원폭피해자들은 살아왔습니다. 그렇기 때문에 한국원폭피해자들은 전쟁을 일으킨 일본 정부, 원폭을 투하한 미국 정부의 책임을 반드시 물어야 한다고 생각합니다.

원폭이 투하된 지 78년이 지난 지금까지도 미국 정부와 일본 정부는 원폭 투하와 관련된 어떠한 해명도 없으며, 원폭으로 폭사당하고 너무나도 큰 아픔을 안고 살아가고 있는 한국 원폭 피해자들과 그 후손들은 대한민국 국민임에도 불구하고, 한국 정부가 최소한의 도의적 책임을 다하고 있지 않은 것이 지금의 현실입니다.

또한 '피해자는 있는데 가해자가 없다'는 사실은 평생을 살면서 도저히 있을 수 없는 일이라 생각하며, 지금이라도 가해자의 책임을 명확히 하고 피해자들의 한을 풀고자 이번 민중법정에 참여하게 되었습니다.

원폭의 후유증을 아는 사람으로서, 더 이상 이 지구상에 핵무기가 존재하지 못하도록 하여야 하며, 핵무기를 고철로 만들어 핵이란 명칭조차 사라져야 한다고 생각합니다. 우리 한국원폭피해자 1세들은 모두 고령으로 이제 여생이 얼마 남지 않은 사람들입니다. 저도 이제 내일모레면 90살을 바라보는 나이지만 오늘 참석하신 여러분과 함께 '핵 없는 평화로운 세상'을 만드는 데 남은 여생 최선을 다할 것입니다. 원폭을 투하한 미국을 상대로 직접 소송도 하고 싶습니다.

또한 아직 해결되지 못한 원폭피해자 1세와 그 후손의 권익을 위해, 그리고 핵 없는 평화로운 세상을 위해서 이제는 한국원폭피해자 2세, 3세와 함께해야 합니다.

끝으로 오늘 이 자리를 마련한 평화와통일을여는사람들(평통사) 대표님과 모든 회원님들, 평화를 염원하는 모든 분들께 감사드리며, 항상 건강하시고 가정에 행운이 충만하기를 기원하면서 인사를 가름합니다.

Sim Jintae
President of Hapcheon Branch of the
Korea Atomic Bombs Victim Association

I would like to welcome all the domestic and overseas guests who are present here in the middle of their busy schedules. I am Shim Jintae, the head of the Hapcheon branch of the Korea Atomic Bomb Victims Association.

To the distinguished guests, presenters — Lee Samsung, Emeritus professor of Hallym University / Eric David, Emeritus professor of Free Brussels University / Yamada Toshinori, lecturer of Meiji University — and panelists, I, as one of the atomic bomb victims, would like to express my deep gratitude for your participation in the first international forum of the People's Tribunal, which aims to raise the awareness of the unlawfulness of the U.S. atomic bombings in August 1945.

During the period of Japan's colonial rule, my parents were forcibly mobilized to Hiroshima, Japan, by exploitation policy. My mother was forced to work in a munitions factory. I was born on January 9, 1943, at 251 Abamachi, Hiroshima, Japan. On August 6, 1945, at 8:15 a.m., my parents and I were exposed to the atomic bomb dropped by the U.S. military. I barely avoided being killed by the bombing and returned to Korea where my grandfather lived, and spent my early childhood fiercely struggling to survive in poverty and adversity.

As I serve as the head of the Hapcheon branch of the Korea Atomic Bombs Victim Association over the last two decades, I have come to witness and understand the pain and suffering of the bomb victim members who were exposed to the radiation. I want to ask the U.S. government that decided to drop the atomic bomb: why did Koreans (civilian) forcibly mobilized to Japan have to perish and suffer from unknown diseases and torment until they died? For whatever reasons, innocent civilian should not be killed or injured due to war. However, the Korean victims have endured the harsh lives aggravated by the atrocities of the war

Therefore, the Korean atomic bomb victims should ask the Japanese government to take responsibility for waging the war and the U.S. government for dropping the atomic bombs.

Even after 78 years since the atomic bombs were dropped, the U.S. and Japanese governments still have no explanation regarding the dropping of atomic bombs. Korean atomic bomb victims, who have perished and lived with immense pain are the citizens of the Republic of Korea. However, the South Korean government has not fulfilled the minimum moral responsibility.

"There are victims, but there are no perpetrators who are accountable." This is an unimaginable reality throughout one's lifetime. Therefore, I have decided to participate in this People's Tribunal project to hold the U.S. accountable for its original sin, console the Atomic bomb victims' suffering, and bring about very belated justice.

As someone who is aware of the aftereffects of the atomic bomb, nuclear weapons should no longer exist on this planet. They should be dismantled and turned into scrap metal. The very name 'nuclear weapons' should disappear.

All of us, the first generation of the Korean atomic bomb victims have become old, and our days are about to end. Even though I soon turn 90 years old, I will dedicate the rest of my life along with all of you here to achieving a "peaceful world without nuclear weapons".

I also want to file an actual litigation to hold the U.S. government for dropping the atomic bombs. Furthermore, we must come together with the second and third generations of the Korean atomic bomb victims for the rights and the interests of the first generation and their descendants who have not yet been properly addressed, and for a peaceful world without nuclear weapons.

Last but not least, I would like to express my gratitude to the representatives and all the members of SPARK and those who long for peace, by organizing this international forum today. I wish you and your family the best of health and happiness in life.

シム·ジンテ

(社)韓国原爆被害者協会 陜川(ハプチョン)支部長

本日はお忙しい中、国内外を含め遠くからお越しいただいた多くの来賓の方々にお礼の言葉を申し上げます。私は韓国原爆被害者協会陜川(ハプチョン)支部長シム·ジンテと申します。式典の開会にあたり、一言、ご挨拶申し上げます。

1945年8月、米国による核兵器の投下の違法性を周知するための国際民衆法廷討論会に参加してくださった国内外の貴賓の皆様方と、本日の討論会で主題発表をしてくださる幹林(ハンリム)大学名誉教授のイ·サムソン様、ベルギーブリュッセル自由大学教授のエリック·デビッド様、日本明治大学法学専門大学院教授の山田寿則様と、またこの討論会に参加してくださった大学の先生各位と弁護士各位にも本日の会議にご出席いただき、被爆者の一人として重ねて御礼の言葉を申し上げます。

私の両親は「日本帝国主義強制占領期」(日本語：日本統治時代)の時、日本の収奪政策によって日本の広島に強制的に徴用させられました。私の母は強制徴用で軍需品の工場で働いていました。私は1943年1月9日に広島市江波町251番地で生まれました。両親と私は、1945年 08月 06日 08時 15分にアメリカによって投下された原子爆弾によって被爆しました。九死に一生を得た私はその後、祖父のいる韓国に帰ってきました。当時まだ子供であった私は草の根と木の皮を口にするほど生活にあえいだ記憶が今でも鮮明に残っております。

2001年度から現在まで韓国原爆被害者協会の陜川支部長の仕事に携わることになり、務めるうちに、会員たちの痛みと苦痛について詳しく知ることができました。そのため、原爆被害者たちが経験してきた被爆の後遺症による人生の苦痛を、20年近く被害者のそばで見守ることができました。戦犯国である日本に強制的に徴用され、連れて行かれた韓国人(一般人)がどうして爆死し、原因不明の病魔(病気)に苦しながら、死んでいかなければならないのか、原爆を投下したアメリカ政府に訴えたいのです。いかなる理由であれ、戦争によって何の罪のない民間人が殺されたり、怪我をさせられたりする行為は許してははなりません。しかし、戦争の残酷さにひたすら耐えなければなら

ない現実を韓国の原爆被害者は今日まで生きてきました。韓国の原爆被害者は戦争を起こした日本政府、原爆を投下したアメリカ政府の責任を問わなければならないと思います。

原爆が投下されてから78年が経った現在でも、アメリカ政府と日本政府は原爆投下に関するいかなる解明もなく、原爆で爆死された犠牲者と、大きな苦痛を抱えて生きている韓国の原爆被害者と、その子孫は大韓民国の国民であるにもかかわらず、韓国政府は最低限の道義的責任を果たしていないのが現状です。

また「被害者はいるが、加害者がいない」という現実に関しては、一生を生きながらもどうしても納得も理解もできないことだと考えており、これからでも加害者の責任を究明し被害者の恨みを晴らすために、今回の民衆法廷に参加することを決めました。

原爆の後遺症を知っている一人として、これ以上この地球に核兵器が存在しないようにしなければならず、核兵器を古鉄にして、「核」という名称さえこの世で消さなければならないと思います。

韓国の原爆被害者1世は現在みな高齢であり、もう生きられる日が多くない人々が少なくありません。私もまもなく卒寿を迎える年齢ですが、本日参加してくださったみな様と一緒に「核のない平和な世界」を創るために残りの人生を通じて、できる最善を尽くしてまいりたいと思います。原爆を投下したアメリカに対しても身をもって訴訟も起こそうと思っております。

また、まだ解決されていない原爆被害者1世とその子孫の権利のため、そして「核なき平和な世界」のために、今は韓国の原爆被害者2世、3世と共に力を合わせなければなりません。

結びに、今日この討論会を設けた「平和と統一をひらく人たち」(SPARK) の代表とすべての会員ならびに平和を念願するすべての方々に感謝し、常にみな様のご健康と家庭内の幸福を心よりお祈りいたしまして、私の挨拶といたします。

고영대
평화와통일을여는사람들 공동대표

오늘 우리는 미국의 원폭 투하의 법적 책임을 묻는 긴 여정의 첫발을 내딛습니다. 앞으로 수많은 난관들이 예상됩니다. 그러나 한국원폭피해자들의 한을 안고 핵대결이 사라진 한반도와 핵 없는 세계를 기원하며 내년 히로시마 토론회와 2026년 뉴욕 민중법정 개최를 향해, 미국 법정 소송을 향해 한 걸음, 한 걸음 나아가겠습니다.

1945년 당시 전시국제법은 미국의 히로시마·나가사키 원폭 투하가 두말할 나위 없이 위법임을 말해 줍니다. 히로시마·나가사키 원폭 투하가 당시 불법이었다는 사실은 오늘날에도 핵무기 사용이 불법임을 말해 줍니다. 1996년, 당시 국제사법재판소의 스허브딘Shahabuddeen 판사는 "핵시대가 시작될 당시에 (핵무기 사용에 관한) 금지 규칙이 존재했었다면… (이후) 새 규칙의 출현으로 (당시 규칙들이) 수정되었거나 후퇴되었다는 사실은 제시되지 않았으므로… 그 규칙이 지금도 계속 발효 중"인 것은 당연하다고 갈파했습니다.

바로 이러한 사실이 우리가 오늘 이 자리에서 1945년 당시의 히로시마·나가사키 원폭 투하의 위법성을 규명해 보려는 이유이며, 오늘의 토론회가 단지 히로시마·나가사키 원폭 투하의 불법성을 규명하는 데 그치지 않고 오늘날의 모든 핵 위협과 사용을 불법으로 단죄할 수 있는 근거를 제공해 줄 것이며, 현재적 의미를 갖는 이유입니다.

오늘의 토론회가 갖는 현재적 의미는 이뿐만 아닙니다. 오늘의 토론 성과는 이후 계속될 토론회가 뉘른베르크 헌장, 제네바 협약과 제1 추가의정서, 시모다 판결, 국제사법재판소의 권고적 의견, 핵무기금지조약TPNW에 이르는 법원들 속에 담겨 있는, 핵 위협과 사용을 불법으로 규정한 원칙과 규칙들을 집대성하는 과정의 디딤돌도 된다는 점에서 오늘의 토론회가 갖는 현재적 의미는 더욱 두드러진다고 할 수 있습니다.

지금 한반도는 탈냉전 이래 전 세계 어느 지역에서도 유례를 찾아보기 어려울 만큼 초공세적인 핵전략과 전력이 첨예하게 맞붙는 핵대결장이 되었습니다. 이곳 한반도와 동북아 지역이 소위 신냉전적 핵대결의 진앙지가 되고 있습니다. 서울과 평양이 제2의 히로시마가 된다고 해서 전혀 이상하지 않을 정도로 핵무기 사용 위협이 절정으로 치닫고 있습니다.

여기에 일본은 평화헌법을 무력화하고 적기지 공격 능력 보유와 행사를 선언하며 대결에 기름을 붓고 있습니다. 이런 의미에서 오늘의 한반도 핵대결은 미국의 히로시마·나가사키 원폭 투하의 역사적·필연적 산물이자 그 연장선상에 있습니다.

더욱이 다수의 남한 국민들은 한·미 핵동맹이 남한 안보를 지켜줄 것으로, 북한의 국민들은 핵무기가 체제를 지켜줄 것으로 굳게 믿고 있습니다. 그러나 핵대결의 끝에는 민족, 나아가 인류의 모든 생명과 자산을 집어삼킬 블랙홀과 나락이 있을 뿐입니다.

이에 우리는 핵동맹과 핵무기라는 신화에 사로잡혀 민족과 인류를 대결과 전쟁으로, 종말로 몰아가는 대다수 정치지도자들에 맞서 민족의 삶을 평화와 번영의 반석 위에 올려놓기 위한 노력을 기울여 나가야 합니다. 오늘의 토론회는 우리에게 바로 핵대결 세력과 싸울 수 있는 강력한 평화의 수단을 선물할 것입니다. 이것이 오늘의 토론회가 지닌 최고의 현재적 의미이자 실천적 의미입니다.

참석해 주신 모든 분들에게 다시 한번 감사드리며 민중법정이 개최되는 그날까지, 미국에서 법정 소송을 전개하는 그날까지, 미국의 원폭 투하의 책임을 묻는 그날까지, 핵대결과 핵무기가 철폐되는 그날까지 국내외 모든 평화세력들과 힘을 모아 최선의 노력을 다해 나가겠습니다.

Ko Youngdae
Co-chair of Solidarity for Peace
and Reunification of Korea

Today, we take the first step in a long journey to hold the United States legally accountable for its past atomic bombings. Numerous challenges lay ahead. However, by embracing the life-long sorrow and pain of numerous Korean atomic bomb victims, we are determined to move ahead step by step, including an international forum in Hiroshima next year, then a People's Tribunal in New York in 2026, and legal action in U.S. courts. We are resolved to realize a nuclear-free Korean peninsula and a nuclear-free world.

The international law of armed conflict in 1945 was crystal clear on the illegality of the dropping of atomic bombs on Hiroshima and Nagasaki by the United States. The fact that the atomic bombings of Hiroshima and Nagasaki were illegal at the time means that use of nuclear weapons at the present time is also illegal. Noting that "a prohibitory rule (regarding use of nuclear weapons) existed at the commencement of the nuclear age," Judge Shahabuddeen, in his dissent to the 1996 ICJ advisory opinion on nuclear weapons, declared that "because no evidence has been shown that the rule was later modified or reversed by the emergence of a new rule operating in the opposite direction … that rule continues in force."

This declaration is why we are hoping that today's discussion will impel not only investigation of the illegality of the atomic bombings of Hiroshima and Nagasaki in 1945, but also grounds to condemn all nuclear threats and use as unlawful. Today's discussion has present-day significance for that reason.

Yet the significance of today's discussion does not stop there. The outcome of today's debate is even more significant in that it serves as a stepping stone in compiling principles and rules that have stipulated the threat and use of nuclear weapons as unlawful, and that have been enshrined in the source of law such as the Nuremberg Charter, the Geneva Conventions and the First Additional Protocol, the Shimoda ruling, the International Court's advisory opinion, and the Treaty on the Prohibition of Nuclear Weapons (TPNW).

In our current moment, the Korean peninsula has become a nuclear frontline in which the pitched confrontation of super-aggressive nuclear strategies and powers makes it difficult to find a parallel anywhere in the world since the end of the Cold War. The Korean peninsula and Northeast Asia have become the epicenter of the so-called New Cold War nuclear confrontation. The threat of using nuclear weapons is reaching its peak, to the point where Seoul and Pyongyang have effectively become the second Hiroshima, placed in the crosshairs of the nuclear war machine. Moreover, Japan is fanning the flames by repealing the Peace Constitution and declaring as its right the ability to seize and attack enemy bases. In this sense, today's nuclear confrontation on the Korean peninsula is a historical and inevitable product and extension of the atomic bombing of Hiroshima and Nagasaki by the United States.

Many South Koreans strongly believe that the ROK-U.S. nuclear alliance will protect South Korea's security, and North Koreans firmly believe that nuclear weapons will protect their regime. Yet nuclear confrontation eventuates only in a black hole and an abyss that will devour all the lives and assets of the people and even humankind. Knowing this, we must do everything we can to put the lives of the people on a rock-solid foundation of peace and prosperity, standing against the majority of political leaders who are captivated by the myth of the security of the nuclear alliance and nuclear weapons possession and who drive the people and mankind into confrontation, war, and apocalypse. Today's discussion offers us with peace as a powerful means to struggle against the forces of nuclear confrontation. This is the highest present and practical significance of today's discussion.

I would like to extend my gratitude to all of you who have attended today's discussion. Until the day we hold our People's Tribunal, until the day Korean A-bomb victims have their day in the U.S. courts, until the day the United States is held accountable for the past atomic bombings, until the day nuclear confrontation and nuclear weapons are abolished, we shall do our best, joining forces with the peace-loving forces in Korea and in the world.

コ・ヨンデ
平和と統一をひらく人たち 共同代表

今日、私たちは米国の原爆投下の法的責任を問う長い道のりの第一歩を踏み出します。これから多くの困難が予想されますが、韓国の原爆被害者の悲しみを抱えながら、核対決がなくなった朝鮮半島(韓半島)と核のない世界を願い、来年の広島討論会と2026年のニューヨーク民衆法廷開催に向けて、米国法廷訴訟に向けて一歩一歩進んでいきます。

1945年当時の戦時国際法は、米国の広島・長崎への原爆投下が紛れもなく違法であることを教えてくれます。広島、長崎への原爆投下が当時違法であったという事実は、今日でも核兵器の使用が違法であることを示しています。1996年、当時の国際司法裁判所のシャハブディーン（Shahabuddeen）裁判官は、「核時代が始まった時に（核兵器使用に関する）禁止規則が存在していたのであれば...（その後）新しい規則の出現によって（当時の規則が）修正されたり、後退したという事実は提示されていないので...その規則が今も引き続き発効中であることは当然である」と断じました。

このような判断が、私たちが今日のこの場で1945年当時の広島・長崎原爆投下の違法性を明らかにしようとする理由であり、今日の討論会が、単に広島・長崎原爆投下の違法性を究明することにとどまらず、今日のすべての核の脅威と使用を違法として断罪できる根拠を提供するものであり、現在的な意味を表すものです。

今日の討論会が持つ現在的な意味はこれだけではありません。今日の討論成果は、今後続く討論会が、ニュルンベルク憲章、ジュネーブ条約と第1追加議定書、下田判決、国際司法裁判所の勧告的意見、核兵器禁止条約(TPNW)に至る法源の中に含まれている、核の脅威と使用を違法と規定した原則と規則を集大成する過程の足がかりになるという点で、今日の討論会が持つ現在的な意味はさらに顕著であると言えます。

今、朝鮮半島(韓半島)は脱冷戦以来、世界のどの地域でも例を見出すことが難しいほど、超攻勢的な核戦略と戦力が鋭く対峙する核対決の場となっています。ここ 朝鮮半島(韓半島)と北東アジア地域が、いわゆる新冷戦的核対決の震源地となっています。ソウ

ルと平壌(ピョンヤン)が第2の広島になってもおかしくないほど、核兵器使用の脅威が最高潮に達しています。

そこに日本は平和憲法を無力化し、敵基地攻撃能力の保有と行使を宣言し、対立を煽っています。この意味で、今日の朝鮮半島(韓半島)の核対決は、米国の広島、長崎への原爆投下の歴史的、必然的な産物であり、その延長線上にあります。

さらに、多数の韓国国民は韓米核同盟が韓国の安全を守ってくれると、北朝鮮の国民は核兵器が体制を守ってくれると固く信じています。しかし、核対決の果てには、民族、さらには人類のすべての生命と資産を飲み込むブラックホールと奈落があるだけです。

そこで私たちは、核同盟と核兵器という神話にとらわれ、民族と人類を対立と戦争に、終末に追いやる大多数の政治指導者たちに立ち向かって、民族の生活を平和と繁栄の土台の上に乗せるための努力しなければなりません。今日の討論会は、私たちに核対決勢力と戦うことができる強力な平和の手段を与えてくれるでしょう。これが今日の討論会が持つ最高の現在的で実践的な意味であります。

参加された皆さんに改めて感謝し、民衆法廷が開かれる日まで、米国で法廷訴訟を展開する日まで、米国の原爆投下の責任を問う日まで、核対決と核兵器が撤廃される日まで、国内外のすべての平和勢力と力を合わせて最善の努力を尽くしていきます。

1

한국 입장에서 본
미국의 히로시마·나가사키
원폭 투하의 정치·군사적 의미

The political and military meaning of the United States
atomic bombings of Hiroshima and Nagasaki
from the perspective of Korean

韓国の立場から見た広島·長崎への核兵器投下の
政治·軍事的意味

- 발표자   **이삼성** Lee Samsung
  한림대학교 명예교수
  Emeritus Professor of Hallym University

- 토론자   **오동석** Oh Dongseok
  아주대학교 법학전문대학원 교수
  Professor of Ajou University Law School

- 토론자   **오쿠보 겐이치** Okubo Ken-ichi
  일본반핵법률가협회 회장
  President of Japan Association Of Lawyers Against Nuclear Arms

히로시마·나가사키 원폭 투하의 군사·정치적 의미: 한국의 시각에서*

이삼성
한림대학교 명예교수

1. 히로시마·나가사키 원폭 투하와 한반도

일본의 노벨문학상 수상 작가 오에 겐자부로大江健三郎는 1964년 8월에 쓴 글에서 한 에피소드를 적었다. 그것은 히로시마·나가사키 원폭이 일본의 문제로 그치는 것이 아니었음을 새삼 깨닫게 해준다. 한국전쟁이 교착 상태에 빠져 있던 즈음의 일이었다. 히로시마 원폭으로 두 눈을 실명한 노인에게 미국 통신사의 도쿄 지국장이 다가와 이런 질문을 던졌다. "지금 한반도에 원자폭탄을 두세 발 떨어뜨리면 전쟁이 끝날 것 같은데, 피폭한 당신 생각은 어떻습니까?" 실명한 노인은 답했다. "그 두세 발의 원폭으로 전쟁이 끝나고 미국은 세계의 지배자가 될지도 모르지만, 그땐 누구도 더 이상 미국을 신뢰하지 않을 겁니다." 그 맹인 피폭자는 몇 년 뒤에 외로이 죽어갔다.[1]

그 미국 언론인의 질문은 단순한 가정假定으로 그치지 않았다. 미국은 한국전쟁 발발 직후부터 당시 비핵 국가였던 북한과 중국을 상대로 핵무기를 실제 사용 가능한 선택으

---

* 이 글은 1차 국제토론회 발표 후 질의응답과 토론 과정에서 필자가 답변한 내용을 상술하기 위해 토론회 당일 발표문에 제5절을 추가한 것이다.

1 오에 겐자부로 지음, 이애숙 옮김, 『히로시마 노트』, 삼천리, 2012, pp.70-71. 오에 겐자부로(1935~2023)는 1994년 『만엔(万延) 원년의 풋볼』이란 작품으로 노벨문학상을 수상한 작가로서, 반전 평화 그리고 한국을 비롯한 동아시아 사회의 민주주의를 위한 사회운동에 참여했던 일본의 지식인이다.

로 저울질했다. 1950년 7월 30일 트루먼 대통령은 미 합참과 국방장관의 건의에 따라, 핵무기를 탑재하지는 않았지만 필요시 그렇게 할 목적으로 B-29 폭격기 10대를 괌에 배치하는 것을 승인했다.[2] 1950년 10월 중국군이 한국전쟁에 개입해 유엔군을 남쪽으로 밀어내기 시작했을 때 트루먼은 총사령관 더글라스 맥아더의 주장을 받아들여 북한과 중국에 대한 원폭 사용을 검토했다. 1951년 4월 트루먼은 중국과 북한에 대한 원폭 사용 명령에 서명했다. 다행히도 이 명령은 전달되지 않았다. 맥아더가 대통령과 정치적 문제로 갈등한 끝에 사령관직에서 해임되는 상황이 벌어졌기 때문이다. 중국군의 남진이 멈추며 전쟁이 교착 상태에 빠진 덕분이기도 했다. 브루스 커밍스의 말대로 이때 미국의 원폭 사용은 거의 실행에 옮겨질 뻔했다.[3] 한국전쟁에서 미국의 원폭 사용 위협은 거기서 끝나지 않았고, 1951년 9~10월에 부활한다. 오키나와에 배치되었던 B-29 폭격기들을 북한에 보내 모의 원폭과 대규모 TNT 폭탄을 투하하는 '모의 원폭훈련'을 했다. 이른바 '허드슨항 작전Operation Hudson Harbor'이었다.[4]

올해는 한국전쟁이 끝나면서 성립한 한·미 군사동맹 70주년이다. 한국의 윤석열 정부와 미국의 바이든 행정부는 4월 27일 이른바 '핵 확장억제 강화'를 위한 「워싱턴 선언」을 발표했다.

1994년에 북한과 미국 클린턴 행정부가 체결한 「제네바 합의」는 하나의 평화협정이었다. 북한은 비핵화 유지를 약속했다. 미국과 한국은 북한의 안전을 보장하는 동시에 경수로 핵발전소 건설을 지원해 북한의 에너지난 해결을 돕기로 했다. 2002년 부시 행정부는 북한이 그 합의를 심각하게 위반했다는 명확한 근거를 제시하지 못한 상태에서 일방적으로 그 협정을 폐기했다. 이후에도 한미동맹과 북한 사이에는 간헐적인 평화협상도 벌어졌다. 하지만 전체적으로 미국은 유사시 대북한 선제 핵사용 옵션을 거론하는 군사적 압박에 몰두했고, 북한은 핵군비에 박차를 가해 지금은 사실상 핵보유 국가를 자처하기에 이르렀다.

2　Truman Public Papers, 1950, p.562; Roger Dingman, "Atomic Diplomacy During the Korean War," *International Security*, vol.13, no.3 (Winter 1988/89), p.63.

3　Bruce Cumings, *Korea's Place in the Sun: A Modern History*, New York: W.W. Norton, 1997, pp.290-293. 딩맨도 한국전쟁 기간 미국의 원폭 사용 가능성이 가장 높았던 시기를 1951년 봄으로 꼽는다(Dingman, 1988/89, p.89).

4　Cumings, 1997, pp.292-293.

　　2022년 5월 출범한 윤석열 정부는 북한과의 거의 모든 대화를 '가짜 평화 쇼'로 규정한다. 독자 핵무장은 배제하지만 원폭에 버금가는 9톤에 달하는 거대 탄두를 장착하는 탄도미사일을 포함한 군비 확장과 대북한 선제타격 능력을 극대화하는 데 몰두하고 있다. 동시에 한반도에 대한 미국 핵무기 사용의 문턱을 더 낮추기 위해 부단히 노력했다. 한·미가 지난 4월 27일 발표한 「워싱턴 선언」은 5년 전인 2018년 같은 날 문재인 정부와 북한이 공동발표한 「판문점 선언」을 정면으로 뒤집는 것이다.

　　이 상황의 가까운 뿌리는 문재인 정부가 갇혀 있던 평화 비전의 한계와 무관하지 않았다. 문 정부는 2018년의 「4·27 판문점 선언」에서 북한과 종전선언과 평화협정을 맺기 위해 진지하게 노력하기로 약속했다. 그러나 문 정부는 평화협정을 북한의 비핵화 조치를 이끌어내기 위해 선결해야 할 '평화 과정의 입구'로 보지 못했다. 미국의 주장을 추종한 가운데 북한 비핵화가 선행된 후에나 가능한 '평화 과정의 결과나 출구'로 단정하는 한계에 머물렀다.[5] 남북 간, 북·미 간 평화협상은 막다른 골목에서 좌초하고 말았다. 그 결과 한·미 양국은 협상 교착의 모든 책임을 북한에 돌리는 가운데 2022년 새로 들어선 우파 정부는 대북한 선제타격 전략과 북한 지도부에 대한 참수작전을 앞세우고 이른바 '핵균형'이란 명분 하에 각종 핵무기 전략을 전면에 내세웠다. 북한은 이에 대응해 한미동맹의 선제타격이 우려되는 상황에서 남한에 대한 핵 선제타격 옵션을 채택하고 이것을 법에 명시하기에 이르렀다. 2022년 9월 8일 제정된 북한의 '핵무력정책법'은 한국의 선제타격론에 기초한 첨단 군비 확장, 그리고 한미동맹의 「워싱턴 선언」과 악순환적 상호작용을 하면서 한반도의 운명을 더욱 어둡고 위험한 '안보 딜레마'의 심연으로 밀어넣고 있다.

　　요컨대 1945년 8월 히로시마와 나가사키에 대한 미국의 원폭 투하는 일본만의 문제가 아니었고, 또한 지금은 더욱 아니다. 현재와 가까운 미래의 우리에게 더 절실한 군사적이고 인간적인 함의를 가진 문제로 엄존해 있다. 특히 두 가지 의미에서 그러하다.

　　첫째, 원폭은 히로시마와 나가사키의 경우처럼 '거악巨惡'과의 전쟁을 빨리 끝내는 수단으로써 정당화된다. 전쟁을 빨리 끝낸다는 목적이 비무장 민간인에 대한 대량 살상무기의 사용이라는 수단을 정당화할 합리적·역사적 근거가 있는가에 대해 돌이

5　이삼성, 「동아시아 대분단체제와 신냉전, 그리고 그 너머」, 한겨레통일문화재단 부산심포지엄, 2022년 10월 26일.

켜볼 필요가 있다. 한국전쟁에서 북한과 중국은 미국과 한국에게 '거악'이었다. 특히 1951~1952년 시기처럼 휴전선에서 지루하게 지속되는 전쟁을 끝내기 위해서 미국이 전쟁을 일으킨 '거악'에 대한 응징과 승리를 명분으로 평양이나 신의주 또는 중국의 센양 같은 인구집중 도시에 원폭 사용을 추진할 때 우리는 뭐라고 말했어야 하는가.

오늘의 한반도에서 한미동맹의 선제타격이 임박한 것으로 인식될 때, 북한 지도부는 그들이 공언한 대로 자신의 핵무기를 사용하게 될 것이다. 모든 사회는 자신의 국가나 정치공동체 존립을 위협하는 세력에 맞서 가용한 모든 자원을 동원하게 된다. 미국이 원폭을 개발한 시점에 일본의 침략을 받아 미국이라는 정치공동체의 존립이 위태로워지는 상황이었다면, 원폭 사용에 미국인 대다수도 동의했을 것이다. 그런데 히로시마와 나가사키에 대한 원폭 투하는 애당초 부당한 전쟁을 도발한 침략자였지만 이제는 미국뿐 아니라 소련의 참전까지도 예정되어 패전이 확실시되는 나라의 인구집중 도시들의 수십만 비무장 민간인을 목표물로 한 것이었다. 1951년 휴전선에서 교착 상태에 빠진 전쟁을 일찍 끝내기 위해 미국이 평양과 신의주의 비무장 민간인들을 상대로 원폭을 투하한 경우에 비견할 수 있지 않을까. 우리는 그것을 어떻게 바라볼 것인가. 그런 의미에서 히로시마와 나가사키의 문제는 한국전쟁 기간 한반도의 문제이기도 했다.

둘째, 전쟁의 신속한 종결을 위한 원폭 사용은 특히 자국 군인의 인적 희생을 줄이는 효용 외에도 결국에는 양측 모두의 희생을 줄일 수 있다는 논리로 정당화되어 왔다. 그러나 원폭은 그 궁극적인 본질상 극단적인 대량 인명파괴 무기다. 한 발의 폭탄으로 상대국의 비무장한 민간인 수십만 명을 희생시키는 대량살상무기의 사용이 미국이 말하는 효용을 정당화할 수 있는가에 대해 우리는 의문을 제기하지 않을 수 없다. 미국이 실제 원폭을 사용한 방식 또한 심오한 비판의 대상이 될 수밖에 없다. 비무장 민간인의 희생을 줄이기 위해서 어떤 노력을 기울였는지, 또는 어떻게 그러한 노력을 외면했는지를 주목해야 한다. 미국은 불행하게도 그러한 노력을 체계적으로 외면했다는 사실을 이하의 논의에서 확인하게 될 것이다.

이 문제들을 성찰하기 위해서는 먼저 원폭 사용과 일본의 조기 항복 사이의 역사적 인과因果에 대한 사실적 검토가 선행될 필요가 있다. 그에 이어 미국이 원폭을 사용한 방식에 대한 사실적 검토를 해야 한다. 이 문제들에 대한 비판적 검토는 오늘 한반도와 세계 여러 곳에서 현재형으로 존재하는 원폭 사용의 위험성에 대한 각성의 전제조건이다.

히로시마와 나가사키에 대한 미국 원폭 투하의 반인도적 성격을 논의하기 위한 이 학술회의의 첫 발표로서 이 글이 맡은 임무는 두 인구집중 도시에 대한 원폭 투하의 역사적 맥락, 그 정치·군사적 과정과 결과에 대한 객관적·사실적인 이해를 제공하는 데 있다고 필자는 이해한다. 그러므로 이 글에서 필자는 주로 미국과 일본 두 나라의 역사 학계에서 축적된 학문적 연구 결과들에 기초하여 미국의 원폭 사용 결정 과정과 맥락, 그리고 원폭 사용과 소련의 참전, 그리고 일본의 궁극적인 항복 사이의 시간적이며 인과적因果的인 관계를 지면이 허락하는 범위 안에서 가급적 상세하게 밝혀 보려고 한다. 독자들이 이 역사적 비극의 결정 과정과 결과를 합리적으로 판단하는 근거가 될 수 있기를 바란다. 이어서 원폭 사용의 궁극적인 의미와 그 반인도성에 대한 분명한 필자의 생각을 밝히려고 한다. 다만 그 법률적이며 국제법적인 본격적 논의는 뒤이은 발표들에서 이루어질 것이기에, 필자는 그 부분에 대해선 비무장 민간인에 대한 전시폭력을 다루는 기본적인 개념 문제들을 간단히 언급하는 것으로 대신할 것이다.

2. 히로시마·나가사키 원폭 투하와 인간적 희생

리처드 프랭크는 히로시마와 나가사키에 대한 원폭 투하로 희생된 사람들의 정확한 통계를 내는 것이 불가능한 이유를 두 가지로 짚었다. 첫째, 1945년 일본 행정기관의 능력이 매우 저하되어 있었다. 둘째, 원폭의 거대한 파괴력 때문에 그로 인한 인명파괴 규모가 크고 그만큼 통계적 오차 범위도 클 수밖에 없다. 그래서 일본은 원폭 투하 당시 두 도시에 살고 있던 정확한 인구수를 제시한 적이 없다. 어떤 일본측 자료에 따르면 1945년 6월 30일 히로시마에서 쌀 배급 대상자로 등록된 사람 수는 24만 5,423명이었다. 하지만 낮에는 주변 지역에서 많은 노동자가 유입되어 실제 히로시마 인구는 더 많았다고 그 자료는 밝힌다. 또한 이 도시에는 4만 명 이상의 군인이 주둔하고 있었다. 그들 중 상당수는 신병들이어서 그들 가족들이 작별인사를 위해 히로시마를 방문하고 있었다. 이 점들을 고려해 한 일본측 자료는 8월 6일 히로시마의 인구를 37만 명으로

추산했다.[6]

히로시마에서 원폭 희생자의 규모 역시 인구수만큼이나 파악하기 어려워 아직도 정확한 통계는 없다. 일본을 점령한 맥아더 사령부의 의료병단 장교는 1945년 8월 28일 당시까지 보고된 희생자 총 숫자는 16만 명이었으며, 그중 사망자는 8,000명이라고 추정했다. 그러나 히로시마 현장에 있었던 제수이트 신부는 당시 히로시마 인구를 40만으로 추정한 가운데 적어도 10만 명이 사망했다고 했다. 이 신부에 따르면, 자기 주변의 막사에 수용된 채 그날도 히로시마 거리에서 노동하던 80명의 한국인 노동자들 중에 살아 돌아온 사람은 4분의 1인 20명에 불과했다. 또 기독교계 여학교 학생들 600명이 한 공장에서 일하고 있었는데, 살아 돌아온 학생은 30~40명뿐이었다.[7]

일본 항복 얼마 후 일본에 대한 전략폭격의 효과를 조사한 담당관이었던 폴 니츠는 회고록에서 히로시마의 원폭 희생자 수를 7만에서 8만 명 사이로 추정하고, 괄호 안에 덧붙이기를 "이들 가운데 4분의 1은 징용된 한국 노동자들이었다"고 적었다.[8] 월터 라페버가 종합한 바에 따르면, 히로시마에서 당일 즉사한 사람은 최소 8만 명에서 최대 10만 명 사이였다. 원자병으로 건강한 세포와 면역체계가 파괴되어 추가로 죽게 된 이들은 약 4만 명에 달했다.[9] 그래서 즉사한 사람과 원자병으로 1945년 말까지 사망한 사람은 모두 14만 명, 그리고 원폭 투하 후 5년 이내에 죽은 사람 총수는 20만 명으로 추정된다.[10]

8월 9일 나가사키에 투하된 두 번째 원폭으로 1945년 말까지 죽어 나간 사람은

---

6 Richard B. Frank, *Downfall: The End of the Imperial Japanese Empire*, New York: Penguin Books, 1999, p.285. 미국의 원폭 개발과 대일본 원폭 투하 과정을 다룬 저명한 책의 저자인 리처드 로즈에 따르면, 히로시마의 인구는 전쟁 초기에는 40만 명에 달했다. 그러나 미군의 전략폭격 위협이 증가하면서 상당수 인구가 도시에서 소개(疏開)되었다. 1945년 8월 6일 이 도시 인구는 28만에서 29만 명 정도의 민간인이 있었고, 이와 별도로 이 도시에 거주하고 있던 군인이 4만 3,000명이었다고 로즈는 파악했다(Richard Rhodes, *The Making of the Atomic Bomb*, New York: Simon & Schuster, 1986, p.713). 트루먼은 히로시마가 "순전히 군사적인" 목표물이었다고 주장했지만, 당시 히로시마에서 민간인 대비 군인 수에 비추어 그 말은 잘못된 것이라고 로즈는 지적한다.

7 Rhodes, 1986, pp.733-734. 그 신부는 같은 글에서 "장교의 신분으로 히로시마에 주둔하고 있던 한국인 왕자 한 명"도 죽었다고 적었다.

8 Paul H. Nitze, *From Hiroshima to Glasnost: At the Center of Decision, A Memoir*, New York: Grove Weidenfeld, 1989, p.43.

9 Walter LaFeber, *The Clash: U.S.-Japanese Relations Throughout History*, New York: W.W. Norton, 1997, p.248.

10 Rhodes, 1986, p.734.

7만 명이었고, 5년 안에 죽은 사람은 모두 14만 명에 달했다. 나가사키 원폭도 히로시마 원폭과 동일하게 거주민의 54%를 사망케 한 것으로 추산된다.[11] 2011년에 간행된 일본의 저명한 역사서는 원폭으로 즉시 또는 직후에 사망한 경우를 합해서 희생자 규모를 히로시마는 9만 내지 12만 명, 나가사키는 6만 내지 7만 명으로 추정한다.[12]

희생자 규모에 관해 1945년 시점에서 제시된 가장 신뢰할 만한 자료로 리처드 프랭크는 히로시마현 경찰서가 1945년 11월 말에 추정한 수치를 꼽는다. 이에 따르면 사망자는 7만 8,150명, 실종자 1만 3,983명, 중상자는 9,428명, 경상자는 2만 7,997명으로 히로시마 원폭으로 인한 사상자 총수는 12만 9,558명이었다. 이어서 프랭크는 제국총사령부Imperial General Headquarters의 공식 역사는 히로시마 피폭 사망자를 7만 명에서 12만 명 사이로 파악했음을 지적했다. 또한 히로시마 시청이 1946년 8월에 파악한 바에 따르면, 히로시마에 당시 존재한 7만 6,327채의 집들 가운데 92%에 달하는 7만 147채가 파괴되었다.[13] 한편 1947년 3월 시점에서 미국이 '전략폭격'의 결과를 조사한 자료에 따르면, 피폭 사망자는 히로시마 8만 명, 나가사키 4만 5,000명, 부상자는 히로시마 8만~10만 명, 나가사키 5만~6만 명이었다.[14]

한편 두 도시에서 피폭 후 생존한 사람, 즉 피폭자hibakusha의 수는 1950년 시점에서 28만 3,498명으로 파악되었다. 그 후 피폭자를 어떻게 정의할 것인지를 둘러싸고 논란이 일면서 원폭 투하 지점에서 2킬로미터 이내에 있던 사람들은 모두 피폭자로 포함하는 정의定義가 채택된다. 그 결과 1995년 3월 시점에서 피폭자로 등록된 사람은 32만 8,629명이었다. 그렇게 등록된 사람이 사망할 경우, 모두 피폭 사망자deceased hibakusha로 분류되었다. 1994년 8월 시점에서 히로시마의 피폭 사망자는 18만 6,940명, 나가사키는 10만 2,275명이었다.[15]

같은 죽음과 고통의 터널을 지나야 했지만, 일본 안에서도 오키나와의 피폭자들은

---

11 Rhodes, 1986, pp.740-742.

12 木畑洋一, 「アジア諸戦争の時代: 一九四五–一九六〇年」, 和田春樹·後藤乾一·木畑洋一·山室信一·趙景達·中野聰·川島眞 編, 『東アジア近現代通史 7: アジア諸戦争の時代, 1945-1960年』, 岩波書店, 2011, p.5.

13 Frank, 1999, pp.285-286.

14 USSBS: Strategic Bombing Survey.

15 John Dower, "Three Narratives of Our Humanity," in Edward T. Linenthal and Tom Engelhardt (eds.), *History Wars: The Enola Gay and Other Battles for the American Past*, New York: Metropolitan Books/Henry Holt and Company, 1996, p.79; Frank, 1999, pp.286-287.

20년 동안 그 피해 사실을 국가로부터 인정받지 못하고 침묵을 강요당했다. 오에 겐자부로는 그의 『히로시마 노트』에서, 히로시마와 나가사키에서 노동을 하다 피폭당한 오키나와의 모든 피폭자가 20년 동안 "완전히 방치되었다"는 사실을 지적했다.[16] 오에는 1969년에 쓴 에세이에서 피폭 후 20년 후에야 '피폭자 수첩'을 받아든 후에도 일본 본토로 가서 치료를 받을 수 있는 여건이 제공되지 않아 오랫동안 그 수첩을 활용하지 못한 오키나와 사람들의 이야기를 적어 두었다.[17]

많은 한국인이 미국의 원폭을 '조국 독립'의 계기로 인식하며 미국과의 동맹을 신성한 것으로 여기는 한국 사회에 속한 피폭자들이 겪었을 고통은 일본에서보다 더 오래고 깊었을 것임을 짐작할 수 있다. 사단법인 한국원폭피해자협회의 이규열 협회장은 2022년 8월 2일 NPT 제10차 재검토회의에서 이렇게 호소했다. "77년 전 일본국 히로시마와 나가사키에서 미국의 원자폭탄 투하로 피폭자들은 인간의 존엄성과 인권이 송두리째 짓밟혔는가 하면 절망과 기아의 삶 속에서 기댈 곳 없이 허덕이다 치료 한번 제대로 받지 못하고 죽어갔습니다."[18]

한국원폭피해자협회의 합천지부 심진태 지부장은 히로시마와 나가사키에서 피폭자로 현장에서 희생된 한국인 숫자를 5만 명으로 추산했다.[19] 심 지부장의 설명에 따르면, 그의 부친은 히로시마 군사기지에서 강제 노역을 하고 있었으며, 어머니는 군수공장에서 탄알 박스를 만드는 일을 했다. 심 지부장 본인은 1943년 일본 히로시마 에바마치 251번지에서 태어나 그곳에서 피폭당했다. 해방 후 그는 부모님과 함께 고향 합천으로 돌아왔다. 그에 따르면, 합천은 '한국의 히로시마'다. 한국 피폭자의 70%가 합천 사람이기 때문이다. 2022년 현재 약 446명의 피해자와 그 후손들이 그곳에 살고 있는 것으로 그는 파악했다.

한국인 피폭자 2세 한정순씨는 히로시마에서 14명의 가족이 피폭되었다. 피폭 후 한국으로 돌아온 어머니에게서 출생한 그녀는 15세부터 원자병으로 고통받기 시작했다. 그녀의 형제자매들도 하나같이 각종 심각한 병에 시달렸고, 그녀가 출산한 자녀는 뇌성

---

16 오에 겐자부로, 2012a, pp.16-17.
17 오에 겐자부로, 이애숙 옮김, 『오키나와 노트』, 삼천리, 2012b, p.32.
18 NPT 10차 재검토회의 사이드 이벤트, 2022.8.2.
19 NPT 10차 재검토회의 사이드 이벤트, 2022.8.2.

마비를 앓았다. 그녀는 2022년 같은 회의에서 이렇게 호소했다. "우리들은 배상은커녕 원폭피해자로 인정조차 받지 못하고 있습니다. 원폭피해자들과 그 후손들이 짊어져야 할 고통은 너무나 크고 무겁습니다. 가장 심각한 것은 원폭의 유전성입니다. 원폭의 후과는 영구적입니다. 핵무기의 피해는 잔인하게 대물림됩니다. 그런데도 미국과 일본은 원폭의 유전성을 인정하지 않고, 우리 한국 원폭 피해자들에게 사과도 배상도 하지 않고 있습니다."20

1970년에 태어나 '선천성 면역글로블린결핍증'을 앓다가 2005년 서른다섯의 청년으로 생을 마감한 김형률씨는 원폭 피해자 2세였다. 그의 어머니 이곡지 여사는 다섯 살의 나이에 히로시마에서 피폭을 당해 아버지와 언니를 잃은 후 어머니와 함께 합천으로 돌아왔다. 그녀가 히로시마시로부터 '피폭자 건강수첩'을 받아든 것은 피폭 후 57년의 세월이 지난 2002년이었다.21 청년 김형률은 그해 한국에서 처음으로 '원폭 2세'임을 밝혀 '커밍아웃'했다. 그는 '한국원폭2세환우회患友會'를 조직하고, 2003년 국가인권위원회에 진정서를 제출했다. 그는 이 진정서에서 그들의 부모인 원폭 1세 한국인들이 놓여 있던 역사적 조건을 이렇게 정리했다. "이들은 강제징용으로 군수공장이나 탄광 등지에서 강제노동에 시달리고 있었거나, 아니면 일제의 가혹한 경제 수탈로 피폐해진 이 땅의 농촌을 떠나 생존의 기회를 찾아 일본으로 건너가야 했던, 일제 식민지 지배의 희생자들이었습니다. 그러나 해방 후 조국으로 돌아온 이들 원폭 피해자들은 또다시 한국 정부에 의해서도 버림받아 치료는커녕 병명도 알지 못한 상태에서 병마에 시달리다 목숨을 잃었으며, 살아남은 사람들도 지난 58년 동안 일본 정부와 원폭을 투하한 미국 정부의 배상 거부와 한국 정부의 외면으로 육체적·정신적·경제적 고통 속에서 살아야 했습니다."22

김형률은 그 진정서에서 한국인 원폭 2세가 겪고 있는 고통의 역사적 성격을 이렇게 요약했다. "우리 한국인 원폭피해자들과 원폭 2세 환우들이 겪고 있는 인권문제의 역사적 뿌리가 일본제국주의의 식민지 지배에 있고, 또 민간인에 대한 집단학살을 야기

---

20 NPT 10차 재검토회의 사이드 이벤트, 2022.8.2.
21 김형률 지음, 아오야기 준이치 엮음, 『나는 反核人權에 목숨을 걸었다』, 행복한책읽기, 2015, p.32.
22 국가인권위원회 진정서, 2003.0.5, 「원폭2세 환우들도 인간다운 생활을 누릴 권리가 있습니다」:김형률, 2015, p.104.

한 미국의 원폭 투하에 있는 만큼, 이는 마땅히 일본 정부와 미국 정부로부터 배상을 받아내야 하는 문제일 것입니다. 그러나 일본 정부는 1965년 한일협정으로 청구권이 소멸했다며 지금까지도 한국원폭피해자들에 대한 배상 책임을 부정하고 있을 뿐만 아니라, 미국 역시 전승국이 배상한 역사적 선례가 없다는 이유로 배상 책임을 부인하고 있습니다. 나아가 양국 모두 원폭 후유증을 앓고 있는 원폭 2세 환우의 존재 자체를 인정하지 않고 있는 실정입니다."[23]

김형률은 "평생을 원폭 후유증이라는 고통을 통해 자기 자신에게는 존재하지 않는 기억들과 싸워야 하는 죽음보다 더한 고통의 삶"을 토로했다.[24] 그는 2002년 히로시마 평화공원의 원폭자료관을 방문했었다. 원폭의 피해만 내세울 뿐 원폭의 원인이 된 일본 국가의 역사적 범죄에 대한 반성의 자료는 전무하다는 사실에 깊은 실망을 느꼈다.[25] 그러나 그는 동시에 "한국과 일본의 시민사회가 연대해 진정한 평화를 다음 세대에 건네주자"고 말하며 반핵인권의 이상理想을 피력했다.[26] 원폭 2세임을 밝히며 한국인 피폭자와 그 2세들의 인권을 위해 당당하게 활동한 생애 마지막 3년을 제외한 그의 삶은 고독 그 자체였다. 그의 젊은 영혼은 "저녁을 먹고 나면 허물없이 찾아가 차 한 잔을 마시고 싶다고 말할 수 있는 친구"를, "영원이 없을수록 영원을 꿈꾸도록 돕는 진실한 친구"를 갈망했다.[27]

2023년 2월 히로시마 지방법원은 히로시마 피폭자들에게서 태어난 28명의 원폭 2세들이 일본 정부를 향해 방사능 노출의 유전적 영향을 인정하고 의료지원을 제공할 것을 요구한 소송에서 원고 패소 판결을 내렸다. 법원은 "방사능의 유전적 영향의 가능성은 배제할 수 없지만, 이에 대한 과학적 합의는 존재하지 않는다"면서, 정부가 원폭 2세들에게 의료지원을 거부한 것은 위헌이 아니라고 판시했다.[28] 원폭 2세의 생존권과 "인간답게 살 권리"를 외친 청년 김형률의 절규가 아직 멈출 수가 없는 이유다.

---

23 김형률, 2015, p.106.
24 김형률, 2015, p.68.
25 김형률, 2015, pp.33-34.
26 김형률, 2015, p.44.
27 김형률의 시 「지란지교(芝蘭之交)를 꿈꾸며」(김형률, 2015, p.26).
28 Mari Yamaguchi, "Court denies aid for Hiroshima A-bomb survivors' children," AP News, February 8, 2023.

3. 미국의 대일본 원폭 사용 결정 과정과 동기

역사학자 기바타 요이치木畑洋一에 따르면, 1945년 3월 말 시작해서 6월 하순에 걸친 오키나와 전투沖繩戰에서 9만 명의 일본군이 죽고 그보다 많은 9만 4,000명의 오키나와 주민이 희생되었다. 이런 희생을 치르고 또한 7월 17일 시작된 포츠담 회의에서 미·영·중 3국이 7월 26일 일본의 무조건 항복을 요구하는 「포츠담 선언」을 공동선언으로 발표한 후에도 일본 정부는 "묵살하는 자세를 보였다." 기바타는 히로시마와 나가사키에 대한 원자폭탄 투하는 일본의 그 같은 "전쟁 계속의 자세에 기인한 것이며, (그로 인해) 일본의 전쟁 희생자는 더욱 증가했다"고 평했다.[29]

이 원폭 투하의 역사적 의미에 대해서 기바타는 이렇게 요약했다. "이 원폭 투하는 제2차 세계대전을 특징짓는 것으로서, 많은 일반 민중의 희생을 수반한 도시에 대한 전략 폭격의 클라이맥스였으며, 일본인에게는 이 전쟁에서 입은 피해를 상징하는 사건이었다. 그러나 일본의 지배와 점령 하에 놓인 아시아 각 지역의 많은 사람들의 눈에는 이 원폭 투하는 전쟁 계속을 고집하는 일본의 패배를 결정적으로 만든 것으로 비쳤다."[30]

프랭클린 루스벨트 대통령이 1945년 4월 12일 사망하면서 트루먼이 대통령직을 계승했다. 트루먼은 4월 25일 육군장관 헨리 스팀슨Henry Stimson과 원폭 개발 '맨해튼 프로젝트' 책임자 레슬리 그로브스Leslie R. Groves 육군 중장과 회의를 가진다. 이 자리에서 트루먼은 "폭탄 하나로 도시 전체를 파괴할 수 있는, 인류 역사상 가장 가공할 무기 개발을 4개월 안에 완성할 것이 확실시된다"는 보고를 받는다.[31] 이틀 후인 4월 27일 그로브스를 위원장으로 해 원폭 투하 대상지를 선정하는 '타깃위원회Target Committee'가 펜타곤에서 열린다. 그전에 '군사정책위원회Military Policy Committee'와 대상 도시들을 이미 검토한 그로브스는 '타깃위원회'에게 목표 도시를 네 개 이내로 압축하라고 지시했다. 이 회의에서 부위원장 토마스 파렐Thomas Farrell 육군 준장은 목표물 선정의 기본 사항을 제시했다. 목표 지점은 "일본의 도시 또는 산업 지역들," 그리고 시점은 "7월이나 8월 또는 9월"로 잡았다. 위원장 그로브스는 목표물 선정에서 가장 유의할 점을 더

---

29 木畑洋一, 2011, pp.4-5.
30 木畑洋一, 2011, p.5.
31 Rhodes, 1986, p.624.

구체적으로 제시했다. 그는 "폭격(원폭 투하)을 통해 일본인들의 전쟁 계속 의지를 약화시킬 수 있는 목표물들"을 골라야 한다고 말했다. 또 "중요한 사령부나 군대 집결지 또는 군사장비와 보급품 생산 중심지 같은 군사적인 성격"을 가져야 한다고 지적했다. 또한 "원폭의 효과를 정확히 측정할 수 있게끔 이전의 공습으로 크게 파괴되지 않은 상태"인 곳들, 그리고 "첫 번째 목표물은 원폭의 위력을 확실히 판단하기에 충분히 큰 규모"여야 한다고 했다.[32]

그로브스가 제시한 기준을 충족하는 일본의 도시들은 그 무렵엔 이미 드물었다. 히로시마가 그나마 최적의 목표물로 꼽혔다. 아직 공습으로 파괴되지 않은 도시들 가운데 가장 큰 도시였다. 당시 미 공군은 도쿄, 요코하마, 나고야, 오사카, 교토, 고베, 야와타 그리고 나가사키를 이미 체계적으로 공습하고 있었다.[33] 그날 회의에서 우선 검토 대상으로 선정한 목표물은 17개로, 도쿄만, 요코하마, 나고야, 오사카, 고베, 히로시마, 고쿠라, 후쿠오카, 그리고 나가사키와 사세보 등이었다. 이들 가운데 이미 파괴된 정도가 심한 곳들은 최종 대상에서 빼기로 했다.[34] 나치가 학살한 600만 유대인, 2천만 명의 소련 군인과 민간인, 800만 명의 유럽인과 영국인, 그리고 500만 명의 독일인을 합해 총 3,900만 명의 인명을 희생시킨 끝에 5월 8일 독일의 항복과 함께 유럽에서 제2차 세계대전이 끝났다. 그 이틀 후인 5월 10~11일 양일간 미국에서는 '타깃위원회'가 다시 열렸다. 이 회의에서 목표지가 "교토, 히로시마, 요코하마, 그리고 고쿠라 군수창" 네 곳으로 압축된다.[35] 5월 30일 육군장관 스팀슨은 그로브스와 만난 자리에서 일본의 문화 중심지로서 유서 깊은 역사도시인 교토를 리스트에서 제거할 것을 주장한다. "일본의 로마" 교토가 원폭 투하 대상에서 빠지게 된 이유였다.[36]

새뮤얼 워커는 원폭 사용과 관련한 미국의 대일본 정책에서 중요한 분수령의 하나로 포츠담 회담을 한 달 앞두고 있던 6월 18일에 열린 백악관 회의를 꼽는다. 트루먼은 이 회의 전에 합동참모본부Joint Chiefs of Staff, 합참에 일본에 대한 승리를 위해 중요한 정보와 결정에 관한 의견을 제출하도록 요구했었다. 전쟁 조기 종결을 위해 소련에 어떤

---

32 Rhodes, 1986, p.626-627.
33 Rhodes, 1986, p.627.
34 Rhodes, 1986, p.628.
35 Rhodes, 1986, pp.630-632.
36 Rhodes, 1986, pp.640-641. 그로브스는 그 후에도 교토에 대한 미련을 버리지 않았다(Rhodes, 1986, p.686).

요구를 할 것인지에 대한 답도 준비하도록 했다. 아울러 트루먼은 백악관 비서실장 리하이William D. Leahy 제독에게 자신의 우선 목표는 "미국인 인명 희생을 가능한 최소화하는 전쟁 정책 결정"이라고 밝혔다.**37** 회의 전날인 6월 17일자 일기에서 트루먼은 일본 본토 침공이냐, 아니면 폭격과 해상봉쇄만으로 전쟁을 끝낼 더 나은 방법을 찾을 것이냐, 이 둘 가운데 어떤 걸 선택할지가 그가 직면한 가장 어려운 결정이라고 적었다.**38** 18일 회의에서 육군참모총장 조지 마셜George C. Marshall은 1945년 11월 1일을 기해 일본 본토인 규슈에 대한 침공을 준비할 것을 건의했다. 그 후에 일본 본토 침공 제2단계로 도쿄가 포함된 혼슈를 목표로 상정했다. 그는 이 회의에서 "규슈 작전은 일본에 대한 목 조르기 전략에 필수적"이라는 내용을 담은 합참의 보고서를 읽었다. 그는 이어서 "일본을 무릎 꿇리는 데에 공군력만으로는 불충분하다"는 자신의 개인 의견을 덧붙였다. 다른 참석자들 모두 규슈 침공을 진행해야 한다는 마셜의 의견에 동의했다.**39** 이때 합참은 규슈 침공 작전으로 (첫 30일 기간에) 예상되는 미군 사상자 수를 3만 1,000명 정도로 잡았다. 소련의 참전에 대해서는 그것이 전쟁 종결에 상당한 영향을 미치겠지만, 그것만으로 미국의 규슈 침공이 불필요하게 될 것이라고 보는 참석자는 없었다.**40**

워커에 따르면 6월 18일 회의에서 규슈 침공 문제와 함께 가장 중요하게 다루어진 것은 규슈 침공에 대한 더 나은 대안은 없는가라는 문제였다. 병석에 있다가 이 회의에 참석한 육군장관 스팀슨은 규슈 침공을 진행하는 데 동의하면서도 일본의 항복을 이끌어내기 위해 본토 공격이 반드시 필요한 것은 아니라는 의견을 내놓았다. 일본에는 "전쟁을 좋아하지 않으면서도 자신들의 조국을 위해 집요하게 싸울 커다란 침묵하는 세력a large submerged class"이 있다고 지적하면서 스팀슨은 다른 방법으로 전쟁을 끝낼 수 있다고 말했다. 하지만 구체적인 대안을 밝히지는 않았다. 한편 비서실장 리하이는 미국

---

37 *The Entry of the Soviet Union into the War against Japan: Military Plans, 1941-1945*, Washington, D.C.: Department of Defense, 1955, pp.76-77; J. Samuel Walker, *Prompt & Utter Destruction: Truman and The Use Of Atomic Bombs Against Japan*, Chapel Hill and London: The University of North Carolina Press, Revised Edition, 2004, p.35.

38 Robert H. Ferrell (ed.), *Off the Record: The Private Papers of Harry S. Truman*, New York: Harper and Row, 1980, p.47; Walker, 2004, p.35.

39 "Minutes of Meeting Held at the White House on Monday, 18 June 1945 at 1530," in Dennis Merrill (ed.), *The Decision to Drop the Atomic Bomb on Japan*, vol.1 of *Documentary History of the Truman Presidency*, Bethesda Md.: University Publication of America, 1995, p.52; Walker, p.36.

40 Walker, 2004, p.36.

이 꼭 일본의 무조건 항복을 고집할 필요는 없다는 의견을 냈다. 그러면 일본은 더 필사적이 되고 미국의 사상자 숫자만 늘어날 것이라고 말했다.[41] 그러자 트루먼 대통령이 무조건 항복에 관한 국민 여론을 변화시킬 방법은 없다는 취지로 말했다. 그는 (미군의 희생이 특히 컸던) 오키나와 전투가 되풀이되지 않을 수 있다는 희망을 전제하면서 합참에게 규슈 침공 작전 진행을 지시했다. 혼슈 공격에 대한 최종 승인은 나중으로 미뤘다.[42] 워커는 이날 회의에서 드러난 당시 트루먼 행정부의 인식의 핵심을 "일본의 붕괴가 가까워졌지만, 조기 항복을 이끌어낼 최선의 방안에 대해서는 분명하지 않은 상태"였다고 요약했다.[43]

한편 육군과 해군 관리들로 구성된 '합동전쟁기획위원회Joint War Plans Committee'가 6월 15일 한 보고서를 작성해 합참에 제출했다. 이 보고서는 혼슈 침공은 1946년 3월 1일이 적당하며, 전쟁 종결 시점은 최악의 경우 1946년 말이 될 것이라고 예상했다.[44] 이처럼 불분명한 상태에서 트루먼 대통령은 7월 중순 포츠담 회담을 위해 유럽으로 떠났다. 그리고 그 선상船上에서 원폭 실험 성공이라는 결정적인 변수를 접한다.

7월 16일 뉴멕시코주의 사막에서 첫 원폭 트리니티Trinity가 폭발한다. 오스트리아 출신의 망명객으로 맨해튼 프로젝트에 참여한 빅터 바이스코프Victor Weisskopf는 "처음엔 환호했고, 다음엔 피곤함을 느꼈으며, 그리곤 걱정을 하게 되었다"고 그 가공할 위력의 감동을 표현했다.[45] 육군장관 스팀슨이 당시 원폭 투하 문제를 담당하고 있던 '과도위원회Interim Committee'의 조지 해리슨George Harrison으로부터 7월 23일 받은 보고는 "원폭 투하 작전은 기상 조건에 달려 있지만 8월 1일부터는 언제든 가능하다"였다. 그날 스팀슨은 교토는 대상에서 제외한다는 점에 대통령의 재가를 받았음을 해리슨에게 알렸고, 이에 따라 해리슨은 "히로시마, 고쿠라, 니가타 순서로 원폭 투하를 진행"할 계획

---

41 Quatation from "Minutes of Meeting Held 18 June 1945," in Merrill, 1995, p.54; Walker, 2004, p.37.
42 Walker, 2004, p.37.
43 Walker, 2004, p.37.
44 Joint War Plans Committee, "Details of the Campaign against Japan" (J.W.P.C. 369/1), June 15, 1945, in Martin J. Sherwin, *A World Destroyed: Hiroshima and Its Legacies*, 3rd ed., Stanford: Stanford University Press, 2003, pp.336-345; Barton J. Bernstein, "Understanding the Atomic Bomb and the Japanese Surrender: Missed Opportunities, Little-Known Near Disasters, and Modern Memory," *Diplomatic History* 19 (Spring 1995), pp.227-273; Walker, 2004, p.38.
45 Rhodes, 1986, p.675.

임을 확인한다. 이 시점에선 나가사키는 대상에 포함되어 있지 않았다.[46] 7월 24일 육군장관 스팀슨은 트루먼에게 보고한다. 첫 원폭이 태평양 기지에 준비될 수 있는 날짜는 8월 6일이고, 두 번째 원폭은 8월 24일쯤 준비될 수 있으며, 9월에는 가속도가 붙어 3개가 가능하고, 12월에는 7개 이상이 가능하다는 내용이었다.[47] 그로브스가 포츠담을 방문해 스팀슨을 통해 트루먼 대통령과 번스 국무장관에게 "TNT 15킬로톤 내지 20킬로톤의 위력을 가진 원폭 성공 목격" 사실을 전달한 것은 7월 25일이었다. 또한 그날 그로브스는 육참총장 마셜의 허가를 받고 태평양지구 사령관 더글라스 맥아더에게 8월 5일에서 10일 사이에 일본에 대한 원폭 사용이 임박했음을 통보한다.[48]

한편 일본 정부는 1945년 7월 13일, 미·일 사이 전쟁 종결과 화해를 위한 외교적 중재를 소련에 의뢰했다. 일본은 1941년 4월 소련과 「일소중립조약」을 체결했었다. 1946년 3월까지 그 조약이 유효하다는 사실에 기대를 건 천황의 강력한 의지가 소련과의 교섭을 시도한 배경이었다.[49] 천황은 7월 초에 소련에 대한 사절로 고노에 후미마로近衛文麿를 파견하기로 결정했다. 그 직후인 7월 9일 아리타 하치로有田八郎는 소련 말고 전쟁 상대국들인 미국·영국과 직접 평화협상을 해야 한다는 의견서를 내대신內大臣 기도 고이치木戶幸一를 통해 천황에게 상주했다. 그럼에도 천황은 7월 13일 사절을 파견해 소련과 강화 교섭을 모색한 것이었다. 천황이 미·영과의 직접 강화 협상 의견을 묵살한 것을 뜻했다. 7월 26일 일본의 항복을 촉구하는 「포츠담 선언」이 나왔을 때 일본 육군대신이 그 선언 수락을 간단하게 거부할 수 있었던 데에는 미·영과의 교섭을 거부하고 소련과의 협상에 중점을 두어 온 천황의 태도가 한몫 했다는 지적을 받는다.[50]

포츠담 회담에서 미국·영국·소련 세 나라 사이의 합의사항이 정리된 것은 7월 30일과 8월 1일 사이였다. 그전인 7월 26일, 당시 일본과 전쟁 중이던 세 나라, 즉 미국의 트루먼, 영국의 처칠, 그리고 중국의 장제스 3인이 「포츠담 선언Potsdam Declaration」을 발표한다. 이것은 미·영·소 사이의 포츠담 회의 결과인 포츠담 합의Potsdam Agreement와

---

46   Rhodes, 1986, p.689. 8월 9일 두 번째 원폭 대상으로 나가사키가 선택된 것은 그날 고쿠라의 기상 상황 때문이었다.

47   Rhodes, 1986, p.689.

48   Rhodes, 1986, p.687.

49   고모리 요이치(小森陽一), 송태욱 옮김, 『1945년 8월 15일, 천황 히로히토는 이렇게 말했다: '종전조서' 800자노 끼후, 일본 다시 읽기』, 뿌리와이파리, 2004, p.31.

50   고모리 요이치, 2004, p.33.

는 별개의 것이었다. 「일본의 항복 조건에 관한 선언Proclamation Defining Terms for Japanese Surrender」이었다. 7월 18일 일본 정부가 평화협상 제스처를 취해 온 바 있었다.[51] 「포츠담 선언」은 그에 대한 트루먼의 답변이었다.

7월 26일 공표된 「포츠담 선언」은 제5항에서 이렇게 선언했다. "우리의 조건은 다음과 같다. 우리는 그 조건을 바꾸지 않을 것이며, 대안은 없다. 어떠한 지체도 용납하지 않는다." 제6항은 "무책임한 군국주의가 지구상에서 사라지지 않는 한 평화와 안보 그리고 정의의 신질서는 불가능하다고 믿기 때문에 일본 국민을 기만하고 오도해 세계 정복으로 몰아간 자들의 권위와 영향력은 영원히 제거되어야 할 것"이라고 했다. 제7항은 "그러한 신질서가 확립되고 일본의 전쟁 능력이 파괴되었다는 확실한 증거가 있기까지 연합국이 지정한 일본 영토들은 우리가 정한 기본 목적들을 달성하기 위해 점령한다"고 했다. 제8항은 "카이로 선언의 조건들을 실행할 것이며 일본의 주권은 혼슈, 홋카이도, 규슈, 시코쿠, 그리고 우리가 지정하는 작은 섬들에 한정될 것"이라고 했다. 제9항은 "일본 군대는 완전히 무장해제시킨 후 집에 돌아가 평화롭고 생산적인 삶을 살 기회를 허용한다"고 하였다. 제10항은 "일본인을 인종으로서 노예화하거나 국가로서 파괴할 의도가 없지만 연합군 포로들에게 잔혹 행위를 자행한 자들을 포함한 모든 전쟁범죄자에게는 엄격한 정의의 심판을 내릴 것"이라고 선언했다. 아울러 "일본 정부는 일본 국민 사이에 민주적 경향의 부활과 강화를 저해하는 모든 장애물을 제거해야 하며, 표현, 종교 및 사상의 자유와 기본적 인권 존중을 확립할 것"이라고 했다. 제11항은 "일본은 경제를 지탱하고 정당한 전쟁배상금의 현물 갹출을 가능케 할 수 있는 산업은 유지할 수 있으나, 전쟁을 위한 재무장을 가능케 하는 산업은 금지한다. 이 목적을 위해 원료에 대한 통제권이 아닌 접근권은 허용한다. 일본은 궁극적으로 세계무역 관계에 참여할 수 있게 될 것"이라고 했다. 제12항은 "이상의 목적들이 달성되고 일본 국민의 자유의사에 따른 평화애호적이고 책임 있는 정부가 수립되면, 연합국 점령군은 일본에서 철수할 것"이라는 약속을 제시했다. 끝으로 제13항은 "우리는 일본 정부가 모든 일본 군대의 무조건 항복unconditional surrender of all Japanese armed forces을 즉각 선언하고 그러한

---

51   Melvyn P. Leffler, *A Preponderance of Power: National Security, the Truman Administration, and the Color War*, Stanford, CA: Stanford University Press, 1992, p.37.

자세를 적절하고 충분하게 확인하는 행동을 보일 것을 촉구"하며, 일본이 거부할 경우 그 대가는 "신속하고 완전한 파괴prompt and utter destruction일 뿐"이라고 경고했다.

아키라 이리에에 따르면, 포츠담 선언은 명백히 미국의 작품이었다. 미국 정부가 3년에 걸쳐 기획하고 심의한 결과를 요약한 것이었다.[52] 이리에가 이 선언에서 주목한 것은 패전국 일본을 몇 개의 점령 지역으로 분할하지 않고 한 단위로 취급한다는 원칙, 그리고 일본의 비군사화demilitarization와 민주적 개혁을 점령 목적으로 규정함으로써 대규모의 점령 계획을 담고 있었다는 점이다.[53]

1944년 7월 22일 도조 히데키東條英機 내각이 무너지고 고이소 구니아키小磯國昭 내각이 등장했다. 1945년 4월 7일 고이소 내각은 스즈키 간타로鈴木貫太郎 내각으로 교체된다. 그래서 1945년 7월 수상이었던 스즈키는 천황과 육군의 의견을 따른다는 명분을 내세우며 포츠담 선언을 묵살했다.[54] 곧 연합국의 최후통첩을 묵살한 것이었다. 그 결과 포츠담 선언이 일본에게 "신속하고 완전한 파괴"를 경고한 대로 히로시마와 나가사키에 원폭 투하를 강행한 행동의 직접적인 원인으로 해석된다. 포츠담 선언에 대해 "공식 논평할 가치가 없다"고 일축한 스즈키 간타로의 반응을 접한 미국은, 육군장관 스팀슨이 나중에 회고한 대로 "이러한 거부 입장에 직면해 우리가 발표한 최후통첩은 정확하게 말한 그대로를 뜻한다는 사실을 증명하는 도리밖에 없었다."[55]

포츠담 회담 초기에 트루먼은 스탈린으로부터 소련의 대일본 참전 약속을 확인받았다.[56] 하지만 소련의 대일본전 개입에 대한 미국의 입장은 포츠담 회담 기간에 중요한 변화를 겪는다. 트루먼과 그가 새로 임명한 국무장관 제임스 번스James F. Byrnes가 포츠담에서 견지한 우선순위는 일본의 신속한 패배를 이끌어내어 미군 희생을 줄이고 동아

---

52 Akira Iriye, *Power and Culture: The Japanese American War 1941-1945*, Cambridge: Harvard University Press, 1981, p.263.

53 Iriye, 1981, p.262.

54 고모리 요이치, 2004, p.33. 코시로 유키코에 따르면, 스즈키 수상이 "포츠담 선언에 관해 코멘트하지 않겠다"는 성명을 낸 것은 7월 28일의 기자회견에서였다(Yukiko Koshiro, *Imperial Eclipse: Japan's Strategic Thinking about Continental Asia before August 1945*, Ithaca: Cornell University Press, 2013, p.222).

55 Henry Stimson, "The Decision to Use the Atomic Bomb," *Harper's Magazine*, vol.194, no.1161 (February 1947), p.105; Ronald Takaki, *Hiroshima: Why America Dropped the Atomic Bomb*, Boston: Little, Brown and Company, 1995, p.38.

56 Henry Kissinger, *Diplomacy*, New York: Simon & Schuster, 1994, p.435.

시아에서 소련의 영역 확장을 제한하는 것이었다.[57] 일본의 신속한 투항을 이끌어내는 데에 소련의 대일전 참가는 필요했다. 하지만 그것은 전후 동아시아에서 소련의 영역 확대를 최소한으로 제한한다는 목적과 충돌했다. 그것이 이 회담 초반에 미국이 직면한 딜레마였다. 얄타에서 스탈린이 태평양전쟁에 참가하겠다고 한 약속을 포츠담에서 재확인했을 때 트루먼도 처음에는 기뻐했다. 자기 부인에게 보낸 편지에서 트루먼은 "내가 여기에서 얻고자 한 것을 얻었소"라고 썼다.[58]

하지만 포츠담 회담 중간에 트루먼은 원자탄 실험이 성공적이라는 보고를 받는다. 그는 회담 시작 전날인 7월 16일에 이미 원자탄 개발이 성공적으로 진행되고 있다는 보고를 받은 바 있다. 하지만 실험이 성공했다고 해서 곧바로 원자탄을 실전에 투입할 수 있는 것은 아니었다. 그런데 7월 22일 트루먼은 원자탄이 예상보다 일찍 투하 준비될 수 있다는 보고를 받는다. 23일 번스 국무장관은 육군장관 스팀슨에게 실전 투입 가능한 날짜를 언제 알 수 있느냐고 물었다. 24일 스팀슨은 우라늄 원폭은 8월 1일 후면 곧 준비되고, 플루토늄 원폭은 8월 6일경 준비될 수 있다고 트루먼에게 보고했다. 트루먼은 스팀슨에게 대일본전에 소련군의 개입이 필요한지 물었다. 스팀슨은 이제 필요 없다고 답한다.[59]

멜빈 레플러에 따르면, 원자탄 실험 성공을 보고받은 트루먼과 번스 국무장관의 목표는 "중국 문제와 관련해 스탈린을 따돌리고 소련이 개입하기 전에 태평양전쟁을 끝내는 것"으로 바뀐다. 이제 트루먼과 번스가 전후 세계질서를 구성하는 작업에서 나치스에 함께 대항한 연합국 소련을 억제하고 봉쇄하려는 충동이 소련과 협력을 모색하려는 생각을 압도하기에 이르렀다고 레플러는 지적했다.[60] 원폭 사용을 결정하면서 트루먼이 목표한 것은 소련이 대일본 전쟁을 선포하고 만주의 주요 거점들 — 다롄항을 포함해 얄타 회담에서 미국이 소련에 약속해 준 영토들 — 을 점령하기 전에 일본의 항복을 받아내는 것이었다.[61] 트루먼은 일기에 이렇게 썼다. "나는 일본인들이 러시

57　Leffler, 1992, p.37.

58　Robert H. Ferrell (ed.), *Dear Bess: Letters from Harry to Bess Truman*, New York: Norton, 1983; Leffler, 1992, p.37.

59　Henry L. Stimson Diaries (Microfilm), Yale University, New Haven, Conn., 21, 23 and 24, July 1945; Leffler, 1992, p.37.

60　Leffler, 1992, p.37.

61　Melvyn Leffler, "The emergence of an American grand strategy, 1945-1952," Melvyn P. Leffler and Odd

아가 들어오기 전에 무릎을 꿇게 될 것으로 믿는다. …맨해튼(원폭)이 일본 땅 위에 나타나면 그들은 분명 그렇게 할 것이다."[62] 육군장관 스팀슨도 그 무렵 "원폭의 성공적 실험 이후에 생긴 심리적 차이"에 그 자신도 놀랐다고 일기에 썼다.[63] 한편 스탈린은 미국의 맨해튼 프로젝트에 대한 상세한 정보를 적어도 1945년 2월에는 파악하고 있었으며, 그 결과를 예의주시하고 있었다.[64]

　　7월 26일 포츠담 선언을 서명하고 발표할 때 미국은 스탈린을 초대하지 않았다. 스탈린에게 서명을 요청하면 그가 동아시아에서 더 많은 영토적 양보를 요구할 것을 우려했기 때문이다. 특히 번스 국무장관이 그러했다.[65] 미국이 대일본 원폭 투하 명령을 처음 하달한 것은 그 이틀 전인 7월 24일이었다. 약 1주일 동안 그로브스와 다른 군부 지도자들 사이에 진행된 비공식 회의들을 거쳐서 미 육군의 공군 부대들에게—당시는 공군이 독립해 있지 않았다—원폭 투하 명령이 전달되었다. 태평양지역 전략공군사령관 칼 스파츠Carl A. Spaatz가 원폭 투하에 관한 공식 명령서를 요청했다. 7월 24일 5성 장군 헨리 아놀드Henry Arnold가 전달받은 명령은 우라늄 235를 8월 1일과 10일 사이에 히로시마, 고쿠라, 니가타 또는 나가사키에 투하하라는 내용이었다. 이 명령서에는 명령자가 누구인지 밝히지 않았다. 다음날인 7월 25일 육참총장 조지 마셜 바로 밑에 있는 토마스 핸디Thomas Handy 대장이 내린 명령은 기상 조건이 허락하는 대로 8월 3일 이후 첫 원폭을 투하하라는 것이었다. 그 명령은 또한 "추가적인 원폭들을 준비되는 대로

Arne Westad (eds.), *The Cambridge History of the Cold War*, Volume 1: Origins, Cambridge: Cambridge University Press, 2010, p.70.

62　Robert H. Ferrell (ed.), *Off the Record: The Private Papers of Harry S. Truman*, New York: Harper & Row, 1980, p.54; Leffler, 2010, p.70.

63　Leffler, 1992, p.38.

64　1945년 2월 당시 GRU와 NKVD를 중심으로 한 소련 정보기관들은 맨해튼 프로젝트의 진행 상황에 대한 결정적인 정보를 확보했다. 캐나다 오타와의 GRU 책임자 니콜라이 자보틴(Nicolai Zabotin) 대령이 앨런 넌 메이(Alan Nunn May)를 통해 알아낸 것은 원폭을 가동시키는 두 가지의 방법이 개발되고 있다는 사실이 포함되어 있었다. 하나는 탄도탄 방식(ballistic method, 즉 gun-type)이었고, 다른 하나는 '내폭(implosion)' 장치 방식이었다. 미국이 벨기에령 콩고에서 우라늄 원석 채굴에 대한 무제한 통제권을 확보하기 위해 노력하고 있다는 정보도 얻었다. 또한 천연 우라늄을 원료로 하여 원자로에서 만들어진 플루토늄이 원폭 제조의 지름길이 될 수 있다는 사실은 영국과 미국의 원폭 제조에 있어서 첫 번째 획기적인 기술적 진전이었는데, 이 정보는 이 무렵 소련 정보기관에 의해 파악되어 소련 과학자들에게 전달되었다. 내폭 방식이 총격(gun assembly) 방식보다 우수하다는 사실은 소련 정보기관이 파악한 두 번째 결정적인 정보였다. 또한 클라우스 픽스(Klaus Fuchs)가 로스 알라모스(Los Alamos)에서의 미국의 원폭 개발이 큰 진전을 보고 있다는 정보를 소련 측에 제공한 것도 같은 2월이었다. Richard Rhodes, *Dark Sun: The Making of the Hydrogen Bomb*, New York: A Touchstone book, 1995, pp.150-150.

65　Walker, 2004, p.71.

투하하라"고 덧붙였다. 이 명령은 육군장관 스팀슨과 육참총장 마셜의 "지시와 승인"으로 보내졌다.[66] 하세가와 츠요시는 미국의 원폭 투하 결정 날짜를 7월 25일로 설명하는데,[67] 이는 7월 25일 스팀슨과 마셜의 명령서를 기준으로 할 때 맞는 말이다.

스팀슨이 회고록에서 밝히고 있듯이, 트루먼은 원폭 실험 성공 이후 포츠담 회의에서 소련의 참전에 흥미를 잃었다. 원폭을 이용해 일본의 조기 항복을 이끌어내 소련의 참전 필요성을 예방할 것을 가장 강력하게 주장한 사람은 국무장관 번스였다. 메트레이가 지적하듯이, 이들 미국 지도자들이 원자탄을 사용하려는 주된 이유는 미국인들의 인명 손실을 줄이려는 것이었지만, 이외에도 "일본의 조기 항복이 가져올 (동아시아에서의) 외교적·전략적 이익"이었다. 소련이 일본에 대한 전쟁을 선포하기 전에 미국이 원폭을 사용해 일본의 항복을 이끌어낸다면, 일본 점령과 일본의 전후 처리에서 소련의 참여를 배제할 수 있었다. 또 한국에 대해서도 미국이 일방적인 점령을 할 수 있을 것으로 미국은 기대했다. 따라서 한국에 대해 소련과 함께 신탁통치를 협의해야 하는 "귀찮은 문제"도 피할 수 있을 것으로 기대했다.[68]

포츠담 회의 초기에 스탈린은 소련의 대일본 참전의 전제로 까다로운 조건을 내걸었다. 미국이 소련 참전 대신 원폭 사용으로 일본의 항복을 얻어내는 전략을 채택하도록 이끈 원인의 하나였다. 7월 17일 회담에서 스탈린이 내건 대일 참전 조건은 중국으로 하여금 얄타협정에서 소련이 중국에서 확보하기로 한 권리를 승인하라는 것이었다. 루스벨트가 동의한 것으로 스탈린이 해석하고 있던 내용에 대해 트루먼은 이의를 제기했다. 미국은 랴오둥반도의 다롄항이 궁극적으로는 중국의 자유항이 되어야 한다[69]고 주장했다. 다음날인 7월 18일 스탈린은 1945년 8월 15일 이전에는 소련이 일본과의

---

66 John N. Stone, Memorandum for General Arnold, July 24, 1945, in Merrill (ed.), 1995, pp.151-154; Thomas T. Handy to Carl Spaatz, July 25, 1945, Marshall Foundation National Archives Project, Xerox 1482-175, George C. Marshall Library, Lexington, Va.; Robert James Maddox, *Weapons for Victory: The Hiroshima Decision Fifty Years Later*, Columbia: University of Missouri Press, 1995, pp.104-108; Walker, 2004, p.61.

67 Tsuyoshi Hasegawa, *Racing the Enemy: Stalin, Truman, and the Surrender of Japan*, Cambridge, Mass.: The Belknap Press of Harvard University, 2005, pp.189-191.

68 James Irving Matray, *The Reluctant Crusade: American Foreign Policy in Korea, 1941-1950*, Honolulu: University of Hawaii Press, 1985: 제임스 I. 메트레이 지음, 구대열 옮김, 『한반도의 분단과 미국 : 미국의 대한 정책, 1941-1950』, 을유문화사, 1989, p.58.

69 메트레이, 1985, p.39.

전쟁에 나설 준비가 안 될 것이라고 밝혔다.[70] 이것은 중국 문제에 대한 미국의 양보를 얻어내기 위한 압력이었다. 미국은 이제 그러한 소련의 태도를 오히려 다행하게 생각했다. 8월 15일 이전에 원폭을 연거푸 터뜨려 일본의 항복을 신속하게 받아내면 소련의 참전을 봉쇄할 수 있다고 믿었다. 번스 국무장관은 연합국들이 일본에게 2주 내 항복하도록 요구하고, 이 기한이 지나면 일본을 완전히 초토화시킬 것을 위협하는 최후통첩을 보낼 것을 비공식적으로 제의했다. 일본 항복 이전에 소련이 참전해 만주와 한국을 점령하는 사태를 피하고 싶었던 것이다. 번스에게 그러한 목표는 원폭 사용을 통해서만 실현할 수 있는 일이었다.[71]

1995년 미국의 저명한 언론인 피터 제닝스Peter Jennings가 보도 형식으로 ABC 지상파 TV에서 방송한 저명한 다큐멘터리는 이렇게 요약했다. "원폭 성공 후 포츠담 회담에서 미국은 두 가지가 필요없게 되었다. 일본에 대한 항복 요구 조건에서 '천황제 유지'와 같은 양보를 할 필요가 없게 되었고, 러시아의 대일본 전쟁 참여는 희망사항이 아니라 우려사항이 되었다." 이 다큐멘터리에서 로버트 메서Robert Messer는 번스 국무장관이 원폭 실험 성공 후 일본에 대한 최후통첩 내용을 수정한 목적은 "전쟁을 빨리 종결함으로써 소련이 일본을 요리하는 데 끼어들지 못하게 하려는 것"이었다고 말한다.[72]

미국은 그러한 희망을 갖고 스탈린과의 협상에 임했기 때문에 한국 신탁통치 문제에 대해 소련과 진지한 협상에 임하지 않았다. 이 맥락에서 메트레이는 매우 중요한 지적을 했다. 원자탄은 포츠담 회의에서 미국의 대한 정책을 크게 변화시킨 요인이었다고 한 것이다. "트루먼과 그의 참모들은 태평양전쟁을 빨리 끝내 소련의 점령 참여를 배제할 수 있다고 예상하면서 신탁통치 구상을 폐기하기로 결정했다. 7월 23일 외교장관회의에서 번스는 (영국 외상) 이든Eden과 함께 신탁통치에 관한 자세한 논의를 반대하는 쪽

70　Walter Brown notes, July 17, 18, 1945, file 54(1), James F. Bynes papers; Matray, 1985, pp.39-40.

71　Walter Brown notes (July 20, 1945); Harry S. Truman, diary entry (July 18, 1945) in Robert H. Ferrell (ed.), *Off the Record: The Private Papers of Harry S. Truman*, p.54; Gar Alperovitz, *Atomic Diplomacy: Hiroshima and Potsdam*, New York: Vintage, 1965, pp.103-106; 메트레이, 1989, p.59.

72　"Peter Jennings Reporting: Hiroshima-Why the Bomb was Dropped," ABC News, 1995. 이 다큐멘터리는 그해 '피바디 언론상(Peabody Award)'을 수상했다. 메서의 저작은, Robert Messer, *The End of an Alliance: James F. Byrnes, Roosevelt, Truman, and the Origins of the Cold War*, First Edition, The University of North Carolina Press, 1982.

에 가담했다."[73] 더욱이 신탁통치에 대한 협의는 지중해 일부 지역에서의 위임통치 문제로 영국과 소련이 신경전을 벌이면서 한국 문제에 대한 협의는 더더욱 뒷전으로 밀렸다. 그 결과 메트레이의 지적과 같이, "한국과는 상관없는 문제와 얽히게 됨으로써 한국 문제에 대해서는 불행히도 확고한 합의에 도달하지 못했다. 한국 문제를 우호적인 분위기 속에서 처리할 수 있는 마지막 그리고 최고의 기회는 그렇게 잃어버렸다."[74] 혹자는 원폭 사용으로 미·소의 신탁통치를 피할 수 있게 되어 다행이라고 말할 수도 있다. 그러나 미·소 협력에 의한 신탁통치가 불가능해지면서 1948년 남북에 단독정권들이 수립되어 분단이 고착화되고, 그로부터 2년 후 거대한 전쟁의 참극이 한반도를 휩쓸고 마는 역사적 결과를 생각하면 과연 그것이 다행한 것이었는지 재고하지 않을 수 없다.

미국의 원폭 투하 결정 동기에 대한 미국 역사학계의 인식을 종합하고 있는 것으로 평가되는 새뮤얼 워커는 미국의 동기를 다섯 가지로 요약했다. 워커에 따르면, 트루먼은 그다지 고민하지도 않았다. 그는 이 새로운 무기의 이점과 잠재적 단점에 관해 참모들과 이렇다 할 협의도 없이 원폭을 즉각 사용할 결심을 했다. 워커는 트루먼의 결정을 이끈 "다섯 가지 근본적 고려사항"을 열거했다. 전쟁의 조기종결, 맨해튼 프로젝트에 소요된 천문학적 비용을 정당화할 필요성, 소련에 충격을 줄 의도,[75] 원폭 사용을 회피해야 할 인센티브의 부재, 그리고 "야수野獸: a beast"로 인식된 일본에 대한 응징(일본인에 대한 증오, 진주만 공격에 대한 보복, 인종주의적 태도 포함)이 그것이다. 이 가운데 워커가 트루먼의 원폭 사용 결정에 가장 치명적인 요인으로 꼽은 것은 '전쟁의 조기종결'이라는 동기였다.[76] 그리고 트루먼에게 조기종결 필요성의 일차적인 의의는 미군의 인명 희생을 줄인다는 데 있었다는 게 워커의 주장이다.

다만 원폭 사용으로 예방할 수 있는 미군의 인적 희생 규모에 대해서는 오랜 논란이 있어 왔다. 앞서 설명한 1945년 6월 18일의 백악관 회의를 앞두고 미 합참은 일본 본토에 대한 침공 과정에서 미군이 치를 희생의 규모를 평가하는 작업을 했다. 육군과 해군 관리들로 구성된 '합동전쟁기획위원회'가 6월 15일 합참에 제출한 보고서 초안은 규슈

---

73 메트레이, 1985, p.40.
74 메트레이, 1989. p.60.
75 워커는 소련과의 점증하는 갈등이 미국의 원폭 사용의 한 요인으로 작용했지만, 주된 요인은 아니었다고 주장한다(Walker, 2004, p.95).
76 Walker, 2004, pp.92-97.

침공으로 예상되는 미군 피해를 전사 2만 5,000명을 포함한 13만 2,500명으로 잡았다. 또 혼슈 침공으로 추가될 피해는 전사 2만 1,000명을 포함한 8만 7,500명이 될 것으로 보았다.[77] 같은 무렵 육참총장 마셜이 태평양지역 육군사령관을 맡고 있던 더글러스 맥아더에게 규슈 침공에 따를 미군 희생 예상치를 평가해 달라고 요청했다. 맥아더가 6월 18일 보내온 회답은 전투 중 사상자 10만 5,000명과 비전투 중 사상자 1만 2,600명으로 합계 13만 1,000명이 될 것이라고 했다. '합동전쟁기획위원회'의 평가와 거의 정확히 일치했다.[78]

워커에 따르면, 마셜은 18일 백악관 회의에서 일본 본토 침공에 따를 미군 희생 예상치를 트루먼에게 알릴 경우 미군 인명 희생에 민감한 트루먼이 침공 작전을 승인하지 않을 것을 우려했다. 마셜은 그 이야기를 꺼내지 않았다. 그래서 트루먼은 규슈 침공으로 예상되는 미군 희생 규모를 첫 30일간 3만 1,000명 수준으로 알고 있었을 것으로 본다.[79] 훗날 트루먼과 그의 참모들은 일본 본토 침공으로 50만에서 100만 명의 미군 사상자가 발생할 것이라는 정보를 접했다고 주장한다. 그것을 히로시마와 나가사키에 대한 원폭 투하를 정당화하는 명분으로 제시한 것이다. 그러나 워커에 따르면, 그들이 그러한 정보를 원폭 투하 이전에 접했다는 근거는 존재하지 않는다.[80]

그러므로 트루먼이 원폭 사용으로 실제 줄일 수 있다고 인식한 미군 인명 희생의 규모는 나중에 주장된 100만은 고사하고 수십만 명도 아니었다. 워커는 원폭 사용으로 막을 수 있는 미군 인명 희생이 수만 명도 아닌 수천 명에 불과한 것이었다 하더라도, 트루먼은 그 이유만으로도 원폭 사용을 선택했을 것이라고 결론짓는다.[81]

미국의 원폭 투하 결정의 동기에 관해 일본의 역사학자 시노하라 하츠에篠原初枝는 미국 역사학계의 정통파-수정주의파의 논쟁을 주목한다. 그의 설명에 따르면, 정통

---

77 Joint War Plans Committee, "Details of the Campaign against Japan" (J.W.P.C. 369/1), June 15, 1945, in Martin J. Sherwin, *A World Destroyed: Hiroshima and Its Legacies*, Stanford: Stanford University Press, 3rd Edition, 2003, pp.336-345; Bernstein, 1995, pp.227-273; Walker, 2004, p.38.

78 General MacArthur to General Marshall, June 18, 1945; Walker, 2004, p.38.

79 Walker, 2004, pp.38-39.

80 Walker, 2004, p.39. 1990년대와 2000년대에 원폭 투하 이전 트루먼 행정부가 파악하고 있던, 일본 본토 침공에 따를 미군 인명 희생 규모가 어떤 수준이었나에 대해 미국 역사학계에서 치열한 논쟁이 벌어졌다. 이에 대해서는 Walker, 2004, pp.116-118.

81 Walker, 2004, p.93.

파는 일본과의 전쟁을 조속히 끝내기 위해서 원폭을 사용했다는 사실을 강조하는 반면, 수정주의는 일본의 항복을 앞당기는 목적보다는 전후 소련의 영향력 차단을 위해 원폭 투하를 서둘렀음을 부각한다. 정통파의 대표로 그는 헨리 스팀슨과 허버트 파이스를 들었다.[82] 그런데 사실은 정통파라고 하는 사람들도 트루먼이 원폭 사용을 결정하면서 소련의 영향력 확대를 막고자 한 사실을 인정하고 있음을 유의해야 한다. 시노하라 하츠에가 정통파의 대표로 꼽은 파이스도 이렇게 말했다. "처칠 그리고 틀림없이 트루먼도 원폭 투하가 전쟁을 신속히 종결짓는 것 이외에도 유럽과 극동 모두에서 서방에 더 유리한 질서를 확립하는 데 도움이 될 것이라고 생각했을 것이다. 스팀슨과 번스는 그런 생각을 분명히 염두하고 있었다. 서방의 힘의 극적인 과시가 일본을 항복시키는 충격을 준다면 러시아 역시 충격을 받을 게 아닌가? …요컨대 원폭은 일본 침략자들을 항복시킬 뿐 아니라, 소련의 행태도 절제시킬 수 있을 것으로 생각했거나 그렇게 희망했을 것이다."[83]

그리고 수정주의자라고 하더라도 원폭 투하 목적에 일본의 조기 항복을 이끌어낸다는 목적이 있었음을 부정하지 않는다. 미국 역사학계에서 수정주의의 대부로 통하는 윌리엄 애플만 윌리엄스도 미국의 원폭 투하 동기를 1945년 11월로 예정되어 있던 일본 본토에 대한 침공작전을 하지 않고 일본의 항복을 받아낸다는 것과 러시아를 견제한다는 두 가지 목적을 함께 가진 것으로 판단했다. 다만 정통파 학자들이 일본의 조기 항복을 이끌어내려는 동기를 일방적으로 강조한 데 비해서, 윌리엄스는 그 동기를 부정하지 않으면서도 정통파들에 비해 소련 견제라는 목적을 좀 더 강조하려 했다고 말할 수 있다.[84]

요컨대 미국이 히로시마와 나가사키에 대한 원폭 투하를 결정한 이유는 일본의 조기 항복을 유도하는 동시에 소련의 참전이 가져올 전후 소련의 영향력 확대를 차단하려

---

82 篠原初枝, 「原爆投下と戰後國際秩序–軍事的·外交的價値への期待と核の恐怖」, 和田春樹·後藤乾一·木畑洋一·山室信一·趙景達·中野聰·川島眞 編, 『東アジア近現代通史 6: アジア太平洋戰爭と「大東亞共榮圈」, 1935-1945年』, 岩波書店, 2011, p.370. 시노하라 하츠에가 주목한 스팀슨의 글은, Henry L. Stimson, "The Decision to Use the Atomic Bomb," *Harper's Magazine*, Issue 194, 1947, pp.97-107.

83 Herbert Feis, *Churchill, Roosevelt and Stalin*, Princeton, N.J.: Princeton University Press, 1957, p.194: 이삼성, 「핵의 탄생과 핵 숭배의 문명」, 『20세기의 문명과 야만: 전쟁과 평화, 인간의 비극에 관한 정치적 성찰』, 한길사, 1998, p.241.

84 William Appleman Williams, *Americans in a Changing World: A History of the United States in the Twentieth Century*, New York: Harper & Row, 1978, p.349; 이삼성, 1998, p.243.

는 목적 두 가지를 모두 포함하고 있다는 데에, 미국 역사학계의 인식은 크게 보아 일치한다. 아울러 유의할 점은 미국 지도자들은 일본이 조기에 항복하면 소련의 참전을 불필요하게 만들 수도 있다고 믿고 있었다는 점이다. 일본의 항복 이전에 소련이 참전하더라도 만주, 한반도, 일본 등에 대해 소련이 점령할 수 있는 영토를 제한할 수 있게 될 것이었다. 그러므로 일본의 조기 항복 유도와 소련의 영향력 확대 차단이라는 두 가지 동기는 미국 정책결정자들의 관점에서도 분리된 것이 아니라 서로 긴밀히 연결되어 있었고 상호작용하는 것이었다.

4. 원폭과 전쟁 종결의 역사적 인과(因果)

다음에 검토할 이슈는 원폭과 전쟁 종결의 역사적 인과다. 일본의 조기 항복을 이끌어내는 데에 원폭이 실제 어떤 역할을 했는가. 일본의 항복이 임박한 상황에서 미국이 원폭을 불필요하게 사용했는가, 혹은 실제 일본의 항복에 원폭보다는 소련의 참전이 더 결정적인 역할을 한 것은 아닌가. 이러한 문제들이 원폭과 일본 항복 사이의 역사적 인과를 논할 때 제기되는 의문들이다. 원폭 투하의 군사적·정치적 의미를 논할 때 가장 결정적인 이슈는 바로 그 문제일 것이다. 원폭과 일본 항복의 역사적 인과를 논함에 있어서 필자가 중요하게 생각하는 것은 다음의 몇 가지 역사적 사실들을 확인하는 것이다.

1) 포츠담 선언 후 원폭 투하 이전 일본 정부의 태도와 대처

가르 알페로비츠는 1945년 7월 말이나 8월 초가 되면 일본은 천황제 유지만 보장되면 항복할 의사를 명백히 갖고 있었으며, 미국도 그것을 알고 있었음에 틀림없다고 주장했다.[85] 그런데 바튼 번스타인에 따르면, 미국이 이 방안을 채택했을 때 일본이 항복

---

[85] Gar Alperovitz and Robert Messer, "Marshall, Truman, and the Decision to Drop the Bomb," *International Security* 16 (Winter 1991/92), pp.207-209; Barton J. Bernstein, "Understanding the Atomic Bomb and the Japanese Surrender: Misused Opportunities, Little-Known Near Disasters, and Modern Memory," in Michael J. Hogan (ed.), *Hiroshima in History and Memory*, Cambridge, UK: Cambridge University Press, 1996, p.51.

에 응할지는 결코 분명하지 않았다. 1945년 7월 말과 8월 초에 이르는 시기 일본 외무성 자료들을 보면, 당시 일본 정부가 항복을 받아들일 조건은 '천황제 유지'로 환원시킬 수 없는 복잡성이 있었다. 앞서 언급한 바와 같이, 일본 정부는 1945년 7월 황실 인물이자 전 수상인 고노에 후미마로를 모스크바에 파견해서 평화 중재를 요청했다. 그런데 소련 정부의 판단으로는 일본은 구체적이고 명백한 평화협상 조건을 제시하지 않았다. 이에 따라 소련 역시 애매한 태도를 취했다. 그 결과 일본과 소련 양측이 다 같이 애매한 태도로 시간을 지연시키면서 서로 "고양이와 쥐 게임cat and mouse game"을 벌이는 상태였다고 번스타인은 지적한다.[86]

특히 7월 말의 시점에서 외무대신 도고 시게노리東鄕茂德는 특명전권대사로 모스크바에 파견된 사토 나오타케佐藤尚武에게 평화협상을 지시했지만, 도고 자신도 구체적인 평화교섭 조건을 제시하지 못했다. 그래서 7월 27일 사토는 도고에게 "우리가 그렇게 불투명한 태도를 취하면 소련을 움직일 수 없다"고 경고했다.[87] 다음날인 28일 사토는 보다 직설적으로 본국 정부의 조건이 무엇인지를 다음과 같이 도고에게 물었다. "일본은 무장해제와 한국 독립을 수용할 겁니까?" 이런 질문에 대해 도고 외상이 8월 2일 답신을 하는데 그 내용엔 진전이 없었다. "도쿄에서 일거에 구체적인 평화 조건을 결정하기는 어렵다. 우리는 구체적 조건에 관해 각계의 의견을 모으고 있는 중이다"라는 게 도고 외상의 답변이었다.[88] 번스타인은 일본 정부의 당시 태도는 지연작전 같은 것이었고, 평화를 갈망하는 것과는 거리가 멀었다고 평한다.

미국의 원폭 투하를 바로 앞둔 이 결정적인 시기에 일본 정부 안에서 오고 간 전문들과 일본 정부 내부의 논의 전반에 대한 연구들을 기초로 번스타인이 판단한 바에 따르면, 당시 일본 지도자들이 생각하는 평화의 조건은 결코 간단하거나 분명한 것이 아니었고 매우 복잡하고 유동적이었다. 일본 정부의 모든 인사들이 일치된 견해를 갖고 있었던 이슈는 단 두 가지였다. 소련의 참전을 반대하고 천황제는 유지되어야 한다는 것이었다. 그러나 다른 문제들을 두고는 일본 정부 안에 의견이 갈려 있었다. 군부의

---

86 Bernstein, 1996, p.51.

87 Sato to Togo, July 27 and 28, 1945, FRUS: Potsdam 2: 1291, 1294-5; Bernstein, 1996, p.52.

88 Togo to Sato, August 2, 1945, in No.2 1225, August 2, 1945, Magic-Diplomatic Summary, Records of the National Security Agency, Magic Files, Record Group 457, National Archives; Bernstein, 1996, p.52.

군국주의자들을 포함한 강경파들은 추가로 세 가지 요구조건을 내걸고 있었다. 종전 후 일본 점령 반대, 자체적인 무장해제self-disarmament, 자체적인 전범재판이 그것이었다. 이들은 이 조건들을 관철하기 위해서는 전쟁을 계속할 각오를 보이고 있었다. 또 이들 군국주의자들은 정부가 항복을 서두르면 언제라도 군부의 대표인 육군대신을 사퇴하도록 함으로써 내각 자체를 붕괴시킬 수 있었다. 이들에 비해 화평론자들은 세력이 여전히 약했다. 군부에 의한 쿠데타를 두려워하고 있었다. 그 자신들 내부에서도 분열되어 있어서 명백하게 항복을 주장하지 못했다. 스즈키 수상도 평화교섭을 추진할 것인지에 대해서조차 머뭇거리고 있었다.[89]

결국 번스타인은 히로시마 원폭 투하 직전인 1945년 8월 초의 시점에서도 미국이 설사 천황제 유지를 보장한다고 하더라도 일본이 미국이 원하는 조건으로 11월 1일 이전에 항복을 할 가능성은 없어 보였다고 판단한다. 당시 미국에게 일본 정치체제의 재편과 군국주의 파괴, 그리고 종전 후 일본 점령은 확고한 목표였으며, 미국은 전쟁의 장기화를 감수하더라도 그러한 목표를 관철할 각오였다. 만일 미국이 일본 군국주의자들의 항복 조건 네 가지—천황제 유지, 전후 점령 배제, 자체적인 무장해제, 자체적인 전범재판—를 다 받아들인다면 일본의 항복을 쉽게 받아낼 수 있었을 것이다. 그러나 그것은 미국의 지도자들이나 미국인 일반이 원하는 승리와는 거리가 멀었다.[90]

아키라 이리에는 무엇보다 포츠담 선언을 접했을 때 일본 정부가 즉각적이고 명확하게 그 선언을 수락했어야 한다고 말한다. 그에 따르면, 포츠담 선언은 일본에게 글자 그대로의 '무조건 항복'을 요구한 것이 아니었다. 일본 스스로 모색하고 있던 "무조건 항복이 아닌 것에 기초한 평화"를 일본에게 허용하는 내용이었다. 이 선언의 그 같은 의미를 주스위스 공사로 베른에 있던 가세 슌이치加瀬俊一와 주소련 대사 사토 나오타케는 정확하게 인식했다. 그래서 사토는 도고 외상에게 포츠담 선언이 일본에게 요구한 항복 조건은 연합국이 독일에게 부과한 조건보다 훨씬 더 온건한 것이라는 의견을 밝힌다. 이들은 아울러 일본이 지체하거나 거부하면 본토가 확실히 폐허가 되는 결과를

---

89 "Statements" of Togo #50304, Koichi Kido #62131 and #61541, Sumihasa Ikada #54479, and Masao Yoshizumi #54484; Kido Koich Nikki, June 21-August 9, 1945, translated copy courtesy of Robert Butow; USSBS, "Interrogation of Premier Baron Suzuki," December 26, 1945, Records of USSBS; Bernstein, 1996, p.53.
90 Bernstein, 1996, p.54.

초래할 것이라고 경고한다.[91]

　스즈키 수상과 도고 외상은 이 의견에 뒤늦게 수긍한다. 그런데 아키라 이리에에 따르면 스즈키와 도고는 포츠담 선언을 당장 수락할 경우 일본 안에서 제기될 수 있는 군부의 저항에 대해 과장된 생각을 갖고 있었다. 두 사람은 포츠담 선언의 조건이 나라와 천황제에 최선이라는 사실을 군부와 일반 국민에게 설득시킬 시간이 필요하다고 믿었다. 스즈키 수상은 언론에 "포츠담 선언을 심각하게 받아들일 필요가 없다"고 말했다. 그의 발언이 해외에 방송되었을 때 그것은 일본의 무관심과 무시라는, 스즈키의 원래 의도와는 정반대의 의미로 해석될 수 있었다. 아키라 이리에는 스즈키 내각의 대처가 내포했던 근본적 문제점을 8월 6일과 9일의 원폭 투하와 8월 8일 소련의 개전 선포가 벌어지고 나서야 미국과의 본격적인 협상에 나섰다는 사실이라고 파악한다.[92]

　하세가와 츠요시는 포츠담 선언의 성격에 관해 아키라 이리에와는 좀 다른 해석을 내놓았다. 하세가와에 따르면, 그 선언은 일본에 대한 무조건 항복 요구를 명시했을 뿐 아니라, 소련이 그 선언 발표 당시엔 서명에 참여하지 않았기 때문에 일본으로서는 묵살할 수밖에 없었다. 또 미 국무장관 번스와 트루먼 대통령은 선언에 '무조건 항복'을 명시함으로써 일본이 거부할 것을 이미 예상하고 있었다고 하세가와는 주장한다. 따라서 "포츠담 선언은 (이미 결정한) 원폭 투하를 정당화하기 위해 내놓은 것"에 다름 아니라고 그는 해석했다.[93]

2) 8월 6일 히로시마 원폭 투하에도 일본 정부는 포츠담 선언에 불응

　일본 근현대사에 천착한 저명한 저술가인 한도 가즈토시半藤一利는 히로시마 원폭 투하 후 일본의 인식과 행동을 이렇게 서술한다. 정부는 "초강력 폭탄이 떨어졌다고 하니 이것이 원자탄인지를 조사하기 위해" 현지에 조사단을 보냈다. 신문과 라디오에서 이 "신형 폭탄"에 대해 언급하기 시작한 것은 하루 뒤인 8월 7일이었다. 일본 언론은 미국이 히로시마시를 전날인 8월 6일 여러 기의 B-29로 공격해 상당한 피해를 입혔는데,

---

91　Iriye, 1981, p.263.
92　Iriye, 1981, pp.263-264.
93　長谷川毅, 『暗鬪 ─ スターリン, トルーマンと日本降伏』, 中央公論新社, 2006, p.260; 篠原初枝, 2011, p.377.

적이 이번에 사용한 것으로 보이는 "신형 폭탄"의 상세한 내용은 현재 조사 중이라고 보도했다. 일본 정부와 군부가 "미국이 히로시마를 한 방에 날려 버린 폭탄을 만들었다는 것"을 알게 된 것은 원폭 투하 다음날 미국 라디오 방송에서 흘러나온 트루먼 성명을 듣고서였다. 이 성명에서 트루먼은 "일본이 항복에 응하지 않는 한 다른 도시에도 투하할 것"이라고 경고했다.[94]

한도 가즈토시는 이로써 일본 지도자들은 하루빨리 전쟁을 종결시켜야 한다는 초조감에 몰리기 시작했다고 말한다. 하지만 그때까지도 소련이 중재하는 평화협상을 목표로 삼았으며, 그에 대한 기대를 버리지 않은 채 시간을 낭비하고 있었다고 파악한다. 그래서 7일은 일본 정부에 아무런 움직임이 없이 날이 저물었다. 천황이 내대신 기도 고이치에게 "유리한 조건을 얻으려고 소중한 시간을 잃어버려서는 안 된다"면서, 가능한 한 빠른 전쟁 종결을 수상 스즈키에게 지시한 것은 원폭 투하 후 이틀이 지난 8월 8일이었다. 이에 스즈키 수상은 최고전쟁지도회의Supreme War Council를 열려고 했다. 하지만 자기들 나름대로 대책 마련에 바빴던 군부 지도자들은 출석하기 힘들다고 했다. 그래서 회의가 9일로 연기되었다.[95]

바튼 번스타인에 따르면, 히로시마 원폭은 일본의 군국주의자들에겐 여전히 항복을 결심할 요인이 아니었다. 다만 히로시마에 충격을 받은 천황 히로히토가 개입하여 항복을 추진하게 된다. 히로히토는 천황제 유지를 유일한 항복 조건으로 제시할 것을 내대신 기도에게 지시한 것이었다.[96] 그러나 이때도 일본 정부 안에서 군국주의 세력을 대표하고 있던 육군상 아나미 고레치카阿南惟幾는 네 가지의 항복 조건 모두를 관철하기 위해 전쟁 계속을 고집했다. "본토 결전에서 일본의 승리는 불확실하지만 그래도 어느 정도 가능성은 있다. 본토에서 적어도 한 번은 싸워야 한다"고 그는 주장했다.[97]

그러는 사이에 미국은 원래 11일로 예정했던 나가사키에 대한 원폭 투하를 이틀 앞당긴 9일로 하는 결정을 7일에 내린다. 8월 7일 시점에서 접한 날씨 예보에 따르면

---

94 한도 가즈토시, 박현미 옮김, 『쇼와사 1: 일본이 말하는 일본제국사 1926-1945 전전편』, 루비박스, 2010, p.401. 새뮤얼 워커도 일본 지도자들이 히로시마의 초토화 사실과 그것이 단 하나의 폭탄, 원폭으로 인한 것임을 알게 된 것은 8월 7일이었다고 말한다(Walker, 2004, p.81).

95 한도 가즈토시, 2010, pp.401-402.

96 "Statements" of Kido #61541 and #61476; Bernstein, 1996, pp.70-71.

97 "Statements" of Masao Yoshizumi #54484 and #59277; Bernstein, 1996, p.72.

10일에서 14일까지 악천후가 예상되었다. 그래서 이틀을 앞당겨 9일로 일정이 변경된 것이었다.[98]

3) 8월 9일 새벽 소련 참전과 오전의 나가사키 원폭에도 지속된 군부의 항복 반대

소련 외상 몰로토프Viacheslav M. Molotov가 대일본 전쟁 선포를 모스크바 주재 일본대사 사토 나오타케에게 통보한 것은 8월 9일 새벽 2시경이었다. 몰로토프는 두 시간 후인 새벽 4시경에는 영국 대사 커Archibald C. Kerr와 미국 대사 해리먼W. Averell Harriman에게 소련의 대일본 전쟁 선포 사실을 통보했다.[99] 소련의 참전이 당초의 예상보다 1주일 앞당겨진 것이었다.[100]

일본 정부가 소련의 전쟁 선포 사실을 처음 접한 것은 주소련 대사 사토의 보고를 통해서가 아니라 일본제국의 공식 통신사였던 도메이통신사同盟通信社가 소련 라디오 방송을 포착한 덕분이었다. 그 시점은 소련 탱크들이 국경을 넘은 지 2시간 반이 지난 후인 8월 9일 1시 30분경(현지 시간)이었다.[101] 스즈키 간타로 수상의 일본 내각은 소련 참전 소식을 접한 이후 천황과 함께 포츠담 선언 수락을 결정한 후, 포츠담 선언 수락과 천황제 유지 방식과 같은 자세한 항복 조건은 최고전쟁지도회의에서 결정하기로 한다. 이것이 천황과 수상을 포함한 화평파의 움직임이었다. 하세가와 츠요시에 따르면 소련의 참전은 일본 정부 화평파의 항복 결정에 중대한 영향을 미쳤다.[102]

---

98   Rhodes, 1986, pp.737-738. 번스타인도 11일에서 9일로 나가사키 원폭 투하가 앞당겨진 이유는 기상 상황 때문이었다고 말한다(Bernstein, 1996, pp.71-72).

99   Tsuyoshi Hasegawa, *Racing the Enemy: Stalin, Truman, and the Surrender of Japan*, Cambridge, Mass.: The Belknap Press of Harvard University, 2005, pp.189-191. 소련의 대일본 전쟁 선포는 일본에 점령되어 있지만 중국 영토에 속하는 만주에 대한 군사작전을 포함하므로 중국과의 협의를 거쳐야 하는 것이었으나 스탈린은 그렇게 하지 않았다. 이 무렵 미국대사 해리먼과의 대화에서 스탈린은 남만주의 항구 다롄을 소련 관할의 항구로 만들 것을 통보한다. 스탈린은 미국의 '문호개방(Open Door)'을 존중한다는 취지로 다롄을 '자유항구'로 할 것이라고 말하면서도 그것을 자신의 군사적 영역(Soviet military zone)으로 할 것임을 분명히 했다. 해리먼은 이날 대화에서 소련이 중국의 동의 없이 일본에 선전포고를 한 사실에 대해 항의하지 않았다(Hasegawa, 2005, pp.192-193).

100   篠原初枝, 2011, p.378.

101   Hasegawa, 2005, p.190, pp.196-197. 하세가와는 소련 정부가 소련의 전쟁 시작을 일본에 대한 기습작전이 될 수 있도록 하기 위해 의도적으로 일본대사의 정상적인 전신을 방해했다고 의심한다(Hasegawa, 2005, p.190). 1945년 8월 만주에 주둔한 일본 관동군은 71만 3,000명, 한국·사할린·쿠릴열도에 배치된 일본군은 28만 명이었다. 이들을 공격하는 소련군은 150만에 달했다(Hasegawa, 2005, p.195).

102   Hasegawa, 2005, pp.197-199.

　　문제는 군부였다. 당시 군부가 최후 결전을 각오하고 있었던 것은 소련이 중립을 지킨다는 것을 전제한 것이었다. 이제 소련의 참전이 분명해진 시점에서 군부는 어떤 결정을 할 것인가가 관건이었다.[103] 리처드 프랭크에 따르면, 소련의 참전에도 불구하고 일본 군부는 크게 동요하지 않았다. 육군대신 아나미는 "올 것이 왔다"고 말했다. 육군 참모차장 가와베 토라시로河辺虎四郎는 미국과의 전쟁을 계속할 계획을 서둘러 기안했다. 그 첫 조치는 일본 전역에 계엄을 선포하는 것이었다. 그는 말하기를 "필요시에는 정부를 교체하고 육군과 해군이 접수한다"고 밝혔다. 육군성 장교의 말대로 계엄의 목적은 화평파를 잠재우는 것이었다. 이러한 가와베의 움직임을 육군대신 아나미는 지지했다. 아나미는 "당신의 의견을 육군참모부 전체를 대변하는 것으로 하겠다"고 말했다. 그리고 육군성 관리들에게 계엄을 집행하는 일에 종사하도록 했다.[104]

　　시노하라 하츠에도 "히로시마에 원폭이 낙하해도 일본은 항복하지 않았고, 소련이 참전했는데도 즉시 무조건 항복을 받아들이지 않았다"고 말했다.[105] 9일의 시점에서 군부가 소련의 참전을 대수롭지 않게 생각하고 전쟁 지속을 쉽게 결정하게 된 결정적 요인은 소련이 전쟁 선포 직후 전개한 군사작전의 규모와 속도를 오판했기 때문이라고 프랭크는 지적한다. 소련 참전 초기에 관동군은 만주 동부의 소련군을 과소평가하고 있었다. 실제 소련군은 15개 보병사단을 투입한 상태였지만, 관동군은 그 5분의 1에 불과한 3개 사단 정도로 잘못 파악했다. 소련 탱크부대의 규모도 실제는 8개 연대에 달했다. 하지만 관동군은 그 3분의 1 정도인 2~3개 연대로 평가하고 있었다. 더욱이 8월 9일 하루 동안 소련의 기계화 부대들이 만주 서부에서 대규모로 투입되었지만 관동군과 도쿄 사령부는 그것도 눈치채지 못하고 있었다. 제국총사령부는 그날 오후 소련군의 공격 규모가 "크지 않다"고 밝혔다.[106]

　　태평양 북마리아나제도의 티니안에서 나가사키에 투하할 원폭 '팻맨Fat Man'이 '복스카Bock's Car'란 이름의 B-29 폭격기에 장착된 시간은 현지 시각으로 8월 8일 밤 10시였고 이륙한 것은 8월 9일 새벽 3시 47분이었다. 이것은 소련이 대일본 전쟁을

103　Hasegawa, 2005, p.199.
104　Frank, 1999, pp.288-289.
105　篠原初枝, 2011, p.377.
106　Frank, 1999, p.289.

선포한 지 세 시간 후의 일이었다. 복스카가 원폭을 투하한 시간은 오전 11시 2분이었다.[107]

나가사키 원폭 투하 직전인 9일 오전 10시에 내대신 기도가 천황과 짧은 면담을 가졌다. 이때 천황은 수상 스즈키에게 상황 파악과 함께 정부는 어떻게 대응할 것인지를 보고하도록 지시한다. 기도는 곧 그 지시를 스즈키에게 전달하면서 천황의 뜻은 "즉각 포츠담 선언을 이용해 전쟁을 종결해야 한다"는 것이라고 말한다. 이에 따라 10시 반에 최고전쟁지도회의가 열렸다. 스즈키 수상이 이 회의에서 맨 처음 한 말은 "히로시마의 충격과 소련의 개입으로 전쟁을 계속하는 것은 이제 불가능하다"는 것이었다. 그러므로 포츠담 선언을 수락해야 한다고 말했다. 이 회의에서 화평파의 대표격인 외상 도고 시게노리는 포츠담 선언의 항복 조건에 대해 일본이 제기할 유일한 예외는 "천황의 지위를 보장하라"는 것이라고 말한다.[108] 이에 대해 참석자들의 반응이 별로 없는 가운데 긴 침묵이 이어졌다. 그 침묵 끝에 해군대신 요나이 미쓰마사米内光政가 천황제 유지만을 예외로 해 포츠담 선언을 수용하든지, 추가적인 항복 조건을 두고 실질적인 협상을 추진하든지 선택해야 한다고 말한다.[109]

요컨대 만장일치로 의견이 모아져야 결정을 할 수 있는 최고전쟁지도회의에서 아직 항복 여부, 항복 조건을 놓고 일본 내각은 결정을 내리지 못했다. 더욱이 해군군령부총장海軍軍令部總長 도요다 소에무豊田副武는 히로시마 원폭의 위력은 물론 대단하지만, 미국이 신속하게 여러 발의 원폭을 사용할 수 있는지는 의문이라고 주장했다. 도요다의 발언 직후 나가사키현 지사로부터 두 번째 원폭 투하 소식이 회의에 전달되었다. 미국의 원폭 숫자가 매우 제한적일 것이라는 도요다의 주장은 설득력을 잃었다. 그러나 나가사키현 지사의 처음 보고는 "원폭 피해가 적다"는 잘못된 내용을 담고 있어 혼란을 주었다.[110]

이후 두 시간에 걸쳐 치열한 논쟁이 벌어졌다. 핵심 인물 6명은 정확하게 둘로 나뉘었다. 외상 도고, 해군대신 요나이, 수상 스즈키는 천황 지위 유지라는 것 하나만 항복

---

107 Hasegawa, 2005, p.194.
108 8월 9일 최고전쟁지도회의에 앞서 외무성 수뇌부는 '황실의 안태(安泰)'를 국체로 정의하고, 그것을 조건으로 항복을 수락할 수밖에 없다고 판단했다(篠原初枝, 2011, p.378).
109 Frank, 1999, p.290.
110 Frank, 1999, p.290.

조건으로 내세울 것을 주장했다. 반면 육군대신 아나미, 육군참모총장 우메즈 요시지로梅津美治郎, 그리고 해군군령부총장 도요다는 세 개의 조건을 추가해 관철할 것을 주장했다. 무장해제와 전범재판을 일본 자율에 맡겨야 한다는 것, 그리고 무엇보다 일본에 대한 연합국 점령을 막아야 한다는 것이었다. 결국 이날의 최고전쟁지도회의는 천황의 바람과 달리 결론을 내지 못하고 끝났다.[111]

4) 8월 9일 천황의 개입에 의한 항복 조건 완화와 미국의 거부

두 번째 원폭 투하를 겪고도 9일의 최고전쟁지도회의는 결론 없이 끝난 후인 그날 오후 4시 35분부터 5시 20분까지 내대신 기도와 천황이 회의를 했다. 둘은 '천황의 국법상의 지위'를 변경하지 않는다는 조건을 붙여서 포츠담 선언을 수락하기로 합의를 보았다.[112]

그날 밤 11시 어전회의御前會議가 열린다. 이 어전회의의 역사적 중요성을 1995년에 출간된 이시카와 마쓰미石川眞澄의 『전후정치사』를 통해 일별해 본다.[113] 그에 따르면, 일본 정부가 "모든 일본국 군대의 무조건 항복"을 요구한 포츠담 선언을 수락하기로 결정한 것은 1945년 8월 14일이었고, 이 결정에 이르는 과정에서 가장 주목할 것은 "8월 9일과 14일에 히로히토 천황이 참석한 가운데 열린 어전회의에서 천황의 결단이었다."[114]

그 두 회의 가운데 특히 결정적인 고비를 이시카와 마쓰미는 9일의 어전회의로 파악했다. 이 회의 참석자에는 우선 최고전쟁지도회의 구성원들인 수상 스즈키 간타로, 외상 도고 시게노리, 육군대신 아나미 고레치카, 해군대신 요나이 미츠마사, 육군참모총장 우메즈 요시지로, 해군군령부총장 도요다 소에무가 포함되었다. 이들과 함께 참석은 했지만 의견을 말할 수는 없는 배석자들로는 중요한 국무에 관해 천황의 자문에 응하고 의견을 말하는 기관인 추밀원樞密院 의장 히라누마 기이치로平沼騏一郎, 내각 서기관장

---

111 도고와 도요다가 훗날 회고록에 기록한 바에서는 요나이가 도고 편에 선 것으로 설명했지만, 당시 시점에서 육군대신 아나미가 보고한 데 따르면 요나이도 처음에는 다른 군부 지도자들과 마찬가지로 강경론을 폈다 (Frank, 1999, p.291).
112 篠原初枝, 2011, p.378.
113 石川眞澄, 『戰後政治史』, 東京: 岩波文庫, 1995.
114 石川眞澄, 1995, p.1.

內閣書記官長 사코미즈 히사츠네迫水久常, 그리고 기록을 맡은 해군 군무국장 호시나 젠시로 保科善四郎가 있었다.[115]

9일 어전회의에서 천황의 결단이 중요시되는 이유는 그날 오전에 먼저 열렸던 최고 전쟁지도회의에서, 앞서 설명한 바 있듯이, 포츠담 선언 수락을 주장한 자와 '철저항전파'가 3대 3으로 갈렸기 때문이다. 그래서 이어 열린 어전회의에서 천황의 결심이 중요해졌다.[116] 이 자리에서 천황은 "천황제 유지"를 유일한 조건으로 포츠담 선언을 수락한다는 의견을 밝힌다.[117] 천황의 말은 그 자체가 지시도 아니었고 구속력 있는 결정도 아니었지만, 3대 3의 대립 상태를 해소했다. 군부 강경파들도 동의했다. 아사다 사다오麻田貞雄는 이날 강경파들이 동의한 것은 부분적으로는 천황의 권위에 대한 존중도 작용했지만, 역설적으로 천황의 개입으로 그들의 체면을 유지할 수 있었기 때문이었다고 본다. 군부는 패전과 항복의 필연성을 그들 자신의 실책과 오판보다는 원폭을 개발해 낸 적의 과학의 힘에서 찾았다.[118]

그렇게 해서 9일 어전회의에서 포츠담 수락 결정이 이뤄진 이후 중신그룹과 일본 정부가 포츠담 선언 수락의 전제로서 가장 중시한 것은 무엇보다 '국체호지國體護持'였다. 여기서 국체란 "만세일계万世一系의 천황에게 통치권이 있는 국가 정치체제"를 가리킨다.[119] 일본 정부가 10일 포츠담 선언 수락을 중립국을 통해 연합국에 보낸 전문電文은 그 점을 반영했다. "선언에 거론된 조건들 가운데 있는 천황의 국가통치대권 변경 요구는 포함시키지 않는다는 요해了解 하에 수락한다"고 한 것이다.[120]

---

115 石川眞澄, 1995, p.2.

116 石川眞澄, 1995, pp.2-3.

117 천황의 항복 수락 결정에는 이른바 천황 주변의 '중신(重臣) 그룹'의 역할이 중요했다는 것이 이에나가 마쓰미의 설명이다. 이 중신 그룹에는 천황 곁에서 어새(御璽, 天皇印)를 보관하는 자로서 황실 사무와 국무 모두에 관해 의견을 말하고 후계 수상을 추천하는 역할을 하는 내대신 기도 고이치, 공작 작위를 가진 귀족으로서 수상을 역임한 고노에 후미마로, 해군대장 오카다 게이스케(岡田啓介), 또 해군대장이자 당시 해군대신을 맡고 있던 요나이 미츠마사 등이 포함되었다. 이들은 군부에 반대해 전쟁 종결 공작을 하고 있었다. 이들의 종전 공작은 애당초 태평양전쟁 개전 때의 수상 도조 히데키(東条英機)의 내각을 1944년 7월 와해시킨 데서 작용하기 시작한 것으로 본다. 천황의 시종장(侍従長)과 추밀원 의장을 역임한 스즈키 수상 자신, 그리고 훗날 전후 일본 정치에서 큰 역할을 하게 되는 요시다 시게루(吉田茂) 역시 이들 중신 그룹에 속했다(石川眞澄, 1995, pp.2-3).

118 Sadao Asada, "The Shock of the Atomic Bomb and Japan's Decision to Surrender: A Reconsideration," *Pacific Historical Review* 67 (November 1998), pp.477-512; Walker, 2004, p.84.

119 石川眞澄, 1995, p.3.

120 石川眞澄, 1995, p.3. 여기서 한 가지 유의할 점이 있다. 이시카와 마쓰미와 달리 시노하라 하츠에는 9일의 어전회의에서 도고 등 화평파는 천황제 유지라는 하나의 조건만을 내건 평화를 호소했다고 설명한다. 그러자

미국은 암호 해독 체계인 매직Magic을 통해 일본의 결정을 먼저 파악했다. 하지만 공식적으로는 8월 10일 스위스대사관을 통해 전달받았다.[121] 트루먼은 천황제 유지라는 일본의 유일한 항복 조건을 명확하게 수용하는 것을 주저했다. 국무장관 번스도 그전에는 일본의 항복을 가능한 한 빨리 받아서 소련이 아시아 대륙에 영향력을 확대하게 되는 사태를 막는 데 신경을 곤두세웠지만 이제 전쟁의 장기화를 감수하더라도 천황제 유지라는 조건은 명시적으로 받아들이는 것을 반대했다. 그는 만일 트루먼 행정부가 천황제 유지를 명시적으로 허용하면 미 국내 정치에서 "트루먼 대통령은 십자가에 못박히고 말 것crucifixion of the President"이라고 경고했다. 미국 여론은 히로히토가 천황직을 유지하는 것을 결코 용납하지 않을 것이라고 번스는 믿었다. 그 결과 8월 10일의 일본 제안에 대한 미국의 답변은 천황제 유지라는 조건을 받아들인 것도 아니고 거부한 것도 아닌 애매한 것이었다.[122]

일본 정부가 번스 미 국무장관의 거부 회답을 받아든 것은 8월 12일 새벽이었다.[123] 번스의 답변 골자는 "항복하는 순간부터 천황과 일본 정부의 통치권은 연합국 최고사령관에게 종속되며," "일본의 최종적 정부 형태는 포츠담 선언에 따라 자유롭게 표현된 일본 인민의 의사에 의해 결정될 일"이라는 것이었다.[124] 이시카와 마쓰미에 따르면, 미국의 이 회답 내용을 일본 외무성이 일본어로 번역하는 과정에서 중요한 정치적 고려를 했다. 원문대로subject to 번역하면 일본에 대한 국가 통치권을 "연합국 최고사령관에게 종속시킨다"로 해야 한다. 외무성은 그럴 경우 주전론자들을 자극할 것이 두려웠다. 그래서 "연합국 최고사령관의 제한 하에 둔다"고 번역했다.[125] 그런데 이렇게 순화시킨 문구에 담긴 애매함에 대해서도 일본 군부는 강하게 반발했다. 도고 외상은 천황제

추밀원 의장 히라누마 기이치로가 이의를 제기하면서 '천황의 대권 유지'를 명확히 하는 조건을 내걸 것을 주장한다. 결국 이 회의의 결론은 그 주장이 관철된 것이었다(篠原初枝, 2011, p.378).

121　Walker, 2004, p.84.

122　Robert J. C. Butow, *Japan's Decision to Surrender*, 1st Edition, Stanford, Calif.: Stanford University Press, 1954, p.245; Bernstein, 1996, p.74.

123　篠原初枝, 2011, p.378. 이시카와 마쓰미는 미 국무장관 번스 명의의 미국측 회답을 일본 정부가 접수한 시점을 13일 아침으로 보았다(石川眞澄, 1995, p.3).

124　Robert J.C. Butow, *Japan's Decision to Surrender*, 5th Edition, Stanford, Calif.: Stanford University Press, 1967, p.245; Stephen S. Large, *Emperor Hirohito and Showa Japan: A Political Biography*, London and New York: Routledge, 1992, p.127.

125　石川眞澄, 1995, p.3.

자체는 일본 인민의 의지에 종속되는 것이 아니므로 미국의 답변이 군주제 자체에 심각한 위협을 담고 있는 것은 아니라고 해석해 군부를 달래려 했다. 천황 히로히토는 동의했다. 스즈키 수상도 반신반의하면서도 역시 동의했다. 그러나 아나미 육군대신을 위시한 군부는 그러한 애매성을 전적으로 용납할 수 없다고 주장했다.[126]

군부를 중심으로 한 강경파들은 다시 천황제 유지 외의 다른 세 가지 조건도 관철해야 한다고 주장하기 시작했다. 스즈키 수상도 강경파의 손을 들어 주었다. 이와 함께 일본 군부의 장성급 강경파들이 다시 전면에 나서 전쟁 계속을 주창했다. 가미카제 특공대를 기획한 장본인인 해군참모차장 오니시 다키지로大西瀧治郎 중장은 "우리가 2천만 특공대원의 희생을 각오하면 결코 패배하지 않는다"고 주장했다.[127]

5) 8월 14일 천황의 두 번째 개입과 최종 무조건 항복 결정

일본이 8월 10일 미국에 제시한 항복 조건을 미국이 거부한 답변서를 일본이 접수한 12일로부터 이틀이 지난 8월 14일, 천황은 다시 어전회의에 나서서 '성단聖斷'으로 통하는 최종 결정을 내린다. 소련의 참전이 군부에 충격을 주게 되는 것과 나가사키에 대한 두 번째 원폭 투하의 충격은 실제의 시간에서는 거의 동시적이었다. 군부와 천황을 압박해 천황이 최종 결단하고 군부가 그것을 결국 받아들이는 데 원폭과 소련의 참전 가운데 어떤 요인이 더 결정적 요인으로 작용했는지를 분별하는 것은 거의 불가능하다. 그 5일 동안에 원폭과 소련의 참전은 상호 결합해 군부의 강경론 진압과 천황의 '성단'에 영향을 미쳤다고 볼 수밖에 없다.

천황 히로히토의 이른바 '성단'을 이끌어낸 결정적인 요소가 무엇인가를 짐작케 하는 단서의 하나는 그가 남긴 독백록獨白錄이다. 히로히토가 1946년 3월 18일에서 4월 8일 사이에 마쓰다이라 요시타미松平慶民와 테라사키 히데나리寺崎英成를 비롯한 다섯 명의 황실 궁내부 참모들에게 남긴 8시간 분량의 독백 형태의 회상을 말한다. 테라사키가 기록해 둔 천황의 독백 원고는 오래 비공개로 남았다. 테라사키의 딸 마리코 밀러가

---

126 Large, 1992, p.127.
127 "Statements" of Togo #50304; Bernstein, 1996, p.74.

1988년 자기 집에서 원고를 발견했고, 그것이 세상에 공개된 것은 1990년 일본의 『분케이슌쥬文藝春秋』가 일본 우익들의 반대를 무릅쓰고 그 원고를 게재하면서였다.[128]

이 독백록에서 천황 히로히토는 자신이 최종적으로 항복을 결정해 내각을 움직인 배경을 설명한다. 그 무렵 미국은 일본 정부가 천황 지위 유지를 전제로 한 무조건 항복 수용 의사를 밝힌 사실과, 그것을 사실상 거부한 번스 국무장관의 답변 내용을 담은 전단傳單을 전선戰線에 뿌리고 있었다. 히로히토는 그 전단지가 일본군 손에 들어가면 무조건 항복에 항의하는 쿠데타가 필연적일 것이며, 포츠담 선언 수용을 천황 자신이 개입해 확실히 하지 않으면 나라 전체가 파괴되고 말 것을 우려했다고 말한다.[129] 8월 14일 열린 어전회의에서 히로히토는 11일의 미국 답변을 "수용할 수 있다"고 말하고, 아울러 국민이 자신의 결정을 알 수 있도록 자신이 직접 나라에 방송할 조칙詔勅을 준비할 것을 내각에 요청한다.[130]

이때 일부 군부 강경파들이 쿠데타를 시도했는데, 이 쿠데타는 거의 성공할 뻔했다. 육군상 아나미와 육군참모총장 우메즈가 개입하여 쿠데타를 봉쇄하고 내각을 유지함으로써 간신히 위기를 넘길 수 있었다.[131] 만일 아나미 육군상이 히로히토의 눈물의 호소를 받아들이지 않고 내각에서 퇴진했다면 일본의 항복과 평화는 멀어져 전쟁은 장기화하고 더 많은 원폭이 투하되었을 것이라고 번스타인은 지적한다.[132]

---

128 「昭和天皇の独白八時間: 太平洋戦争の全貌を語る」, 『文藝春秋』, 1990年12月号 : Bob Tadashi Wakabayashi, "Emperor Hirohito on Localized Aggression in China," *Sino-Japanese Studies*, Volume 4: Issue 1 (October 1991), p.5.

129 "Showa tenno no dokuhaku hachijikan"(「昭和天皇の独白八時間 : 太平洋戦争の全貌を語る」), 1990, pp.143-145; Large, 1992, p.127.

130 Large, 1992, p.128. 리처드 다카키는 천황 히로히토가 포츠담 선언을 수용한 결정적인 동기를 11일 번스 국무장관의 답변이 천황 지위 자체는 유지하도록 한다는 메시지를 담고 있는 것으로 해석했기 때문임을 강조한다. 그는 10일자에 일본이 미국에 보낸 메시지가 이미 "강화 성립"으로 간주되어 미국 언론에 전파된 사실을 주목했다. 8월 11일자 『뉴욕타임스』에는 "태평양의 미군들 환호하다: 천황은 유지되어도 좋다고 그들은 말한다"라는 헤드라인이 떴다(*The New York Times*, "GI's in Pacific Go Wild With Joy; 'Let 'Em Keep Emperor,' They Say," August 11, 1945; Takaki, 1995, p.50). 미국의 입장을 전달받고 천황의 지위가 보전될 수 있음을 확인한 히로히토는 8월 14일 내각에 이렇게 말한다: "지금 전쟁을 종결하지 않으면 국체가 파괴되고 민족이 전멸하게 될 것이 두렵다. 그러므로 나는 참을 수 없는 것을 참고 연합국의 답변을 수락하기를 원한다. 그래서 국체를 보존하고 나의 신민들이 더 이상 고통당하지 않기를 바란다"(Takaki, 1995, p.50). 태평양에서 전투는 8월 14일 중단되었다.

131 Bernstein, 1996, p.75.

132 Bernstein, 1996, p.75. 8월 15일 새벽 천황 경비사단 내부의 과격파들은 황궁에 침입해 궁 내부에 보관된 천황의 항복 방송 녹음테이프를 파괴하러 나섰다(Hasunuma Shigeru, 「Senritsu no hachi jushi jiken」, *Bungeishunju*(『文藝春秋』), 1956, October Special Issue, pp.192-199; Large, 1992, p.128). 이 반란이 진압

시노하라 하츠에는 원폭 투하와 일본의 조기 항복 사이의 연관성에 대한 학문적 논쟁의 역사를 검토했는데, 그의 검토에서 특기할 점은 1990년대 이래 일본 역사학자들이 이 논쟁에 기여한 방식을 소개한 부분이다. 그는 원폭과 항복의 관계에 대한 일본 역사학계의 학문적 축적은 많았다고 할 수 없다는 점을 먼저 지적한다. 천황 히로히토의 전쟁 책임이 관련되는 주제여서 일본 역사가들이 건드리기 어려운 점이 있었다고 말한다. 일본어로 번역된 미국의 논의도 주로 알페로비츠와 셔윈의 저작과 같은 수정주의 역사학자들의 저작, 그리고 미국의 대일본 원폭 투하에서 인종주의적 요인을 지적한 로널드 다카키Ronald Takaki의 저작 등이었음을 주목한다.133

시노하라 하츠에가 주목한 일본 역사학계의 논의는 1992년에 간행된 요시다 유타카吉田裕의 저작, 그리고 1997년에 간행된 아사다 사다오의 논문, 그리고 하세가와 츠요시의 2006년 저작 등이다.134 미국 역사학계의 논의가 미국의 원폭 투하 결정의 동기와 배경에 집중된 측면이 있는 데 비해서, 이들 일본 역사학자들의 논의의 초점은 일본측 사료에 근거해 일본은 왜 항복하지 않았는지에 두어졌다는 점을 시노하라 하츠에는 지적한다. 그리고 이들의 결론은 대동소이하게 원폭과 소련의 참전이 다 같이 일본의 항복을 앞당기는 데 중요했다는 것이다.135 아사다 사다오는 일본 항복의 계기를 원폭과 소련의 참전이라는 '이중 충격(더블 쇼크)'에서 찾았다. 하세가와 츠요시의 연구는 탈냉전 후 접근할 수 있게 된 소련 사료도 이용해 보다 다각적으로 분석한 것이 특징인데, 그의 결론도 원폭과 소련의 참전이 일본 항복에 결정적인 역할을 했다는 것이었다. 다만 하세가와는 굳이 말하라면 소련의 참전이 던진 충격에 더 중점을 두고 있는 것으로 시노하라 하츠에는 해석했다.136

된 후 아나미 육군상이 반란에 대한 책임을 지고 자결했다. 1944년 2월까지 지속한 도조 히데키 내각에서 육군참모총장을 한 바 있는 스기야마 하지메(杉山元)와 1931년 관동군 총사령관으로서 일본의 만주 지배를 주도한 바 있는 혼조 시게루(本庄繁)는 각각 9월과 11월 자결했다(Large, 1992, p.128). 이들의 자결은 일본 패전에 대한 책임감과 절망의 표현이기도 하겠지만, 항복의 결과인 전범 처벌에 대한 고려도 작용했을 터다.

133 시노하라 하츠에에 따르면, 셔윈의 저작이 1978년에 일본어로 번역되었고, 1995년에는 알페로비츠의 저작이 번역되었다. 다카키의 저작은 1995년에 번역되었다(ロナルド タカキ, 『アメリカはなぜ日本に原爆を投下したのか』, 山岡洋一 譯, 草思社, 1995).

134 吉田裕, 『昭和天皇の終戦史』, 岩波書店, 1992; 麻田貞雄, 「原爆投下の衝撃と降伏の決定」, 細谷千博·入江昭·後藤乾一·波多野澄雄 編, 『太平洋戦争の終結』, 柏書房, 1997; 長谷川毅, 『暗躍 : スターリン, トルーマンと日本降伏』, 中央公論新社, 2006.

135 篠原初枝, 2011, p.371.

136 篠原初枝, 2011, p.371. 필자가 판단하기에는, 8월 9일 새벽 소련의 참전 자체가 8월 6일 히로시마에 대한

어떻든 시노하라 하츠에에 따르면, 아사다와 하세가와의 연구들은 천황과 지도층이 '국체 수호'를 고집하고 군부는 철저 항전을 주장했기 때문에 일본은 쉽게 항복하지 않았으며, 그로 인해 미국에 의한 원폭 투하를 유발한 한 요인으로 작용했다는 것을 논증했다.[137]

5. 원폭 투하 사태에 대한 천황의 책임과 일본 사회 내부 반전(反戰)의 문제

원폭 투하의 책임자는 물론 미국이다. 동시에 그 원인을 제공한 데 있어 일본 군부와 천황의 책임을 주목하는 인식도 아사다와 하세가와의 결론이 말해 주듯이 일본 학계에 널리 공유되고 있다고 할 수 있다. 이들 외에도 다수의 일본 학자가 1944년 후반부터 일본 권력 핵심부가 패전이 불가피함을 인식하고 있었음에도 항복을 거부하고 원폭 투하에 이르기까지 전쟁을 포기하지 않은 근본 원인과 관련해 군부와 함께 천황의 책임을 강조하고 있다. 오구마 에이지小熊英二는 그 대표적인 경우다.

오구마는 태평양전쟁의 흐름을 네 국면으로 나누었다.[138] 제1기는 개전 후 반년 정도, 그러니까 1941년 12월 개전 후 이듬해인 1942년 6월까지의 반년 기간으로 일본이 우세했던 때다. 제2기는 그때로부터 1943년 말까지에 이르는 1년 반의 기간으로 미·일 간 교착膠着 국면이다. 제3기는 1944년 초부터 그해 중엽까지로 남태평양에서의 교착 상태가 깨지면서 일본군 방어선이 무너져 일본 열도에 가까운 태평양 기지들의 방어선까지 무너지는 때였다. 1944년 7월 마침내 사이판 섬이 함락되면서 일본 항공모함 함대가 괴멸한다. 제4기는 1944년 후반에 시작되는데, 일본군 상층부가 더 이상 승리의

원폭 투하로 촉진되었을 가능성을 배제하기 어렵다. 원폭 투하로 일본의 항복이 앞당겨질 것으로 판단한 소련이 전후 동아태 지역에서의 영향력 확대를 꾀하며 참전을 서둘렀을 수 있기 때문이다. 그러므로 미국의 원폭 투하와 소련의 참전이라는 두 개의 역사적 사건은 상호관계 속에 있었다고 할 수 있다. 미국이 11일로 예정되었던 나가사키에 대한 제2의 원폭 투하를 9일로 앞당긴 것은 거꾸로 미국의 주장처럼 반드시 기상 예보 때문만이 아니라 소련의 참전이 임박한 정황을 파악한 것과 무관치 않은 것일 수 있었다.

137 篠原初枝, 2011, p.371.
138 오구마 에이지(小熊英二) 지음, 조성은 옮김, 『민주와 애국: 전후 일본의 내셔널리즘과 공공성』, 돌베개, 2019, p.43.

전망이 없다는 것을 인식한 국면이었다.139 아와야 겐타로栗屋憲太郎도 태평양전쟁을 네 단계로 구분하면서 1944년 6월 마리아나 해전에서 일본이 패배한 이후를 '절망적 항전'의 단계로 정의했다.140

오구마에 따르면, 일본 권력층이 패전의 불가피성을 깨달은 제4기에도 전쟁을 계속한 목적은 "어딘가의 전장에서 국지적 승리를 거두어 항복 조건을 개선한다는" 것에 있었다. 합리적 관점에서는 전쟁을 가급적 일찍 종결짓기 위해 노력해야 할 국면이었다. 하지만 "전략의 가면을 쓴 체면"을 위해 일본군은 전투를 계속했다. 또한 전쟁 종결이 늦어진 가장 중요한 이유를 오구마 역시 일본에 유리한 '항복 조건'에서 찾았다. 일본이 최후까지 지켜내고자 한 항복 조건의 첫째는 천황제를 방위하는 것이었다. 둘째는 천황 이외의 권력 핵심들의 전후 운명을 가름할 전범재판을 일본이 주관할 수 있게 하는 것이었다.141 그래서 전쟁은 계속해야 했는데, 정상적인 전투로는 미군을 대적할 수 없다고 판단했다. 1944년 10월부터 해군 항공대를 시작으로 일본군이 '특공 전법'이라는 비정상적인 전쟁 방식을 광범위하게 채용한 이유였다.142

제4기 국면에서 일본 권력 핵심 안에서는 항복 교섭을 시작해야 한다는 의견이 제기되었지만, 그러한 의견들은 묵살되었다. 오구마는 그 이유를 항복 조건을 개선할 최고의 수단은 전쟁을 계속하는 것이라는 사고가 당시 천황을 포함한 일본 권력 핵심부를 지배하고 있었다는 사실에서 찾았다. 오구마가 주목한 단적인 증거는 1945년 2월 고노에 후미마로가 천황에게 항복 교섭을 청했을 때 천황이 이를 물리치며 한 말이었다. "다시 한번 전과戰果를 올리지 않고서야 이야기는 무척 어려울 것이라 생각한다."143 항복 조건 개선을 위해 전과를 올려야 한다는 천황의 이 발상이 곧 오키나와 전투의 비극과 이른바 특공작전이라는 야만적 전술을 낳았고, 미국에 의한 원폭 투하의 비극으로 이어

---

139 大岡昇平,『レイテ戦記』(『大岡昇平集』第九卷 & 第十卷) 岩波書店, 1982-1984, 第九卷, p.264; 오구마 에이지, 2019, pp.43-44.

140 栗屋憲太郎,『15年戦争期の政治と社會』, 東京: 大月書店, 1995, p.181. 아와야 겐타로에 따르면, 1941년 12월 개전에서 1942년 8월 미군의 과달카날 상륙전까지가 제1국면인 일본의 전략적 공세기였다. 제2국면은 미군의 과달카날 상륙을 분수령으로 시작된 전략적 지구(戰略的 持久) 단계였다. 제3국면은 1943년 1월 과달카날에서 일본군이 완전히 철퇴하면서 시작된 일본의 전략적 수세기였다. 마지막 제4국면이 1944년 6월 마리아나 해전 패배로 시작된 '절망적 항전' 단계다.

141 오구마 에이지, 2019, p.75.

142 오구마 에이지, 2019, p.44.

143 森武麿,『アジア太平洋戦争』(『日本の歴史』第二十卷 , 集英社, 1993), p.289; 오구마 에이지, 2019, p.75.

졌다고 오구마는 주장했다. 그는 또한 그 발상이 소련 참전의 원인을 제공해 수많은 일본인의 생명을 추가로 희생시켰고, 나아가 한반도 분단까지도 초래했다고 보았다.[144]

최후까지 전쟁 계속을 주창한 군부 핵심을 포함한 일본 권력층이 항복에 의한 종전 결정에 도달하는 과정에서 1945년 8월 9일 이후 천황이 중요한 역할을 한 것은 사실이었다. 동시에 그 무렵까지 항복이 지체되어 원폭을 포함한 일본인의 희생이 커진 데에는 군부와 함께 천황의 책임이 크다는 인식이 일본 학계에서도 상당한 공감대를 형성하고 있는 것이다.

원폭 투하 이전의 전쟁 최후 단계에서 일본의 지식인 사회와 '민중' 사이에 '반전反戰'의 기운은 군부를 포함한 정부와 천황을 압박할 만큼 유의미하게 존재했는가. 그래서 그들이 1945년 8월 종전에 어떤 의미 있는 역할을 담당했는가. 이런 질문이 제기될 수 있다. 미국의 원폭 투하를 비판하고 그 책임을 추궁하려는 관점에서는, 원폭이 일본의 항복과 종전에 중요한 역할을 했다는 사실을 인정하기 전에, '민중의 반전 저항'과 같은 다른 요인을 찾고 싶어질 수 있다. 문제는 당시 일본 사회의 전반적인 정신적 상황, 그 역사 현실의 객관적 모습이다.

전시 일본 내부에 반전의 기운이 의미 있게 존재했는가에 대한 일본의 자기인식은 어떠할까? 먼저 아와야 겐타로가 소개하는 미국의 조사 내용을 보자. 그는 '미 전략폭격조사단米戰略爆擊調査團'이 1947년 6월 작성한 「일본인의 전의戰意에 미친 전략폭격의 영향」이란 조사 보고서를 주목했다.[145] 이 보고서는 태평양전쟁 중 일본 국민 전체가 전쟁에 가진 태도에 관해 이렇게 평가했다. "개전에서 42년 전반까지에 해당하는 서전緖戰 승리의 시기에는 일본인의 전의戰意는 급격한 상승을 보이지만, 44년 중반 이후 전의는 붕괴하기 시작하고 최후에 이르면 급격히 쇠퇴했다." 특히 1944년 가을부터 미국의 전략폭격이 일본인의 전의의 해체에 미친 효과에 대해 "긴 전쟁에 의한 권태, 손해, 사회적 불안의 누적, 및 전세戰勢의 역전이 저항 의지의 기초를 약화시키고 그때에 가해진 공습이 이미 진행되고 있던 조직에 심각한 타격을 주었다. 전세 역전은 패전의 예감을

---

144 오구마 에이지, 2019, p.75.
145 The United States Strategic Bombing Survey, "The Effects of Strategic Bombing on Japanese Morale," p.19; 日譯, 東京空襲を記錄する會 編, 『東京大空襲/戰災誌』, 第5卷 402-403頁; 栗屋憲太郎, 1995, pp.182-183.

수반하고, 식량 부족은 피로와 사회 기구에 대한 회의와 비판을 초래했다. 최후에는 폭격이 저항 의지와 저항 능력에 대해 직접적이고 즉각적인 압박을 가했다."[146]

　문제는 아와야 겐타로가 '절망의 항전' 국면이라고 말한 최종 단계에서 보인 일본인의 전의 추락이 원폭 투하 이전에 대중 혹은 민중의 반전反戰 움직임으로 연결되었는가이다. 앞서 소개한 천황 히로히토의 독백록은 그가 최종적인 항복 결정을 하고 내각을 강하게 설득한 배경을 언급한다. 그때 천황이 두려워한 것은 무조건 항복에 항의하는 군부 쿠데타였다. 이미 원폭이 투하된 후였던 그 상황에서조차도 '민중'의 반전 폭동이나 의미 있는 저항을 천황과 권력 핵심부가 심각하게 우려하고, 그러한 우려가 그들의 최종 결정에 영향을 미쳤다는 증거는 담고 있지 않다. 원폭 투하 이전까지의 상황에서는 더 말할 것도 없을 것이다.

　전시하 일본 사회에서 반전反戰이 존재했는가라는 물음에 관해, 현대 중국의 저명한 일본 지성사 전문가라고 할 쑨거孫歌는 의미있는 지적을 하고 있다. 그녀는 전후 일본의 저명한 평론가이자 중국 전문가인 다케우치 요시미竹內好가 1959년 11월에 발표한 유명한 논문인 「근대의 초극」을 주목했다. 이 논문에서 다케우치는 총력전 체제와 파시즘 침략전쟁 시기 일본 지식인들의 정신적 상황에 관해서 "여러 동시대인들의 회상을 인용하여 고통스러운 사실의 윤곽을 그려낸다."[147] 다케우치는 이렇게 고백했다. "주관적으로는 (성전聖戰과 대동아공영권 등의 프로파간다로 구성된) 신화를 거부하거나 혐오했지만 이중 삼중으로 굴절된 형태로 결과적으로는 그 신화에 말려들어갔다고 보는 편이 대다수 지식인의 경우에 들어맞지 않을까 생각한다."[148] 그런 의미에서 "소수의 예외를 제외하고는 방관이나 도피가 아닌 의미에서의 반전反戰은 기본적으로 존재하지 않았다"는 것이 다케우치 요시미의 결론이었다.[149] 오구마 에이지도 당시 지식인들은 많은 마르크스

146　The United States Strategic Bombing Survey, "The Effects of Strategic Bombing on Japanese Morale," p.19; 日譯, 東京空襲を記録する會 編, 『東京大空襲/戰災誌』, 第5卷 402-403頁; 栗屋憲太郎, 1995, pp.182-183.

147　쑨거 지음, 윤여일 옮김, 『다케우치 요시미라는 물음: 동아시아의 사상은 가능한가?』, 그린비, 2007, p.332.

148　河上徹太郎·竹內好, 『近代の超克』, 富山房百科文庫, 1994, p.301; 쑨거, 2007, pp.332-333.

149　쑨거, 2007, p.333. 좌익 지식인에 속한 평론가 아라 마사히토(荒正人, 1913-1979)에 따르면, 전후에 그와 같은 고백을 한 다케우치 요시미 자신이 전시에 「대동아전쟁과 우리의 결의」를 쓴 데에서 보이듯 "침략전쟁의 앞잡이가 된 파시즘 지식인"이었다(쑨거, 2007, p.344).

주의자들을 포함해 정치적 입장을 불문하고 전쟁을 찬미하는 글을 썼다고 밝힌다.[150]

1945년 시점에서 반전에 나설 수 있는 지식인이나 '민중'이 현실적으로 존재할 수 있었는가에 대해서도 생각해 볼 필요가 있겠다. 우선 당시 일본인은 '민중'이라고 해도 제국 일본의 중심에 있는 이른바 황국신민이었다는 사실을 유념해야 한다. 일본 군대 안에서도, 광산과 군수공장을 포함한 노동 현장에서도 일본의 민중은 식민지 민중과 다른 신분이었다. 더욱이 오구마 에이지가 주목했듯이, 전시체제의 일본에서 지식인이나 작가들은 "전쟁에 협력하는 작품을 쓰거나, 아니면 창작을 단념하고 군수 관련 공장에서 일해야 하는 양자택일의 상황"에 놓여 있었다. 특히 진주만 공습 9개월 전인 1941년 3월에 일본은 「치안유지법」을 개정하여 '예방 구금제'를 도입했다. 석방된 공산주의자가 재범의 가능성이 있다고 판단되면 언제든 구금이 가능해진 것이었다. "전향을 표명하고 석방된 마르크스주의자들은 경찰의 감시하에 놓여, 적극적으로 전쟁에 협력하는 자세를 보이지 않으면 언제든지 다시 수감될 수 있는 상황"이었다.[151]

민중의 대부분은 군대 아니면 군수공장에 배치되어 전시체제에 복무했다. 그 노동자들 가운데서도 300만 명 이상이 추가로 군대로 동원된다.[152] 이러한 사정 등에 비추어, 반전에 나설 일본 민중이 존재할 사회적 공간을 기대하는 것 자체가 무리라고 해야 할 것이다. 원폭과 그 책임에 관한 우리의 모든 논의는 당시 역사 현실에 대한 직시에 기반하지 않으면 최소한의 설득력도 가질 수 없게 된다.

전시하 일본의 지식인과 대중이 전쟁에 대해 가진 인식과 태도에 대해 오구마 에이지는 근대 일본의 저명한 작가이자, 한때 비합법 공산주의 활동에 참여했다 탈퇴한 이력을 가진 다자이 오사무(太宰治, 1909-1948)가 1946년 3월에 쓴 「답장返事」이라는 에세이에서 이렇게 고백한 것을 주목했다. "우리들은 정도의 차는 있어도 이 전쟁에서 일본 편을 들었습니다. 바보 같은 어버이라도 어쨌든 피투성이로 싸움을 해서 패색이 짙어져 지금이라도 죽을 것 같은 상황이 되면 이것을 묵묵히 지켜보는 아들들이야말로 이상한 것이 아닐까요. '보고만 있을 수가 없다'라는 것이 나의 실감이었습니다. 다른 사람도 대체로 그런 기분으로 일본을 위해 힘을 쏟았다고 생각합니다. 확실하게 말해도 되지 않

---

150   오구마 에이지, 2019, pp.58-59.
151   오구마 에이지, 2019, pp.60-61.
152   오구마 에이지, 2019, p.48.

을까요. 우리는 이 대전쟁에서 일본 편을 들었다. 우리는 일본을 사랑한다라고."¹⁵³ 다만 그는 만일 일본이 패전이 아닌 승전을 했다면 "일본은 신의 나라가 아니라 악마의 나라"가 되었을 것이라고 했다. 그리고 이렇게 덧붙였다. "나는 지금 일본이라는 이 패배한 나라를 사랑합니다. 과거의 어느 때보다도 더 사랑합니다."

6. 전략폭격의 반인도성과 그 절정으로서의 원폭

　제2차 세계대전 중에 후방의 민간인들에 대한 대량폭격은 교전국들 모두에 의해서 전쟁 수행의 일반적 양식으로 자리잡았다. 그러나 자국의 도시에 대한 상대국의 대량파괴는 반인도적 행위지만, 상대국 도시에 대한 자신의 대량파괴는 '전략폭격'이란 명분으로 정당한 권리임을 우기는 이중성이 그 특징을 이룬다.

　1937년 일본이 중국의 도시들을 무차별로 폭격했을 때, 미 국무부는 "평화적 생업에 종사하는 주민들이 거주하는 광범한 지역에 대한 전반적인 폭격 행위는 부당하며 법과 인륜에 반하는 행동"이라고 비난했다. 루스벨트는 그해 10월 5일의 유명한 연설에서 그러한 도시 폭격의 야만성을 강렬하게 공격했다. 미 상원은 1938년 6월 "민간인 거주 지역에 대한 비인간적 폭격"을 질타하는 결의안을 채택했다. 루스벨트는 1939년 유럽에서 전쟁이 발발한 직후 민간인 거주 도시에 대한 폭격을 "비인간적 야만"으로 규정하면서 이런 행위를 전쟁 당사자들이 극력 자제할 것을 재삼 촉구했다. 그는 이렇게 개탄해 마지않았다. "지난 몇 년 동안 지구상의 여러 곳에서 자행된, 무방비 상태의 도시에 대한 무자비한 공중폭격은 방어 능력이 없는 수많은 남자, 여자, 그리고 어린이들을 죽이거나 불구로 만들었다. 이런 행위는 모든 문명인의 가슴을 병들게 했고 인류의 양심에 거대한 충격을 주었다."¹⁵⁴

153　오구마 에이지, 2019, p.128. 다자이 오사무의 공산주의 운동 참여 이력에 대해서는 유숙자, 「『만년』 해설」, 다자이 오사무 지음, 유숙자 옮김, 『만년(晚年)』, 소화, 1997, p.252.
154　John W. Dower, *War Without Mercy: Race and Power in the Pacific War*, New York: Pantheon Books, 1986, p.39.

그러나 그로부터 2년 후 도시에 대한 무차별 폭격을 주도한 것은 미국과 영국의 공군이었다. 미·영 양국 공군은 "전략적 폭격strategic bombing"이라는 미명美名으로 포장된 적의 후방도시 민간인들에 대한 무차별 폭격의 전도사가 되었다. 그에 사용된 무기체계 또한 파괴력이 질적으로 강화된 '소이탄 폭격incendiary bombing'으로 대량 도시 파괴 능력으로 발전했다.

진주만 공격 후 영국 수상 윈스턴 처칠은 일본의 모든 도시를 무차별적으로 잿더미로 만들겠다고 공언한다. 미국이 일본의 도시에 대한 공습을 통해 민간인 대량학살을 구상한 것은 진주만 이후가 아닌 그전부터였다는 사실도 주목할 일이다. 미국이 일본과의 전쟁을 예상하고 있던 시점이라 할 1941년 11월 19일에 기록된 바에 따르면, 육참총장 조지 마셜은 "인구가 밀집된 일본의 도시들의 나무와 종이로 된 구조물들을 불태울 수 있는 전반적인 소이탄 공격"을 위한 비상계획을 개발할 것을 참모들에게 지시했다.[155]

미국이 도쿄를 포함한 일본의 도시들에 대한 공습을 시작한 것은 1942년 4월 지미 두리틀Jimmy Doolittle이 이끄는 폭격기 편대였다. 이들은 도쿄 등을 공습한 후 지리적으로 가까운 중국으로 날아가 폭격기들은 버리고 조종사들은 자취를 감추었다. 보복과 수색을 위해 중국의 일본군은 야만적인 작전을 전개했다. 미국의 희생은 두 명의 조종사가 체포된 것에 그쳤다. 반면에 중국인들은 '난징의 강간'에 버금가는 규모인 25만 명 안팎의 인명 희생을 당한 것으로 추정된다.[156] 일본군은 마을과 읍, 도시들을 파괴했다. 마을 주민들의 귀와 코를 자르고 불태웠으며 가족 전체를 우물에 빠뜨리기도 했다. 일본군은 소이탄 부대로 많은 소도시들을 체계적으로 불태웠을 뿐 아니라 콜레라와 장티푸스를 비롯한 생화학전을 전개했다. 제임스 스캇은 미국 지도자들이 두리틀의 폭격기들에게 일본 공습 명령을 내릴 때 중국인들이 치러야 할 거대한 희생을 예상했다고 말한다. 그걸 알면서도 미국 지도자들은 일본에 대한 전략폭격을 전개할 가치가 있다고 판단했다.[157] 그 가치에는 물론 진주만 공격에 대한 보복과 함께 적의 사기를 떨어뜨린

---

155 Quoted in John Costello, *The Pacific War, 1941-1945*, Quill Trade Paperbacks, 1982, p.105; Dower, 1986, p.40.

156 James M. Scott, *Target Tokyo: Jimmy Doolittle and the Raid That Avenged Pearl Harbor*, New York: W. W. Norton, 2015, p.476.

157 Scott, 2015, p.476 & "Introduction"(pp.xiii-xiv). 1942년 4월의 도쿄 공습이 태평양전쟁 전체의 흐름에

다는 목적이 함축되어 있었다.

존 다워에 따르면, 진주만 공격 후 도시 공습에 있어 미국은 영국 공군보다는 군사 및 산업 시설들에 대한 제한된 공습을 목표로 하는 경향이 있었다. 그러나 이런 절제도 1945년 3월부터는 사라졌다. 3월 9~10일 이틀간 334대의 공군기가 도쿄를 저공비행하면서 수많은 소이탄을 떨어뜨려 8만에서 10만 명의 민간인이 죽고 100만 명 이상이 집을 잃었다. 미국 스스로 반인류적 야만 행위라고 규정했던 무차별 공습 행위를 미국은 일본이 항복하기까지 일본의 66개 도시에 단행했다. 원폭을 포함해 이런 행위로 죽은 일본 민간인은 적어도 40만 명이 될 것으로 추정되고 있다.[158] 1945년 3월 미국이 도쿄에 대해 전개한 단 한 차례의 화염폭탄 폭격 작전으로 사망한 일본인은 8만 3,600명에 달했다.[159] 히로시마에서 8월 6일 당일에 사망한 것으로 추정되는 7만 내지 8만 명보다 더 높은 즉사 수치다.

미국 정부의 군사작전 기획가들은 이런 행위의 비도덕성에 대해 의식하고 있었다. 그러나 누구도 항의를 제기하지는 않았다. 1945년 6월 중순 더글라스 맥아더의 핵심 참모였던 보너 펠러스 준장은 한 비밀 메모에서 일본의 도시들에 대한 공습은 "역사를 통틀어 비전투 민간인들에 대한 가장 무자비하고 야만적인 살육 행위의 하나"라고 스스로 적고 있다.[160] 도쿄 재판에서 일본의 전쟁범죄를 단죄하는 것은 너무나 당연한 일이었다. 그러나 도시 민간인들에 대한 무차별 공습과 원폭은 야만적 전쟁범죄가 아닌지에 대한 반성은 무시되었다. 도쿄 재판에서 재판부는 일본의 전쟁범죄를 이렇게 규정했다. "전쟁터에서뿐만 아니라 집에서, 병원에서, 고아원에서, 공장에서, 들녘에서, 젊은이나 노인이나, 건강한 사람이나 병자나, 남자, 여자, 어린이를 가리지 않고 자행한 인간 생명의 대량파괴"라고. 그렇다면 미국은 전쟁범죄를 범하지 않았는가? 이런 의문은 불가피했다. 도쿄 국제재판소 판사로서 유일하게 이런 의문을 제기한 사람은 인도 출신의 라다비노드 팔Radhabinod Pal 판사였다. 그는 일본 지도자들이 잔혹 행위를 범하려는 음모에

미친 영향을 스캇은 주목한다. 일본은 미군 폭격기들이 출발하는 미국령 섬 미드웨이에 대한 공격을 기획한다. 그렇게 시작된 1942년 6월의 미드웨이 해전에서 일본은 네 척의 항공모함을 잃었다. 이로써 태평양에서 미국이 공세로 돌아설 수 있었다. 전쟁 전체의 변곡점이 된 것이다(Scott, 2015, p.476).

158 Dower, 1986, p.41.
159 Nitze, 1989, p.43.
160 Dower, 1986, p.41.

가담했다고 하는 죄목을 비판하면서 그러한 의미의 잔혹 행위라면 승전국들에게 오히려 더 강한 혐의가 있다고 주장하기도 했다.[161]

전쟁에서 도덕성을 따지는 것이 의미가 있는가라고 많은 사람들은 말해 왔다. 그러나 전쟁을 하고 있는 동안에도 스스로 인간임을 의식하는 한, 도덕성의 문제는 회피될 수 없다. 그럼 '전쟁에서의 도덕성'이라는 것의 요체는 무엇인가. 전쟁에서도 도덕성의 마지노선은 비무장 인간 집단에 대한 살상 행위를 배제하는 문제일 수밖에 없다. 전쟁에 직접 간여하지 않는 비무장 민간인에 대한 공격이 '전쟁범죄' 규정의 기본적 전제일 것이다. 전략폭격이 문제되는 것은 그것이 비무장 민간인이 대부분인 인구집중 도시들을 목표물로 삼는 대량살상 행위라는 데에 있다.

민간인에 대한 대량학살은 전근대적 전쟁에서도 수없이 일어났다. 그런데 그것은 기본적으로 전쟁의 승패가 결정된 후에 승자에 의해 점령된 사회의 백성들이 집단살육 당하는 현상이었다. 20세기 전쟁에서 민간인 집중 도시에 대한 전략폭격은 전쟁의 승패가 결정된 뒤의 야만적 행위로써가 아니라, 전쟁에서 승리하기 위한 전략적·전술적 수단으로써 도시 민간인들에 대한 대량살상 행위라는 데에 그 새로움과 특징이 있다.

전략폭격은 20세기 전쟁을 특징짓는 '총체전total war'을 잘 반영한다. 타자로 규정한 사회에 대한 총체적 파괴, 즉 후방 민간인들에 대한 집단 학살까지도 허용하고 정당화하는 그런 전쟁을 의미하는데, 그것은 총체전의 주요 요소의 하나인 '이데올로기'의 문제와도 관계가 깊다. 총체전이 타자로 규정된 사회에 대한 총체적 파괴의 정당화를 내포하게 되는 것은, 20세기의 전쟁들이 이데올로기들 간의 긴장과 대립을 담고 있었다는 사실과 깊은 관계가 있다. 이데올로기라는 것은 '세속적 신앙,' 즉 '정치적 종교'의 성격을 띠는 것으로, 때로 종교 못지않게 특정한 사회와 인간 집단에게는 삶의 총체적인 윤리적·도덕적 가치 체계로 작용한다. 그것은 선과 악에 대한 도덕적 규정을 수반하면서, 타자로 규정된 사회를 때로 '절대악'으로 간주한다. 그 사회의 모든 것에 대한 총체적 파괴가 전적으로 허용되고 정당화된다. 그런 의미에서 20세기 전쟁들에서 전쟁의 결과로서가 아니라 전쟁 수행의 수단으로써, 전쟁 승리를 위한 전략적 수단으로써 '전략폭격'이 정당화되는 것은 20세기 전쟁이 '총체전'으로서 갖는 성격과 깊은 관련이 있다.

---

161   Dower, 1986, p.37.

적의 후방을 공격할 수 있는 군사무기의 등장과 혁명과 반동이 치열하게 교차하는 이데 올로기의 대립이 총력전의 시대를 열면서, 다른 사회에 대한 총체적 부정과 파괴를 정 당화하는 문명이라는 이름의 심오한 야만의 시대의 특징이다. 원폭은 그 본질을 드러내 는 표상이다.

미국 쪽이 일본 후방 도시 민간인들에 대한 대량살육 행위를 자행했다면, 일본의 전 쟁범죄는 주로 점령 지역 주민들에 대한 대량살육이라는 형태를 띠었다. 무수히 많은 확인된 사례가 있다. 1942년 3월 일본이 홍콩을 점령한 후 약 50명의 영국 관리들과 남 자들이 대검으로 살해되었다. 싱가포르 점령 시에는 의사, 간호사, 병원 환자들도 대검 으로 난자되었다. 1942년 4월에는 수백 명의 미군 및 필리핀 낙오병들이 죽음의 행진을 당하는 중에 대검으로 살해되었다. 일본군이 희생자들을 학살하는 방법은 다양했다. 기 관총으로 난사해 죽이기도 하고, 물에 익사시키기도 했으며, 휘발유로 불태워 죽이기도 했다. 일본이 1941~1942년 사이에 점령한 필리핀 마닐라에서는 크고 작은 많은 잔학 행 위가 행해졌다. 1945년 2월과 3월에도 진격해 오는 미군에 일본 해군은 항복을 거부하 면서 필리핀 민간인들에 대한 대대적인 학살을 자행했다. 이 시기에 당시 70만 마닐라 시민 중 10만여 명이 살해된 것으로 추정되고 있다.[162]

7. 원폭 사용의 정당성에 관한 시선들

트루먼이 히로시마에 대한 "성공적인" 원폭 투하 보고를 들은 것은 포츠담 회담을 마치고 미국으로 귀국하는 배 위에서였다. 그는 "역사에서 가장 위대한 날"이라면서 "태양의 힘의 원천이 극동에서 전쟁을 일으킨 자들을 벌했다"고 말했다.[163] 바튼 번스 타인은 1945년 미국 지도자들은 원폭의 사용을 피하려는 노력을 하지 않았음을 지적 했다. 당시 미국 지도자들에게 원폭의 사용은 어떠한 윤리적 또는 정치적 문제로도 떠 오르지 않았다. 미국 정부는 훗날 학자들이 사후적으로 원폭 사용에 대한 대안代案으로

---

162 Dower, 1986, p.44.
163 Walter LaFeber, *The Clash: U.S.-Japanese Relations Throughout History*, New York: W.W. Norton, 1997, p.248.

거론하는 것들을 거부했거나 한 번도 고려한 일이 없었다.[164]

히로시마·나가사키 원폭 70주년이 되는 해였던 2015년, 일본 『아사히신문朝日新聞』은 그해 9월부터 「핵의 신화」라는 제목으로 일련의 대형 인터뷰 기사들을 실었다. 그 첫 인터뷰 대상자는 1994년에서 1997년 기간 미 클린턴 행정부 국방장관을 역임한 윌리엄 페리였다.[165] 그가 선정된 이유는 2007년 「핵무기 없는 세계」라는 제목의 논문을 공동집필한 네 현인 중의 하나라는 데 있었다. 페리는 또한 2009년 궁극적인 핵 폐기의 비전을 밝힌 버락 오바마 미국 대통령의 프라하 연설문 작성을 자문한 것으로도 알려져 있었기 때문일 것이다. 이 인터뷰에서 페리는 미국의 주류 정치 엘리트 사회가 히로시마와 나가사키 원폭 투하에 대해 갖고 있는 인식을 명확하게 드러냈다. 『아사히신문』 기자 타이나카 마사토田井中雅人는 페리에게 "오바마 대통령의 '핵무기 없는 세계' 연설을 이끌어낸 네 현인의 한 사람으로서 당신은 오바마 대통령이 임기 중에 히로시마·나가사키를 방문해야 한다고 생각하는가"라고 물었다. 페리는 만일 오바마 대통령이 자신에게 그 문제에 대한 조언을 구한다면 자신은 그래야 한다고 말해 줄 생각이라고 했다. 그러나 동시에 그는 "그것은 사죄한다는 목적은 아니다"라는 점을 명확히 했다. 미국 대통령이 히로시마를 방문하는 취지는 오직 히로시마가 "핵무기의 비인도성을

---

164 1945년 6월 트루먼 행정부 안팎에서 원폭 사용의 대안으로 제기되었으나 묵살된 의견들은 적어도 두 건을 들 수 있다. 하나는 맨해튼 프로젝트의 일환이었던 시카고대학의 한 실험실에서 근무한 물리학자 레오 질라드(Leo Szilard)와 1925년 노벨물리학상 수상자로서 같은 실험실에 있던 제임스 프랑크(James Franck)는 실험실장 아서 캠튼과 함께 6월 12일 육군장관 스팀슨에게 "원폭 사용 대신 사막이나 무인도에서 원폭의 위력을 과시하는 방안"을 제안했다(Memorandum from Arthur B. Compton to the Secretary of War, enclosing "Memorandum on 'Political and Social Problems,' from Members of the 'Metallurgical Laboratory' of the University of Chicago," June 12, 1945, Secret, Date Jun 12, 1945: https://nsarchive.gwu.edu/document/28523). 6월 말에는 육군장관 스팀슨 휘하의 「과도위원회」를 맡고 있던 조지 해리슨이 해군부(副)장관 랄프 바드(Ralph Bard)의 건의를 스팀슨에게 전달했다. 바드는 일본에게 '예비 경고(preliminary warning)'를 보내는 조치를 취함으로써 미국이 '위대한 인도주의 국가'의 위상을 유지할 것을 제안했다(Memorandum from George L. Harrison to Secretary of War, June 28, 1945, Top Secret, enclosing Ralph Bard's "Memorandum on the Use of S-1 Bomb," June 27, 1945; https://nsarchive.gwu.edu/document/28530).
번스타인은 훗날 학자들이 거론한 대안들을 다음과 같이 열거했다: 1) 원폭을 도시나 군대가 아닌 다른 곳에서 터뜨려 극적인 경고를 보내는 방법; 2) '무조건 항복'이란 요구를 수정해서 천황제를 명시적으로 보장하는 방안; 3) 일본의 화평론자들(peace feelers)과의 접촉; 4) 소련이 참전할 때까지 원폭 사용을 연기하는 방안; 5) 일본에 대한 해상봉쇄와 재래식 전략폭격을 병행하는 포위공성(包圍攻城: siege) 전략 등이다(Bernstein, 1996, pp.46-47).

165 核と人類取材センター·出井中雅人, "(核の神話；1) 元米国防長官オバマ氏は広島で誓いを," 『朝日Digital』, 2015.9.7.

상징"한다는 점 때문일 뿐이며, 히로시마에서 모든 나라가 다시는 핵무기를 사용하는 일이 있어서는 안 된다는 점을 선언하는 데 의의가 있다고 페리는 강조했다.

그러나 페리는 1945년 8월 일본에 대한 원폭 투하의 정당성을 강력하게 옹호했다. 그는 "대부분의 미국인과 역사가는 원폭 투하로 인한 일본의 항복이 미국의 일본 본토 침공 작전을 불필요하게 만들었고, 그 결과 100만 명의 미군과 그 이상의 일본인의 희생을 막을 수 있었다고 믿고 있다"고 말했다. 다만 그는 "히로시마 원폭으로 희생당한 사람들과 그 영향으로 계속 고통을 받고 있는 생존자들을 생각하면 결코 간단히 잘라 말할 수는 없는 문제"라고 덧붙였다. 그러나 이 말 끝에도 페리는 "이것은 사죄의 문제는 아니다"라고 다시 확인했다. 타이나카 마사토 기자가 "원폭 투하로 100만 명의 미군의 생명을 구했다는 주장은 신화에 불과하다는 인식이 미국의 역사가들 사이에도 있다"고 말하자, 페리는 "원폭 투하냐 본토 침공이냐라는 두 개의 선택 가운데서 대부분의 역사가는 원폭이 생명을 구했다는 결론을 도출한다"고 답했다. 그는 "제3의 선택이 있을 수 있었다고 주장하는 역사가"도 있지만, "그 문제는 역사가들이 논의할 일"일 뿐이라며 선을 그었다. 그러면서 페리는 "원폭보다 본토 침공이 더 많은 생명을 희생시켰을 것이라는 점은 분명하다"고 못박았다.

2016년 5월 버락 오바마는 미국 대통령으로서는 처음으로 히로시마를 방문해 연설했다. 그는 이 연설에서 "우리는 왜 이곳 히로시마에 오는가?"라고 묻고는 이렇게 답했다. "우리는 그렇게 멀지 않은 과거에 터뜨려진 공포스런 힘을 생각하러 온다. 우리는 10만이 넘는 일본의 남녀와 어린이들, 수천의 한국인들, 그리고 포로로 억류되어 있던 10여 명의 미국인들의 죽음을 추도하기 위해 온다." 오바마는 피폭 사망자들의 비극적인 죽음을 애도하면서 역사상 인류가 저지른 전쟁의 참혹, 그리고 문명과 과학이 생산한 가공할 무기와 그것으로 저질러진 전쟁과 파괴에 대해 다분히 일반적인 성찰의 수사를 늘어놓았다.[166] 미국의 원폭 투하 행위에 대한 비판은 없었다. 그 특정한 행위를 인류와 나라들이 저지른 전쟁과 파괴로 점철된 보편적 역사의 한 장면으로 환원시키는 것에 가까웠다.

---

166 The White House, Office of the Press Secretary, "Remarks by President Obama and Prime Minister Abe of Japan at Hiroshima Peace Memorial," Hiroshima Peace Memorial, Hiroshima, Japan, May 27, 2016 (https://obamawhitehouse.archives.gov).

같은 자리에서 오바마 대통령에 이어 연설한 아베 신조安倍晋三 수상은 진주만 기습으로 수백만 명의 인명을 희생시킨 태평양전쟁을 도발한 책임에 대해 사과하지 않았다. 히로시마·나가사키에 대한 미국의 원폭 투하에 대한 어떤 도덕적 책임도 사과도 생략한 오바마의 언어와 닮음꼴이었다. 아베는 먼저 자신이 그가 한 해 전 종전 70주년을 기념해 미국을 방문해 상하 양원 합동회의에서 한 연설을 상기시켰다. 그는 이렇게 말했다. "그 전쟁은 많은 미국 젊은이들에게서 꿈과 미래를 박탈했다. 그 가혹한 역사를 돌이켜보면서 나는 2차 세계대전에서 스러져간 모든 미국의 영혼에게 영원한 위로의 말을 드린다." 그는 이번 연설에서도 같은 말을 되풀이했다. "나와 오바마 대통령은 2차 대전 때 생명을 잃은 모든 이를 위한 가장 깊은 위로를 보냈다." 이어서 그는 "71년 전 단 하나의 원자탄이 히로시마와 나가사키에서 수많은 무고한 시민의 생명을 인정사정없이 앗아갔다"고 말했다. 전쟁 도발에 대한 일본의 책임도, 히로시마·나가사키에 대한 미국의 책임을 지적하는 어떤 말도 부재했다. 치열한 전쟁 끝에 일본과 미국 두 나라가 신뢰와 우정으로 깊게 연대한 동맹국이 되었음을 자축하는 말로 그 공백을 대신했다.

미국의 언론 『뉴욕타임스』도 2015년 원폭 투하 70년을 기념해 미국인들 사이에 존재하는 두 가지의 다른 시각을 조명했다. 뉴욕 시민 로렌스 모스Lawrence Moss는 "원폭 투하는 테러리즘 행위"였으며, "해리 트루먼은 전범"이라고 주장했다. 반면에 이 신문은 트루먼이 훗날 원폭 투하가 일본 본토에 대한 본격적인 침공을 대신할 유일한 방법이었으며, 일본 본토 침공은 원폭으로 숨진 20만 명보다 더 많은 인명—미군과 일본인 희생자를 포함해—을 희생시켰을 것이라고 주장한 사실을 환기시켰다. 뉴욕 빙햄턴의 케빈 조셉Kevin Joseph은 "트루먼이 한 일은 옳았다"고 말했다.[167]

이 신문에 보낸 편지에서 한 미국인은 이렇게 말했다. "나는 원폭 투하 당시 18살의 나이로 태평양상의 한 섬에서 보병으로 근무하고 있었다. 당시 우리는 불과 수개월 후에 단행할 계획이었던 일본 본토 침공을 위한 훈련에 매일 땀흘리고 있었다. 그때 우리는 대통령과 군 지도자들을 포함해 모두 다 그 직전의 두 개의 큰 전투들─이오지마와

---

167 "Anniversary of Hiroshima and Nagasaki Revives Debate Over the Atomic Bomb," *The New York Times*, August 5, 2015.

오키나와 전투—에서 일본군들이 숫적으로 열세에다 식량도 바닥나고 휘발유와 증원
군도 없는 가운데서도 최후의 순간까지 집요하게 싸우다 죽은 사실을 잘 알고 있었다.
그런 전쟁을 원폭이 끝냈다는 것은 분명한 사실이다. 그래서 수많은 미국인, 그리고 그
보다 더 많은 일본 군인과 민간인의 생명을 구했다는 것은 의심할 여지가 없다. 나는 역
사를 수정하려는 의견들에 반대한다. 태평양전쟁의 생존자의 한 사람으로서 나는 트루
먼 대통령과 우리 군의 행동을 고맙게 생각한다."**168**

히로시마와 나가사키에 대한 원폭 투하를 이 미국 참전군인이 옹호하는 말에는 그
행위가 여성과 어린이들을 포함한 비무장 민간인 수십만의 인명을 파괴했고, 또 다른
수십만 민간인들의 삶을 서서히 파괴하고 황폐화시켜 갔다는 사실에 대한 성찰은 들
어 있지 않다. '거악巨惡'과의 싸움에서 아군 희생을 최소화하며 승리하기 위해서는 후방
의 비무장 민간인들에 대한 대량살육을 포함한 어떤 수단도 정당화될 수 있다는 발상
이 지배한다. 베트남전쟁에서 미군도 한국군도 베트콩이 설치한 부비트랩에 부대원 일
부가 피해를 입으면 주변 마을의 민간인 전체—대부분 노인, 여성, 어린이들만 남아 있
는—를 파괴하고 학살한 만행은 일찍이 사실로 확인되었다.**169** 이런 맥락에서 이해하
면 베트남전쟁에서 미군의 양민학살도, 한국군의 그것도 단순한 전쟁의 광기의 표출이

---

168 A Letter from Bernard Handel, in "A Debate Over Hiroshima and Nagasaki, 70 Years Later," *The New York Times*, August 11, 2015.

169 미국 퀘이커교단 평화활동가들의 현장 보고서는 베트남에서 한국군이 민간인을 무차별 학살한 증거들을 기록
했다(Diane and Michael Jones, "Allies Called Koreans—A Report from Vietnam," in Frank Baldwin and Diane and Michael Jones, *America's Rented Troops: South Koreans in Vietnam*, Philadelphia, P.A.: American Friends Service Committee, 1975; The Rand Corporation, "Viet Cong Motivation and Morale Study," 1966; 이삼성, 『20세기의 문명과 야만』, 한길사, 1998, pp.216-234). 필자는 1998년의 이 책에서 "한국
의 대베트남 과거청산의 문제"를 제기했다. 한국의 지식인 사회는 1999년부터 한국군의 베트남 양민학살 문제
에 깊은 관심을 기울이기 시작했다(베트남전 양민학살 진상규명대책위원회, 『부끄러운 우리의 역사, 당신들에
게 사과합니다』, 베트남전 한국군 양민학살 자료집 No.1, 2000년 3월). 시민사회 활동가 김현아는 1999년 베트
남 현장조사를 시작했다(김현아, 『전쟁의 기억, 기억의 전쟁』, 책갈피, 2002). 『한겨레』의 고경태 기자는 한국
언론인으로는 처음으로 1999년 베트남 현장 취재를 시작했다(고경태, 『1968년 2월 12일: 베트남 퐁니·퐁넛 학
살 그리고 세계』, 한겨레출판, 2015). 김현아와 고경태의 현장조사는 당시 현지 언어를 익힌 구수정의 도움을 받
아 진행되었고, 구수정은 훗날 한베평화재단 설립의 주역이 된다. 관련된 최근의 연구는 한성훈, 「하미마을의
학살과 베트남의 역사 인식: 위령비와 '과거를 닫고 미래를 향한다'」, 『사회와 역사』 제118집(2018). 퐁니마을
에 살았던 응우옌티탄이 한국의 민주화를위한변호사모임과 한베평화재단의 지원으로 2020년 4월 서울중앙
지방법원에 대한민국을 상대로 제기한 배상청구소송 제1심에서 2023년 2월 승소했다(이유연, 「퐁니학살
'한겨레21' 첫 보도 23년 만에 한국 배상 책임 인정」, 『한겨레』, 2023.2.7). 이에 윤석열 정부는 불복하여 3월에
항소하였다.

아니라, 하나의 전쟁 수행 전략이었다는 말이 된다.[170] 부대원 희생을 줄인다는 목적으로 자행된, 민간인 거주 마을들에 대한 무차별 살상과 파괴는 때로는 양민학살로 규정되어 적어도 도덕적 비판에 직면했다. 반면에 아군 희생을 줄인다는 명분으로 폭탄 하나로 한 도시를 파괴하는 데 성공한 사실은 트루먼의 말대로 "역사상 가장 위대한 일"이자 성공적 전략폭격으로 간주된다. 하지만 그 저변의 정당화 논리는 근본적으로 동일한 것이 아닐까.

전시에도 민간인의 생명과 재산을 존중할 것을 규범화한 국제법의 진화에서 하나의 이정표는 미국-스페인 전쟁 중이었던 1898년 4월에 일어난 사건에 대해 미 대법원이 1900년에 내린 결정이었다. 전시에 스페인 식민지였던 쿠바를 해상봉쇄하고 있던 중, 해상봉쇄에 참가한 미국 상선이 쿠바의 민간 어선 두 척(파켓트 하바나호와 롤라호)을 나포해 경매에 넘겼다. 어부들은 미국 법원에 민간 어선에 대한 미국 측의 나포 행위로 입은 손해배상 소송을 제기했다. 미 대법원은 미국의 나포 행위가 국제관습법을 위반했다고 판결했다. 경매로 얻은 수익을 원고 측에 돌려주도록 했다. 어선의 이름을 따서 '파켓트 하바나Paquete Habana' 판결로 통한다. 이 판결은 그 후 10년에 걸쳐 민간인의 안전과 그들의 식량 조달 필요성을 고려하는 국제법 발전에 영향을 미쳤다. 1907년의 헤이그 협정Haque Convention이 "해안에서 어업에만 종사하는 선박"을 해전海戰에서 나포해서는 안 될 대상으로 꼽은 것이 대표적이었다.[171]

전시에 민간인의 생명과 재산을 보호할 책임을 부과하는 국제법은 전후에 구체화했다. 1949년의 제네바 협정Geneva Conventions of 1949과 이 협정에 대한 1977년의 제1 및 제2 의정서Protocols of 1977가 그것이다. 제1의정서의 48조는 교전 당사국들에 대해 민

---

170 노엄 촘스키는 미국의 군사안보정책 수행에 깊이 관여해 온 랜드연구소(Rand Corporation)가 1966년 작성한 보고서도 한국군의 양민학살 증거들을 기록한 것에 주목했다. 촘스키는 이에 근거해, 미군 당국이 한국군의 양민학살 사실을 알면서도 이를 제지하지 않았으며, 한국군이 미국의 묵인 하에 양민학살을 1972년까지 지속할 수 있었다고 보았다(The Rand Corporation, "Viet Cong Motivation and Morale Study," 1966; Noam Chomsky and Edward S. Herman, *The Washington Connection and Third World Fascism: The Political Economy of Human Rights*, vol.1, Boston: South End Press, 1979, pp.321-322; 이삼성, 1998, pp.224-225). 결국 베트남에서 민간인에 대한 전시 폭력은 한국군에게도 미군에게도 자신들의 희생을 줄이려는 군사적 목적을 가진 암묵적인 전쟁 수행 방식의 일환이었다는 해석이 가능해진다.

171 Philip Alston and Ryan Goodman, *International Human Rights: Text and Materials*, Oxford, UK: Oxford University Press, 2013, p.71. Convention IV respecting the Laws and Customs of War on Land and its annex: Regulations concerning the Laws and Customs of War on Land, The Hague, 18 October, 1907.

간인과 전투요원의 구별, 그리고 민간인 사물과 군사적 목표물civilian objects and military objectives의 구별을 의무화했다. 이를 전제로 군사적 공격은 군사적 목표물만을 대상으로 하도록 했다. 42조는 군사적 목표물을 정의했다. "그 성격과 위치, 목적 또는 사용에 의해서 군사행동에 실질적 기여를 할 수 있고, 그것을 전부 혹은 일부 파괴하거나 포획하거나 무력화시켰을 때 당시 상황에서 명확한 군사적 이점을 제공할 사물들"이라고 했다. 한편 54조는 민간인의 생존에 필수적인 사물의 보호를 규정했다. 교전국들은 식료품과 같이 민간인들의 생존에 필수적인 사물들을 공격하거나 제거하는 것을 금지하도록 했다. 예외는 적대국이 군대만을 위한 필수품으로 사용하는 것이거나 군사행동을 직접적으로 지원하는 사물들로 한정했다.[172]

1945년 8월 일본의 두 도시에 대한 미국의 원폭 투하가 수십만 비무장 민간인의 생명과 재산을 파괴한 점을 생각하면 보다 포괄적인 적실성을 갖는 것은 분명 민간인에 대한 대량학살을 다룬 국제규범의 현주소라고 생각된다. 민간인 대량학살을 다루는 전후의 첫 국제적 규범의 성립은 물론 뉘른베르크 법정과 도쿄 재판의 근거가 된 국제군사법정International Military Tribunal : IMT이었다. 이 법정의 법적 근거는 1945년 8월 미국·소련·영국·프랑스 네 나라가 체결한 '런던 협정London Agreement'의 부속합의문으로 채택된 '국제군사법정 헌장Charter'이었다. 전범재판 법정의 구성과 기본 절차를 규정한 이 헌장은 제6조에서 "이 법정은 유럽 추축국가들의 이익을 위해 개인으로서 또는 조직의 구성원으로서 다음 세 가지 범죄 중의 어떤 것이라도 저지른 사람들을 재판하고 처벌할 권한을 갖는다"고 했다. 그 세 가지는 '평화를 파괴한 죄crimes against peace', 전쟁범죄war crimes, 그리고 반인도적 범죄crimes against humanity였다. 이 헌장은 그와 관련된 모든 행위에 대해 '개인적 책임individual responsibility'을 물을 것이라고 명시했다.[173]

이 법정은 또한 라파엘 렘킨Raphael Lemkin의 제안을 수용해 '제노사이드'라는 개념을 도입했다. 그리고 그러한 새로운 국제법적 규범을 시간적으로 소급 적용해 나치스를 단죄하려 했다. 그래서 뉘른베르크의 국제군사법정은 나치 피고들을 "의도적이고 체계적인 제노사이드, 즉 일정한 점령 지역의 민간인 인구집단에 대하여, 특정한 인종과 계층

172　Alston and Goodman, 2013, p.71.
173　Alston and Goodman, 2013, pp.121-122.

의 사람들, 그리고 민족, 인종, 종교적 집단, 특히 유대인, 폴란드인, 그리고 집시들을 파괴하기 위해 그들의 절멸을 기도한 죄”로 기소했다.[174] 그러나 ‘국제군사법정 헌장’ 자체는 제노사이드란 개념을 사용하지 않았다. 1946년 9월 30일 이 법정이 발표한 최종 판결에도 그 개념은 등장하지 않았다. 뉘른베르크 법정은 대신에 ‘반인도적 범죄’란 개념을 주로 사용했다. 그 개념도 “침략전쟁과 결부해서 범한 잔혹 행위”에 한정했다. 윌리엄 샤바스가 지적하듯이, 반인도적 범죄 개념을 침략전쟁을 일으킨 세력에게만 한정해 적용한 것은 이 법정을 주관한 네 승전국들(미국·영국·프랑스·소련)의 입장을 반영한 것이었다. 그렇게 한정하지 않으면 승전국들 자신도 잔혹 행위 혐의에서 자유로울 수 없었기 때문이다.[175]

1948년 12월 유엔이 채택한 ‘제노사이드 범죄의 예방과 처벌을 위한 협정Convention on the Prevention and Punishment of the Crime of Genocide’은 뉘른베르크 법정이 평화시에 민간인 집단을 상대로 범하는 잔혹 행위를 처벌하지 않은 공백을 메우기 위해 성립한 것이었다.[176] 1990년대 탈냉전과 함께 벌어진 여러 ‘민족청소ethnic cleansing’ 사태에 직면해 국제형사법은 더 발전했다. 이 과정에서 ‘반인도적 범죄’란 개념이 최선의 법적 수단이 될 수 있다는 인식이 커졌다. 샤바스에 따르면, 이 과정에서 ‘반인도적 범죄’란 개념이 최선의 법적 수단이 될 수 있다는 인식이 강해졌다. 제노사이드 개념은 민족, 인종, 종교적 집단에 대한 물리적 파괴에 해당하는 명백한 사례들에만 적용하는 경향을 보이고, 대신 ‘반인도적 범죄’ 개념을 더 적극 활용하는 양상을 보였다.[177] 그런데 벤자민 리버만은 국제법정에서 적용되는 제노사이드의 통상적 의미를 “어떤 특정한 집단 전체를 대상으로 한 대량살육 캠페인,” 또는 “어떤 지역 안에 있는 특정한 집단의 구성원 전체를 대상으로 한 대량학살”로 정의한다. 그에 따르면 ‘구 유고former Yugoslavia에 대한 국제형사

174 France et al. v. Goering et al., (1946) 22 International Military Tribunal (IMT) 45-6; William A. Schabas, “The Law and Genocide,” in Donald Bloxham and A. Dirk Moses (eds.), *The Oxford Handbook of Genocide Studies*, Oxford: Oxford University Press, 2010, p.125.

175 Schabas, 2010, pp.125-127.

176 Schabas, 2010, p.128. ‘제노사이드’는 “국적, 민족, 인종, 또는 종교로 구분되는 한 집단을 전부 혹은 부분적으로 파괴할 목적으로 다음 행위를 할 때 성립하는 범죄”다: a) 그 집단 구성원들을 살해함, b) 그 집단 구성원들에게 심각한 신체적 또는 정신적 해를 끼침, c) 그 집단의 전체적 또는 부분적인 물리적 파괴를 초래할 목적으로 그 집단의 삶의 조건을 의도적으로 악화시킴, d) 그 집단 내 출산을 방해하려는 조치를 부과함, e) 그 집단의 어린이들을 다른 집단으로 강제 이전함.

177 Schabas, 2010, pp.140-141.

법정ICTY'이 적용한 제노사이드 개념은 후자에 해당하는 것이었다.[178]

　이러한 관점을 취하면, 히로시마와 나가사키라는 특정한 도시에 거주하는 시민들(일본인과 한국인 포함) 전체를 파괴 대상으로 삼은 1945년 미국의 원폭 투하는 제노사이드 개념이 적용될 수 있는 가능성을 안고 있다. 여기서는 우선 샤바스의 지적을 따라 '국제군사법정 헌장' 제6조 C항에 규정된 반인도적 범죄(인도에 대한 죄 또는 반인륜적 범죄)가 현재 현실적으로 더 중요한 역할을 담당하고 있다는 점을 주목해 이 개념의 규범적 역할을 짚어 둘 필요를 느낀다. 제2차 세계대전 관련 민간인에 대한 잔혹 행위를 처벌함에 있어서, 반인도적 범죄 개념이 이 헌장 6조 B항에서 규정된 통상적인 전쟁범죄와 구별되는 지점은 시미즈 마사요시淸水正義가 잘 설명하고 있다.[179] B항의 전쟁범죄는 "점령지 소속 혹은 점령지 내의 민간인 살인"으로 규정되어 있다. 그래서 이 조항이 담은 통상적인 전쟁범죄는 "점령지 주민에 대한 독일인의 범죄 행위"에 한정된다. 이에 비해서 C항의 '반인도적 범죄'는 "범행지의 국내법 위반 여부를 불문하고, 본 법정의 관할에 속한 죄의 수행으로서, 혹은 그것과 관련해서 전전戰前 혹은 전시 중에 행해진 모든 민간인에 대한 살인, 절멸, 노예화, 강제연행 및 그 밖의 비인도적 행위 또는 정치적, 인종적, 또는 종교적 이유에 의거한 박해 행위"로 정의했다.

　따라서 가해자인 독일 점령군이 같은 독일 사회의 구성원이었던 유대인 혹은 독일 국적 시민을 상대로 저지른 박해 행위는 B항의 전쟁범죄에는 해당하지 않지만, C항의 반인도적 범죄에 근거한 처벌 대상이 될 수 있었다. 제2차 세계대전 중의 좁은 의미의 전쟁범죄를 처벌하는 데 그치지 않고, "1933년의 히틀러 정권 성립 이후 12년간에 걸친 제3제국의 범죄 전체를 문제삼을 수 있게" 한 법적 근거를 만든 것이다. "지금까지의 국제법적 상식을 넘어 '평시의 국가범죄'를 국제법정에서 재판한다는 유례없는 시도"가 가능해진다.[180] 요컨대 뉘른베르크 법정이 근거로 삼은 '반인도적 범죄' 개념은 "나치

178　Benjamin Lieberman, "'Ethnic Cleansing' versus Genocide?" in Bloxham and Moses (eds.), *The Oxford Handbook of Genocide Studies*, 2010, pp.45-46. 구 유고 세르비아 대통령 밀로세비치(Slobodan Milošević)와 연결된 보스니아의 믈라디치(Ratko Mladić)가 이끄는 세르비아계 민병대는 스레브레니차(Srebrenica)라는 특정 도시에서 알바니아계인 보스니아 이슬람 주민들 가운데 약 8,000명의 남성들을 학살하고, 25,000~30,000명의 여성들에 대한 집단 강간을 자행해 그 구성원들의 민족적 정체성을 말살하려 했다. 2004년 구 유고 국제형사법정은 이 범죄가 국제법상 '제노사이드'를 구성한다고 판결했다.

179　시미즈 마사요시(淸水正義), 「뉘른베르크 재판의 재검토」, 일본의 전쟁 책임 자료센터 엮음, 『세계의 전쟁 책임과 전후 보상』, 동북아역사재단, 2009, p.93.

180　시미즈 마사요시, 2009, p.93.

독일에 의한 1933년부터 1939년까지 독일 국내에서 독일인 및 1939년 대전 발발 이후의 독일인과 연합국 민간인, 점령지 주민에 대한 살인, 노예화, 강제연행 등의 박해 행위"를 포괄한다.[181] 도쿄 전범재판 역시 뉘른베르크 전범재판과 기본적으로 동일한 법리法理를 채택했다. 그러므로 '국제군사법정 헌장'의 법리상으로만 보면 도쿄 재판에서도 일본제국이 군사적 점령 지역뿐 아니라 일본과 그 식민지 영토 안에서 자행한 각종 학살과 노예화 및 강제동원에 의한 노예노동 강제를 반인도적 범죄로 처벌할 수 있는 것이었다. 그런데 앞서 윌리엄 샤바스의 지적을 들어 언급했듯이, 처벌 가능한 반인도적 잔혹 행위를 침략전쟁과 결부된 행위로 한정함으로써 승전국들은 독일과 일본의 인구집중 도시들에 대한 파괴와 민간인 대량살상을 '반인도적 범죄'의 개념에 근거한 처벌 대상에서 제외시켰다. 더욱이 앨스턴과 굿맨이 지적하듯이, 1945년의 '국제군사법정 헌장'은 전쟁 당사국들이 도시 민간인 집단을 대상으로 전개한 이른바 전략폭격을 전쟁범죄나 반인도적 범죄로부터 면죄할 수 있는 치명적인 조항을 두었다. 히틀러의 독일과 도조 히데키의 일본뿐 아니라 연합국 자신들도 행한 전쟁범죄, 즉 "적의 사기 저하를 위한다는 목적으로 도시들에 대한 대량 폭격을 행한 행위"를 전쟁범죄에서 제외시키기 위해 연합국 측이 노력했던 것이다. 전후 전범재판에서 전쟁범죄로 처벌해야 할 잔혹 행위와 관련해 "군사상 필요한 경우를 제외한다"는 내용이 그것이다. 원폭 투하를 포함한 전략폭격 행위에 대한 면죄부를 부여하려는 노력이었다.[182]

그런데 1946년 뉘른베르크 법정은 1907년에 성립한 '헤이그 육전 협약Hague Convention on Land Warfare'에 관해 이렇게 선언했다. "이 협약에 반영된 육전 규칙들은 의심의 여지 없이 그것이 채택된 시기의 국제법에 비해선 앞선 것이었다. 그러나 1939년에 이르러서는 모든 문명국이 그 규칙들을 전쟁의 법과 관습으로 인정하게 되었다."[183] 1948년 2월 19일 뉘른베르크의 미국 군사법정은 1941년 그리스와 유고슬라비아 등에서 유격대의 공격에 대한 보복으로 민간인들을 납치해 인질로 삼고 학살한 독일 제12군 사령관 빌헬

181 시미즈 마사요시, 2009, p.94. 그런데 윌리엄 샤바스에 따르면, 뉘른베르크 국제군사법정은 최종관결에서는 전전의 독일 내 유대인에 대한 학대와 전시 점령지에서 독일이 취한 정책들을 구별했다. 관결문에서 종종 1930년대의 사태들을 언급하기는 했지만, 전쟁이 발발한 1939년 9월 1일 이전에 범한 행동에 대해서는 누구도 유죄 관결을 받지 않았다(Schabas, 2010, pp.126-127).

182 Alston and Goodman, 2013, p.123.

183 D. Schindler and J. Toman, *The Laws of Armed Conflicts*, Martinus Nijhoff Publisher, 1988, pp.69-93 (https://ihl-databases.icrc.org/en/ihl-treaties/hague-conv-iv-1907).

름 리스트Wilhelm List와 그 부하들을 재판했다. 리스트는 자신의 행위를 "군사적 필요성"을 내세워 변호했다. 그러나 이 법정은 이렇게 판시했다. "군사적 필요성이나 편의성은 실정 규칙positive rules 위반을 정당화하지 못한다. 1907년의 헤이그 규정 제46, 47, 50조는 그 규칙들의 적용에 어떤 예외도 두지 않았다. 무고한 사람들innocent population의 권리는 그 어떤 군사적 필요나 편의에도 불구하고 존중되어야 한다."184

민간인에 대한 폭력을 "군사적 필요"로 정당화하는 것을 거부한 뉘른베르크의 미국 군사법정의 판결이 정당성과 보편성을 갖기 위해서는 패전국뿐 아니라 미국 자신을 포함한 모든 나라의 전쟁 행위에 마찬가지로 적용되어야 옳을 것이다. 뉘른베르크의 미국 군사법정이 단죄한, 저항하는 유격대를 토벌하기 위해 마을 주민들을 인질로 삼아 계획적으로 학살해 간 빌헬름 리스트의 나치 군대의 만행으로부터, 군부를 비롯한 일본 지도부의 항복을 더 일찍 확보한다는 목적으로 행해진 이 나라 두 도시의 수십만 남녀노소 민간인들에 대한 원폭 사용과 그 추가적인 사용의 위협은 근본적으로 어떻게 구별할 수 있을까. 주민 인질 잡기와 대량학살이란 점에서 결국 같은 것이 아닌가.

국제사법재판소International Court of Justice는 1994년 말 유엔 총회로부터 핵무기의 위협이나 사용의 합법성 여부에 대한 법적 판단을 요청받았다. 1996년 7월 8일 제출한 답변에서 재판소가 만장일치로 내린 결론은 핵무기의 위협이나 사용을 구체적으로 승인하는 내용은 관습법慣習法: customary law에도 인습법因習法: conventional law에도 존재하지 않는다"는 것이었다. 또한 핵무기의 위협과 사용은 유엔 헌장 제2조 4항과 제51조의 모든 요구에 위반된다는 것도 만장일치로 결정했다. 핵무기의 위협과 사용도 전쟁 규칙에 관한 국제법의 적용을 받아야 하며, 세계가 엄격한 국제적 통제를 통해서 핵무장 해체를 위한 협상을 마무리하도록 진지하게 노력해야 한다는 권고에 대해서도 의견일치를 보았다. 그런데 "한 국가의 생존 자체가 걸린 극단적인 자기방어 상황에서 핵무기 사용의 합법성 또는 위법성에 대한 명확한 결론에 도달할 수 없다"는 결정에는 재판장을 포함한 7인이 찬성하고 부재판장을 포함한 7인이 반대하여 의견이 반분되었다.185

---

184 The United States v. Wilhelm List et al. (the Hostages Trial), United States Military Tribunal, Nuremberg, February 19, 1948. Laurie R. Blank and Gregory P. Noone, *International Law and Armed Conflict: Fundamental Principles and Contemporary Challenges in the Law of War*, Aspen Publishing, 2018, chapter 2.

185 International Court of Justice, *Reports of Judgments, Advisory Opinions and Orders, Legality of the*

모하메드 스허부딘 판사는 자기방어 관련 결정에 반대하는 의견서에서, '자기방어' 개념에 근거해 국제인도법 적용에 예외를 두는 것에 반대했고, 재판소가 명확한 결론을 내리지 않은 것 자체를 또한 비판했다. 스허부딘은 아랍 세계에서 14세기 후반기에 활동한 역사가이자 철학자 이븐 칼둔Ibn Khaldun이 (올바른) 법의 존재 이유를 "문명을 보존하려는 노력"에 연관시킨 것을 상기시켰다. 이를 전제로 스허부딘은 '국가 주권'은 문명을 종식시키고 인류를 괴멸시켜 모든 국가의 존재를 파괴할 권리까지 포함하는 것일 수는 없다고 주장했다.186 설령 자기방어를 원폭 사용의 정당한 근거로 본 판사들의 의견을 받아들인다 하더라도, 1945년 8월 미국이 히로시마와 나가사키에 원폭을 투하할 때 "(미국) 국가의 생존이 걸린 극단적인 자기방어 상황"에 처했다고 볼 수 있는가. 말할 것도 없이 그것과는 거리가 멀었다. 더욱이 수만, 수십만의 비무장 민간인의 생명을 파괴하는 방식으로 핵무기를 사용했다.

300만 명 이상의 희생을 초래한 전쟁을 시작한 북한 정권, 이 거악을 응징하고 전쟁을 빨리 끝낸다는 명분으로 미국이 평양이나 신의주에 원폭을 투하해 어린이들을 포함한 비무장 민간인 수만 명의 희생을 초래했다면, 그것은 명백한 전쟁범죄이자 반인도적 범죄로 규탄받아야 했을 것이다.

오사마 빈 라덴을 포함한 이슬람 근본주의자들이 2001년 9월, 그 이전 반세기에 걸쳐 미국이 사우디아라비아를 포함한 아랍의 시대착오적인 왕정 지배자들과 결탁해 이슬람 세계의 자원을 약탈하고 그들의 민족주의를 탄압하며 웨스트뱅크와 가자지구의 팔레스타인 인민에 대해 매년 계속되는 이스라엘의 국가 테러리즘을 지원하는 뒷배경으로 행동한 것을 응징한다는 명분으로 뉴욕에서 3,000여 명의 민간인들을 희생시킨 9·11 테러를 자행했다. 이 행위는 누구도 묵과할 수 없는 반인도적 테러리즘으로 규정된다. 여기에 국제사회는 누구도 이의를 달지 않았다.

1960~1970년대의 베트남전쟁은 300만 명이 넘는 귀중한 인명 희생을 초래한 미국의 위장된 침략전쟁이었다는 인식이 존재한다. 만일 베트남 공산주의자들이 미 제국주

Threat or Use of Nuclear Weapons, Advisory Opinion of 8 July 1996 (https://www.icj-cij.org/files/case-related/95/095-19960708-ADV-01-00-EN.pdf).

186 "Dissenting Opinion of Judge Mohamed Shahabuddeen"(https://www.icj-cij.org, July 8, 1996), p.133 & p.141; John Burroughs, *The (Il)legality of Threat or Use of Nuclear Weapons: A Guide to the Historic Opinion of the International Court of Justice*, Munster: LIT VERLAG, 1997, p.60.

의의 침략전쟁을 응징하고 미국의 베트남 개입을 중단시키기 위해 뉴욕이나 시카고에 원폭을 이용한 테러를 감행했다면, 그래서 두 도시의 어린이들을 포함한 비무장 민간인 수십만 명의 희생을 초래했다면, 그 역시 테러리즘으로 규탄받고 처벌받아야 했을 것이다. 그 경우 미국은 2001년 9·11 테러 후 아프가니스탄에 했던 것보다 더 가공할 규모의 응징을 실행했을 것이다. 미국의 아프가니스탄 침공에 온 세계가 그랬던 것처럼, 베트남에 대한 미국의 그러한 보복 행위는 온 세계의 방조와 침묵을 초래하면서 참혹한 반인도적 상황의 악순환을 낳았을 것이다.

요컨대 아무리 거대한 악이라 하더라도 그것을 응징한다는 명분으로 그 사회의 도시들을 상대로, 그 도시의 수십만 비무장 민간인을 목표물로 삼아 원폭을 사용해 대량 살육하는 행위는 반인도적 범죄에 해당함이 분명하다. 미국이 1945년 8월 초 마주한 제국 일본은 물론 거악이었다. 20만에서 30만 명에 이르는 난징의 비무장 민간인들을 대량살육한 난징학살,[187] 731부대의 생체실험과 만인갱萬人坑, 종군위안부, 강제동원을 통한 죽음의 노역 등 무수한 반인도적 범죄의 대공창大工廠이었음이 분명했다. 그럼에도 불구하고 거악을 응징하고 전쟁 종결을 앞당긴다는 명분으로 히로시마와 나가사키의 수십만 비무장 민간인을 살육한 미국의 원폭 투하도 전쟁범죄이자 반인도적 범죄로 규정할 수밖에 없다. 제국 일본의 범죄의 실체인 수만, 수십만의 비무장 민간인의 생명 또는 그들의 삶에 대한 대량파괴를 전쟁 수단으로 동원했기 때문이다.

이처럼 주민 대부분이 비무장 민간인이었던 인구집중 도시들에 대한 미국의 원폭 사용은 그것 자체로서 반인도적 범죄의 혐의를 벗어나기 어렵지만, 아울러 비판적으로 검토해야 할 것은 미국이 원폭을 사용한 방식이다. 그 방식은 적어도 두 가지 점에서 추가적인 비판 대상이 되어 왔다.

첫째, 트루먼 행정부는 일본에 무조건 항복을 요구하는 포츠담 선언에 원폭 사용 계획을 밝혀 경고하지 않았을 뿐 아니라, 그 선언에 대한 일본의 반응을 확인하는 절차를 생략했다. 앞서 설명한 바 있듯이 트루먼 행정부 고위층은 포츠담 선언을 공표한 26일

187 난징학살 문제에 대해 상식적인 일본 역사학계를 대표한다고 볼 수 있는 학자인 가사하라 토쿠시는 난징학살 희생자 수를 20만 명 안팎으로 파악한다(笠原十九司 著, 『南京事件』, 東京: 岩波書店, 1997, pp.227-228). 난징의 희생자(遇難者)에 대한 중국의 공식 관점은 1985년에 개관한 난징대학살기념관(侵華日軍南京大屠殺遇難同胞紀念館) 건물의 외벽에 크게 새겨져 있듯이 30만 명에 달한다.

보다 이틀 전인 24일에 히로시마를 포함한 여러 개의 도시들에 대한 순차적인 원폭 투하 명령을 하달했다. 트루먼 대통령은 훗날 포츠담 선언을 일본이 거부함에 따라 원폭 사용을 결정했다고 해명했다. 그러나 피터 제닝스가 1995년의 저명한 보도 다큐멘터리에서 지적했듯이, 그 말은 거짓이었다.[188]

둘째, 미국은 히로시마 원폭의 효과를 확인한 후에 나가사키에 대한 또 하나의 원폭 투하를 검토하는 절차도 밟지 않았다. 또한 미국은 8월 9일 새벽 소련의 참전 이전에 그 사태가 임박했다는 정보를 갖고 있었지만, 소련의 참전이 일본의 조기 항복을 앞당기는지 그 효과를 확인한 후에 제2의 원폭 투하를 검토하는 방안도 고려하지 않았다.

하세가와 츠요시는 소련의 대일본 전쟁 선언 후 미국은 비행을 시작한 B-29(복스카)에 복귀를 지시해 나가사키 원폭 투하를 재고할 가능성은 없었는지를 검토했다. 시간적으로 보면, 미국이 복스카에 지시해 제2의 원폭 투하를 중단하는 것은 충분히 가능한 일이었다. 다만 복스카는 티니안으로 돌아오기 전에 원폭을 태평양 어딘가에 떨어뜨려야 했을 것이다. 중요한 것은 하세가와의 지적과 같이, 미국 정부가 나가사키 원폭 투하를 재고하는 어떤 움직임도 보이지 않았다는 사실이다.[189]

미국은 반인도적 무기의 반복적 사용을 피하기 위해 소련의 대일본 전쟁 선포로 일본의 항복이 얼마나 앞당겨지는지를 확인해 보려는 어떤 노력도 기울이지 않았다.[190] 새뮤얼 워커의 지적대로 원폭 사용은 트루먼에게는 "쉽고 (고민의 여지 없는) 명쾌한 군사적 결정an easy and obvious military decision"이었던 것처럼,[191] 그 연속 사용의 방식 또한 매우 쉽고 자동적인 것이었다.

---

188 "Peter Jennings Reporting: Hiroshima-Why the Bomb was Dropped," ABC News, 1995.
189 Hasegawa, 2005, p.194.
190 번스타인은 8월 8일 밤 소련군의 개전 선언과 8월 9일의 나가사키 원폭이 없었더라도 히로히토는 종전을 위해 개입했을 것이라고 본다. 그럼에도 미국이 나가사키 원폭 투하를 진행한 것은 당시 시점에서 미국은 히로시마 원폭으로 일본 천황이 얼마나 많은 충격을 받고 얼마나 신속하게 항복을 할 것인지 가늠할 수 없었기 때문이라고 번스타인은 밝힌다(Bernstein, 1996, pp.71-72).
191 Walker, 2004, p.74.

8. 원폭 사용을 배제했을 때 역사의 향방에 관한 인식

지메스 신부Father Siemes는 일제강점기 말에 일본에서 활동했던 독일 제수이트파 신부의 한 명이었다. 그는 미국의 원폭 투하 시점에 히로시마시 교외의 나가쓰카長束에 머물고 있었다. 그는 로마 교황청에 보낸 보고서에서 이렇게 썼다. "우리들 중 일부는 원폭을 독가스와 같은 범주로 간주하면서 민간인들에 대한 사용에 반대한다. 다른 이들은 일본에서 전개된 것과 같은 총력전total war에서 민간인과 군인의 구별은 무의미하며, 원폭 자체는 더 큰 유혈을 끝내고 항복해서 총체적 파괴를 피하도록 일본에게 경고하는 효과적인 힘이라고 믿는다. 총력전을 원칙적으로 지지하는 이들은 민간인에 대한 전쟁 행위를 불평할 수 없다. 문제의 본질은 지금과 같은 형태의 총력전이 그것이 비록 정의로운 목적에 기여한다고 하더라도 정당화될 수 있는지다."[192]

많은 한국인들은 1945년 8월 일본에 대한 원폭 투하가 정의로운 목표에 기여했기에 그것은 필요악으로 정당화될 수 있다고 생각한다. 그것이 기여한 것으로 간주되는 '정당한 목표'는 크게 두 가지로 압축할 수 있다. 첫째, 한국의 독립을 앞당기고 그래서 식민지배로 인한 한국인의 고통을 끝냈다고 보는 인식이 한국인들에게는 가장 압도적이다. 둘째, 소련이 한반도 전체를 점령하고 공산화하는 것을 미국의 원폭 투하가 막을 수 있었다는 인식 또한 지배적이다.

절대 다수의 한국인들에게 그 자체로서 정의로운 가치들로 인식되는 이러한 결과들이 히로시마와 나가사키의 비무장 민간인 수십만의 즉각적인 죽음과 또 다른 수십만의 피폭자로서의 고통스런 삶, 그리고 심진태 지부장이 지적한 한국인 5만 명의 희생과 고통을 상쇄할 수 있는 도덕적 근거가 될 수 있는가. 원폭 사용이 한국인들에게 가져다준 것으로 이해되는 유익한 역사적 결과와, 두 도시의 일본인과 한국인을 포함한 수십만의 희생과 고통을 피하는 것, 그 둘 사이의 도덕적인 저울질을 논하기 전에 우리가 먼저 생각할 일들이 있다. 우선 한국의 독립과 소련의 한반도 전체 점령 저지라는 가치가 오직 원폭 사용이라는 방식에 의해서만 실현 가능한 것이었다는 명제는 하나의 역사적 가정일 뿐이며, 그러한 가정은 지나친 단순성을 내포한 것은 아닌지 생각해 보아야 한다.

---

192 John Hersey, *Hiroshima*, Vintage Books, 1989 (Originally in 1946 by Alfred A. Knopf), pp.89-90.

나아가 원폭 사용에 의한 한국의 조기 해방이 이후 한국 역사의 전개에서 어떤 대가를 초래했는지에 대한 성찰도 필요하다고 믿는다.

우선 원폭 사용이 한국의 독립을 앞당겼다는 점을 생각해 본다. 원폭 사용으로 일본 식민지배로부터 한국의 해방을 다소 앞당겼다는 것은 역사적 사실로서 부정하기 어려울 것이다. 그러나 일본 식민지배로부터의 해방이 곧 한국의 독립은 아니었다는 것도 부정할 수 없는 역사적 사실이다. '해방'과 동시에 두 개의 외국 군대들에 의한 3년의 분할 점령 기간을 거쳐야 했음은 말할 것도 없거니와, 그 후 한반도의 역사는 분단의 고착화와 전쟁, 그리고 수십 년에 걸친 정전체제라는 이름의 분단국가체제의 고통을 겪게 된 것이 사실이다. 또한 원폭 사용이 아니었으면 독립 자체가 실현될 수 없었을 것이라는 생각 또한 역사적 가정이다. 1943년 11월의 미·영·중 3국의 카이로 선언은 한국의 독립 허용을 약속했고, 1945년 2월 얄타 회담에서 미국과 소련의 정상들은 한국에 대한 신탁통치를 통해 궁극적으로 독립된 통일정부를 수립하는 데 합의했으며, 1945년 포츠담 선언은 한국의 독립을 명시한 카이로 선언의 약속을 재확인했다.

전후에 미국의 원폭 사용 방식이 한 원인이 된 미·소 간 냉전이라는 사태가 그토록 심화되지 않았다면, 한반도 문제에 대한 미·소 간 대립과 불통은 제한적일 수 있었다. 그랬다면 분단과 전쟁으로 점철된 해방 후 8년사解放後 八年史와 그 뒤를 잇는 수십 년의 분단국가체제와 전쟁 위기, 그리고 전체주의와 반공파시즘의 공생이라는 남북한 정치사의 비극도 반드시 필연적인 것은 아닐 수 있었다.

그런 의미에서도 한국의 조기 해방이라는 것 자체가 한국인 수만 명을 포함한 수십만 민간인에 대한 미국의 의도적인 대량살육을 정당화하기는 어렵다. 한국의 해방이 앞당겨짐으로써 가장 큰 고통에서 좀 더 일찍 벗어난 한국인들은 분명 성노예의 삶을 강요당한 수만의 종군위안부 여성들과 강제동원되어 죽음의 노동에 내몰린 노동자들일 것이다. 이들의 고통이 하루라도 빨리 종식되는 것은 그것 자체로 정의로운 가치였다. 그러나 그것을 다른 수만, 수십만의 인명 희생을 대가로 해서 얻어야 하는 것이었다면 그 여성들과 노동자들 자신이 흔쾌히 마음으로부터 동의할 수 있었을지는 의문이다.

동아시아를 포함한 세계의 전후 질서를 구성함에 있어서 트루먼의 전임 대통령 프랭클린 루스벨트가 갖고 있던 구상은 전시 연합국의 하나이고 나치스 독일의 세계 지배를 막는 데 있어 2,000만 명의 희생을 치르며 기여한 소련과 일정한 협력과 대화를 기초로 하는 것이었다. 후임자 트루먼은 이와 달리 포츠담 선언 서명국에서 스탈린을 배제하고 원폭 사용을 은밀하게 서둘렀다. 이로써 소련과 협력이 아닌 배제와 압박을 기초로 하는 전후 질서를 추구했다. 일본의 항복을 이끌어내는 방법론으로써 소련과의 소통을 배제한 원폭 사용 결정은 소련과의 정직한 대화와 일정한 협력의 종말을 의미했다.

그 결과 1945년 2월 루스벨트 대통령이 스탈린과 합의한 바대로 한반도에 대한 신탁통치를 통한 통일정부 수립을 위한 미·소 대화와 협력을 불가능하게 만들었다. 그 결과는 한반도의 분단 고착화였고, 두 국가가 저마다 외세를 등에 업은 참혹한 전쟁이었다. 그 전쟁은 300만 명이 넘는 인명 희생을 초래했다. 그것은 일회성으로 끝나지 않았고 급기야 오늘 현재 북한과 한미동맹이 저마다 핵무기 개발과 핵확장억제 강화 사이의 긴장 구조를 심화시키며 핵전쟁의 위험까지 고조시키기에 이르렀다.

원폭 사용이 한반도 전체에 대한 소련의 점령을 막고 반쪽이나마 미국이 점령한 상태로 되어 다행이라는 인식에 대해서는 어떻게 말할 수 있을까. 원폭을 사용하지 않았다면 소련군이 더 쉽게 한반도 전체를 점령했을 것이라는 생각은 두 가지 변수를 간과한 것이다. 하나는 원폭 사용이 일본 지도부의 분열을 심화시키고 관동군을 포함한 일본군 전체가 동요하게 만들었다는 점이다. 만일 원폭 사용 대신에 미국이 소련과 대화하고 협력하면서 일본의 질서 있는 항복을 이끌어내기 위해 더 노력했다면, 관동군을 포함한 대륙의 일본군 전체가 삽시간에 무너지며 한반도가 일시에 소련군 점령 하에 놓이는 사태는 벌어지지 않았을 가능성이 있다. 소련군 20만이 평양에 입성하게 된 것은 일본이 정식으로 항복을 결정한 후로부터 10일이 지난 8월 24일이었다는 사실도 유의할 필요가 있다.[193]

또한 애당초 소련과의 정직한 소통을 배제한 원폭 사용 자체가 소련이 서둘러 참전을 앞당긴 원인이 되었다는 사실도 기억해 둘 필요가 있다. 스탈린은 미국의 맨해튼 프로젝트에 대한 상세한 정보를 적어도 1945년 2월에는 파악하고 있었으며, 그 결과를 예의주시하고 있었음은 앞에서 언급한 바와 같다.[194] 포츠담 회의가 종반에 접어든 시점인 7월 24일 트루먼은 스탈린에게 "비상한 파괴력을 가진 신무기a new weapon of unusual

---

193 Koshiro, 2013, p.251.
194 Rhodes, 1995, pp.150-151.

destructive force"를 개발했다고 짐짓 평범한 투로 말했다. 트루먼의 회고록에 따르면, 스탈린은 그 말을 듣고 기쁜 표정을 지었으며 "대통령께서 그것을 일본에 잘 사용하시라"고 말했다. 번스 국무장관과 처칠 영국 수상은 먼발치에서 스탈린이 트루먼의 말에 큰 관심을 보이지 않은 것을 보고 안도했다. 스탈린이 트루먼이 한 말의 의미를 잘 파악하지 못한 것으로 이해했던 것이다. 하지만 새뮤얼 워커에 따르면, 스탈린은 트루먼이 원폭 개발에 성공했음을 말한 것을 명확히 알아챘다. 스탈린은 무관심을 가장했을 뿐이었다. 그는 회의가 끝난 후 숙소로 돌아가자마자 비밀경찰 총수 베리아Lavrenty Beria에게 전화를 걸어서 8일 전에 미국이 성공한 원폭 실험을 파악하지 못한 무능을 질책했다. 그는 베리아에게 소련 자신의 원폭 개발 노력을 가속화할 것을 지시하는 동시에, 소련군이 만주로 진군하기 전에 전쟁이 끝날 것을 크게 걱정하게 되었다.[195] 시노하라 하츠에도 스탈린이 트루먼으로부터 원폭 실험 성공 사실을 전달받고 참전 일정을 앞당기려 노력했음을 지적한다.[196]

코시로 유키코小代有希子는 원폭 결정 과정에서 미·영이 소련을 소외시키면서 은밀하게 준비하고 소련을 배제시킴으로써, 스탈린에게 전후 질서 재편을 둘러싸고 미·영에 대한 불신감을 키워 냉전의 기원을 이루는 동시에, 소련의 신속한 참전과 극동 지역에 대한 군사적 점령을 촉진했다고 해석한다. 한반도의 분단 역시 그것과 무관하지 않다고 코시로는 평가한다. 또한 일본도 항복을 지연시킴으로써 소련이 새로운 제국을 구축할 기회를 제공하는 우를 범했다고 비판한다.[197]

미국이 원폭을 사용해 일본의 항복을 조기에 이끌어내지 않고 규슈 침공을 선택했다면 한국의 경우 특히 제주도가 미·일 간 전쟁터로 초토화되었을 것이라는 인식도 있다. 실제로 전쟁 말기의 일본은 제주도를 미국과의 항전 체제의 중심지로 만들고 있었다. 일본 본토에 대한 공습과 함께 한국 남부 해안지대에 대한 공습도 증가함에 따라, 일본은 제주도에 더 많은 군대를 배치했다. 1945년 2월 제주도의 일본군은 1,000명에 불과했지만, 8월이 되면 60,668명이 되어 있었다.[198] 또 미 해군은 실제 중국과 한국의

---

195 Walker, 2004, p.67.
196 篠原初枝, 2011, p.377.
197 Yukiko, Koshiro, "Eurasian Eclipse: Japan's End Game in World War II," *American Historical Review*, Issue 109 (2004), p.419; 篠原初枝, 2011, p.378.
198 Koshiro, 2013, pp.212-213. 전쟁이 종료된 8월 18일 시점에서 한국 남부 주둔 일본군은 23만 명, 한국 북부

일본 공군기지들을 탈취해서, 그 기지들을 일본 본토 공격을 위해 활용하자는 작전을 제안한 일이 있었다. 그러나 미 육군은 그러한 부차적인 작전들은 시간 낭비를 초래할 뿐이므로 일본 본토에 대한 대대적인 직접적 공격에 집중할 것을 주장했다. 결국 미 육군의 주장이 관철되었다.[199] 포츠담 회담 당시 소련은 미국이 한국에 대해 어떤 작전 계획을 갖고 있는지에 관해 정보가 없었다. 그래서 포츠담 선언 이틀 전인 7월 24일 소련의 알렉세이 안토노프Alexei Antonov 장군이 미국 육참총장 조지 마셜과 어니스트 킹Ernest King 제독에게 미국이 소련의 공격과 연계해서 한반도 해안에 대한 상륙작전을 전개할 의향이 있는지 물었다. 마셜의 대답은 막대한 수의 공격 함정들이 필요한 그 같은 상륙작전은 계획에 없다는 것이었다. 또 킹 제독이 부언하기를, 한국에 대한 공격은 어떤 경우에도 규슈에 상륙해서 '일본해'에 대한 통제를 확보한 후에 결정할 일이라고 했다.[200] 미국이 규슈에 상륙하고 동해를 장악한다면 굳이 한반도에서 전쟁을 벌이기 전에 일본의 항복 협상은 급물살을 탈 가능성이 높았다. 이런 점들을 고려할 때, 원폭이 사용되지 않았다면 제주도가 전쟁터로 전락해 초토화되었을 것이라는 상상은 기우에 불과했다고 생각한다.

한국의 운명은 히로시마와 나가사키에 대한 미국의 원폭 투하가 없었다면 더 불행해졌을 것이란 생각도, 그리고 그 반대의 생각도 모두 역사적 가정법이다. 분명한 것은 미국이 두 도시의 수십만에 달하는 일본인과 한국인의 삶을 철저하게 파괴한 결과로 전개된 한반도의 역사는 누구도 상상하고 싶지 않았을 여정이었다는 사실이다. 뒤늦게나마 한반도의 반쪽이 이룩한 민주화와 산업화의 혜택을 누리는 세대의 시점에서 해방 후 10년의 비극과 그 이후 지속된 분단과 갈등의 역사를 '가능한 차선次善'이었다고 말해버릴 수는 없다. 필자가 하고 싶은 말은, 히로시마와 나가사키의 수십만 비무장 민간인에 대한 의도적이고 계획적인 살육 행위에 대한 도덕적 판단과 역사인식의 문제가 어느 쪽으로든 '닫힌 역사적 가정법'에 갇혀 전단專斷되어서는 안 된다는 것이다.

주둔 일본군은 11만 7,000명이었다(Koshiro, 2013, p.213).

199 John Skates, *The Invasion of Japan: Alternative to the Bomb*, Columbia: University of South Carolina Press, 1994, pp.44, 46-48, 53-54; Koshiro, 2013, p.219.

200 "Tripartite military planning, July 24, 1934(1945의 오기)," Foreign Relations of the United States 1945, Conference of Berlin (Potsdam), vol.2, pp.351-355, quoted in Gyedong Kim, *Foreign Intervention in Korea*, pp.25-26; Koshiro, 2013, p.219.

9. 동아시아 대분단체제의 폐쇄회로와 히로시마·나가사키

　필자는 전후 동아시아의 국제질서를 '동아시아 대분단체제'로 정의하고 설명해 왔다.[201] 이 질서의 중심을 이루는 대분단의 기축은 미일동맹과 중국대륙 사이에 세 가지 차원의 긴장— 지정학적 긴장, 정치사회적 체제와 이념의 이질성으로 인한 긴장, 그리고 역사심리적 긴장— 이 상호 심화하고 상호 지탱하는 관계를 가리킨다.[202] 지정학적 긴장과 정치사회적 긴장이 우리의 인식 체계 밖에 있는 물리적 원심력이자 물리적 폐쇄회로라고 한다면, 역사인식의 간극에서 비롯되는 역사심리적 긴장은 우리의 인식 체계 안에 있는 것으로서, 이 대분단체제의 정신적 폐쇄회로의 역할을 담당한다.

　'진정한 반성을 거부하는 일본'이라는 현상은 일본의 문제인 동시에 동아시아 대분단체제라는 다분히 객관적인 질서의 구조적 문제다.[203] 이 질서의 중심축의 하나인 미일동맹은 일본의 진주만 공격이라는 원죄와 미국의 대일본 원폭 투하라는 반인도적 응징이 서로를 상쇄하면서 동맹의 심리적 기초를 마련했다. 역사적 가해와 고통의 상환相換 방정식 위에 미일동맹이 서 있는 것이다. 미국은 이 동맹을 통해서 특히 중국을 위시한 동아시아 이웃 사회들에 대한 일본의 역사 반성의 필요성을 면탈免脫했다. 이로써 미국은 중·일 사이의 역사심리적 긴장을 자기화했다.[204] 반면에 중국과 한국 등 동아시아

201　이삼성, 「전후 동아시아 국제질서의 구성과 중국: '동아시아 대분단체제'의 형성 과정에서 중국의 구성적 역할」, 『한국정치학회보』 제50집 제5호(2016년 12월), pp.163-189; 이삼성, 「동아시아 국제질서의 성격에 관한 일고: '대분단체제'로 본 동아시아」, 『한국과 국제정치』 제22권 제4호(2006년 겨울), pp.41~83.

202　이 체제 안에서 미일동맹과 중국대륙의 관계가 구성하는 '대분단 기축'은 한반도와 대만해협—그리고 1975년까지의 베트남—에 성립한 소분단체제들과 역시 서로 지지하고 지탱하는 상호작용 패턴을 구성한다.

203　일본의 역사 문제를 단순히 일본의 문제로서만이 아니라 동아시아 국제질서의 속성이라는 차원에서 이해할 필요가 있다는 것은 일본 역사 문제가 갖고 있는 이중의 딜레마 때문이다. 첫째, '반성하지 않는 일본'이라는 현상은 일본 사회의 역사적 자기성찰의 미성숙을 의미하지만 그것은 전후 동아시아 대분단체제의 구조적 속성의 결과라는 점이다. 둘째, '반성을 거부하는 일본'은 동아시아 대분단체제를 지속시키는 중대한 요소이므로 이 질서를 극복하기 위해서는 일본 사회의 역사의식 전환이 필수적이다. 그러나 동아시아 다른 사회들의 국가권력이 주체가 되어 일본에 대해 행사하는 정치외교적 압박 위주의 역사 대화 방식은 대분단체제를 해체시키는 데 기여하기보다는 오히려 그 지속을 보장하는 장치로 작용한다. 일본 역사 문제가 안고 있는 이러한 중첩된 딜레마가 동아시아 대분단체제가 내장(內藏)한 정신적 폐쇄회로의 실체라고 본다(이삼성, 「동아시아 대분단체제에서 '역사 문제'의 구조와 출구의 모색: 동아시아 역사대화 방식의 전환을 위한 제언」, 동북아역사재단, 2015.9.11; 이삼성, 「3·1운동 후 100년 동아시아의 초상—나라의 없음과 나라의 과잉 그리고 제국과 대분단체제를 넘어서」, 대통령직속 정책기획위원회 주최 3·1운동 및 임시정부 수립 100주년 기념 국제세미나, 『1919년 동아시아, 대전환을 꿈꾸다』, 중국 상하이, 2019.4.11).

204　미국이 중·일 사이의 역사심리적 긴장을 자기화했다는 것은 두 가지 뜻이 있다. 첫째, 일본의 전범국 지위를 면탈(免脫)시켜 일본을 '자유세계'라는 이름의 초국적 이념공동체의 동아시아적 보루로 만든 것은 물론 미국

사회들과 일본 사이의 역사인식의 간극은 평행선인 채로 남아 있다. 대분단체제를 넘어 더 평화로운 동아시아로 나아가기 위해서 근본적인 과제의 하나는 역사심리적 긴장이라는 정신적 폐쇄회로를 풀어내는 일이다.

이 숙제는 의당 일본 사회와 이웃 동아시아 사회들이 함께 풀어 나가야 한다. 일본 사회가 풀어 갈 과제가 있고 이웃 사회들이 풀어야 할 숙제도 있다. 일본이 풀어야 할 숙제에 대해서는 수많은 논의가 있고 분명한 주제들이 있다. 하지만 한국과 중국을 포함한 이웃 사회들이 풀어야 할 숙제는 거의 논의되지 않는 것이 현실이다. 가해와 피해의 관계를 고려할 때 필연적인 현상이기도 하다. 하지만 동아시아의 대분단체제로 비롯되는 고통은 동아시아 사회 모두의 것일 뿐 아니라 세계와 인류 전체에도 비극이고 위험이다. 그러기에 우리 모두에게 숙제가 된다.

일본의 이웃 사회들이 풀어 나갈 첫 숙제는 히로시마와 나가사키에 대한 원폭 투하의 반인도성에 대한 인식의 공유라고 필자는 생각한다. 일본의 두 도시에 대한 원폭 투하의 반인도성에 대한 인식을 우선 한국인들이 가급적 널리 공유하고 그것을 다른 동아시아 사회들과 더 광범하게 나눌 수 있다면, 일본 사회의 역사 반성이 이웃 사회들에 의해 강요되는 것으로서가 아니라 일본 사회 내부로부터 일본인들의 가슴으로부터 진정하게 우러난 것이 될 수 있는 기본 조건의 하나가 될 것이다. 그것은 대분단체제의 정신적 폐쇄회로를 풀어낼 실마리가 될 것이다.

핵무기주의nuclearism는 핵무기를 인류의 지속가능한 생존을 위협하는 괴물이 아니라 거악을 응징하고 안전을 지켜 주는 평화의 무기로 간주한다. 핵무기주의는 히로시마와 나가사키의 수십만 민간인의 희생이라는, 거대한 반인도성을 신의 선물이자 축복으로 동일시하는 거대한 역설을 기반으로 탄생해, 러시아와 우크라이나를 포함한 오늘날의 세계, 그리고 동아시아, 그 가운데서도 특히 한반도의 분열된 두 국가와 사회들을 가장 고통스럽게 옥죄고 있다. 핵무기에 의존하는, 더욱이 핵무기의 선제사용을 노멀한 안보

이었다. 19세기 말~20세기 초에 청일전쟁과 러일전쟁을 도발한 일본을 향해 그랬던 것처럼, 20세기 중엽의 미국은 전범국 일본을 다시 '동아시아의 유일한 문명국'으로 둔갑시켰다. 그래서 중국의 관점에서 미국은 역사 문제에 관한 '일본 신분세탁의 주범'이었다. 둘째, 미일동맹은 역사 담론은 억압하고 중국을 상대로 하는 이념 대립 담론을 앞세우는 역사인식 프레임을 존재 조건으로 한다. 이 존재 조건 자체가 중·일 사이의 역사심리적 긴장을 영속화하는 장치로 작용한다. 그런 의미에서 전후 동아시아 대분단체제의 기축 관계에 존재하는 역사심리적 긴장은 중·일의 문제로 그치지 않고 중국대륙-미일동맹 관계의 속성이라 할 수 있다.

전략의 하나로 앞세우는 담론 체계가 압도적이 되어 가는 이 위험한 현실에 맞서는 우리의 노력에서, 히로시마와 나가사키에 대한 원폭 투하의 반인도성에 대한 인식의 공유는 필수적이고 소중한 출발점의 하나일 것이라고 믿는다.

The Military-Political Implications of the American Atomic Bombing of Hiroshima and Nagasaki: A Korean Perspective

Lee Samsung

Emeritus Professor of Hallym University

1. Hiroshima-Nagasaki and the Korean Peninsula

The Nobel Prize-winning author of Japan, Kenzaburo Oe (大江健三郎), wrote about an episode in an essay he wrote in August 1964. It makes one realize that the Hiroshima-Nagasaki atomic bombings were not just Japan's problem. It was an incident that happened around the time when the Korean War was in a stalemate. The chief of a U.S. news agency's Tokyo bureau approached an elderly man who had been blinded by the Hiroshima bombing and asked him this question: "If two or three atomic bombs were dropped on the Korean Peninsula right now, the war would likely end. What are your thoughts as someone who experienced the bombing?" The blinded elderly man replied, "With those two or three atomic bombs, the war may end and the United States may become the ruler of the world. However, at that time, no one will trust the United States anymore." The visually impaired victim of the bombing died alone a few years later.[1]

The question from the American journalist went beyond a simple assumption. Since the outbreak of the Korean War, the United States considered nuclear weapons as a viable option against North Korea and China, which

---

[1] Kenzaburo Oe, *Hiroshima Notes*, Translated by Yi Ae-suk, Samcheonri, 2012, pp.70-71. Kenzaburo Oe (January 31, 1935 – March 3, 2023) was a Japanese intellectual who won the Nobel Prize in Literature in 1994 for his work "*Man'en Football.*" He was known for his involvement in movements for reversed peace and democracy in East Asian societies, including Korea.

were non-nuclear states at the time. On July 30, 1950, President Truman approved the deployment of ten B-29 bombers to Guam for possible use of nuclear weapons, although they were not loaded with nuclear warheads.[2] When Chinese forces intervened in the Korean War in October 1950 and pushed the UN forces southward, Truman considered the option of using atomic bombs against North Korea and China, following General Douglas MacArthur's recommendation. In April 1951, Truman signed the order for the use of atomic bombs against China and North Korea. Fortunately, this order was not carried out due to the conflict between MacArthur and the President, which led to MacArthur's dismissal from his command. The stalemate in the war was also due to the halt of the Chinese army's southward advance. As Bruce Cumings mentioned, at this time, the United States was very close to actually using atomic bombs.[3] The threat of nuclear weapon use by the United States in the Korean War did not end there; it resurfaced in September-October 1951. The United States conducted a simulated atomic bombing exercise called "Operation Hudson Harbor" by sending B-29 bombers stationed in Okinawa to North Korea and dropping mock atomic bombs and large-scale TNT bombs.[4]

This year marks the 70th anniversary of the establishment of the ROK-U.S. military alliance after the end of the Korean War. The government of Yoon Seok-youl in South Korea and the Biden administration of the United States announced the "Washington Declaration" on April 27, aiming to strengthen "nuclear extended deterrence."

The "Geneva Agreement" signed between North Korea and the Clinton administration in 1994 was actually a sort of peace pact. North Korea promised to maintain denuclearization, while the United States and South Korea agreed to support the construction of light-water nuclear reactors in North Korea to help resolve its energy shortage. However, in 2002, the Bush administration

---

2 Truman Public Papers, 1950, p.562; Roger Dingman, "Atomic Diplomacy During the Korean War," *International Security*, vol. 13, no.3 (Winter 1988/89), p.63.

3 Bruce Cumings, *Korea's Place in the Sun: A Modern History*, New York: W.W. Norton, 1997, pp.290-293. Dingman also identifies the spring of 1951 as the period when the possibility of the United States using atomic bombs during the Korean War was highest (Dingman, 1988/89, p.89).

4 Cumings, 1997, pp.292-293.

unilaterally withdrew from the agreement without providing clear evidence that North Korea had seriously violated it. Subsequent intermittent peace negotiations took place between the ROK-U.S. alliance and North Korea. However, overall, the United States focused on military pressure, insinuating the possibility of preemptive military strikes against North Korea, while North Korea accelerated its nuclear weapons program and has now practically declared itself a nuclear-armed state.

The Yoon Seok-youl government, which was launched in May 2022, categorizes almost all dialogues with North Korea as a "fake peace show." While excluding independent nuclear armament, it is dedicated to maximizing its military expansion and pre-emptive strike capabilities against North Korea, including ballistic missiles equipped with warheads weighing up to 9 tons, comparable to mini-atomic bombs. At the same time, it made continuous efforts to lower the threshold for U.S. nuclear weapon use on the Korean Peninsula. The "Washington Declaration" announced by the United States and South Korea on April 27th is a direct contradiction to the "Panmunjom Declaration" jointly announced by the Moon Jae-in government and North Korea on the same day five years ago.

The roots of this situation are not unrelated to the limitations of the peace vision that the Moon government was trapped in. In the "April 27 Panmunjom Declaration" in 2018, the Moon government promised to make sincere efforts to achieve a declaration of the end of the Korean War and a peace agreement with North Korea. However, the Moon government did not see the peace process as the "entrance" that should precede the denuclearization measures of North Korea, as advocated by the United States. The Moon government's vision remained limited to the notion that a peace treaty could be materialized only as a "result or outcome" of North Korean denuclearization.[5] Peace negotiations between North and South Korea, and between North Korea and the United States, have reached a deadlock. As a result, with both countries placing all the blame for the stalled negotiations on North Korea, the right-wing government that came into power in 2022

---

5   Lee Samsung, "East Asia's Division System and New Cold War, and Beyond," Hankyoreh Unification Cultural Foundation Busan Symposium, October 26, 2022.

in South Korea has pursued a preemptive strike strategy against North Korea and a decapitation operation against its leadership, putting forward various nuclear weapons strategies under the pretext of "nuclear balance." In response, North Korea has adopted the option of a preemptive nuclear strike against South Korea, in five different circumstances, including imminent preemptive military actions by the U.S. and South Korea, and has codified it into law. The "Nuclear Force Policy Act," which North Korea enacted on September 8, 2022, interacting with the South Korean official military doctrine of preemptive strike, and now with the 'Washington Declaration' of the U.S. and South Korea, is deepening further the darkness of the abyss of 'security dilemma' engulfing the Korean Peninsula.

In essence, the issue of Hiroshima and Nagasaki in August 1945 was not just Japan's problem. It has also been an issue pertinent to the Korean, and it is even more true today. It is a very urgent issue for us in terms of military and humanitarian implications, especially in two respects.

First, the use of atomic bombs is justified as a means to quickly end a war, as in the case of Hiroshima and Nagasaki, in situations faced with a 'great evil.' It is necessary to reconsider whether there is any rational or historical basis for justifying the use of weapons of mass destruction to cause massive civilian casualties as a means to quickly end a war. In the Korean War, North Korea and China were the "great evils" against the United States and South Korea. What should we have said when the United States pursued the use of atomic bombs against cities with concentrated populations such as Pyongyang, Sinuiju, or Shenyang, for retaliation and victory against the 'great evils', especially during the 1951-52 period, the time when the Korean War dragged on indefinitely?

When the preemptive strike by the South Korea-U.S. alliance is perceived to be imminent on the Korean Peninsula today, the North Korean leadership will use its nuclear weapons as they declared. Every society mobilizes all available resources to confront forces that threaten the existence of their country as an independent political community. If the United States, at the time of developing atomic bombs, faced a situation where the existence of the political community called the United States was at stake due to Japan's invasion, the majority of Americans would have agreed to the use of atomic bombs.

However, when the United States undertook the atomic bombing against Hiroshima and Nagasaki, the Japanese state, although it committed the crime against peace, was now very close to losing the war. And the bombs of mass destruction were targeting hundreds of thousands of unarmed civilians of densely populated cities. It could be compared to a hypothetical situation when the Americans dropped atomic bombs on Pyongyang and Sinuiju targeting tens of thousands of unarmed civilians. In that sense, the issue of Hiroshima and Nagasaki was also a problem pertinent to the Korean people during the Korean War.

Secondly, the use of atomic bombs for the swift conclusion of the war has been justified by the logic that it can ultimately reduce human sacrifices of both sides. However, atomic bombs are ultimately weapons of extreme mass destruction. We cannot help but question whether the use of mass destruction weapons that sacrifice tens of thousands of unarmed civilians in the enemy country with a single bomb can be justified by the utility that the United States claims. The way the United States actually used atomic bombs can only be the subject of profound criticism. We should pay attention to what efforts were made to reduce the sacrifices of unarmed civilians or how such efforts were ignored. Unfortunately, the United States systematically ignored such efforts, as will be confirmed in the following discussions.

As the first presentation of this academic conference to discuss the anti-humanitarian nature of the U.S. atomic bombings on Hiroshima and Nagasaki, the task of this article is to provide an objective and factual understanding of the historical context of atomic bombings on the two populous cities, their political-military processes and outcomes. Therefore, based on representative studies by historians both in the United States and Japan, I intend to shed light on the decision-making process and context of the U.S. atomic bomb use, as well as the temporal and causal relationships between atomic bomb use, Soviet intervention, and Japan's ultimate surrender. I hope that this may serve as a basis for readers to make their own judgments about the decision-making process and its outcomes. I will then express my own thoughts on the ultimate meaning of atomic bomb use and its essential nature as a crime against humanity. However, since in-depth discussions on legal and international law issues will be covered in subsequent presentations, my discussion on those legal aspects will be brief, only mentioning some basic conceptual issues related to violence against unarmed civilians.

2. Hiroshima-Nagasaki and Human Sacrifices

Richard Frank pointed out two reasons why it is impossible to provide accurate statistics on the exact number of people sacrificed in the atomic bombings of Hiroshima and Nagasaki. Firstly, the administrative capacity of the Japanese government in 1945 was severely impaired. Secondly, due to the enormous destructive power of the atomic bomb, the scale of human casualties caused by it was enormous, and therefore, the statistical margin of error was very large. As a result, Japan has never provided the exact population figures for the two cities at the time of the atomic bombings. According to some Japanese sources, the number of people registered as recipients of rice distribution in Hiroshima on June 30, 1945, was 245,423. However, the data also revealed that in the daytime, many workers from surrounding areas migrated to Hiroshima, so the actual population was higher. Additionally, there were over 40,000 soldiers stationed in the city, and a considerable number of them were new recruits whose families were visiting Hiroshima to bid them farewell. Taking these factors into consideration, a Japanese source estimated the population of Hiroshima on August 6 to be 370,000.[6]

The exact number of atomic bomb victims in Hiroshima is still difficult to ascertain and there are no accurate statistics. A medical officer of the

---

6 Richard B. Frank, *Downfall: The End of the Imperial Japanese Empire*, New York: Penguin Books, 1999, p.285. According to Richard Rhodes, the author of a renowned book on the development of the atomic bomb by the United States and the atomic bombings of Japan, the population of Hiroshima initially exceeded 400,000 during the early stages of the war. However, as the threat of strategic bombings by the U.S. military increased, a significant portion of the population was evacuated from the city. Rhodes estimated that on August 6, 1945, the civilian population in the city was between 280,000 and 290,000, with an additional 43,000 soldiers residing there (Richard Rhodes, *The Making of the Atomic Bomb*, New York: Simon & Schuster, 1986, pp.713-714). Truman claimed that Hiroshima was a purely military target, but Rhodes argues that this statement is incorrect in view of the ratio of the number of civilians versus soldiers in Hiroshima at that time.

MacArthur occupation forces in Japan estimated that the total number of reported victims until August 28, 1945, was 160,000, with an estimated 8,000 deaths. However, Father Siemes, who was present at the scene in Hiroshima, estimated the population of Hiroshima at that time to be 400,000 and stated that at least 100,000 people had died. According to Father Siemes, among the 80 Korean laborers who were working on the streets of Hiroshima and took refuge in his nearby church, only 20 survived. Furthermore, there were 600 female students from a Christian girls' school working in a factory, but only 30 to 40 students returned alive.[7]

According to Paul Nitze, who was responsible for investigating the effects of strategic bombing on Japan shortly after Japan's surrender, the number of atomic bomb victims in Hiroshima was between 70,000 and 80,000, and in parentheses, he added that "one-fourth of them were Korean laborers conscripted into service."[8] According to Walter LaFeber's comprehensive analysis, the number of people who died instantly in Hiroshima ranged from a minimum of 80,000 to a maximum of 100,000. An additional 40,000 people died due to radiation sickness caused by the atomic bomb.[9] Therefore, the total estimated number of people who died from immediate and subsequent effects of the atomic bomb until the end of 1945 is 140,000. After the atomic bombing, a total of 200,000 people were estimated to have died within five years.[10]

On August 9th, the second atomic bomb was dropped on Nagasaki, resulting in the deaths of 70,000 people by the end of 1945, and a total of 140,000 people within five years. The estimated fatality rate for Nagasaki is also calculated to be 54% of the residents, the same as Hiroshima.[11] In a reknowned Japanese history book published in 2011, the estimated number of victims, including those who died immediately or shortly after the atomic bombing, is estimated

---

7   Richard Rhodes, *The Making of the Atomic Bomb*, New York: Simon & Schuster, 1986, pp.733-734.

8   Paul H. Nitze, *From Hiroshima to Glasnost: At the Center of Decision, A Memoir*, New York: Grove Weidenfeld, 1989, p.43.

9   Walter LaFeber, *The Clash: U.S.-Japanese Relations Throughout History*, New York: W.W. Norton, 1997, p.248.

10   Rhodes, 1986, p.734.

11   Rhodes, 1986, pp.740-742.

to be between 90,000 and 120,000 for Hiroshima and 60,000 to 70,000 for Nagasaki.[12]

Regarding the most reliable data presented as of 1945, Richard Frank cites the figures estimated by the Hiroshima Prefectural Police Department at the end of November 1945. According to its estimates, there were 78,150 deaths, 13,983 missing persons, 9,428 seriously injured, and 27,997 slightly injured, making a total of 129,558 casualties caused by the Hiroshima atomic bomb. Frank also points out that the official history of the Imperial General Headquarters recognized the number of deaths due to the Hiroshima bombing to be between 70,000 and 120,000. Additionally, according to a survey conducted by the Hiroshima City Hall in August 1946, out of the 76,327 existing houses in Hiroshima, 92% or 70,147 houses were destroyed.[13] As of 1947, according to the results of a survey conducted by the United States on the outcomes of strategic bombing, the death toll was reported as 80,000 for Hiroshima and 45,000 for Nagasaki, with the number of injured ranging from 80,000 to 100,000 for Hiroshima and 50,000 to 60,000 for Nagasaki.[14]

The number of hibakusha, who survived the bombings in both cities, at the time of 1950, was known to be 283,498 people. There was subsequently a controversy regarding how to define the hibakusha, and eventually a definition was adopted that included all those within 2 kilometers of the blast sites. As of March 1995, there were 328,629 registered hibakusha. If registered a hibakusha passed away, he or she was classified as deceased hibakusha. As of August 1994, the number of deceased hibakusha in Hiroshima was 186,940, and in Nagasaki, it was 102,275.[15]

Despite having to go through the same tunnel of death and suffering, the victims of Okinawa, even within Japan, were forced into silence and denied recognition of their suffering by the state for 20 years. In his book "Hiroshima

---

12　木畑洋一(Yōichi Kibata), 「アジア諸戦争の時代: 一九四五−一九六〇年」, 和田春樹·後藤乾一·木畑洋一·山室信一·趙景達·中野聰·川島眞 編, 『東アジア近現代通史 7: アジア諸戦争の時代, 1945-1960年』, 岩波書店, 2011, p.5.

13　Frank, 1999, pp.285-286.

14　USSBS: Strategic Bombing Survey.

15　John Dower, "Three Narratives of Our Humanity," in Edward T. Linenthal and Tom Engelhardt (eds.), *History Wars: The Enola Gay and Other Battles for the American Past*, New York: Metropolitan Books/Henry Holt and Company, 1996, p.79; Frank, 1999, pp.286-287.

Notes," Oe Kenzaburo pointed out that all the victims of Okinawa who were exposed to radiation while working in Hiroshima and Nagasaki were "completely abandoned" for 20 years.[16] In an essay written in 1969, Oe recorded the stories of Okinawans who were unable to utilize the "Hibakusha Notebook" for a long time even after receiving it 20 years after the exposure, as they did not have the conditions to go to mainland Japan for treatment.[17]

It can be inferred that the pain experienced by the victims belonging to Korean society, in which the atomic bombs dropped by the United States has long been considered as a catalyst for national independence and the alliance with the United States is cherished as something more sacred than in Japan, would have been even longer and deeper. In an appeal during the 10th Review Conference of the NPT on August 2, 2022, Lee Gyu-yeol, the chairman of the Korean Atomic Bomb Victims Association, stated: "Seventy-seven years ago, the Korean victims of the U.S. atomic bomb attacks on Hiroshima and Nagasaki were trampled upon in their human dignity and human rights, have passed away in despair and starvation without proper treatment."[18]

Shim Jin-tae, the head of the Hapcheon Branch of the Korean Atomic Bomb Victims Association, estimated that the number of Koreans sacrificed on-site as victims in Hiroshima and Nagasaki was 50,000.[19] According to Shim's explanation, his father was forced into forced labor at a military base in Hiroshima, and his mother worked in a military factory making bullet boxes. Shim himself was born in 1943 in Eba-machi, Hiroshima, Japan, and was exposed to radiation there. After liberation, he returned to his hometown of Hapcheon with his parents. According to him, Hapcheon is the "Hiroshima of Korea" because 70% of Korean victims come from there. As of 2022, he estimated that approximately 446 victims and their descendants are living there.

Han Jung-soon, a second-generation Korean atomic bomb survivor, had 14 family members exposed to the bombing in Hiroshima. She was born

---

16   Oe Kenzaburo, 2012a, pp.16-17.
17   Oe Kenzaburo, Lee Aesook trans., *Okinawa Notes*, 2012b, p.32.
18   NPT 10th Review Conference side event, August 2, 2022.
19   NPT 10th Review Conference side event, August 2, 2022.

in Korea after her mother returned to Korea, and she began suffering from radiation-related illnesses since the age of 15. Her siblings also suffered from various serious illnesses, and the children she gave birth to experienced cerebral palsy. In the same conference in 2022, she made the following appeal: "We have not received any recognition or compensation as atomic bomb victims. The suffering that atomic bomb victims and their descendants should bear is so tremendous and heavy. The most serious issue is the hereditary nature of atomic bomb effects. The consequences of atomic bombs are permanent. The damage caused by nuclear weapons is ruthlessly inherited. Yet, the United States and Japan do not acknowledge the hereditary nature of atomic bomb effects and have neither apologized nor provided compensation to us, the Korean atomic bomb victims."[20]

Kim Hyeongryul, born in 1970, was a second-generation victim of the atomic bomb who passed away in 2005 at the age of thirty-five due to congenital immunoglobulin deficiency. His mother, Yee Gok-ji, returned to Hapcheon with her own mother after being exposed to the bombing in Hiroshima at the age of five, losing her father and sister. It was in 2002, fifty-seven years after the bombing, that she received the "Health Notebook for Atomic Bomb Victims" from Hiroshima City.[21] In that year, Kim Hyeongryul publicly declared that he was a second-generation victim of the atomic bomb. He organized the "Korean Second-Generation Atomic Bomb Victims Association" and submitted a petition to the National Human Rights Commission in 2003. In the petition, he described the historical conditions faced by their parents, the first-generation Korean atomic bomb victims, as follows: "They were victims of forced labor in military factories or coal mines, or they were victims of the harsh economic exploitation by the Japanese colonial rule who had to leave the devastated countryside to find opportunities for survival in Japan. However, after returning to their homeland following liberation, these atomic bomb victims were once again abandoned by the Korean government. They suffered in agony without

---

20 NPT 10th Review Conference side event, August 2, 2022.
21 Kim Hyeongryul, *I Put My Life on the Altar for Anti-Nuclear Human Rights*, Compiled by Junichi Aoyagi, Published by Happy Reading in 2015, p.32.

receiving proper treatment or even knowing their illnesses. Many lost their lives, and those who survived had to live in physical, mental, and economic pain for the past 58 years due to the refusal of compensation by both the Japanese and American governments, and the neglect by the Korean government."[22]

Kim Hyeongryul reflected on the historical nature of the suffering experienced by Korean second-generation victims of atomic bombs in his petition: "The historical roots of the human rights issues faced by Korean atomic bomb victims and second-generation victims can be traced back to the Japanese imperial colonial rule and the U.S. atomic bomb attacks, which caused mass killings of civilians. Therefore, this is an issue that should rightfully be resolved through compensation from the Japanese and U.S. governments. However, the Japanese government denies responsibility for compensation, claiming that it was completed by the 1965 Korea-Japan Treaty (Agreement on the Settlement of Problem concerning Property and Claims and the Economic Cooperation between the Republic of Korea and Japan), and the United States also denies responsibility for compensation, claiming that there is no historical precedent for compensation by a victor country. Furthermore, both countries fail to acknowledge the existence of second-generation victims' suffering from the aftereffects of the atomic bombings."[23]

Kim Hyeongryul expressed his anguish, stating that his entire life was filled with the pain of atomic bomb aftereffects, fighting against memories that did not exist for himself and a life more painful than death.[24] He visited the Hiroshima Peace Memorial Museum in 2002 and was deeply disappointed by the lack of materials reflecting Japan's historical crimes that led to the atomic bombings.[25] However, he also advocated for the solidarity of Korean and Japanese civil societies in striving for true peace for future generations.[26] Apart from the last three years of his life, in which he actively and proudly

---

22 National Human Rights Commission Petition, August 5, 2003, "Second-generation victims of atomic bombs have the right to a humane life" : Kim Hyeongryul, 2015, p.104.
23 Kim Hyeongryul, 2015, p.106.
24 Kim Hyeongryul, 2015, p.68.
25 Kim Hyeongryul, 2015, pp.33-34.
26 Kim Hyeongryul, 2015, p.44.

worked for the rights of Korean atomic bomb victims and their second-generation descendants, his life was characterized by loneliness. He longed for "friends with whom he could share a drink without any pretense after dinner" and "true friends who would help him dream of eternity in the absence of eternity."[27]

In February 2023, the Hiroshima District Court ruled against the plaintiffs in a lawsuit filed by 28 second-generation victims born to Hiroshima atomic bomb survivors, demanding recognition of the genetic effects of radiation exposure and medical support from the Japanese government. The court stated that while it cannot exclude the possibility of genetic effects from radiation, there is no scientific consensus on the matter, and therefore, the government's denial of medical support to second-generation victims is not unconstitutional.[28] This is why Kim's cry for the survival rights and the right to live as human beings of the second-generation atomic bomb victims cannot cease.

3. The Decision-Making Process and Motives for the Use of Atomic Bombs on Hiroshima and Nagasaki

According to historian Yōichi Kibata, the Battle of Okinawa, which took place from late March to late June 1945, resulted in the death of 90,000 Japanese soldiers and over 94,000 Okinawan civilians. Despite these sacrifices and the Joint Declaration issued by the United States, the United Kingdom, and China during the Potsdam Conference on July 26, 1945, demanding Japan's unconditional surrender, the Japanese government continued to adopt a stance of "stubborn resistance." Kibata argues that "this Japanese government's attitude of prolonging the war led to the atomic bombings of Hiroshima and Nagasaki and further increased the number of Japanese war

---

27 Kim's Poem "Dreaming for A True Friendship(芝蘭之交)," in Aoyagi Junichi, *Life Must Continue* (in Kim Hyungryul, 2015, p. 26).

28 Mari Yamaguchi, "Court denies aid for Hiroshima A-bomb survivors' children," AP News, February 8, 2023.

victims."[29]

Kibata summarized his thinking on the historical significance of the atomic bombing as follows: "As a characteristic of the Second World War, the atomic bombing marked the climax of strategic bombing on cities that involved the sacrifice of many civilians, and it symbolized the damage suffered by the Japanese in the war. However, in the eyes of many peoples in the Asian regions under Japanese domination and occupation, the atomic bombing meant Japan's decisive defeat despite its insistence on continuing the war."[30]

When President Franklin Roosevelt died on April 12, 1945, Truman succeeded him as the United States' President. On April 25, Truman had a meeting with Secretary of War Henry Stimson and Lieutenant General Leslie R. Groves, the director of the Manhattan Project. During the meeting, Truman received a report stating that they would complete the development of the most devastating weapon in human history, capable of destroying an entire city, within four months.[31] Two days later, on April 27, the "Target Committee," chaired by Groves, convened at the Pentagon to select the target cities for the atomic bombing. Prior to this, Groves, who had already reviewed the target cities with the Military Policy Committee, instructed the Target Committee to compress the target cities to no more than four. During the meeting, Brigadier General Thomas Farrell, the deputy chairman of the committee, presented the basic criteria for target selection. The targets were to be "Japanese cities or industrial areas," and the timing was set for "July, August, or September." Groves, as the chairman, provided more specific points to consider in target selection. He stated that the targets should be places where the bombing would "most adversely affect the Japanese people's will to continue the war" and should have a military character such as important headquarters, military assembly areas, or centers of military production and supply. He also mentioned that the targets should be in a state not significantly damaged by previous air attacks, to accurately measure the effect

---

29 Yōichi Kibata, 2011, pp.4-5.
30 Kibata, 2011, p.5.
31 Rhodes, 1986, p.624.

of the atomic bomb, and the first target should be of a sufficiently large scale to ascertain the power of the atomic bomb.[32]

At that time, there were already few Japanese cities that met Groves' criteria. Hiroshima was considered the most suitable target. It was the largest city that had not yet been significantly damaged by air raids. The U.S. Air Force had already systematically attacked Tokyo, Yokohama, Nagoya, Osaka, Kyoto, Kobe, Yawata, and Nagasaki.[33] During the meeting on that day, they initially selected 17 target candidates, including Tokyo, Yokohama, Nagoya, Osaka, Kobe, Hiroshima, Kokura, Fukuoka, Nagasaki, and Sasebo. Places that were already heavily damaged were excluded from the final targets.[34] After sacrificing a total of 39 million lives, including 6 million Jews killed by the Nazis, 20 million Soviet soldiers and civilians, 8 million Europeans and British, and 5 million Germans, the Second World War in Europe ended with Germany's surrender on May 8. Two days later, on May 10-11, the Target Committee reconvened in the United States. During this meeting, the target list was compressed to four locations: Kyoto, Hiroshima, Yokohama, and Kokura Arsenal.[35] On May 30, Secretary of War Stimson, in a meeting with Groves, argued for the removal of Kyoto from the list, as it was a culturally significant city with a rich history in Japan. This is why Kyoto, known as the 'Rome of Japan,' was excluded from the list of target cities.[36]

Samuel Walker points to the White House meeting held on June 18, one month before the Potsdam Conference, as an important watershed in U.S. policy-making with regard to the use of atomic bombs. Prior to this meeting, Truman had demanded that the Joint Chiefs of Staff submit their opinions on important information and decisions regarding the victory over Japan. They were also asked to prepare a response regarding what demands should be made to the Soviet Union to facilitate an early end to the war. Additionally, Truman informed Admiral William D. Leahy, the Chief of Staff to the

---

32 Rhodes, 1986, pp.626-627.
33 Rhodes, 1986, p.627.
34 Rhodes, 1986, p.628.
35 Rhodes, 1986, pp.630-632.
36 Rhodes, 1986, pp.640-641. Grove himself did not abandon his attachment to Kyoto even after that (Rhodes, 1986, p.686).

President, that his top priority was to "decide on a war policy that would minimize American casualties."[37] In his diary entry dated June 17, the day before the meeting, Truman wrote that the decision of whether to invade the Japanese mainland or find a better way to end the war through bombing and naval blockade was the most difficult choice he faced.[38]

During the June 18 meeting, General George C. Marshall, the Army Chief of Staff, proposed preparing for an invasion of Kyushu, one of the main islands of Japan, to commence on November 1, 1945. Tokyo was included as a target in the second phase of the invasion plan after the Kyushu operation. Marshall read a Joint Chiefs of Staff report during the meeting that stated, "The Kyushu operation is essential to the strategy of bringing Japan to her knees." He further added his personal opinion that "air power alone is insufficient to bring Japan to surrender." All other attendees agreed with Marshall's proposal for the invasion of Kyushu.[39] At this time, the Joint Chiefs of Staff estimated the U.S. casualties expected during the first 30 days of the Kyushu invasion to be around 31,000. No attendee saw the participation of the Soviet Union as a reason to consider the U.S. invasion of Kyushu unnecessary.[40]

According to Walker, the most significant issue discussed during the June 18 meeting was whether there were better alternatives to the invasion of Kyushu. Secretary of War Stimson, who was present at the meeting, agreed to the Kyushu invasion but expressed the opinion that attacking the Japanese homeland was not necessarily required to secure surrender. He pointed out the existence of "a large submerged class" in Japan, which fought stubbornly for their homeland while not liking war, suggesting that there might be other

---

37 *The Entry of the Soviet Union into the War against Japan: Military Plans, 1941-1945*, Washington, D.C.: Department of Defense, 1955, pp.76-77; J. Samuel Walker, *Prompt & Utter Destruction: Truman and The Use Of Atomic Bombs Against Japan*, Chapel Hill and London: The University of North Carolina Press, Revised Edition, 2004, p.35.

38 Robert H. Ferrell (ed.), *Off the Record: The Private Papers of Harry S. Truman*, New York: Harper and Row, 1980, p.47; Walker, 2004, p.35.

39 "Minutes of Meeting Held at the White House on Monday, 18 June 1945 at 1530," in Dennis Merrill (ed.), *The Decision to Drop the Atomic Bomb on Japan*, vol.1 of *Documentary History of the Truman Presidency*, Bethesda, Md.: University Publications of America, 1995, p.52; Walker, p.36.

40 Walker, 2004, p.36.

ways to end the war. However, no specific alternative was presented. On the other hand, Leahy, the White House Chief of Staff, expressed the opinion that the United States does not necessarily need to insist on unconditional surrender of Japan. He said that Japan would become more desperate, and only the number of casualties for the United States would increase.[41] Then President Truman said that there was no way to change public opinion regarding unconditional surrender. Assuming the hope that the enormous sacrifices made by the U.S. military in the battle of Okinawa would not be repeated, he instructed the Joint Chiefs of Staff to proceed with the Kyushu invasion operation. Final approval for Honshu attack was postponed.[42]

Walker summarized the core of the Truman administration's perception revealed at this meeting as "the collapse of Japan was approaching, but the best way to bring about early surrender was unclear."[43]

Meanwhile, the Joint War Plans Committee, composed of Army and Navy officials, prepared a report on June 15 and submitted it to the Joint Chiefs of Staff. The report estimated that the Kyushu invasion would be suitable for March 1, 1946, and the end of the war would be in the worst case by the end of 1946.[44] In this uncertain state, President Truman left for Europe in mid-July for the Potsdam Conference. On the voyage, he learned about the successful atomic bomb test, which was to become the most decisive factor in U.S. policy toward Japan and the Soviet Union.

On July 16, the first atomic bomb 'Trinity' exploded in the desert of New Mexico. Victor Weisskopf, an Austrian refugee who participated in the Manhattan Project, expressed the awe-inspiring power by saying, "At first, I cheered, then I felt tired, and then I started to worry."[45] The report received by Army Secretary Stimson on July 23 from George Harrison of the Interim

---

41 Quotation from "Minutes of Meeting Held 18 June 1945," in Merrill, p.54; Walker, 2004, p.37.
42 Walker, 2004, p.37.
43 Walker, 2004, p.37.
44 Joint War Plans Committee, "Details of the Campaign against Japan" (J.W.P.C. 369/1), June 15, 1945, in Martin J. Sherwin, *A World Destroyed: Hiroshima and Its Legacies*, 3rd Edition, Stanford: Stanford University Press, 2003, pp.336-345; Barton J. Bernstein, "Understanding the Atomic Bomb and the Japanese Surrender: Missed Opportunities, Little-Known Near Disasters, and Modern Memory," *Diplomatic History* 19 (Spring 1995), pp.227-273; Walker, 2004, p.38.
45 Rhodes, 1986, p.675.

Committee, which was responsible for the atomic bombing issue at the time, stated that "the atomic bombing operation depends on weather conditions, but it can be carried out anytime from August 1." On that day, Stimson informed Harrison that Kyoto would be excluded from the target, receiving the President's approval, and Harrison confirmed the plan to proceed with the atomic bombing in the order of Hiroshima, Kokura, and Niigata. Nagasaki was not included at this point.[46] On July 24, Army Secretary Stimson reported to Truman that the first atomic bomb could be ready for deployment to Pacific bases on August 6, and the second bomb could be ready around August 24, and that by September the pace would accelerate, with three bombs possible, and by December, more than seven could be available.[47] On July 25, Groves visited Truman in Potsdam and conveyed through Stimson the fact of witnessing the success of the atomic bomb with a yield of 15 to 20 kilotons of TNT to President Truman and Secretary of State Byrnes. Additionally, on that day, Groves received permission from General Marshall and informed Pacific Theater Commander Douglas MacArthur that the use of atomic bombs against Japan was imminent between August 5 and 10.[48]

Meanwhile, on July 13, 1945, the Japanese government requested Soviet mediation for the conclusion of the war and reconciliation between the United States and Japan. In April 1941, Japan had signed the Soviet-Japanese Neutrality Pact. The strong will of the Emperor, based on the expectation that the pact would remain valid until March 1946, was the background for Japan's attempt to negotiate with the Soviet Union.[49] In early July, the Emperor decided to send Koichi Kido as an envoy to the Soviet Union. Imme-diately after, on July 9, Hachiro Arita submitted, through Minister of the Interior Kido Koichi, a memorandum stating that direct peace negotiations with the United States and the United Kingdom, instead of the Soviet Union, should

---

46 Rhodes, 1986, p.689. The selection of Nagasaki as the target for the second atomic bomb on August 9 was due to the weather conditions in Kokura on that day.
47 Rhodes, 1986, p.689.
48 Rhodes, 1986, p.687.
49 Komori Yoichi, Song Taeuk (trans.), August 15, 1945, Emperor Hirohito said: Reading Japan before and after the 'Instrument of Surrender', Roots and Leaves(Korean Publication), 2004, p.31.

be pursued. However, on July 13, the Emperor dispatched an envoy to seek strengthened negotiations with the Soviet Union. This meant the Emperor ignored the idea of direct negotiation with the United States and the United Kingdom. It is pointed out that the Emperor's attitude, which refused negotiations with the United States and the United Kingdom and focused on negotiations with the Soviet Union, played a significant role in allowing the Japanese Army to easily reject the Potsdam Declaration demanding Japan's surrender when it was announced on July 26.[50]

The agreement between the United States, the United Kingdom, and the Soviet Union at the Potsdam Conference was finalized between July 30 and August 1. On July 26, the three leaders involved in the war with Japan at the time, Truman of the United States, Churchill of the United Kingdom, and Chiang Kai-shek of China, issued the "Potsdam Declaration." This was separate from the Potsdam Agreement, the result of the Potsdam Conference between the United States, the United Kingdom, and the Soviet Union. It was the "Proclamation Defining Terms for Japanese Surrender." The Japanese government had made a peace gesture in negotiations on July 18.[51] The Potsdam Declaration was Truman's response to that Japanese gesture.

The Potsdam Declaration, announced on July 26th, stated the following in Article 5: "Our conditions are as follows. We will not change these conditions, and there is no alternative. We will not tolerate any delays." Article 6 stated, "As long as irresponsible militarism remains in the world, the authority and influence of those who deceived and drove the Japanese people to conquer the world must be permanently eliminated." Article 7 declared, "Until there is clear evidence that such a new order is established and Japan's war capability is destroyed, the territories of Japan designated by the Allied powers will be occupied to achieve our stated objectives." Article 8 stated, "We will enforce the conditions of the Cairo Declaration, and Japan's sovereignty will be limited to Honshu, Hokkaido, Kyushu, Shikoku, and the smaller islands we designate." Article 9 stated, "After completely disarming the Japanese

---

50 Komori Yoichi, 2004, p.33.
51 Melvyn P. Leffler, *A Preponderance of Power: National Security, the Truman Administration, and the Color War*, Stanford, CA: Stanford University Press, 1992, p 37

military, we will allow them to return home and have the opportunity to live a peaceful and productive life." Article 10 declared, "While we have no intention of enslaving or destroying the Japanese people as a race or nation, we will deliver strict justice to all war criminals, including those who committed brutal acts against Allied prisoners of war." Additionally, it stated, "The Japanese government must remove all obstacles that hinder the revival and strengthening of democratic tendencies among the Japanese people and establish freedom of expression, religion, and basic human rights." Article 11 stated, "Japan will maintain industries that support its economy and enable the prompt payment of just war reparations, but industries that enable rearmament for war will be prohibited. Access rights, not control rights, will be allowed for resources. Ultimately, Japan will be able to participate in the world trade relationship." Article 12 presented the promise that "once the above objectives are achieved and a peace-loving and responsible government based on the free will of the Japanese people is established, the occupying forces of the Allied powers will withdraw from Japan." Lastly, Article 13 urged the Japanese government to immediately declare the unconditional surrender of all Japanese armed forces and to demonstrate appropriate and sufficient action to confirm such an attitude, warning that if Japan refused, the consequence would be "prompt and utter destruction."

According to Akira Iriye, the Potsdam Declaration was clearly a product of the United States. It summarized the results of three years of planning and deliberation by the U.S. government.[52] What attracted Iriye's special attention in this declaration was the principle of treating Japan as a single unit without dividing it into several occupied areas, as well as the inclusion of a large-scale occupation plan by specifying the demilitarization and democratic reform of Japan as occupation objectives.[53]

On July 22, 1944, the Tojo Hideki Cabinet collapsed, and the Koiso Kuniaki Cabinet emerged. On April 7, 1945, the Koiso Cabinet was replaced by the Suzuki Kantaro Cabinet. Suzuki, who was the Prime Minister in July

---

52 Akira Iriye, *Power and Culture: The Japanese American War 1941-1945*, Cambridge: Harvard University Press, 1981, p.263.

53 Iriye, 1981, p.262.

1945, suppressed the Potsdam Declaration by using the pretext of following the Emperor's and the Army's opinions.[54] As a result, this action of Japanese ignoring the declaration is interpreted as the direct cause of the atomic bombing of Hiroshima and Nagasaki, as the United States warned of "prompt and utter destruction" to Japan. In the face of this rejection by Suzuki Kantaro, who was known to have said that the declaration had no value for official commentary, the United States, as later recalled by Army Secretary Stimson, had no choice but to "proceed to demonstrate that the ultimatum meant 'exactly what it said'."[55]

During the early stages of the Potsdam Conference, Truman received confirmation from Stalin regarding the Soviet Union's commitment to join the war against Japan.[56] However, the U.S. position regarding Soviet intervention in the war against Japan underwent drastic changes during the Potsdam Conference. Truman and his newly appointed Secretary of State James F. Byrnes prioritized achieving Japan's swift defeat to minimize American casualties and limit Soviet expansion in East Asia.[57] The Soviet Union's participation in the war against Japan was necessary to achieve Japan's swift surrender. However, it conflicted with the goal of minimizing Soviet territorial expansion in post-war East Asia. This dilemma confronted the United States at the beginning of the conference when Stalin's promise to participate in the Pacific War was reaffirmed at Potsdam. Initially, Truman was pleased, as he wrote in a letter to his wife, "I have obtained what I wanted here."[58]

However, during the middle of the Potsdam Conference, Truman received a report stating that the atomic bomb experiment had been successful. He had already received a report on July 16, the day before the conference began, that

---

54 Gomori Yoichi, 2004, p.33. According to Yukiko Koshiro, Suzuki made a statement saying, "I will not comment on the Potsdam Declaration," in a press conference on July 28 (Yukiko Koshiro, *Imperial Eclipse: Japan's Strategic Thinking about Continental Asia before August 1945*, Ithaca: Cornell University Press, 2013, p.222).

55 Henry Stimson, "The Decision to Use the Atomic Bomb," Harper's Magazine, vol.194, no.1161 (February 1947), p.105; Ronald Takaki, *Hiroshima: Why America Dropped the Atomic Bomb*, Boston: Little, Brown and Company, 1995, p.38.

56 Henry Kissinger, *Diplomacy*, New York: Simon & Schuster, 1994, p.435.

57 Leffler, 1992, p.37.

58 Robert H. Ferrell (ed.), *Dear Bess: Letters from Harry to Bess Truman*, New York: Norton, 1983; Leffler, 1992, p.37.

the development of the atomic bomb was progressing successfully. However, the successful experiment did not necessarily mean that the atomic bomb could be deployed in actual combat. But on July 22, Truman received a report that the atomic bomb could be ready for deployment earlier than expected. On the 23rd, Secretary of State Byrnes asked Army Secretary Stimson when they could know the date when the atomic bomb would be ready for actual use. On the 24th, Stimson reported to Truman that the uranium bomb would be ready shortly after August 1 and the plutonium bomb could be ready around August 6. Truman asked Stimson if Soviet involvement was still necessary for the war against Japan, to which Stimson replied that "it was no longer necessary.[59]

According to Melvyn Leffler, Truman and Secretary of State Byrnes' objectives changed after receiving news of the successful atomic bomb test. Their new goal was to end the Pacific War before Soviet intervention and to out-maneuver Stalin regarding the China issue. This shift in focus led Truman and Byrnes to prioritize containing and blocking the Soviet Union, the Allied power that had fought alongside the United States against the Nazis, rather than seeking cooperation with the Soviet Union.[60] Truman's objective in deciding to use the atomic bomb was to secure Japan's surrender before the Soviet Union declared war and occupied key Japanese strongholds, including Dalian Port, which President Roosevelt had promised to the Soviet Union at the Yalta Conference in early 1945.[61] Truman wrote in his diary, "Believe Japs will fold up before Russia comes in. I am sure they will when Manhattan (the atomic bomb) appears over their homeland."[62] Secretary of War Stimson also noted in his diary during that time that he was surprised by the "psychological difference" that he experienced after the successful atomic bomb test.[63]

---

59 Henry L. Stimson Diaries (Microfilm), Yale University, New Haven, Conn., 21, 23, and 24, July 1945; Leffler, 1992, p.37.
60 Leffler, 1992, p.37.
61 Melvyn Leffler, "The emergence of an American grand strategy, 1945-1952," Melvyn P. Leffler and Odd Arne Westad (eds.), *The Cambridge History of the Cold War*, Volume 1: Origins, Cambridge: Cambridge University Press, 2010, p.70.
62 Robert H. Ferrell (ed.), *Off the Record: The Private Papers of Harry S. Truman*, New York: Harper & Row, 1980, p.54; Leffler, 2010, p.70.
63 Leffler, 1992, p.38.

Meanwhile, Stalin had detailed information about the U.S. Manhattan Project as early as February 1945 and was monitoring the progress closely.[64]

On July 26, when the Potsdam Declaration was signed and announced, the Americans did not invite Stalin. They were concerned that if they requested Stalin's signature, he would demand further territorial concessions in East Asia, particularly as expressed by Secretary of State Byrnes.[65] The United States first issued the order to drop the atomic bomb on Japan two days earlier, on July 24. After a series of unofficial meetings held over about a week between Groves and other military leaders, the order for the Army Air Forces—then the Air Force was not independent from the Army—to drop the bomb was transmitted. Pacific Theater Strategic Air Forces Commander Carl A. Spaatz had requested the official order regarding the atomic bombing. On July 24, General Henry Arnold, a five-star general, received the order, which stated that uranium-235 should be dropped between August 1 and 10 on Hiroshima, Kokura, Niigata, or Nagasaki. The order did not reveal the identity of the person issuing the command. The following day, on July 25, General Thomas Handy, directly under General George Marshall, issued an order stating that the first atomic bomb should be dropped as soon as weather conditions permitted after August 3. The order also added, "Drop additional atomic bombs as they become ready." This order was sent as the result of "directives and approval" from Secretary of War Stimson and General Marshall.[66] Tsuyoshi Hasegawa explains that the date of the United States'

---

64 Soviet intelligence agencies, including GRU and NKVD, had obtained crucial information about the progress of the Manhattan Project. GRU officer Colonel Nikolai Zabotin in Canada learned through Alan Nunn May that there were two methods being developed for triggering the bomb: the ballistic method (gun-type) and the implosion device. They also obtained information that the United States was seeking unlimited control over uranium ore mining in the Belgian Congo and that natural uranium could be used to produce plutonium for bomb production, which was a significant techno-logical breakthrough for the United States and the United Kingdom. These pieces of information were relayed to Soviet scientists by Soviet intelligence agencies. The fact that the implosion method was superior to the gun assembly method was the second crucial piece of information obtained by Soviet intelligence. Furthermore, Klaus Fuchs provided information to the Soviet side in the same February that the United States' atomic bomb development at Los Alamos was making significant progress (Richard Rhodes, *Dark Sun: The Making of the Hydrogen Bomb*, New York: A Touchstone book, 1995, pp.150-151).

65 Walker, 2004, p.71.

66 John N. Stone, Memorandum for General Arnold, July 24, 1945, in Merrill, pp.151-154; Thomas T. Handy

decision to drop the atomic bomb was July 25.[67] He is right in terms of the orders issued by Stimson and Marshall on July 25.

As mentioned in Walker's memoirs, Truman lost interest in Soviet involvement after the successful atomic bomb test at Alamogordo. Secretary of State Byrnes was the most vocal advocate of using the atomic bomb to secure Japan's early surrender and prevent Soviet involvement. As James Matray points out, the main reason the American leaders wanted to use the atomic bomb was to minimize American casualties, but there were also "diplomatic and strategic benefits from Japan's early surrender (in East Asia)." If the United States could use the atomic bomb to compel Japan's surrender before the Soviet Union declared war on Japan, they could exclude Soviet participation in the occupation and postwar treatment of Japan. The United States also expected to be able to unilaterally occupy Korea and avoid "the distasteful necessity for trusteeship" involving the Soviet Union.[68]

In the early stages of the Potsdam Conference, Stalin was putting forward demanding conditions as a prerequisite for the Soviet Union's participation in the war against Japan. That was one of the reasons that led the United States to adopt a strategy of obtaining Japan's surrender through the use of atomic bombs instead of Soviet participation. During the meeting on July 17th, Stalin's conditions for Japan's participation in the war were for China to approve the rights that the Soviet Union had secured in the Yalta Agreement. Truman raised objections to the interpretation Stalin had made and argued that "there existed certain misunderstandings about the provisions of the Yalta accord." The United States argued that ultimately Dairen Port in the Liaodong Peninsula should become "a free port under the supervision of China."[69] On the following day, July 18th, Stalin stated that the Soviet Union

---

to Carl Spaatz, July 25, 1945, Marshall Foundation National Archives Project, Xerox 1482-175, George C. Marshall Library, Lexington, Va.; Robert James Maddox, *Weapons for Victory: The Hiroshima Decision Fifty Years Later*, Columbia: University of Missouri Press, 1995, pp.104-108; Walker, 2004, p.61.

67 Tsuyoshi Hasegawa, *Racing the Enemy: Stalin, Truman, and the Surrender of Japan*, Cambridge, Mass.: The Belknap Press of Harvard University, 2005, pp.189-191.

68 James Irving Matray, *The Reluctant Crusade: American Foreign Policy in Korea, 1941-1950*, Honolulu: University of Hawaii Press, 1985, p.39.

69 James Matray, 1985, p.39.

would not be prepared to enter the war with Japan before August 15, 1945.[70] This was pressure to obtain concessions from the United States regarding the China issue. The United States now considered such a Soviet attitude rather fortunate. They believed that by quickly securing Japan's surrender through continuous atomic bombings before August 15th, they could block Soviet participation. Secretary of State Bynes informally suggested that the Allies demand Japan's surrender within two weeks and threaten complete destruction if the deadline passed. They wanted to avoid the Soviet Union entering the war and occupying Manchuria and Korea before Japan's surrender. For Burns, the only way to achieve such a goal was through the use of atomic bombs.[71]

In 1995, the renowned American journalist Peter Jennings concluded in a very famous documentary broadcast on ABC primetime TV: "After the success of the atomic bomb, the United States no longer needed two things. They no longer needed concessions like maintaining the Emperor in their demands for Japan's surrender, and the Soviet Union's participation in the war against Japan became a matter of concern rather than hope." In this documentary, Robert Messer said that Secretary of State Byrnes modified the content of the ultimatum to Japan after the successful atomic bomb test in order to "quickly end the war and prevent the Soviet Union from interfering in Japan."[72]

The United States did not engage in serious negotiations with the Soviet Union regarding the issue of trusteeship governance in Korea because the United States approached negotiations with Stalin with such hope. In this context, Matray is making a very important point that the atomic weapon was behind the remarkable transformation in Washington's Korea policy during the Potsdam Conference. "Truman and his advisors decided to discard

---

70 Walter Brown notes, July 17, 18, 1945, file 54(1), James F. Bynes papers; Matray, 1985, pp.39-40.

71 Walter Brown notes (July 20, 1945); Harry S. Truman, diary entry (July 18, 1945) in Robert H. Ferrell (ed.), *Off the Record: The Private Papers of Harry S. Truman*, p.54; Gar Alperovitz, *Atomic Diplomacy: Hiroshima and Potsdam*, pp.103-106; Metray, 1985, p.40.

72 "Peter Jennings Reporting: Hiroshima–Why the Bomb was Dropped," ABC News, 1995. This documentary won the Peabody Award that year. Messer's work is titled *The End of an Alliance: James F. Byrnes, Roosevelt, Truman, and the Origins of the Cold War*, First Edition, The University of North Carolina Press, 1982.

trusteeship in anticipation of a rapid end to the Pacific war that would forestall Soviet occupation. At the Council of Foreign Ministers meeting on July 23, Byrnes joined Eden in opposing detailed discussion of trusteeship."[73] Furthermore, discussions on trusteeship were overshadowed by the mandate issues in some areas of the Mediterranean, where Britain and Russia were engaged in a power struggle, and this pushed discussions on the Korean issue even further back. As a result, as pointed out by Metray, "Unfortunately, the Allies had reached no firm agreement on Korea because the trusteeship question had become entangled in the unrelated issue of Anglo-Soviet competition in the Mediterranean. The last and best chance to settle the Korean problem amicably had been lost."[74] Some may argue that it was fortunate that the United States was able to avoid trusteeship governance through the use of atomic bombs. However, we need to seriously reflect on the historical consequences of the entrenchment of the national division with the establishment of separate regimes in North and South in 1948, followed by the tragedy of a massive war engulfing the Korean Peninsula just two years later.

Samuel Walker, who published a comprehensive study on the United States' decision to use atomic bombs, representing the mainstream perspectives among the U.S. historians, summarized the U.S. motivations into five points. According to him, Truman did not hesitate much and made the decision to use atomic bombs immediately even without seeking consultations from his staff or any meaningful consensus on the advantages and potential disadvantages of this new weapon. Walker listed the "five fundamental considerations" that led to Truman's decision: the need for an early conclusion to the war; the need to justify the astronomical costs incurred by the Manhattan Project; the intention to shock the Soviet Union;[75] the absence of incentives to avoid the use of atomic bombs and the retaliation against Japan perceived as a "beast", including animosity towards the Japanese, revenge for the attack on Pearl Harbor; and racial attitudes. Among these, Walker

---

73 Matray, 1985, p.40.
74 Matray, 1985, p.60.
75 Walker agrees that the increasing conflict with the Soviet Union played a role in the U.S. decision to use atomic bombs, but he argues that it was not the main factor (Walker, 2004, p.95).

considers the "early conclusion of the war" to be the most crucial factor in Truman's decision to use atomic bombs.[76] According to Walker, the primary significance of the need for an early conclusion for Truman was to reduce the loss of American lives.

However, there has been a long-standing debate about the scale of casualties among American troops that could have been prevented by the use of atomic bombs. In preparation for the meeting at the White House on June 18, 1945, the Joint Chiefs of Staff evaluated the scale of casualties that the U.S. military would suffer during the invasion of the Japanese mainland (in case the atomic bombs were not used against the Japanese). The preliminary report submitted by the Joint War Plans Committee, composed of Army and Navy officials, to the Joint Chiefs of Staff on June 15, estimated the casualties expected from the invasion of Kyushu to be 132,500, including 25,000 fatalities. It also projected that the additional casualties from the invasion of Honshu would be 87,500, including 21,000 fatalities.[77] At around the same time, General Marshall, the Chief of Staff of the U.S. Army asked General Douglas MacArthur, who was serving as the Commander of the U.S. Army in the Pacific, to assess the expected number of American casualties in the invasion of Kyushu. According to MacArthur's reply on June 18th, the estimated casualties would be 105,000 killed and 12,600 non-combat casualties, totaling 131,000. This estimate closely matched the evaluation of the Joint War Planning Committee.[78]

According to Walker, Marshall was concerned that if he informed President Truman of the expected casualties for the invasion of the Japanese mainland during a White House meeting on the 18th, Truman, who was sensitive to American casualties, might not approve the operation. So Marshall did not bring up the topic in the presence of Truman. Therefore, it is believed that Truman knew the estimated number of American casualties for the Kyushu invasion

---

76 Walker, 2004, pp.92-97.

77 Joint War Plans Committee, "Details of the Campaign against Japan" (J.W.P.C. 369/1), June 15, 1945; Martin J Sherwin, *A World Destroyed: Hiroshima and Its Legacies*, Stanford: Stanford University Press, 3rd Edition, 2003, pp.306-315; Bernstein, 1995, pp.227-273; Walker, 2004, p.38.

78 General MacArthur to General Marshall, June 18, 1945; Walker, 2004, p.38.

to be around 31,000 in the first 30 days of the invasion.[79] Later, Truman and his staff would claim to have received information that indicated 500,000 to 1 million American casualties in the invasion of the Japanese mainland. They used this as justification for the atomic bombings of Hiroshima and Nagasaki. However, according to Walker, there is no evidence to support the claim that they had received such information before the actual atomic bombings.[80]

Walker concludes that even in case the number of American casualties that Truman perceived could be reduced to a few thousand, as opposed to hundreds of thousands or 1 million, by using the atomic bombs, Truman would have chosen to use them anyway.[81]

Regarding the motivations behind the U.S. decision to use atomic bombs, the Japanese historian Hatsue Shinohara highlights the debate within the American historical community between the orthodox and revisionist viewpoints. According to her explanation, the orthodox viewpoint emphasizes the use of atomic bombs to quickly end the war with Japan, while the revisionist viewpoint emphasizes the hasty use of atomic bombs to block postwar Soviet influence rather than for the purpose of securing early surrender from the Japanese and minimizing human sacrifices. He cites Henry Stimson and Herbert Feis as representatives of the orthodox viewpoint.[82] However, it should be noted that even those historians considered orthodox acknowledge Truman's intention to prevent the expansion of Soviet influence by using the atomic bombs. Herbert Feis, whom Shinohara identifies as a representative of the orthodox viewpoint, stated: "Truman would have thought that the use of the atomic bomb, in addition to swiftly ending the war, would also help establish a more favorable order for the West in both

---

79 Walker, 2004, pp.38-39.

80 Walker, 2004, p.39. In the 1990s and 2000s, a fierce debate arose within the American historical community regarding the estimated number of American casualties for the invasion of the Japanese mainland that the Truman administration was aware of before the atomic bombings (Walker, 2004, pp.116-118).

81 Walker, 2004, p.93.

82 篠原初枝, 「原爆投下と戰後國際秩序-軍事的·外交的價値への期待と核の恐怖」, 和田春樹·後藤乾一·木畑洋一·山室信一·趙景達·中野聰·川島眞 編, 『東アジア近現代通史 6: アジア太平洋戰爭と「大東亞共榮圈」, 1935-1945年』, 岩波書店, 2011, p.370. Sinohara cited Stimson's article: Henry L. Stimson, "The Decision to Use the Atomic Bomb," *Harper's Magazine*, Issue 194, 1947, pp.97-107.

Europe and the Far East. Stimson and Byrnes were clearly mindful of such thoughts. If a dramatic display of Western power could shock Japan into surrendering, wouldn't it also shock Russia?... In other words, it was believed or hoped that the atomic bomb would not only force the Japanese invaders to surrender but also restrain Soviet behavior."[83]

And even the revisionists do not ignore the purpose of securing Japan's early surrender as one of U.S. motives for the use of atomic bombs. William Appleman Williams, who is widely recognized as the leading figure in revisionist historical studies in the United States, concluded that the United States dropped the atomic bombs with the purpose of obtaining Japan's quick surrender instead of conducting the planned invasion of the Japanese mainland scheduled for November 1945, and to restrain Russia. His difference from the mainstream scholars was that while the orthodox historians emphasized the motive of achieving Japan's early surrender, Williams, without denying that motive, placed more emphasis on the issue of containing the Soviet Union.[84]

In summary, U.S. historians largely agree that significant motives for U.S. decision to drop atomic bombs on Hiroshima and Nagasaki included both inducing Japan's early surrender and preventing the post-war expansion of Soviet influence. It is also noteworthy that U.S. leaders believed that if Japan surrendered early, it might render Soviet participation unnecessary. Even if the Soviet Union participated before Japan's surrender, atomic bombs' use would have limited the scope of its territorial occupation in Manchuria, the Korean Peninsula, and Japan. Therefore, the motives of inducing Japan's early surrender and blocking Soviet expansion were not separate but tightly interconnected and interactive in the perception of the U.S. policymakers.

---

83 Herbert Feis, Churchill, *Roosevelt and Stalin*, Princeton, N.J.: Princeton University Press, 1957, p.194; Lee, Samsung, *Civilization and Barbarism in the 20ᵗʰ Century: Political Reflections on War, Peace, and Human Tragedy*, Chapter 3 "The Birth of Nuclear Weapons and the Civilization of Nuclear Worship," Hangilsa, 1998, p.241.

84 William Appleman Williams, *Americans in a Changing World: A History of the United States in the Twentieth Century*, New York: Harper & Row, 1978, p.349; Lee, Samsung, 1998, p.243.

4. The Atomic Bombing and the End of the War: A Historical Causation

The next issue to examine is the historical causality between the atomic bomb and the conclusion of the war. What role did the atomic bomb actually play in bringing about Japan's early surrender? Did the United States unnecessarily use the atomic bomb when Japan's surrender was imminent? Or was it the Soviet Union's participation, rather than the atomic bomb, that played a more decisive role in Japan's surrender? These are the major questions raised when discussing the historical causality between the atomic bomb and Japan's surrender. As for the military and political significance of the atomic bombing, the most decisive issues are precisely these questions. In considering the historical causality between the atomic bomb and Japan's surrender, I believe we need to review and confirm the following several historical facts.

1) The attitude and actions of the Japanese government in the period from the Potsdam Declaration to the atomic bombing

According to Gar Alperovitz, by the end of July or the beginning of August 1945, it was certain that Japan had the intention to surrender if the guarantee of maintaining the status of the Emperor was provided, and the United States was aware of this.[85] However, according to Barton Bernstein, it was not certain whether Japan would surrender if the United States adopted this approach. Looking at the Japanese Ministry of Foreign Affairs documents from the end of July and the beginning of August 1945, one can't be sure of whether the Japanese government was to accept surrender based solely on the guarantee of retaining the Emperor's status. As mentioned earlier, the Japanese government dispatched Fumimaro Konoe, a former prime minister and former foreign minister, to Moscow in July 1945, to request its role in peace mediation.

---

85 Gar Alperovitz and Robert Messer, "Marshall, Truman, and the Decision to Drop the Bomb," *International Security* 16, Winter 1991/92, pp.207-209; Barton J. Bernstein, "Understanding the Atomic Bomb and the Japanese Surrender: Misused Opportunities, Little-Known Near Disasters, and Modern Memory," in Michael J. Hogan (ed.), *Hiroshima in History and Memory*, Cambridge, UK: Cambridge University Press, 1996, Bernstein, 1996, p.51.

However, the Soviet government's perception was that Japan did not present specific and clear conditions for peace negotiations. Consequently, the Soviet Union also adopted an ambiguous stance. As a result, both Japan and the Soviet Union were in a state of playing a "cat and mouse game," delaying time with ambiguous attitudes, as pointed out by Bernstein.[86]

In particular, at the end of July, Foreign Minister Shigenori Togo instructed Sato Naotake, the special envoy dispatched to Moscow, to negotiate peace. But Togo himself did not present specific conditions for peace. Therefore, on July 27, Sato warned Togo that they could not move the Soviet Union if they maintained such an ambiguous attitude.[87] The following day, on the 28th, Sato asked Togo more directly about the conditions of the Japanese government, saying, "Will Japan accept disarmament and Korean independence?" Togo's reply on August 2 showed no progress. His message was that "It is difficult for us to determine specific peace conditions in Tokyo. We are gathering opinions on specific conditions."[88] Bernstein concludes that the Japanese government was playing a delaying game and was far from desiring peace.

Based on Bernstein's judgment, which was made on the basis of studies on the telegrams and discussion within the Japanese government during this crucial period just before the U.S. decision to drop the atomic bomb, the conditions for peace that Japanese leaders were considering were by no means simple or clear but rather complex and fluid. There were only two issues on which all the personnel in the Japanese government reached a consensus: opposition to Soviet entry into the war and the maintenance of the Emperor's staus. However, regarding other issues, the Japanese government was divided in a complicated manner. The hardliners, including the nationalists within the military, had three additional demands. They were opposed to the Allied occupation of Japan after the war, advocated for self-disarmament, and insisted on conducting voluntary war crime trials by the Japanese authorities. To secure these demands, they were prepared to continue the war. Furthermore, these military nationalists had the power to destroy the

---

86 Bernstein, 1996, p.51.
87 Sato to Togo, July 27 and 28, 1945, FRUS: Potsdam 2: 1291, 1294-5; Bernstein, 1996, p.52.
88 Togo to Sato, August 2, 1945, in No.2 1225, August 2, 1945, Magic-Diplomatic Summary, Records of the National Security Agency, Magic Files, Record Group 457, National Archives; Bernstein, 1996, p.52.

cabinet by forcing the resignation of the Army Minister, who represented the military, at any time if the government hurried surrender. In comparison, the peace proponents were very limited in their power and influence. They feared a military coup and were internally divided, unable to clearly advocate for surrender. Even Admiral Suzuki, the Prime Minister, hesitated to pursue peace negotiations.[89]

Ultimately, according to Bernstein, even at the time of the imminent atomic bombing of Hiroshima in early August 1945, Japan had little possibility of surrendering on the conditions desired by the United States, even if the U.S. guaranteed the preservation of the emperor. At that time, the reorganization of Japan's political system, the destruction of militarism, and Japan's occupation after the war were firm goals for the United States, and they were prepared to endure the prolongation of the war to achieve those objectives. If the United States had accepted the four conditions for surrender proposed by Japanese militarists—the preservation of the emperor, no occupation of Japan after surrender, self-disarmament, and Japan's own voluntary war crime trials—Japan's surrender could have been easy to achieve. However, that was far from what American leaders or the American public desired.[90]

Akira Iriye argues that when the Japanese government received the Potsdam Declaration, it should have immediately and clearly accepted the declaration. According to him, the Potsdam Declaration did not demand Japan's literal "unconditional surrender." It allowed Japan to pursue a "peace· not based on unconditional surrender" that Japan had been seeking. Shunichi Kase, the Japanese diplomatic minister to Switzerland, and Naotake Sato, the Japanese Ambassador to the Soviet Union, accurately understood the meaning of the declaration. Therefore, Sato expressed the opinion to Togo that the surrender conditions demanded by the Potsdam Declaration were much more moderate than the conditions imposed on Germany by the Allies. They also warned that if Japan delayed or refused, it would inevitably result in

---

89 "Statements" of Togo #50304, Koichi Kido #62131 and #61541, Sumihasa Ikada #54479, and Masao Yoshizumi #54484; Kido Koich Nikki, June 21-August 9, 1945, translated copy courtesy of Robert Butow; USSBS, "Interrogation of Premier Baron Suzuki," December 26, 1945, Records of USSBS; Bernstein, 1996, p.53.

90 Bernstein, 1996, p.54.

the destruction of the homeland.[91]

Suzuki and Dogo reluctantly agree with this opinion. However, according to Akira Iriye, Suzuki and Dogo had an exaggerated perception of the resistance that could arise within Japan if they immediately accepted the Potsdam Declaration. The two believed that they needed time to convince (or placate) the military and the general public that the conditions of the Potsdam Declaration were in the best interest of the country and the emperor. Suzuki stated to the press, "There is no need to take the Potsdam Declaration seriously." When his statement was broadcast overseas, it could be interpreted as Japan's indifference and disregard, contrary to Suzuki's original intent. Iriye points out that it was not until the atomic bombings on August 6 and 9, and the Soviet Union's declaration of war late night on August 8, that the Suzuki cabinet finally engaged in substantive negotiations with the United States.[92]

Hasegawa presented an interpretation, different from Iriye's, on the nature of the Potsdam Declaration. According to Hasegawa, the declaration explicitly demanded unconditional surrender from Japan and there was no way for the Japanese leaders but to ignore it, because the Soviet Union did not participate in signing the declaration at the time of its announcement. Furthermore, Hasegawa argues that U.S. Secretary of State Byrnes and President Truman were already anticipating Japan's refusal by explicitly stating "unconditional surrender" in the declaration. Therefore, he interpreted the Potsdam Declaration was rather a means to justify the already decided atomic bombings.[93]

2) Despite the atomic bombing of Hiroshima on August 6, the Japanese government remained unresponsive to the Potsdam Declaration

Kazutoshi Hando, a prominent author and historian of modern Japanese history, describes Japan's perception and actions right after the Hiroshima

---

91 Iriye, 1901, p.263

92 Iriye, 1981, pp.263-264.

93 長谷川毅, 『暗躍--スターリン, トルーマンと日本降伏』, 中央公論新社, 2006, p.260, 苫原初枝, 2011, p.377.

atomic bombing. The government sent an investigative team to the site to examine whether the powerful bomb was actually an atomic weapon. The mention of this "new type of bomb" in newspapers and radio broadcasts began on August 7, announcing that "Hiroshima suffered, yesterday, considerable damage as the result of an attack by a few B-29s." The Japanese media reported that the details of this "new type of bomb," apparently used in the recent attack, were still under investigation. The Japanese government and military learned that "the United States created a weapon capable of obliterating Hiroshima just with one bomb," on August 7, through a radio broadcast of Truman's statement. In that statement, Truman warned that if Japan did not surrender, the same fate would befall other cities.[94]

Hando states that as a result of the atomic bombing Japanese leaders began to feel an increasing sense of urgency to end the war quickly. However, they still aimed for peace negotiations mediated by the Soviet Union and did not give up hope for it, thereby wasting precious time. Consequently, on the 7th, the Japanese government remained inactive as the day came to an end. It was not until two days after the atomic bombing, on August 8, when Emperor Hirohito ordered Admiral Suzuki to pursue a swift end to the war, stating that they could not afford to waste valuable time in order to obtain favorable conditions. In response, Prime Minister Suzuki intended to convene a Supreme War Direction Conference. However, the military leaders, who were busy with figuring out their own action planning, replied that they could not attend. As a result, the conference was postponed to the 9th.[95]

According to Barton Bernstein, the atomic bombing of Hiroshima was still not a factor powerful enough to force the Japanese militarists to surrender. It was Emperor Hirohito's intervention, shocked by the events in Hiroshima, that was critical to significant changes in the Japanese government. Hirohito instructed Kido to propose maintaining the position of the emperor as the

---

94 Hando Kazutoshi, translated into Korean by Park Hyun-mi, *Shōwa History: The History of Imperial Japan as Told by the Japanese, Volume 1: Pre-War Period 1926-1945*, Rubybox, 2010, p.401. Samuel Walker also states that Japanese leaders learned about the extent of devastation of Hiroshima and the fact that it was caused by a single atomic bomb, only on August 7 (Walker, 2004, p.81).
95 Kazutoshi Hando, 2010, pp.401-402.

sole condition for surrender.[96] However, even at this time, General Korechika Anami, the Army minister, representing the militaristic faction within the Japanese government, insisted on continuing the war in order to secure all the four surrender conditions. He argued, "While victory for Japan in a decisive battle on the mainland is uncertain, there is still some possibility. We must fight at least once on our mainland."[97]

Meanwhile, the United States made the decision on the 7th to advance the atomic bombing of Nagasaki, originally scheduled for the 11th, to the 9th. Based on the weather forecast available on August 7, severe weather conditions were expected from the 10th to the 14th. Therefore, the schedule was changed, moving it two days forward to the 9th.[98]

3) Opposition to surrender persists despite Soviet participation and the Nagasaki atomic bombing in the early morning of August 9th

Vyacheslav M. Molotov, the Soviet Foreign Minister, informed the Japanese Ambassador to Moscow, Naotake Sato, of the Soviet declaration of war against Japan on August 9th at 2 a.m. Tokyo time. Two hours later, Molotov informed the British Ambassador, Archibald C. Kerr, and the U.S. Ambassador, W. Averell Harriman, of the Soviet declaration of war.[99] Soviet participation was one week earlier than originally expected.[100]

---

96   "Statements" of Kido #61541 and #61476; Bernstein, 1996, pp.70-71.
97   "Statements" of Masao Yoshizumi #54484 and #59277; Bernstein, 1996, p.72.
98   Rhodes, 1986, pp.737-738. Bernstein also states that the reason for advancing the Nagasaki atomic bombing from the 11th to the 9th was due to weather conditions (Bernstein, 1996, pp.71-72).
99   Tsuyoshi Hasegawa, *Racing the Enemy: Stalin, Truman, and the Surrender of Japan*, Cambridge, Mass.: The Belknap Press of Harvard University, 2005, pp.189-191. The Soviet declaration of war against Japan included military operations in Manchuria, which was occupied by Japan but belonged to Chinese territory, so it should have been coordinated with China. However, Stalin did not do so. During a conversation with U.S. Ambassador Harriman at that time, Stalin notified that the port of Dairen in Manchuria would be made a Soviet-controlled port, respecting the American "Open Door" policy but clearly stating that it would be within his military sphere. Harriman did not protest the fact that the Soviet Union had declared war on Japan without China's consent (Hasegawa, 2005, pp.192-193).
100   篠原初枝, 2011, p.378.

The Japanese government first learned about the Soviet declaration of war not through the report of the Japanese Ambassador in the Soviet Union, Sato, but thanks to the Japanese official news agency, Domei News Agency, which intercepted the Soviet radio broadcast. This happened about two and a half hours after Soviet tanks crossed the border, around 1:30 a.m. on August 9th (Tokyo time).[101] After learning of Soviet participation, the Suzuki Kantarō government in Japan decided to accept the Potsdam Declaration together with the Emperor, and the detailed conditions of surrender, such as the maintenance of the Emperor system, would be decided at the Supreme War Council. This group, which leaned toward immediate surrender, included the Emperor and the Prime Minister. According to Hasegawa Tsuyoshi, Soviet participation had a significant impact on the decision of the peace faction in the Japanese government.[102]

The problem was the military. The position of the military was based on assumption that the Soviet Union would maintain neutrality. Now that Soviet participation was in progress, the key issue was what decision the military would make.[103] According to Richard Frank, despite Soviet participation, the Japanese military remained largely undisturbed. Anami, on behalf of the army, said, "What we expected has come." Torasiro Kawabe, the Vice Chief of Staff of the Army, quickly drafted plans to continue the war. The first action was to declare a martial law throughout Japan. He stated, "If necessary, the government will be replaced, and the army and navy will take over." The purpose of martial law, as stated by Army General Kawabe, was to suppress the faction advocating peace. Anami supported Kawabe's move and said, "I will regard your opinion as the voice of the entire Army General Staff." He also instructed Army officials to enforce martial law.[104]

---

101 Hasegawa, 2005, p.190, pp.196-197. Hasegawa suspects that the Soviet government deliberately disrupted normal communication with the Japanese Ambassador to make the Soviet attack a surprise attack on Japan (Hasegawa, 2005, p.190, pp.196-197). In August 1945, the Japanese Kwantung Army stationed in Manchuria had 713,000 personnel, while the Japanese troops deployed in Korea, Sakhalin, and the Kuril Islands numbered 280,000. The Soviet forces attacking them numbered nearly 1.5 million (Hasegawa, 2005, p.195).
102 Hasegawa, 2005, pp.197-199.
103 Hasegawa, 2005, p.199.
104 Frank, 1999, pp.288-289.

Hatsue Shinohara also said, "Even if atomic bombs were dropped on Hiroshima and the Soviet Union joined the war, Japan did not surrender, nor did it immediately accept an unconditional surrender."[105] According to Frank, the decisive factor that made the military leaders consider the Soviet Union's entry into the war as something not so significant and easily decide to continue the war on the 9th was that they misjudged the scale and speed of the military operations launched by the Soviet Union immediately after declaring war. The Kwantung Army greatly underestimated the Soviet forces in eastern Manchuria. While the Soviets had deployed 15 infantry divisions, the Kwantung Army wrongly assessed it to be only about a fifth of that, with approximately three divisions. The actual size of the Soviet tank units was eight tank brigades, but the Kwantung Army estimated it to be only about a third of that, with two to three brigades. Furthermore, on August 9th, Soviet mechanized units were massively deployed in western Manchuria within a day, but the Kwantung Army and Tokyo headquarters failed to notice it. The Imperial General Headquarters announced in the afternoon of that day that the scale of the Soviet attack was "not significant."[106]

The Fat Man atomic bomb, which was to be dropped on Nagasaki, was loaded onto a B-29 bomber named Bock's Car in Tinian of the Northern Mariana Islands. The time it was loaded was 10:00 p.m. on August 8th local time, and it took off at 3:47 a.m. on August 9th. This was three hours after the Soviet Union declared war on Japan. The bomb was dropped by Bock's Car at 11:02 a.m..[107]

On the morning of the 9th, just before the Nagasaki atomic bomb was dropped, at 10:00 a.m., Koichi Kido, the Lord Keeper of the Privy Seal of Japan, had a brief meeting with the Emperor. Then the Emperor told him to instruct Suzuki to report on the situation and how the government should respond. Kido promptly conveyed the Emperor's intentions to Suzuki, saying that the Emperor's will was to "immediately end the war using the Potsdam Declaration." Based on this, the Supreme War Council was convened at

---

105 篠原初枝, 2011, p.377.
106 Frank, 1999, p.289.
107 Hasegawa, 2005, p.194.

10:30 a.m.. Admiral Suzuki's first statement at this meeting was, "Continuing the war is now impossible due to the shock of Hiroshima and the Soviet Union's intervention. Therefore, we must accept the Potsdam Declaration." Shigenori Togo, representing the peace faction, stated that the only condition Japan would demand regarding the terms of surrender was to "guarantee the Emperor's position."[108] In response to this, there was little reaction from the participants, and a long silence followed. At the end of the silence, Admiral Yonai Mitsumasa suggested that they had to decide whether to accept the Potsdam Declaration with the only condition of maintaining the position of the Emperor or to pursue substantive negotiations with additional conditions for surrender.[109]

In the Supreme War Council, where an unanimous opinion was required to reach a decision, the Japanese Cabinet had not yet decided regarding the surrender or surrender conditions. Furthermore, Admiral Soemu Toyoda, the Chief of the Naval General Staff, argued that while the power of the Hiroshima atomic bomb was tremendous, he doubted whether the United States could quickly use multiple atomic bombs. Immediately after Toyoda's statement, news of the second atomic bombing on Nagasaki was delivered to the meeting. Toyoda's argument that the number of atomic bombs available to the United States would be extremely limited lost persuasiveness. However, the initial report from the governor of Nagasaki contained incorrect and confusing information that the damage from the atomic bomb was minimal.[110]

Subsequently, intense debates took place over the next two hours. The six key figures were divided into two camps. Foreign Minister Togo, Admiral Yonai, and the Prime Minister Suzuki argued that the retention of the Emperor system should be presented as the only condition for surrender, while Army Minister Anami, Chief of the Army General Staff Yoshijiro Umezu, and Chief

---

108 Before the Supreme War Council meeting on August 9th, the Ministry of Foreign Affairs determined the "security of the imperial institution" as the essence of the Japanese state and concluded that they had no choice but to accept surrender with it as the only Japanese condition (藤原初枝, 2011, p.378).

109 Frank, 1999, p.290.

110 Frank, 1999, p.290.

of the Naval General Staff Toyoda argued that three additional demands should be added to Japanese conditions. These conditions included handing over the tasks of disarmament and war crimes trials to the Japanese autonomous jurisdiction, and, above all, preventing the occupation of Japan by the Allied Powers. In the end, the Supreme War Council on that day ended without reaching a decision, contrary to the Emperor's wishes.[111]

4) Relaxation of surrender conditions due to the Emperor's intervention on August 9 and the United States' refusal

After the Supreme War Council on August 9 ended without a conclusion, from 4:35 p.m. to 5:20 p.m. on the same day, the Emperor and his advisers held a meeting. They agreed to accept the Potsdam Declaration with the only condition of not altering the Emperor's position under the national law.[112]

That night, an Imperial Conference was held at 11 p.m.. The historical significance of this conference is well examined in Matsumi Ishikawa's book Postwar Japanese Political History, published in 1995.[113] According to Ishikawa, the final decision by the Japanese government to accept the Potsdam Declaration, which demanded the unconditional surrender of all Japanese armed forces, was made on August 14, 1945. The most noteworthy aspect of the process leading to this decision was the Emperor's determination during the Imperial Conference held on August 9 and 14, in which he was present.[114]

Among the two meetings, Ishikawa identified the imperial conference of August 9 as the crucial turning point. The participants of this meeting included members of the Supreme War Council: Prime Minister Suzuki, Foreign Minister Dogo, Army Minister Anami, Admiral Yonai, General Umezu, and Chief of Naval Operations Toyoda. Also present were key

---

111　Frank, 1999, p.291. According to accounts given by Togo and Toyoda later in their memoirs, Yonai sided with Togo. However, the Army Minister Anami reported at the time that Yonai initially advocated a hardline stance along with other military leaders (Frank, 1999, p.291).

112　篠原初枝, 2011, p.378.

113　石川眞澄, 『戦後政治史』, 東京: 岩波文庫, 1995.

114　石川眞澄, 1995, p.1.

advisors who could not express their opinions, including Hiranuma Hirano, the Chairman of the Privy Council (樞密院), an institution that offered advice to the Emperor on important state affairs, Cabinet Secretary Hisatsune Sakomizu, and Genshiro Hoshina from the Naval General Staff.[115]

The reason why the Emperor's decision was so critical at the conference was that it was held after the earlier Supreme War Council meeting in the morning, where, as mentioned before, the discussion on accepting the Potsdam Declaration or the policy of "total resistance" ended in a 3-3 deadlock. Therefore, the Emperor's determination became crucial in the subsequent Imperial Conference.[116] In this meeting, the Emperor expressed his opinion to accept the Potsdam Declaration on the only condition of maintaining the Emperor system.[117] The Emperor's words were not a direct order or a binding decision, but they resolved the 3-3 standoff. The hardline factions in the military also agreed. Sadao Asada argues that what the hardliners agreed to on that day partly reflected their respect for the Emperor's authority, but paradoxically, it was because the Emperor's intervention allowed them to save their face. The military found the inevitability of defeat and surrender not in their own mistakes or misjudgments but in the power of enemy's science that developed the atomic bomb.[118]

Thus, after the decision to accept the Potsdam Declaration was made at the 9th-day pre-meeting, the 'leading figures group' and the Japanese government considered "protecting the national polity" as the most important prerequisite for accepting the declaration. Here, "national polity" refers to the political

---

115 石川眞澄, 1995, p.2.

116 石川眞澄, 1995, p.2-3.

117 According to Ishikawa's explanation, the role of the so-called 'leading figures group' around the Emperor was significant. This group consisted of Kido, the Keeper of the Privy Seal, former prime minister Fumimaro Konoe, Admiral Keisuke Okada, and the Naval Minister Yonai. They were working toward achieving a negotiated end to the war, opposing the military faction. The peace efforts of this group can be traced back to their role in inducing the dissolution of the Hideki Tojo's Cabinet in July 1944. The Prime Minister Suzuki, who served previously as the Emperor's chamberlain and Chairman of the Privy Seal, Supreme Council for the Direction of the War, and Shigeru Yoshida, who would play a significant role in post-war Japanese politics, were also part of this 'leading figures group' (石川眞澄, 1995, pp.2-3).

118 Sadao Asada, "The Shock of the Atomic Bomb and Japan's Decision to Surrender: A Reconsideration," *Pacific Historical Review 67*, November 1998, pp.477-512; Walker, 2004, p.84.

system in which the Emperor retains eternal authority, holding governing power over the state.[119] The Japanese government's telegram accepting the Potsdam Declaration, which was sent to the Allied Powers through a neutral country on the 10th, reflected the point: "We accept the declaration under the understanding that it does not include the demand for the abdication of the Emperor, which is among the conditions mentioned in the declaration."[120]

The United States first learned of Japan's decision through the decrypting system known as Magic. However, officially, it was received through the Swiss Embassy on August 10th.[121] Truman hesitated to unambiguously accept Japan's condition for surrender, which was maintaining the Emperor system. Secretary of State Byrnes, although previously focused on accepting Japan's surrender as quickly as possible to prevent the Soviet Union from expanding its influence on the Asian continent, opposed explicitly accepting the condition of maintaining the Emperor system, even if it meant enduring a prolonged war. He warned that if the Truman administration explicitly allowed the retention of the imperial system, President Truman would be crucified politically. Byrnes believed that the American public would never tolerate Hirohito retaining the imperial position. As a result, the U.S. response to Japan's proposal on August 10th was ambiguous, neither accepting nor rejecting the condition of maintaining the Emperor system.[122]

The Japanese government received Byrnes' refusal message on the morning of August 12th.[123] The essence of Byrnes' reply was that "from the moment of surrender, the authority of the Emperor and the Japanese government would be subject to the Supreme Commander of the Allied Powers" and

---

119 石川眞澄, 1995, p.3.
120 石川眞澄, 1995, p.3. One thing to note here is that, unlike Ishikawa, Sinohara gives a bit different explanation. According to Sinohara, in the preliminary meeting on the 9th, peace advocates such as Dogo proposed one condition: maintaining the Emperor system. Then Kiichiro Hiranuma, the Chairman of the Privy Seal, raised objection, arguing for explicitly stating the condition of maintaining the Emperor's authority. Eventually the conclusion of this meeting incorporated his argument (篠原初枝, 2011, p.378).
121 Walker, 2004, p.84.
122 Robert J. C. Butow, *Japan's Decision to Surrender*, 1st Edition, Stanford, Calif.: Stanford University Press, 1954, p.245; Bernstein, 1996, p.74.
123 篠原初枝, 2011, p.378. Ishikawa says that the Japanese government received the response from the Secretary of State Byrnes in the morning of the 13th (石川眞澄, 1995, p.3).

that "the ultimate form of the Japanese government would be determined freely by the will of the Japanese people expressed in accordance with the Potsdam Declaration."[124] According to Ishikawa, the Japanese Ministry of Foreign Affairs made important political considerations during the process of translating the U.S. reply into Japanese. If translated literally, it would mean that the authority of the Japanese government over Japan would be "subject to the Supreme Commander of the Allied Powers." However, the Ministry of Foreign Affairs was afraid that this would provoke the hawks. Therefore, they translated it as "placed under the restrictions of the Supreme Commander of the Allied Powers."[125] However, the Japanese military strongly opposed even the ambiguity that was still contained in the softened Japanese translation. Regarding the ambiguity, the Japanese the Foreign Minister Togo tried to placate the military, saying that since the emperor himself is not dependent on the will of the Japanese people, the U.S. response does not pose a serious threat to the imperial system. Emperor Hirohito agreed, and the Prime Minister Suzuki also reluctantly agreed. However, the military, including the Army Minister Anami , insisted that they could never tolerate even that level of ambiguity.[126]

The hardliners, centered around the military, began to argue that in addition to maintaining the emperor, three other conditions should be fulfilled. Prime Minister Suzuki also turned to support the hardliners. At the same time, high-ranking hardliners within the Japanese military came forward again and advocated for continuing the war. Admiral Takijiro Onishi, the mastermind behind the establishment of the Kamikaze Special Attack Corps, asserted, "If we are prepared for the sacrifice of 20 million special attack corps members, we will never be defeated."[127]

---

124 Robert J. C. Butow, *Japan's Decision to Surrender*, 5th Edition, Stanford, Calif.: Stanford University Press, 1967, p.245; Stephen S. Large, *Emperor Hirohito and Showa Japan: A Political Biography*, London and New York: Routledge, 1992, p.127.
125 石川眞澄, 1995, p.3.
126 Large, 1992, p.127.
127 "Statements" of Togo; Bernstein, 1996, p.74.

5) The Emperor's second intervention on August 14, and the final decision for unconditional surrender

On August 14, two days after Japan received the U.S. refusal in response to the surrender terms presented to the U.S. on August 10, the Emperor appeared again at the Imperial Conference and made a final decision leading to a "sacred decision" (聖斷). The shock of the Soviet Union's entry into the war and the second atomic bomb dropped on Nagasaki were almost simultaneous in actual time. It is almost impossible to discern which factor, between the atomic bomb and the Soviet Union's entry into the war, exercised a more decisive influence on pressuring the military and the Emperor to reach the final decision. During those five days, the atomic bomb and the Soviet Union's entry into the war worked together to affect the suppression of the military's hardline stance and induce the Emperor's "sacred decision."

One clue as to the decisive factor that led Emperor Hirohito to make the so-called "sacred decision" can be found in his monologue records. Between March 18 and April 8, 1946, Hirohito spoke for eight hours in the form of a monologue recollection to five members of the Imperial Household's staff, including Yoshitami Matsudaira and Hidenari Terazaki. The manuscript of the Emperor's monologue, recorded by Terazaki, remained confidential for a long time. It was discovered by Terazaki's daughter, Mariko Miller, at her home in 1988, and it was publicly released in Japan in December 1990 by the magazine Bungei Shunju despite opposition from the right-wing groups in Japan.[128] In this monologue record, Emperor Hirohito explains the background of how he ultimately made the decision to surrender and moved the government. At that time, the United States had already spread leaflets on the frontlines containing the fact that the Japanese government had expressed its willingness to accept an unconditional surrender on the condition of maintaining the emperor's status, and that the U.S. response, in essence, refused that condition. Hirohito was afraid that if those leaflets fell into the

---

128 「昭和天皇の独白八時間: 太平洋戦争の全貌を語る」, 『文藝春秋』, 1990年 12月号; Bob Tadashi Wakabayashi, "Emperor Hirohito on Localized Aggression in China," *Sino-Japanese Studies*, Volume 4: Issue 1, October 1991, p.5.

hands of the Japanese military, a coup protesting the surrender would be inevitable. Hirohito feared that the entire country would be destroyed unless Emperor Hirohito himself clearly confirmed the acceptance of the Potsdam Declaration.[129] On August 14th, during the Imperial Conference, Hirohito stated that he could "accept" the American response of the August 11th and requested the Cabinet to prepare an Imperial Rescript to be broadcast to the nation, allowing the people to know his decision.[130]

At this time, some hardliners in the military attempted a coup, which almost succeeded. General Anami and the Army Chief of Staff Umezu intervened and managed to avert the crisis by blocking the coup and maintaining the Cabinet.[131] Bernstein says that if General Anami had not accepted Hirohito's tearful plea and resigned from the Cabinet, Japan's surrender and peace would have been further away, and the war would have been prolonged with more atomic bombs dropped.[132]

Shinohara examines the history of academic debates regarding the relationship between the atomic bombings and Japan's early surrender. One noteworthy aspect of his review is about how Japanese historians have contributed

---

129 "Showa tenno no dokuhaku hachijikan"(「昭和天皇の独白八時間: 太平洋戰爭の全貌を語る」), 1990, pp.143-145; Large, 1992, p.127.

130 Large, 1992, p.128. Richard Takaki emphasizes that Hirohito's decisive move for accepting the Potsdam Declaration was due to the message from the U.S. Secretary of State, which implied that the emperor's position would be maintained. He noted that the message Japan had sent to the United States on the 10th had already been considered as an "agreement on peace-making" and had been reported in the U.S. media. An article titled "GI's in Pacific Go Wild With Joy; 'Let 'Em Keep Emperor,' They Say" appeared in the August 11, 1945 edition of *The New York Times*. Having received the American position and confirmed that the emperor's position could be preserved, Hirohito stated to the Cabinet on August 14th, "I fear that if the war is not ended now, the nation and the people will be destroyed. Therefore, I wish to accept the Allies' response, bearing what is unbearable, and to preserve the nation and relieve my people of further suffering." The fighting in the Pacific was halted on August 14th.

131 Bernstein, 1996, p.75.

132 Bernstein, 1996, p.75. On the early morning of August 15th, radicals within the Imperial Guard Division broke into the palace to destroy the recording tape of the emperor's surrender broadcast. After the rebellion was suppressed, General Anami committed suicide. Hajime Sugiyama, who had served as the Army Chief of Staff in Hideki Tojo's Cabinet until February 1944, and Shigeru Honjo, who had led Japan's occupation of Manchuria as Commander-in-Chief of the Kwantung Army in 1931, also committed suicide in September and November, respectively. Their suicides were usually interpreted as expressions of taking responsibility and despairing for Japan's defeat, but the actions may reflect their considerations of the impending trials and punishment for their roles in the war.

to this debate since the 1990s. He first points out that there was not much academic accumulation by the Japanese historians with regard to the relationship between the atomic bombings and Japan's surrender because the topic was difficult for many of them to touch upon, as it is related to Emperor Hirohito's war responsibility. He also noted that the Japanese translations of American discussions were mainly works by revisionist historians such as Alperovitz and Sherwin, and Ronald Takaki, who focused on the racial factors in the American atomic bombings against Japan.[133]

The major studies by Japanese scholars that caught Shinohara's attention include the works of Yutaka Yoshida published in 1992, Sadao Asada's paper published in 1997, and Tsuyoshi Hasegawa's work in 2006.[134] According to Shinohara, unlike the American historical discourse, which primarily focuses on the motives and background of the U.S. decision to drop the atomic bombs, these Japanese historians centered their discussions on why Japan did not surrender, based primarily on Japanese sources. Their conclusion largely converge on the almost equal importance of the two factors, the atomic bombs and the Soviet intervention in accelerating Japan's surrender.[135] Asada Sadao identified the catalyst for Japan's surrender as the "double shock" of the atomic bombings and the Soviet Union's entry into the war. Hasegawa's research stands out for its multidimensional analysis, incorporating Soviet materials that became accessible after the end of the Cold War. His conclusion also highlighted the crucial role of the atomic bombings and the Soviet Union's participation in Japan's surrender. However, Shinohara interpreted that Hasegawa put relatively more emphasis on the shock caused by the Soviet Union's entry into the war.[136]

---

133 Shinohara notes that Sherman's work was translated into Japanese in 1978, and Alperovitz's work translated in 1995. Takaki's work was also translated in 1995 (ロナルド タカキ, 『アメリカはなぜ日本に原爆を投下したのか』, 山岡洋一 譯, 草思社, 1995).

134 吉田裕, 『昭和天皇の終戦史』, 岩波書店, 1992; 麻田貞雄, 「原爆投下の衝撃と降伏の決定」, 細谷千博・入江昭・後藤乾一・波多野澄雄 編, 『太平洋戦争の終結』, 柏書房, 1997; 長谷川毅, 『暗闘－スターリン, トルーマンと日本降伏』, 中央公論新社, 2006.

135 篠原初枝, 2011, p.371.

136 篠原初枝, 2011, p.371. In my judgment, it is difficult to exclude the possibility that the Soviet Union's entry into the war on the early morning of August 9th was influenced by the atomic bombing of Hiroshima on August 6th. The Soviet Union, perceiving that Japan's surrender would be hastened by the atomic bombings, might have expedited its participation to seek an expanded influence in the

According to Shinohara, Asada and Hasegawa's researches highlighted the point that Japan did not surrender easily due to the insistence of the Emperor and the leadership on preserving the Emperor system as the indispensable principle of the Japanese national entity, and also the conclusion that these circumstances led to the triggering of the U.S. atomic bombings.[137]

5. The Question of Emperor's Responsibility for the Atomic Bombing and the Issue of Anti-War Activities inside Japan

The primary responsibility for the atomic bomb attacks lies, of course, with the United States. However, there is also awareness within the Japanese academic community, as highlighted by the conclusions of Asada and Hasegawa, that attention should be given to the responsibility of the Japanese military and the Emperor for providing the causes that led to the attacks. In addition to them, many Japanese scholars emphasize the responsibility of the Emperor along with the military for not surrendering and continuing the war, leading to the atomic bomb attacks, despite the recognition within the Japanese power core that defeat was inevitable at least since the fall of 1944. One notable figure in this regard is Oguma Eiji.

Oguma divides the course of the Pacific War into four phases.[138] The first phase covers the initial six months after the outbreak of the war, from December 1941 to June 1942, during which Japan was dominant. The second phase extends from that time to the end of 1943, marking a year and a half of a deadlock between the United States and Japan. The third phase, from early 1944 to mid-1944, signifies the breaking of the deadlock in the South Pacific as Japan's defense lines collapsed, reaching close to the Japanese archipelago,

---

post-war East Asian region. Therefore, the two historical events of the U.S. atomic bombings and the Soviet Union's entry into the war can be seen as interconnected. The decision to advance the second atomic bombing, originally scheduled for August 11th in Nagasaki, to August 9th might not have been solely due to weather forecasts, as claimed by the United States, but could also be related to the imminent Soviet Union's entry into the war.

137 篠原初枝, 2011, p.371.

138 Eiji Oguma(小熊英二), *Democracy and Patriotism: Nationalism and Publicness in Postwar Japan*, Korean Translation by Jo Sungeun, Dolbege, 2019, p.43.

with the fall of the Pacific bases. In July 1944, the capture of Saipan led to the destruction of the Japanese aircraft carrier fleet. The fourth phase begins in the latter part of 1944, characterized by the realization within the upper echelons of the Japanese military that there was no longer a prospect for victory.[139] Awaya Kentarō also categorizes the war in the Pacific into four phases, defining the period after Japan's defeat in the Battle of the Marianas in June 1944 as the stage of "Desperate Resistance."[140]

According to Oguma, during the fourth phase when the Japanese ruling class realized the inevitability of defeat, the continuation of the war had the purpose of "achieving local victories on some battlefield to improve surrender conditions." From a rational perspective, it was a situation where efforts should have been made to end the war as early as possible. However, Japan continued the war for the sake of a "facade wearing the mask of strategy." Oguma also identified the most crucial reason for the delayed end of the war as Japan's pursuit of favorable 'surrender conditions.' The first condition Japan sought to preserve until the end was the defense of the imperial system. The second was the ability for Japan to preside over a post-war tribunal that would determine the fate of the core group of power-holders besides the Emperor.[141]

As a result, the war had to be continued, but it was recognized that the Japanese military couldn't confront the U.S. forces through conventional warfare. Hence, starting from October 1944 with the naval aviation units, the Japanese military widely adopted the unconventional war strategy known as "special attack tactics."[142]

During the fourth phase, even within the Japanese power core, opinions about initiating surrender negotiations were suggested, but such views were

---

139 大岡昇平, 『レイテ戰記』(『大岡昇平集』第九卷 & 第十卷) 岩波書店, 1982-1984, 第九卷 p.264; Eiji Oguma, 2019, pp.43-44.

140 栗屋憲太郎, 『15年戰爭期の政治と社會』, 東京: 大月書店, 1995, p.181. According to Awaya Kentarō, the first phase, from the outbreak of the war in December 1941 to the U.S. landing at Guadalcanal in August 1942, was Japan's strategic offensive phase. The second phase, triggered by the U.S. landing at Guadalcanal, marked the beginning of a strategic protracted phase. The third phase was Japan's strategic defensive phase that began when the Japanese forces were completely repulsed from Guadalcanal in January 1943. The final fourth phase commenced with the defeat in the Battle of the Marianas in June 1944, starting the stage of "Desperate Resistance."

141 Eiji Oguma, 2019, p.75.

142 Eiji Oguma, 2019, p.44.

suppressed. Oguma attributed this to the prevailing belief among the Japanese ruling class, including the Emperor at that time, that the best means to improve surrender conditions was to continue the war. A stark example noted by Oguma was in February 1945 when Konoe Funimaro requested surrender negotiations with the Emperor, who rejected it, stating, "I think it will be very difficult to talk unless we achieve more significant results again."[143] The Emperor's notion that to improve surrender conditions, they must achieve significant military results, according to Oguma, led to the tragedy of the Battle of Okinawa and the inhumane tactic known as special operations. Oguma argued that this thinking eventually resulted in the tragic atomic bombings by the U.S., provided the impetus for Soviet intervention, sacrificed numerous Japanese lives, and further led to the division of the Korean Peninsula.[144]

After August 9, 1945, it is indeed a fact that the Emperor played a significant role in the process leading to the decision for surrender and the conclusion of the war. Simultaneously, there is a widespread understanding within the Japanese academic community that, up until that time, the responsibility of the military and the Emperor is substantial for the delay in surrender, resulting in significant sacrifices, including the atomic bombings.

In the final stages of the war before the atomic bombings, was there a meaningful presence of an 'anti-war' public opinion among the Japanese intellectuals and the 'people' that had any pressuring effects on the government, including the military and the Emperor, toward surrender? This raises questions about what meaningful roles they played in the conclusion of the war in August 1945. From a perspective critical of the U.S. atomic bombings and seeking to scrutinize the responsibility, one might be inclined to look for other factors, such as 'people's anti-war resistance,' before acknowledging the significant role of the atomic bombings in Japan's surrender and the end of the war. Here the critical question concerns the overall mental state of Japanese society and the objective reality of that historical context.

---

143 森武麿, 『アジア太平洋戰爭』(『日本の歴史』第二十卷 , 集英社, 1993), p.289; Eiji Oguma, 2019, p.75.
144 Eiji Oguma, 2019, p.75.

How did the Japanese themselves perceive the existence of a meaningful anti-war sentiment within its borders? Let's first examine the content of the investigation introduced by Awaya Kentarō. He emphasized the report titled "The Effects of Strategic Bombing on Japanese Morale," created by the United States Strategic Bombing Survey in June 1947.[145] This report evaluated the overall attitude of the Japanese population towards the war during the Pacific War. It stated: "During the era of victories in the early part of the war until about 42, the morale of the Japanese showed a rapid rise, but after the mid-44, morale began to collapse and declined rapidly toward the end." Especially from the fall of 1944, the effects of the U.S. strategic bombings on dismantling the morale of the Japanese were described as follows: "The cumulative effects of weariness, damage, social uneasiness due to the long war, and the reversal of the war situation weakened the foundation of resistance (against the enemy), and the attacks inflicted on organizations that were already in progress had a serious impact. The reversal of the situation accompanied the anticipation of defeat, and food shortages led to doubts and criticism of fatigue and social organizations. In the end, bombings directly and immediately pressured the will and resistance capabilities of the people."[146]

The problem lies in whether the decline in Japanese morale, as stated by Awaya Kentarō as the "Desperate Resistance" phase, led to any popular or grassroots anti-war activities before the atomic bombings. The monologue of Emperor Hirohito, previously mentioned, refers to the background in which he made the final decision for surrender and strongly persuaded the cabinet to end the war. At that time, what the Emperor feared was a military coup against unconditional surrender. Even in the situation after the atomic bombings, there is no evidence in the monologue that the Emperor and the core of the ruling power group were seriously concerned about any popular

---

145 The United States Strategic Bombing Survey, "The Effects of Strategic Bombing on Japanese Morale," p.19; 日譯, 東京空襲を記錄する會 編, 『東京大空襲/戰災誌』, 第5卷 402-403頁; 栗屋憲太郎, 1995, pp.182-183.

146 The United States Strategic Bombing Survey, "The Effects of Strategic Bombing on Japanese Morale," p.19; 日譯, 東京空襲を記錄する會 編, 『東京大空襲/戰災誌』, 第5卷 402-403頁; Awaya Kentarō, 1995, pp.182-183)

revolt or meaningful resistance within the populace against the war.

Regarding the question of whether there existed any anti-war activity in Japanese society, before the Atomic bombing, a prominent Japanese intellectual historian from contemporary China, Sun Ge, makes insightful observations. She highlights the famous essay "Transcending the Modernity" published by Takeuchi Yoshimi, a renowned postwar Japanese critic and China expert, in November 1959. In this essay, Takeuchi draws the outlines of the painful reality of the mental state of Japanese intellectuals during the period of fascist aggression under total war regime by quoting the recollections of various contemporaries.[147]

Takeuchi confessed: "Subjectively, they (intellectuals) rejected or loathed the myth (composed of propaganda such as the holy war and the Greater East Asia Co-Prosperity Sphere), but I think, in a refracted form, they ultimately became enamored into that myth. Most intellectuals, I believe, would not fit into the category of those who outright rejected or escaped, but rather got involved with the myth in double or triple refractions."[148] In the end, Takeuchi Yoshimi's conclusion was that "Except for a few exceptions, there was basically no anti-war movement in the sense of not being a bystander or an escapee. Basically it did not exist."[149] Oguma Eiji also notes that many intellectuals at the time, including Marxists, wrote praises for the war regardless of their political stance.[150]

We need to think about whether any significant group of intellectuals or the 'people' who could lead an anti-war movement realistically could exist in Japan in the summer of 1945. First and foremost, it's crucial to remember that even if we refer to the Japanese 'people' at that time, they were primarily the subjects of Imperial Japan. Within the Japanese military, as well as in laboring

---

147 Sun Ge, *The Question of Takeuchi Yoshimi: Can an East Asian Thought Exist?*, Korean Translation by Yun Yeo-il, Greenbee, 2007, p.332.

148 河上徹太郎·竹內好, 『近代の超克(Transcending the Modernity)』, 富山房百科文庫, 1994, p.301; Sun Ge, 2007, pp.332-333.

149 Sun Ge, 2007, p.333. According to Aramasa Hito, a critic belonging to the leftist intellectual group, Takeuchi Yoshimi himself, who made such a confession after the war, was "a fascist intellectual who became a precursor of the war of aggression," as evident from his writing "The Greater East Asia War and Our Resolve" during the wartime (Sun Ge, 2007, p.344).

150 Eiji Oguma, 2019, pp.58-59.

places such as mines and military-related factories, the Japanese 'people' were of different status, compared to peoples from colonized societies. Moreover, as noted by Oguma Eiji, in the wartime Japanese regime, intellectuals and writers were faced with a situation where they had to either write works cooperating with the war effort or abandon creative activities and work in military-related factories. Particularly, in March 1941, nine months before the Pearl Harbor attack, Japan revised the "Public Order Maintenance Act" and introduced a 'preventive detention system.' This allowed the re-arrest of released communists if they were deemed to have the possibility of re-offending. Even those who expressed their change of heart in allegiance and were released were still put under police surveillance and were in a situation where they could be re-imprisoned at any moment if they did not actively cooperate with the war effort.[151]

The majority of the 'people' were either in the military or assigned to military factories, serving in the wartime regime. Among these laborers, more than three million were additionally conscripted into the military.[152] Given these circumstances, expecting a social space where the Japanese 'people' could actively engage in an anti-war movement seems unrealistic. Without facing the historical reality of that time, any discussion about holding governments accountable for the atomic bombings would lack even the least amount of persuasive power.

Regarding the perception and attitude of intellectuals and the public in wartime Japan, Oguma Eiji highlights an essay written by Dazai Osamu, a prominent writer of modern Japan who had once participated in illegal communist activities before withdrawing. In an essay titled "Response" written in March 1946, Dazai Osamu confessed, "Regardless of the degree, we sided with Japan in this war. Even foolish parents, if they fought covered in blood, their faces darkened, their sons would never be watching them silently. 'I can't just stand by' – that was my feeling. I think most people poured their strength into Japan with similar sentiments. I believe I can say

---

151   Eiji Oguma, 2019, pp. 60-61.
152   Eiji Oguma, 2019, p.48.

definitely that we sided with Japan in this great war. We love Japan."[153] Dazai Osamu still added that if Japan had achieved victory instead of defeat, Japan would have become "not a divine country but a demonic one." He further stated, "I love this defeated country, Japan, more than ever before."

6. The Anti-humanitarian nature of the strategic bombing and the atomic bombing as its climax

During World War II, indiscriminate bombings of civilian populations behind the front lines became a common form of warfare by all combatant nations. However, the duality lies in the fact that while mass destruction by the enemy forces of one's own cities is denounced as anti-humanitarian act, one's own mass destruction of the adversary's cities is justified as "strategic bombing" out of military necessity."

When Japan indiscriminately bombed Chinese cities in 1937, the U.S. State Department condemned it as "unjust and contrary to law and humanity." In a famous speech on October 5th of that year, Roosevelt strongly attacked such city bombings. In June 1938, the U.S. Senate adopted a resolution criticizing "inhuman bombing of civilian residential areas." In 1939, shortly after the outbreak of war in Europe, Roosevelt designated bombings of civilian-residential cities as "inhuman savagery," urging all parties to the war to exercise utmost restraint. He exclaimed, "In recent years, merciless bombings of defenseless cities in various parts of the world have killed or maimed countless men, women, and children who had no defense. Such acts have sickened the hearts of all civilized people and have profoundly shocked the conscience of humanity"[154]

However, two years later, it was the U.S. and British air forces that led indiscriminate bombings on cities. Both of them became pioneers of indis-

---

153 Eiji Oguma, 2019, p.128. Regarding Dazai Osamu's communist involvement, see Yu Sook-ja, "A Commentary on 晩年," Dazai Osamu, 『晩年』, Korean Translation by Yu Sook-ja, Sohwa, 1997, p.252.

154 John W. Dower, *War Without Mercy: Race and Power in the Pacific War*, New York: Pantheon Books, 1986, p.39.

criminate bombings on civilian populations in adversarial cities, covered by the name of "strategic bombing." The weapons used in these bombings soon evolved into incendiary bombings with enhanced destructive power, capable of mass urban destruction.

After the attack on Pearl Harbor, British Prime Minister Winston Churchill declared that he would turn all Japanese cities into ashes indiscriminately. The fact that the United States had planned mass civilian slaughter through airstrikes on Japanese cities even before the attack on Pearl Harbor is also noteworthy. According to records dated November 19, 1941, when the United States anticipated a war with Japan, General George Marshall, the Army Chief of Staff, instructed his staff to develop emergency plans for a comprehensive incendiary bombing attack on Japan's densely populated cities made of wood and paper.[155]

The U.S. began its airstrikes on Japanese cities, including Tokyo, with a bomber squadron led by Jimmy Doolittle in April 1942. After attacking Tokyo and other cities, they flew to nearby China, abandoned their bombers, and hid their pilots. In retaliation and search operations, the Japanese army in China conducted barbaric operations. The sacrifice of the United States was limited to the arrest of two pilots, while it is estimated that around 250,000 Chinese people, a number comparable to the "Rape of Nanking," were sacrificed by the Japanese troops.[156] The Japanese military destroyed towns and cities. They cut off the ears and noses of the villagers, set them on fire, and even drowned entire families in wells. The Japanese military systematically set numerous small cities on fire with incendiary units and conducted bio-chemical warfare, including cholera and typhus. According to James Scott, U.S. leaders anticipated the enormous sacrifice that the Chinese would have to endure when they issued orders for the Doolittle bombers to attack Japanese cities. Despite knowing this, U.S. leaders deemed it worthwhile to carry out strategic bombings on Japan.[157] This value, of course, implied the intention

---

155 Quoted in John Costello, *The Pacific War, 1941-1945*, Quill Trade Paperbacks, 1982, p.105; Dower, *War Without Mercy*, p.40.

156 James M. Scott, *Target Tokyo: Jimmy Doolittle and the Raid That Avenged Pearl Harbor*, New York: W.W. Norton, 2015, p.476.

157 Scott, 2015, p.476 & "Introduction" (pp.xiii-xiv). Scott notes the impact of the Tokyo bombings in April

to undermine the enemy's morale along with retaliation for the attack on Pearl Harbor.

According to John Dower, after the attack on Pearl Harbor, the United States had a tendency to aim for limited attacks on military and industrial facilities in city bombings, unlike the British air force. However, this restraint disappeared from March 1945 onward. Over the course of two days, from March 9-10, 334 aircraft flew at low altitude over Tokyo, dropping numerous incendiary bombs, resulting in the death of 80,000 to 100,000 civilians and over a million people losing their homes. The United States carried out indiscriminate bombings, which it had previously classified as inhumane barbaric acts, in 66 Japanese cities until Japan surrendered. It is estimated that at least 400,000 Japanese civilians died as a result of such actions, including firebombing.[158] In March 1945, a single firebombing operation carried out by the United States against Tokyo resulted in the deaths of as many as 83,600 Japanese individuals.[159] It exceeds the estimated number of deaths on the day of August 6 in Hiroshima, which was within the range of 70,000 to 80,000.

Military planners in the U.S. government were aware of the immorality of such acts. However, no one raised objections. In mid-June 1945, Brigadier General Bonner Fellers, a key staff member for Douglas MacArthur, wrote in a confidential memo that the air raids on Japanese cities were "one of the most merciless and barbaric acts of slaughter ever perpetrated on non-combatant civilians throughout history."[160]

Condemning Japan's war crimes in the Tokyo Trials was a matter of course. However, reflection on the indiscriminate attacks on civilian populations and the use of incendiary bombs as acts of savage war crimes was ignored. In the Tokyo Trials, the judges defined Japan's war crimes as the "mass destruction of human life committed not only on the battlefield but also in homes, hospitals,

---

1942 on the overall course of the Pacific War. Japan planned an attack on Midway Island, a U.S. territory from which U.S. bombers departed. As a result of the Battle of Midway in June 1942, Japan lost four aircraft carriers. This allowed the United States to regain the initiative in the Pacific. It became a turning point in the entire war (Scott, 2015, p.476).

158 Dower, 1986, p.41.

159 Nitze, 1989, p.43.

160 Dower, *War Without Mercy*, p.41.

orphanages, factories, villages, targeting men, women, and children, regardless of their health conditions." If that is exactly what war crime or crimes against humanity means, didn't the United States commit war crimes? Such questions were inevitable. The only person who raised such doubts as a judge in the International Military Tribunal for the Far East was Justice Radhabinod Pal, who was of Indian origin. While criticizing the charges that Japanese leaders conspired to commit atrocities, he argued that if such acts were considered as atrocities, there were even stronger suspicions against the victorious nations.[161]

Many people have been cynical about discussing morality in war. However, as long as one remains aware of their own humanity even during times of war, the issue of morality cannot be avoided. Then, what is the essence of "morality in war"? Even in war, the bottom line would be that acts of killing unarmed civilian populations should be considered fundamentally wrong and should be avoided. The problem with strategic bombing lies in the fact that it targets densely populated cities, where unarmed civilians make up the majority, resulting in mass killings.

Massacres of civilians have occurred countless times in pre-modern wars, too. However, it was essentially a phenomenon that took place in territories where the victors occupied, after the outcome of the war was determined. In 20th-century wars, strategic bombings targeting civilian-populated cities were not acts of savagery that occurred after the outcome of the war was decided but rather acts of mass killings of urban civilians as strategic and tactical means to win the war. This is a modern novelty and distinctiveness.

Strategic bombing reflects one of the fundamental characteristics of the 20th-century type of wars, usually dubbed in the concept of 'total war.' It signifies a war that allows and justifies the total destruction of the targeted society, including mass slaughter of civilians in the rear areas. It is closely related to the problem of 'ideology,' one of the key elements of total war. The justification of the total destruction of the society defined as the enemy in total war is deeply connected to the fact that the wars of the 20th century involved tensions and confrontations between ideologies. Ideology is a form of 'secular

---

161 Dower, *War Without Mercy*, p.37.

faith,' or a 'political religion,' and sometimes works as a comprehensive ethical and moral value system for a specific society and certain human groups, similar to religion. It entails moral definitions regarding good and evil, and often considers an adversarial society as a manifestation of 'absolute evil.' The total destruction of everything in that society is entirely sanctioned and justified. In that sense, the justification of 'strategic bombing' as a means to achieve victory in war, rather than as a result of war, is deeply related to the character of the 20th-century war as a 'total war.'

If the United States had carried out mass killings of Japanese civilians in rear cities, Japan's war crimes mainly took the form of mass killings of residents in occupied areas. There are countless confirmed cases. In March 1942, after Japan occupied Hong Kong, about 50 British officials and men were executed by beheading. During the occupation of Singapore, doctors, nurses, and hospital patients were also beheaded. In April 1942, hundreds of American and Philippine POWs were beheaded during the Bataan Death March. The methods used by the Japanese military to massacre the victims were diverse. They were shot with machine guns, drowned in water, and burned to death with gasoline. In the Philippines, which Japan occupied between 1941 and 1942, numerous atrocities were committed, big and small. Even in February and March 1945, as the advancing U.S. forces approached, the Japanese Navy carried out extensive massacres of Filipino civilians while refusing to surrender. It is estimated that during this period, out of the then 700,000 citizens of Manila, more than 100,000 were killed.[162]

7. Perspectives on the American Use of Atomic Bombs

Truman heard the "successful" atomic bombing report about Hiroshima while returning to the United States on a ship after the Potsdam Conference. He referred to it as the "greatest day in history" and said, "The source of the power of the sun has brought retribution upon those who caused war in the

---

162 Dower, *War Without Mercy*, p.44.

Far East."[163] Barton Bernstein pointed out that in 1945, U.S. leaders did not make efforts to avoid the use of atomic bombs. The use of atomic bombs did not raise any ethical or political concerns for U.S. leaders at the time. The U.S. government rejected alternative proposals mentioned by scholars later, and they never considered them.[164]

In 2015, which marked the 70th anniversary of the atomic bombings of Hiroshima and Nagasaki, the Japanese newspaper Asahi Shimbun published a series of large-scale interviews under the title "The Myth of the Atomic Bomb" starting from September of that year. The first interviewee was William Perry, who served as the U.S. Secretary of Defense from 1994 to 1997.[165] The reason for his selection was that he was one of the four individuals who co-authored a paper titled "A World Without Nuclear Weapons" in 2007. Perry was also known for advising and assisting in drafting President Barack Obama's Prague speech in 2009, which outlined the vision for ultimate nuclear disarmament.

---

163 Walter LaFeber, *The Clash: U.S.-Japanese Relations Throughout History*, New York: W.W. Norton, 1997, p.248.

164 At least two suppressed opinions can be mentioned: one was proposed on June 12, 1945, by physicist Leo Szilard and James Franck, both from the University of Chicago's laboratory, who suggested demonstrating the power of the atomic bomb in the desert or on a barren island, instead of using it against cities (Memorandum from Arthur B. Compton to the Secretary of War, enclosing "Memorandum on 'Political and Social Problems,'" from Members of the 'Metallurgical Laboratory' of the University of Chicago," June 12, 1945, Secret, Date Jun 12, 1945: https://nsarchive.gwu.edu/document/28523). At the end of June, George Harrison, who was in charge of the "Interim Committee" under Secretary of War Stimson, conveyed the suggestion of Ralph Bard, the Deputy Secretary of the Navy (Memorandum from George L. Harrison to Secretary of War, June 28, 1945, Top Secret, enclosing Ralph Bard's "Memorandum on the Use of S-1 Bomb," June 27, 1945; https://nsarchive.gwu.edu/document/28530). Bard proposed sending a "preliminary warning" to Japan to maintain the image of the United States as a "great power of humanitarianism." Bernstein listed the following alternatives that scholars later mentioned: 1) detonating the atomic bomb in a place other than cities or military targets to send a dramatic warning; 2) modifying the demand for "unconditional surrender" to explicitly guarantee the emperor's position; 3) contacting Japanese peace feelers; 4) postponing the use of atomic bombs until the Soviet Union entered the war; 5) implementing a strategy of naval blockade and traditional strategic bombing as a siege strategy against Japan (Barton J. Bernstein, "Understanding the Atomic Bomb and the Japanese Surrender: Misused Opportunities, Little-Known Near Disasters, and Modern Memory," in Michael J. Hogan (ed.), *Hiroshima in History and Memory*, Cambridge, UK: Cambridge University Press, 1996, pp.46-47).

165 核と人類取材センター・田井中雅人, "(核の神話：1) 元米国防長官オバマ氏は広島で誓いを," 『朝日Digital』, 2015.9.7.

In this interview, Perry clearly revealed the perception of the American mainstream political elite society regarding the atomic bombings of Hiroshima and Nagasaki. Asahi Shimbun journalist Masato Tainaka asked Perry, "As one of the four individuals who led President Obama's 'World Without Nuclear Weapons' speech, do you think President Obama should visit Hiroshima and Nagasaki during his term?" Perry replied that if President Obama sought his advice on the matter, he would tell him to do so. However, he made it clear that the purpose of such a visit is not to apologize. Perry emphasized that the intention behind the visit of the U.S. President to Hiroshima is solely to declare that Hiroshima symbolizes the inhumanity of nuclear weapons and to proclaim that no country should ever use nuclear weapons again.

However, Perry strongly defended the atomic bombings on Japan in August 1945. He stated, "The majority of Americans and historians believe that the surrender of Japan, which prevented the unnecessary invasion of the Japanese mainland by U.S. forces, saved the lives of millions of American soldiers and even more Japanese people." Nevertheless, he added, "Considering the people who were sacrificed by the atomic bombing of Hiroshima and those who continue to suffer its effects, it is by no means a simple problem." Yet, Perry reiterated that "this is not a matter of apology." When journalist Tainaka stated that the claim of saving the lives of millions of American soldiers through the atomic bombings is considered a myth even among American historians, Perry replied, "Among the two choices of the atomic bombings or the invasion of the mainland, most historians conclude that the atomic bombings saved lives." He acknowledged that there are also historians who argue that there could have been a third option, but he drew a line by stating that "it is a matter for historians to discuss." Perry firmly stated, "It is clear that the bombings caused more loss of life than an invasion of the mainland."

In May 2016, Barack Obama became the first sitting U.S. President to visit Hiroshima and delivered a speech. He asked, "Why do we come to this place, Hiroshima?" and answered, "We come to ponder a terrible force unleashed in a not-so-distant past. We come to mourn the dead, including over 100,000 Japanese men, women, and children, thousands of Koreans, and a dozen Americans held prisoner." Obama mourned the tragic deaths of the victims of the bombings and presented a broader reflection on the horrors of war committed by humanity throughout history, as well as the weapons produced by civilization and science that have caused such war and destruction.[166] There was no criticism of the U.S. atomic bombings. It was more like reducing the particular incident to one of not-so-unusual scenes in the universal history of war and destruction committed by humanity and nations for millennia.

Following President Obama's speech, Prime Minister Shinzo Abe spoke at the same venue, but he did not apologize for the responsibility of provoking the Pacific War, which resulted in the sacrifice of millions of lives, including the surprise attack on Pearl Harbor. Abe's language was striking in its resemblance to Obama's speech which omitted any moral responsibility or apology for the U.S. atomic bombings of Hiroshima and Nagasaki. Abe first reminded himself of the speech he delivered during his visit in the previous year to the United States in commemoration of the 70th anniversary of the end of World War II. His statement in the U.S. was "That war deprived many American youths of their dreams and future. Reflecting on that harsh history, I extend eternal condolences to all the souls of America who perished in World War II." He reiterated the same words in this speech in Hiroshima as well, stating, "President Obama and I have extended the deepest condolences to all those who lost their lives in World War II." He then said, "Seventy-one years ago, a single atomic bomb indiscriminately took away the lives of numerous innocent civilians in Hiroshima and Nagasaki." There was no mention of Japan's responsibility for provoking the war or any criticism of the U.S. responsibility for Hiroshima and Nagasaki. Instead, he filled the gap with words celebrating the deep solidarity and friendship between Japan and the United States, which became close allies after a fierce war.

The New York Times also shed light on the two different perspectives that exist among Americans in commemoration of the 70th anniversary of the atomic bombings in 2015. Lawrence Moss, a New York citizen, described

---

166 The White House, Office of the Press Secretary, "Remarks by President Obama and Prime Minister Abe of Japan at Hiroshima Peace Memorial," Hiroshima Peace Memorial, Hiroshima, Japan, May 27, 2016 (https://obamawhitehouse.archives.gov).

the atomic bombing as a "terrorist act" and argued that Harry Truman was a war criminal. On the other hand, the newspaper pointed out that Truman believed the atomic bombings were the only alternative to a full-scale invasion of the Japanese mainland and recalled the argument that the invasion would have claimed more lives than the 200,000 deaths caused by the atomic bombings, including both American and Japanese victims. Kevin Joseph from Binghamton, New York, said, "Truman did the right thing."[167]

In a letter sent to this newspaper, an American war veteran said, "I was serving as an infantryman on an island in the Pacific at the age of 18 when the atomic bomb was dropped. At that time, we were sweating every day in training for the planned invasion of mainland Japan, which was to take place only a few months later. We were well aware that in the previous two major battles, Iwo Jima and Okinawa, the Japanese soldiers fought fiercely until the last moment, despite being outnumbered, running out of supplies, fuel, and reinforcements. It is a clear fact that the atomic bomb ended such a war. Therefore, there is no doubt that it saved the lives of numerous Americans, as well as more Japanese soldiers and civilians. I oppose opinions that seek to revise history. As a survivor of the Pacific War, I am grateful for President Truman and the actions of our military."[168]

In the words of this Pacific War veteran, who supports the atomic bombings of Hiroshima and Nagasaki, there is no reflection on the fact that these actions destroyed the lives of hundreds of thousands of unarmed civilians, including women and children, and gradually devastated the lives of many more civilians. The dominant notion in his reflections is that any means, including mass killings of unarmed civilians in the rear, can be justified in order to minimize allied casualties and achieve victory in the fight against "a great evil."

In Korean society, there has been increasing awareness regarding the atrocities the Korean soldiers as well as the American troops committed against Vietnamese civilians during the war from the mid-1960s through

---

167 "Anniversary of Hiroshima and Nagasaki Revives Debate Over the Atomic Bomb," *The New York Times,* August 5, 2015.

168 A Letter from Bernard Handel, in "A Debate Over Hiroshima and Nagasaki, 70 Years Later," *The New York Times,* August 11, 2015.

early 1970s. They are known to have carried out indiscriminate killings and destruction in villages where booby traps set by the Viet Cong caused casualties among some members of their units. These atrocities, which involved the destruction and massacre of entire civilian populations in nearby villages, mainly consisting of elderly, women, and children, were confirmed as facts early on.[169] If understood in this context, the mass killings and destruction of civilian villages during the Vietnam War by the U.S. military and the South Korean troops were not simply expressions of the madness of war, but rather a strategy of war execution.[170] In the end, the violence against civilians during the Vietnam War was an implicit method of war execution

---

169   Reports from the American Friends Service Committee, a Quaker peace activist group, documented evidence of the indiscriminate killings of civilians by the Korean military in Vietnam (Diane and Michael Jones, "Allies Called Koreans—A Report from Vietnam," in Frank Baldwin and Diane and Michael Jones, *America's Rented Troops: South Koreans in Vietnam*, Philadelphia, PA: American Friends Service Committee, 1975; The Rand Corporation, "Viet Cong Motivation and Morale Study," 1966; Lee, Samsung, *Civilization and Barbarism in the 20th Century*, Hangilsa, 1998, pp.216-234). In 1998, I raised the issue of "our obligation to face and resolve Korea's past in relation to Vietnam" in this book. The intellectual community in Korea began to show deep interest in the issue of the Korean military's crimes against Vietnamese civilians from 1999 onwards (Vietnam Civilian Massacre Investigation Committee, *Our Shameful History, Apologies to You* [Vietnam War Korean Military Civilian Massacre Data Book No.1], March 2000). Activist Kim Hyun-ah began on-site investigations in Vietnam in 1999 (Kim Hyunah, *Memory of War, War of Memory*, Chaekgalpi, 2002). Reporter Go Kyungtae of Hankyoreh Newspaper was the first Korean journalist to start reporting from the scene in Vietnam in 1999 (Go Kyungtae, *February 12, 1968: Vietnam's Phong Nhi and Phong Nhat Massacre and the World*, Hankyoreh Publishing, 2015). The investigations conducted by Kim Hyunah and Go Kyungtae were carried out with the help of Gu Sujeong, who had learned the local language, and Gu Sujeong later played a key role in establishing The Korea-Vietnam Peace Foundation. Recent research on the subject includes Han Sunghoon's "The Massacre of Hamy Village and Vietnam's Historical Awareness: Tombstones and 'Closing the Past and Moving Toward the Future', "Society and History, No. 118 (2018). Phung Van Thi Thanh, who lived in Phong Nhi village, won a lawsuit against the Republic of Korea filed in April 2020 at the Seoul Central District Court with the support of the Lawyers for Democratic Society and the Korea-Vietnam Peace Foundation, with a ruling in February 2023 (Lee Wooyeon, "Phong Nhi Massacre 'Hankyoreh 21' First Report, Korea's Responsibility for Compensation Recognized After 23 Years," Hankyoreh, February 7, 2023). In response, the Yoon Seokyeol government appealed in March.

170   Noam Chomsky noted that the Rand Corporation, deeply involved in the implementation of U.S. military security policy, highlighted evidence of South Korean military massacres of civilians in a report it prepared in 1966. Based on this, Chomsky argued that the U.S. authorities were aware of the South Korean military's massacres of civilians but did not prevent them, and that the South Korean military was able to continue these massacres under U.S. tolerance until 1972 (The Rand Corporation, "Viet Cong Motivation and Morale Study," 1966; Noam Chomsky and Edward S. Herman, *The Washington Connection and Third World Fascism: The Political Economy of Human Rights*, vol.1, Boston: South End Press, 1979, pp.321-322; Lee, Samsung, 1998, pp.224-225).

aimed at reducing their own sacrifices for both the South Korean and U.S. soldiers. The indiscriminate killing and destruction of civilian-inhabited villages, sometimes referred to as massacres, carried out with the purpose of minimizing casualties among their own forces, occasionally at least, faced moral criticism. On the other hand, the successful destruction of an entire city with a single bomb, justified by the need to minimize casualties among their own troops, is considered, in Truman's words, "the greatest thing in history" and a successful strategic bombing. However, isn't the underlying justification for these actions fundamentally the same?

One milestone in the evolution of international law that normatively respects the lives and property of civilians during war was the decision made by the U.S. Supreme Court in 1900, regarding an incident that occurred in April 1898 during the U.S.-Spanish War. While conducting a naval blockade of Cuba, which was a Spanish colony at the time, a U.S. merchant ship participating in the blockade confiscated two civilian Cuban fishing vessels (the Paquete Havana and the Lola) and sold them at auction. The fishermen filed a lawsuit in U.S. court, claiming that the damages done by the confiscation of the civilian vessels by the U.S. side should be compensated. The U.S. Supreme Court ruled that the U.S. confiscation was a violation of customary international law. It ordered the return of the proceeds from the auction to the plaintiffs. The decision is known as the "Paquete Habana" ruling, named after the fishing vessel. This ruling had positive impact on the development of international law over the next ten years, with respect to the safety of civilians and their need for food supplies. The 1907 Hague Convention, which prohibited the capture of "vessels engaged exclusively in fishing off the coast" during wartime, was a notable example.[171]

The responsibility to protect the lives and property of civilians during war was further solidified in international law in the post-war period. This includes the Geneva Conventions of 1949 and the Protocols of 1977, which are amendments to these conventions. Article 48 of Protocol I obligates the

---

171 Philip Alston and Ryan Goodman, *International Human Rights: Text and Materials*, Oxford, UK: Oxford University Press, 2013, p.71. Convention IV respecting the Laws and Customs of War on Land and its annex: Regulations concerning the Laws and Customs of War on Land, The Hague, 18 October, 1907.

parties to the conflict to distinguish between civilians and combatants, as well as between civilian objects and military objectives. Based on this premise, military attacks were to be directed only against military objectives. Article 42 defined military objectives as "objects which by their nature, location, purpose, or use make an effective contribution to military action and whose total or partial destruction, capture, or neutralization, in the circumstances ruling at the time, offers a definite military advantage." On the other hand, Article 54 regulated the protection of essential objects for the survival of civilians. Parties to the conflict were prohibited from attacking or removing objects essential to the survival of civilians, such as food. Exceptions were limited to objects used exclusively by the opposing forces for military purposes or those directly supporting military operations.[172]

Considering the American indiscriminate bombing that destroyed the lives and property of hundreds of thousands of unarmed civilians in two Japanese cities in August 1945, it is clear that the current state of international norms dealing with mass killings of civilians would be more comprehensive and pertinent. The establishment of the first international norm dealing with mass killings of civilians was the International Military Tribunal (IMT), which served as the basis for the Nuremberg Trials and the Tokyo Trials. The legal basis for this tribunal was the Charter of the International Military Tribunal adopted as an annex to the "London Agreement" concluded by the United States, the Soviet Union, the United Kingdom, and France in August 1945. This Charter, which stipulated the composition and basic procedures of the tribunal, stated in Article 6: "The Tribunal shall have the power to try and punish persons who, acting in their capacity as individuals or as members of organizations, whether as principals, accomplices, or accessories, have committed any of the following crimes..." The three crimes mentioned were "crimes against peace," "war crimes," and "crimes against humanity." The Charter explicitly stated that individual responsibility would be held for all acts related to these crimes.[173]

---

172 Alston and Goodman, 2013, p 71,
173 Alston and Goodman, 2013, pp.121-122.

The International Military Tribunal at Nuremberg also adopted the concept of "genocide" proposed by Raphael Lemkin. They attempted to condemn the Nazis by retrospectively applying this new international legal norm. Therefore, the Nuremberg International Military Tribunal indicted the Nazi defendants for the "intentional and systematic genocide, namely, the extermination of individuals of certain racial and ethnic groups, national, racial, religious groups, especially Jews, Poles, and Gypsies, with the intent to destroy them."[174]

However, the "Charter of the International Military Tribunal" itself did not use the concept of genocide. The concept did not appear in the final judgment announced by the Tribunal on September 30, 1946. Instead, the Nuremberg Tribunal primarily used the concept of "crimes against humanity," which was limited to "atrocities committed in connection with aggressive war." As pointed out by William Schabas, this limitation of the concept of crimes against humanity to the aggressor powers reflected the position of the four victorious states (United States, United Kingdom, France, and the Soviet Union) that presided over the Tribunal. They could not exempt themselves from charges of atrocities if the concept was not so limited.[175]

The "Convention on the Prevention and Punishment of the Crime of Genocide," adopted by the United Nations in December 1948, was established to fill the gap left by the Nuremberg Trials, which did not punish the brutal acts committed by states against civilian groups during peacetime.[176] In the 1990s, with the end of the Cold War, international criminal law further developed in response to various incidents of "ethnic cleansing." In this process, there was a growing recognition that the concept of "crimes against

---

174 France et al. v. Goering et al., 1946, 22 International Military Tribunal (IMT) 45-6; William A. Schabas, "The Law and Genocide," in Donald Bloxham and A. Dirk Moses (eds.), *The Oxford Handbook of Genocide Studies*, Oxford: Oxford University Press, 2010, p.125.

175 Schabas, 2010, pp.125-127.

176 Schabas, 2010, p.128. Genocide is defined as "acts committed with the intent to destroy, in whole or in part, a national, ethnical, racial, or religious group, as such," including: a) killing members of the group; b) causing serious bodily or mental harm to members of the group; c) deliberately inflicting conditions of life calculated to bring about the physical destruction, in whole or in part, of the group; d) imposing measures intended to prevent births within the group; e) forcibly transferring children of the group to another group.

humanity" could be the most effective legal means. The concept of genocide showed a tendency to be applied only to clear cases involving the physical destruction of national, racial, or religious groups, while the concept of "crimes against humanity" was more actively utilized instead.[177] Benjamin Lieberman defines the customary meaning of genocide in international law as "a mass killing campaign targeting a particular group as a whole" or "mass killings targeting all members of a particular group within a specific area." The concept of genocide applied by the International Criminal Tribunal for the former Yugoslavia (ICTY) corresponds to the latter definition. Taking this point of view, the 1945 U.S. atomic bombings of Hiroshima and Nagasaki, which targeted the entire population (including Japanese and Korean) living in the specific cities of Hiroshima and Nagasaki for destruction, have the potential to apply the concept of Genocide.[178]

Therefore, it is necessary to briefly touch upon the normative role the concept of crimes against humanity could play, as stipulated in Article 6(c) of the Charter of the International Military Tribunal. In distinguishing crimes against humanity from customary war crimes stipulated in Article 6(b) of this Charter, Masayoshi Shimizu's explanation is helpful.[179] War crimes under Article 6(b) are defined as "murder of civilians within occupied territory..." Consequently, customary war crimes encompassed by this provision are limited to "criminal acts by Germans against residents of occupied territories." In contrast, crimes against humanity under Article 6 (c) are defined as "murder, extermination, enslavement, deportation, and other inhumane acts committed against any civilian population, before or during the war, or persecutions on political, racial, or religious grounds, in execution of or in connection with any crime within the jurisdiction of the Tribunal, whether or not in violation of the domestic law of the country where perpetrated."

Acts of persecution committed by the German occupying forces against

---

177 Schabas, 2010, pp.140-141.

178 Benjamin Lieberman, "'Ethnic Cleansing' versus Genocide?" in Bloxham and Moses (eds.), *The Oxford Handbook of Genocide Studies*, 2010, pp.45-46.

179 Shimozi Masayoshi, "Reexamination of the Nuremberg Trials" ("ニュルレベルク裁判の再検討," 季刊 『戦争責任研究』, Issue 6, 1994), edited by Japan's War Responsibility Data Center, "World War Responsibility and Post-war Compensation," Northeast Asian History Foundation, 2009, p.93.

Jews or German citizens who were members of the same German society did not fall under war crimes under Article 6(b), but they could be subject to punishment based on crimes against humanity under Article 6(c). It created a legal basis that went beyond the conventional international legal understanding and allowed for the unprecedented attempt to prosecute "peacetime crimes of a state" in an international tribunal.[180] In short, the concept of crimes against humanity, which the Nuremberg Tribunal relied on, encompasses "persecution acts such as murder, enslavement, and forced labor against Germans from 1933 to 1939, as well as German civilians and residents of occupied territories, and Allied civilians after the outbreak of the war in 1939."[181] The Tokyo War Crimes Trial also adopted essentially the same legal principles as the Nuremberg Trials. Therefore, based on the legal principles of the Charter of the International Military Tribunal, the Tokyo Trial could also punish the Japanese Empire for various massacres, enslavement, and forced labor carried out not only in military occupied areas but also within Japan and its colonies as crimes against humanity.

Still, it should be noted, as mentioned earlier, that the victor states, by limiting punishable acts of inhumane nature to those associated with aggressive wars, excluded the Allied powers' atrocities that caused destruction of German and Japanese civilian population centers and mass killing of civilians from the scope of punishable crimes against humanity. Furthermore, as pointed out by Alston and Goodman, the 1945 Charter of the International Military Tribunal included a fatal provision that allowed impunity for strategic bombings targeting civilian population groups in cities, which were carried out by the warring states themselves. The Allied powers made efforts to exclude acts of war crimes committed by themselves, such as "massive bombings of cities carried out with the aim of undermining the morale of the enemy," from being classified as war crimes. Regarding the brutal acts

---

180 Shimozi Masayoshi, 2009, p.93.

181 Masayoshi Shimizu, 2009, p.94. According to William Schabas, however, the Nuremberg International Military Tribunal distinguished between the persecution of Jews in pre-war Germany and the policies adopted by Germany in occupied territories in its final judgment. While the verdict occasionally mentioned events in the 1930s, no one was convicted for actions committed before September 1, 1939, when the war broke out (Schabas, 2010, pp.126-127).

that should have been punished as war crimes in the post-war tribunals, there was a provision stating "except where military necessity requires" in order to grant immunity to acts including strategic bombing and the use of incendiary bombs.[182]

By the way, in 1946, the Nuremberg Tribunal declared the following about the "Hague Convention on Land Warfare" established in 1907: "The rules of land warfare reflected in this Convention were undoubtedly an improvement upon those previously adopted in the international law of the time. But by 1939, all civilized nations recognized that the rules were binding on them as a matter of law and morality."[183] On February 19, 1948, the United States Military Tribunal in Nuremberg tried and convicted German Field Marshal Wilhelm List and his subordinates for kidnapping and massacring civilians as hostages in retaliation for guerrilla attacks in Greece and Yugoslavia in 1941. List defended his actions on the grounds of "military necessity." However, the tribunal stated the following: "Military necessity or convenience cannot justify violations of positive rules. Articles 46, 47, and 50 of the Hague Regulations of 1907 contain no exception to the application of these rules. The rights of innocent people must be respected regardless of any military necessity or convenience."[184]

In order for the judgments of the U.S. Military Tribunal in Nuremberg, which rejected the justification of violence against civilians on the grounds of "military necessity," to have universal legitimacy, they should be equally applicable to the war actions of not only the defeated countries but also all countries, including the United States and other victor nations. From the atrocities committed by the Nazi army, such as the systematic massacre of the civilian population taken hostage to suppress resistance guerrillas, to the use of atomic bombs and the threat of further use on the cities of Japan to secure the surrender of the nation's leadership, what kind of fundamental

---

182 Alston and Goodman, 2013, p.123.

183 D. Schindler and J. Toman, *The Laws of Armed Conflicts*, Martinus Nijhoff Publisher, 1988, pp.69-93 (https://ihl-databases.icrc.org/en/ihl-treaties/hague-conv-iv-1907).

184 The United States v. Wilhelm List et al. (the Hostages Trial), United States Military Tribunal, Nuremberg, February 19, 1948. Laurie R. Blank and Gregory P. Noone, *International Law and Armed Conflict: Fundamental Principles and Contemporary Challenges in the Law of War*, Aspen Publishing, 2018, chapter 2.

distinctions could we make? In terms of taking civilian hostages and attempting to kill them all under the pretext of military necessity, aren't they ultimately the same?

The International Court of Justice (ICJ) was requested by the United Nations General Assembly at the end of 1994 to provide a legal judgment on the legality of the threat or use of nuclear weapons. In its response submitted on July 8, 1996, the ICJ unanimously concluded that there is no specific authorization for the threat or use of nuclear weapons in customary or conventional law. It also determined that the threat or use of nuclear weapons is in violation of Article 2(4) and Article 51 of the UN Charter. The ICJ recommended that the threat or use of nuclear weapons should be subject to the application of international humanitarian law and emphasized the need for strict international control to achieve nuclear disarmament through negotiations. However, regarding the legality or illegality of nuclear weapon use in extreme self-defense situations, where a country's survival is at stake, the court was divided. On the proposition that the Court cannot conclude definitively whether the threat or use of nuclear weapons would be lawful or unlawful in an extreme circumstance of self-defence, in which the very survival of a State would be at stake, seven judges, including the President of the court, supported the decision, while the other seven judges, including the Vice-President, opposed it.[185]

In his dissenting opinion opposing the decision on self-defense, Judge Mohamed Shahabuddeen criticized the exception for the application of international humanitarian law based on the concept of self-defense and also questioned the ICJ's failure to reach a clear conclusion. Quoting Ibn Khaldun's comment that laws "are based upon the effort to preserve civilization," Shaha-buddeen denied that there is "anything in the sovereignty of a State which would entitle it to embark on a course of action which could effectively wipe out the existence of all States by ending civilization and annihilating mankind."[186]

---

185 International Court of Justice, Reports of Judgments, Advisory Opinions and Orders, Legality of the Threat or Use of Nuclear Weapons, Advisory Opinion of 8 July 1996 (https://www.icj-cij.org/files/case-related/95/095-19960708-ADV-01-00-EN.pdf).

186 "Dissenting Opinion of Judge Mohamed Shahabuddeen" (https://www.icj-cij.org, July 8, 1996), p.133

Even if we were to accept the opinions of judges who consider self-defense as a legitimate justification for the use of nuclear weapons, can it be argued that the United States, when it dropped atomic bombs on Hiroshima and Nagasaki in August 1945, faced an extreme self-defense situation where the survival of the the United States as a national entity was at stake? Clearly, it was far from that. Moreover, nuclear weapons were used in a manner that destroyed the lives of millions, tens of millions of unarmed civilians.

If the United States had retaliated against the North Korean regime, condemning it as 'a great evil' that started a war and destroyed millions of people's lives, and dropped atomic bombs on Pyongyang or Sinuiju to quickly end the war, causing the sacrifice of tens of thousands of unarmed civilians, including children, it would have been an evident war crime and a condemnable act of inhumanity.

Islamic fundamentalists, under the leadership of Osama bin Laden, carried out the 9/11 terrorist attacks in New York, destroying the lives of about three thousands of civilians. Their rationale was to retaliate against the United States, which they believed was an evil greater than anything on the glove. In their eyes, the Americans had exploited the resources of the Islamic world through alliances with oppressive Arab monarchies, including Saudi Arabia, suppressed their national aspirations, and supported Israel's ongoing state terrorism against the Palestinian people in the West Bank and Gaza Strip. No matter how their views of the Americans could be justified, however, the act of destroying civilian population had to be unquestionably categorized as inhuman terrorism, and the international community in general did not raise any serious objections to this characterization.

There has been an understanding that the Vietnam War of the 1960s and 1970s was a disguised invasion war by the United States, resulting in the loss of more than three million precious lives. If Vietnamese communists had retaliated against the U.S. for its imperialist war of aggression and conducted terrorist attacks using weapons of mass destruction in New York or Chicago to stop U.S. intervention in Vietnam, causing the sacrifice of hundreds of

---

& p.141; John Burroughs, *The (Il)legality of Threat or Use of Nuclear Weapons: A Guide to the Historic Opinion of the International Court of Justice*, Munster: LIT VERLAG, 1997, p.60.

thousands of unarmed civilians, including children, it would have also been condemned as outright terrorism and punished accordingly. In that case, the United States would have carried out retaliatory actions on a much larger scale than its invasion of Afghanistan after the 9/11 attacks. Such retaliatory acts against Vietnam by the United States would have led to global complicity and silence, as it was the case with regard to the American war of aggression against Afghanistan, resulting in a vicious cycle of inhumanity of horrific level.

In short, even if the evil is immense, the act of using weapons of mass destruction against the cities of a society as a means of retaliation, targeting hundreds of thousands of unarmed civilians, clearly constitutes a crime against humanity. The imperial Japan that the United States faced in early August 1945 was undoubtedly evil. It is estimated that the number of victims of the Nanjing Massacre, where unarmed civilians in Nanjing were mass-murdered, was around 200,000 to 300,000.[187] The empire of Japan committed countless massive crimes, including the activities of the Unit 731, 'comfort women', and forced labor, among others. Nevertheless, despite the rationale of retaliating against evil and expediting the end of the war, the U.S. atomic bombings of Hiroshima and Nagasaki, which massacred hundreds of thousands of unarmed civilians, can only be classified as war crimes and crimes against humanity. The bitter irony is that the Americans, in its effort to destroy the imperial Japan, they appropriated for themselves the essential aspect of the enemy's crimes against humanity, i.e., the intentional, systematic and massive destruction of innocent human lives.

The use of atomic bombs by the United States on densely populated cities, where the majority of residents were unarmed civilians, is inherently (in itself) difficult to escape the accusation of being a crime against humanity. In addition, we need to point out some of the deeply disturbing ways the Americans used the weapon of civilizational destruction.

Firstly, the Truman administration decided not to warn Japan of its plan to use an entirely new kind of weapon when it demanded unconditional

---

187   Tokushi Kasahara, a scholar who can be considered representative of the sensible Japanese academic community on the issue of the Nanjing Massacre, estimates the number of victims to be around 200,000. The official Chinese view on the number of people killed in Nanjing is 300,000, as it is displayed on the exterior wall of the Nanjing Massacre Memorial Hall, opened in 1985.

surrender to the Japanese government in the Potsdam Declaration. It meant that the United States decided not to warn the civilian population of the targeted Japanese cities. It was an intentional surprise attack on civilians. As mentioned earlier, the top officials of the Truman administration issued sequential orders for atomic bombings on several cities, including Hiroshima, two days before publicly announcing the Potsdam Declaration on the 26th. President Truman later justified the use of atomic bombs by claiming that it was decided due to Japan's refusal to surrender. However, as Peter Jennings pointed out in his prominent documentary report in 1995, that statement was a lie.[188]

Secondly, the United States did not go through the process of considering another atomic bombing on Nagasaki after confirming the effects of the bombing on Hiroshima. Furthermore, despite having information about the imminent involvement of the Soviet Union before their entry on August 9, the United States did not contemplate the possibility of a second atomic bombing after assessing the impact of the Soviet Union's entry on accelerating Japan's early surrender.

Tsuyoshi Hasegawa discussed whether there was any possibility for the United States to reconsider the atomic bombing of Nagasaki after the Soviet Union declared war on Japan. It was entirely possible for the United States to instruct the B-29 (Bocks Car) that took off for Nagasaki to halt the second atomic bombing after is was informed of the Soviet declaration of war. In case the U.S. decides to cancel the second attack on Nagasaki, Bocks Car would have had to drop the bomb somewhere in the Pacific ocean before returning to Tinian. The important point, as pointed out by Hasegawa, is that there was no movement within the U.S. government to reconsider the atomic bombing of Nagasaki.[189]

The United States made no effort to wait and see what effect Soviet entry into the war would have on Japan's surrender. Bernstein believes that even without the Soviet Union's declaration of war on August 8 and the Nagasaki atomic bombing on August 9, Emperor Hirohito would have intervened for

---

188 "Peter Jennings Reporting: Hiroshima-Why the Bomb was Dropped," ABC News, 1995.
189 Hasegawa, 2005, p.194.

the sake of ending the war. Bernstein argues that the reason the United States proceeded with the Nagasaki atomic bombing was that at that time, they could not gauge how much shock the Emperor of Japan would experience and how quickly he would surrender based on the Hiroshima atomic bomb.[190] The bigger and more disturbing issue here is the fact that, as Samuel Walker pointed out, the use of atomic bombs was an "easy and obvious military decision" for Truman, with no room for hesitation.[191] The method of its consecutive use was also very simple and automatic.

8. On the Directions of History When Atomic Bombs Were Not Used

Father Siemes was one of the German Jesuit priests who were active in Japan during the late period of imperial Japan. He was staying in Nagatsuka, a suburb of Hiroshima, at the time of the U.S. atomic bombing. In a report sent to the Vatican, he wrote: "Some of us consider the bomb in the same category as poison gas and were against its use on a civilian population. Others were of the opinion that in total war, as carried on in Japan, there was no difference between civilians and soldiers, and that the bomb itself was an effective force tending to end the bloodshed, warning Japan to surrender and thus to avoid total destruction. It seems logical that he who supports total war in principle cannot complain of a war against civilians. The crux of the matter is whether total war in its present form is justifiable, even when it serves a just purpose."[192]

Many Koreans believe that the atomic bombing of Japan in August 1945 can be justified because it contributed to just causes. The "just causes" that are considered to have been achieved by the bombing can be broadly summarized into two. Firstly, the perception that it accelerated Korea's independence and thus ended the suffering of Koreans under colonial rule is overwhelmingly

---

190 Bernstein, 1996, pp.71-72.
191 Walker, 2004, p.74.
192 John Hersey, *Hiroshima*, Vintage Books, 1989 (originally published in 1946 by Alfred A. Knopf), pp.89-90.

dominant among the Koreans. Secondly, the perception that the U.S. atomic bombing prevented the Soviet Union from occupying and communizing the entire Korean Peninsula is also prominent.

First, let's consider the fact that the atomic bombing accelerated Korea's independence. It would be difficult to deny it as a historical fact that the bombing somewhat expedited Korea's liberation from Japanese colonial rule. However, it is also an undeniable historical fact that the liberation from the Japanese colonial rule did not mean immediate independence for Korea. Not to mention the three-year period of division and occupation by two foreign armies, following the "liberation," the history of the Korean Peninsula has been marked by entrenchment of division, war, and the suffering of a divided nation in a ceasefire system for decades. We also need to think twice on the historical assumption that independence itself could not have been achieved without the atomic bombing. The Cairo Declaration of November 1943 promised Korea's independence, and at the Yalta Conference in February 1945, the leaders of the United States and the Soviet Union agreed to establish an independent unified government through trusteeship administration for Korea. The Potsdam Declaration in 1945 reaffirmed the promise of Korea's independence stated in the Cairo Declaration.

If the Cold War, which was precipitated by the way the United States used the atomic bombs, had not escalated so deeply, the confrontation between the United States and the Soviet Union, with respect to the Korean Peninsula issue, could have been rather limited. In that case, the tragedy of the divided nation and the threat of war that followed for decades, along with the interdependent coexistence of totalitarianism of the North and the anti-communist fascism in South Korean political history, may not have been inevitable.

Those Koreans who escaped the greatest suffering by being liberated earlier would undoubtedly include tens of thousands of comfort women forced into the life of sexual slavery and laborers driven into deathly labor. The end of their suffering, even if it happened a day earlier, had intrinsic value in itself. However, it is doubtful whether those women and laborers would have willingly agreed if it meant obtaining it at the cost of the lives of tens of thousands or hundreds of thousands of other innocent people.

In the context of establishing the post-war order in East Asia and the world, Franklin Roosevelt, the predecessor of Truman as President, had a vision that relied on cooperation and dialogue with the Soviet Union, which made significant sacrifices, contributing to the prevention of Nazi Germany's global domination with a loss of 20 million lives. In contrast, Truman, his successor, secretly rushed to pursue the use of atomic bombs, excluding Stalin and the cooperation with the Soviet Union. This decision marked the pursuit of a post-war world order based on exclusion and pressure, rather than honest dialogue and cooperation with the Soviet Union. By excluding communication with the Soviet Union as a methodology for achieving Japan's surrender, the decision on the use of atomic bombs signified the end of sincere dialogue and certain cooperation with the Soviet Union.

The result for the Korean peninsula was that the possibility of establishing a unified government in a peaceful manner through trusteeship faded away. Instead, the national division into two separate and hostile states was the fate of the Peninsula, and it was followed by an horrific war that engulfed the whole world into three years of violent hot war and, then, decades-long cold war. The Korean War caused more than three million deaths, and devastated lives of another millions of people. The sufferings and legacies continue to this day, and North Korea and the U.S.-Korea alliance confront each other in a structure of tension that can trigger anytime another hot war involving a nuclear exchange. We are living a daily life in a situation where the unthinkable is accepted as an intrinsic part of normalcy.

Most Koreans take it for granted the notion that, if the Americans did not use atomic bombs against the Japanese cities, the Soviet forces would have ended up with occupying the entire Korean Peninsula. It overlooks, however, two crucial factors. One is that the use of atomic bombs deepened the division among the Japanese leadership and caused instability among the entire Japanese military, including the Kwantung Army which was in control of Manchuria. If the United States had engaged in dialogue and cooperation with the Soviet Union instead of using atomic bombs, making greater efforts to achieve Japan's orderly surrender, it was not impossible that the entire Japanese army on the continent would not have collapsed so rapidly. Then, the Soviet occupation of the northern part of Korea might not have occurred in such a short period. It is noteworthy that the Soviet forces entered Pyong-yang with a size of 200,000 on August 24th, which was ten days after Japan formally decided to surrender.[193]

It is also important to remember that the use of atomic bombs, which excluded honest communication with the Soviet Union, became a catalyst for the Soviet Union's early intervention into the war. Stalin had at least some detailed information about the Manhattan Project by February 1945 and was aware of the results, as mentioned earlier.[194] On July 24th, at the end of the Potsdam Conference, Truman casually mentioned to Stalin that the United States had developed a new weapon of unusual destructive force. According to Truman's memoir, Stalin responded with a happy expression, saying, "Mr. President, I hope you will use it against Japan." Secretary of State Byrnes and British Prime Minister Churchill, who observed Stalin's reaction from a distance, were relieved to see that Stalin did not show much interest in Truman's words. They interpreted it as Stalin's failure to fully grasp the meaning of Truman's statement. However, according to Samuel Walker, Stalin clearly understood that Truman was referring to the successful development of atomic bombs. He simply acted indifferent. After returning to his residence following the conference, Stalin immediately called Lavrenty Beria, head of the Soviet secret police, and reproached him for his incompetence in failing to recognize the successful atomic bomb test conducted by the United States eight days earlier. He instructed Beria to accelerate the Soviet Union's own atomic bomb development efforts and expressed significant concern that the war would end before Soviet troops could advance into Manchuria.[195]

Shinohara also points out that Stalin made efforts to accelerate the timing of Soviet involvement after receiving information about the successful atomic bomb test from Truman.[196]

According to Yukiko Koshiro, the way of secrecy and exclusion which the United States and the United Kingdom chose in preparing the use of

---

193 Koshiro, *Imperial Eclipse*, 2013, p.251.
194 Rhodes, *Dark Sun: The Making of the Hydrogen Bomb*, 1995, pp.150-151.
195 Walker, 2004, p.67.
196 篠原初枝, 2011, p.377.

atomic bombs against Japan fostered the Soviet mistrust of the United States and laid the foundation for the Cold War and also prompted the rapid Soviet participation into war, precipitating Russian military occupation of the Far East. Koshiro believes that the tragic development on the Korean Peninsula should be viewed from that perspective. She also criticizes Japan for delaying its surrender, thus providing an opportunity for the Soviet Union to establish a new post-war empire.[197]

There exist a widespread perception among the Koreans that If the United States had chosen to invade Kyushu instead of using the atomic bomb to bring about Japan's surrender early, the southern part of the Korean peninsula, especially Jeju Island, would have been devastated as a battlefield between the United States and Japan. In fact, during the late stages of the war, Japan was turning Jeju Island into a strategic center for its resistance against the United States. As the air raids on the Japanese mainland and the southern coastal areas of Korea intensified, Japan deployed more troops to Jeju Island. In February 1945, there were only 1,000 Japanese soldiers on Jeju Island, but by August, that number had increased to 60,668.[198] At some point, the U.S. Navy proposed to capture and use actual Japanese air bases in China and Korea for launching attacks on the Japanese mainland. The U.S. Army, however, argued that such secondary operations would only waste time and insisted on focusing on a large-scale direct attack on the Japanese mainland. Ultimately, the U.S. Army's strategy prevailed.[199]

At the time of the Potsdam Conference, the Soviet Union had no information about the United States' operational plans regarding Korea. Therefore, on July 24, two days before the Potsdam Declaration, Soviet General Alexei Antonov asked U.S. Army Chief of Staff George Marshall and Admiral Ernest King if the United States intended to conduct amphibious landings on the

---

197 Yukiko Koshiro, "Eurasian Eclipse: Japan's End Game in World War II," *American Historical Review*, Issue 109, 2004, p.419; 篠原初枝, 2011, p.378.

198 Koshiro, *Imperial Eclipse*, 2013, pp.212-213. As of August 18, when the war ended, there were 230,000 Japanese troops stationed in southern Korea and 117,000 in northern Korea (Koshiro, Imperial Eclipse, 2013, p.213).

199 John Skates, *The Invasion of Japan: Alternative to the Bomb*, Columbia: University of South Carolina Press, 1994, pp.44, 46-48, 53-54; Koshiro, *Imperial Eclipse*, 2013, p.219.

Korean coast in coordination with the Soviet Union's attack. Marshall's response was that the massive amphibious landings requiring a large number of attack transports were not part of the American plan. Admiral King added that any attack on Korea would only be decided after landing in Kyushu to secure control of the 'Sea of Japan' (East Sea).[200] If the United States had landed in Kyushu and seized control of the Sea of Japan, it was highly likely that negotiations for Japan's surrender would have quickly followed without the need for a war on the Korean Peninsula. Considering these points, the imagined worries that Jeju Island would have become a devastated battlefield without the use of atomic bombs was rather groundless.

The fate of Korea, with or without the atomic bombings of Hiroshima and Nagasaki by the United States, is a matter of historical conjecture. What is clear is that the history of the Korean Peninsula, which unfolded as a result of the deliberate and systematic destruction of the lives of millions of Japanese and Koreans in the two cities, was an unfortunate situation that no one would have wanted to imagine. For the recent generations of South Koreans who enjoy, rather belatedly, the benefits of democracy and successful industrialization tend to take it for granted the belief that this long-term historical development can be traced back to the American decision to use the atomic bombs to end the war quickly more than half a century ago. But it is based on a set of too simplified historical hypotheses, ignoring and forgetting the countless sacrifices and sufferings of hundreds of thousands of innocent people of this land and its neighboring societies. What I want to say is that the moral judgment and historical consciousness regarding the intentional and systematic killing of hundreds of thousands of unarmed civilians in Hiroshima and Nagasaki should not be trapped in a "closed historical assumptions."

---

200 "Tripartite military planning", July 24, 1934 (1945 typo), *Foreign Relations of the United States 1945,* Conference of Berlin (Potsdam), vol.2, pp.351-355, quoted in Gyedong Kim, *Foreign Intervention in Korea*, pp.25-26; Koshiro, *Imperial Eclipse*, 2013, p.219.

9. Closed Circuits of the East Asian Grand Division and Hiroshima-Nagasaki

I have defined and explained the international order of this region in the post-war era as the "East Asian system of grand division."[201] The major axis of this regional system involves the mutually supporting relationships among three dimensions of tension—geopolitical tensions, tensions from the disparities of political-social systems and ideologies, and the historical-psychological tension arising from gaps of historical consciousness—between the U.S.-Japan alliance and China.[202] If geopolitical tension and ideological and political tension can be referred to as the physical centrifugal force and physical closed circuit outside our cognitive system, then historical psychological tension stemming from the gap in historical consciousness exists within our cognitive system and plays the role of the mental closed circuit in this system of grand division.

The phenomenon of "unrepentant Japan" is not only a problem of Japan itself but also a structural element embedded into the East Asian system of grand division.[203] The psychological pillar for one of the central axes of this

---

201 Lee Samsung, "The Formation of the Postwar East Asian International Order and China: China's Constructive Role in the Formation Process of the 'East Asian System of Grand Division'," *Korean Political Science Review*, Vol. 50, No. 5 (December 2016), pp.163-189; Lee Samsung, "A Study on the Nature of the East Asian International Order: East Asia Seen as a 'system of Grand Division," *Korea and International Politics*, Vol. 22, No. 4 (Winter 2006), pp.41-83.

202 In this system, the major axis of division between the U.S.-Japan alliance and China interacts, in a mutually supporting and reinforcing pattern, with a set of national divisions that exist on the Korean Peninsula and the Taiwan Strait (a third national division existed in Indochina up until 1975).

203 When I say that we need to understand the history war in this region not simply as a problem of Japan but also as an intrinsic aspect of the East Asian international order, I mean that there is a dual dilemma inherent in the history issue with respect to Japan. First, the phenomenon of "unrepentant Japan" implies the immaturity of Japan's historical self-reflection, but it is also a reflection of the way the international system of this region was created and operates. Second, "the unrepentant Japan" is a significant factor that perpetuates the East Asian grand division, and, therefore, a transformation of Japan's historical consciousness is essential to overcoming this divisive regional order. However, the existing pattern of interaction on history issues among the nations of this region works in a way that perpetuates the historical-psychological tension, thereby guaranteeing the continuation of the grand divisional system rather than contributing to its dissolution. These overlapping dilemmas inherent in the history issue involving Japan constitute the core of the mental closed circuit embedded in the East Asian system of grand division. (Lee Samsung, "The History Issue in East Asia and the System of Grand division: A Proposal to

order, the U.S.-Japan alliance, is a systemic transaction between the two allied partners over history issues of their own: Japan's original sin of the attack on Pearl Harbor and the retaliatory inhumane atomic bombings by the United States against Japan were offsetting each other. The U.S.-Japan alliance stands upon this equation of historical aggression and retribution. Through this psychological mechanism, the United States exempted Japan of its obligation to repent on its historical crimes concerning its neighboring East Asian societies, primarily China. Thus, the United States internalized the historical psychological tension between China and Japan.[204] On the other hand, the gap in historical perceptions between Japan and its neighboring societies remains largely unchanged like parallel lines. To move beyond this grand divisional system and towards a more peaceful East Asia, one essential task is to break the mental closed circuit of historical psychological tension.

This task should be addressed jointly by Japan and other East Asian societies. There are numerous discussions and obvious topics regarding the tasks that Japan should address. Regarding the question of what tasks Japan's neighboring societies should address tends to be largely ignored. It is an

---

Transform the Pattern of Interaction on History Issue in East Asia," A Seminar in Northeast Asian History Foundation, September 11, 2015; Lee Samsung, "A Portrait of East Asia 100 Years after the March 1st Movement: The Absence and Excess of the State, and Going Beyond Empire and the System of Grand Division," International Seminar Commemorating the 100th Anniversary of the March 1st Movement and the Korean Provisional Government in Shanghai, Organized by the Policy Planning Committee, Shanghai, China, April 11, 2019.

204 When I say that the United States internalized the historical psychological tension between China and Japan into its own, I mean two things. First, the United States made postwar Japan an ideological stronghold in the East by incorporating its former bitter enemy into a prominent member of the trans-national community of 'free world' created and led by the Americans. In doing so, the United States was to be seen, in the eyes of the Chinese society, as the power broker that transformed a war criminal state into the only civilized nation in the East. It was not even the first time. It was also the Americans (along with the British) that made Japan, who provoked two violent wars in the Far East, the Sino-Japanese War and the Russo-Japanese War from the late 19th century to the early 20th century, into the only member of civilized nations in the Orient. From China's perspective, the United States was the main culprit for "Japan's historical whitewashing." Second, the U.S.-Japan alliance suppresses historical discourse and imposes an ideology-centered confrontational discourse against China, serving as a mechanism that perpetuates the historical psychological tension between China and Japan. One of the structural pillars of the U.S.-Japan alliance has been this centrality of ideology-oriented discourse in East Asian context. In these senses, the historical psychological tension inherent in the post-World War II East Asian system of grand division is not limited to the relations between China and Japan but can be regarded as an essential attribute of the relationship between the Chinese mainland and the U.S.-Japan alliance.

inevitable phenomenon considering the relationship between perpetrator and victim. However, the pain stemming from the East Asian system of grand division is not limited to Japan and fundamentally a common issue for every society in the region, and it is also a tragedy and a threat for the entire world and humanity itself. Therefore, it becomes a task for all of us.

The first task for Japan's neighboring societies is to promote shared awareness of the inhumane nature of the atomic bombings in Hiroshima and Nagasaki. If the perception of the inhumane nature of the atomic bombings in the two Japanese cities is widely shared among Koreans, in particular, and if it can be further shared with other East Asian societies, it will become one of the essential conditions for growth and spread of genuine historical reflections in Japanese society, from the hearts of the Japanese people, rather than being imposed on Japanese society by neighboring societies. It will serve as a key clue to unlocking the mental closed circuit of the grand divisional system of East Asia.

Nuclearism regards nuclear weapons not as monsters threatening the sustainable human civilization and humanity itself but as instruments for security and peace that can punish evils and ensure safety. Nuclearism emerged based on the profound and absurd paradox of equating the immense inhumanity of the sacrifice of hundreds of thousands of civilians in Hiroshima and Nagasaki with a divine gift and blessing. In today's world, including Russia and Ukraine, and especially in East Asia, where the divided Korean Peninsula and its two countries and societies suffer the most, nuclearism continues to oppress and threaten peace and sustainable future. In political spaces of today's world, discourses that imply cults of nuclear weapons and high-tech weapon sciences and, furthermore, justify even preemptive use of nuclear weapons, are ever more dominant, I believe that sharing awareness of the illegality and criminal nature of the atomic bombings in Hiroshima and Nagasaki is essential and invaluable starting point in our efforts to confront this perilous reality.

広島・長崎への米国による原爆投下の軍事・政治的意味
－ 韓国の視点から －

李三星（イ・サムソン）

翰林大学校 政治行政学科 名誉教授

1. 広島・長崎への原爆投下と朝鮮半島

　日本のノーベル文学賞受賞作家の大江健三郎は、1964年8月に書いた文章の中で１つのエピソードを書いている。それは広島・長崎の原爆は日本の問題にとどまるものではなかったことを改めて気づかせてくれる。朝鮮戦争が膠着状態に陥っていた頃のことだった。広島の原爆で両目を失明したある老人に、ある米国通信社の東京支局長が近づき、次のような質問を投げかけた。「今、朝鮮半島に原子爆弾を2、3発落とせば戦争は終わりそうですが、被爆したあなたの考えはどうですか？」失明した老人はこう答えた。「その2、3発の原爆で戦争が終わり、米国は世界の支配者になるかもしれませんが、その時にはもはや誰も米国を信頼しないでしょう。」その盲人の被爆者は数年後に寂しく死んでいった[1]。

　その米国のジャーナリストの質問は単なる仮定にとどまらなかった。米国は朝鮮戦争勃発直後から、当時、非核国家だった北朝鮮と中国を相手に、核兵器を実際に使用可能な選択として天秤にかけてきた。1950年7月30日、トルーマン大統領は米統合参謀本部と国防長官の建議により核兵器を搭載しなかったが、必要に応じてその目的でB29爆撃機10機をグアムに配備することを承認した[2]。1950年10月、中国軍が朝鮮戦争に介入して国連軍を南に押し返し始めた時、トルーマンは総司令官ダグラス・マッカーサーの主張を

1　大江健三郎著、李愛淑訳、『ヒロシマ・ノート』、三千里、2012年、pp.70-71。大江健三郎(1935年1月31日~2023年3月3日)は1994年に『万延元年のフットボール』という作品でノーベル文学賞を受賞した作家で、反戦平和そして韓国をはじめ東アジア社会の民主主義のための社会運動に参加した日本の知識人だ。

2　Truman Public Papers, 1950, p.562; Roger Dingman, "Atomic Diplomacy During the Korean War," *International Security*, vol.13, no.3 (Winter 1988/89), p.63.

受け入れて、北朝鮮と中国への原爆使用を検討した。1951年4月、トルーマンは中国と北朝鮮に対する原爆使用命令に署名した。幸いなことにこの命令は伝達されなかった。マッカーサーが大統領と政治的問題で葛藤した末に、司令官職から解任される事態が起きたためだ。中国軍の南進が止まり、戦争が膠着状態に陥ったおかげでもあった。ブルース・カミングスの言葉どおり、この時、米国の原爆使用はすんでのことで実行に移されるところだった[3]。朝鮮戦争において米国の原爆使用の脅威はそれで終わらず、1951年9~10月に復活する。沖縄に配備されていたB29爆撃機を北朝鮮に送り、模擬原爆と大規模TNT爆弾を投下する「模擬原爆訓練」を行ったのである。いわゆる「ハドソン港作戦」（Operation Hudson Harbor）だった[4]。

今年は朝鮮戦争が終わって成立した韓米軍事同盟の70周年だ。韓国の尹錫悦（ユン・ソンニョル）政権と米国のバイデン政権は4月27日、いわゆる「核拡大抑止強化」に向けた「ワシントン宣言」を発表した。

1994年に北朝鮮と米クリントン政権が締結した「ジュネーブ合意」は1つの和平協定だった。北朝鮮は非核化の維持を約束した。米国と韓国は北朝鮮の安全を保障すると同時に、軽水炉原子力発電所の建設を支援し、北朝鮮のエネルギー難の解決を支援することで合意した。2002年、ブッシュ政権は北朝鮮が合意に深刻に違反したという明確な根拠を提示できない状態で、一方的に協定を廃棄した。その後も韓米同盟と北朝鮮の間には断続的な和平交渉が行われもした。しかし、全体的には米国は有事の際に対北朝鮮先制核使用のオプションを口にする軍事的圧迫に没頭し、北朝鮮は核軍備に拍車をかけ、今では事実上、核保有国家を自任するに至った。

2022年5月に発足した尹錫悦（ユン・ソンニョル）政権は、北朝鮮との対話のほぼすべてを「偽平和ショー」と規定している。独自の核武装は排除するが、原爆に次ぐ9トンにも達する巨大弾頭を装着する弾道ミサイルを始めとする軍備拡張と対北朝鮮先制打撃能力の極大化に没頭している。と同時に、朝鮮半島に対する米国の核兵器使用の敷居をさらに下げるために不断の努力してきた。韓米が4月27日に発表した「ワシントン宣言」は、5年前の2018年の同じ日に文在寅（ムン・ジェイン）政権と北朝鮮が共同発表した「板門店宣言」を真っ向から覆すものである。

この状況の根底にあるものは文在寅政権が抜け出せずにいた平和ビジョンの限界と無関係ではなかった。文政権は2018年の「4.27板門店宣言」において、北朝鮮と終戦宣言

---

3 Bruce Cumings, *Korea's Place in the Sun: A Modern History*, New York: W.W. Norton, 1997, pp.290-293. ディンマンも朝鮮戦争期間に米国の原爆使用の可能性が最も高かった時期を1951年春としている（Dingman, 1988/89, p.89）.
4 Cumings, 1997, pp.292-293.

ならびに和平協定を結ぶために真剣に努力することを約束した。しかし、文政権は和平協定を北朝鮮の非核化措置を引き出すために先決すべき「和平過程の入り口」だと見ることができなかった。米国の主張に追従しながら、北朝鮮の非核化が先行した後に可能となる「和平過程の結果や出口」だと断定する限界にとどまった[5]。南北間および米朝間の和平交渉は行き詰まってしまった。その結果、韓米両国は交渉膠着のすべての責任を北朝鮮に転嫁する中で、2022年に新しく発足した右派政権は対北朝鮮先制打撃戦略と北朝鮮指導部に対する斬首作戦を前面に押し出し、いわゆる「核均衡」という名分の下で各種の核兵器戦略を前面に掲げた。北朝鮮はこれに対応して、韓米同盟の先制打撃が憂慮される状況において韓国に対する核先制打撃オプションを採択し、これを法で明示するに至った。2022年9月8日に制定された北朝鮮の「核武力政策法」は、韓国の先制打撃論に基づいた先端軍備拡張および韓米同盟の「ワシントン宣言」と悪循環的に相互作用して、朝鮮半島の運命をより暗く危険な「安保ジレンマ」の深淵に追いやっている。

　要するに、1945年8月の広島と長崎に対する米国の原爆投下は日本だけの問題ではなく、現在にいたってはなおさらそうである。現在と近い未来の韓国にとってより切実な軍事的かつ人間的な含意を持つ問題として厳存している。特に2つの意味でそうである。

　第1に、原爆は広島と長崎のように「巨悪」との戦争を早く終わらせる手段として正当化される。戦争を早く終わらせるという目的に、非武装の民間人に対する大量破壊兵器の使用という手段を正当化する合理的・歴史的根拠があるのかについて、再考する必要がある。朝鮮戦争で北朝鮮と中国は米国と韓国にとって「巨悪」だった。特に1951—52年の時期のように休戦ラインで長々と続く戦争を終わらせるために、米国が戦争を起こした「巨悪」に対する膺懲と勝利を名分に、平壌（ピョンヤン）や新義州（シニジュ）または中国の瀋陽（シェンヤン）のような人口集中都市への原爆使用を推進する時、我々は何と言うべきだったのか。

　今日の朝鮮半島で韓米同盟の先制打撃が迫っていると認識される時、北朝鮮指導部は彼らが公言した通り、自分の核兵器を使用することになるだろう。すべての社会は、自らの国家や政治共同体が存立を脅かす勢力に対抗して利用可能なすべての資源を動員することとなる。米国が原爆を開発した時点で日本に侵略されて米国という政治共同体の存立が危ぶまれる状況だったとするならば、原爆の使用に米国人の大多数も同意しただろう。だが、広島と長崎への原爆投下は、当初は不当な戦争を挑発した侵略者ではあったものの、投下時には米国のみならずソ連の参戦までも予定され敗戦が確実視される

5　イ・サムソン、「東アジア大分断体制と新冷戦、そしてその向こう」、ハンギョレ統一文化財団釜山シンポジウム、2022年10月26日

国の人口集中都市の数十万の非武装民間人を目標にしたものだった。1951年に休戦ラインで膠着状態に陥った戦争を早く終わらせるために、米国が平壌と新義州の非武装民間人を相手に原爆を投下した場合と比較できるのではないか。私たちはそれをどう見るのか。そのような意味で広島と長崎の問題は朝鮮戦争期間中の朝鮮半島の問題でもあった。第2に、戦争を迅速に終結させるための原爆使用は、特に自国の軍人の人的犠牲を減らす効用以外にも、結局は双方の犠牲を減らすことができるという論理で正当化されてきた。しかし、原爆はその究極的な本質上、極端な大量人命破壊兵器である。1発の爆弾で相手国の非武装の民間人数十万人を犠牲にする大量破壊兵器の使用が、米国の言う効用を正当化しうるのかについて、我々は疑問を提起せざるを得ない。米国が実際に原爆を使用した方法もまた全面的な批判の対象にならざるを得ない。非武装の民間人の犠牲を減らすためにどのような努力を傾けたのか、またはどうしてそのような努力に背を向けたのかに注目しなければならない。米国は不幸にもそのような努力に体系的に背を向けたという事実を、以下の議論で確認することになるであろう。

　これらの問題を省察するためには、まず原爆使用と日本の早期降伏との間の歴史的因果関係に関する事実的検討を先行させる必要がある。それに続いて、米国が原爆を使った方法についての事実的検討をしなければならない。これらの問題に対する批判的検討は、今日の朝鮮半島と世界各地で現在型として存在している原爆使用の危険性に対する覚醒の前提条件である。

　広島と長崎に対する米国の原爆投下の反人道的性格を議論するための本学術会議の最初の発表としてこの発表文が引き受けた任務は、2つの人口集中都市に対する原爆投下の歴史的脈絡、その政治・軍事的過程と結果に対する客観的かつ事実的な理解を提供することにあると筆者は理解している。したがって、本書で筆者は主に米国と日本の両国の歴史学界で蓄積されてきた学問的研究結果に基づき、米国の原爆使用の決定過程と脈絡、原爆使用とソ連の参戦、日本の究極的な降伏に至るまでの時間的かつ因果的な関係を、紙面が許す範囲内でできるだけ詳しく明らかにしようと思う。読者がこの歴史的悲劇の決定過程と結果に対する合理的判断をする際の根拠になることを願う。続いて原爆使用の究極的な意味とその反人道性に対する明確な筆者の考えを明らかにしようと思う。ただし、その法律的および国際法的な本格的議論は、後に続く発表で本格的に行われるので、筆者はその部分については非武装の民間人に対する戦時暴力を扱う基本的な概念的問題を簡単に言及することで代えようと思う。

2. 広島・長崎への原爆投下と人間的犠牲

　　リチャード・フランクは広島と長崎への原爆投下で犠牲になった人々の正確な統計を出すことができない理由を2つ挙げた。第1に、1945年には日本の行政機関の能力が非常に低下していた。第2に、原爆の巨大な破壊力のために、それによる人命破壊の規模が大きくて、それだけ統計的誤差範囲も大きくならざるを得ない。したがって、日本は原爆投下当時、2つの都市に住んでいた正確な人口数を提示したことがない。ある日本側の資料によると、1945年6月30日に広島で米の配給対象者として登録された人数は245,423人だった。だが、昼間は周辺地域から多くの労働者が流入し、実際の広島の人口はさらに多かったとその資料は明らかにする。また、この都市には4万人以上の軍人が駐屯していた。彼らの相当数は新兵で、彼らの家族が別れの挨拶をするために広島を訪れていた。これらの点を考慮して、日本側のある資料は8月6日の広島の人口を37万人と推算した[6]。

　　広島における原爆犠牲者の規模も人口数と同様に把握が難しく、まだ正確な統計はない。日本を占領したマッカーサー司令部の医療兵団将校は1945年8月28日当時までに報告された犠牲者の総数は16万であり、そのうち死亡者は8千人と推定した。しかし、広島の現場にいたイエズス会の神父は、当時の広島の人口を40万人と推定したうちの少なくとも10万人が死亡したと話した。この神父によれば、自分の周辺の兵舎に収容されたままその日も広島の街で労働していた80人の朝鮮人労働者の中で生きて帰ってきた人は4分の1にあたる20人に過ぎなかった。また、キリスト教系女子学校の生徒600人が同じ工場で働いていたが、生きて帰ってきた生徒は30、40人だけだった[7]。

　　日本の降伏からほどなくして日本に対する戦略爆撃の効果を調査した担当官のポール・ニッツは回顧録で、広島の原爆犠牲者数を7万から8万の間と推定し、括弧内に「これらのうちの4分の1は徴用された朝鮮人労働者たちだった」と書き添えた[8]。　ウォルター・

6　Richard B. Frank, *Downfall: The End of the Imperial Japanese Empire*, New York: Penguin Books, 1999, p.285. 米国の原爆開発と対日原爆投下の過程を扱った著名な本の著者リチャード・ローズによると、広島の人口は戦争初期には40万に達した。しかし、米軍の戦略爆撃の脅威が増加し、相当数の人口が都市から疎開させられた。1945年8月6日、この都市の人口は28万から29万程度の民間人がおり、これとは別にこの都市に居住していた軍人が4万3千人だったとローズは把握した (Richard Rhodes, *The Making of the Atomic Bomb*, New York : Simon & Schuster, 1986, p.713)。トルーマンは広島が「純粋に軍事的な」目標物だったと主張したが、当時の広島における民間人対比軍人数に照らしてその言葉は間違っているとローズは指摘する。

7　Rhodes, 1986, pp.733-734. その神父は同じ文で「将校の身分で広島に駐屯していた朝鮮人の王子1人」も死んだと書いた。

8　Paul H. Nitze, *From Hiroshima to Glasnost: At the Center of Decision, A Memoir*, New York: Grove Weidenfeld, 1989, p.43.

ラフィーバーがまとめたところによると、広島で当日即死した人は少なくとも8万人から最大10万人の間だった。原子病で健康な細胞と免疫システムが破壊されてさらに死亡した人は約4万人に達した[9]。そのため、即死した人と原子病で1945年末までに死亡した人は計14万人、そして原爆投下後5年以内に死亡した人の総数は20万人と推定される[10]。

8月9日に長崎に投下された2度目の原爆で1945年末までに死亡した人は7万人で、5年以内に死亡した人は計14万人に達した。長崎の原爆も広島の原爆と同様に居住民の54%を死亡させたものと推算される[11]。2011年に刊行された日本の著名な歴史書は、原爆で即時にまたは直後に死亡した場合を合わせて、犠牲者の規模を広島は9万ないし12万人、長崎は6万ないし7万人と推定している[12]。

犠牲者の規模に関して1945年時点で提示された最も信頼できる資料として、リチャード・フランクは広島県警察署が1945年11月末に推定した数値を挙げる。これによると、死者は78,150人、行方不明者13,983人、重傷者は9,428人、軽傷者は27,997人で、広島原爆による死傷者総数は129,558人だった。さらにフランクは、帝国総司令部（Imperial General Headquarters）の公式歴史は、広島の被爆死亡者を7万人から12万人の間と把握していることを指摘した。また広島市役所が1946年8月に把握したところによると、広島に当時存在した76,327軒の家のうち92%に達する70,147軒が破壊された[13]。一方、1947年時点で米国が「戦略爆撃」の結果を調査した資料（1947年3月）によると、被爆死亡者は広島8万人、長崎4万5千人、負傷者は広島8万~10万人、長崎5万~6万人だった[14]。

一方、両都市で被爆後生存した人、すなわち被爆者（hibakusha）の数は1950年時点で283,498人と把握された。その後、被爆者をどのように定義するかをめぐって議論が起こり、原爆投下地点から2キロメートル以内にいた人々は全員被爆者に含む定義が採択される。その結果、1995年3月時点で被爆者として登録されたのは328,629人であった。そのように登録された人が死亡した場合、すべて被爆死亡者(Deceased hibakusha)に分類された。1994年8月時点で広島の被爆死亡者は186,940人、長崎は102,275人であった[15]。

---

9 Walter LaFeber, *The Clash: U.S.-Japanese Relations Throughout History*, New York: W.W. Norton, 1997, p.248.

10 Rhodes, 1986, p.734.

11 Rhodes, 1986, pp.740-742.

12 木畑洋一、「アジア諸戦争の時代：1945-1960年」、和田春樹・後藤乾一・木畑洋一・山室信一・趙景達・中野聰・川島眞編、『東アジア近現代通史7：アジア諸戦争の時代：1945-1960年』、岩波書店、2011、p.5。

13 Frank, 1999, pp.285-286.

14 USSBS: Strategic Bombing Survey.

15 John Dower, "Three Narratives of Our Humanity," in Edward T. Linenthal and Tom Engelhard (eds.), *History Wars: The Enola Gay and Other Battles for the American Past*, New York: Metropolitan Books/Henry Holt and Company, 1996, p.79; Frank, 1999, pp.286-287.

　同じ死と苦痛のトンネルを通らなければならなかったが、日本国内でも沖縄の被爆者たちは20年間、その被害事実を国家から認められず沈黙を強いられた。大江健三郎は彼の『ヒロシマ・ノート』で、広島と長崎で労働中に被爆した沖縄の被爆者全員が20年間「完全に放置された」と指摘した[16]。大江は1969年に書いたエッセイで、被爆後20年たってようやく「被爆者健康手帳」を受け取った後も日本本土に行って治療を受けられる条件が提供されず、長い間その手帳を活用できなかった沖縄の人々の話を書き留めた[17]。

　多くの韓国人が米国の原爆を「祖国独立」の契機と認識し、日本よりも米国との同盟を神聖なものと考える韓国社会に属する被爆者が経験した苦痛は、より長く深かったと推測できる。社団法人・韓国原爆被害者協会の李圭烈（イ・ギュヨル）会長は2022年8月2日、NPT第10回再検討会議でこのように訴えた。「77年前、日本国の広島と長崎で米国の原子爆弾投下により被爆者たちは人間の尊厳性と人権が根こそぎ踏みにじり、絶望と飢餓の生活の中で頼るところもなくあえぎ、治療をまともに受けることもできずに死んでいきました。」[18]

　韓国原爆被害者協会陜川（ハプチョン）支部の沈鎮泰（シム・ジンテ）支部長は、広島と長崎で被爆者として現場で犠牲になった韓国人の数を5万人と推算した[19]。沈支部長の説明によると、彼の父親は広島の軍事基地で強制労働をしており、母親は軍需工場で弾丸ボックスを作る仕事をしていた。沈支部長本人は1943年、広島市江波町251番地で生まれ、そこで被爆した。解放後、彼は両親とともに故郷の陜川に戻った。彼によると、陜川は「韓国の広島」である。韓国の被爆者の70%が陜川人だからだ。2022年現在で約446人の被害者とその子孫がそこに住んでいると彼は把握していた。

　韓国人被爆者2世の韓正淳（ハン・ジョンスン）さんは広島で14人の家族が被爆した。被爆後、韓国に帰ってきた母親から生まれた彼女は、15歳から原子病に苦しみ始めた。彼女の兄弟姉妹も一様に各種の深刻な病気に苦しみ、彼女が出産した子どもは脳性麻痺を患った。彼女は2022年の同じ会議で次のように訴えた。「私たちは賠償どころか原爆被害者として認められずにいます。原爆被害者とその子孫が背負わなければならない苦痛はあまりにも大きく重いです。最も深刻なのは原爆の遺伝性です。原爆の後障害は永久的です。核兵器の被害は残忍にも世代を継いで引き継がれます。それなのに米国と日本は原爆の遺伝性を認めず、韓国の原爆被害者に謝罪も賠償もしていません。」[20]

16　大江健三郎著、2012a、pp.16-17。
17　大江健三郎著、李愛淑訳、『沖縄ノート』、三千里、2012b、p.32。
18　NPT第10回再検討会議サイドイベント（2022年8月2日）。
19　NPT第10回再検討会議サイドイベント（2022年8月2日）。
20　NPT第10回再検討会議サイドイベント（2022年8月2日）。

　1970年に生まれ「先天性免疫グロブリン欠乏症」を患い、2005年に35歳の青年として生涯を終えた金亨律（キム・ヒョンニュル）さんは原爆2世被害者だった。母親の李曲之（イ・ゴクチ）女史は5歳で広島で被爆し、父親と姉を亡くした後、母親と共に陝川に帰った。彼女が広島市から「被爆者健康手帳」を受け取ったのは被爆後57年の歳月が経った2002年だった[21]。青年金亨律はその年、韓国で初めて「原爆2世」であることを明らかにし「カミングアウト」した。彼は「韓国原爆2世患友会」を組織し、2003年に国家人権委員会に陳情書を提出した。彼はこの陳情書で、原爆2世の父や母である原爆1世の韓国人が置かれていた歴史的条件を次のように整理した。「彼、彼女らは強制徴用により軍需工場や炭鉱などで強制労働に苦しめられていたり、あるいは植民地下での過酷な経済収奪により疲弊したこの地の農村を離れて生存の機会を求めて日本に渡ったりしなければならなかった、日本の朝鮮植民地支配の犠牲者たちでした。しかし、解放後、祖国に帰ってきたこれらの原爆被害者たちは再び韓国政府からも捨てられて、治療どころか病名も分からない状態で病魔に苦しみながら命を失い、生き残った人たちもこの58年間、日本政府と原爆を投下した米国政府の賠償拒否と韓国政府の無視により、肉体的・精神的・経済的苦痛の中で生きなければなりませんでした。」[22]

　金亨律はこの陳情書で、韓国人原爆2世が経験している苦痛の歴史的性格を次のように要約した。「韓国人原爆被害者と原爆2世の患友たちが経験している人権問題の歴史的ルーツが日本帝国主義の植民地支配にあり、また民間人に対する集団虐殺を引き起こした米国の原爆投下にあるからには、これは当然、日本政府と米国政府から賠償されるべき問題でしょう。しかし、日本政府は「1965年の韓日請求権協定で請求権は消滅した」として今まで韓国原爆被害者に対する賠償責任を否定し続けているのみならず、米国もやはり「戦勝国が賠償した歴史的先例はない」という理由で賠償責任を否認しています。さらに両国とも原爆後遺症を患っている原爆2世患友の存在自体を認めていないのが実情です。」[23]

　金亨律は「一生を原爆後遺症という苦痛を通じて自分自身には存在しない記憶と闘わなければならない死よりさらに苦痛の人生」を吐露した[24]。彼は2002年に広島平和公園の原爆資料館を訪れた。原爆の被害を掲げるだけで、原爆の原因となった日本国家の歴史的犯罪に対する反省の資料は皆無である事実に深い失望を感じた[25]。しかし、彼は同時

21　金亨律 著、青柳純一 編、『私は反核人権に命をかけた』、幸福な読書、2015、p.32。
22　国家人権委員会の陳述書、2003. 8. 5、「原爆2世患友も人間らしい生活を享受する権利があります」: 金亨律、2015、p.104。
23　金亨律、2015、p.106。
24　金亨律、2015、p.68。
25　金亨律、2015、pp.33-34。

に「韓国と日本の市民社会が連帯して真の平和を次の世代に伝えよう」と述べ、反核人権の理想を表明した[26]。原爆2世であることを明らかにし、韓国人被爆者とその2世たちの人権のために堂々と活動した生涯の最後の3年を除いた彼の人生は孤独そのものだった。彼の若い魂は「夕食を食べたら気兼ねなく訪ねてお茶一杯を飲みたいと言える友」を、「永遠がなければないほどによりいっそう永遠を夢見ることができるよう力を貸してくれる真の友」を渇望した[27]。

　2023年2月、広島地方裁判所は広島の被爆者から生まれた28人の原爆2世たちが日本政府に対して、放射能露出の遺伝的影響を認めて医療支援を行うよう要求した訴訟で、原告敗訴の判決を下した。裁判所は「放射能の遺伝的影響の可能性は排除できないが、これに対する科学的合意は存在しない」とし、政府が原爆2世に医療支援を拒否したのは違憲ではないと判示した[28]。原爆2世の生存権と「人間らしく生きる権利」を叫んだ青年、金亨律の絶叫が未だ止むことのない理由である。

3. 米国の対日原爆使用決定の過程と動機

　歴史学者の木畑洋一によると、1945年3月末に始まり6月下旬まで及んだ沖縄戦で9万人の日本軍が死亡し、それより多い9万4千人の沖縄住民が犠牲になった。このような犠牲を払ってもまだ、7月17日に始まったポツダム会議で米英中3カ国が7月26日に日本の無条件降伏を求めるポツダム宣言を共同宣言として発表した後も、日本政府は「黙殺する姿勢を見せた」。木畑は、広島と長崎への原子爆弾投下は日本のそのような「戦争継続の姿勢に起因するものであり、（それによって）日本の戦争犠牲者はさらに増加した」と評した[29]。

　この原爆投下の歴史的意味について木畑は次のように要約した。「この原爆投下は第二次世界大戦を特徴づけるものであり、多くの一般民衆の犠牲を伴う都市への戦略爆撃のクライマックスであり、日本人にとってはこの戦争で受けた被害を象徴する出来事だった。しかし、日本の支配と占領下に置かれたアジア各地の多くの人々の目には、この

26　金亨律、2015、p.44。
27　金亨律の詩、「芝蘭之交を夢見て」（金亨律、2015、p.26）。
28　Mari Yamaguchi, "Court denies aid for Hiroshima A-bomb survivors' children," AP News, February 8, 2023.
29　木畑洋一、2011、pp.4-5。

原爆投下は戦争継続に固執する日本の敗北を決定的にしたものと映った。」[30]

　フランクリン・ルーズベルト大統領が1945年4月12日に死去し、トルーマンが大統領職を継承した。トルーマンは4月25日、陸軍長官のヘンリー・スティムソン（Henry Stimson）と原爆開発のマンハッタンプロジェクトの責任者であるレスリー・グローブズ（Leslie R. Groves）陸軍中将と会議を開く。この席でトルーマンは「爆弾1つで都市全体を破壊できる人類史上最も恐るべき兵器開発を4ヶ月の内に完成することが確実視されている」という報告を受ける[31]。2日後の4月27日、グローブズを委員長として原爆投下の対象地を選定する「ターゲット委員会」（Target Committee）がペンタゴンで開かれる。その前に「軍事政策委員会」（Military Policy Committee）と対象都市をすでに検討したグローブズは、「ターゲット委員会」に目標都市を4つ以内に絞り込むよう指示した。同会議で副委員長のトーマス・ファレル（Thomas Farrell）陸軍准将は目標物選定の基本事項を提示した。目標地点は「日本の都市または産業地域」、時点は「7月か8月か9月」とした。委員長のグローブズは目標物選定で最も留意すべき点をより具体的に提示した。彼は「爆撃（原爆投下）を通じて日本人の戦争継続意志を弱めることができる目標物」（the targets chosen should be places the bombing of which would most adversely affect the will of the Japanese people to continue the war）を選ばなければならないと述べた。また「重要な司令部や軍隊集結地、または軍事装備と補給品の生産中心地のような軍事的性格」を持たなければならないと指摘した。また「原爆の効果を正確に測定できるように、以前の空襲で大きく破壊されていない状態」である所、そして「最初の目標物は原爆の威力を確実に判断するのに十分に大きな規模」でなければならないと話した[32]。

　グローブズが示した基準を満たす日本の都市はその頃にはすでに少なくなっていた。広島がそれでも最適の目標物として挙げられた。まだ空襲で破壊されていない都市の中で最大の都市だった。当時、米空軍は東京、横浜、名古屋、大阪、京都、神戸、八幡そして長崎をすでに体系的に空襲していた[33]。その日の会議で優先検討対象に選定された目標物は17カ所で、東京湾、横浜、名古屋、大阪、神戸、広島、小倉、福岡、長崎、佐世保などだった。これらのうちすでに破壊された程度が激しいところは最終対象から外されることになった[34]。ナチスが虐殺した6百万人のユダヤ人2千万人のソ連軍人と民間人、8百万

30　木畑洋一, 2011, p.5.
31　Rhodes, 1986, p.624.
32　Rhodes, 1986, pp.626-627.
33　Rhodes, 1986, p.627.
34　Rhodes, 1986, p.628.

人のヨーロッパ人とイギリス人、そして5百万人のドイツ人を合わせて計3千9百万人の人命を犠牲にした末に、5月8日のドイツの降伏と共にヨーロッパでは第二次世界大戦が終わった。その2日後の5月10―11日の2日間、米国では「ターゲット委員会」が再び開かれた。この会議で目標地が「京都、広島、横浜、小倉の軍需廠」の4カ所に絞られる[35]。5月30日、陸軍長官のスティムソンはグローブズと会った席で、日本文化の中心地として由緒ある歴史都市の京都をリストから外すことを主張する。「日本のローマ」京都が原爆投下対象から外された理由だった[36]。

サミュエル・ウォーカーは、原爆使用と関連した米国の対日政策において重要な分水嶺の1つとしてポツダム会談を1ヵ月後に控えた6月18日に開かれたホワイトハウス会議を挙げる。トルーマンはこの会議の前に、統合参謀本部（Joint Chiefs of Staff, 統参）に対日勝利のための重要な情報と決定に関する意見を提出するよう求めていた。戦争の早期終結のためにソ連にどのような要求をするのかについての答えも準備させた。さらにトルーマンはホワイトハウス秘書室長のリーハイ（William D. Leahy）提督に、自分の優先目標は「米国人の人命犠牲をできるだけ最小限に抑える戦争政策の決定」だと述べた[37]。会議前日の6月17日付の日記でトルーマンは、日本本土侵攻か、それとも爆撃と海上封鎖だけで戦争を終わらせるより良い方法を見つけるか、この２つのうちどれを選択するかが、自分が直面している最も難しい決定だ、と書いた[38]。18日の会議で、陸軍参謀総長のジョージ・マーシャル（George Marshall）は、1945年11月1日を期して日本本土である九州への侵攻を準備することを提案した。その後、日本本土侵攻の第2段階として東京を含む本州を目標に想定した。彼はこの会議で「九州作戦は日本に対する首絞め戦略に欠かせない」という内容を盛り込んだ統参の報告書を読みあげた。彼は続けて「日本をひざまずかせるには空軍力だけでは不十分だ」という自身の個人意見を付け加えた。他の出席者は全員が九州侵攻を進めるべきだというマーシャルの意見に同意した[39]。この時、統参は九州侵攻作戦で（最初の30日間に）予想される米軍の死傷者数を31,000人程度と見

35　Rhodes, 1986, pp.630-632.

36　Rhodes, 1986, pp.640-641. グローブズ自身はその後も京都への未練を捨てなかった (Rhodes, 1986, p.686).

37　*The Entry of the Soviet Union into the War against Japan: Military Plans, 1941-1945*, Washington, D.C. : Department of Defense, 1955, pp.76-77 : J. Samuel Walker, *Prompt & Utter Destruction: Truman and The Use Of Atomic Bombs Against Japan*, Chapel Hill and London: The University of North Carolina Press, Revised Edition, 2004, p.35.

38　Robert H. Ferrell (ed.), *Off the Record: The Private Papers of Harry S. Truman*, New York: Harper and Row, 1980, p.47; Walker, 2004, p.35.

39　"Minutes of Meeting Held at the White House on Monday, 18 June 1945 at 1530," in Dennis Merrill (ed.), *The Decision to Drop the Atomic Bomb on Japan*, vol.1 of *Documentary History of the Truman Presidency*, Bethesda, Md.: University Publications of America, 1995, p.52; Walker, p.36.

た。ソ連の参戦については、それは戦争終結に相当な影響を及ぼすだろうが、それだけで米国の九州侵攻が不要になると考える出席者はいなかった[40]。

ウォーカーによると、6月18日の会議で九州侵攻問題とともに最も重要視されたのは、九州侵攻に対するより良い代案はないのかという問題だった。病床に伏していたが同会議に出席した陸軍長官のスティムソンは、九州侵攻を進めることに同意しながらも、日本の降伏を引き出すためには本土攻撃は必ずしも必要ではないという意見を出した。日本には「戦争を好みはしなくとも、自分たちの祖国のために執拗に戦う大きな沈黙する勢力(a large submerged class)」があると指摘し、スティムソンは他の方法で戦争を終わらせることができると語った。しかし、具体的な代案は明らかにしなかった。一方、秘書室長のリーハイは、米国が必ずしも日本の無条件降伏に固執する必要はないという意見を出した。固執すれば、日本はさらに必死になり、米国の死傷者数だけが増えるだろうと述べた[41]。すると、トルーマン大統領が無条件降伏に関する国民世論を変化させる方法はないという趣旨の発言をした。彼は、(米軍の犠牲が特に大きかった)沖縄戦が繰り返されることはないだろうという希望を前提にして、統参に九州侵攻作戦の進行を指示した。本州攻撃についての最終承認は先延ばしした[42]。ウォーカーはこの日の会議で明らかになった当時のトルーマン政権の認識の核心を「日本の崩壊は近づいたが、早期降伏を引き出す最善の方法については明確でない状態」だったと要約した[43]。

一方、陸軍と海軍の官吏で構成された「統合戦争企画委員会」(Joint War Plans Committee)が6月15日に1つの報告書を作成し統参に提出した。同報告書は、本州侵攻は1946年3月1日が適当であるとし、戦争終結時点は最悪の場合1946年末になるだろうと予想した[44]。このように不明な状態でトルーマン大統領は7月中旬、ポツダム会談のために欧州に向かった。その船上で原爆実験の成功という決定的な変数に接する。

7月16日、ニューメキシコ州の砂漠で初の原爆トリニティ(Trinity)が爆発する。オーストリア出身の亡命客でマンハッタンプロジェクトに参加したヴィクター・ワイスコフ(Victor Weisskopf)は、「最初は歓呼し、次は疲れを感じ、そして心配するようになった」

---

40 Walker, 2004, p.36.

41 Quatation from "Minutes of Meeting Held 18 June 1945," in Merrill, 1995, p.54; Walker, 2004, p.37.

42 Walker, 2004, p.37.

43 Walker, 2004, p.37.

44 Joint War Plans Committee, "Details of the Campaign against Japan" (J.W.P.C. 369/1), June 15, 1945, in Martin J. Sherwin, *A World Destroyed: Hiroshima and Its Legacies*, 3rd Edition, Stanford: Stanford University Press, 2003, pp.336-345; Barton J. Bernstein, "Understanding the Atomic Bomb and the Japanese Surrender: Missed Opportunities, Little-Known Near Disasters, and Modern Memory," *Diplomatic History* 19 (Spring 1995), pp.227-273; Walker, 2004, p.38.

とその恐るべき威力の感動を表現した[45]。陸軍長官のスティムソンが当時原爆投下問題を担当していた「暫定委員会」(Interim Committee)のジョージ・ハリソン (George Harrison) から7月23日に受けた報告は、「原爆投下作戦は気象条件にかかっているが、8月1日からはいつでも可能だ」というものだった。その日、スティムソンは、京都は対象から除外するということで大統領の裁可を受けたことをハリソンに知らせ、これに伴いハリソンは「広島、小倉、新潟の順に原爆投下を進行」する計画であることを確認する。この時点では長崎は対象に含まれていなかった[46]。7月24日、陸軍長官のスティムソンはトルーマンに報告する。最初の原爆が太平洋の基地に準備できる日付は8月6日で、2発目の原爆は8月24日頃に準備できそうで、9月には加速度がついて3発が可能で、12月には7発以上が可能だという内容だった[47]。グローブズがポツダムを訪問してスティムソンを通じてトルーマン大統領とバーンズ国務長官に「TNT15キロトンないし20キロトンの威力を持つ原爆の成功を目撃した」との事実を伝えたのは7月25日だった。また、その日グローブズは陸参総長のマーシャルの許可を得て太平洋地区司令官のダグラス・マッカーサーに8月5日から10日の間に日本に対する原爆使用が差し迫っていることを通報する[48]。

　一方、日本政府は1945年7月13日、米日間の戦争終結と和解に向けた外交的仲裁をソ連に依頼した。日本は1941年4月にソ連と「日ソ中立条約」を締結していた。1946年3月までその条約が有効であることに期待をかけた天皇の強い意志が、ソ連との交渉を試みた背景だった。[49]　天皇は7月初めにソ連への使節として近衛文麿を派遣することを決定した。その直後の7月9日、有田八郎はソ連ではなく戦争相手国である米国・英国と直接和平交渉を行うべきだという意見書を内大臣の木戸幸一を通じて天皇に上奏した。にもかかわらず天皇は7月13日に使節を派遣してソ連と講和交渉を模索したのだった。天皇が米英との直接講和交渉の意見を黙殺したことを意味した。7月26日に日本の降伏を促すポツダム宣言が出た時、日本陸軍大臣がその宣言の受諾を簡単に拒否できたのは、米英との交渉を拒否しソ連との交渉に重点を置いてきた天皇の態度が一役買ったと指摘されている[50]。

　ポツダム会談で米国、英国、ソ連の3カ国間の合意事項が整理されたのは7月30日と8月1日の間だった。その前の7月26日に当時日本と戦争中だった3カ国、すなわち米

45　Rhodes, 1986, p.675.

46　Rhodes, 1986, p.689. 8月9日、2度目の原爆対象に長崎が選ばれたのは、その日の小倉の気象状況のためだった。

47　Rhodes, 1986, p.689.

48　Rhodes, 1986, p.687.

49　小森陽一、ソン・テウク 訳、『天皇裕仁はこう述べている：「終戦詔書」800字で戦後日本の読み直し』、根と葉、2004、p.31。

50　小森陽一、2004、p.33。

国のトルーマン、英国のチャーチル、そして中国の蒋介石の3人が「ポツダム宣言」（Potsdam Declaration）を発表する。これは米英ソ間のポツダム会議の結果であるポツダム合意（Potsdam Agreement）とは別のものだった。「日本の降伏条件に関する宣言」（Proclamation Defining Terms for Japanese Surrender）であった。7月18日に日本政府が和平交渉のジェスチャーを見せたことがあった[51]。ポツダム宣言はそれに対するトルーマンの答えだった。

　7月26日に公表されたポツダム宣言は、第5項で次のように宣言した。「我々の条件は次のとおりである。我々はその条件を変更することはなく、代案もない。いかなる遅滞も容認しない。」第6項は「無責任な軍国主義が地球上から消えない限り平和と安保、そして正義の新秩序は不可能だと信じるがゆえに、日本国民を欺瞞し、誤導して世界征服に駆り立てた者たちの権威と影響力は永遠に除去されなければならない」とした。第7項は「そのような新秩序が確立され、日本の戦争能力が破壊されたという確実な証拠があるまで、連合国が指定した日本領土は我々が定めた基本目的を達成するために占領する」とした。第8項は「カイロ宣言の条件を実行すべきであり、日本の主権は本州、北海道、九州、四国、そして我々が指定する小さな島々に限定される」とした。第9項は「日本軍は完全に武装解除された後に、家に帰って平和で生産的な生活を送る機会を許す」とした。第10項は「日本人を人種として奴隷化したり国家として破壊したりする意図はないが、連合軍捕虜に残酷行為を行った者たちを含むすべての戦争犯罪者には厳格な正義の審判を下す」と宣言した。合わせて「日本政府は日本国民の間に民主的傾向の復活と強化を阻害するすべての障害物を除去しなければならず、表現、宗教および思想の自由と基本的人権の尊重を確立すべき」とした。第11項は「日本は経済を支え正当な戦争賠償金の現物拠出を可能にしうる産業は維持できるが、戦争のための再武装を可能にする産業は禁止する。この目的のために原料に対する統制権ではない接近権は許容する。日本は究極的には世界貿易関係に参加できるようになる」とした。第12項は「以上の目的が達成され、日本国民の自由意志による平和愛好的で責任ある政府が樹立されれば、連合国の占領軍は日本から撤収する」という約束を提示した。最後に第13項は「我々は日本政府がすべての日本軍隊の無条件降伏(unconditional surrender of all Japanese armed forces)を直ちに宣言し、そのような姿勢を適切かつ十分に確認する行動を見せることを促す」とし、日本が拒否した場合、その代価は「迅速かつ完全な破壊(prompt and utter destruction)のみ」と警告した。

51　Melvyn P. Leffler, *A Preponderance of Power: National Security, the Truman Administration, and the Color War*, Stanford, CA: Stanford University Press, 1992, p.37.

入江昭によると、ポツダム宣言は明らかに米国の作品だった。米国政府が3年間にわたって企画・審議した結果を要約したものだった[52]。入江がこの宣言で注目したのは、敗戦国の日本をいくつかの占領地域に分割せず、一単位で扱うという原則、そして日本の非軍事化（demilitarization）と民主的改革を占領目的として規定することで大規模な占領計画を盛り込んでいたという点である[53]。

1944年7月22日に東條英機内閣が崩壊し、小磯国昭内閣が登場した。1945年4月7日に小磯内閣は鈴木貫太郎内閣と交代する。そのために1945年7月に首相だった鈴木は天皇と陸軍の意見に従うという名分を掲げてポツダム宣言を黙殺した[54]。すなわち連合国の最後通牒を黙殺したのだ。その結果、ポツダム宣言が日本に「迅速かつ完全な破壊」を警告した通り、広島と長崎に原爆投下を強行した行動の直接的な原因だと解釈されている。ポツダム宣言について「公式に論評する価値はない」と一蹴した鈴木貫太郎の反応に接した米国は、陸軍長官スティムソンが後で回顧したとおり、「このような拒否の立場に直面して我々が発表した最後通牒は正確に言った通りを意味するという事実を証明するしかなかった。」[55]

ポツダム会談の初期にトルーマンはスターリンからソ連の対日参戦の確約を得た[56]。しかし、ソ連の対日戦介入に対する米国の立場はポツダム会談期間に重要な変化を経験する。トルーマンと彼が新たに任命した国務長官のジェームズ・バーンズ（James F. Byrnes）がポツダムで堅持した優先順位は、日本の迅速な敗北を引き出し、米軍の犠牲を減らし、東アジアにおけるソ連の領域拡大を制限することだった[57]。日本の迅速な投降を引き出すのにソ連の対日参戦は必要だった。しかし、それは戦後の東アジアにおいてソ連の領域拡大を最小限に制限するという目的と衝突した。これが、米国がこの会談の序盤に直面したジレンマだった。ヤルタでスターリンが太平洋戦争に参加すると言った約束をポツダムで再確認した時、トルーマンも最初は喜んだ。自分の妻に送った手紙で

52 Akira Iriye, *Power and Culture: The Japanese American War 1941-1945*, Cambridge: Harvard University Press, 1981, p.263.

53 Iriye, 1981, p.262.

54 小森陽一、2004、p.33。小代有希子によると、鈴木首相が「ポツダム宣言に関してコメントしない」と声明を出したのは728日の記者会見であった（Yukiko Koshiro, *Imperial Eclipse: Japan's Strategic Thinking about Continental Asia before August 1945*, Ithaca: Cornell University Press, 2013, p.222）。

55 Henry Stimson, "The Decision to Use the Atomic Bomb", *Harper's Magazine*, vol.194, no.1161 (February 1947), p.105; Ronald Takaki, *Hiroshima: Why America Dropped the Atomic Bomb*, Boston: Little, Brown and Company, 1995, p.38.

56 Henry Kissinger, *Diplomacy*, New York: Simon & Schuster, 1994, p.435.

57 Leffler, 1992, p.37.

トルーマンは「私がここで得ようとしたものを得た」と書いた[58]。

　しかし、ポツダム会談の途中でトルーマンは原子弾の実験が成功したという報告を受ける。彼は会談開始前日の7月16日にすでに原子弾開発が成功裏に進んでいるという報告を受けている。しかし、実験が成功したからといって、直ちに原子弾を実戦に投入できるわけではなかった。だが、7月22日にトルーマンは原子弾が予想より早く投下準備ができるという報告を受ける。23日にバーンズ国務長官は陸軍長官スティムソンに実戦投入可能な日付をいつ知ることができるかと尋ねた。24日にスティムソンは、ウラン原爆は8月1日以降ならすぐ準備でき、プルトニウム原爆は8月6日頃に準備できると、トルーマンに報告した。トルーマンはスティムソンに、対日戦にソ連軍の介入が必要かと尋ねた。スティムソンは、もはや必要ないと答える[59]。

　メルビン・レフラーによると、原子弾の実験成功という報告を受けたトルーマンとバーンズ国務長官の目標は「中国問題に関連してスターリンを排除し、ソ連が介入する前に太平洋戦争を終わらせること」に変わる。今やトルーマンとバーンズが戦後の世界秩序を構成する作業において、ナチスに共に対抗した連合国のソ連を抑え込んで封鎖しようとする衝動が、ソ連との協力を模索しようとする考えを圧倒するに至ったと、レフラーは指摘した[60]。原爆の使用を決定する一方で、トルーマンが目標にしたのは、ソ連が対日戦を宣言して満州の主要拠点—大連港を含むヤルタ会談で米国がソ連に約束した領土—を占領する前に日本の降伏を取り付けることだった[61]。トルーマンは日記に次のように書いた。「私は日本人がロシアが入ってくる前にひざまずくことになるだろうと信じている… マンハッタン（原爆）が日本の地の上に現われれば、彼らはきっとそうするだろう。」[62] 陸軍長官のスティムソンもその頃「原爆の成功的実験の後に生じた心理的違い」に彼自身驚いたと日記に書いている[63]。一方、スターリンは米国のマンハッタンプロジェクトに関する詳細な情報を少なくとも1945年2月には把握しており、その結果を注視して

58　Robert H. Ferrell (ed.), *Dear Bess: Letters from Harry to Bess Truman*, New York: Norton, 1983; Leffler, 1992, p.37.

59　Henry L. Stimson Diaries (Microfilm), Yale University, New Haven, Conn., 21, 23 and 24, July 1945; Leffler, 1992, p.37.

60　Leffler, 1992, p.37.

61　Melvyn Leffler, "The emergence of an American grand strategy, 1945-1952," Melvyn P. Leffler and Odd Arne Westad (eds.), *The Cambridge History of the Cold War*, Volume 1: Origins, Cambridge: Cambridge University Press, 2010, p.70.

62　Robert H. Ferrell (ed), *Off the Record : The Private Papers of Harry S. Truman*, New York : Harper & Row, 1980, p.54; Leffler, 2010, p.70.

63　Leffler, 1992, p.38.

いた[64]。

　7月26日、ポツダム宣言に署名して発表した時、米国はスターリンを招待しなかった。スターリンに署名を要請すれば、彼が東アジアでさらに多くの領土的譲歩を要求することを憂慮したためだ。特にバーンズ国務長官がそうだった[65]。米国が対日原爆投下命令を初めて下したのは、その2日前の7月24日だった。約1週間にわたってグローブズと他の軍事指導者たちとで持たれた非公式会合を経て, 米陸軍の空軍部隊に——当時、空軍は独立していなかった——原爆投下命令が伝えられた。太平洋地域の戦略空軍司令官カール・スパーツ(Carl A. Spaatz)が原爆投下に関する公式命令書を要請した。7月24日、5つ星将軍ヘンリー・アーノルド(Henry Arnold)が受け取った命令は、ウラン235を8月1日から10日の間に広島、小倉、新潟または長崎に投下せよという内容だった。この命令書は命令者が誰なのかが明らかではなかった。翌日の7月25日、陸参総長のジョージ・マーシャルのすぐ下にいるトーマス・ハンディ大将が下した命令は、気象条件が許す限り8月3日以降に１発目の原爆を投下せよというものだった。その命令はまた「追加の原爆が準備され次第投下せよ」と付け加えた。この命令は陸軍長官のスティムソンと陸参総長のマーシャルの「指示と承認」によって送られた。[66] 長谷川毅は米国の原爆投下決定日を7月25日と説明しているが、[67] これは7月25日のスティムソンとマーシャルの命令書を基準にすれば正しい説明である。

64　1945年2月当時、GRUとNKVDを中心としたソ連の情報機関はマンハッタンプロジェクトの進行状況に関する決定的な情報を確保した。カナダのオタワのGRU責任者ニコライ・ザボティン(Nicolai Zabotin)大佐がアラン・ナンメイ(Alan Nunn May)を通じて分かったことには、原爆を稼動させる2つの方法が開発されているという事実が含まれていた。１つは弾道弾方式(ballistic method、すなわちgun-type)で、もう１つは「内爆」(implosion)装置方式だった。米国がベルギー領コンゴでウラン原石採掘に対する無制限統制権を確保するために努力しているという情報も得た。また、天然ウランから原子炉で作られたプルトニウムが原爆製造の近道になり得るという事実は、英国と米国の原爆製造において最初の画期的な技術的進展であったが、この情報はこの頃ソ連の情報機関によって把握されソ連科学者に伝えられた。内爆方式が銃撃(gun assembly) 方式より優れているという事実は、ソ連情報機関が把握した2番目の決定的な情報だった。また、クラオス・パックス(Klaus Fuchs)が、ロス・アラモス(Los Alamos)での米国の原爆開発が大きな進展を遂げているという情報を、ソ連側に提供したのも同じ2月だった。Richard Rhodes, *Dark Sun : The Making of the Hydrogen Bomb*, New York: A Touchstone book, 1995, pp.150-150.

65　Walker, 2004, p.71.

66　John N. Stone, Memorandum for General Arnold, July 24, 1945, in Merrill (ed.), 1995, pp.151-154; Thomas T. Handy to Carl Spaatz, July 25, 1945, Marshall Foundation National Archives Project, Xerox 1482-175, George C. Marshall Library, Lexington, Va.; Robert James Maddox, *Weapons for Victory: The Hiroshima Decision Fifty Years Later*, Columbia: University of Missouri Press, 1995, pp.104-108; Walker, 2004, p.61.

67　Tsuyoshi Hasegawa, *Racing the Enemy: Stalin, Truman, and the Surrender of Japan*, Cambridge, Mass.: The Belknap Press of Harvard University, 2005, pp.189-191.

　スティムソンが回顧録で明らかにしているように、トルーマンは原爆実験の成功後、ポツダム会議におけるソ連の参戦に興味を失った。原爆を利用して日本の早期降伏を引き出し、ソ連の参戦の必要性を予防することを最も強く主張した人物は国務長官のバーンズだった。メトレイが指摘するように、これら米国の指導者たちが原子弾を使用しようとする主な理由は、米国人の人命損失を減らそうとすることであったが、この他にも「日本の早期降伏がもたらす（東アジアでの）外交的・戦略的利益」であった。ソ連が日本に対する戦争を布告する前に、米国が原爆を使用して日本の降伏を引き出すとするなら、日本の占領と日本の戦後処理からソ連の参加を排除することができる。また、朝鮮に対しても米国が一方的に占領できることを米国は期待した。したがって、朝鮮に対してソ連とともに信託統治を協議しなければならない「面倒な問題」も避けられることを期待していた[68]。

　ポツダム会議の初期にスターリンはソ連の対日参戦の前提として厳しい条件を掲げていた。米国がソ連参戦の代わりに原爆の使用で日本の降伏を得る戦略を採択するように導いた原因の1つだった。7月17日の会談でスターリンが掲げた対日参戦の条件は、ヤルタ協定でソ連が中国から確保することになった権利を中国に承認させろということだった。ルーズベルトは同意したとスターリンが解釈していた内容に対してトルーマンは異議を唱えた。米国は、遼東半島の大連港は究極的には「中国の自由港にならなければならない」[69]と主張した。翌日の7月18日、スターリンは、1945年8月15日以前にはソ連は日本との戦争に乗り出す準備ができていないだろうと明言した[70]。これは中国問題に関する米国の譲歩を引き出すための圧力だった。米国は今やそのようなソ連の態度をむしろ幸いに思った。8月15日以前に原爆を次々と爆発させて、日本の降伏を速やかに受け入れれば、ソ連の参戦を封鎖できると信じていた。バーンズ国務長官は、連合国が日本に2週間以内に降伏するよう要求し、この期限が過ぎれば日本を完全に焦土化させると脅かす最後通牒を送ることを非公式に提案した。日本の降伏以前にソ連が参戦して満州と朝鮮を占領する事態を避けたかった。バーンズにとってそのような目標は原爆使用によってのみ実現できることだった[71]。1995年、米国の著名なジャーナリストであるピーター・

68　James Irving Matray, *The Reluctant Crusade: American Foreign Policy in Korea, 1941-1950*, Honolulu: University of Hawaii Press, 1985: ジェームズ I.メトレー 著, ク・デヨル 訳, 『韓半島の分断と米国:アメリカの大韓政策, 1941-1950』, 乙酉文化社, 1989, p.58.

69　Matray, 1985, p.39.

70　Walter Brown notes, July 17, 18, 1945, file 54(1), James F. Bynes papers; Matray, 1985, pp.39-40.

71　Walter Brown notes (July 20, 1945); Harry S. Truman, diary entry (July 18, 19450) in Robert H. Ferrell (ed.), *Off the Record: The Private Papers of Harry S. Truman*, p.54 ; Gar Alperovitz, *Atomic Diplomacy: Hiroshima and Potsdam*, pp.103-106; Matray, 1989, p.59.

ジェニングスが、報道形式としてはABCの地上波テレビで報道した著名なドキュメンタリーは次のように要約した。「原爆の成功後、ポツダム会談で米国は２つのことが必要でなくなった。日本に対する降伏要求条件として「天皇制維持」のような譲歩をする必要がなくなり、ロシアの対日戦争参加は希望事項ではなく憂慮事項となった。」このドキュメンタリーでロバート・メッサー (Robert Messer) は、バーンズ国務長官が原爆実験の成功後、日本に対する最後通牒の内容を修正した目的は「戦争を早く終結させることでソ連が日本を料理するのに割り込めないようにすること」だったと述べている[72]。

　米国はそのような希望を持ってスターリンとの交渉に臨んだため、朝鮮の信託統治問題についてソ連との真剣な交渉には臨まなかった。この文脈で、メトレイは非常に重要な指摘をした。原爆はポツダム会議で米国の対韓政策を大きく変化させた要因だったとしたのだ。「トルーマンと彼の参謀たちは、太平洋戦争を早く終わらせてソ連の占領参加を排除できると予想し、信託統治構想を廃棄することを決定した。7月23日の外交長官会議で、バーンズは（英国の外相）イーデン(Eden)と一緒に信託統治に関する詳細な議論に反対する側に加わった。」[73] しかも信託統治についての協議は、地中海の一部地域における委任統治問題で英国とロシアが神経戦を繰り広げており、朝鮮問題についての協議はなおのこと後回しにされた。その結果、メトレイの指摘のように、「朝鮮とは関係のない問題とあれこれと関わるようになり、朝鮮問題については残念ながら確固たる合意に達することができなかった。朝鮮問題を友好的な雰囲気の中で処理できる最後で最高の機会はそのようにして失われてしまった。」[74] ある人は原爆使用で米ソの信託統治を避けられて幸いだと言うこともできる。しかし、米ソ協力による信託統治が不可能になり、1948年に南北に単独政権が樹立され分断が固着化し、それから2年後の巨大な戦争の惨劇が朝鮮半島を席巻してしまう歴史的結果を考えれば、果たしてそれが幸いなことだったのか再考せざるを得ない。

　米国の原爆投下決定の動機に関する米国の歴史学界の認識を総合していると評価されるサミュエル・ウォーカーは、米国の動機を5つに要約した。ウォーカーによると、トルーマンはあまり悩みもしなかった。彼は、この新しい兵器の利点と潜在的な欠点について、参謀たちとこれといった協議もなく、原爆を直ちに使用する決心をした。ウォー

72 "Peter Jennings Reporting: Hiroshima-Why the Bomb was Dropped," ABC News, 1995. このドキュメンタリーはその年の「ピーボディ・プレス賞」(Peabody Award)を受賞した. メッサーの著作は、Robert Messer, *The End of an Alliance: James F. Byrnes, Roosevelt, Truman, and the Origins of the Cold War*, First Edition, The University of North Carolina Press, 1982.
73 Matray, 1985, p.40.
74 Matray, 1985, p.60.

カーはトルーマンの決定を導いた「5つの根本的な考慮事項」を列挙した。戦争の早期終結、マンハッタンプロジェクトに費やされた天文学的費用を正当化する必要性、ソ連に衝撃を与える意図、[75] 原爆使用を回避すべき動機の不在、「野獣」(a beast)と認識された日本に対する膺懲(日本人への憎悪、真珠湾攻撃への報復、人種主義的態度を含む)がそれである。この中でウォーカーがトルーマンの原爆使用決定の最も致命的な要因として挙げたのは「戦争の早期終結」という動機だった[76]。そして、トルーマンにとって早期終結の必要性の一次的な意義は、米軍の人命の犠牲を減らすことにあったというのがウォーカーの主張だ。

　　ただ、原爆の使用で防ぎうる米軍の人的犠牲の規模については長い間議論があった。先に説明した1945年6月18日のホワイトハウス会議を控えて、米統参は日本本土への侵攻過程において米軍が受ける犠牲の規模を評価する作業を行った。陸軍と海軍の官吏で構成された「統合戦争企画委員会」が6月15日、統参に提出した報告書草案は九州侵攻で予想される米軍の被害を戦死25,000人を含む132,500人とした。また、本州侵攻で追加される被害は戦死21,000人を含む87,500人になると見た[77]。同じ頃、陸参総長のマーシャルが太平洋地域の陸軍司令官を務めていたダグラス・マッカーサーに九州侵攻に伴う米軍の犠牲の予想値を評価するよう要請した。マッカーサーが6月18日に送ってきた回答は、戦闘中の死傷者10万5000人と非戦闘中の死傷者12600人で、計131,000人になるだろうと述べていた。「統合戦争企画委員会」の評価とほぼ正確に一致した[78]。

　　ウォーカーによると、マーシャルは18日、ホワイトハウス会議で日本本土侵攻に伴う米軍の犠牲の予想値をトルーマンに知らせる場合、米軍の人命犠牲に敏感なトルーマンが侵攻作戦を承認しないことを憂慮した。マーシャルはその話を持ち出さなかった。そのためトルーマンは九州侵攻と予想される米軍の犠牲規模を最初の30日間で31,000人水準だと考えていたものと思われる[79]。後日トルーマンと彼の参謀たちは、日本本土侵攻で50万から100万人の米軍死傷者が発生するという情報に接したと主張するようになる。それを広島と長崎への原爆投下を正当化する名目として提示したのだ。しかしウォーカーによると、彼らがそのような情報に原爆投下以前に接していたという根拠は存在し

75　ウォーカーはソ連との対立が米国の原爆使用の一因となったが，主な要因ではなかったと主張してい (Walker, 2004, p.95).

76　Walker, 2004, pp.92-97.

77　Joint War Plans Committee, "Details of the Campaign against Japan" (J.W.P.C. 369/1), June 15, 1945, in Martin J. Sherwin, *A World Destroyed: Hiroshima and Its Legacies*, Stanford: Stanford University Press, 3rd Edition, 2003, pp.336-345; Bernstein, 1995, pp.227-273; Walker, 2004, p.38.

78　General MacArthur to General Marshall, June 18, 1945; Walker, 2004, p.38.

79　Walker, 2004, pp.38-39.

ない[80]。

したがって、トルーマンが原爆の使用で実際に減らすことができると認識した米軍の人命犠牲の規模は、後に主張された100万人どころか数十万人でもなかった。ウォーカーは、原爆の使用で防げる米軍の人命犠牲が数万人でもなく数千人に過ぎなかったとしても、トルーマンはその理由だけでも原爆の使用を選択しただろうと結論づけている[81]。

米国の原爆投下決定の動機に関して、日本の歴史学者の篠原初枝は米国の歴史学界の正統派─修正主義派の論争に注目する。彼女の説明によると、正統派は日本との戦争を早期に終わらせるために原爆を使用したという事実を強調する一方、修正主義は日本の降伏を早める目的よりは戦後のソ連の影響力を遮断するために原爆投下を急いだことを強調する。正統派の代表として、彼女はヘンリー・スティムソンとハーバート・ファイスを挙げた[82]。ところが、実は正統派という人々もトルーマンが原爆の使用を決定すると同時に、ソ連の影響力拡大を防ごうとした事実を認めていることに留意しなければならない。篠原初枝が正統派の代表として挙げたパイスも次のように語っている。「チャーチル、そして間違いなくトルーマンも、原爆投下が戦争を迅速に終結させること以外にも、ヨーロッパと極東の両方で西側により有利な秩序を確立するのに役立つと考えていただろう。スティムソンとバーンズはそのような考えを明確に念頭に置いていた。西側の力の劇的な誇示が日本を降伏させる衝撃を与えるとするなら、ロシアもやはり衝撃を受けるのではないか。‥‥要するに、原爆は日本の侵略者を降伏させるだけでなく、ソ連の行動も節制させうるだろうと考えたり、そのように希望したりしたのだろう。」[83]

そして、修正主義者であっても、原爆投下の目的に日本の早期降伏を引き出すという目的があったことを否定しない。米国の歴史学界で修正主義のゴッドファーザーとして知られているウィリアム・アップルマン・ウィリアムズも、米国の原爆投下の動機を、1945年11月に予定されていた日本本土への侵攻作戦を行わずに日本の降伏を取り付けることと、ロシアを牽制することという、2つの目的を持ったものと判断した。ただし、正

80　Walker, 2004, p.39. 1990年代と2000年代に、原爆投下以前のトルーマン政権が把握していた日本本土侵攻に伴う米軍人命犠牲規模がどの程度だったかについて米国歴史学界で激しい論争が繰り広げられた。これについては Walker, 2004, pp.116-118.

81　Walker, 2004, p.93.

82　篠原初枝、「原爆投下と戦後國際秩序--軍事的・外交的價値への期待と核の恐怖」、和田春樹・後藤乾一・木畑洋一・山室信一・趙景達・中野聰・川島眞 編、『東アジア近現代通史 6: アジア太平洋戦争と「大東亞共榮圏」、1935-1945年』、岩波書店、2011、p.370. 篠原初枝が注目したスチームソンの文章は、Henry L. Stimson, "The Decision to Use the Atomic Bomb," *Harper's Magazine*, Issue 194, 1947, pp.97-107.

83　Herbert Feis, *Churchill, Roosevelt and Stalin*, Princeton, N. J.; Princeton University Press, 1957, p.194: イ・サムソン、『20世紀の文明と野蛮:戦争と平和、人間の悲劇に関する政治的省察』、第3章「核の誕生と核崇拝の文明」、ハンギル社、1998, p.241.

統派学者たちが日本の早期降伏を引き出そうとする動機を一方的に強調したのに比べ、ウィリアムズはその動機を否定しないながらも、正統派に比べてソ連牽制という目的をもう少し強調しようとしたと言える[84]。

　要するに、米国が広島と長崎への原爆投下を決定した理由は、日本の早期降伏を誘導すると同時に、ソ連の参戦がもたらす戦後のソ連の影響力拡大を遮断しようという目的の2つを含んでいるという点で、米国の歴史学界の認識は大きく見て一致している。さらに留意すべき点は、米国の指導者たちは日本が早期に降伏すれば、ソ連の参戦を不要にすることもできると信じていたという点である。日本の降伏以前にソ連が参戦しても満州、朝鮮半島、日本などに対してソ連が占領できる領土を制限できるようになるはずだった。したがって、日本の早期降伏の誘導とソ連の影響力拡大の遮断という2つの動機は、米国の政策決定者の観点からも分離されたものではなく、互いに緊密に結びついており、相互に作用するものであった。

4. 原爆と戦争終結の歴史的因果

　次に検討すべき問題は原爆と戦争終結の歴史的因果関係である。日本の早期降伏を引き出すうえで原爆が実際にどのような役割を果たしたのか。日本の降伏が差し迫っている状況で、米国は原爆を不必要に使用したのか。あるいは、実際、日本の降伏に原爆よりもソ連の参戦のほうが決定的な役割を果たしたのではないか。このような問題が原爆と日本の降伏との歴史的因果関係を論じる際に提起される疑問だ。原爆投下の軍事的・政治的意味を論じる際に、最も決定的な問題はまさしくその問題であろう。原爆と日本の降伏との歴史的因果関係を論じるにあたって筆者が重要だと考えるのは、次のいくつかの歴史的事実を確認することである。

1) ポツダム宣言から原爆投下までの日本政府の態度と対処

　ガー・アルペロビッツは、「1945年7月末か8月初めには、日本は天皇制の維持さえ保障されれば降伏する意思を明確に持っており、米国もそれを知っていたに違いない」と

84　William Appleman Williams, *Americans in a Changing World: A History of the United States in the Twentieth Century*, New York: Harper & Row, 1978, p.349; イ・サムソン, 1998, p.243.

主張した[85]。しかし、バートン・バーンスタインによると、米国がこの考えを採用すれば日本が降伏に応じるかどうかは、決して明らかではなかった。 1945年7月末および8月初めに至る時期の日本外務省の資料を見ると、当時、日本政府が降伏を受け入れる条件は「天皇制維持」に集約できない複雑性があった。前述したように、日本政府は1945年7月、皇室の人物で元首相である近衛文麿をモスクワに派遣して和平の仲裁を要請した。ところが、ソ連政府の判断では、日本は具体的かつ明白な和平交渉条件を提示しなかった。このため、ソ連も曖昧な態度を取った。その結果、日本とソ連の双方が共に曖昧な態度で時間を引き伸ばしながら、互いにいたちごっこ(cat and mouse game)を繰り広げる状態だったと、バーンスタインは指摘する[86]。

　特に7月末の時点で、外務大臣の東郷茂徳は特命全権大使としてモスクワに派遣された佐藤尚武に和平交渉を指示したが、東郷自身も具体的な和平交渉条件を提示できなかった。そのために、7月27日、佐藤は東郷に「私たちがそのように不透明な態度を取ればソ連を動かすことはできない」と警告した[87]。翌28日、佐藤はよりストレートに本国政府の条件は何かを、次のように東郷に尋ねた。「日本は武装解除と朝鮮の独立を受け入れるつもりですか。」この質問に対して、東郷外相は8月2日に答申するが、その内容には進展がなかった。「東京で一挙に具体的な和平条件を決めるのは難しい。我々は具体的な条件に関して各界の意見を集めているところだ」というのが東郷外相の答弁だった[88]。バーンスタインは、「日本政府の当時の態度は引き伸ばし作戦のようなものであり、和平を渇望することとは程遠い」と評した。

　米国の原爆投下を間近に控えたこの決定的な時期に、日本政府内で交わされた電文と日本政府内部の議論全般に対する研究を基にバーンスタインが判断したところによれば、当時の日本の指導者たちが考える和平条件は決して単純明快なものではなく、非常に複雑で流動的だった。日本政府のすべての関係者が一致した見解を持っていた問題はわずか2つだった。ソ連の参戦に反対し、天皇制は維持されなければならないということだった。しかし、他の問題については、日本政府内で意見が分かれていた。軍部の軍国

85　Gar Alperovitz and Robert Messer, "Marshall, Truman, and the Decision to Drop the Bomb," *International Security* 16 (Winter 1991/92), p.207-209; Barton J. Bernstein, "Understanding the Atomic Bomb and the Japanese Surrender: Misused Opportunities, Little-Known Near Disasters, and Modern Memory," in Michael J. Hogan (ed.), *Hiroshima in History and Memory*, Cambridge, UK: Cambridge University Press, 1996; Bernstein, 1996, p.51.

86　Bernstein, 1996, p.51.

87　Sato to Togo, July 27 and 28, 1945, FRUS: Potsdam 2: 1201, 1294-5; Bernstein, 1996, p.52.

88　Togo to Sato, August 2, 1945, in No.2 1225, August 2, 1945, Magic-Diplomatic Summary, Records of the National Security Agency, Magic Files, Record Group 457, National Archives; Bernstein, 1996, p.52.

主義者を含む強硬派は、さらに3つの要求条件を掲げていた。終戦後の日本占領反対、自主的な武装解除（self-disarmament）、自主的な戦犯裁判がそれだった。彼らはこれらの条件を貫徹するためには戦争を続ける覚悟を見せていた。また、これらの軍国主義者たちは、政府が降伏を急げば、いつでも軍部の代表である陸軍大臣を辞任させることで、内閣自体を崩壊させることができた。彼らに比べて、和平論者たちは勢力が依然として弱かった。軍部によるクーデターを恐れていた。彼ら自身の内部でも分裂していたため、はっきりと降伏を主張することはできなかった。首相の鈴木も和平交渉を進めるべきかについてさえもためらっていた[89]。

　結局、バーンスタインは広島への原爆投下直前の1945年8月初めの時点でも、米国が仮に天皇制維持を保障するとしても、日本が米国の望む条件で11月1日以前に降伏する可能性はなさそうだったと判断する。当時、米国にとって日本の政治体制の再編と軍国主義の破壊、そして終戦後の日本の占領は確固たる目標であり、米国は戦争の長期化を甘受してでもそのような目標を貫徹する覚悟だった。もし米国が日本の軍国主義者の4つの降伏条件--天皇制維持、戦後占領排除、自主的な武装解除、自主的な戦犯裁判--をすべて受け入れるとすれば、日本の降伏を容易に受け入れることができただろう。しかし、それは米国の指導者や一般の米国人が望む勝利とは程遠いものだった[90]。

　入江昭（いりえ・あきら）は、何よりもポツダム宣言に接した時に、日本政府は即刻かつ明確にその宣言を受け入れるべきだったと言う。彼によると、ポツダム宣言は日本に文字通りの「無条件降伏」を要求したものではなかった。日本自らが模索していた「無条件降伏でないことに基づく和平」を日本に認める内容だった。この宣言のそのような意味を駐スイス公使としてベルンにいた加須俊一（かせ・しゅんいち）と駐ソ連大使の佐藤尚武（さとう・なおたけ）は正確に認識した。そこで佐藤は東郷外相に「ポツダム宣言が日本に要求した降伏条件は、連合国がドイツに課した条件よりもはるかに穏健なものだ」という意見を述べる。彼らはさらに、「日本が引き伸ばしたり拒否すれば、本土が確実に廃墟となる結果を招くだろう」と警告する[91]。

　鈴木首相と東郷外相はこの意見に首肯し遅れる。ところが、入江昭によると、鈴木と東郷はポツダム宣言を直ちに受け入れる場合、日本国内でおこりうる軍部の抵抗について誇張した考えを持っていた。2人は、ポツダム宣言の条件が国と天皇制にとって最善で

---

89 "Statements" of Togo #50304, Koichi Kido #62131 and #61541, Sumihasa Ikada #54479, and Masao Yoshizumi #54484; Kido Koich Nikki, June 21-August 9, 1945, translated copy courtesy of Robert Butow; USSBS, "Interrogation of Premier Baron Suzuki," December 26, 1945, Records of USSBS; Bernstein, 1996, p.53.
90 Bernstein, 1996, p.54.
91 Iriye, 1981, p.263.

あることを、軍部と一般国民に説得させる時間が必要だと信じていた。鈴木首相はメディアに対し、「ポツダム宣言を深刻に受け止める必要はない」と述べた。彼の発言が海外に放送された時、それは日本の無関心と無視という鈴木の本来の意図とは正反対の意味に解釈された。入江昭は鈴木内閣の対処が内包していた根本的な問題点について、8月6日と9日の原爆投下および8月8日のソ連の宣戦布告がなされて初めて、米国との本格的な交渉に乗り出したという事実だった[92]。

長谷川毅（はせがわ・つよし）はポツダム宣言の性格に関して、入江昭とは少し異なる解釈をうち出した。長谷川によると、その宣言は日本に対する無条件降伏の要求を明示しただけでなく、ソ連がその宣言発表当時には署名に参加しなかったために、日本としては黙殺せざるを得なかった。また、米国のバーンズ国務長官とトルーマン大統領は宣言に「無条件降伏」を明示することで、日本が拒否することをすでに予想していたと長谷川氏は主張する。したがって、「ポツダム宣言は（すでに決定した）原爆投下を正当化するために出したもの」に他ならないと、彼は解釈した[93]。

2) 8月6日の広島への原爆投下にもかかわらず、日本政府はポツダム宣言に応じなかった

日本近現代史に精通した著名な著述家である半藤一利（はんどう・かずとし）は、広島への原爆投下後の日本の認識と行動を次のように述べている。政府は「超強力な爆弾が落ちたというので、これが原子弾かどうかを調査するために」現地に調査団を送った。新聞とラジオがこの「新型爆弾」について言及し始めたのは翌日の8月7日だった。日本のマスコミは、米国が広島市を前日の8月6日に数機のB29で攻撃し、相当な被害を与えたが、敵が今回使用したものとみられる「新型爆弾」の詳細は現在調査中だと報じた 日本政府と軍部が「米国が広島を一発で吹き飛ばした爆弾を作ったということ」を知ったのは原爆投下の翌日、米ラジオ放送から流れたトルーマン声明を聞いてからだった。この声明でトルーマンは「日本が降伏に応じない限り、他の都市にも投下する」と警告した[94]。

半藤一利は、「これで日本の指導者たちは一日も早く戦争を終結させなければならないという焦燥感に駆り立てられ始めた」と話す。しかし、その時になってもなお、ソ

---

92 Iriye, 1981, pp.263-264.
93 長谷川毅, 『暗躍―スターリン、トルーマンと日本降伏』、中央公論新社、2006、p.260 : 篠原初枝、2011、p.377。
94 半藤一利 著, パク・ヒョンミ 訳, 『昭和史:日本が語る大日本帝国史 1：戦前編 1926-1945』、ルビーボックス、2010、p.401。サミュエル・ウォーカーも日本の指導者たちが広島の焦土化事実とそれがたった１つの爆弾、原爆によるものであることを知ったのは8月7日だったと語る (Walker, 2004, p.81)。

連が仲裁する和平交渉を目標にしており、それに対する期待を捨てないまま時間を浪費していたと理解している。それで7日は日本政府に何の動きもなく日が暮れた。天皇が内大臣の木戸幸一（きど·こういち）に「有利な条件を得ようと大切な時間を失ってはならない」と言って、できるだけ早期の戦争終結を首相の鈴木に指示したのは原爆投下から2日後の8月8日だった。このため、鈴木首相は最高戦争指導会議を開こうとした。しかし、自分たちなりに対策作りに忙しかった軍部指導者たちは出席しにくいと言った。それで会議は9日に延期された[95]。

バートン·バーンスタインによると、広島への原爆投下は日本の軍国主義者にとっては依然として降伏を決意する要因ではなかった。ただ、広島に衝撃を受けた天皇裕仁（ひろひと）が介入して降伏を推進することになる。裕仁は天皇制の維持を唯一の降伏条件として提示することを内大臣の木戸に指示したのだった[96]。しかし、この時も日本政府内で軍国主義勢力を代表していた陸軍相の阿南惟幾（あなみ·これちか）は4つの降伏条件すべてを貫徹するために戦争継続に固執した。「本土決戦における日本の勝利は不確実だが、それでもある程度の可能性はある。本土で少なくとも一度は戦わなければならない」と、彼は主張した[97]。

その間、米国はもともと11日に予定していた長崎への原爆投下を2日繰り上げた9日とする決定を7日に下す 8月7日時点で接した天気予報によると、10日から14日まで悪天候が予想された。それで2日繰り上げられて9日に日程が変更されたのだった[98]。

3) 8月9日未明のソ連参戦と午前の長崎原爆でも続いた軍部の降伏反対

ソ連の外相モロトフ（Viacheslav M. Molotov）が対日本戦争宣言をモスクワ駐在日本大使の佐藤尚武に通知したのはモスクワ時間で8月9日午前2時頃だった。モロトフは2時間後の午前4時頃には、英国大使のカー（Archibald C. Kerr）と米国大使のハリーマン（W. Averell Harriman）にソ連の対日宣戦布告の事実を知らせた[99]。ソ連の参戦は当初の予想より1週間

95　半藤一利、2010、pp.401-402。

96　"Statements" of Kido #61541 and #61476; Bernstein, 1996, pp.70-71。

97　"Statements" of Masao Yoshizumi #54484 and #59277; Bernstein, 1996, p.72。

98　Rhodes, 1986, pp.737-738. バーンスタインも11日から9日に長崎への原爆投下が早められた理由は気象状況のためだったと言う（Bernstein, 1996, pp.71-72）。

99　Tsuyoshi Hasegawa, *Racing the Enemy: Stalin, Truman, and the Surrender of Japan*, Cambridge, Mass.: The Belknap Press of Harvard University, 2005, pp.189-191. ソ連の対日宣戦布告は、日本に占領されているが中国領土に属する満州に対する軍事作戦を含むため、中国との協議を経なければならなかったが、スターリンはそうしなかった。この頃、米国大使 ハリーマンとの対話でスターリンは南満州の港の大連をソ連管轄の港にすることを通知する。スターリンは米国の「門戸開放」（Open Door）を尊重

早められたものだった[100]。

　日本政府がソ連の宣戦布告の事実に初めて接したのは、駐ソ連大使佐藤の報告を通じてではなく、大日本帝国の公式通信社だった同盟通信社がソ連のラジオ放送を捉えたおかげだった。その時点は、ソ連の戦車が国境を越えて2時間半が過ぎた8月9日1時30分頃（現地時間）だった[101]。鈴木貫太郎（すずき・かんたろう）首相の日本内閣は、ソ連参戦のニュースを聞いてから天皇とともにポツダム宣言受諾を決定した後、ポツダム宣言受諾や天皇制維持の方法といった詳しい降伏条件は最高戦争指導会議（Supreme War Council）で決めることにする。これが天皇や首相を含む和平派の動きだった。長谷川毅によると、ソ連の参戦は日本政府の和平派の降伏決定に重大な影響を及ぼした[102]。

　問題は軍部だった。当時、軍部が最後の決戦を覚悟していたのは、ソ連が中立を守ることを前提にしたものだった。今やソ連の参戦が明らかになった時点で、軍部がどのような決定を下すかがカギだった[103]。リチャード・フランクによると、ソ連の参戦にもかかわらず、日本の軍部には大きな動揺はなかった。陸軍大臣の阿南は「来るべきものが来た」と述べた。陸軍参謀次長の河辺虎四郎（かわべ・とらしろう）は、米国との戦争を続ける計画を急いで起案した。その最初の措置は、日本全土に戒厳令を発令することだった。彼曰く「必要に応じて政府を交替し陸軍と海軍が接収する」と明言した。陸軍省将校の言葉どおり戒厳の目的は和平派を鎮めることだった。こうした河辺の動きを陸軍大臣の阿南は支持した。阿南は「あなたの意見を陸軍参謀部全体を代弁するものとする」と述べた。そして陸軍省の官吏たちに戒厳を執行する仕事に当たらせた[104]。

　篠原初枝（しのはら・はつえ）も「広島に原爆が落下しても日本は降伏せず、ソ連が参戦したにもかかわらず直ちに無条件降伏を受け入れなかった」と述べた[105]。9日の時点で軍部がソ連の参戦を大したことではないと考え、戦争継続を簡単に決定したことにおける決定的要因は、ソ連が宣戦布告直後に展開した軍事作戦の規模と速度を誤断したため

　　するという趣旨で大連を「自由港」にするとしながらも、それを自身の軍事的領域（Soviet military zone）にすることを明確にした。ハリーマンは同日の対話で、ソ連が中国の同意なしに日本に宣戦布告をした事実に抗議しなかった（Hasegawa, 2005, pp.192-193）。

100　篠原初枝、2011、p.378。

101　Hasegawa, 2005, p.190, pp.196-197. 長谷川は、ソ連政府がソ連の戦争開始を日本に対する奇襲作戦になるよう意図的に日本大使の正常な転身を妨害したと疑っている（Hasegawa、2005、p.190）。1945年8月、満州に駐屯した日本の関東軍は713,000人、朝鮮、サハリン、千島列島に配置された日本軍は28万人だった。彼らを攻撃するソ連軍は150万に達した（Hasegawa, 2005, p.195）。

102　Hasegawa, 2005, pp.197-199.

103　Hasegawa, 2005, p.199.

104　Frank, 1999, pp.288-289.

105　篠原初枝、2011、p.377。

だとフランクは指摘する。ソ連参戦初期に関東軍は満州東部のソ連軍を大いに過小評価していた。実際、ソ連軍は15個歩兵師団を投入した状態だったが、関東軍はその5分の1に過ぎない3個師団程度だと誤って把握していた。ソ連の戦車部隊の規模も実際は8個連隊に達していた。しかし、関東軍はその3分の1程度の2~3個連隊と評価していた。さらに8月9日の1日だけで、ソ連の機械化部隊が満州西部において大規模に投入されていたが、関東軍と東京司令部はそれにも気づかなかった。帝国総司令部は同日午後、ソ連軍の攻撃規模は「大きくない」と明言した[106]。

太平洋の北マリアナ諸島のテニアンから長崎に投下する原爆「ファットマン」(Fat Man)が「ボックスカー」(Bock's Car)という名のB29爆撃機に装着された時間は現地時間で8月8日の夜10時で、離陸したのは8月9日の午前3時47分だった。これはソ連が対日宣戦布告をしてから3時間後のことだった。ボックスカーが原爆を投下した時間は午前11時2分だった[107]。

長崎への原爆投下直前の9日午前10時に内大臣の木戸が天皇と短い面談を行った。この時、天皇は首相の鈴木に状況把握とともに政府はどう対応するかを報告するよう指示する。木戸は直ちにその指示を鈴木に伝え、天皇の意思は「直ちにポツダム宣言を利用して戦争を終結しなければならない」ということだと話す。このため、10時半に最高戦争指導会議が開かれた。鈴木首相がこの会議で最初に言った言葉は「広島の衝撃とソ連の介入で戦争を続けることはもはや不可能だ」ということだった。したがって、ポツダム宣言を受諾すべきである」と述べた。この会議で和平派の代表格である東郷茂徳（とうごう・しげのり）外相は、ポツダム宣言の降伏条件について、日本が提起する唯一の例外は「天皇の地位を保障せよ」ということだと述べる[108]。これに対して出席者たちは特に反応がない中、長い沈黙が続いた。その沈黙の末、海軍大臣の米内光政（よない・みつまさ）が、天皇制維持のみを例外としてポツダム宣言を受け入れるか、それとも追加の降伏条件をめぐって実質的な交渉を推進するか、選択しなければならないと言う[109]。

要するに、満場一致で意見がまとまった場合のみに決定できる最高戦争指導会議で、まだ降伏するかどうか、降伏条件をめぐって日本内閣は決定を下していない。さらに海軍軍令部総長の豊田副武（とよだ そえむ）は、広島原爆の威力はもちろんすごいが、米国が迅速に複数発の原爆を使用できるかは疑問だと主張した。豊田の発言の直後、長崎県

---

106 Frank, 1999, p.289.

107 Hasegawa, 2005, p.194.

108 8月9日の最高戦争会議に先立ち、外務省首脳部は「皇室の安泰」を国体と定義し、それを条件に降伏を受諾するしかないと判断した (篠原初枝、2011、p.378)。

109 Frank, 1999, p.290.

知事から2度目の原爆投下のニュースが会議に伝えられた。米国の原爆数は非常に制限的だという豊田の主張は説得力を失った。しかし、長崎県知事の最初の報告は「原爆被害が少ない」という誤った内容を含んでおり混乱を与えた[110]。

　その後、2時間にわたって熾烈な論争が繰り広げられた。核心人物の6名は真っ二つに分かれた。外相の東郷、海軍大臣の米井、首相の鈴木は天皇の地位維持ということ1つだけを降伏条件に掲げることを主張した。一方、陸軍大臣の阿南、陸軍参謀総長の梅津美治郎（うめづ・よしじろう）、そして海軍軍令部総長の豊田は3つの条件を追加して貫徹することを主張した。武装解除と戦犯裁判を日本の自律に任せるべきだということ、そして何より日本に対する連合国の占領を防がなければならないということだった。結局、この日の最高戦争指導会議は天皇の望むところとは裏腹に結論を出せずに終わった[111]。

4) 8月9日 天皇の介入による降伏条件の緩和と米国の拒否

　2度目の原爆投下を経験したにもかかわらず、9日の最高戦争指導会議は結論なしで終わった後、同日午後4時35分から5時20分まで内大臣の木戸と天皇が会議を行った。二人は「天皇の国法上の地位」を変更しないという条件を付けてポツダム宣言を受諾することで合意を見た[112]。

　その夜の11時、御前会議が開かれる。この御前会議の歴史的重要性を1995年に出版された石川真澄（いしかわ・ますみ）の『戦後政治史』を通して一瞥してみる[113]。彼によると、日本政府が「すべての日本国の軍隊の無条件降伏」を要求したポツダム宣言を受諾することを決めたのは1945年8月14日であり、この決定に至る過程で最も注目すべきは「8月9日と14日に裕仁天皇が出席した中で開かれた御前会議での天皇の決断だった」という[114]。

　その2回のうち、特に決定的なヤマ場を石川真澄は9日の御前会議ととらえた。同会議の出席者には、まず最高戦争指導会議の構成員である鈴木貫太郎首相、東郷茂徳外相、陸軍大臣の阿南惟幾、海軍大臣の米内光政、陸軍参謀総長の梅津美次郎、海軍軍令部総長の豊田副武が含まれている。彼らとともに出席したものの、意見を述べることのできない陪席者としては、重要な国務に関して天皇の諮問に応じて意見を述べる機関である枢密院

110　Frank, 1999, p.290.
111　東郷と豊田が後日回顧録に記録したところでは、米内が東郷側に立ったと説明しているが、当時の時点で陸軍大臣の阿南が報告したところによると、米内も最初は他の軍部指導者と同様に強硬論を展開した（Frank, 1999, p.291）。
112　篠原初枝、2011、p.378。
113　石川眞澄、『戦後政治史』、東京：岩波文庫、1995。
114　石川眞澄、1995、p.1。

の議長の平沼騏一郎（ひらぬま·きいちろう）、内閣書記官長の迫水久常（さこみず·ひさつね）、そして記録を務めた海軍軍務局長の保科善四郎（ほしな·ぜんしろう）がいた[115]。

9日の御前会議で天皇の決断が重要視される理由は、その日の午前に先に開かれた最高戦争指導会議で、前述したように、ポツダム宣言受諾を主張した者と「徹底抗戦派」が3対3に分かれたためだった。そのため、続いて開かれた御前会議で天皇の決心が重要になった[116]。この席で天皇は「天皇制維持」を唯一の条件にポツダム宣言を受諾するという意見を明らかにする[117]。天皇の言葉はそれ自体が指示でもなく拘束力のある決定でもなかったが、3対3の対立状態を解消した。軍部強硬派も同意した。麻田貞雄（あさだ·さだお）は、この日、強硬派が同意したのは部分的には天皇の権威に対する尊重も作用したが、逆説的に天皇の介入で彼らの体面を維持できたからだったと考える。軍部は敗戦と降伏の必然性を、彼ら自身の失策と誤断よりは原爆を開発した敵の科学の力に見出した。[118]

こうして9日の御前会議でポツダム宣言受諾がなされた後、重臣グループと日本政府がポツダム宣言受諾の前提として最も重視したのは何よりも「国体護持」だった。ここで国体とは「万世一系の天皇に統治権がある国家政治体制」を指す[119]。日本政府が10日、ポツダム宣言受諾を中立国を通じて連合国に送った電文はその点を反映していた。「宣言に記載されている条件の中にある天皇の国家統治大権変更の要求は含まないという了解の下で受諾する」としたのである[120]。

米国は暗号解読システムであるマジック（Magic）を通じて日本の決定を先に把握していた。しかし、公式的には8月10日にスイス大使館を通じて伝えられた[121]。トルーマンは

---

115 石川眞澄、1995、p.2。

116 石川眞澄、1995、pp.2-3。

117 天皇の降伏受諾決定には、いわゆる天皇周辺の「重臣グループ」の役割が重要だったというのが、石川真澄の説明である。この重臣グループには、天皇のそばで御璽（天皇印）を保管する者として皇室事務と国務の両方について意見を述べ後継　首相を推薦する役割を果たす内大臣の木戸幸一、公爵爵位を有する貴族として首相を歴任した近衛文麿、海軍大将の岡田啓介、また海軍大将で当時海軍大臣を務めていた米内光政などが含まれた。彼らは軍部に反対して戦争終結工作をしていた。彼らの終戦工作は、当初太平洋戦争開戦時の東條英機首相の内閣を1944年7月に瓦解させたことから作用し始めたものと考えられる。天皇の侍従長と枢密院議長を歴任した鈴木首相自身、そして後に戦後の日本政治で大きな役割を果たすことになる吉田茂もやはりこれらの重臣グループに属していた（石川眞澄、1995、pp.2-3）。

118 Sadao Asada, "The Shock of the Atomic Bomb and Japan's Decision to Surrender: A Reconsideration," *Pacific Historical Review* 67 (November 1998), pp.477-512; Walker, 2004, p.84.

119 石川眞澄、1995、p.3。

120 石川眞澄、1995、p.3。ここで1つ留意すべき点がある。石川真澄とは異なり、篠原初枝は9日の御前会議で東郷ら和平派は　天皇制維持という1つの条件だけを掲げた和平を訴えた。すると枢密院議長の平沼騏一郎（ひらぬま·きいちろう）が異議を申し立て、「天皇の大権維持」を明確にする条件を掲げることを主張する。結局、この会議の結論はその主張が貫徹されたものだった（篠原初枝、2011、p.378）。

121 Walker, 2004, p.84.

天皇制維持という日本の唯一の降伏条件を明確に受け入れることを躊躇した。国務長官のバーンズも、以前には日本の降伏をできるだけ早く受け取って、ソ連がアジア大陸に影響力を拡大するようになる事態を防ぐことに神経を尖らせていたが、もはや戦争の長期化を甘受してでも天皇制維持という条件を受け入れることには明確に反対した。彼は「もしトルーマン政府が天皇制の維持を明示的に許可すれば、米国内政治でトルーマン大統領は十字架にかけられるだろう(crucifixion of the President)」と警告した。米国の世論は、裕仁が天皇職を維持することを決して許さないだろうとバーンズは信じていた。その結果、8月10日の日本の提案に対する米国の答弁は天皇制維持という条件を受け入れたものでもなく、拒否したものでもない曖昧なものだった[122]。

　日本政府がバーンズ米国務長官の拒否回答を受け取ったのは8月12日の未明だった[123]。バーンズの答弁の骨子は「降伏した瞬間から天皇と日本政府の統治権は連合国最高司令官に従属し」、「日本の最終的な政府形態はポツダム宣言に従って自由に表現された日本人民の意思によって決定されること」というものだった[124]。石川真澄によると、米国のこの回答内容を日本の外務省が日本語に翻訳する過程で重要な政治的考慮を行った。原文どおり(subject to)翻訳すれば、日本に対する国家統治権を「連合国最高司令官に従属させる」としなければならない。外務省は、そうした場合、主戦論者を刺激することを恐れた。それで「連合国最高司令官の制限下に置く」と翻訳した[125]。ところが、このようにやわらげた文言に盛り込まれた曖昧さに対しても、日本の軍部は強く反発した。東郷外相は、天皇制自体は日本人民の意志に従属するものではないため、米国の答弁が君主制そのものに深刻な脅威を含んでいるわけではないと解釈し、軍部をなだめようとした。天皇裕仁は同意した。鈴木首相も半信半疑ながらも、やはり同意した。しかし、阿南陸軍大臣をはじめとする軍部は、そのような曖昧さは全面的に容認できないと主張した[126]。

　軍部を中心とする強硬派は、再び天皇制維持以外の3つの条件も貫徹しなければならないと主張し始めた。鈴木首相も強硬派の肩を持った。これにあわせて、日本軍部の将

122　Robert J. C. Butow, *Japan's Decision to Surrender*, 1st Edition, Stanford, Calif.: Stanford University Press, 1954, p.245; Bernstein, 1996, p.74.

123　篠原初枝、2011、p.378。石川真澄は米国務長官バーンズ名義の米側回答を日本政府が受け付けた時点を13日朝とした (石川眞澄、1995、p.3)。

124　Robert J. C. Butow, *Japan's Decision to Surrender*, 5th Edition, Stanford, Calif.: Stanford University Press, 1967, p.245; Stephen S. Large, *Emperor Hirohito and Showa Japan: A Political Biography*, London and New York: Routledge, 1992, p.127.

125　石川眞澄、1995, p.3.

126　Large, 1992, p.127.

官級強硬派が再び前面に出て戦争継続を主張した。神風特攻隊を企画した張本人である海軍参謀次長の大西瀧次郎（おおにし・たきじろう）中将は「私たちが2000万特攻隊員の犠牲を覚悟すれば決して敗北しない」と主張した[127]。

5) 8月14日 天皇の二度目の介入と無条件降伏の最終決定

日本が8月10日に米国に提示した降伏条件を米国が拒否した答弁書を日本が受け取った12日から2日後の8月14日に、天皇は再び御前会議に出て「聖断」と言われる最終決定を下す。ソ連の参戦が軍部に衝撃を与えることになるのと、長崎への2度目の原爆投下の衝撃は、実際の時間ではほぼ同時だった。軍部と天皇を圧迫し、天皇が最終決断をして軍部がそれを結局は受け入れるうえで、原爆とソ連の参戦のうちどちらの要因がより決定的な要因になったのかを見分けることはほとんど不可能だ。その5日の間に原爆とソ連の参戦は相互に結合して、軍部の強硬論鎮圧と天皇の「聖断」に影響を及ぼしたと見るほかない。

天皇裕仁のいわゆる「聖断」を導き出した決定的な要素が何かを推察させる手がかりの１つは、彼が残した独白録だ。裕仁は1946年3月18日から4月8日の間に松平慶民（まつだいら・よしたみ）と寺崎英成（てらさき・ひでなり）をはじめとする5人の皇室宮内府参謀に8時間分の独白形態の回想を語る。寺崎が記録しておいた天皇の独白原稿は長らく非公開のままでおかれていた。寺崎の娘マリコ・ミラーが1988年に自宅で発見し、それが世の中に公開されたのは1990年、日本の『文藝春秋』が日本の右翼の反対を押し切ってその原稿を掲載したことによってだった[128]。この独白録の中で天皇裕仁は、自分が最終的に降伏を決めて内閣を動かした背景を説明する。その頃、米国は日本政府が天皇の地位維持を前提とした無条件降伏を受け入れる意思を明らかにした事実と、それを事実上拒否したバーンズ国務長官の答弁内容を盛り込んだビラを戦線にばら撒いていた。裕仁は「そのビラが日本軍の手に入れば無条件降伏に抗議するクーデターは必然的であり、ポツダム宣言の受諾を天皇自身が介入して確実にしなければ国全体が破壊されてしまうことを憂慮した」と話す[129]。8月14日に開かれた御前会議で、裕仁は11日の米国の答弁を

127　"Stat.ements" of Togo #50304; Bernstein, 1996, p.74.

128　「昭和天皇の独白八時間: 太平洋戦争の全貌を語る」、『文藝春秋』、1990年12月号 : Bob Tadashi Wakabayashi, "Emperor Hirohito on Localized Aggression in China," *Sino-Japanese Studies*, Volume 4: Issue 1 (October 1991), p.5.

129　"Showa tenno no dokuhaku hachijikan"(「昭和天皇の独白八時間: 太平洋戦争の全貌を語る」), 1990, pp.143-145; Large, 1992, p.127.

「受け入れることができる」と述べ、合わせて国民が自らの決定を知ることができるように、自身が直接国中に放送する詔勅を準備するよう内閣に要請する[130]。

この時、一部の軍部強硬派はクーデターを試み、クーデターは危うく成功するところだった。陸軍相の阿南と陸軍参謀総長の梅津が介入してクーデターを封鎖し内閣を維持することで辛うじて危機を乗り越えることができた[131]。もし、阿南陸軍相が裕仁の涙の訴えを受け入れずに内閣から退陣していたら、日本の降伏と平和は遠ざかり、戦争は長期化し、さらに多くの原爆が投下されただろうとバーンスタインは指摘する[132]。

篠原初枝は原爆投下と日本の早期降伏との関連性についての学問的論争の歴史を検討しているが、彼女の検討で特記すべき点は、1990年代以来、日本の歴史学者たちがこの論争に寄与してきた方法を紹介した部分だ。彼女は、原爆と降伏の関係についての日本の歴史学界の学問的蓄積は多かったとは言えないという点をまず指摘する。天皇裕仁の戦争責任が関係するテーマなので、日本の歴史家たちが触れにくい点があったと言う。日本語に翻訳された米国の議論も、主にガー・アルペロビッツ（Gar Alperovitz）とマーティン・シャーウィン（Martin J. Sherwin）の著作のような修正主義歴史学者たちの著作、そして米国の対日原爆投下において人種主義的要因を指摘したロナルド・タカキ（Ronald Takaki）の著作などだったことに注目した[133]。

130　Large, 1992, p.128. リチャード・タカキは天皇裕仁がポツダム宣言受諾を決定した決定的な動機を11日のバーンズ国務長官の答弁が天皇地位自体は維持するようにするというメッセージを含んでいると解釈したためであることを強調する。彼は10日付で日本が米国に送ったメッセージがすでに「講和成立」と見なされ、米国メディアに伝播された事実に注目した。8月11日付の『ニューヨークタイムズ』には、「太平洋の米軍たちが歓呼する：天皇は維持されてもいいと彼らは言う」という見出しが掲載された（The New York Times, "GI's in Pacific Go Wild With Joy"; 'Let' Em Keep Emperor, 'They Say,' August 11, 1945; Takaki, 1995, p.50）。米国の立場を伝えられて、天皇の地位が保全される可能性があることを確認した裕仁は8月14日、内閣に次のように述べている。「今戦争を終結しなければ、国体が破壊され、民族が全滅させられる恐れがある。したがって、私は我慢できないことを我慢して連合国の回答を受諾したい。それで国体を保存し、私の臣民がこれ以上苦しめられないことを願う」（Takaki, 1995, p.50）。太平洋で戦闘は8月14日に中断された。

131　Bernstein, 1996, p.75.

132　Bernstein, 1996, p.75. 8月15日未明、天皇警備師団内部の過激派が皇居に侵入し、宮内に保管されていた天皇の降伏放送の録音テープを破壊した（Hasunuma Shigeru,「Senritsu no hachi jiken」, Bungeishunju（『文藝春秋』）, 1956年 October Special Issue, pp.192-199; Large, p.128）。この反乱が鎮圧された後、阿南陸軍相は反乱の責任を負って自決した。1944年2月まで続いた東條英機内閣で陸軍参謀総長を務めた杉山元（すぎやま・はじめ）と1931年に関東軍総司令官として日本の満州支配を主導したことのある本庄繁（ほんじょう・しげる）はそれぞれ9月と11月に自決した（Large, 1992, p.128）。彼らの自決は日本の敗戦に対する責任感と絶望の表現でもあるだろうが、降伏の結果である戦犯処罰に対する考慮も作用したはずだ。

133　篠原初枝によると、シャーウィンの著作は1978年に日本語に翻訳され、1995年にはアルペロビッツの著作が翻訳された。タカキの著作は1995年に翻訳された（ロナルド・タカキ、『アメリカはなぜ日本に原爆を投下したのか』、山岡洋一 訳、草思社、1995）。

篠原初枝が注目した日本の歴史学界の議論は、1992年に刊行された吉田裕（よしだ·ゆたか）の著作、1997年に刊行された麻田貞夫の論文、長谷川毅の2006年の著作などだ[134]。米国の歴史学界の議論が、米国の原爆投下決定の動機と背景に集中している側面があるのに対し、これら日本の歴史学者たちの議論の焦点は日本側史料に基づいて、日本はなぜ降伏しなかったのかに置かれたという点を、篠原初枝は指摘する。そして、彼らの結論は、大同小異、原爆とソ連の参戦がいずれも日本の降伏を早める上で重要だったということだ[135]。麻田貞夫は日本の降伏のきっかけを原爆とソ連の参戦という「二重衝撃」（ダブルショック）に求めた。長谷川毅の研究は脱冷戦後に接近できるようになったソ連の史料も利用してより多角的に分析したのが特徴だが、彼の結論も原爆とソ連の参戦が日本の降伏に決定的な役割を果たしたということだった。ただし、長谷川はあえて言うなら、ソ連の参戦が投げかけた衝撃により重点を置いていると、篠原初枝は解釈した[136]。

篠原初枝によると、麻田と長谷川の研究は、天皇と指導層が「国体守護」に固執し、軍部は徹底抗戦を主張したために、日本は簡単に降伏せず、それが米国による原爆投下を誘発した1つの要因として作用したことを論証した[137]。

5. 原爆投下事態に対する天皇の責任と日本社会内における反戦の問題

原爆投下の責任者はもちろん米国である。同時に、その原因を提供したことにおいて、日本の軍部と天皇の責任に注目する認識も、浅田と長谷川の結論が示すように、日本の学界に広く共有されていると言える。彼ら以外にも多数の日本の学者が、1944年後半から日本権力の核心部が敗戦の避けられないことを認識していたにもかかわらず、降伏を拒否し、原爆投下に至るまで戦争をあきらめなかった根本的な原因に関して、軍部

---

134 吉田裕、『昭和天皇の終戦史』、岩波書店、1992：麻田貞雄、「原爆投下の衝撃と降伏の決定」、細谷千博·入江昭·後藤乾一-波多野澄雄編、『太平洋戦争の終結』、柏書房、1997：長谷川毅、『暗躍—スターリン、トルーマンと日本降伏』、中央公論新社、2006。

135 篠原初枝、2011、p.371。

136 篠原初枝、2011、p.371。筆者が判断するところでは、8月9日未明のソ連参戦自体が8月6日の広島への原爆投下によって促進された可能性も排除できない。原爆投下で日本の降伏が早まると判断したソ連が、戦後の東アジア太平洋地域での影響力拡大を図り、参戦を急いだ可能性があるからだ。したがって米国の原爆投下とソ連の参戦という2つの歴史的事件は相互関係の中にあったと言える。米国が11日に予定されていた長崎への第2の原爆投下を9日に繰り上げたのは、逆に米国の主張 通り、必ずしも気象予報だけでなくソ連の参戦が迫っている状況を把握したことと無関係ではないかもしれない。

137 篠原初枝、2011、p.371。

とともに天皇の責任を強調している。小熊英二はその代表的な一人である。

小熊は太平洋戦争を大きく四つの局面に分けた[138]。第1期は開戦後の半年くらい、即ち1941年12月の開戦から翌年の1942年6月までの半年の間で、日本が優勢だった期間である。第2期はその後から1943年末までの1年半の期間で、日米間の膠着局面だ。第3期は1944年初めから同年の半ばまでで、南太平洋での膠着状態が終わり、日本軍の防御線が崩れ、日本列島に近い太平洋基地の防御線まで崩れた時期であった。1944年7月、ついにサイパン島が陥落し、日本の空母艦隊が壊滅した。第4期は1944年後半に始まるが、日本軍の上層部がこれ以上勝利の見込みがないことを認識した局面であった[139]。粟屋憲太郎も太平洋戦争を4段階に区分し、1944年6月のマリアナ沖海戦で日本が敗北した後を「絶望的抗戦」の段階と定義した[140]。

小熊によると、日本の権力層が敗戦の不可避性に気づいた第4期にも戦争を続けた目的は、「どこかの戦場で局地的な勝利を収め、降伏の条件を改善する」ことにあった。合理的な観点からは、戦争をできるだけ早く終結させるために努力しなければならない局面であった。しかし、「戦略という仮面をかぶった体面」のため、日本軍は戦闘を続けた。また、戦争の終結が遅れた最も重要な理由を、小熊もやはり日本に有利な「降伏条件」から見つけた。日本が最後まで守ろうとした降伏条件の第一は、天皇制を防衛することだった。その次に、天皇以外の権力核心の戦後の運命を分ける戦犯裁判を日本が主管できるようにすることだった[141]。

そのために戦争は続けなければならなかったが、正常な戦闘では米軍に対抗できないと判断した。それが、1944年10月から海軍航空隊を皮切りに日本軍が「特攻戦法」という正常でない戦争方法を広く採用した理由であった[142]。

第4局面で日本権力の核心の一部からは、降伏交渉を始めるべきだという意見が提起されたが、そのような意見は黙殺された。小熊はその理由を、降伏条件を改善する最高の手段は戦争を続けることだという考え方が、当時天皇を含む日本権力の中核部を支配していたという事実から求めた。小熊が注目した端的な証拠は、1945年2月、近衛文麿が

138 小熊英二、チョ・ソンウン訳、『民主と愛国：戦後日本のナショナリズムと公共性』、石枕、2019、p.43。
139 大岡昇平、『レイテ戦記』(『大岡昇平集』第九巻 & 第十巻)、岩波書店、1982-1984、第九巻, p.264；小熊英二、2019、pp.43-44。
140 粟屋憲太郎、『15年戦争期の政治と社会』、東京: 大月書店、1995、p.181。粟屋憲太郎によると、1941年12月の開戦から1942年8月の米軍のガダルカナル上陸戦までが第一局面であり、日本の戦略的攻勢期であった。第2局面は、米軍のガダルカナル上陸を分水嶺に始まった戦略的持久の段階だった。第3局面は1943年1月、グアダルカナルから日本軍が完全に撤退して始まった日本の戦略的守勢期だった。最後の第4局面が、1944年6月のマリアナ沖海戦敗北で始まった「絶望的抗戦」の段階である。
141 小熊英二、2019、p.75。
142 小熊英二、2019、p.44。

天皇に降伏交渉を要請した時、天皇がこれを退けて言った言葉であった。「もう一度戦果を上げないと、話は非常に難しくなると思う[143]」。降伏条件の改善のために戦果を上げなければならないという、天皇のこの発想が、すなわち沖縄戦の悲劇と、いわゆる特攻作戦という野蛮な戦術を生み、米国による原爆投下という悲劇につながったと、小熊は主張した。彼はまた、その発想がソ連の参戦の原因を提供し、数多くの日本人の命をさらに犠牲にし、ひいては朝鮮半島の分断までも招いたと見た[144]。

最後まで戦争の続きを主張した軍部の核心を含む日本の権力層が、降伏による終戦決定に到達する過程で、1945年8月9日以降天皇が重要な役割を果たしたのは事実だった。同時に、その頃まで降伏が遅れ、原爆を含む日本人の犠牲が拡大したことにおいて、軍部とともに天皇の責任が大きいという認識は、日本の学界でも相当な共感を成している。

原爆投下以前の戦争の最後の段階で、日本の知識人社会と「民衆」の間に漂った「反戦」の雰囲気は、軍部を含む政府と天皇を圧迫するほど有意義に存在していたのか。それで彼らが1945年8月の終戦にどのような意味ある役割を担ったのか。このような質問が提起される可能性もある。米国の原爆投下を批判し、その責任を追及する観点からは、原爆が日本の降伏と終戦に重要な役割を果たしたという事実を認める前に、「民衆の反戦抵抗」のような他の要因を見つけだしたくなるかもしれない。問題は、当時の日本社会の全般的な精神的状況と、その歴史現実の客観的な姿である。

戦時中の日本の内部に、反戦の雰囲気が有意義に存在したかに対する日本の自己認識はどうだろうか？まず粟屋憲太郎が紹介する米国の調査内容を見てみよう。彼は、「米戦略爆撃調査団」が1947年6月に作成した「日本人の戦意に及ぼした戦略暴力の影響」という調査報告書に注目した[145]。

この報告書は、太平洋戦争中の日本国民全体の戦争に対する態度について、次のように評価している。「開戦から42年の前半にかけての緒戦の勝利の時期には、日本人の戦意は急激に上昇するが、44年半ば以来の戦意は崩壊し始め、最後になると急激に衰退した」。特に1944年秋からの米国の戦略爆撃が、日本人の戦意の解体に及ぼした効果について、「長い戦争による倦怠、損害、社会不安の累積、および戦勢の逆転が抵抗意志の基礎を弱め、その際に加えられた空襲が既に行われていた組織に深刻な打撃を与えた。戦勢の

143　森武麿、『アジア太平洋戦争』（『日本の歴史』第二十巻、集英社、1993）、p.289; 小熊英二、2019、p.75。

144　小熊英二、2019、p.75。

145　The United States Strategic Bombing Survey, "The Effects of Strategic Bombing on Japanese Morale," p.19;　日譯、東京空襲を記録する會編、『東京大空襲/戦災誌』第5巻、pp.402-403;　栗屋憲太郎、1995、pp.182-183。

逆転は敗戦の予感を伴い、食糧不足は疲労と社会機構に対する懐疑と批判を招いた。最後には爆撃が抵抗の意志と抵抗能力に対して直接的かつ即時的な圧迫を加えた」[146]。

問題は、粟屋憲太郎が「絶望の抗戦」の局面であると言った、最終の段階において現れた日本人の戦意の墜落が、原爆投下以前に大衆や民衆の反戦の動きに繋がったかどうかである。先に紹介した天皇・弘仁の独白録は、彼が最終的な降伏決定を下し、内閣を強く説得した背景について言及している。その時、天皇が恐れたのは無条件降伏に抗議する軍部のクーデターであった。すでに原爆が投下された後だった状況でさえも、「民衆」の反戦暴動や意味ある抵抗を天皇と権力核心部が深刻に懸念し、そのような懸念が彼らの最終的な決定に影響を及ぼしたという証拠は含んでいない。原爆投下以前までの状況では言うまでもないだろう。

戦時下の日本社会で反戦が存在したかという問いに関して、現代中国の著名な日本知性史専門家といえる孫歌は意味ある指摘をしている。彼女は戦後日本の著名な評論家であり、中国専門家でもある竹内好が、1959年11月に発表した有名な論文である「近代の超克」に注目した。この論文で竹内は総力戦体制とファシズム侵略戦争の時期の日本の知識人の精神的状況に関して、「多くの同時代人の回想を引用して苦しい事実の輪郭を描き出す」。[147]

竹内はこう告白した：「主観的には(聖戦と大東亜共栄圏などのプロパガンダで構成された)神話を拒否したり嫌悪したが、二重三重に屈折した形で結果的にはその神話に巻き込まれたと見る方が、多くの知識人の場合に当てはまるのではないかと思う[148]」。

そのような意味で、「少数の例外を除いて、傍観や逃避ではない意味での反戦は、基本的に存在しなかった」というのが竹内好の結論だった[149]。小熊英二も当時の知識人たちは、多くのマルクス主義者を含め、政治的立場を問わず、戦争を賛美する文章を書いたと明らかにした[150]。

1945年の時点で、反戦に出ることができる知識人や「民衆」が現実的に存在できたかについても考えてみる必要がある。まず、当時の日本人は、「民衆」と言っても帝国日本

146　The United States Strategic Bombing Survey, "The Effects of Strategic Bombing on Japanese Morale," p.19; 日譯、東京空襲を記録する會編、『東京大空襲/戦災誌』第5巻、pp.402-403; 粟屋憲太郎、1995、pp.182-183。

147　孫歌、尹・ヨイル訳、『竹内好という問い: 東アジアの思想は可能か?』、グリーンビー、2007、p.332。

148　河上徹太郎・竹内好、『近代の超克』、富山房百科文庫、1994、p.301; 孫歌、2007、pp.332-333。

149　孫歌、2007、P.333. 左翼知識人に属する評論家の荒正人 (1913~1979) によると、戦後そのような告白をした竹内好自身が、戦時に「大東亜戦争と私たちの決意」を書いたことからも分かるように、「侵略戦争の手先となったファシズム知識人」だった (孫歌、2007、344頁)。

150　小熊英二、2019、pp.58-59。

の中心にあるいわゆる皇国臣民だったという事実に留意しなければならない。日本の軍隊の中でも、鉱山と軍需工場を含む労働現場でも、日本の民衆は植民地民衆とは異なる身分であった。さらに小熊英二が注目したように、戦時体制の日本で知識人や作家たちは「戦争に協力する作品を書くか、あるいは創作を断念して軍需関連工場で働くかなどの二者択一の状況」に置かれていた。特にパールハーバ攻撃の9ヶ月前である1941年3月に、日本は「治安維持法」を改正し、「予防拘禁制」を導入した。釈放された共産主義者が再犯の可能性があると判断されれば、いつでも拘禁が可能になったのだ。「転向を表明して釈放されたマルクス主義者たちは警察の監視下に置かれ、積極的に戦争に協力する姿勢を見せなければいつでも再び収監される状況」だった[151]。

民衆の多くは軍隊か軍需工場に配置され、戦時体制に携わっていた。その労働者の中でも300万人以上が、追加で軍隊に動員された[152]。こうした事情を考えると、反戦に乗り出す日本の民衆が存在できる社会的な空間を期待すること自体が無理であったというべきだろう。原爆とその責任に関する我々のすべての議論は、当時の歴史現実に対する直視に基づいていなければ、最小限の説得力も持てなくなる。

戦時下の日本の知識人と戦争に対する大衆の認識と態度について、小熊英二は近代日本の著名な作家であり、かつて非合法共産主義活動に参加して脱退した履歴を持つ太宰治(1909-1948)が、1946年3月に書いた「返事」というエッセイでこう告白したことに注目した：「私たちは程度の差はあっても、この戦争で日本の肩を持ちました。いくら馬鹿な親でも、とにかく血まみれで喧嘩をして敗色が濃くなって、今にも死にそうな状況になると、これを黙々と見守る息子たちこそおかしいのではないでしょうか。見てばかりいられないというのが私の実感でした。他の人もだいたいそんな気持ちで、日本のために力を尽くしたと思います。はっきり言って、いいんじゃないですかね。私たちはこの大戦争で日本の肩を持った。私たちは日本を愛していると[153]」。ただ、もし日本が敗戦ではなく戦争に勝ったとすれば、「日本は神の国ではなく、悪魔の国」になっただろうと話した。そして、次のように付け加えた：「私は今、日本というこの敗北した国を愛しています。過去のどんな時よりももっと愛しています。」

151 小熊英二、2019、pp.60-61。

152 小熊英二、2019、p.48。

153 小熊英二、2019、p.128。太宰治の共産主義運動への参加履歴については、ユ・シュクザ、「『晩年』の解説」、太宰治著、ユ・シュクザ訳、『晩年』、ショワ、1997、p.252。

6. 戦略爆撃と戦争犯罪、そしてその絶頂としての原爆

　　第二次世界大戦中、後方の民間人に対する大量爆撃は交戦国のすべてによって戦争遂行の一般的な様式として定着した。しかし、自国の都市に対する相手国の大量破壊は反人道的行為だが、相手国の都市に対する自身の大量破壊は「戦略爆撃」という名目で正当な権利であると主張する二重性がその特徴を成す。

　　1937年、日本が中国の都市を無差別に爆撃した時、米国務省は「平和的な生業に従事する住民が居住する広範囲な地域に対する全般的な爆撃行為は不当であり法と人倫に反する行動」だと非難した。ルーズベルトはその年の10月5日の有名な演説でそのような都市爆撃の野蛮さを激しく攻撃した。米上院は1938年6月、「民間人居住地域に対する非人間的爆撃」を叱責する決議案を採択した。ルーズベルトは1939年にヨーロッパで戦争が勃発した直後、民間人居住都市に対する爆撃を「非人間的野蛮」と規定すると同時に、このような行為を戦争当事者が極力自制するよう再三求めた。彼は次のように嘆いてやまなかった。「ここ数年、地球上のさまざまな場所で行われた無防備状態の都市に対する無慈悲な空中爆撃は、防御能力のない多くの男性、女性、そして子どもたちを殺したり障碍者にしたりした。このような行為はすべての文明人の心を蝕み、人類の良心に巨大な衝撃を与えた。」[154]

　　しかし、それから2年後、都市に対する無差別爆撃を主導したのは米国と英国の空軍だった。米英両国の空軍は「戦略的爆撃」(strategic bombing)という美名で包装された敵の後方都市の民間人に対する無差別爆撃の伝道師となった。それに使われた武器体系もまた破壊力が質的に強化された「焼夷弾」爆撃(incendiary bombing)によって大量都市破壊能力に発展した。

　　真珠湾攻撃後、英首相のウィンストン・チャーチルは、すべての日本の都市を無差別的に灰にすると公言している。米国が日本の都市に対する空襲を通じて民間人大量虐殺を構想したのは真珠湾以後ではなく、その前からだったという事実も注目すべきことだった。米国が日本との戦争を予想していた時期といえる1941年11月19日に記録されたところによると、陸軍参謀総長ジョージ・マーシャルは「人口が密集している日本の都市の木や紙でできた構造物を燃やすことができる全般的な焼夷弾攻撃」のための非常計画を開発するよう参謀らに指示した[155]。

154　John W. Dower, *War Without Mercy: Race and Power in the Pacific War*, New York: Pantheon Books, 1986, p.39.

155　Quoted in John Costello, *The Pacific War, 1941-1945*, Quill Trade Paperbacks, 1982, p.105; Dower, 1986, p.40.

　米国が東京を含む日本の都市に対する空襲を始めたのは1942年4月、ジミー・ドーリットル（Jimmy Doolittle）が率いる爆撃機編隊だった。彼らは東京などを空襲した後、地理的に近い中国に飛んで爆撃機は捨てて操縦士たちは姿を消した。報復と捜索のために中国の日本軍は野蛮な作戦を展開した。米国の犠牲は2人の操縦士が逮捕されたことにとどまった。一方、中国人は「南京の強姦」に次ぐ規模である25万人前後の人命被害を受けたものと推定される[156]。日本軍は村と町、都市を破壊した。村の住民たちの耳と鼻を切って燃やし、家族全員を井戸に落とし入れたりもした。日本軍は焼夷弾部隊で多くの小都市を体系的に燃やしたのみならず、コレラと腸チフスをはじめとする生化学戦を展開した。ジェームズ・スコットは、米国の指導者たちがドーリットルの爆撃機に日本空襲の命令を下す際、中国人が払わなければならない莫大な犠牲を予想していたと言う。それを知りながらも、米国の指導者たちは日本に対する戦略爆撃を展開する価値があると判断した[157]。その価値にはもちろん、真珠湾攻撃に対する報復とともに敵の士気をそぐという目的が含まれていた。

　ジョン・ダワーによると、真珠湾攻撃後の都市空襲において、米国は英国空軍よりは軍事および産業施設に対する制限された空襲を目標とする傾向があった。しかし、このような節制も1945年3月からは消えた。3月9-10日の2日間で334機の空軍機が東京を低空飛行しながら、数多くの焼夷弾を落とし、8万から10万人の民間人が死亡し、100万人以上が家を失った。米国自らが「反人類的野蛮行為」と規定していた無差別空襲行為を、米国は日本が降伏するまで日本の66都市に断行した。原爆を含め、このような行為で死亡した日本の民間人は少なくとも40万人にのぼるものと推定されている[158]。 1945年3月、米国が東京に対して展開したたった一度の火炎爆弾爆撃作戦で死亡した日本人は83,600人に達した[159]。広島で8月6日当日に死亡したと推定される7万~8万人よりさらに高い即死の数値だ。

　米国政府の軍事作戦企画家たちは、このような行為の非道徳性について意識していた。しかし、誰も抗議はしなかった。1945年6月中旬、ダグラス・マッカーサーの核心参謀だったボナー・フェラーズ（Bonner Fellers）准将はある秘密メモで、日本の都市に対する

156　James M. Scott, *Target Tokyo: Jummy Doolittle and the Raid That Avenged Pearl Harbor*, New York: W.W. Norton, 2015, p.476.

157　Scott, 2015, p.476 & "Introduction"(pp.xiii-xiv). 1942年4月の東京空襲が太平洋戦争全体の流れに及ぼした影響に、スコットは注目する。日本は米軍爆撃機が出発する米国領の島であるミッドウェーに対する攻撃を企画する。そうして始まった1942年6月のミッドウェー海戦で日本は4隻の空母を失った。これによって太平洋で米国が攻勢に転じることができた。戦争全体の変曲点となったのだ (Scott, 2015, p.476)。

158　Dower, 1986, p.41.

159　Nitze, 1989, p.43.

空襲は「歴史を暴き出し、非戦闘民間人に対する最も無慈悲で野蛮な殺戮行為の1つ」と自ら書いていた[160]。

　東京裁判で日本の戦争犯罪を断罪するのはあまりにも当然のことだった。しかし、都市の民間人に対する無差別空襲と原爆は野蛮な戦争犯罪ではないかという反省は無視された。東京裁判で裁判所は、日本の戦争犯罪を次のように規定した。「戦場だけでなく、自宅、病院、孤児院、工場、野原で、若者や高齢者や、健康な人や病人に対しても、男女も子どもも問わずに、ほしいままに行った人間生命の大量破壊」という。そうだとするなら、米国は戦争犯罪を犯さなかったのか？　このような疑問は避けられなかった。東京国際裁判所判事として唯一このような疑問を提起したのはインド出身のラダビノード・パール判事（Justice Radhabinod Pal）だった。彼は、日本の指導者たちが残酷行為を犯そうとする陰謀に加担したという罪目を批判し、「そのような意味での残酷行為なら、戦勝国のほうにむしろ強い疑いがある」と主張した[161]。

　戦争で道徳性を問いただすことに意味があるのか、と多くの人は言ってきた。しかし、戦争をしている間も自ら人間であることを意識する限り、道徳性の問題は回避できない。では、「戦争における道徳性」というものの要は何か。戦争においても道徳性の最低ラインは、非武装の人間集団に対する殺傷行為を排除する問題にほかならない。戦争に直接関与していない非武装の民間人に対する攻撃は「戦争犯罪」規定の基本的前提だろう。戦略爆撃が問題になるのは、それが非武装の民間人が大半の人口集中都市を目標物とする大量破壊行為だという点にある。

　民間人に対する大量虐殺は前近代的戦争でも数え切れないほど起こった。だが、それは基本的に戦争の勝敗が決定した後に勝者によって占領された社会の民が集団殺戮される現象だった。20世紀の戦争で民間人が集中する都市に対する戦略爆撃は、戦争の勝敗が決定した後の野蛮な行為としてではなく、戦争に勝利するための戦略的・戦術的手段としての都市民間人に対する大量殺傷行為だという点にその新しさと特徴がある。

　戦略爆撃は20世紀の戦争を特徴づける「総体戦」（total war）をよく反映している。他者と規定した社会に対する総体的破壊、すなわち後方の民間人に対する集団虐殺までも許容し正当化するような戦争を意味するが、それは総体戦の主要要素の1つである「イデオロギー」の問題とも関係が深い。総体戦が他者と規定された社会に対する総体的破壊についての正当化を内包することになるのは、20世紀の戦争がイデオロギー間の緊張と対立を含んでいたという事実と深い関係がある。イデオロギーというのは「世俗的信

160　Dower, 1986, p.41.
161　Dower, 1986, p.37.

仰」すなわち「政治的宗教」の性格を帯びるもので、時には宗教に劣らず特定の社会と人間集団には人生の総体的な倫理的·道徳的価値体系として作用する。それは善と悪に対する道徳的規定を伴いながら、他者として規定された社会を時には「絶対悪」とみなす。その社会のあらゆるものに対する相対的な破壊は全面的に許され正当化される。そのような意味で20世紀の戦争においては、戦争の結果としてではなく、戦争遂行の手段として、戦争勝利のための戦略的手段として、「戦略爆撃」が正当化されるのは、20世紀の戦争が「総体戦」として持っている性格と深い関連がある。敵の後方を攻撃できる軍事兵器の登場と、革命と反動が激しく交差するイデオロギーの対立が、総力戦の時代を開き、他の社会に対する総体的な不正と破壊を正当化する文明という名の奥深い野蛮の時代の特徴である。原爆はその本質を表す表象である。

　米国側が日本の後方都市の民間人に対する大量殺戮行為を行ったとすれば、日本の戦争犯罪は主に占領地域住民に対する大量殺戮という様相を帯びていた。無数の確認された事例がある。1942年3月に日本が香港を占領した後、約50人の英国高官や男性が銃剣で殺害された。シンガポール占領時には医師、看護師、病院の患者も銃剣で乱刺された。1942年4月には数百人の米軍およびフィリピンの落伍兵が死の行進中に銃剣で殺害された。日本軍が犠牲者を虐殺する方法は多様だった。機関銃で乱射して殺したり、水で溺死させたり、ガソリンで燃やして殺したりもした。日本が1941~42年の間に占領したフィリピンのマニラでは大小多数の残虐行為が行われた。1945年2月と3月にも進撃してくる米軍に日本海軍は降伏を拒否すると同時に、フィリピンの民間人に対する大々的な虐殺をほしいままにした。この時期に、当時70万人のマニラ市民のうち約10万人が殺害されたものと推定されている[162]。

7. 原爆使用の正当性の問題を捉える視点

　トルーマンが広島に対する「成功した」原爆投下の報告を聞いたのは、ポツダム会談を終えて米国に帰国する船の上でだった。彼は「歴史で最も偉大な日」だと言いながら、「太陽の力の源泉が極東で戦争を起こした者たちを罰した」と語った[163]。バートン·バーンスタインは、1945年に米国の指導者たちは原爆の使用を避けるための努力をしな

162　Dower, 1986, p.44.
163　Walter LaFeber, *The Clash: U.S.-Japanese Relations Throughout History*, New York: W.W. Norton, 1997, p.248.

かったことを指摘した。当時、米国の指導者たちにとって原爆の使用はいかなる倫理的または政治的問題にも浮上しなかった。米国政府は後日、学者たちが事後的に原爆使用についての代案として取り上げるものを拒否するか、一度も考慮しないかだった[164]。

広島・長崎原爆の70周年にあたる2015年、日本の『朝日新聞』は同年9月から「核の神話」と題して一連の大型インタビュー記事を掲載した。その最初のインタビュー対象者は1994年から1997年の間、米クリントン政権の国防長官を歴任したウィリアム・ペリーだった[165]。彼が選定された理由は、2007年に「核兵器のない世界」というタイトルの論文を共同執筆した四賢人の一人だということにあった。ペリーはまた、2009年に究極的な核廃棄のビジョンを明らかにしたバラク・オバマ米大統領のプラハ演説文の作成を諮問したことでも知られていたからだろう。同インタビューでペリーは、米国の主流政治エリート社会が広島と長崎への原爆投下に対して持っている認識を明確に示した。朝日新聞記者の田井中雅人(たいなか・まさと)はペリーに「オバマ大統領の『核兵器のない世界』演説を引き出した四賢人の一人として、あなたはオバマ大統領が任期中に広島-長崎を訪問すべきだと思いますか」と尋ねた。ペリーは、もしオバマ大統領が自分にその問題について助言を求めるなら、自分はそうすべきだと言うつもりだと言った。しかし、同時に彼は「それは謝罪するという目的ではない」という点を明確にした。米大統領が広島を訪問する趣旨は、広島は「核兵器の非人道性を象徴する」ということに過ぎず、広島で全ての国が二度と核兵器を使用することがあってはならないという点を宣言することに意義があるとペリーは強調した。

---

164 1945年6月、トルーマン政権内外で原爆使用の代案として提起されたが、黙殺された意見は少なくとも2件挙げることができる。1つはマンハッタンプロジェクトの一環だったシカゴ大学のある実験室に勤務した物理学者のレオ・シラード(Leo Szilard)と1925年のノーベル物理学賞受賞者として同じ実験室にいたジェイムズ・フランク(James Franck)が6月12日、陸軍長官のスティムソンに「原爆使用の代わりに砂漠や無人島で原爆の威力を誇示する方案」を提案した (Memorandum from Arthur B. Compton to the Secretary of War, enclosing "Memorandum on 'Political and Social Problems,' from Members of the 'Metallurgical Laboratory' of the University of Chicago," June 12, 1945, Secret, Date Jun 12, 1945: https://nsarchive.gwu.edu/document/28523)。6月末には陸軍長官のスティムソンが率いる「暫定委員会」の1人だったジョージ・ハリソンが海軍次官のラルフ・バードの建議をスティムソンに伝えた。バードは日本に「事前警告」(preliminary warning)を送る措置を取ることで、米国が「偉大な人道主義国家」としての地位を維持することを提案した (Memorandum from George L. Harrison to Secretary of War, June 28, 1945, Top Secret, enclosing Ralph Bard's Memorandum on the Use of S-1 Bomb, June 27, 1945 : https://nsarchive.gwu.edu/document/28530)。
バーンスタインは後に学者たちが提起した代替案を次のように列挙した。1) 原爆を都市や軍隊以外の場所で爆発させて劇的な警告を送る方法、2) 「無条件降伏」という要求を修正して天皇制を明示的に保障する案、3) 日本の和平論者(peace feelers)との接触、4) ソ連が参戦するまで原爆使用を延期する案、5) 日本に対する海上封鎖と通常戦略爆撃を並行する包囲攻城(siege)戦略などだ (Bernstein, 1990, pp.40-47)。

165 核と人類取材センター・田井中雅人、"〈核の神話：1〉 元米国防長官 オバマ氏は広島で誓いを"、『朝日Digital』、2015. 9. 7。

　しかし、ペリーは1945年8月の日本に対する原爆投下の正当性を強く擁護した。彼は「大部分の米国人と歴史家は原爆投下による日本の降伏が米国の日本本土侵攻作戦を不必要にし、その結果、百万人の米軍とそれ以上の日本人の犠牲を防ぐことができたと信じている」と述べた。ただ、「広島原爆で犠牲になった人々とその影響で苦しみ続けている生存者たちを考えれば、決して簡単に言い切ることはできない問題」だと付け加えた。しかし、この言葉の最後にもペリーは「これは謝罪の問題ではない」と再度確認した。田井中雅人記者が「原爆投下で百万人の米軍の命を救ったという主張は神話に過ぎないという認識が米国の歴史家の間にもある」と言うと、ペリーは「原爆投下か本土侵攻かという2つの選択の中から、大部分の歴史家は原爆が命を救ったとの結論を導き出す」と答えた。彼は「第3の選択があり得ると主張する歴史家」もいるが、「その問題は歴史家たちが議論すること」に過ぎないとして、一線を画した。と同時にペリーは「原爆より本土侵攻のほうが多くの生命を犠牲にしただろうという点は明らかだ」と釘を刺した。

　2016年5月、バラク・オバマは米大統領として初めて広島を訪問し演説した。彼はこの演説で「なぜ我々はこの地、広島に来るのか。」と問い、次のように答えた。「我々はそれほど遠くない過去に解き放たれた恐ろしい力について考えるために来る。我々は10万人を超える日本の男性、女性、子どもたち、数千の朝鮮半島出身者、そして捕虜として抑留されていた十数人の米国人を含む犠牲者を追悼するために来る。」オバマは被爆死亡者たちの悲劇的な死を哀悼すると同時に、歴史上人類が犯した戦争の残酷さ、そして文明と科学が産み出した恐るべき兵器とそれを用いて行われた戦争と破壊について、多分に一般的な省察の修辞を並べた[166]。米国の原爆投下行為に対する批判はなかった。その特定の行為を人類と国家が犯した戦争と破壊で点綴された普遍的歴史の一場面に還元させるのに近かった。

　同じ場所でオバマ大統領に続いて演説した安倍晋三首相は、真珠湾奇襲で数百万人の人命を犠牲にした太平洋戦争を挑発した責任について謝罪しなかった。広島-長崎に対する米国の原爆投下に対するいかなる道徳的責任も謝罪も省略したオバマの言葉と似ている。安倍はまず、自分が1年前の終戦70周年を記念して米国を訪問し、上下両院合同会議で行った演説を想起させた。彼は次のように言った。「戦争によって多くの米国の若者たちの夢が失われ、未来が失われた。その過酷な歴史に改めて思いをいたし、第2次世界大戦で倒れた米国の総ての人々の魂にとこしえの哀悼を捧げた。」彼は今回の演説でも同じ言葉を繰り返した。「私とオバマ大統領は第二次世界大戦において犠牲になったすべ

166　The White House, Office of the Press Secretary, "Remarks by President Obama and Prime Minister Abe of Japan at Hiroshima Peace Memorial," Hiroshima Peace Memorial, Hiroshima, Japan, May 27, 2016 (https://obamawhitehouse.archives.gov).

ての人々に対し、哀悼の誠を捧げた。」続いて彼は「71年前、広島と長崎ではたった一発の原子弾によって何の罪もない市井の人々が、そして子どもたちが無惨にも犠牲となった」と語った。戦争挑発に対する日本の責任も、広島-長崎に対する米国の責任を指摘するいかなる言葉もなかった。熾烈な戦争の末、日本と米国の両国が信頼と友情で深く連帯した同盟国になったことを自ら祝う言葉で、その空白に代えた。

米マスコミの『ニューヨークタイムズ』も2015年の原爆投下70年を記念し、米国人の間に存在する二つの異なる視点を照らし出した。ニューヨーク市民のローレンス・モス（Lawrence Moss）は「原爆投下はテロリズム行為」であり、「ハリー・トルーマンは戦犯だ」と主張した一方、同紙はトルーマンが後日、原爆投下は日本本土への本格的な侵攻に代わる唯一の方法であり、日本本土侵攻は原爆で死亡した20万人よりも多くの人命——米軍と日本人の犠牲者を含めて——を犠牲にしただろうと主張した事実を喚起させた。ニューヨーク・ビンハンプトンのケビン・ジョセフ(Kevin Joseph)は「トルーマンがしたことは正しかった」と言った[167]。

同紙に送った手紙で、ある米国人は次のように述べている。「私は原爆投下当時、18歳で、太平洋上のある島で歩兵として働いていた。当時、私たちはわずか数ヵ月後に断行する計画だった日本本土侵攻のための訓練に毎日汗を流していた。その時、私たちは大統領と軍指導者を含め、皆その直前の二つの大きな戦闘——硫黄島と沖縄の戦闘——で日本軍が数的に劣勢なうえに食糧も底をつき、ガソリンも増員軍もない中でも最後の瞬間まで執拗に戦って死んだ事実をよく知っていた。そのような戦争を原爆が終わらせたということは明らかだ。だから数多くのアメリカ人、そしてそれよりも多くの日本の軍人と民間人の命を救ったということは疑う余地がない。私は歴史を修正しようとする意見に反対する。太平洋戦争の生存者の一人として、私はトルーマン大統領と米軍の行動をありがたく思う。」[168]

広島と長崎に対する原爆投下をこの米国の参戦軍人が擁護する言葉には、その行為が女性と子どもたちを含む非武装の民間人数十万人の人命を破壊し、更にもう数十万人の民間人の生活を徐々に破壊し荒廃化させていったという事実に対する省察は含まれていない。「巨悪」との戦いで味方の犠牲を最小化させ勝利するためには後方の非武装民間人に対する大量殺戮を含むいかなる手段も正当化できるという発想が支配している。

ベトナム戦争で米軍も韓国軍もベトコンが設置したブービートラップで部隊員の一部

167 "Anniversary of Hiroshima and Nagasaki Revives Debate Over the Atomic Bomb," *The New York Times*, August 5, 2015.
168 A Letter from Bernard Handel, in "A Debate Over Hiroshima and Nagasaki, 70 Years Later," *The New York Times*, August 11, 2015.

が被害を受けると、周辺の村の民間人全員—ほとんどが老人、女性、子どもしか残っていない—を破壊し虐殺した蛮行は早くから事実として確認されていた[169]。このような文脈で理解すれば、ベトナム戦争における米軍の良民虐殺も、韓国軍のそれも単なる戦争の狂気の表出ではなく、1つの戦争遂行戦略だったということになる[170]。部隊員の犠牲を減らすという目的で行われた民間人居住の村々に対する無差別殺傷と破壊は、時には良民虐殺と規定され、少なくとも道徳的批判に直面した。一方、味方の犠牲を減らすという名目で爆弾1つで1つの都市を破壊することに成功した事実はトルーマンの言葉どおり「歴史上最も偉大なこと」であり、成功した戦略爆撃と見なされる。しかし、その根底にある正当化の論理は基本的に同じではないだろうか。

戦時にも民間人の生命と財産を尊重すべきことを規範化した国際法の進化における1つの道標は、米国—スペイン戦争中だった1898年4月に起きた事件に対して、米最高裁判所が1900年に下した決定だった。戦時にスペイン植民地だったキューバを海上封鎖していたところ、海上封鎖に参加した米国商船がキューバの民間漁船2隻 (パケッツ·ハバナ

169　米国クエーカー教団の平和活動家たちの現場報告書は、ベトナムで韓国軍が民間人を無差別虐殺した証拠を記録した (Diane and Michael Jones, "Allies Called Koreans — A Report from Vietnam," in Frank Baldwin and Diane and Michael Jones, *America's Rented Troops: South Koreans in Vietnam*, Philadelphia, P.A.: American Friends Service Committee, 1975; The Rand Corporation, "Viet Cong Motivation and Morale Study," 1966; イ·サムソン、『20世紀の文明と野蛮』、 ハンギル社、1998、pp.216-234)。筆者は1998年のこの本で「韓国の対ベトナム過去清算の問題」を提起した。韓国の知識人社会は、1999年から韓国軍のベトナムにおける良民虐殺問題に深い関心を傾け始めた (ベトナム戦両民虐殺真相解明対策委員会)、『恥ずかしい私たちの歴史、あなたに謝罪します』(ベトナム戦韓国軍両民虐殺資料集) No.1、2000年3月。市民社会の活動家キム·ヒョナは1999年にベトナムの現地調査を始めた (キム·ヒョナ、『戦争の記憶、記憶の戦争』、 チェックカルピ, 2002)。『ハンギョレ』のコ·ギョンテ記者は韓国の言論人としては初めて1999年にベトナムの現場取材を始めた。(コ·ギョンテ、『1968年2月12日：ベトナムのポンニ·ポンノッの虐殺と世界』、ハンギョレ出版、2015)。キム·ヒョナとこ·ギョンデの現場調査は当時、現地の言語を習得していたク·スジョンの協力を得て進め られ、ク·スジョンは後にハンベ平和財団設立の主役になる。関連する最近の研究は、ハン·ソンフン、「ハミ村の虐殺とベトナムの歴史認識：慰霊碑と'過去を閉じて未来に向かう'」、『社会と歴史』(第118集) (2018))。フォンニ村に住んでいたグエンティタンが韓国の民主化のための弁護士の会とハンベ平和財団の支援で2020年4月、ソウル中央地方裁判所に韓国を相手に提起した賠償請求訴訟の第1審で2023年2月に勝訴した (イ·ウヨン、「フォンニ虐殺「ハンギョレ21」初報道から23年ぶりに韓国の賠償責任認定」、『ハンギョレ』、2023.2.7)。ユン·ソンニョル政権はこれを不服とし3月に控訴した。

170　ノーム·チョムスキーは、米国の軍事安全保障政策遂行に深く関わってきたランド研究所 (Rand Corporation) が1966年に作成した報告書も韓国軍の虐殺の証拠を記録したことに注目した。チョムスキーはこれに基づき、米軍当局が韓国軍の良民虐殺の事実を知っていながらこれを制止しなかったために、韓国軍は米国の黙認の下で良民虐殺を1972年まで持続することができたと見た (The Rand Corporation, "Viet Cong Motivation and Morale Study," 1966 : Noam Chomsky and Edward S. Herman, *The Washington Connection and Third World Fascism: The Political Economy of Human Rights*, vol.1. Boston: South End Press, 1979, pp.321-322; イ·サムソン、1998, pp.224-225)。結局、ベトナムでの民間人に対する戦時暴力は、韓国軍にも米軍にも自分たちの犠牲を減らそうとする軍事的目的を持った暗黙の戦争遂行方式の一部だったという解釈が可能になる。

号とローラ号) を拿捕し競売にかけた 漁師たちは米国の裁判所に民間漁船に対する米側の拿捕行為で被った損害賠償訴訟を起こした。米最高裁判所の判決は、米国の拿捕行為は国際慣習法に違反していると判決した。競売で得た収益を原告側に返させた。漁船の名前にちなんで「パケッツ・ハバナ」(Paquete Habana) 判決と呼ばれる。この判決は、その後10年にわたって民間人の安全と食糧調達の必要性を考慮する国際法の発展に影響を及ぼした。1907年のハーグ協定(Haque Convention)が「海岸で漁業だけに従事する船舶」を海戦で拿捕してはならない対象として挙げたのが代表的だった[171]。

戦時に民間人の生命と財産を保護する責任を課す国際法は戦後具体化した。1949年のジュネーブ協定 (Geneva Conventions of 1949) と同協定に対する1977年の第1および第2議定書 (Protocols of 1977)がそれだ。第1議定書の48条は交戦当事国に対して民間人と戦闘要員の区別および民間人の事物と軍事的目標物 (civilian objects and military objectives) の区別を義務付けた。これを前提に、軍事的攻撃は軍事的目標物のみを対象とするようにした。42条は軍事的目標物を定義した。「その性格と位置、目的または使用によって軍事行動に実質的に寄与することができ、それを全部あるいは一部破壊したり捕獲したり無力化させた時、当時の状況で明確な軍事的利点を提供する事物」だとした。一方、54条は民間人の生存に欠かせない物の保護を規定した。交戦国は食料品などの民間人の生存に不可欠な物を攻撃したり取り除いたりすることを禁止した。例外は敵対国が軍隊だけのための必需品として使用する物や、軍事行動を直接支援する事物に限定した[172]。

1945年8月に日本の2つの都市に対する米国の原爆投下が数十万の非武装民間人の生命と財産を破壊した点を考えれば、より包括的な現実への即応性を有しているのは明らかに現在の民間人に対する大量虐殺を扱った国際規範だと考えられる。民間人大量虐殺を扱う戦後初の国際的規範の成立はもちろんニュルンベルク法廷と東京裁判の根拠となった国際軍事法廷(International Military Tribunal : IMT)の成立だった。この法廷の法的根拠は1945年8月に米国、ソ連、英国、フランスの4カ国が締結した「ロンドン協定」(London Agreement) の付属合意文として採択された国際軍事法廷憲章(Charter)だった。戦犯裁判所の構成と基本手続きを規定したこの憲章は、第6条で「この法廷は欧州枢軸国家の利益のために個人としてまたは組織の構成員として次の3つの犯罪のうちいず

---

171 Philip Alston and Ryan Goodman, *International Human Rights: Text and Materials*, Oxford, UK: Oxford University Press, 2013, p.71. Convention IV respecting the Laws and Customs of War on Land and its annex: Regulations concerning the Laws and Customs of War on Land, The Hague, 18 October, 1907.

172 Alston and Goodman, 2013, p.71.

れかを犯した人々を裁判し処罰する権限を持つ」とした。その3つとは「平和を破壊した罪」(crimes against peace)、戦争犯罪(war crimes)、そして反人道的犯罪(crimes against humanity)だった。この憲章は、それに関連するすべての行為に対して「個人的責任」(individual responsibility)を問うべきだと明示した[173]。

　この法廷はまた、ラファエル・レムキン(Raphael Lemkin)の提案を受け入れて、「ジェノサイド」という概念を導入した。そして、そのような新しい国際法的規範を時間的に遡及適用してナチスを断罪しようとした。そのために、ニュルンベルクの国際軍事法廷はナチスの被告たちを「意図的かつ体系的なジェノサイド、すなわち一定の占領地域の民間人の人口集団に対して、特定の人種と階層の人々、そして民族、人種、宗教的集団、特にユダヤ人、ポーランド人、そしてジプシーを破壊するために彼らの絶滅を図った罪」で起訴した[174]。

　しかし、「国際軍事法廷憲章」自体はジェノサイドという概念を使用しなかった1946年9月30日にこの法廷が発表した最終判決にもその概念は登場しなかった。ニュルンベルク法廷は代わりに「反人道的犯罪」という概念を主に使用した。その概念も「侵略戦争と関連して犯した残酷行為」に限定した。ウィリアム・シャバスが指摘するように、反人道的犯罪概念を侵略戦争を起こした勢力だけに限定して適用したのは、この法廷を主管した4勝戦国(米国、英国、フランス、ソ連)の立場を反映したものだった。そのように限定しなければ、戦勝国自身も残酷行為の疑いから自由ではなかったためだ[175]。

　1948年12月に国連が採択した「ジェノサイド犯罪の予防と処罰のための協定」(Convention on the Prevention and Punishment of the Crime of Genocide)は、ニュルンベルク法廷が国家が平和時に民間人集団を相手に犯す残酷行為を処罰しなかった空白を埋めるために、成立したものだった[176]。1990年代の脱冷戦とともに起こった様々な「民族浄化」(ethnic cleansing)事態に直面し、国際刑事法はさらに発展した。この過程で「反人道的犯罪」という概念が最善の法的手段になりうるという認識が広がった。シャバ

173　Alston and Goodman, 2013, pp.121-122.

174　France et al. v. Goering et al., (1946) 22 International Military Tribunal (IMT) 45-46; William A. Schabas, "The Law and Genocide," in Donald Bloxham and A. Dirk Moses (eds.), *The Oxford Handbook of Genocide Studies*, Oxford: Oxford University Press, 2010, p.125.

175　Schabas, 2010, pp.125-127.

176　Schabas, 2010, p.128.「ジェノサイド」とは、「国籍、民族、人種、宗教によって区分される1つの集団を全部または部分的に破壊する目的で次の行為を行う際に成立する犯罪」である。a) その集団の構成員を殺害すること、b)その集団の構成員に深刻な身体的または精神的危害を及ぼす、c) その集団の全体的または部分的な物理的破壊を招来する目的で、その集団の生活条件を意図的に悪化させること、d) その集団内での出産を妨害しようとする措置を課す。e) その集団の子どもたちを他の集団に強制移転すること。

スによると、この過程で「非人道的犯罪」という概念が最善の法的手段になれるという認識が広まった。ジェノサイドの概念は民族、人種、宗教的集団に対する物理的破壊に該当する明白な事例にのみ適用する傾向を示し、代わりに「反人道的犯罪」の概念をより積極的に活用する様相を見せた[177]。ところで、ベンジャミン・リバーマンは国際法廷で適用されるジェノサイドの通常の意味を、「ある特定の集団全体を対象とした大量殺戮キャンペーン」、または「ある地域の中にある特定の集団の構成員全体を対象とした大量虐殺」と定義する。彼によると、「旧ユーゴ (former Yugoslavia) に対する国際刑事法廷」(ICTY)が適用したジェノサイドの概念は後者に該当したものだった[178]。

このような観点をとると、広島と長崎という特定の都市に居住する市民(日本人と韓国人を含む)全体を破壊対象とした1945年の米国の原爆投下は、ジェノサイドの概念が適用される可能性を秘めている。ここではまず、シャバスの指摘に従い、「国際軍事法廷憲章」の第6条C項に規定されている非人道的犯罪(人道に対する罪または非人倫的犯罪)が現在、現実的により重要な役割を担っていることに注目し、この概念の規範的役割を指摘しておく必要がある。第二次世界大戦に関連する民間人に対する残酷行為を処罰するにあたり、反人道的犯罪の概念がこの憲章6条B項で規定された通常の戦争犯罪と区別されるところは清水正義(しみず・まさよし)がよく説明している[179]。B項の戦争犯罪は「占領地所属あるいは占領地内の民間人殺人…」と規定されている。それ故に、この条項に該当する通常の戦争犯罪は「占領地住民に対するドイツ人の犯罪行為」に限定される。これと比べて、C項の「反人道的犯罪」は「犯行地の国内法に違反しているか否かを問わず、本法廷の管轄に属する罪の遂行であって、あるいはそれと関連して戦前あるいは戦時中に行われたすべての民間人に対する殺人、絶滅、奴隷化、強制連行およびその他の非人道的行為又は政治的、人種的又は宗教的理由に基づく迫害行為」と定義した。

したがって、加害者であるドイツ占領軍が同じドイツ社会の構成員であったユダヤ人あるいはドイツ国籍市民を相手に犯した迫害行為はB項の戦争犯罪には該当しないが、C項の反人道的犯罪に基づいた処罰対象になりうる。第2次世界大戦中の狭義の戦争犯罪を処

---

177 Schabas, 2010, pp.140-141.

178 Benjamin Lieberman, "'Ethnic Cleansing' versus Genocide?" in Bloxham and Moses (eds.), *The Oxford Handbook of Genocide Studies*, 2010, pp.45-46. 旧ユーゴセルビア大統領であるミロセビッチ(Slobodan Milooseviic)と関わったボスニアのムラディッチ(Ratko Mladiic)が率いるセルビア系の民間兵隊がスレブレニツァ(Srebrenica)という特定都市で、アルバニア系であるボスニア系のイスラム住民のうち約8,000人余りの男性を虐殺し、25,000-30,000人の女性に対する集団強姦を犯し、その構成員の民族的アイデンティティを抹殺しようとした。2004年旧ユーゴの国際刑事法廷は、この犯罪が国際法上の「ジェノサイド」を構成すると判決した。

179 清水正義、「ニュルンベルク裁判の再検討」(『季刊 戦争責任研究』、1994、6号)、日本の戦争責任資料センター 編、『世界の戦争責任と戦後補償』、北東アジア歴史財団、2009、p.93。

罰するだけでなく、「1933年のヒトラー政権成立後12年間にわたる第3帝国の犯罪全体を問題視できるように」した法的根拠を作ったのである。「これまでの国際法的常識を超えて『平時の国家犯罪』を国際法廷で裁判するという類例のない試み」が可能になる[180]。要するにニュルンベルク法廷が根拠とした「反人道的犯罪」の概念は「ナチス・ドイツによる1933年から1939年までのドイツ国内におけるドイツ人および1939年の大戦勃発以後のドイツ人と、連合国の民間人、占領地の住民に対する殺人、奴隷化、強制連行などの迫害行為」を包括する[181]。東京戦犯裁判もやはりニュルンベルク戦犯裁判と基本的に同じ法理を採択した。したがって、国際軍事法廷憲章の法理上だけを見れば、東京裁判でも大日本帝国が軍事的占領地域だけでなく、日本とその植民地領土内で行った各種の虐殺と奴隷化および強制動員による奴隷労働強制を反人道的犯罪として処罰しうるものだった。

　ところが、ウィリアム・シャバスの指摘を取り上げて言及したように、処罰可能な反人道的残酷行為を侵略戦争と関連した行為に限定することで、勝戦国はドイツと日本の人口集中都市に対する破壊と民間人大量殺傷を「反人道的犯罪」の概念に基づいた処罰対象から除外した。さらにオールストンとグッドマンが指摘するように、1945年の国際軍事法廷憲章は、戦争当事国が都市の民間人集団を対象に展開したいわゆる戦略爆撃を戦争犯罪や反人道的犯罪から免罪できる致命的な条項を設けている。ヒトラーのドイツと東條英樹（とうじょう・ひでき）の日本だけでなく連合国自身も行った戦争犯罪、すなわち「敵の士気低下のためという目的で都市に対する大量爆撃を行った行為」を戦争犯罪から除外するために連合国側が努力したのだ。戦後の戦犯裁判で戦争犯罪として処罰しなければならない残酷行為に関して「軍事上必要な場合を除く」という内容がそれだ。原爆投下を含む戦略爆撃行為に対する免罪符を与えようという努力だった[182]。

　ところが、1946年のニュルンベルク法廷は、1907年に成立した「ハーグ陸戦条約」(Hague Convention on Land Warfare)について次のように宣言した。「この条約に反映された陸戦規則は、疑いの余地なく、それが採択された時期の国際法に比べてより進んだものだった。しかし、1939年に至るとすべての文明国がその規則を戦争の法と慣習として認めるようになった。」[183] 1948年2月19日、ニュルンベルクの米国軍事法廷は、1941年

180　清水正義、2009、p.93。

181　清水正義、2009、p.94。ところがウィリアム・シャバスによると、ニュルンベルク国際軍事法廷は最終判決では戦前のドイツ内ユダヤ人に対する虐待と戦時に占領地でドイツが取った政策を区別した。判決文でしばしば1930年代の事態に言及したが、戦争が勃発した1939年9月1日以前に犯した行動に対しては誰も有罪判決を受けなかった (Schabas, 2010, pp.126-127)。

182　Alston and Goodman, 2013, p.123.

183　D. Schindler and J. Toman, *The Laws of Armed Conflicts*, Martinus Nijhoff Publisher, 1988, pp.69-93

にギリシャやユーゴスラビアなどで遊撃隊の攻撃に対する報復として、民間人を拉致し人質にして虐殺したドイツ第12軍司令官ヴィルヘルム・リスト(Wilhelm List)とその部下たちを裁判した。リストは自分の行為を「軍事的必要性」を理由に弁護した。しかし、この法廷は次のように判示した。「軍事的必要性や便宜は、実定規則(positive rules)違反を正当化することはできない。1907年のハーグ条約の第46、47、50条は、その規則の適用にいかなる例外も設けていない。無実の人々(innocent population)の権利は、いかなる軍事的必要性や便宜にもかかわらず、尊重されなければならない。」[184]

　民間人に対する暴力を「軍事的必要性」として正当化することを拒否したニュルンベルクの米国軍事法廷の判決が、正当性と普遍性を持つためには、敗戦国だけでなく、米国自身を含むすべての国の戦争行為にも同様に適用されてこそ道理に適っているであろう。ニュルンベルクの米国軍事法廷が断罪した、抵抗する遊撃隊を討伐するために村の住民たちを人質にとって計画的に虐殺していったヴィルヘルム・リストのナチス軍の蛮行と、軍部をはじめとする日本指導部の降伏をより早く確保するという目的のために、日本の２つの都市の数十万の老若男女の民間人に対する原爆使用とその追加的な使用による威嚇は、根本的にどう区別できるだろうか。住民の人質を取ることと大量虐殺という点で、結局同じではないか。

　国際司法裁判所(International Court of Justice)は1994年末、国連総会から核兵器の威嚇や使用の合法性の可否についての法的判断を要請された。1996年7月8日に提出した勧告的意見で裁判官全員が一致して下した結論は、核兵器の威嚇や使用を具体的に承認する内容は慣習法(customary law)にも因習法(conventional law)にも存在しない」ということだった。また、核兵器の威嚇と使用は国連憲章第2条4項と第51条のすべての要求に違反することも全員で決定した。核兵器の威嚇と使用も戦争法規に関する国際法の適用を受けなければならず、世界が厳格な国際的統制を通じて核武装の解体のための交渉を終えるよう真剣に努力しなければならないという勧告に対しても意見の一致を見た。ところが「国家の存亡そのものが危険にさらされるような、自衛の極端な状況における、核兵器の威嚇または使用が合法であるか違法であるかについて裁判所は最終的な結論を下すことができない」という決定には、裁判長を含む7人が賛成し、副裁判長を含む

(https://ihl-databases.icrc.org/en/ihl-treaties/hague-conv-iv-1907).

184　The United States v. Wilhelm List et al. (the Hostages Trial), United States Military Tribunal, Nuremberg, February 19, 1948. Laurie R. Blank and Gregory P. Noone, *International Law and Armed Conflict: Fundamental Principles and Contemporary Challenges in the Law of War*, Aspen Publishing, 2018, chapter 2.

7人が反対して意見が二分した[185]。

　モハメッド・シャハブディーン裁判官は自己防衛関連の決定に反対する意見書において、「自己防衛」の概念に基づいて国際人道法の適用に例外を設けることに反対し、裁判所が明確な結論を出さなかったこと自体も批判した。シャハブディーンは、アラブ世界で14世紀後半期に活動した歴史家であり哲学者であるイブン·カルダン(Ibn Khaldun)が、(正しい)法の存在理由を「文明を保存しようとする努力」に結び付けたことを想起させた。これを前提にシャハブディーンは、「国家主権」は文明を終息させ、人類を壊滅させ、すべての国の存在を破壊する権利までを含むものであるはずがないと主張した[186]。たとえ、自己防衛を原爆使用の正当な根拠と見なした裁判官たちの意見を受け入れるとしても、1945年8月に米国が広島と長崎に原爆を投下したとき、「(米国の)国家の存亡がかかった極限の自己防衛の状況」に直面していたといえるだろうか。言うまでもなく、それとは程遠かった。しかも、数万、数十万の非武装の民間人の生命を破壊する方法で核兵器を使用した。

　3百万人以上の犠牲をもたらした戦争を始めた北朝鮮政権、この巨悪を膺懲して戦争を早く終わらせるという名目で、米国が平壌や新義州に原爆を投下し、子どもを含む非武装の民間人数万人の犠牲を招いていたとすれば、それは明白な戦争犯罪であり反人道的犯罪として、糾弾されるべきだっただろう。

　オサマ·ビンラディンを含むイスラム原理主義者たちが2001年9月に、それ以前の半世紀にわたって米国がサウジアラビアを含むアラブの時代錯誤的な王政支配者たちと結託してイスラム世界の資源を略奪し、彼らの民族主義を弾圧し、ウェストバンクとガザ地区のパレスチナ人民に対して毎年続くイスラエルの国家テロを支援する影の力として行動する米国を懲らしめるという名目で、ニューヨークで3千人余りの民間人たちを犠牲にした9·11テロを行った。この行為は、誰も黙過できない反人道的テロリズムと規定される。これに国際社会は誰も異議を唱えなかった。

　1960~70年代のベトナム戦争は、300万を超える貴い人命の犠牲をもたらした米国の偽装侵略戦争だったという認識が存在する。もしベトナムの共産主義者たちが米帝国主義の侵略戦争を膺懲し、米国のベトナム介入を中断させるためにニューヨークやシカゴに原爆を利用したテロを敢行したとすれば、それで両都市の子どもたちを含む非武装の

185　International Court of Justice, *Reports of Judgments, Advisory Opinions and Orders, Legality of the Threat or Use of Nuclear Weapons*, Advisory Opinion of 8 July 1996 (https://www.icj-cij.org/files/case-related/95/095-19960708-ADV-01-00-EN.pdf).

186　"Dissenting Opinion of Judge Mohamed Shahabuddeen" (https://www.icj-cij.org, July 8, 1996), p.133 & p.141; John Burroughs, *The (Il)legality of Threat or Use of Nuclear Weapons: A Guide to the Historic Opinion of the International Court of Justice*, Munster: LIT VERLAC, 1997, p.60.

民間人数十万名の犠牲を招いたとすれば、それもまたテロリズムとして糾弾され処罰されなければならなかったであろう。その場合、米国は2001年9月11日の同時多発テロ後、アフガニスタンに対して行ったよりも恐るべき規模の膺懲を実行しただろう。米国のアフガニスタン侵攻に全世界がそうだったように、ベトナムに対する米国のそのような報復行為は全世界の幇助と沈黙を招くと同時に、残酷な反人道的状況の悪循環を生んだであろう。

要するに、いくら巨大な悪だとしても、それを懲らしめるという名目でその社会の都市に対して、その都市の数十万の非武装の民間人を目標物にして、原爆を使って大量殺戮する行為は反人道的犯罪に当たることは明らかだ。米国が1945年8月初めに直面した帝国日本はもちろん巨悪だった。20万から30万に達する南京の非武装民間人を大量殺戮した南京虐殺、[187] 731部隊の生体実験と万人坑、日本軍「慰安婦」、強制動員による死の労役など、無数の反人道的犯罪の大工廠であったことは明らかだった。にもかかわらず、巨悪を懲らしめて戦争終結を早めるという名目で広島と長崎の数十万の非武装民間人を殺戮した米国の原爆投下も戦争犯罪であり反人道的犯罪と規定せざるを得ない。帝国日本の犯罪の実体である数万、数十万の非武装民間人の生命または彼らの生活に対する大量破壊を戦争手段として動員したからだ。

このように住民の大部分が非武装の民間人だった人口集中都市に対する米国の原爆使用は、それ自体として反人道的犯罪の嫌疑から抜け出せないが、合わせて批判的に検討しなければならないのは米国が原爆を使った方法である。その方法は少なくとも2つの点でさらなる批判の対象となってきた。

第1に、トルーマン政権は日本に無条件降伏を求めるポツダム宣言に原爆使用計画を明らかにして警告しなかっただけでなく、その宣言に対する日本の反応を確認する手続きを省略した。すでに説明したように、トルーマン政府高官はポツダム宣言を公表した26日の2日前の24日、広島を含むいくつかの都市に対する順次原爆投下命令を下した。トルーマン大統領は後日、ポツダム宣言を日本が拒否したことで原爆の使用を決めたと釈明した。しかし、ピーター・ジェニングスが1995年の著名な報道ドキュメンタリーで指摘したように、その言葉は嘘だった[188]。

---

187 南京虐殺問題について常識的な日本の歴史学界を代表すると考えられる学者である笠原十九司（かさはら・とくし）は南京虐殺の犠牲者数を20万前後と把握する（『南経事件』、東京:岩波書店、1997、pp.227-228）。南京の犠牲者に対する中国の公式見解は、1985年に開館した南京大虐殺記念館建物の外壁に大きく刻まれているように30万人に達する。

188 "Peter Jennings Reporting: Hiroshima-Why the Bomb was Dropped," ABC News, 1995.

　第2に、米国は広島原爆の効果を確認した後に長崎へのもう一発の原爆投下を検討する手続きも取らなかった。また、米国は8月9日未明のソ連参戦以前にその事態が差し迫っている情報をつかんでいたが、ソ連の参戦が日本の早期降伏を早めるか否かその効果を確認した上で第2の原爆投下を検討する考えも考慮しなかった。

　長谷川毅は、ソ連の対日宣戦布告後に、米国は飛行を開始したB29（ボックスカー）に指示を出して長崎への原爆投下を再考する可能性はなかったかを検討してみた。時間的に見れば、米国がボックスカーに指示して第2の原爆投下を中断することは十分可能なことだった。ただし、ボックスカーはテニアンに戻る前に原爆を太平洋のどこかに落とさなければならなかっただろう。重要なことは長谷川の指摘のように、米国政府が長崎原爆投下を再考するいかなる動きも見せていないという事実だ[189]。

　米国は反人道的兵器の連続使用を避けるために、ソ連の対日宣戦布告で日本の降伏がどれほど早まるかを確認しようとするいかなる努力も傾けなかった[190]。サミュエル・ウォーカーの指摘どおり原爆の使用はトルーマンにとっては「容易で（悩む余地のない）明快な軍事的決定」（an easy and obvious military decision）であったように、[191] その連続使用の方法もまた非常に簡単かつ自動的なものだった。

8. 原爆使用を排除した際の歴史の行方に関する認識

　ジーメス神父（Father Siemes）は、日本による朝鮮植民地支配時代の末期に日本で活動していたドイツのイエズス会の神父の一人だった。彼は米国の原爆投下時点で広島市郊外の長束（ながつか）に滞在していた。 彼はローマ法王庁に送った報告書で次のように書いた。「私たちの一部は原爆を毒ガスのような範疇とみなすと同時に、民間人への使用に反対する。他の人々は、日本で展開されたような総力戦（total war）において民間人と軍人の区別は無意味であり、原爆自体はさらに大きな流血を終わらせて、日本に降伏して総体的破壊を避けるよう警告する効果的な力だと信じている。総力戦を原則として支持する人々は、民間人に対する戦争行為に不平を言うことはできない。問題の本質

189　Hasegawa, 2005, p.194.

190　バーンスタインは、8月8日夜のソ連軍の宣戦布告と8月9日の長崎原爆がなかったとしても、裕仁は終戦のために介入しただろうと考える。それにもかかわらず、米国が長崎原爆投下を進めたのは、当時の時点で米国は、広島原爆によって日本の天皇　がどれほど多くの衝撃を受け、どれほど迅速に降伏するか、見当がつかなかったためだとバーンスタインは言う（Bernstein, 1996, pp.71-72）。

191　Walker, 2004, p.74.

は、今のような形の総力戦がたとえ正義の目的に寄与するとしても正当化できるかどうかである。」[192]

多くの韓国人は、1945年8月の日本への原爆投下は正義の目標に寄与したため、それは必要悪として正当化されると考えている。それが寄与したとみなされる「正当な目標」は大きく2つに要約できる。第一に、朝鮮の独立を早めて植民地支配による朝鮮人の苦痛を終わらせたと見る認識が、韓国人にとっては最も圧倒的だ。第二に、ソ連が朝鮮半島全体を占領し共産化するのを米国の原爆投下が防げたという認識も支配的である。

絶対多数の韓国人にとってそれ自体として正義の価値と認識されるこのような結果が、広島と長崎の非武装の民間人数十万人の即時の死と、もう数十万人の被爆者としての苦しい人生、そして沈鎮泰（シム・ジンテ）支部長が指摘した朝鮮人5万人の犠牲と苦痛を相殺できる道徳的根拠になり得るのか。原爆使用が韓国人にもたらしたものと理解される有益な歴史的結果と、両都市の日本人と朝鮮人を含む数十万の犠牲と苦痛を避けること、その2つを道徳的な天秤にかけることを論ずる前に、私たちには先に考えるべきことがある。まず、朝鮮の独立とソ連の朝鮮半島全体の占領を阻止するという価値はただ原爆の使用という方法によってのみ実現可能なものだったという命題は1つの歴史的仮定に過ぎず、そのような仮定は過度な単純性を内包しているのではないかについて考えてみなければならない。次に、原爆の使用による朝鮮の早期独立が、その後の韓国の歴史の展開にどのような代価をもたらしたのかについての省察も必要だと信じる。

まず原爆の使用が朝鮮の独立を早めたという点について考えてみる。原爆の使用により日本の植民地支配からの朝鮮の解放が多少早まったということは歴史的事実として否定しがたい。しかし、日本の植民地支配からの解放が即、朝鮮の独立ではないということも否定できない歴史的事実である。「解放」と同時に2つの外国の軍隊によって3年の分割占領期間を経なければならなかったことは言うまでもないが、その後の朝鮮半島の歴史は分断の膠着化と戦争、そして数十年にわたった停戦体制という名の分断国家体制の苦痛を経ることとなったのが事実である。また、原爆の使用がなかったならば独立そのものが実現し得なかっただろうという考えもまた歴史的仮定である。1943年11月の米英中三国のカイロ宣言は朝鮮の独立を認めることを約束し、1945年2月のヤルタ会談で米国とソ連の首脳は朝鮮に対する信託統治を通じて窮極的に独立した統一政府を樹立することで合意し、1945年ポツダム宣言は朝鮮の独立を明示したカイロ宣言の約束を再確認した。

戦後、米国の原爆の使用方法が原因となって米ソ間の冷戦という事態があれほどまで

---

192 John Hersey, *Hiroshima*, Vintage Books, 1989 (Originally in 1946 by Alfred A. Knopf), pp.89-90.

に深刻化していなかったなら、朝鮮半島問題に関する米ソ間の対立と断絶は制限的であ
りえただろう。そうだったとすれば、分断と戦争によって点綴された解放後8年史とその
後に続く数十年間の分断国家体制と戦争の危機そして全体主義と反共ファシズムの共生
という南北政治史の悲劇も決して必然的なものではなかったであろう。

　そのような意味においても、朝鮮の早期解放ということ自体が、韓国人数万人を含
む数十万の民間人に対する米国の意図的な大量殺戮を正当化することは難しい。朝鮮の
解放が早まったことによって、最も大きな苦痛から少しでもより早く解放された韓国人
は、明らかに性奴隷の人生を強要されていた数万の日本軍「慰安婦」女性たちと強制動
員され死の労働に追い込まれていた労働者たちだろう。彼女・彼らの苦痛が一日も早く終
息することはそれ自体が正義の価値だった。しかし、それが他の数万、数十万の人命の
犠牲を代価として得なければならないものだったとしたら、その女性たちと労働者自身
が快く心から同意できたかどうかは疑問だ。

　東アジアを含む世界の戦後秩序を構成するにあたってトルーマンの前任の大統領フラ
ンクリン・ルーズベルトが持っていた構想は、戦時連合国の１つでありナチス・ドイツの
世界支配を防ぐのに2000万人の犠牲を払って寄与したソ連との一定の協力と対話を基礎
とするものだった。後任のトルーマンはこれとは異なり、ポツダム宣言署名国からスタ
ーリンを排除し、原爆使用を密かに急いだ。このために、ソ連との協力ではなく排除と
圧迫を基礎とする戦後秩序を追求した。日本の降伏を引き出す方法論としてソ連との疎
通を排除した原爆使用の決定は、ソ連との正直な対話と一定の協力の終末を意味した。

　その結果、1945年2月にルーズベルト大統領がスターリンと合意した通りの朝鮮半島
に対する信託統治を通じた統一政府樹立のための米ソ対話と協力を不可能にした。その
結果は朝鮮半島の分断固定化であり、南北両国がそれぞれに外勢を背にした残酷な戦争
だった。その戦争は300万人以上の人命被害をもたらした。それは一回限りで終わらず、
ついに今日現在、北朝鮮と韓米同盟がそれぞれに核兵器開発と核拡大抑制強化の間の緊
張構造を深化させ、核戦争の危険まで高めるに至っている。

　原爆の使用が朝鮮半島全体に対するソ連の占領を防ぎ、半分なりとも米国が占領した
状態になって幸いだという認識についてはどう言えるだろうか。原爆を使わなかったらソ
連軍がより簡単に朝鮮半島全体を占領しただろうという考えは、二つの変数を看過したも
のである。その１つは、原爆の使用は日本指導部の分裂を深め関東軍を含む日本軍全体
を動揺させたという点だ。もし原爆使用の代わりに米国がソ連と対話し協力しながら日本
の秩序ある降伏を引き出すためにいっそうの努力をしたならば、関東軍を含む大陸の日本
軍全体があっという間に崩壊して朝鮮半島が一気にソ連軍の占領下に置かれる事態は起
きなかった可能性がある。ソ連軍20万人が平壌に入場することになったのは日本が正式

に降伏を決めてから10日後の8月24日だったという事実にも留意する必要がある[193]。

　また、そもそもソ連との正直な疎通を排除した原爆の使用自体が、ソ連が急いで参戦を早めた原因になったという事実も覚えておく必要がある。スターリンは米国のマンハッタンプロジェクトに関する詳細な情報を少なくとも1945年2月には把握しており、その結果を注視していたことは前述の通りである[194]。ポツダム会議が終盤に入った時点の7月24日、トルーマンはスターリンに「非常な破壊力を持つ新兵器」(a new weapon of unusual destructive force)を開発したとわざと何気ない口調で話した。トルーマンの回顧録によると、スターリンはその言葉を聞いて嬉しそうな表情で「大統領がそれをうまく日本に使いなさい」と話した。バーンズ国務長官とチャーチル英首相は少し離れたところからスターリンの反応を見て、スターリンがトルーマンの言葉に大きな関心を示さなかったことに安堵した。スターリンがトルーマンの語った言葉の意味をよく把握できなかったものと理解したのだ。しかし、サミュエル・ウォーカーによると、スターリンはトルーマンが原爆開発に成功したことを述べたのだと明確に気づいていた。スターリンは無関心を装っただけだった。彼は会議が終わった後、宿舎に帰るやいなや秘密警察の総帥ベリア(Lavrenty Beria)に電話をかけ、8日前に米国が成功した原爆実験を把握できなかった無能さを叱責した。彼はベリアにソ連自身の原爆開発の努力を加速させるよう指示すると同時に、ソ連軍が満州に進軍する前に戦争が終わるのではないかと大いに心配するようになった[195]。篠原初枝もスターリンがトルーマンから原爆実験の成功の事実を伝えられて、参戦日程を繰り上げようと努力したことを指摘している[196]。

　小代有希子は、原爆決定の過程で米英がソ連を疎外しながら隠密に準備を進め、ソ連を排除することでスターリンの戦後秩序の再編をめぐる米英への不信感を高めて冷戦の源を作り出すとともに、ソ連の迅速な参戦と極東地域への軍事的占領を促進したと解釈する。朝鮮半島の分断もやはりそれと無関係ではないと小代は評価する。また、日本も降伏を遅らせることでソ連が新しい帝国を構築する機会を提供する愚を犯したと批判した[197]。

　米国が原爆を使って日本の降伏を早期に引き出すことなく九州侵攻を選択していたら、韓国の場合、特に済州島が日米間の戦場として焦土化しただろうという認識もある。

193　Koshiro, 2013, p.251.

194　Rhodes, 1995, pp.150-151.

195　Walker, 2004, p.67.

196　篠原初枝, 2011, p.377.

197　Yukiko, Koshiro, "Eurasian Eclipse: Japan's End Game in World War II," American Historical Review, Issue 109 (2004), p.419：篠原初枝, 2011, p.378.

実際に戦争末期の日本は済州島を米国との抗戦体制の中心地にしつつあった。日本本土に対する空襲とともに朝鮮南部の海岸地帯に対する空襲も増加するにつれ、日本は済州島により多くの軍隊を配置した。1945年2月に済州道の日本軍は1000名に過ぎなかったが、8月になると60,668名になっていた[198]。また、米海軍は、実際に中国と韓国にある日本の空軍基地を奪取して、その基地を日本本土攻撃のために活用しようという作戦を提案したことがあった。しかし、米陸軍はそのような副次的な作戦は時間の浪費を招くのみであり、日本本土に対する大体的な直接攻撃に集中すべきだと主張した。結局、米陸軍の主張が貫徹された[199]。ポツダム会談当時、ソ連は米国が朝鮮に対してどんな作戦計画を持っているのかについて情報がなかった。それでポツダム宣言の2日前の7月24日、ソ連のアレクセイ・アントーノフ（Alexei Antonov）将軍が米陸参総長のジョージ・マーシャルとアーネスト・キング（Ernest King）提督に、米国がソ連の攻撃と連携して朝鮮半島の海岸への上陸作戦を展開する意向があるかどうかを尋ねた。マーシャルの答えは、莫大な数の攻撃艦艇が必要な上陸作戦は計画にないというものだった。また、キング提督が付言したところによると、朝鮮への攻撃はいかなる場合でも九州に上陸して「日本海」に対する統制を確保した後に決定すべきことだと述べた[200]。米国が九州に上陸して東海を掌握するなら、あえて朝鮮半島で戦争を展開しなくても、その前に日本の降伏交渉は急流に乗る可能性が高かった。こうした点を考慮するなら、原爆が使われなかったら済州道が戦場に転落して焦土化しただろうという想像は杞憂に過ぎなかったと考えられる。

韓国の運命は広島と長崎への米国の原爆投下がなかったなら、さらに不幸になっただろうという考えも、そしてその反対の考えも、すべて歴史的仮定法だ。明らかなことは、米国が２つの都市の数十万に達する日本人と朝鮮人の命を徹底的に破壊した結果、展開された朝鮮半島の歴史は誰も想像したくなかった歴程だったという事実だ。遅ればせながら朝鮮半島の半分が成し遂げた民主化と産業化の恩恵を享受する世代の視点から、解放後10年の悲劇とその後続いた分断と葛藤の歴史を「可能な次善だった」とは言えない。筆者が言いたいことは、広島と長崎における数十万人の非武装民間人への意図的かつ計画的な殺戮行為に対する道徳的判断と歴史認識の問題は、どちらにせよ、「塞がれた歴史的仮定法」に閉じ込められて恣意的に扱われてはならないということである。

198　Koshiro、2013、pp.212-213。戦争が終了した8月18日時点で朝鮮南部駐屯の日本軍は23万人、朝鮮北部駐屯の日本軍は11万7千人であった（Koshiro, Imperial Eclipse, 2013, p.213）。

199　John Skates, *The Invasion of Japan: Alternative to the Bomb*, Columbia: University of South Carolina Press, 1994, pp.44, 46-48, 53-54; Koshiro, 2013, p.219.

200　"Tripartite military planning, July 24, 1934(1945の誤記)," Foreign Relations of the United States 1945, Conference of Berlin (Potsdam), vol.2, pp.351-355, quoted in Gye-dong Kim, *Foreign Intervention in Korea*, pp.25-26; Koshiro, 2013, p.219.

9. 東アジアの大分断体制の閉鎖回路と広島・長崎

　筆者は戦後の東アジアの国際秩序を「東アジアの大分断体制」と定義し説明してきた[201]。この秩序の中心をなす大分断の基軸は、米日同盟と中国大陸との間に三次元の緊張—地政学的緊張、政治社会的体制と理念の異質性による緊張、そして歴史心理的緊張—が相互に深化し相互に支え合う関係を意味する[202]。地政学的緊張と政治社会的緊張が私たちの認識体系の外にある物理的遠心力であり物理的閉鎖回路だとすれば、歴史認識の間隙から始まる歴史心理的緊張は私たちの認識体系の内にあるものであり、この大分断体制の精神的閉鎖回路の役割を担っている。

　「真の反省を拒否する日本」という現象は、日本の問題であると同時に、東アジアの大分断体制という客観的秩序の構造的問題でもある[203]。この秩序の中心軸の1つである米日同盟は、日本の真珠湾攻撃という原罪と米国の対日原爆投下という反人道的膺懲が互いを相殺して同盟の心理的基礎を築いた。歴史的加害と苦痛の相換方程式の上に米日同盟が成り立っているのだ。米国はこの同盟を通じて特に中国を始めとする東アジアの近隣社会に対する日本の歴史反省の必要性を問わずに免責した。これによって米国は中日間の歴史心理的緊張を自己化した。[204]　一方、中国と韓国などの東アジア社会と日本

---

[201]　イ・サムソン、「戦後の東アジアの国際秩序の構成と中国：『東アジア大分断体制』の形成過程における中国の構成的役割)」、『韓国政治学会報』第50集第5号（2016年12月）、pp.163-189；イ・サムソン、「東アジアの国際秩序の性格に関する一考：『大分断体制』 からみた東アジア」、『韓国と国際政治』 第22巻 第4号（2006年冬）、pp.41~83。

[202]　この体制の中で米日同盟と中国大陸の関係が構成する「大分断基軸」は、朝鮮半島と台湾海峡—そして1975年までのベトナム—に成立した小分団体制ともお互いに支持し支え合う相互作用パターンを構成している。

[203]　日本の歴史問題を単純に日本の問題としてだけでなく東アジアの国際秩序の属性という次元で理解する必要があるというのは、日本の歴史問題が持っている二重のジレンマによるものである。第1に、「反省しない日本」という現象は日本社会の歴史的自己省察の未成熟を意味するが、それは戦後の東アジアの大分断体制の構造的属性の結果であるという点だ。第2に、「反省を拒否する日本」は東アジアの大分断体制を持続させる重大な要素であるため、この秩序を克服するためには日本社会の歴史意識の転換が欠かせない。しかし、東アジアの他の社会の国家権力が主体となって日本に対して行使する政治・外交的圧迫中心の歴史対話方式は、大分断体制を解体させるのに寄与するよりは、むしろその持続を保障する装置として作用する。日本の歴史問題が抱えるこのような重層的なジレンマは、東アジアの大分断体制が内蔵している精神的閉鎖回路　の実体であると考える（イ・サムソン、「東アジア大分断体制における『歴史問題』の構造と出口の模索：東アジア歴史対話方式の転換に向けた提言」、北東アジア歴史財団, 2015年9月11日 ；イ・サムソン、「3・1運動後100年東アジアの肖像—国が無いことと国の過剰そして帝国と大分断体制を超えて」、大統領直属政策企画委員会主催3・1運動及び政府樹立100周年記念国際セミナー）『1919年の東アジア、大転換を夢見る)』、中国上海、2019年4月11日)。

[204]　米国が中日間の歴史心理的緊張を自己化したということには2つの意味がある。第1に、日本の戦犯国の地位を免責し、日本を「自由世界」という名の超国家的イデオロギー共同体の東アジア的柱にしたのはもちろん米国であった。19世紀末から20世紀初頭にかけて清日戦争と露日戦争を挑発した日本に対してそうしたよう

の歴史認識の隔たりは平行線のままだ。大分断体制を越えてさらに平和な東アジアへと進むための根本的な課題の１つは、歴史心理的緊張という精神的閉鎖回路を解き放つことだ。

この宿題は、当然、日本社会と近隣の東アジア社会が共に解決していかなければならない。日本社会が解決していく課題があり、近隣社会が解決すべき宿題もある。日本が解決すべき宿題については数多くの議論があり、明確なテーマがある。しかし、韓国と中国を始めとする近隣社会が解決すべき宿題についてはほとんど議論されていないのが現実である。加害と被害の関係を考慮すると必然的な現象でもある。しかし、東アジアの大分断体制による苦痛は東アジア社会のすべてのものであるだけでなく、世界と人類全体にとっても悲劇であり危険である。だからこそ私たち皆にとって宿題になるのだ。

日本の近隣社会が解決する最初の宿題は、広島と長崎に対する原爆投下の反人道性についての認識の共有だと筆者は考える。日本の２つの都市への原爆投下の反人道性に対する認識をまず韓国人ができるだけ広く共有し、それを他の東アジア社会とより広範囲に分かち合うことができれば、日本社会の歴史への反省が近隣によって強要されるものではなく日本社会内部から日本人の心の中から真に湧き出るものとなりうる基本条件の１つとなるだろう。それは大分断体制の精神的閉鎖回路を解き放つ糸口になるだろう。

核兵器主義（nuclearism）は、核兵器を人類の持続可能な生存を脅かす怪物ではなく巨悪を懲らしめて安全を守る平和の武器とみなす。核兵器主義は、広島と長崎の数十万の民間人の犠牲という、巨大な反人道性を神からの贈り物であり祝福であるとみなす巨大な逆説に基づいて誕生し、ロシアとウクライナを始めとする今日の世界、そして東アジアを、その中でも特に朝鮮半島の分裂した２つの国家と社会を最も苦しく締めつけている。核兵器に依存する、さらに核兵器の先制使用をノーマルな安保戦略の１つとして掲げる談論体系が圧倒的になりつつあるこの危険な現実に立ち向かう我々の努力において、広島と長崎への原爆投下の反人道性に対する認識の共有は不可欠であり、重要な出発点の１つであるだろうと信じている。

に、20世紀中葉の米国は戦犯国の日本を再び「東アジアの唯一の文明国」に変貌させた。そのために、米国は中国から見れば歴史問題に関する「日本の身分洗浄の主犯」であった。第2に、米日同盟は歴史の言説を抑圧して中国を相手取った理念対立の言説を前面に押し出す歴史認識フレームを存在条件とする。この存在条件自体が中日間の歴史心理的緊張を永続化する装置として作用する。そのような意味で、戦後の東アジアの大分断体制の基軸関係に存在する歴史心理的緊張は中日の問題にとどまらず、中国大陸-米日同盟関係の属性だといえる。

한국인 입장에서 본 히로시마·나가사키 핵무기 투하의 정치·군사·국제법·인권적 문제점

오동석

아주대학교 법학전문대학원 교수

1. 서론

발표자(이삼성 교수)의 논문 제목은 「히로시마·나가사키 원폭 투하의 군사·정치적 의미 – 한국의 시각에서」이지만, 토론문은 '한국인 관점에서 본 히로시마·나가사키 핵무기 투하의 정치·군사·국제법·인권적 문제점'이다. 발표자가 다룬 내용 외에 헌법 연구자로서 한국인 피해자는 물론 한국인의 관점에서 히로시마·나가사키 원폭 투하의 문제를 살피고자 하는 의도에서다.

먼저 발표자의 글에 대해 토론자로서 의견과 질문을 서술하고, 발표문에서 다룬 내용 외에 추가해야 하지 않을까 하고 생각한 내용을 제시하는 순서로 토론문을 작성했다.

2. 발표문에 대한 의견

1) 발표문의 목표와 체계에 대한 의견

발표자는 히로시마와 나가사키에 대한 미국 원폭 투하의 반인도적 범죄 성격을 논의하기 위한 학술회의의 첫 발표로서 두 인구집중 도시에 대한 원폭 투하의 역사적 맥락, 그 정치·군사적 과정과 결과에 대한 객관적·사실적인 이해를 제공하는 데 발표문의 목표를 두었다. 그 결과 발표문은 주로 미국과 일본 두 나라의 역사학계에서 축적된 학문적 연구 결과들에 기초하여, ① 미국의 원폭 사용 결정 과정과 맥락, ② 원폭 사용과 소련의 참전, 그리고 일본의 궁극적인 항복 사이의 시간적이며 인과적因果的인 관계를 상세히 설명한 다음, ③ 원폭 사용의 궁극적인 의미와 그 반인도성反人道性에 대한 발표자의 생각을 밝히고 있다.

첫 번째 질문은 미국과 일본은 한국인의 관점에서 미국은 원폭을 투하한 가해자이고 일본은 불법 강점의 가해자인데, 양국의 역사학계에서 피해자로서 한국인의 관점이 어느 정도로 어떻게 반영되었다고 생각하는지, 발표자는 어떤 원칙 또는 기준에 따라 발표문에서 인용한 일련의 자료들을 선택·설명·평가했는지 하는 것이다.

2) 원폭 사용의 정당화론 비판에 대한 의견

발표자는 원폭 사용의 정당화 논거를 비판하는 관점인데, 매우 상세한 역사적 과정을 소개하고 설명하는 반면, 바로 역사적·정치적 의미에 대한 '객관적·사실적 이해'에 초점을 맞추다 보니 규범적 또는 비판적 평가가 잘 드러나지 않았다는 생각이다.

1996년 국제사법재판소International Court of Justice : ICJ는 "핵무기의 위협 또는 사용의 합법성Legality of the Treat or use of Nuclear Weapons"이라는 권고적 의견을 냈는데, 그 요지는 다음과 같다. ① "핵무기의 위협 또는 사용에 대한 특수한specific 허가 권한authorization이 관습국제법customary international law에서도 협약국제법conventional international law에서도 존재하지 않는다"(14 대 0). ② "관습국제법상으로도 협약국제법상으로도 핵무기의 위협이나 사용 자체의 어떠한 포괄적이고comprehensive 보편적인universal 금지가 존재하지 않는다"(11 대 3). ③ "유엔 헌장의 제2조 제4항에 반하고 헌장 제51조의 모든 조건을 충족하지 못하는 핵무기에 의한 무력의 위협이나 사용은 불법적이다"(14 대 0). ④ "핵무기의 위협 또는 사용은 핵무기를 명시적으로 다루는 조약들과 여타 약속undertatkings 하의 의무뿐만 아니라 특히 국제인도법상의 원칙이나 규칙이 요구하는 요건을 포함하는 무력충돌 시에 적용되는 국제법의 요건에 양립하는 것이어야 한다"(14 대 0). ⑤ "핵무기의 위협이나 사용이 무력충돌에서 적용할 수 있는 국제법의 규칙들에 일반적으로 위반하고, 특히 인도법의 원칙과 규칙들에 위반하는 것으로 여겨진다 would generally be contrary to. "그러나 국제법 및 활용할 수 있는 사실의 요소들 현황에 비춰 볼 때 국가의 존속 자체가 위협받을 수 있는 자위의 극단적인 조건에서 핵무기의 위협이나 사용이 합법적인지 불법적인지를 확정적으로definitively 결정할 수 없다" (7 대 7, 재판소장 결정투표권casting vote). ⑥ "엄격하고 효과적인 국제적 통제 아래 모든 측면에서 핵 군축 협상을 신의성실의 원칙을 좇아 추구하고 협상의 결론에 도달할 의무가 존재한다"(14 대 0).

국제사법재판소의 권고적 의견은 1996년 당시에도 핵무기를 직접 다루는 국제적 문서가 존재하지 않았으므로 1945년 시점에서도 타당성이 있다고 생각한다. 다만, "국가의 존속 자체가 위협받을 수 있는 자기 방위의 극단적인 조건에서 핵무기의 위협이나 사용이 합법적인지 불법적인지를 확정적으로 결정할 수 없다"는 것인데, 히로시마·나가사키 원폭 투하의 군사적·정치적 맥락에서 당시 미국과 일본의 전쟁 상황이 '미국의 존속 자체가 위협받을 수 있는 상황이어서 자기 방위를 위해 최후 수단으로써 원폭 투하를 해야 하는 상황'이었는지가 문제일 것이다. 이 문제에 대한 발표자의 의견이 토론자로서 두 번째 질문이다.

3. 추가 논의 사항

1) 피해자의 인권 관점

토론자가 발표문에서 주목한 것은 한국인 피해자 2세 한정순씨의 호소다.

> "우리들은 배상은커녕 원폭피해자로 인정조차 받지 못하고 있습니다. 원폭피해자들과 그 후손들이 짊어져야 할 고통은 너무나 크고 무겁습니다. 가장 심각한 것은 원폭의 유전성입니다. 원폭의 후과는 영구적입니다. 핵무기의 피해는 잔인하게 대물림됩니다. 그런데도 미국과 일본은 원폭의 유전성을 인정하지 않고, 우리 한국원폭피해자들에게 사과도 배상도 하지 않고 있습니다."[1]

---

1 NPT 10차 재검토회의 사이드 이벤트, 2022. 8. 2.

이행기 정의의 문제는 한 국가 단위에서 논의가 이뤄지지만, 히로시마·나가사키의 원폭 투하라는 국제적 차원의 국가폭력 또는 국가범죄 문제는 반드시 피해자의 인권 관점에서 다뤄야 한다고 생각한다. 근대 서구의 법제에서 자연권 관념이 보편적 타당성을 지닌다면, 국가 중심의 국제법 질서를 현실적 역학 관계에 따라 그대로 수용할 수 없다. 특히 원폭 피해자는 그 직접적 피해 당사자가 대규모라는 점 못지않게 피해의 유전성이라는 피해자의 확장성과 장기간의 피해라는 측면에서 그 불법의 중대성과 함께 피해자 범주의 확장과 그에 따른 피해에 대한 배상 또는 보상 범위의 확장이 필수적이다. 피해자 인권 관점에서 국적은 문제가 되지 않는다.

2) 한국인의 관점

가. 식민지인으로서 한국인 관점에서 본 핵무기 투하의 국제법적 문제점

민족자결의 원리는 보통선거의 원리가 세계적 차원으로 옮겨진 구조적 유비類比다. 각 개인이 모두 한 표를 가짐으로써 정치적으로 평등하게 대우받는 것과 마찬가지로, 각 민족은 주권을 가지므로 정치적으로 평등하며 또한 한 표를 갖는다(Wallerstein, 1997: 331). 그러나 침략자는 식민지인들이 스스로 통치하고 자신들의 문제를 처리할 능력이 없는 피보호자로 여김으로써 식민지가 지배자 국가의 보호를 받아야 한다고 주장한다 (Mills, 2006: 31, 33). 쥘 아르망은 "예속된 사람들은 민주주의의 관점에서 보았을 때 시민이 아니며 시민이 될 수도 없다. …그렇다면 인종과 문명에는 위계가 존재하며, 우리는 우월한 인종과 문명에 속해 있다는 사실을 하나의 원리이자 출발점으로 받아들일 필요가 있다"고 말한다(Mills, 2006: 51-52).

인종 계약 관점에서는 하등 인간에게 그 의사를 묻는 일이 무의미하다. 식민지인인 조선인은 군국주의 일본은 물론 일본의 전쟁 상대방인 미국의 관점에서도 자기 결정권을 가진 민족(인민)이 될 수 없었다. 미국은 핵무기 투하 시점에서는 물론 그 이후 피해자에 대한 처우에서도 한국인을 '적국 국민'으로 대한다(진구섭, 2020: 106 아래 참조). 일본 정부도 지금의 한국 정부도 이러한 인식에서 벗어나지 못했다. 특히 한국 정부의 경우 제국주의적 관점에 굴종하여 자기 존재를 부정하는 짓을 벌이고 있다.

나. 인류 구성원으로서 한국인 관점에서 본 핵무기 투하의 정치·군사적 문제점

지금 우리에게 필요한 일은 인종주의 또는 전 지구적인 백인 우월주의 그 자체가 하나의 정치체제라는 인식이다(Mills, 2006: 16). 로마의 선례대로 유럽 휴머니즘은 일반적으로 유럽인들만이 인간임을 의미했다는 사실을 깨달아야 한다(Mills, 2006: 53). 근대 세계는 명백하게 유럽인들이 지구 전체를 지배하는 인종 위계적인 정체polity로 창조되었다(Mills, 2006: 54). 백인 아닌 사람의 관점에서는 '저들 백인'끼리 맺은 계약으로서 현행의 '자연법'과 '자연권' 그리고 국제법 체제에서 인종 계약적 요소를 교정해야만 인류 관점에서 접근할 수 있는 길이 생긴다. 1945년 핵무기 투하 사건을 인류 구성원으로서 한국인 관점에서 접근하려면, 당시 국제법 질서의 정당성과 전쟁의 성격 자체를 인류 보편의 관점에서 비판적으로 평가하고 어떻게 인류 보편의 정의를 회복할 것인가가 핵심이다.

인류세人類世, Anthropocene 또는 인신세新世는 지구 환경이 극단적으로 변화했음을 강조하고자 제안한 지질 시대의 구분이다. 인류 문명, 특히 제국주의 및 자본주의의 전개는 인류 사회의 환경은 물론 인간 아닌 존재들의 사회로서 지구 자체에 치명적인 위해를 초래했다. 인류세의 시작 시점이 언제인가는 학자마다 의견이 분분하다. 인류세의 개념을 창안한 파울 크뤼천Paul Crutzen은 산업혁명이 시작되던 시점인 18세기 후반을 제시한다. 유럽인들의 신항로 개척을 인류세의 시작 시점으로 제시하는 이도 있다.

주목할 일은 인류세 연구위원회를 비롯한 과학자들은 최초의 핵실험이 성공한 1945년 7월 16일을 기점으로 삼고 있다는 점이다. 이 핵실험으로 자연 상태로는 지구에 거의 존재하지 않던 플루토늄 등의 다양한 방사성 원소들이 지구 전역에 골고루 확산했고, 수십 년 후에는 지상 핵실험이 전면 금지되어 이런 원소를 포함한 예리한 지층의 띠가 생성되었으며, 이것이 수억 년 후에도 지층의 생성 연대를 확실하게 구분할 준거라는 것이다.

통상 '이행기 정의transitional justice'는 과거 독재 및 권위주의 체제에서의 오류 및 상처 또는 국가적 범죄를 청산함으로써 민주주의 체제로 이행하는 과정에서 반드시 회복해야 하는 정의正義 관점의 다양한 과제를 말한다. 인류세의 문제 제기는 이러한 이행기 정의 과제가 인류 사회와 지구 차원으로 확장하여 역사적 시간이 퇴적한 부정의不正義를 어떻게 평가하고 대응할 것인가를 묻고 있다.

한국인 관점에서 1945년 히로시마·나가사키 핵무기 투하는 당시 조선에 대한 군국주의 일본의 불법적인 침략의 식민 피해는 물론 불법적인 핵무기 투하로 인한 정치적·군사적·국제법적·인권적 문제점이 총체적으로 엮인 사안이다. 기존의 논의에 머무른다면, 한국(인)과 조선(인)의 관계부터 시작해서 국가의 면책을 주장할 사건·사항들은 피해자 인민 또는 국가에는 있을 수 없고 결국 가해자 강대국을 위한 폭력적 주권면제 이론은 불법적 폭력을 은폐할 뿐이다.

3) 인권침해의 피해자로서 한국인 관점에서 본 핵무기 투하의 인권적 문제점

유엔 총회가 채택한 '인권피해자 권리장전'은 대규모 인권침해를 겪은 사회가 구현해야 할 '이행기 정의' 원칙을 제시한다. 그 내용은 인권침해 사건의 진실 규명, 가해자의 처벌과 징계, 피해자에 대한 배상과 원상회복, 치유와 재활 조치, 재발 방지를 위한 제도 개혁과 공직자·미디어 종사자·공공기관 종사자 등에 대한 인권 교육, 시민에 대한 일반적인 인권 교육을 포함한 만족과 사죄 등을 담고 있다(이재승, 2014a: 184). 이것은 형사처벌이나 금전배상과 같은 법적 수단을 당연히 포함한다.

이재승은 피해자의 권리를 다음과 같은 범주로 설명한다. 첫째, 사건에 대한 권리다. 크리스티는 사건 해결 과정에 피해자가 참여해야 한다는 점을 강조하기 위해서 사건 자체를 피해자의 권리나 재산으로 표현한다. 그는 '회복적 정의restorative justice'의 관념 아래 형사재판에서의 피해자 참여권을 중시했다. 회복적 정의는 범죄자의 처벌에 주안점을 두는 '응보적 정의'와는 대조적인 관념으로서 가해자·피해자·공동체 간의 관계 회복을 중시한다. 크리스티가 말한 '재산으로서 갈등'은 피해자들에게 범죄 사건 자체에 대한 참여와 발언 기회를 보장함으로써 가족의 상실로 인한 피해자의 고통과 사법 절차의 국가 독점을 개선하고 피해자의 소외와 무력증을 극복하려는 또 다른 시각이다. 이는 서구적인 소송 절차의 폐해를 시정하기 위해 인디언이나 제3세계 선주민 재판에서 전통적인 지혜를 수용한 것으로 평가받는다.

둘째, 진실에 대한 권리다. 유엔은 '권력 범죄와 남용의 피해자를 위한 정의의 기본 원칙'(1985)과 '국제인권법의 중한 위반 행위와 국제인도법의 심각한 위반 행위의 피해자 구제와 배상에 대한 권리에 관한 기본 원칙과 지침'(2006)을 제시함으로써 국가범죄

피해자학의 권리 담론을 점화했다. 전자가 국내적 범죄에 초점을 맞추고 있다면, 후자는 국제인도법과 국제인권법의 심각한 위반에 대한 해법을 제시하고 있다. 후자는 오늘날 '(인권)피해자 권리장전'이나 '반 보벤바시오우니 원칙'으로도 부르며, 국가범죄에 대한 처방으로 널리 원용하고 있다. 2005년 유엔인권이사회Commission on Human Rights는 '불처벌에 대한 투쟁 원칙'(이하 투쟁 원칙)을 통해서 진실에 대한 권리를 피해자의 권리로 부각했다.

셋째, 정의에 대한 권리다. '투쟁 원칙'은 정의에 대한 권리the right to justice를 정한다(제19~30원칙). 이는 재판에 대한 권리나 재판청구권으로 부를 수 있다. 중대한 인권 침해 사건의 피해자는 국제법상의 구제뿐만 아니라 국내법상의 권리 구제 절차를 이용할 수 있어야 한다.

넷째, 배상에 대한 권리다. '투쟁 원칙'은 배상에 대한 피해자의 권리를 규정하고 있다(제31~34원칙). '피해자 권리장전'도 심각한 인권 침해에 대해 적절하고, 효과적이고, 즉각적인 배상이 정의를 촉진한다는 점을 지적하고 배상에 대한 권리the right to reparation를 정한다. 국가는 법을 위반한 작위 또는 부작위에 따른 손해를 피해자에게 배상한다. 국가 이외의 개인이나 기타 단체가 피해자에게 배상할 책임이 있는 경우에는 그 책임자가 피해자에게 배상하고, 또는 국가가 이미 피해자에게 배상한 때에는 책임자는 국가에 변상한다(제15조). 배상은 원상회복(제19조), 금전배상(제20조), 재활(제21조), 만족(제22조) 또는 재발 방지의 보증(제23조)을 포함한다. 권리장전은 신체적 또는 정신적 장애, 고용·교육 및 사회적 편익 등 기회의 상실, 물질적 손해와 잠재적 소득의 상실을 포함하여 소득의 상실, 정신적 고통, 법적·의료적·심리적·사회적 용역에 치른 비용을 배상해야 할 손해 요소로 열거하고(제20조), 재활 조치로서 의료적·심리학적 보살핌뿐만 아니라 법률적·사회적 서비스를 예시한다(제21조).

4. 결론

역사는 진보하는 측면이 있지만, 필연적으로 오류와 상처 그리고 범죄의 역사이기도 하다. 국제법 또는 국제질서는 서구 제국주의의 다른 대륙의 선주민들을 침탈한 불법의 역사를 딛고 있다. 국제인도법과 국제인권법은 미래지향적이기도 하지만 과거의 불법을 교정하는 역할을 떠맡아야 한다.

이행기 정의에서 "과거·현재·미래는 하나의 통일체"다(신영복: 김동춘, 2006: 206 재인용). 그 준거 규범은 현재의 법 규범을 중심으로 하지만, 그것은 자연법(자연권)이나 정의의 기본 원리 위에 터 잡고 있다. 인류애적 관점에서 핵무기 투하를 비롯한 '국제법적 불법'까지 바로잡는 과거 청산을 통해서만 새로운 인류의 평화적 공동체가 탄생할 길이 열린다.

참고문헌

김동춘(2006). 「해방 60년, 지연된 정의와 한국의 과거청산」, 『시민과 세계 8』, 2006. 2, pp.203-224.

이성덕(2001). 「핵무기 위협 또는 사용의 적법성에 관한 국제사법재판소 권고적 의견에 대한 비판적 검토」, 『홍익법학』 2, 홍익대학교 법학연구소, pp.69-91.

이재승(2011). 「화해의 문법: 시민정치의 관점에서」, 『민주법학』 46, 민주주의법학연구회, 2011. 7, pp.123-158.

이재승(2014a). 「국가범죄와 야스퍼스의 책임론」, 『사회와 역사』 101, 2014. 3, pp.183-217.

이재승(2014b). 「국가범죄와 야스퍼스의 책임론」, Jaspers, Karl (야스퍼스, 칼) (2014). 『죄의 문제: 시민의 정치적 책임』, 앨피, 2014. 11, pp.219-270.

이재승(2016). 「세월호 참사와 피해자의 인권」, 『민주법학』 60, 민주주의법학연구회, 2016. 3, pp.145-179.

진구섭(2020). 『누가 백인인가?: 미국의 인종 감별 잔혹사』, 푸른역사, 2020. 10.

Mills, Charles W. (2006). 정범진 옮김, 『인종계약: 근대를 보는 또 하나의 시선』, 아침이슬.

Wallerstein, Immanuel(1997). 강문구 옮김, 『자유주의 이후』, 당대.

Political, Military, International Law, and Human Rights Issues of the Atomic Bombing of Hiroshima and Nagasaki from the Perspective of Koreans

Oh Dongseok

Professor of Ajou University Law School

1. Introduction

The title of the presenter(professor Samsung Lee)'s essay is "The Military and Political Meaning of the Hiroshima-Nagasaki Atomic Bomb Drop: From a Korean Point of View", but my discussion paper is "The Political, Military, International Law, and Human Rights issues of the Atomic Bombing of Hiroshima and Nagasaki from the Perspective of Koreans". In addition to what the presenter dealt with, my intention as a constitutional law scholar is to examine the problem of the atomic bombings of Hiroshima and Nagasaki from the perspective of Koreans as well as Korean victims.

First, I wrote the discussion paper in the order of describing my opinions and questions on the presenter's paper as a debater, and presenting what I thought should be added in addition to what was covered in the presentation.

2. Opinions on the Presentation

1) Opinions on the goals and systems of the presentation

This presentation at the First International Forum to discuss the nature as a crime against humanity of the U.S. atomic bombing on Hiroshima and Nagasaki was aimed at providing an objective and realistic understanding of the historical context, political and military processes and consequences of the atomic bombings on two populated cities. As a result, the presentation mainly reveals the presenter's thoughts on the following three points, based on the accumulated academic research results in the historical fields of the United States and Japan: 1) The process and context of the U.S. decision to use atomic bombs 2) The temporal and causal relationship between the use of atomic bombs, the Soviet entry into the war, and Japan's ultimate surrender 3) The ultimate meaning the use of atomics and its inhumanity.

First, from the perspective of Koreans, the United States and Japan are perceived as perpetrators of the atomic bombings and illegal occupation, respectively. My question is how accurately the research results of historians from both countries reflect the perspective of Korean victims, and what principles and criteria the presenter used in selecting, explaining, and evaluating the data cited in the presentation.

2) Opinion on criticism of the justification theory of the use of atomic bombs

The presenter criticizes the justification for the use of the atomic bomb, which introduces and explains a very detailed historical process, while focusing on an "objective and factual understanding" of historical and political meanings, so normative or critical evaluations were not well revealed.

In 1996, the International Court of Justice (ICJ) issued the advisory opinion, "Legality of the Threat or Use of Nuclear Weapons", and the summary is as follows. ① "There is in neither customary nor conventional international law any specific authorization of the threat or use of nuclear weapons" (14:0). ② "There is in neither customary nor conventional international law any comprehensive and universal prohibition of the threat or use of nuclear weapons" (11:3). ③ "A threat or use of force by means of nuclear weapons that is contrary to Article 2, paragraph 4, of the United Nations Charter and that fails to meet all the requirements of Article 51, is unlawfu" (14-0). ④ "A threat or use of nuclear weapons should also be compatible with the requirements of the international law applicable in armed conflict, particularly those of the principles and rules of international humanitarian law, as well as with specific obligations under treaties and other undertakings which expressly deal with nuclear weapons" (14:0).

⑤ "It follows from the above-mentioned requirements that the threat or use of nuclear weapons would generally be contrary to the rules of international law applicable in armed conflict, and in particular the principles and rules of humanitarian law". "However, in view of the current state of international law, and of the elements of fact at its disposal, the Court cannot conclude definitively whether the threat or use of nuclear weapons would be lawful or unlawful in an extreme circumstance of self-defence, in which the very survival of a State would be at stake" (7 to 7, by the President's casting vote). ⑥ "There exists an obligation to pursue in good faith and bring to a conclusion negotiations leading to nuclear disarmament in all its aspects under strict and effective international control" (14-0).

I believe that the International Court of Justice's advisory opinion was still valid in 1945 because, even in 1996, there was no international instrument directly dealing with nuclear weapons. The problem concerns the judgment that "the Court cannot conclude definitively whether the threat or use of nuclear weapons would be lawful or unlawful in an extreme circumstance of self-defense, in which the very survival of a State would be at stake". The core of the issue is whether the United States' dropping of atomic bombs on Hiroshima and Nagasaki was a situation in which the very existence of the United States was threatened and the bombs had to be dropped as a last resort for self-defense.

The second question is what the presenter's opinion is on this matter.

3. Additional Discussion Points

1) Victim's perspective on human rights

What the debater paid attention to in the presentation is the appeal of Han JungSoon, a second-generation Korean victim.

"We are not even recognized as victims of the atomic bomb, let alone compensation. The pain that the atomic bomb victims and their descendants have to bear is too great and heavy. The most serious thing is the heredity of the atomic bomb. The consequences of the atomic bomb are permanent. The damage of nuclear weapons is brutally passed on. Nevertheless, the U.S. and Japan do not recognize the heredity of the atomic bomb and do not apologize or compensate our victims of the atomic bomb."[1]

The issue of justice during the transition period is discussed at a national level, but I think the issue of national violence or national crime at the international level, such as the atomic bombing of Hiroshima and Nagasaki, must be dealt with from the perspective of victims' human rights. If the concept of natural rights has universal validity in modern Western legislation, the state-centered international legal order cannot be accepted according to realistic dynamics. In particular, it is essential for victims of the atomic bomb to expand the victim category and the scope of compensation or compensation for the resulting damage in terms of the victim's scalability and long-term damage. Nationality does not matter from the perspective of victims' human rights.

2) Korean Perspective

A. The international legal issues regarding the dropping of nuclear weapons from the perspective of Koreans as a colony

The principle of national self-determination is usually a structural analogy in which the principle of election has been transferred to the global level. Just as each individual is treated politically equally by having one vote, each nation is politically equal because it has sovereignty and also has one vote (Wallerstein, 1997: 331). However, the aggressor argues that the colonies should be protected by the dominant state by considering the colonized people as wards who are incapable of governing themselves and dealing with their problems (Mills, 2006: 31, 33). Jules Armand said, The subservient people are not and cannot be citizens from a democratic point of view. If so,

---

1 NPT 10th Review Conference side event, August 2, 2022.

we need to accept the fact that there are hierarchies in race and civilization and that we belong to superior race and civilization as a principle and starting point (Mills, 2006: 51-52).

From a race contract point of view, it is meaningless to ask a lower-class man for his intention. Koreans, who are colonized, could not become a people with self-determination from the perspective of the U.S., Japan's war partner, as well as militaristic Japan. The U.S. treats Koreans as enemy citizens, not only at the time of the nuclear weapons drop but also at the treatment of victims thereafter (see Jin Guseop, 2020: 106 below). Neither the Japanese government nor the current Korean government could escape this perception. In particular, in the case of the Korean government, it is obedient to the imperialist perspective and denying its existence.

B. Political and military problems of dropping nuclear weapons from the perspective of Koreans as a member of the human race

What we need now is the perception that racism or global white supremacy itself is a political system (Mills, 2006: 16). It should be realized that European humanism generally meant that only Europeans were human, as Rome did (Mills, 2006: 53). The modern world was clearly created with a racial hierarchical identity (Mills, 2006: 54) in which Europeans dominate the entire planet. From the perspective of non-white people, it is a contract signed between these white people, and only when the current natural law, natural rights, and racial contractual elements are corrected in the international legal system can be approached from the perspective of mankind. In order to approach the 1945 nuclear weapons drop incident from the perspective of Koreans, the key is to critically evaluate the legitimacy of the international law order and the nature of the war itself from the perspective of universal humanity and how to restore universal justice.

Anthropocene is a classification of the geological era proposed to emphasize that the global environment has changed dramatically. The development of human civilization, especially imperialism and capitalism, has caused fatal harm to the Earth itself as a society of non-human beings as well as the environment of human society. There are different opinions among scholars as to when the Anthropocene begins. Paul Crutzen, who invented the concept of the Anthropocene, suggests the late 18th century, when the industrial revolution began. Some suggest that European explo-ration of new sea routes as the beginning of the Anthropocene.

It is noteworthy that scientists, including the Anthropocene Research Committee, consider July 16, 1945, the date of the successful first nuclear test, as the starting point of the Anthropocene epoch. The nuclear test spread various radioactive elements such as plutonium, which were rarely present on Earth in natural conditions, throughout the Earth, and decades later, ground nuclear tests were completely banned to create a sharp band of strata, which clearly distinguished the formation date hundreds of millions of years later.

In general, transitional justice refers to various tasks from a justice perspective that must be recovered in the process of transitioning to a democratic system by clearing errors, wounds, or national crimes in past dictatorships and authoritarian systems. The issue of the Anthropocene is asking how to evaluate and respond to the injustice deposited by historical time by expanding the task of defining the transition period to the level of human society and the Earth.

From a Korean point of view, the 1945 Hiroshima and Nagasaki nuclear weapons drop is a comprehensive combination of political, military, international law, and human rights problems caused by illegal nuclear weapons as well as colonial damage from militaristic Japan's illegal invasion of Joseon. If we remain in the existing discussion, there cannot be cases and matters to claim immunity from the state, starting with the relationship between Korean people and Joseon Dynasty people, and in the end, the theory of violent sovereignty exemption for the perpetrator power only covers up illegal violence.

3) Human rights problems of dropping nuclear weapons from the perspective of Koreans as victims of human rights violations

Declaration of Basic Principles of Justice for Victims of Crime and Abuse of Power(1985)(hereinafter referred to as Basic Principles) and Basic Principles and Guidelines on the Right to a Remedy and Reparation for Victims of Gross Violations of International Human Rights Law and Serious

Violations of International Humanitarian Law (2006) (hereinafter referred to as Basic Principles and Guidelines) adopted by the United Nations General Assembly present the principle of transitional justice that a society that has undergone massive human rights violations should implement. It includes finding the truth of human rights violations, punishment and disciplinary action of perpetrators, compensation and rehabilitation for victims, healing and rehabilitation measures, system reform to prevent recurrence, human rights education for public officials, media workers, and public institutions (Lee Jaeseung, 2014a: 184). This naturally includes legal means such as criminal punishment or monetary compensation.

Lee Jaeseung explains the rights of victims in the following categories. First, it is the right to a case. Christie expresses the case itself as the victim's rights or property to emphasize that the victim should participate in the case resolution process. He emphasized the right to participate in criminal trials under the concept of restorative justice. Restorative justice is an idea in contrast to retribution justice, which focuses on the punishment of criminals, and emphasizes the restoration of relationships between perpetrators, victims, and communities. Christie's "conflict as property" is another view to improve the victim's pain caused by the loss of his family and the national monopoly of the judicial process by guaranteeing victims the opportunity to participate and speak in the criminal case itself. This is considered to have accepted traditional wisdom in Indian or Third World Indigenous trials to correct the harmful effects of Western litigation procedures.

Second, it is the right to truth. The United Nations ignited the discourse of national crime victimology by presenting 'Basic Principles' (1985) and 'Basic Principles and Guidelines' (2006). If the former focuses on domestic crimes, the latter offers solutions to serious violations of international humanitarian law and international human rights law. The latter is today also called 'international bill of rights of victim' or; the van Boven-Bassiouni Principle', and is widely used as a prescription for national crimes. In 2005, the United Nations Commission on Human Rights highlighted the right to truth as the right of victims through Updated Set of Principles for the Protection and Promotion of Human Rights through Action to Combat Impunity (hereinafter referred to as the Principle to Combat Impunity).

Thirdly, it is the right to justice. The Principle to Combat Impunity determines the right to justice (principles 19–30). This can be called the right to a trial or the right to claim a trial. Victims of serious human rights violations should be able to use not only relief under international law but also relief procedures under domestic law.

Fourth, it is the right to compensation. The Principle to Combat Impunity stipulates the victim's right to compensation (principles 31-34). The Basic Principles (1985) also points out that appropriate, effective, and immediate compensation promotes justice for serious human rights violations and sets the right to reparation. The State shall compensate the Victim for damages caused by an act or omission in violation of the law. If an individual or other organization other than the state is responsible for compensating the victim, the person in charge shall compensate the victim, or if the state has already compensated the victim, the person in charge shall compensate the state (Article 15). Compensation includes restoration to its original state (Article 19), monetary compensation (Article 20), rehabilitation (Article 21), satisfaction (Article 22), or guarantees to prevent recurrence (Article 23). The Bill of Rights lists loss of income, mental pain, legal, medical, psychological, and social services, including loss of opportunities such as physical or mental disabilities, employment, education, and social benefits, as damage factors to be compensated (Article 20).

4. Conclusion

History is progressive, but it is inevitably the history of errors, wounds, and crimes. International law or international order has a history of illegality that has invaded the natives of other continents of Western imperialism. International humanitarian law and international human rights law are forward-looking, but they must take on the role of correcting past illegality.

In the definition of the transition period, the past, present, and future are one unity (Shin Young-bok: Kim Dong-chun, 2006: 206 re-cited). The reference norm is centered on the current legal norm, but it is based on the basic principles of natural law (natural rights) or justice. Only through past liquidation, which corrects "international law illegality," including the dropping of nuclear weapons from a humanitarian point of view, will there be a way for a new peaceful community of humanity to be born.

References

Kim Dongchoon (2006). "60 years after liberation, delayed justice and resolution of Korea's past", *Citizens and the World* 8, 2006. 2, pp.203-224.

Yi Seongdeog (2001). "A Critical Study on the Advisory Opinions of the International Court of Justice concerning the Legality of the Threat or Use of Nuclear Weapons", *The Law Reasearch institutute of Hongik Univ.* 2, The Law Research Institute, pp.69-91.

Lee Jaeseung (2011). "A Grammar for Reconciliation: from the Viewpoint of Civic Politics", *Democratic Legal Studies* 46, Democratic Legal Studies Association, 2011. 7, pp.123-158.

Lee Jaeseung (2014a). "State Crimes and Responsibility in Jaspers", *Society and History* 101, 2014. 3, pp.183-217.

Lee Jaeseung (2014b). "State Crimes and Responsibility in Jaspers", Jaspers, Karl (2014). Lee Jaeseung (trans.), *The Problem of Guilt: Civic Political Responsibility*, LP, 2014. 11, pp.219-270.

Lee Jaeseung (2016). "Sewolho Ferry Tragedy and Victim's Rights", *Democratic Legal Studies* 60, Democratic Legal Studies Association, 2016. 3, pp.145-179.

Jin Guseop (2020). *Who's White?: America's Atrocious History of Racial Segregation*, Purunyoksa, 2020. 10,

Mills, Charles W. (2006). Jeong Beomjin (trans.), *The Racial Contract*, Morning Dew.

Wallerstein, Immanuel (1997). Kang Mungu (trans.), *After Liberalism*, Dangdae.

韓国人の視点から見た広島・長崎への核兵器投下の
政治・軍事・国際法・人権的問題点

オ・ドンソク

亞洲(アジュ)大学 法学専門大学院 教授

1. はじめに

　イ・サムソン教授(報告者)の報告タイトルは「広島・長崎への米国による原爆投下の軍事・政治的意味〜韓国の視点から〜」だが、筆者の討論文は「韓国人の視点から見た広島・長崎への核兵器投下の政治・軍事・国際法・人権的問題点」である。報告者が扱った内容に加えて、筆者は憲法研究者として、韓国人被害者はもちろん、韓国人の視点から広島・長崎への原爆投下の問題を検討する目的でタイトルを決めた。まず、報告者の報告に対して、討論者として意見や質問を述べた後、報告で扱った内容以外に追加すべき内容を提示するかたちで本稿を作成した。

2. 報告分に対して

1) 報告文の目的と体系に関する意見

　報告者は、広島と長崎に対する米国の原爆投下の反人道的犯罪性質を議論するための学術会議の一番目の報告として、二つの人口集中都市への原爆投下の歴史的脈略、その政治・軍事的過程と結果に対する客観的・事実的な理解を深めることを報告文の目標とした。その結果、報告は、主に米国と日本の両国の歴史学界で蓄積された学術的研究成果に基づき、① 米国の原爆使用決定過程と流れ、② 原爆使用とソ連の参戦、そして日本の最終的な降伏の間の時間的・因果的な関係を詳細に説明した上で、③ 原爆使用の最終的意味とその反人道性に対する報告者の考えを明らかにしている。

最初の質問は、「韓国人の視点から見ると米国は原爆を投下した加害者で、日本は不法占領の加害者だが、両国の歴史学界において、被害者としての韓国人の視点がどの程度でどう反映されたか、報告者は報告のなかでどのような原則または基準に基づいて一連の資料を選択・説明・評価したのか」である。

2) 原爆使用正当化論への批判に対する意見

報告者は、原爆使用の正当化の論拠を批判する視点だが、詳細な歴史的過程を紹介し説明する一方で、その歴史的・政治的意味に対する「客観的で事実的な理解」に焦点を当てているので、規範的または批判的な評価が十分表れていなかったと思う。

1996年に国際司法裁判所(International Court of Justice-ICJ)は「核兵器の脅威または使用の適法性(Legality of the Treat or use of Nuclear Weapons)」という勧告的意見を出し、その要旨は次の通りである。①「核兵器の威嚇または使用を特段認可する国際慣習法や条約法は存在しない。」(14対0で全員一致) ②「核兵器の威嚇または使用を包括的(comprehensive)かつ普遍的(universal)に禁止する国際慣習法や条約法も存在しない。」（賛成11反対3）③「国連憲章第2条4項に違反し、かつ同第51条の要件を満たさない、核兵器を用いた武力による威嚇・武力の行使は違法である。」(14対0で全員一致) ④「核兵器の威嚇または使用は武力紛争に適用される国際法の要件、特に国際人道法上の原則・規則や、明示的に核兵器を取り扱う条約、その他(undertakings)の国際約束の下での義務に適合するものでなければならない。」(14対0で全員一致)」⑤「核兵器の威嚇または使用は武力紛争に適用される国際法の規則、特に国際人道法上の原則・規則に一般的には違反するであろう(would generally be contrary to)。しかし、国際法の現状や裁判所が確認した事実に照らすと、国家の存亡そのものが危険にさらされるような、自衛の極端な状況における、核兵器の威嚇または使用が合法であるか違法であるかについて裁判所は最終的な(definitively)結論を下すことができない。」(7対7、裁判長決定投票権を行使(casting vote)) ⑥「厳格かつ実効的な国際管理のもとで、全面的な核軍縮に向けた交渉を誠実に行い、その交渉を完結させる義務がある。」(14対0で全員一致)

国際司法裁判所の勧告的意見は、1996年当時も核兵器を直接扱う国際文書がなかったので、1945年の時点でも妥当性があると考えられる。ただし、（「国家の存立そのものが脅かされる自己防衛の極限的な条件において、核兵器の脅威や使用が合法か違法かを確定的に(definitively)決定することはできない」ということだが、広島・長崎原爆投下の軍事的・政治的状況において、当時の米日の戦争状況が「米国の存立そのものが脅かされる状況であり、自己防衛のために最後の手段として原爆投下をしなければならない

状況」であったかが問題になる。この問題に対する報告者の意見を聞くことが二番目の質問だ。

3. 追加的議論事項

1) 被害者の人権の視点から

報告者が報告で注目したのは、韓国人被害者2世の韓正順(ハン・ジョンスン)さんの訴えだ。

> 「私たちは、賠償はもちろん、原爆被害者としての認定さえ受けていません。原爆被害者とその子孫が背負うべき苦しみはとても大きく、重いです。とくに原爆の遺伝性が問題です。原爆の後遺症は永久的です。核兵器の被害は残酷にも受け継がれます。それなのに、米国と日本は原爆の遺伝性を認めず、私たち韓国原爆被害者たちに謝罪も賠償もしていません。」[1]

移行期の正義の問題は一国家単位で議論されるが、広島・長崎への原爆の投下という国際的な次元の国家暴力または国家犯罪の問題は、必ず被害者の人権の観点から扱わなければならないと考える。近代西洋の法制において自然権観念が普遍的妥当性を持つなら、国家中心の国際法秩序を現実の力学に従ってそのまま受け入れることはできない。特に原爆被害者は、その直接的な被害当事者が多いだけでなく、被害の遺伝性という拡張性と長期的被害という側面から、その違法行為の重大性、そして被害者カテゴリーの拡大とそれに伴う賠償または補償範囲の拡大が不可欠だ。人権の観点からみて被害者の国籍は問題にならない。

2) 韓国人の視点から

あ. 植民地人民としての視点からみた核兵器投下の国際法的問題

民族自決の原則は、通常の選挙の(平等)原則が世界的次元に移された構造的類比である。各個人が同じく一票を持って政治的に平等にされると同様に、各民族は主権を持

1　NPT第10回再検討会議サイドイベント（2022年8月2日）。

ち、政治的に平等であり、また一票を持つ (Wallerstein, 1997: 331)。 しかし、侵略者は、植民地人が自ら統治し、自分たちの問題を処理する能力のない被保護者とみなして、植民地が支配国家の保護を受けるべきだと主張する (Mills, 2006: 31, 33)。19世紀、フランスの政治家のジュール・アルマンは、「従属された人々は民主主義の観点からは市民ではなく、市民になることもできない (...) ならば、人種と文明には位階が存在し、我々は優越な人種と文明に属しているという事実を一つの原理と出発点として受け入れる必要がある」と言う (Mills, 2006: 51-52)。

人種契約(人種差別)の観点からは、下等人間にその意思を問うことは無意味だ。植民地だった朝鮮人は、軍国主義日本はもちろん、日本の戦争相手である米国の視点からも、自己決定権を持つ人民にはなれなかった。 米国は核兵器投下の時点ではもちろん、その後の被害者に対する処遇においても、韓国人を「敵国国民」として扱う (ジン・クソブ、2020；106下記参照)。日本政府も今の韓国政府もこの認識から離れていない。特に韓国政府の場合、帝国主義の視点に屈し、自己の存在を否定するようなことをしている。

い. 人類の一員として韓国人の視点から見た核兵器投下の政治・軍事的問題

今私たちに必要なことは、人種主義や全世界的な白人優越主義そのものが一つの政治体制だという認識だ (Mills, 2006: 16)。ローマの先例通り、ヨーロッパのヒューマニズムはヨーロッパ人だけが人間であることを意味したことを分からなければならない (Mills, 2006: 53)。近代世界は、明らかにヨーロッパ人が地球全体を支配する、人種の階層的アイデンティティ(polity)として創造された (Mills, 2006: 54)。白人以外の人の視点からは、「彼ら白人」同士の契約として、現行の「自然法」と「自然権」、そして国際法体制から人種契約的要素を修正しないかぎり、人類の視点からアプローチする方法は生じない。1945年の核兵器投下事件を人類構成員としての韓国人の視点からアプローチするには、当時の国際法秩序の正当性と戦争そのものを人類普遍の視点から評価し、人類普遍の正義をどう回復するかが鍵となる。

人類世(アントロポセン)または人新世(じんしんせ)は、地球環境が極端に変化したことを強調するために提案された地質時代の区分である。人類文明、特に帝国主義と資本主義の展開は、人類社会の環境はもちろん、人間以外の存在の社会としての地球に致命的な危害をもたらした。人類世の開始がいつなのかは学者によって意見が分かれる。人類世の概念を創案したクルッツェン(Paul Crutzen)は、産業革命が始まった時点の18世紀後半を提示する。欧州人の新航路開拓を人類世の開始時点として提示する人もいる。

注目すべきは、人類世研究委員会をはじめとする科学者たちは、最初の核実験が成功した1945年7月16日を起点としていることだ。この核実験で自然状態では地球にほとんど

存在しなかったプルトニウムなどの様々な放射性元素が地球全体に拡散し、数十年後には地上核実験が全面禁止され、このような元素を含む地層の鋭い帯が生成され、これが数億年後でも地層の生成年代を確実に区分する準拠になるとのことだ。

　通常、移行期正義(transitional justice)とは、過去の独裁及び権威主義体制における誤りと傷および国家的犯罪を清算することで、民主主義体制に移行する中で必ず回復すべき正義の観点からの様々な課題を指す。人類世の問題提起は、こうした移行期の正義課題が人類社会と地球の次元までに拡大し、歴史が堆積した不正義をどのように評価し、対応するかを問う。

　韓国人の視点から、1945年の広島・長崎への核兵器投下は、当時の軍国主義日本の違法な侵略による植民地の被害はもちろん、違法な核兵器投下による政治的・軍事的・国際法的・人権的問題が総体的に絡み合った事案だ。従来の議論にとどまれば、韓国と朝鮮の関係から始めて、国家の免責を主張する事件・事項は被害者人民または国家には当然該当しないことなので、結局、加害大国のための暴力的主権免除理論は違法的暴力を隠すだけである。

3) 人権侵害の被害者として韓国人の視点から見た核兵器投下の人権的問題

　国連総会が採択した「人権被害者権利の章典」は、大規模な人権侵害を経験した社会が実現すべき移行期正義(transitional justice)の原則を提示する。それは、人権侵害の真相解明、加害者の処罰と懲戒、被害者への賠償と原状回復、癒しとリハビリ措置、再発防止のための制度改革と公務員・メディアと公共機関の従事者に対する人権教育、市民に対する一般的人権教育を含んだ謝罪と満足である (イ・チェスン、2014a: 184)。これは刑事処罰や金銭賠償のような法的手段をも当然含む。

　イ・チェスン法学教授は被害者の権利を次のようなカテゴリーで説明する。第一に事件に対する権利。犯罪学者ニルス・クリスティは事件解決過程での被害者の参加義務を強調するために、事件自体を被害者の権利や財産として表現する。彼は回復的正義(restorative justice)の観念のもと、刑事裁判における被害者の参加権を重視した。回復的正義は、犯罪者の処罰に主眼を置く報復的正義とは対照的な観念で、加害者、被害者、共同体間の関係回復を重視する。クリスティが言った「財産としての葛藤」は、被害者に犯罪事件自体への参加と発言の機会を保障することで、家族の喪失による苦痛と司法手続きの国家独占を改善し、被害者の疎外と無力症を克服しようとする新しい視点である。これは、西洋的な訴訟手続の弊害を是正するために、インディアンや第3世界先住民の裁判における伝統的な知恵を受容したものと評価される。

　第二は、真実に対する権利。国連は「犯罪と権力乱用の被害者のための正義の基本原則(1985)」と「国際人権法の重大な違反行為と国際人道法の重大な違反行為の被害者の救済と賠償に対する権利の基本原則と指針(2006)」を提示して、国家犯罪被害者学の権利言説を広げた。前者が国内的な犯罪に焦点を当てているのに対し、後者は国際人道法と国際人権法の深刻な違反に対する解決策を提示している。後者は今日、「人権被害者権利の章典」や「反ボベンバシオウニ原則」とも呼ばれ、国家犯罪に対する処方箋として広く援用する。2005年、国連人権理事会 (Commission on Human Rights) は「不処罰に対する闘争原則 (以下、闘争原則)」を通じて、真実に対する権利を被害者の権利として浮き彫りにした。

　第三は、正義に対する権利。「闘争原則」は正義に対する権利(the right to justice)を定める (第19~30原則)。これは、裁判に対する権利や裁判請求権と呼べる。重大な人権侵害事件の被害者は、国際法上の救済だけでなく、国内法上の権利救済手続きが利用できなければならない。

　第四は、賠償に対する権利。「闘争原則」は、賠償に対する被害者の権利を規定している (第31~34原則)。「被害者権利の章典」も、深刻な人権侵害に対して適切で、効果的で、即時的な賠償が正義を促進することを指摘し、賠償に対する権利(the right to reparation)を定める。国家は、法律に違反した行為または不作為による損害を被害者に賠償する。国以外の個人やその他の団体が被害者に賠償する責任がある場合には、その責任者が被害者に賠償し、または国が既に被害者に賠償した場合には、責任者は国に弁償する (第15条)。賠償は、原状回復 (第19条)、金銭賠償 (第20条)、リハビリテーション (第21条)、満足(第22条)または再発防止の保証(第23条) を含む。権利の章典は、身体的または精神的障害、雇用・教育および社会的便益などの機会の喪失、物質的な損害と潜在的な所得の喪失を含む所得の喪失、精神的苦痛、法的・医療的・心理的・社会的サービスに支払った費用を賠償すべき損害要素として列挙し (第20条)、リハビリ措置として医療的・心理的なケアだけでなく、法的・社会的サービスなどの例を挙げる (第21条)。

4. 結論

　歴史は進歩する側面があるが、必然的に誤りと傷、犯罪の歴史でもある。国際法または国際秩序は、欧米帝国主義が他の大陸の先住民を侵略した不法の歴史を踏まえている。国際人道法と国際人権法は未来志向的でもあるが、過去の不法を矯正する役割を担わなければならない。

　移行期の定義で「過去・現在・未来は一つの統一体」である（シン・ヨンボク：キム・ドンチュン、2006：206 再引用）。その準拠規範は現在の法規範を中心とするが、それは自然法[自然権]や正義の基本原理の上に成り立っている。人類愛的観点を持ち、核兵器投下などの「国際法上の違法」を正す過去の清算によってこそ、新しい人類の平和的共同体が誕生する道が開く。

参照文献

キム・ドンチュン(2006)。「解放60年、遅延された正義と韓国の過去清算」、『市民と世界』8、2006. 2、pp.203-224。

イ・ソントク(2001)。「核兵器の威嚇又は使用の適法性に関する国際裁判所の勧告的意見に対する批判的検討」、『ホンイク法学』2、ホンイク法学研究所、pp.69-91。

イ・チェスン(2011)。「和解の文法：市民政治の観点から」、『民主法学』46、民主主義法学研究会、2011. 7、pp.123-158.

イ・チェスン(2014a)。「国家犯罪とヤスパースの責任論」、『社会と歴史』101、2014. 3、pp.183-217。

イ・チェスン(2014b)。「国家犯罪とヤスパースの責任論」、Jaspers, Karl (2014)、『罪の問題：市民と責任』、エルピー、2014.11、pp.219-270。

イ・チェスン(2014b)。「歳月号惨事と被害者の人権」、『民主法学』60、民主主義法学研究会、2016. 3、pp.145-179。

ジン・グソップ(2020)。『誰が白人であるか?: 米国の人種鑑別残酷史』、青い歴史、2020.10。

Mills, Charles W. (2006)。チョン・ボムジン 訳、『人種契約：近代を見るもう一つの視線』、朝露。

Wallerstein, Immanuel (1997)。カン・ムング 訳、『自由主義その後』、当代。

한국인 원폭피해자 관점에서 본 원폭 투하의 군사적·정치적 의미
— 일본의 반핵법률가의 관점에서 —

오쿠보 겐이치
일본반핵법률가협회 회장

핵무기 폐기를 요구하는 개인적 동기

1) '사람 모습의 돌'[1]이 되고 싶지 않다는 공포
2) 핵무기로 인해 모든 이들의 과거도 현재도 미래도 빼앗기는 불합리에 대한 분노
3) '핵과 인류는 공존할 수 없다'는 신념
4) 신속히 핵무기를 없애고 싶다는 희망

나에게 주어진 주제

내게 주어진 주제는 한국인 피폭자 관점에서 보는 원폭 투하의 군사적·정치적 의미를 일본의 반핵 법률가 입장에서 어떻게 생각하느냐는 것이다. 핵무기 문제는 전 인류적 과제다. 그러므로 국적이니 하는 것과 연관지어 생각하는 것은 오히려 피해야 할지 모른다. 하지만 당시에는 '외지인'이긴 했지만 '일본인'으로 취급받으며 원폭 피해를

---

1   히로시마시에 원폭이 투하되었을 때, 돌계단에 앉아 은행 문이 열리기를 기다리던 사람이 피폭당하였는데, 그때 원폭의 열선이 그 주변의 돌계단 표면을 하얗게 불태우면서 그가 앉아 있던 자리에 사람 모습을 연상케 하는 그림자가 까맣게 남았다고 한다. 지난 5월 21일, 우크라이나의 젤렌스키 대통령은 G7에 참가해서 "친애하는 일본 국민 여러분. 평화를 사랑하는 세계의 모든 여러분. 나는 '사람 모습의 돌'이 될 위기에 봉착한 나라에서 왔다"는 말로 연설을 시작했다. 또 "우크라이나인이 용감하지 않았다면 우크라이나가 있던 곳에 '사람 모습의 돌'만이 남아 있었을지 모른다"라고도 했다.

입었음에도 불구하고 구제와 지원의 테두리 밖에 놓여 있었던 한국인(당시의 조선인)들이 존재하는 것은 사실이므로 그 '특수성'에 주목할 필요가 있을 것이다.

다시 말해 핵무기 폐기는 "살아 있는 모든 것의 비원"(일본변호사연합회 1992년 총회 결의)이긴 하지만, 그 비원 달성을 위해서라도 한국인 피폭자 문제의 역사적 특수성을 염두에 둘 필요가 있다는 것이다. 왜냐하면 식민지 지배를 하던 대일본제국에 대한 원폭 투하는, 식민지 지배를 받던 조선 민중들까지도 피폭자로 만들었기 때문이다. 이는 식민지 지배의 피해자가 원폭 피해자까지 되는 이중의 피해를 입었음을 의미한다. 이 문제를 진지하게 검토하는 것은 지배했던 쪽에 속한 인간으로서의 의무라고 생각한다.

따라서 이 자리에서는 이삼성 선생님의 발표 내용을 좇아 가는 형식으로 몇 가지 의견을 서술하고자 한다. 이삼성 선생님의 발표는 포괄적이고 치밀해서, 내가 이러저러한 언급을 하는 것은 나의 능력 밖의 일이지만 주어진 임무를 부족하나마 완수하고자 한다.

* 국명의 표기는 대한민국은 한국, 조선민주주의인민공화국은 북한, 미합중국은 미국, 중화인민공화국은 중국으로 한다.

1. 히로시마·나가사키 원폭 투하와 한반도

이삼성 선생님은 한국전쟁 때 미국이 핵무기 사용 계획을 갖고 있었음을 지적하고 있다. 나도 이 지적은 중요하다고 생각한다. 한국전쟁은 현재도 종결되지 않았기 때문이다. 한국전쟁이 끝나지 않았음을 무시한 채 북한의 핵과 미사일 포기를 요구하는 것은 북한에게 일방적인 '무장해제'를 요구하는 것으로, 북한과의 관계에서 전혀 설득력이 없을 뿐 아니라 오히려 적개심만 부추길 뿐이다. 가장 먼저 핵무기 사용을 계획한 것은 미국이며, 핵 위협은 현재도 계속되고 있다는 사실을 잊어서는 안 된다. 북한에 핵 폐기를 요구하려면 요구하는 쪽도 핵무기에 대한 의존을 멈춰야지, 그렇지 않으면 형평성에 어긋난다.

이하 몇 가지 나의 의견을 서술하고자 한다.

1) 맥아더의 원폭 사용 계획

1950년 당시 더글러스 맥아더는 "30발에서 50발의 원폭을 만주 경상부에 투하하면, 10일 이내에 승리할 수 있다", 그렇게 하면 "적어도 60년간은 북에서 한국을 침공할 여지가 없어진다"고 했다.[2] 히로시마와 나가사키 원폭 투하의 최종 결정자였던 당시 미국 대통령 트루먼은 "미국이 소유한 어떤 무기라도 사용될 수 있다"며 핵무기 사용을 암시했다(1950년 11월 30일). 트루먼과 맥아더의 인식은 일치해 있었다. 그런데 이듬해 4월 트루먼은 맥아더를 해임했다. 해임 이유는 "맥아더가 무작정 핵무기 사용을 원해서가 아니라 그것이 확실히 사용될 것이라는 확신을 트루먼에게 심어 줬기 때문"이었다고 알려져 있다.[3] 오키나와·카데나에 핵무기를 집결시켰던 트루먼이 사용을 주저했던 것은, 당시 영국과 프랑스 정상이 만약 한반도에서 원폭이 사용되면 소련이 서방에 원폭을 사용할 수 있다는 우려를 표명했기 때문인 것으로 알려져 있다.[4] 결국 맥아더는 해임됐고 핵무기 사용은 없었지만, 그 위험성이 소멸된 것은 아니다. 한국전쟁은 종결되지 않았기 때문이다.

그 당시에 북한은 물론 중국도 핵무기를 보유하고 있지 않았다. 소련도 핵실험에 성공한 지 얼마 되지 않은 시점이었다. 하지만 현재는 다르다. 중국도 북한도 핵무기를 보유하고 있다. 미국이 만주 경상부에서 사용할 뿐 아니라 한반도 전체, 나아가 미·중 간의 핵 응수까지 상정되는 것이다. 이 점은 이삼성 선생님이 지적하는 바와 같다. 한국의 윤석열 정권은 대북 정책을 크게 전환하여 대결 자세를 강화하고, 그에 호응하듯 북한도 핵무기 선제사용 정책을 채택하고 있기 때문이다. 이와 함께 미·중, 미·러 갈등도 심화되고 있다. 이번 G7 회의에서도 이 점은 현저하게 드러났다. 한반도를 둘러싼 핵무기 사용의 위기가 고조되고 있다.

---

2 조셉 거슨 지음, 원수폭금지일본협의회(이하 '일본원수협') 옮김, 『제국과 핵무기(帝国と核兵器)』, 신일본출판사, 2007.

3 위와 같음.

4 미즈모토 카즈미(水本和美), 「피폭지의 호소는 핵군축을 촉진했는가?」, 『평화를 둘러싼 14가지 논점』, 법률문화사, 2018.

2) 맥아더의 반공주의

그런데 맥아더는 "현재 살아 있는 사람 중 나만큼 전쟁과 그것이 야기하는 파괴를 경험한 사람은 없을 것이다. 원자폭탄의 완성으로 전쟁을 혐오하는 나의 마음은 당연히 최고로 높아졌다"고 술회했다.[5] 그랬던 그도 '북北의 침공' 저지를 위해 핵무기의 대량 사용을 생각하고 있었던 것이다. '북의 침공' 저지란 소련과 막 수립되었던 중화인민공화국의 위협과의 대항을 의미한다.

맥아더는 반공주의자임을 자인하고 있었다. 그 이유는 공산주의는 독재이자 무신론이라는 데 있었다. 맥아더의 그 같은 신조는 당시나 지금이나 미국 사회에 만연해 있는 '빨갱이에 지배당할 바에야 죽는 게 낫다'는 심상 풍경과 공통된다. 당시 이런 풍조는 사상이나 양심의 자유 등을 완전히 무시하는 매카시즘이라고 불리는 반공산주의 폭풍을 몰고 왔다(공산주의자 사냥). 그런 시대적 배경 아래서 원자폭탄의 위력을 알고 전쟁을 혐오했을 맥아더도 한반도에서의 핵무기 사용을 획책하고 있었던 것이다. 반공주의는 핵무기 사용의 동기를 형성한다는 점에 주목해야 한다.

3) 현재 한반도에서의 핵무기 사용 위기

현재 미국의 핵 과학자들은 종말까지의 시간을 90초로 잡고 있다.[6] 안토니오 구테흐스 유엔 사무총장도 핵전쟁 위기를 지적하고 있다.[7] 지난해 열린 NPT 재검토 회의에서도 이는 공통 인식임을 확인했다.[8] 그 발생 장소로 우크라이나, 대만해협 등과 함께 한반도도 상정되고 있다. 그 배경에는 러시아의 핵무기 사용 위협에 그치지 않고 미국 등에 의해 전개되는 '민주주의 국가'와 '권위주의 국가'의 대립, 민주주의와

---

5 더글러스 맥아더 지음, 츠시마 카즈오 옮김, 『맥아더 대전 회고록』, 중앙공론문고, 2014.

6 미국과학자동맹의 '종말시계'.

7 그는 기회 있을 때마다 그 위험성을 강조하고 있다. 가령 작년의 NPT 재검토회의에서도 "인류는 히로시마와 나가사키의 참화로 깊이 새겨진 교훈을 망각할 위기에 처해 있습니다. 국가들은 우리의 지구에 적합하지 않은 파괴적인 무기를 비축하고, 수천억 달러를 지불하며 잘못된 안전보장을 추구하고 있습니다. 오늘날 인류는 단 한 번의 오해, 단 한 번의 판단 실수로 핵에 의해 괴멸될 갈림길에 서 있습니다"라고 말했다.

8 합의문서는 러시아의 반대로 성립되지 않았지만, 핵무기 사용의 위험성이 증가하고 있다는 인식에 반대 의견은 거론되지 않았다.

법의 지배라는 '보편적 가치'를 공유하지 않는 국가(중국·러시아·북한·이란)의 배제 등 배타적 일국주의—國主義가 깔려 있다. 이른바 국제사회의 분단이다.

일본 정부는 북한을 국가로 인정하지 않는다는 사실을 잊어서는 안 된다.

핵전쟁 위기에 직면해 있는 지금, 원폭 투하의 실상을 검증하는 것은 우리의 미래를 위해 반드시 필요한 작업이다.

2. 히로시마·나가사키 원폭 투하와 인간적 희생

이삼성 선생님은 히로시마·나가사키 원폭 투하의 희생자 수를 서술하고 있다. 그에 대한 정확한 수를 파악하는 것은 확실히 곤란한 일이다. 하지만 그 시도는 계속되고 있다. 그 일부를 소개하면 다음과 같다.

1) 원폭 투하로 인한 사망률

(1) 히로시마·나가사키 원폭 투하에 의한 사망률에 대해 살펴보자. 근거로 삼는 것은 히로시마시립대학 평화연구소의 미즈모토 가즈미 씨의 연구다.[9] 미즈모토 씨는 원폭 피해의 위험성을 웅변적으로 말해 주는 숫자로 피해 지역의 사망률을 꼽았다. 히로시마시의 사망자 수는 1945년 12월 말까지 약 14만 명±1만 명, 나가사키시는 약 7만 4천 명, 1944년 2월 시점에서의 히로시마시 인구는 33만 6,483명, 나가사키시는 27만 63명이므로 그 사망률은 히로시마가 41.63%, 나가사키가 27.4%에 달한다. 미즈모토 씨는, 히로시마시의 "원폭에 의한 사회적 피해 상황을 사망률 관점에서 고찰하면, 40% 이상의 높은 사망률이 나온다. 이 수치는 역사상 유례가 없는 높은 수치로, 원자폭탄의 비인간성과 특이성을 추측하는 것이 어렵지 않다"는 히로시마시의 견해에 동의를 표하고 있다. 나 또한 동의하는 바다. 그 지역 인구의 40%가 5개월 안에 죽는다는 것이 비정상적

---

9 미즈모토 카즈미, 「핵군축과 히로시마·나가사키」, 『핵군축 불확산의 법률과 정치』, 신산사(信山社), 2008.

인 일임에 틀림없기 때문이다. 참고를 위해 언급해 두면, 도쿄 대공습에 의한 도쿄도 지역의 사망자 수는 9만 5,374명이다. 1944년 2월 기준의 이 지역 인구는 665만 7,620명이므로 사망률은 1.4%에 이른다.[10]

(2) 물론 이런 숫자는 어디까지나 통계다. 하지만 그 배후에 둘도 없는 한 사람 한 사람의 인생이 있었다는 것만은 틀림없다. 나는 이 순간 "한 사람의 죽음은 비극이다. 그러나 100만 명의 죽음은 통계다"라는 말을 상기하고 싶다.[11] 사망자 100만 명이라는 통계 뒤에는 100만 명분의 개개인의 비극이 있음을 잊고 싶지 않기 때문이다. 그리고 비로소 당시 조선인 피폭자의 수를 확인하도록 하자.

(3) 이는 일본반핵법률가협회가 지난 몇 년간 '조선반도 비핵화를 위하여'라는 주제로 연속으로 개최해 온 의견교환 모임에서 김진호 히로시마현 조선인원폭피해자협의회 회장이 보고한 내용에 따른 것이다(반핵법률가 114호, 2023년 봄호).

- 1945년 8월 당시 한반도 출신자 수는 전국적으로 236만 명 이상. 히로시마 시내에 5만 내지 5만 3천 명.
- 2008년 재조(북한) 피폭자 실태. 피폭자 총수 1,911명. 이중 사망자 1,529명. 생존자는 히로시마 281명, 나가사키 101명. 그 후 약 45%가 사망.
- 2010년 한국 정부의 조사에 따르면, 히로시마의 한국인 피폭자 5만 명 중 사망자 3만 명. 나가사키에서는 2만 명, 이중 사망자 1만 명.

2) 재외피폭자에 대한 차별

(1) 일본 국내법에서의 피폭자 원호

일본 국내법에 「원자폭탄 피폭자에 대한 원호에 관한 법률」(피폭자원호법, 1994년)이 있다. 이 법률은 "원자폭탄 투하의 결과로 발생한 방사능에 기인한 건강상의 피해가 다른 전쟁 피해와는 다른 특수한 피해임을 감안하여, 고령화가 진행

---

10 위와 같음. 이는 경제안정본부가 제시한 수치다.
11 "한 명의 죽음은 비극이지만 100만 명의 죽음은 통계상의 숫자에 불과하다"는 아이히만의 말이라고도 하고 스탈린의 말이라고도 전해진다. 처칠은 '10만 명'이라고 했다고 한다.

되고 있는 피폭자에 대해 보건, 의료 및 복지에 걸친 종합적인 원호 대책을 강구"하기 위해 제정되었다. 이 법에 따라 피폭자가 정의되고, 피폭자에 대한 '원호 대책'이 일률화되었다. 하지만 그 대책이 충분하지 않다는 것은 피폭자가 제기해 온 여러 차례 재판에서 밝혀진 바 있다('원폭증 인정 집단소송', 'No more Hibakusya 소송'). 참고로 피폭자란 ① 원폭 투하 시 시내에 있었던 사람, ② 2주 이내에 폭심지 부근(2km권 내)에 들어간 사람, ③ 구원 활동에 관여한 사람, ④ 이들의 태아 등을 포함한다.

(2) 하지만 일본 정부는 이 법(원폭의료법 포함)을 재외피폭자에게 적용하려 하지 않았고, 재외피폭자의 재판 투쟁(손진두 재판, 곽귀훈 재판 등)을 거친 끝에 현재는 재외피폭자에게도 적용하고 있다. '어디에 있든 피폭자는 피폭자다'라는 사상과 운동의 성과다. 선구자들에게 경의를 표한다.

(3) 북한에도 피폭자가 있지만 이 법이 적용되지는 않는다. 일본 정부는 '중요한 인도적 문제'라고는 하지만 북한과의 국교가 성립되지 않은 탓에 '원호대책'을 신청할 경로가 없기 때문이다. "원폭수첩을 받고 싶거든 중국 영사관이나 대사관에 가서 신청하라"는 식이다(김진호 보고). 식민지배, 한국전쟁, 남북 갈등 등이 피폭자 지원이라는 대목에서도 큰 벽이다. 피폭자 전체에 대한 구제는 결코 충분하지 않지만, 피폭자 중에서도 구제의 정도가 다르다는 점도 확인해 둘 필요가 있다.

(4) 또한 피폭자(실험 피폭자도 포함)의 구제는 핵무기금지조약 6조에서도 규정하고 있는 중요한 과제다. 첫 번째 당사국회의(2022.6월)에서는 회기 간 피해자 지원 및 환경 복원을 위한 비공식 실무그룹을 설치했다. 의장국은 카자흐스탄과 키리바시다. 한·일 양국 정부는 핵무기금지조약에 대해 부정적이지만 국제사회는 이와 같은 진전을 보이고 있다. 핵무기금지조약은 그 보편화를 규정하고 있다(12조).

3. 미국의 대일본 원폭 사용 결정 과정과 동기

이삼성 선생님은 미국의 원폭 사용 결정 과정과 동기에 대해 포괄적으로 보고하고 있다. 같은 이야기의 반복이 될지도 모르지만, 몇 가지 나의 의견을 적고자 한다.

1) 원폭 투하에 관한 트루먼의 성명과 회고록

(1) 1945년 8월 6일의 성명

"16시간 전 히로시마에 폭탄 한 발을 투하했다. 그 폭탄은 TNT 화약 2만 톤 이상의 위력을 갖는다. 일본은 진주만에서 전쟁을 개시했다. 그들은 몇 배에 이르는 보복을 당했다. 이 폭탄으로 이제 우리는 새로운 혁명적 파괴력을 더해 우리 군대의 파괴력을 더욱 강화했다. 그것은 원자폭탄이다. 우주에 존재하는 기본적인 힘을 이용한 것이다. 태양의 에너지원이 되는 힘이 극동에 전쟁을 일으킨 자를 향해 방출된 것이다. 포츠담에서의 최후통첩은 전면전으로부터 일본 국민을 구하기 위해서였다. 그들의 지도자는 이를 거부했다. 만약 그들이 우리의 조건을 받아들이지 않는다면 하늘에서 비처럼 쏟아지는 파멸의 포탄들을 각오해야 하며, 그것은 이 땅 위에서 일찍이 경험하지 못한 일이 될 것이다."

여기에서 이야기되는 것은 원자폭탄은 '태양의 에너지원'이 되는 '혁명적 파괴력'을 갖는다는 것. 투하 동기는 진주만 공격에 대한 보복이라는 것. '극동에 전쟁을 일으킨 자'에 대한 공격이라는 것. '일본 국민을 구하기 위해서'라는 것 등이다.

(2) 트루먼은 1945년 8월 9일 '포츠담 회담에 관한 미국 국민에의 라디오 보고'에서는 "우리는 전쟁의 고민을 빨리 끝내기 위해, 수천만 명의 미국 젊은이들의 생명을 구하기 위해 원폭을 사용했다"고 밝힌 바 있다.

(3) 게다가 1955년 회고록에서는 "적의 본토에 상륙해 굴복시키면 50만 명의 미국민 생명을 희생하게 된다. 그것을 피하기 위한 원폭 투하다"라고도 썼다. 트루먼은 인원수는 특정되지 않았지만 원폭 투하는 더 적은 희생으로 전쟁을 종결시켰다는 '원폭 인명구제설(구조론)'을 전개하고 있는 것이다.

(4) 결국 미국은 원폭 투하에 대해 일본의 진주만 기습이나 식민지 지배나 침략 행위에 대한 보복이라는 언설과 함께 전쟁 조기 종결과 인명 존중이라는 이유로 원폭 투하를 정당화하고 있다. 이것이 미국의 전통적인 '원폭관'이다.

(5) 이 견해는 원자폭탄이라는 '혁명적 파괴력'을 가진 대량파괴 무기가 전투원과 비전투원의 구별 없이 잔학하게 살상하고 그 생활기반을 뿌리째 파괴한 것 등은 나 몰라라 외면하고 있다. 물론 현재까지 원폭증에 시달리는 사람이 있다는 점과 2세, 3세 문제 등도 완전히 무시하고 있다. 원폭 피해의 특수성 중 하나로 전쟁이 끝나도 전쟁 피해가 새롭게 발생할 수 있다는 점을 잊어선 안 된다. 원폭 투하는 시민을 표적으로 한 대량 무차별 학살로 국제인도법을 위반한다는 핵무기금지조약의 원폭관과는 극명하게 다른 견해다.

(6) 트루먼은 원폭이 '과거 지상에 존재한 적 없는 위력'을 가졌다는 사실을 알면서도 원폭을 투하하고 그 투하를 정당화하고 있음을 잊어선 안 된다. 그러나 원폭 투하에 대해 당시의 미국 정부나 군 고위 관리 중에는 이러한 정당화론에 이론을 제기한 이들도 존재했다. 미국 내의 여론도 결코 한통속은 아니었다. 이는 미국 내 여론에 영향을 미치는 데 중요한 사실이다.

2) 원폭 투하 정당화론에 대한 비판

(1) 트루먼 대통령 참모장이었던 윌리엄 리히 제독(1950년)
"일본은 이미 패배했고 항복할 준비가 되어 있었다. 히로시마와 나가사키에 야만적인 무기를 사용한 것은 일본에 대한 우리나라의 전쟁에 아무런 기여도 하지 못했다. 처음 이 무기를 사용한 국가가 되었다는 사실로, 우리의 도덕 수준은 암흑시대의 야만인 수준으로 추락했다."

(2) 아이젠하워 대통령의 국무장관이 된 존 포드 덜레스(1945년)
"만일 독실한 기독교 국가인 우리나라가 이런 핵에너지 사용이 인류에 어긋나지 않는다고 생각한다면, 다른 나라 사람들도 같은 생각에 빠질 것이다. 핵무기는 재래식 무기의 일종으로 여겨지게 되어, 인류가 갑자기 파멸하는 길이 열릴 것이 틀림없다."

(3) 헨리 스팀슨 국무장관(1947년)

"2차 세계대전 종반의 이 중대한 전투 행위로 인해 우리는 전쟁이란 곧 죽음이 라는 결정적 증거를 눈앞에 보게 되었다. 20세기의 전쟁은 모든 측면에서 점점 야만적이고 파괴적이며 혐오적인 것이 되었다. 인류는 핵에너지를 손에 넣음 으로써 마침내 자신들을 파멸시킬 능력을 손에 넣고 말았다."

(4) 이 '주요 인사들'은 핵무기에 대해 '반인륜'과 '혐오'의 대상으로 보았을 뿐 아니라 '인류를 파멸시키는 것'으로 규정하고 있다는 점에 주목해야 한다. 게 다가 리히 참모장은 "일본은 이미 패배했고 항복할 준비가 돼 있었다"며 원폭 사용의 군사적 필요성도 부인하고 있다.

(5) 이상은 미국의 영화감독 올리버 스톤과 역사학자 피터 가즈닉의 『올리버 스톤 이 말하는 또 다른 미국사』(하야카와 쇼보, 2013)에서 인용한 것이다. 두 사람은 "원폭이 전쟁 종결로 이어졌다는 잘못된 신념을 가지고 있던 미국인의 85%는 원폭 사용을 시인하고 있다. 그러나 미국 국민 대부분이 깨닫지 못했던 것은, 당시의 미군 최고지도자 상당수가 원폭 투하를 군사적으로는 불필요하거나 도 덕적으로는 비난받을 행위라고 여기고 있었다는 사실이다"라고 지적한다. 군 사적으로 불필요할 뿐만 아니라 비도덕적인 무기라고 하면, 미국 시민들 역시 이를 용납하지 않을 것이라는 언설이다.

(6) 물론 전쟁에서 승리하기 위해 핵무기가 필요했다 하더라도 그것이 전투에서 사용이 허용되는 무기인지 어떤지는 별개의 논점이다. 군사적 필요성이 있더 라도 사용해서는 안 될 무기가 있다는 것은 당시의 전쟁법(국제인도법)에서 이미 "전투 수단은 무제한이 아니다"라는 법리(헤이그 4협약 육전 규정 22조)로 확립돼 있었음을 잊어서는 안 된다.

(7) 원폭이 '과거 지상에 존재한 적 없는 위력'으로 받아들여지는 것은 전투원과 비전투원, 군사용 시설과 민간인 시설을 구분하지 않고 대규모 살상과 파괴를

가능케 한다는 것을 의미하기 때문이다. 원폭이 그러한 위력을 가지고 있다는 것은 개발자도 사용자도 모두 알고 있었으므로 그러한 무기는 사용해서는 안 되었던 것이다.

(8) 원폭 개발의 경과나 원폭 사용의 동기가 어떻든 상관없이 원폭 투하는 '인륜에 어긋나고' '혐오해야 할 대상'으로 삼을 뿐 아니라, '인류를 파멸시키는 것'인 만큼 사용될 무기가 아니었음을 당시 미국의 군과 정부 고위 관리들도 인식하고 있었음을 짚고 넘어가야 할 것이다.

(9) 그럼에도 불구하고 여전히 핵무기 보유의 필요성과 유용성이 버젓이 거론되면서 '인류를 파멸시킬' 위험성이 해소되지 않고 있다. 핵억지론은 "존재하는 가장 위험한 집단적 오류"[12]이자 "핵의 수사rhetoric"[13]다. 이 '논리'를 어떻게 극복할 것인가가 의문이다. 이 점을 감안하고 앞으로는 원폭 투하와 전쟁 종결의 인과 관계에 대해 생각해 보도록 하자.

4. 원폭과 전쟁 종결의 역사적 인과 관계

이삼성 선생님은 원폭 투하가 일본의 항복을 이끌어내는 데 어떤 역할을 했는지는 원폭 투하의 군사적·정치적 의미를 논할 때 가장 결정적인 문제라고 보고 있다. 그러면서 많은 역사적 사실을 제시하며 논의를 진행하고 있다. 나에게는 이 사실에 근거한 논리 전개를 전체적으로 언급할 능력이 없다. 그래서 아래 두 문서를 제시함으로써 나의 역할을 대신하고자 한다(모두 구어 역).

---

12 1980년 유엔사무총장 보고서 「핵무기의 포괄적 연구」는 핵억지론에 대해 국가가 안전보장을 위해 핵무기 사용을 불가결한 요소로 삼는 이론은 유엔 헌장의 이념인 '법을 통한 평화'와 양립하기 어렵다고 보고 이렇게 평가했다.

13 2022년 제1회 핵무기금지조약 체약국 회의 「제네바 선언」은 핵억지론이 '핵의 수사'라고 말한다. 핵억지론은 핵무기가 실제로 사용되리라는 위협, 즉 수많은 생명과 사회와 국가를 파괴하고, 지구 규모의 괴멸적인 결말을 초래할 위험성에 근거하고 있으며, 그 오류를 어느 때보다 강하게 부각시키고 있다.

1) 원폭 투하 직후의 일본 정부 항의문 (1945년 8월 10일)

"미국이 이번에 사용한 폭탄은 무차별 혹은 잔학성에서 사용이 금지된 독가스 및 그 밖의 무기를 훨씬 능가한다. 미국은 국제법 및 인도주의의 근본 원칙을 무시하고 광범위하게 제국의 여러 도시에 대해 무차별 폭격을 가해 왔는데, 이제 신규이면서 기존의 어떠한 무기나 투사물에도 비할 수 없는 무차별성·잔학성을 가진 원자폭탄을 사용한 것은 인류 문화에 대한 새로운 죄악이다. 제국 정부는 자신의 이름으로, 그리고 전 인류 및 문명의 이름으로 미국 정부를 규탄한다. 아울러 즉각 이런 비인도적 무기의 사용을 포기할 것을 엄중히 요구한다."

2) 천황 패전 조서 (1945년 8월 15일)

"적은 새로이 잔학한 폭탄(원자폭탄)을 사용해 무고한 사람들을 살상하고 그 피해는 가늠할 수 없다. 그럼에도 교전을 계속한다면 우리 민족의 멸망을 초래할 뿐 아니라 연이어 인류 문명도 파괴하게 될 것이다. 그 같은 일이 벌어진다면 짐은 어찌 내 자식이나 다름없는 수많은 국민을 지키고, 황조황종의 신령께 사죄할 수 있겠는가. 이것이 정부로 하여금 포츠담 선언에 응하도록 한 이유다."

3) 평가

대일본제국의 지배층은 원폭이 무차별적이고 잔학한 무기임을 알고 있었고, "인류 문화에 대한 새로운 죄악", "인류 문명을 파괴시킬 수 있다"고까지 말했다. 한편 천황은 패전의 이유를 원폭 탓으로 돌리고 있다. 거기에는 진주만 기습에 대해서도, 타국을 식민지 지배하고 침략한 것에 대해서도 어떤 반성도 없다. 일본의 패전을 원폭 탓으로 돌림으로써 모든 실패와 판단의 오류를 은폐하려고 했던 것이다. 참으로 간사하고 무책임한 태도다.

덧붙여 말하면 "원폭이나 소련의 참전은 어떤 의미에서 보면 하늘이 도우신 것이다.

국내 정세로 전쟁을 그만두겠다는 소리를 하지 않아도 된다"[14]거나 "원폭은 '진정한 가미카제神風'이며 일본을 더한 국욕國辱과 죽음으로부터 구해 주었다"는 언설도 존재하는 듯하다.[15]

원폭 투하가 일본의 패전에 영향을 미치지 않았다고는 할 수 없을 것이다. 하지만 그것이 결정적이었는지 아닌지는 논자에 따라 평가가 나뉘는 것 같다. 나는 일본 패전의 결정적 이유는 그 발상의 무모함에 있었다고 생각한다. 무력으로 타국을 침략하고 식민지 지배를 하고, 피아의 민중에게 도탄의 고통을 지속적으로 주면서 자신의 욕망을 실현할 수 있다고 생각하는 것의 무모함이다. 애당초 폭력으로 타국이나 타국의 민중을 계속 지배하는 것은 불가능하다. 그것은 세계사가 증명하고 있다.

사람은 자신의 생명 유지와 새로운 생명의 창출을 위해 그 삶을 영위하고 있다. 폭력에 의한 지배는 그 삶 자체에 대한 도전이다. 인간은 그 도전을 물리치면서 지혜를 짜내고 역사를 써왔다. 그래서 인간이라는 종은 존속해 왔을 것이다.

소련은 나치 독일과 '대조국전쟁'을 벌였다. 베트남은 "자유와 독립만큼 값진 것은 없다"며 미국과의 전쟁에서 승리했다. 현재 우크라이나에서 비슷한 싸움이 전개되고 있다. 모두 큰 희생을 치르고 있다.

그런데 나는 우크라이나 정부와 인민에게 "무기를 버려라"라고는 말할 수 없다. 러시아에 선물을 내밀면 러시아는 철수할지도 모른다. 전투를 계속하는 것보다 사상자는 적을지도 모른다. 강제이주도 강간도 멈출지 모른다. 원전의 점령도 해제될지 모른다. 전투가 계속되면, 러시아는 핵무기 사용 위협에 그치지 않고 실전 사용으로 바뀔지 모른다. 그것은 인류 사회의 멸망을 가져올지도 모른다. '핵의 시대'라는 것은 그러한 위험을 내포하고 있는 것이다.

그런 위험성이 있더라도 우크라이나 민중이 투쟁을 계속하겠다고 한다면, 나는 "무기를 버려라"라고 말할 수 없다. 그들에게 정의가 있기 때문이다. 하지만 그들이 "무기를 버리겠다"고 한다면, 결코 반대하지도 않고 욕하지도 않을 것이다. 결정하는 것은 그들이기 때문이다.

---

14 앤드류 로터, 『원폭의 세계사』, 미네르바서방, 2022. 이는 요나이 미츠마사(해군대장, 내각총리대신)의 종전 직전의 이야기로 소개하고 있다.
15 이 책은 "전후, 속삭이는 농담"으로 소개하고 있다.

5. 전략폭격과 전쟁범죄와 그 절정으로서의 원자폭탄

이삼성 선생님은 다음과 같이 문제제기를 하고 있다. 전쟁을 하고 있는 동안에도 스스로 인간임을 의식하는 한, 도덕성의 문제는 회피될 수 없다. 그럼 '전쟁에서의 도덕성'이라는 것의 요체는 무엇인가. 전쟁에서도 도덕성의 마지노선은 비무장 인간 집단에 대한 살상 행위를 배제하는 문제일 수밖에 없다. 전쟁에 직접 간여하지 않는 비무장 민간인에 대한 공격이 '전쟁범죄' 규정의 기본 전제일 것이다.

나 역시 이 견해에 동의한다. 그리고 다음과 같이 이야기하고 싶다.

원폭 투하에 대한 일본 정부의 성명은 "신규이면서 기존의 어떠한 무기나 투사물에도 비할 수 없는 무차별성·잔학성을 가진 원자폭탄을 사용할 수 있는 것은 인류 문화에 대한 새로운 죄악"이라고 밝혔음은 앞서 말했다. 하지만 일본 정부는 '원폭 재판'[16]에서 원폭 투하를 국제법상 불법으로 규정하지 않았다.[17] 이런 일본 정부의 견해는 현재도 유지되고 있다. '죄악'이지만 '위법'은 아니라는 것이다.

또 미국 관리들도 도덕에 대해 말하지만 미국 정부는 원폭 투하에 대해 반성도 사과도 하지 않고 있다. 핵무기 폐기를 호소해 노벨평화상을 받은 버락 오바마 전 미국 대통령도 마찬가지다.[18] 미국 정부는 원폭 투하에 대해 불법은커녕 반성하지 않고 있는 것이다. 이처럼 원폭 투하가 전쟁범죄인지 아닌지에 대해 견해차가 존재하고 있다.

이삼성 선생님은 도쿄 재판에서 재판부가 일본의 전쟁범죄를 "전쟁터에서뿐만 아니라 집에서, 병원에서, 고아원에서, 공장에서, 들녘에서, 젊은이나 노인이나, 건강한 사람이나 병자나, 남자, 여자, 어린이를 가리지 않고 자행한 인간 생명의 대량파괴"라고 규정했다고 하면서 "그렇다면 미국은 전쟁범죄를 범하지 않았는가?"라고 묻고 있다.

---

16 피폭자가 "인류가 경험한 최대의 잔학 행위로 인해 피해를 입은 원고들의 손해에 대해, 깊고 높은 법의 탐구와 원폭의 본질에 대한 심리를 실시하고, 그 청구를 용인받고 싶다"며 소송한 재판.

17 피고인 국가는 "당시 교전국으로서 신형 폭탄의 사용 포기를 요구했지만, 그것은 신형 폭탄의 사용이 전시국제법의 원칙 및 인도주의 근본주의 원칙을 무시한 것이기 때문이다. 아울러 교전국이라는 입장을 벗어나 객관적으로 바라보면, 원자무기의 사용이 국제법상 위법이라고 판정되고 있는 것은 아니다"라고 되어 있다(https://www.hankaku-j.org).

18 2016년 히로시마에서의 오바마 연설은 "71년 전, 어느 화창한 구름 하나 없는 아침, 죽음이 하늘에서 떨어지고 세상이 변했습니다"로 시작되었다. 그는 자신이 살아 있는 동안에는 '핵 없는 세상'은 실현되지 않을 수 있다고 언급했다. 기시다 총리도 마찬가지다.

선생님은 원폭 투하가 '전쟁범죄'였다고 결론짓고 있다. 나도 그 결론에 동의한다. 하지만 투하된 측인 일본 정부도 투하한 측인 미국 정부도 '전쟁범죄'라고는 하지 않는다. 극명한 '전쟁범죄'임이 분명한 원폭 투하에 대해, 가해국과 피해국 정부 모두 범죄로 인정하지 않고 있는 것이다. 역사의 아이러니라고 할 수 있는 모순이 여기에 있다.

양국 정부가 '전쟁범죄'로 인정하지 않는 것은, 양국 모두 핵무기를 국가안보상 필요 혹은 유용한 것으로 규정하고 있기 때문이다. 그들도 불법 무기를 사용할 수 없다고 생각하기 때문에, 어떻게든 원폭 투하를 법 세계에서 금지되지 않은 것으로 해야 하는 것이다. 하지만 원폭 사용의 윤리상 혹은 도덕상의 평가를 따지면 긍정 평가를 할 수 없으므로, 오바마 전 미국 대통령이나 기시다 후미오 일본 총리처럼 먼 미래지만 '핵 없는 세상을 요구한다'는 포즈를 취하는 것이다.[19] 나는 이것이 위선이라고 생각한다.

6. 원폭 사용의 정당성에 관한 시선들

이삼성 선생님은 다음과 같이 말하고 있다.

"아무리 거대한 악이라 하더라도 그것을 응징한다는 명분으로 그 사회의 도시들을 상대로, 그 도시의 수십만 비무장 민간인을 목표물로 삼아 원폭을 사용해 대량살육하는 행위는 반인도적 범죄에 해당함이 분명하다. 미국이 1945년 8월 초 마주한 제국 일본은 물론 거악이었다. 20만에서 30만 명에 이르는 난징의 비무장 민간인들을 대량살육한 난징학살, 731부대의 생체실험과 만인갱萬人坑, 종군위안부, 강제동원을 통한 죽음의 노역 등 무수한 반인도적 범죄의 대공창大工廠이었음이 분명했다. 그럼에도 불구하고 거악을 응징하고 전쟁 종결을 앞당긴다는 명분으로 히로시마와 나가사키의 수십만 비무장 민간인을 살육한 미국의 원폭 투하도 전쟁범죄이자 반인도적 범죄로 규정할 수밖에 없다."

---

19 5월 20일, 바이든 미국 대통령은 히로시마 원폭자료관에서 다음과 같이 방명록에 적었다. "세계에서 핵무기를 최종적으로, 그리고 영원히 없앨 수 있는 날을 향해 함께 나아갑시다." 그도 핵무기는 없애야 한다고 말한다. 다만 '핵 버튼'을 들고 다니면서.

　나는 이 결론에 주저함 없이 찬성한다. 대일본제국이 거악이었다는 데에도, 그것과의 대항을 위해서라고는 하나 원폭을 사용한 것은 '전쟁범죄'이자 '인도에 대한 죄'라는 결론에도 동의한다. 그것은 우리가 '핵 없는 세상'을 희구하는 데 있어 원점이 되어야 할 사상이기 때문이다. 만약 '거악'과 맞서기 위해 핵무기가 필요하다는 가치와 논리를 긍정한다면, '거악'을 만들어냄으로써 핵무기는 영구히 필요하게 되고 그 사용을 전제로 하는 보유가 합리화되기 때문이다.

　미국은 한때 소련을, 이어서 북한과 이란과 이라크 등을 '악의 축'으로 규정하고, 나아가 국제 테러리스트 집단을, 그리고 현재는 중국과 러시아, 북한과 이란 등을 '권위주의 국가'로 규정하며 거악으로 취급하고 있다.

　'거악'과의 대항이라는 명분으로 핵무기 보유를 승인하는 것은 핵무기를 존속하게 하는 것이므로, 핵무기 사용의 위험성을 배제할 수 없다. 핵무기는 의도적 사용이 계속 상정될 뿐만 아니라, 사고나 오산으로도 사용될 우려가 있기 때문이다. "내 죽은 후에 홍수는 오라"[20]라고 생각하는 사람이 있고, 실수를 저지르지 않는 사람은 없고, 고장 나지 않는 기계는 없기 때문이다. 핵무기가 계속 존재하는 한 "괴멸적 인도상 결말"[21]이 발생할 위험을 해소하는 것은 원리적으로 불가능하다.

　그러므로 핵무기금지조약은 "핵무기의 어떤 사용도 그것이 가져올 괴멸적인 인도적 귀결을 깊이 우려하며, 핵무기가 완전히 폐기되는 것이 핵무기가 다시는 사용되지 않도록 보장하는 유일한 방법"이라고 말하고 있는 것이다.

　여기에 핵무기와 인류 사회의 관계를 어떻게 생각하는가에 대한 한 가지 식견과 의도적이지 않은 핵무기 사용의 사례를 소개하기로 하자.

1) 핵무기와 인류 사회의 관계

　독일 철학자 귄터 안더스Günther Anders, 1902~1992는 1960년 "우리는 죽음을 피할 수 없는 종족=인류라는 상태에서 '멸종위기종' 상태로 변화되고 말았다"라고 지적한 바

20　여기에서는 '나중에 들이 되든 산이 되든'이라는 의미로 사용하고 있다. "빨갱이에게 지배되느니 차라리 지구의 멸망을 선택하겠다"고 생각하는 대통령도 있었다는 사실을 잊어서는 안 된다.
21　핵무기금지조약의 문구인데, 이미 2010년의 NPT 재검토회의의 합의문서에서 사용되었다.

있다. 그 이유는 인간이 핵무기를 가지고 그것을 사용했기 때문이다.

그의 주장을 내 나름대로 이해하면, 핵무기가 사용되면 모든 사람이 똑같이 비참한 지경을 당하게 된다. 이는 물론 비극이다. 그러나 더한 비극은 대부분의 사람이 핵이 가져올 비극에 대해 신경 쓰지 않고, 대부분의 사람들은 전혀 깨닫지 못하고 있다는 것이다. 왜 이렇게 되고 말았는가? 그것은 나와는 상관없는 일이라고 생각하기 때문이다. 그 배경에는 우리가 위협받고 있는 위험은 나를 개인적으로 위협하는 것이 아니다. 따라서 그 위협은 개인적으로는 아무도 위협하지 않는다. 그러므로 그것은 나 개인과는 관계가 없다. 내가 개인적으로 불안해하거나 분개할 필요가 없다는 믿음이 있다. 우리 모두의 위협이더라도 나만의 위협이 아니라면 나 개인의 위협이 아니라고 착각한다는 것이다.

이는 분명 심각한 지적이다. 인류 멸종의 위험성이 객관적으로 존재하고 있음에도, 주관적으로는 인식하지 않는다면 마음이야 편할지 모른다.

그리고 귄터는 말한다. 방사선이 미치지 않는 전망대가 있다면, 거기에서 방관자로서 손을 더럽히지 않고 관망할 수 있다면 좋을지 모르지만, 그런 장소는 없다. 그럼에도 불구하고 사람들은 "그때는 모두 다 같이 죽는 거 아닌가"라고 중얼거리며, 위험이 있음을 부정하지는 않지만 그렇다고 저항도 하지 않는다, 라고.

귄터는 1945년 8월 6일의 히로시마 이후 '현대의 평화'가 소멸할 뿐만 아니라 전쟁이 일어나고 평화의 시대가 있었던 '인류의 시대'도 소멸하는 원자력 시대에 접어들었음을 경고하고, 그 사태를 극복하기 위한 제안을 하고 있는 것이다.[22]

그리고 일본에서는 "핵을 가지고 멸종위기종과 한무리가 되었네"라는 센류(川柳 : 일본의 전통 시가)가 읊어지고 있다.[23]

---

22 귄터 안더스 지음, 아오키 디가요시 옮김, 『핵의 위협─원자력 시대에 대한 철저한 고찰』, 법정대학출판국, 2016.
23 2019년도 마이니치신문 만능센류대상 수상작. 또 옴니사이드(omnicide)라는 말이 있다. omni는 '모든'의, cide는 '살해'. 핵무기로 모두가 살해된다는 의미다. 존 사마빌 지음, 시바타 신고 외 옮김, 『핵시대의 철학과 윤리』, 아오키서점, 1980.

2) 핵무기 사용과 관련된 사고[24]

(1) 2018년 1월 18일, 하와이 비상사태관리청. "탄도미사일 위협이 하와이로 향하고 있습니다. 근방의 대피처를 찾아 주십시오. 이것은 훈련이 아닙니다."

(2) 1995년 1월, 러시아군이 러시아를 향해 오는 미확인 미사일을 노르웨이 상공에서 발견. 러시아의 핵 가방이 작동. 미사일은 노르웨이의 연구 로켓이었다. 노르웨이는 소련에 발사를 통보했지만 정보가 제대로 전달되지 않았다. 북극의 오로라를 관측하는 무해한 과학 실험이 예기치 못한 결과를 낳았다.

(3) 1983년 9월 26일, 소련의 조기경보위성은 미국에서 다섯 발의 핵미사일이 발사됐다고 발신했다. 구름 끝에서 반사된 햇빛에 위성이 속은 것이었다. 원래대로라면 즉시 반격했을 상황이었지만, 당직이던 장교는 이는 오작동이 틀림없다고 판단해 반격하지 않았고 핵전쟁은 일촉즉발의 순간에 피할 수 있었다.

(4) 같은 해 11월 7일, NATO는 미군의 핵공격 훈련을 포함한 도상연습을 개시. 소련은 이를 실제 전쟁 준비로 오해하고 동독과 폴란드 공군에 경계태세(핵공격 준비)를 취하도록 했다. 4일 후에 훈련은 종료. '쿠바 위기' 이후 미국과 소련의 핵전쟁에 가장 근접한 순간이었다

(5) 1980년 6월 3일, 국가안보보좌관이 카터 대통령에게까지 실제 공격이라고 보고했으나 아슬아슬한 순간 다행히도 오경보였음이 밝혀졌다. 소련 잠수함이 220발의 미사일을 미국으로 발사한다는 정보. 확인을 요구하자, 2,200발이라고. 브레진스키는 아내를 깨우지 않았다. 미국은 전멸할 테니까. 세 번째 연락은 오보였다는 것. 컴퓨터 칩 결함이 원인.

(6) 1979년 11월 9일, 조기경보시스템이 적색으로 점등. 소련의 대규모 기습공격의 양상. 원인이 인적 실수인지 컴퓨터 실수인지 둘 다인지 확인되지 않았다.

---

24 오쿠보 겐이치, 『임박한 핵전쟁의 위기와 우리』, 아케비서방, 2022.

(7) 1960년 그린란드 툴레 공군기지. 탄도미사일 조기경보시스템이 운용됐다. 북미 항공우주방위사령부의 컴퓨터가 미국이 공격받고 있다는 경보 발령. 달에 반사된 레이더 신호가 오경보의 원인.

(8) 1959년 6월 19일, 오키나와 나이키 미사일 오발사.

7. 원폭 사용을 배제했을 때 역사의 향방에 관한 인식

이삼성 선생은 많은 한국인들이 가지고 있는 "원폭 투하가 한국의 독립을 앞당기고 한국인들의 고통을 종식시켰고, 소련이 한반도를 점령하고 공산화하는 것을 막았다는 '정당한 목표'에 기여했다"는 언설에 의문을 표하고 있다.

그 '정당한 목표'의 실현이라는 정의와 히로시마와 나가사키의 희생과 고통을 상쇄할 수 있는지, 원폭 투하가 한국인에게 가져다준 것과 두 도시의 희생과 고통을 저울질하기 전에 생각해야 할 것이 있지 않겠느냐는 문제 제기다. 한국의 독립과 소련의 점령 저지라는 가치 때문에 원폭 투하가 필요했다는 것은 '지나친 단순성'을 내포한 역사적 가정이 아니냐는 것이다. 원폭 투하로 일본 식민지 지배로부터 한국의 해방이 다소 빨라졌다는 것은 부인하기 어렵지만, 일본의 식민지 지배로부터의 해방이 한국의 독립은 아니라는 것이다.

원폭 투하가 없었다면 한국의 운명은 더 불행해졌을 것이라는 생각도, 그 반대의 생각도 모두 역사적 가정법이라고 일컫고 있다. 분명한 것은 미국의 원폭 투하는 한반도에 '누구도 상상하고 싶지 않았을 역정'을 초래했다는 점이다. 트루먼이 스탈린과의 의사소통 없이 원폭을 사용한 데서 그 원인을 찾고 있다.

나는 한국인들이 원폭 투하에 대해 어떤 생각을 갖고 있는지 자세한 것은 모른다. 하지만 일본의 패전으로 한국이 식민지 지배에서 해방되었다는 언설이 통용되고 있다는 것은 알고 있다. 패전이 식민지 해방의 원인이 되었음을 부인할 수 없고, 또한 원폭 투하가 일본 패전의 이유 중 하나임을 부정할 수 없다면 '원폭이 식민지 지배를 해방시켰다'는 논리가 성립되므로 그 언설이 잘못되었다고 할 수는 없을 것이다.

이삼성 선생님이 제기하는 것은, 식민지 해방이 한국의 독립을 의미하지는 않는다는 것이다. 선생님은 한국인의 고통으로부터의 해방이라는 명분으로 원폭 투하를 정당화해서는 안 된다는 것을 대전제로 하면서, 그전에 검토해야 할 것으로 "한국인은 여전히 독립을 이루지 못하고 고통으로부터 해방되지 못하고 있는 것이 아닌가"라는 물음을 던지고 있다고 사료된다.

나는 이 한국의 독립과 한국인의 고통이라는 선생님의 물음에 일본의 독립과 일본인의 고통이라는 물음을 중첩해서 생각해 보고자 한다. 연합국 점령 후 강화조약이 발효되고 아울러 미일안전보장조약이 체결되어, 미국에의 종속이 제도화된 이래 그 상태는 현재도 계속되고 있다. 그리고 그 상태는 강요된 종속이라기보다는 '자발적 종속'이다. 일본의 집권여당은 '미일동맹'을 최우선으로 내세운다. 야당 중에서도 미일안전보장조약 해소를 주장하는 정당은 적다. 독립을 되찾았을 때 요시다 시게루 당시 총리는 자유주의 진영을 선택해 '핵과 달러의 지배'에 의존한다는 정치적 결단을 내렸다. 그것이 현재도 계속되고 있는 것이다. 덧붙여 말하면, 일본 자위대의 지휘권은 미군에게 있다고 되어 있다. 국가의 최대 폭력 장치를 다른 나라가 장악하고 있음을 확인해 둘 필요가 있다.

유일한 전쟁 피폭국이 유일한 원폭 사용국의 핵에 의존하여, 그 안전과 독립을 보전한다는 현실이 여기에 있다. 뿐만 아니라 현재 상황으로서는 '중국 적대시'로 방향을 튼 미국과 공동으로 중국에 대한 포위망을 형성하기 위한 정책을 수행하고 있는 것이다. 그리고 자위대의 적기지 공격 강화뿐만 아니라 범국가적 방위력의 강화와 핵확장억제 강화가 도모되고 있다.

역사적 가정을 이것저것 논의해도 결실은 많지 않을 것이다. 우리에게 요구되는 것은, 핵무기의 위험성을 무시한 채 '위안부'나 '징용공'의 고통을 외면하고 '미래 지향'이라는 구실의 근시안적 정권 운영에 대한 대항이다. 다시 말해 핵무기가 인류 사회를 멸망시킬지 모른다는 위험성에 대한 인식과 식민지 지배의 가장 처참한 피해자에 대한 배려가 결여된 정치 상황에서의 탈출이다.

그런 의미에서 다음은 이삼성 선생님의 논술에 따라 이 상태에서의 탈출에 대해 검토하기로 하자.

8. 동아시아 대분단체제의 폐쇄회로와 히로시마·나가사키

이삼성 선생님은 동아시아의 국제질서를 '동아시아 대분단체제'로 정의하고 있다. 그 의미는 미일동맹과 중국대륙 사이에 세 가지 차원의 긴장—지정학적 긴장, 정치사회적 체제와 이념의 이질성으로 인한 긴장, 그리고 역사심리적 긴장—이 상호 심화하고 상호 지탱하는 관계라는 것이다. 그리고 '진정한 반성을 거부하는 일본'이라는 현상은 이 질서의 구조적 문제이며, 미일동맹은 일본의 진주만 공격이라는 원죄와 미국의 원폭 투하를 상쇄시켜 동맹의 심리적 토대를 구축했다. 역사적 가해와 고통의 상환 방정식 위에 미일동맹이 성립되어 있다는 것이다.

선생님의 이 같은 지적은, 예를 들어 2021년의 미·일 정상 성명 중 "미·일 양국의 역사적 파트너십은 양국 국민의 안전과 번영에 있어서 불가결하다. 전쟁 뒤에 맺어진 미일동맹은 미·일 양국의 기반이 되었다. 세상은 여러 번 변했지만 우리의 유대는 더 견고해졌다"는 등의 문구를 보면 정곡을 찌르고 있는 듯하다. 여기에서는 "전쟁 뒤에 맺어진" 미일동맹은 "양국 국민의 안전과 번영에 있어서 불가결"한 "세계의 변화"에 영향을 받지 않는 견고한 것이라고 말하고 있기 때문이다.

더욱이 선생님은, 미국은 이 동맹을 통해 일본의 역사적 반성의 필요성을 면책했다, 다른 한편으로는 중국과 한국과 일본 사이의 역사 인식 차이가 평행선을 유지하고 있다, 평화로운 동아시아로 나아가기 위한 근본적인 과제 중 하나는, 역사심리적 긴장이라는 정신적 폐쇄회로를 해소하는 것이라고 한다. 그리고 '동아시아 대분단체제'는 동아시아 사회의 모든 것과 연관될 뿐 아니라 세계와 인류 전체에게도 비극이자 위험이라고 보고 있다.

나 역시 이러한 문제의식을 공유하고 있다. 동아시아의 미래에서 미일동맹이 큰 열쇠가 된다는 것은 말 그대로이기 때문이다. '동아시아 대분단체제'의 해소가 미일동맹의 기본 방향에 달려 있다고 한다면 그것은 미국 정부의 변화 없이는 있을 수 없는 일이다. 일본 지배층은 '미국의 핵과 달러'에 의존하는 것이 대전제이므로, 미국 정부가 바뀌면 일본은 자연히 바뀌게 된다. 물론 일본에는 '겉치레의 반성'조차 거부하는 대일본 제국의 망령에 사로잡힌 세력이 존재하므로 이를 업신여겨서는 안 되지만 미국을 진심으로 거스르지는 않을 것이다.

그리고 미국 정부를 바꾼다는 것은, 미국의 시민사회를 바꾸는 것에서부터 시작해야 한다. 미국민은 민주주의를 신봉하고 있을 것이므로 미국 시민이 바뀌면 미국 정부는 바뀌게 된다. 그럼 무엇부터 먼저 시작해야 할까? 핵무기에 대한 올바른 이해를 촉구하는 것이다. 이것은 결코 불가능한 일이 아니다. 애당초 원폭 투하 당시 원폭 투하에 반대했던 '고위급 인사'가 있었다는 사실은 앞서 소개한 대로다.

여기서는 앞서 언급했던 올리버 스톤과 그 밖의 인물들의 언설과 미국에서의 반핵 움직임을 소개하기로 한다.

반핵과 관련한 미국의 현재 상황

(1) 인류가 핵무기를 끝낼 것인가, 핵무기가 인류를 끝낼 것인가?[25]
2019년 1월 30일, 엘리자베스 워런 민주당 상원의원과 애덤 스미스 하원의원이 핵무기 선제 불사용 법안을 제출했다. 스미스 의원은 하원 군사위원회 의장으로 선출돼 「핵태세 검토보고서NPR」를 전면적으로 재검토하겠다고 밝혔다. 그해 4월 11일 미국 하원에서 대통령에게 핵무기금지조약을 받아들이도록 요구하는 결의안이 제안되었다. 그 제안자 중 한 명인 짐 맥거번 의원은 "핵전쟁은 인류의 생존을 위협한다. 결국 요구되고 있는 것은, 인류가 핵무기를 끝낼 것인가, 핵무기가 인류를 끝낼 것인가 하는 것이다"라고 말했다.[26]

(2) 『뉴욕타임스』는 2020년 8월 7일자 지면에, 캐나다에 거주하는 피폭자 살로 세츠코 씨의 기사 '지상의 지옥. 그리고 수십 년에 걸친 평화 활동'과, 얼굴에 심한 화상을 입은 피폭 유아의 사진을 게재했다. 75년간 이와 같은 일은 없었다. 이 신문은 "미국은 실전에서 핵무기를 사용한 유일한 나라로 남아 있다. 그 교훈을 배우지 못한 채 러시아와 중국과의 핵무기 경쟁에 돌입한 것으로 보인다. 히로시마의 75주년 기념은 핵무기에 관한 심각한 사회적 우려를 돌아볼 좋은 기회다"라고 적었다. 그리고 이러한 변화는 갑자기 일어난 것이 아니라

---

25 '러셀-아인슈타인 성명'(1955)은 "당신들의 인간성을 마음에 담고, 그 외의 것들은 잊어라. 만일 그것이 가능하다면 길은 새로운 낙원을 향해 열려 있다. 당신들 앞에는 전면적인 죽음의 위험이 가로지르고 있다"며, 핵전쟁의 회피와 분쟁의 평화적 해결을 호소하고 있다.

26 카와타 타다아키, 「피폭 75년을 향한 과제와 전망」, 『전위(前衛)』 2019년 8월호, 2019.

'대통령 결정의 옳고 그름', '원폭의 대체 수단', '도덕적 결과', '일본 침공을 피할 수 있었다'라는 네 가지 의제에 대해 2015년부터 이뤄져 온 논의가 쌓여, 원폭에 대한 찬반양론 제시뿐만 아니라 피폭자들의 참상을 전하는 방향으로 변화하기 시작했다는 것이다.[27]

(3) 미국의 원폭관에 전환기가 찾아온 듯 보인다. 미국 사회에서도 원폭 투하가 무엇을 초래했는지, 원폭 투하는 정당화될 수 있는지, 윤리적·도덕적으로 용서받을 수 있는지에 대한 의문들이 제기되고, 정부의 거짓말을 간파하고 스스로의 어리석음을 일깨우려는 노력이 이루어지고 있는 것 같다. 원폭 투하가 초래한 '용납하기 어려운 고통과 피해'와 '괴멸적 인도상의 결말'에 대한 인식이 확산되면서, 널리 믿어져 왔던 '원폭은 많은 인명을 구했다'라는 언설이 가짜임이 폭로되고 있다. 미국인들의 '무지의 베일'이 벗겨지고 있는 것이다.

(4) 유일한 원폭 사용국인 미국의 '핵무기관'의 전환은 '핵 없는 세상'의 실현을 위한 매우 중요한 첫걸음이 될 것이다. 미국에도 반핵운동이 존재한다는 점에 착안해 이와의 연대가 요구되고 있다.

(5) 한국 시민사회의 반핵운동이 미국에서 영향력을 발휘함으로써 미국 시민사회의 핵무기관에 변화가 생긴다면, 그것은 미국 정부의 핵무기관 전환으로 이어지고 나아가 일본 정부의 변화로 이어질 것이다. 물론 이런 변화가 하루아침에 일어나지는 않겠지만 핵무기를 폐기하기 위해서는 필수적인 여정이다.

(6) 2023년 5월, 일본이 주최한 G7에서 '핵 군축에 관한 G7 정상 히로시마 비전'이 발표되었다. 이 비전에서는 '핵 군축'이 거론되고 있지만 '핵 폐기'는 언급되지 않았다. "핵무기는 방위 목적을 위해 역할을 하고, 침략을 억제하며, 전쟁과 위압을 억지한다"며, 핵무기를 국가안보를 위해 불가결한 것이라고 규정하고 있기 때문이다. 그리고 러시아·중국·북한 등에 대한 주문은 적혀 있지만, 자신들이 핵 군축을 위해 무엇을 할 것인지는 언급되지 않았다. 핵무기금지조약은

---

27 이노우에 야스히로 외, 『세계는 히로시마를 어떻게 이해하고 있는가─ 원폭 75년의 55개국·지역의 보도』, 중앙공론신사, 2021.

물론이고 'NPT 6조'[28]에 대해서도 언급하지 않았다. 그야말로 이기적이고 무익하다 못해 오히려 유해한 비전이다.

하지만 그들도 핵무기의 불사용은 유지하려 하고 있다. 그들도 "핵전쟁이 전 인류에게 참상을 초래한다"[29]는 것을 부인할 수 없기 때문이다. 핵전쟁을 피하기 위한 유일한 효과적인 방법은 핵무기 폐기다. 이는 누구나 이해할 수 있는 논리이며, 핵무기금지조약에서도 확인되고 있는 것이다.[30] 그런데도 그들은 핵무기를 고집하고 있다.

(7) 결국 우리의 과제는, 이 핵무기의 필요성과 유용성을 주장하는 '핵억지론자'들의 지배를 뛰어넘는 것이다. 그것이 바로 우리가 멸종위기종에서 탈출할 수 있는 유일한 방책이다. 전 세계 피폭자와 반핵평화세력의 단결이 요구되고 있다. 오늘의 회의가 이에 일조할 것을 진심으로 바란다.

---

28 핵군비확장 경쟁의 조기 정지, 핵군비 축소, 완전한 군비 축소에 관한 조약의 교섭 약속을 규정. 나아가 국제 사법재판소의 권고적 의견은 교섭의 완결도 포함한다고 명시하였다.

29 핵확산금지조약(NPT) 전문의 용어. G7 멤버들은 모두 NPT 체약국이다.

30 핵무기금지조약은 "핵무기를 완전히 폐기하는 것이 핵무기가 두번 다시 사용되지 않을 것을 보증하는 유일한 방법"이라고 명시한다.

Military and Political Significance of the Atomic Bombing for Korean Hibakusha
— Viewpoint of Japanese Anti-nuclear Lawyer —

Okubo Ken-ichi

President of Japan Association of
Lawyers Against Nuclear Arms (JALANA)

Personal motives for desiring the abolition of nuclear weapons

1) Not wanting to become a 'stone in the shape of a human being'.[1]
2) Anger at the absurdity of everyone's past, present, and future being taken away by nuclear weapons.
3) The belief that nuclear weapons and human beings cannot coexist.
4) The hope to quickly eliminate nuclear weapons.

The theme given to me

The theme given to me is : how I, as a Japanese anti-nuclear lawyer, think about the military and political implications of the atomic bombing of Japan from the perspective of Korean Hibakusha (victims of the bombings of Hiroshima and Nagasaki). Since nuclear weapons are an issue of concern for all mankind, it may be desirable to avoid discussing them in terms of nationality or other factors. However, it is true that although Koreans—

---

1 When the atomic bomb was dropped on Hiroshima, a person sitting on the stone steps before a bank opened was exposed to the atomic bomb, and the heat rays from the atomic bomb burned the surface of the stone steps around him white, leaving a his shadow. On May 21 of this year, when Ukrainian President Zelensky attended the G7 meeting, he began his speech by saying, "Dear Japanese people. Dear people of the world who value peace. I come from a country in danger of becoming a 'stone in the shadow of men'." He added, "If the Ukrainians are not brave, only a stone of human shadow may remain where Ukraine used to be."

living in Japan, who were treated as Japanese (overseas residents) at the time— suffered from atomic bombings, they have been left without any relief and assistance because they weren't Japanese in terms of nationality or ethnicity. Therefore, it is also necessary to focus on these Koreans' "particularity", that is, their nationality.

In other words, although nuclear disarmament is the "longing of all living things" (1992 General Assembly Resolution of Japan Federation of Bar Associations), it is necessary to take into account the historical uniqueness of the 'Korean victims' issue in order to achieve the longed-for disarmament. This is because the atomic bombings of the Empire of Japan, which was a colonial power, also made victims of the Korean people, who were under Japanese colonial rule.

This "particularity" means that Korean victims were subjected to a double kind of suffering, both as the victims of Japan's colonial rule and as the victims of the atomic bombings. As people of Japan, we must give serious consideration to this matter; it is our duty toward the Koreans who were under Japanese domination.

Dr. Lee's presentation is comprehensive and detailed, and it is beyond my ability to comment on it, but I will try to carry out my assignment.

* The names of countries are as follows: South Korea (officially the Republic of Korea), North Korea (officially the Democratic People's Republic of Korea), the United States (officially the United States of America), China (officially the People's Republic of China).

1. The Atomic Bombings of Hiroshima and Nagasaki and the Korean Peninsula

Dr. Lee pointed out that the United States had a plan to use nuclear weapons in the Korean War. I agree that this point is important. This is because the Korean War is still not over. Asking North Korea to give up its nuclear weapons and missiles, while ignoring thd fact that the war is not over is to demand that North Korea must "disarm" unilaterally. This is not only totally unconvincing for North Korea, but will also only fuel hostility. We must not forget that it was the U.S. that first planned to use nuclear weapons, and that threat to use nuclear weapons remains to this day. If North Korea is urged to demolish nuclear weapons, it would be unfair for the demanding side not to demolish its own nuclear weapons, and to continue to rely on them.

1) MacArthur's nuclear weapons plan

In 1950, General MacArthur stated that "30 to 50 nuclear bombs dropped on the neck of Manchuria could lead to victory in 10 days," and that "there would be no room for North Korea to invade from the north for at least 60 years."[2] President Harry Truman, who was the final decision-maker for the atomic bombings of Hiroshima and Nagasaki, suggested the use of nuclear weapons, saying that "any weapon in our possession could be used" (November 30, 1950).

Truman and MacArthur shared this view. However, Truman dismissed MacArthur the following April. The reason for his dismissal is said to be "not because he wanted to use nuclear weapons recklessly, but because Truman was convinced that he could use them."[3] Truman, who had amassed nuclear weapons in Okinawa and Kadena, is said to have hesitated to use them because British and French leaders expressed concerns that if a nuclear bomb were to be used on the Korean peninsula, the Soviet Union could use a nuclear bomb against the West.[4]

In the end, MacArthur was dismissed and nuclear weapons were not used, but the danger has not disappeared. This is because the Korean War is not over.

At the time, neither North Korea nor China possessed nuclear weapons. The Soviet Union had just conducted a successful nuclear test. However, that

---

2 Joseph Gerson, *Empire And the Bomb: How the U.S. Uses Nuclear Weapons to Dominate the World*, Pluto Press, 2007.

3 *Ibid*

4 Kazumi Mizumoto, "Did the Appeal of the Hibakusha Promote Nuclear Disarmament?" in *14 Issues Concerning Peace* (Law Bunka Sha, 2018).

is not the case today. China and North Korea both possess nuclear weapons. It is not only possible for the United States to use nuclear weapons on "the neck of Manchuria," but also on the entire Korean peninsula, and even a nuclear exchange between the U.S. and China is assumed to be possible, as Dr. Lee makes clear.

The Yoon administration in South Korea has made a major shift in its policy towards North Korea, strengthening its confrontational stance. In response, North Korea has adopted a policy of preemptive use of nuclear weapons. In addition, the United States-China rivalry and the United States-Russia rivalry are both becoming increasingly intense. This was evident at the recent G7 summit. There is an increasing risk of the use of nuclear weapons in the Korean peninsula.

2) MacArthur's anti-communism

Incidentally, MacArthur said, "I am sure that there is no one living who has experienced war and the destruction it causes as much as I have. With the completion of the atomic bomb, my hatred of war naturally reached its highest point."[5] Even he was considering the massive use of nuclear weapons to prevent a "northen invasion." "Preventing a northern invasion" means countering the threat of the Soviet Union and the newly established People's Republic of China.

MacArthur was a self-proclaimed anti-communist. The reason for this was that he believed that communism was dictatorial and atheistic. MacArthur's belief is consistent with the mindset that "it would be better to die than to be ruled by the Reds," which has prevailed in American society, both then and now. At the time, this trend led to a storm of anti-communism called McCarthyism, which completely ignored freedom of thought and conscience. In this context, MacArthur, who had known the power of the atomic bomb and hated war, was also plotting the use of nuclear weapons on the Korean peninsula. It is important to note that anti-communism formed the motivation for the use of nuclear weapons.

---

5 Douglas MacArthur, Kazuo Tsushima (trans.), *Reminiscences by Douglas MacArthur*, Chuko Bunko, 2014.

3) The current crisis of nuclear weapons use on the Korean Peninsula

Currently, U.S. atomic scientists say that the Doomsday clock is 90 seconds away.[6] UN Secretary General Antonio Guterres has also called attention to the danger of nuclear war.[7] This was also a common view of last year's (2022) NPT Review Conference.[8] It is considered likely that nuclear war could break out on the Korean peninsula, as well as in Ukraine or in the Taiwan Strait.

Behind this is not only Russia's threat to use nuclear weapons, but also the policy of exclusive unilateralism, as seen in the U.S. initiated confrontation between "democracies" and "authoritarian states" and the exclusion of other states (China, Russia, North Korea, and Iran) that do not share the "universal values" such as democracy and the rule of law. It is the division of the international community.

It is important to remember that the Japanese government does not recognize North Korea as a state.

Now that we are faced with an increasing danger of nuclear war, it is an essential task for our future to examine the reality of the atomic bombings.

2. The Atomic Bombings of Hiroshima and Nagasaki and Human Sacrifice

Dr. Lee mentions the number of victims of the atomic bombings of Hiroshima and Nagasaki. Indeed, it would be difficult to ascertain the exact number. However, this work is ongoing. I would like to share some information.

---

6 Bulletin of The Atomic Scientists "Doomsday Clock".

7 He emphasizes the dangers of nuclear war at every opportunity. For example, at last year's NPT Review Conference, he stated, "Humanity is in danger of forgetting the lessons forged in the terrifying fires of Hiroshima and Nagasaki. States are seeking false security in stockpiling and spending hundreds of billions of dollars on doomsday weapons that have no place on our planet. Today, humanity is just one misunderstanding, one miscalculation away from nuclear annihilation."

8 The Final Document was not passed due to Russian opposition, but no disagreement was expressed regarding the perception of an increased risk of the use of nuclear weapons.

1) Mortality rates due to the atomic bombings

(1) I would like to touch on the mortality rate from the atomic bomb-ings of Hiroshima and Nagasaki. I rely on the research of Kazumi Mizumoto of the Hiroshima City University Peace Research Institute.[9] Mizumoto points to the death rate in the affected areas as a statistic that tells of the danger of the use of the nuclear weapons. The number of deaths by the end of December 1945 in Hiroshima City was about 140,000 ± 10,000, and in Nagasaki City, about 74,000. As the population of Hiroshima City was 336,483 as of February 1944, and that of Nagasaki City was 276,300, the death rate was 41.6 ± 3% in Hiroshima City and 27.4% in Nagasaki City. Mizumoto agrees with the view of Hiroshima City, which states that "If we consider the damage caused by the atomic bombs in terms of mortality, the mortality rate is higher than 40%. This figure is uniquely high in history, and it is easy to infer the inhumanity and uniqueness of atomic bombs." I agree with that. There is no doubt that it is abnormal for 40% of the people in the area to die within five months. For reference, the number of deaths in the Tokyo Metropolitan Area during the Bombing of Tokyo was 95,374. As the population of the same area in February 1944 was 6,657,620, the death rate is estimated to be 1.4%.[10]

(2) Of course, these numbers are just statistics. However, it is clear that there were irreplaceable individual lives behind them. I would like to recall the words "One death is a tragedy. But the death of 1 million is a statistic."[11] I do not want to forget that behind the statistic of 1 million deaths, there are million individual tragedies. Based on this, let's confirm the number of Korean victims at the time.

---

9 Kazumi Mizumoto, "Nuclear Disarmament and Hiroshima and Nagasaki," *Law and Politics of Nuclear Disarmament and Nonproliferation*, Shinzansha, 2008.

10 *Ibid*. These are figures from Headquarters for Economic Stabilization (経済安定本部, 1946).

11 "The death of one person is a tragedy, but the death of a million people is just a statistical number" is said to be a quote by Eichmann or Stalin. Churchill seems to have put the number at 100,000.

(3) This is based on a report by Kim Jin-ho, chairman of the Hiroshima Prefecture Korean Atomic-Bomb Survivors Council, at a series of opinion-exchange meetings held by the Japan Association of Lawyers Against Nuclear Arms (JALANA) over the past few years under the theme of "For the denuclearization of the Korean Peninsula." (Anti-nuclear Lawyers, No. 114, Spring 2023)

- The number of people from the Korean peninsula in Japan on August 1945 was over 2.36 million. In Hiroshima City, there were 50,000 to 53,000.

- The actual situation of victims in North Korea in 2008. The total number of surviving victims was 1,911, of which 1,529 had died by 2008. 281 survivors were from Hiroshima and 101 from Nagasaki. About 45% of them have since died.

- According to a survey by the South Korean government in 2010, there were 30,000 deaths among 50,000 Korean victims in Hiroshima. In Nagasaki, there were 10,000 deaths among 20,000 victims.

2) Discrimination against A-bomb survivors abroad

(1) Hibakusha Relief under Japanese Law
There a Japanese domestic law called the "Law Concerning Relief for Atomic Bomb Survivors (Hibakusha Relief Law, 1994). This law was enacted to "take comprehensive measures for health, medical care, and welfare of aging Hibakusha, taking into account that the health damage caused by radiation resulting from the atomic bombings is a special type of damage different from other war damage." This law defines survivors and provides for certain "relief measures" for survivors. However, it has been revealed in a series of lawsuits filed by survivors that these measures are not sufficient (the "Atomic Bomb Disease Recognition Class Suit", "No More Hibakusha Lawsuit"). By the way, Hibakusha are defined as ① thosewho were in the city at the time of the atomic bombings, ② those who entered the vicinity

of the hypocenter (within a 2-kilometer radius) within two weeks of the bombing, ③ those who were involved in relief activities, ④ The unborn children of these people.

(2) However, the Japanese government did not intend to apply this law (including the Atomic Bomb Medical Care Law) to overseas Hibakusha. After a series of lawsuits were filed by Hibakusha abroad (including the Sun Jindu lawsuit and the Kwak Kihoon lawsuit), the law is now being applied to them as well. This is the result of the idea and movement that "survivors are survivors, wherever they may be." I would like to express my respect for the pioneers who fought for this.

(3) There are also Hibakusha in North Korea, but this law is virtually inapplicable to them. The Japanese government has regarded this as an "important humanitarian issue", but there are no diplomatic relations between Japan and North Korea, so there is no way for them to apply for the "relief measures". The government's response is, "If you want a health handbook (certificate), go to the Chinese consulate or embassy to apply" (Kim Report). Colonial rule, the Korean War, and the division of the Korean peninsula are all major barriers to supporting survivors. Relief for all survivors is not sufficient, but it is also important to note that the degree of relief varies among survivors. If you are in North Korea and want the Hibakusha certificate, you must go to the Chinese consulate or embassy and apply for it. While relief for the Hibakusha as a whole is totally insufficient, it is also important to confirm that there is discrimination even among the Hibakusha.

(4) In addition, the relief of survivors (including nuclear test victims) is also an important issue provided for in Article 6 of the Treaty on the Prohibition Nuclear Weapons (TPNW). The First Meeting of States Parties (2022.6) established an informal working group on victim assistance and environmental remediation. The chair countries are Kazakhstan and Kiribati. The governments of Japan and South Korea

are negative about the TPNW, but the international community is making such progress. The TPNW provides for its universality (Article 12).

3. Process and Motives of the U.S. Decision to Use the Atomic Bombs against Japan

Dr. Lee provides a comprehensive report on the process and motives behind the U.S. decision to use the atomic bombs against Japan. While I may be repeating myself, I would like to make a few comments.

1) Truman's statement and memoirs on the atomic bombings

(1) Statement on August 6, 1945

"Sixteen hours ago an American airplane dropped one bomb on Hiroshima, an important Japanese Army base. That bomb had more power than 20,000 tons of T.N.T. The Japanese began the war from the air at Pearl Harbor. They have been repaid many fold. With this bomb we have now added a new and revolutionary increase in destruction to supplement the growing power of our armed forces. It is an atomic bomb. It is a harnessing of the basic power of the universe. The force from which the sun draws its power has been loosed against those who brought war to the Far East. It was to spare the Japanese people from utter destruction that the ultimatum of July 26 was issued at Potsdam. Their leaders promptly rejected that ultimatum. If they do not now accept our terms they may expect a rain of ruin from the air, the like of which has never been seen on this earth."

In this statement, Truman says that the atomic bomb is a "revolutionary increase in destruction" that is powered by "the force that is the source of the sun's power". He also states that the motive for the bombing was to retaliate for the attack on Pearl Harbor, to attack "those who brought war to the Far East," and to save the Japanese people from total war.

(2) On August 9, 1945 Truman said in his radio report to the American people about the Potsdam Conference, "We used the atomic bomb to end the war's agony sooner and to save the lives of millions of American young people."

(3) Additionally, in his 1955 Memoirs, Truman wrote, "If we had invaded the enemy's homeland and forced them to surrender, it would have cost half a million American lives. The atomic bombing was to avoid that."

(4) In the end, the United States justified the dropping of the atomic bomb on the grounds of an early end to the war and respect for human life, along with the argument that it was retaliation for Japan's surprise attack on Pearl Harbor, colonial rule, and acts of aggression. This is the traditional American view of the atomic bomb and the traditional American view of the atomic bombings.

(5) This view disregards the fact that the atomic bomb, a weapon of mass destruction with "revolutionary destructive power", brutally killed or injured combatants and non-combatants without distinguishing between them, and fundamentally destroyed the living foundation of people. It also completely ignores the fact that there are still people suffering from radiation sickness and the issue of the second and third generations. It is important to remember that one of the special characteristics of the atomic bombing is that the war damage can occur even after the war is over. This view is diametrically opposed to the atomic bomb view of TPNW (the treaty on prohibition of nuclear weapons), which holds that the atomic bombing is a mass indiscriminate massacre targeting civilians and violates international humanitarian law.

(6) It is important to remember that Truman dropped the atomic bomb, knowing that they had a power "which has never been seen on this

earth" and justified their use. However, there were also dissenting opinions against this justification theory among high-ranking officials in the U.S. government and military at the time. U.S. public opinion was also not monolithic. This is a significant fact that should be kept in mind when doing research on U.S. domestic public opinion.

2) Criticism of the justification of the atomic bombings

(1) Admiral William Leahy, President Truman's Chief of Staff (1950)
"The Japanese were already defeated and ready to surrender. The use of this barbarous weapons at Hiroshima and Nagasaki was of no material assistance in our war against Japan. In being the first to use it, we adopted an ethical standard common to the barbarians of the dark ages."

(2) John Ford Dulles, President Eisenhower's Secretary of State (1945)
"If we, a professedly Christian nation, feel morally free to use atomic energy in that way, men elsewhere will accept that verdict. Atomic weapons will be looked upon as a normal part of the arsenal of war and the stage will be set for the sudden and final destruction of mankind."

(3) Henry Stimson, Truman's Secretary of State (1947)
"In this last great action of the Second World War we were given final proof that war is death. War in the 20th century has grown steadily more barbarous, more destructive, more debased in all its aspects. Now, with the release of atomic energy, man's ability to destroy himself is very nearly complete."

(4) I would like to note that they, the "high-ranking officials," not only regarded the dropping of atomic bombs as "against humanity (feel morally free)" and "debased" but also as "man's ability to destroy himself." Moreover, Admiral Leahy denied the military necessity of using the atomic bomb, arguing that "Japan was already defeated and was ready to surrender."

(5)   The above remarks are quotes from *Oliver Stone's Untold History Of The United States* by American film director Oliver Stone and historian Peter Kuznick. They found that 85% of Americans, who have held the mistaken belief that the atomic bomb helped end the war, approve of its use. However, most Americans are said to have been unaware that many of the top U.S. military leaders at the time considered the dropping of the atomic bomb not only militarily unnecessary but also a morally reprehensible act. The argument is that if nuclear weapons are not only militarily unnecessary but also immoral weapons, American citizens will not tolerate them.

(6)   Of course, even if nuclear weapons were necessary to win the war, it is a separate issue whether they are allowed to be used in combat. It is important to remember that there are weapons that should not be used, even if they are militarily necessary. This has already been established in the law of war (international humanitarian law) as the principle that "the means of warfare are not unlimited." (Article 22 of the 1907 Hague Regulations respecting the Laws and Customs of War on Land)

(7)   The atomic bomb is said to have "a power which has never seen on this earth" (quote from Truman's statement) because it can cause massive killing and destruction without distinguishing between combatants and non-combatants, or military facilities and civilian facilities. Since both the developers and users of the atomic bomb were aware of its power, such a weapon should never have been used.

(8)   Regardless of the process of the development of the atomic bomb or the motives for using it, I would like to confirm that the high-ranking officials of the U.S. military and government at the time also recognized that the atomic bomb was not a weapon that should have been used, not only because it was "against humanity" and "debased", but also because it was "able to destroy mankind".

(9)   Despite this, the necessity and usefulness of nuclear weapons are still being earnestly proclaimed and the danger of "destroying mankind"

has not been eliminated. The theory of nuclear deterrence is "the most dangerous collective fallacy that exists"[12], and is "nuclear rhetoric".[13] The question is how to overcome this "theory". Having confirmed this, here I would like to consider the causal relationship between the atomic bombing and the end of the war.

4. Historical Causality between the Atomic Bombings and the End of the War

Dr. Lee states that the most decisive issue in discussing the military and political significance of the atomic bombing is the role that the atomic bombing played in bringing about Japan's surrender. On that basis, he presents many historical facts to advance his argument. I do not have the ability to comment on the overall logical development based on these facts. Therefore, I would like to present the following two documents to fulfill my role (both are colloquial translations).

1) Government protest letter just after the atomic bombing, August 10, 1945

"The bomb that the United States has used this time far surpasses poison gas and other weapons that are prohibited from being used because of their indiscriminate and cruel nature. The United States has been carrying out indiscriminate bombing of the Empire's cities on a wide scale, ignoring international law and the fundamental principles of humanity, but now, the

---

12 The 1980 Report of the Secretary-General of the United Nations, p.157, "Comprehensive Study of Nuclear Weapons" evaluated the theory of nuclear deterrence as "the most dangerous collective fallacy", arguing that the theories in which the use of nuclear weapons by a state is an integral element of its security, are hard to reconcile with the UN Charter's principle of "peace through law".

13 The "Vienna Declaration" of TPNW First Meeting of the States Parties states that nuclear deterrence is "nuclear rhetoric." Nuclear deterrence doctrines "are based and rely on the threat of the actual use of nuclear weapons and, hence, the risks of the destruction of countless lives, of societies, of nations, and of inflicting global catastrophic consequences." This highlights now more than ever the fallacy of nuclear deterrence.

use of this bomb, which is new and has an indiscriminateness and cruelty that cannot be compared to any previous weapon or projectile, is a new crime against human culture. The Imperial Government condemns the United States government in its own name, and in the name of all humanity and civilization. In addition, we strongly demand that the United States government immediately abandon the use of such inhumane weapons."

2) Emperor's Imperial Rescript of Defeat, August 15, 1945

"The enemy has used a new and cruel bomb (atomic bomb) to kill and injure innocent people, and the damage is incalculable. If we continue to fight, it will not only lead to the destruction of our nation, but it will also lead to the destruction of human civilization. In such a situation, how can I protect the many people who are like my children and apologize to the spirits of my imperial ancestors? This is the reason why I have instructed the government to accept the Potsdam Declaration."

3) Evaluation

The ruling class of the Empire of Japan was aware that the atomic bomb was an indiscriminate and cruel weapon, and even said that it was "a new crime against human culture" and "will destroy human civilization." On the other hand, the emperor blames the defeat on the atomic bomb. There is no reflection on the Pearl Harbor surprise attack, or on the colonization and invasion of other countries. By blaming Japan's defeat on the atomic bomb, they tried to hide all of their failures and errors of judgment. What a petty and irresponsible attitude.

It seems that other arguments can also be added that "the atomic bomb and the Soviet Union's entry into the war were the grace of Heaven in a sense. We didn't have to show that we stopped the war due to domestic circumstances."[14], or "the atomic bomb was a 'true divine wind' that saved

---

14 *Hiroshima: The World's Bomb* By Andrew J. Rotter (The Historian, 72(3), New York, N.Y.: Oxford University Press, 2008) introduces it as the words of Mitsumasa Yonai (Navy General and Prime Minister of Japan) just before the end of the war.

Japan from further national humiliation and death."[15]

There is no way that the dropping of the atomic bomb did not have an impact on Japan's defeat in the war. However, commentators seem to differ from whether it was decisive or not. I believe that the decisive reason for Japan's defeat was its reckless thinking. It was reckless to think that Japan could fulfill its own ambition while continuing to invade other countries by force, develop colonial rule, and inflict suffering on its own and other peoples. In the first place, it is impossible to continue to rule over other countries or their peoples through violence. World history proves this.

People live their lives to sustain their own existence and to create new life. Rule by violence is a challenge to that very life. While overcoming these challenges, people have gained their wisdom and created history. That is why the human race has survived.

The Soviet Union fought the "Great Patriotic War" against Nazi Germany. Vietnam won the war against the United States, saying that "nothing is more precious than freedom and independence." Currently, a similar struggle is unfolding in Ukraine. All of them have paid a heavy price.

By the way, I cannot tell the Ukrainian government and people to "put down their arms." If Russia is given a concession, Russia might withdraw. There might be fewer casualties than there will be if battle is continued. Forced migration and rape might stop. The occupation of nuclear power plants might also be lifted. If the fighting continues, Russia may go from threatening to use nuclear weapons to actually using them. It may lead to the destruction of human society. The "nuclear age" implies such dangers.

Even if there are such dangers, I cannot tell the Ukrainian people to lay down their arms if they choose to continue fighting. For they are in the right. However, if they choose to lay down their arms, I will never oppose them or insult them. It is their decision to make.

---

15 The same book introduces it as "a whispered joke after the war".

5. Strategic Bombing, War Crimes, and the Atomic Bombing as the Culmination

Dr. Lee raises the following issue: As long as we recognize ourselves as human beings even while we are at war, moral issues cannot be avoided. So, what is the essence of "morality in war"? Even in war, the lowest level of morality is to exclude the killing of unarmed people. Attacks against unarmed civilians who are not directly involved in the war are a basic premise of the "war crime" provisions in international law.

I also agree with this view. On that basis, I would like to make the following comment:

The Japanese government's statement regarding the dropping of the atomic bombs said, "It is a new crime against human culture to be able to use this bomb, which is infinitely more indiscriminate and brutal than any existing weapon or projectile."[16] I mentioned that earlier. However, the Japanese government did not say that the atomic bombings were illegal under international law in the "Atomic Bomb Tribunal."[17] This view of the Japanese government is still maintained today. The argument is that although dropping atomic bombs is a sin, it is not illegal.

Also, although senior U.S. officials have talked about morality, the U.S. government has neither regretted nor apologized for dropping the atomic bombs. The same applies to former U.S. President Obama, who received the Nobel Peace Prize for calling for the abolition of nuclear weapons. The U.S. government has not regretted the atomic bombings, let alone saying that it was illegal.

Thus, opinions differ on whether or not the dropping of the atomic bombs was a "war crime".

16　The Hibakusha sued, saying, "We want the court to conduct a deep and high legal inquiry and examine the nature of the atomic bomb, and to have our claim accepted for the damages of the plaintiffs who suffered from the greatest atrocity that mankind has ever experienced."

17　The defendant country stated, "As a belligerent at the time, we requested the abandonment of the use of the new bomb because its use ignored the principles of international law of war and fundamental principles of humanity. To put it objectively away from the position of a warring nation, it is not clear that the use of atomic weapons is illegal under international law." (https://www.hankaku-j.org).

Dr. Lee says that the Tokyo Tribunal defined Japan's war crimes as "the mass destruction of human life committed arbitrarily against young and old people, healthy and sick people, men, women and children, not only on battlefields but also in homes, hospitals, orphanages, factories and fields." If so, did the United States not commit war crimes? he asks.

He concludes that the atomic bombing was a "war crime". I also agree with him. However, neither the Japanese government, which was bombed, nor the United States government, which dropped the bombs, has called it a "war crime." Neither the perpetrator nor the victim country recognize the dropping of atomic bombs, which is a clear war crime, as a crime. This contradiction is a kind of irony of history.

Neither government recognize it as a "war crime" because they regard nuclear weapons as necessary and useful for national security. They also believe that they cannot use illegal weapons, so they have to make sure that atomic bombings are not prohibited in the legal world.[18] However, if they are asked to evaluate the use of atomic bombs on an ethical or moral basis, they cannot give a positive evaluation, so they take a posture of "seeking a world without nuclear weapons," like former U.S. President Obama and Japanese Prime Minister Fumio Kishida, even if it is in the distant future.[19] I think this is hypocrisy.

6. A Perspective on the Legitimacy of the Use of Atomic Bombs

Dr. Lee says the following :

"even if the evil is immense, the act of using weapons of mass destruction against the cities of a society as a means of retaliation, targeting

---

18 Obama's speech in Hiroshima in 2016 began with "71 years ago, one clear, cloudless morning, death fell from the sky and the world changed." He states that a 'nuclear-free world' may not be realized while he is alive. The same is true for Prime Minister Kishida.

19 On May 20th, U.S. President Biden made the following entry at the Hiroshima Atomic Bomb Museum. "Let us move together towards the day when the world can finally and forever eliminate nuclear weapons." He also wants to eliminate nuclear weapons. However, he carries a "nuclear button" with him.

hundreds of thousands of unarmed civilians, clearly constitutes a crime against humanity. The imperial Japan that the United States faced in early August 1945 was undoubtedly evil. It is estimated that the number of victims of the Nanjing Massacre, where unarmed civilians in Nanjing were mass-murdered, was around 200,000 to 300,000. The empire of Japan committed countless crimes, including the activities of the unit 731, 'comfort women', and forced labor, among others. Nevertheless the rationale of retaliating against evil and expediting the end of the war, the U.S.'s atomic bombings of Hiroshima and Nagasaki, which massacred hundreds of thousands of unarmed civilians, can only be classified as war crimes and crimes against humanity. The bitter irony is that the Americans, in their effort to destroy the imperial Japan, appropriated for themselves the essential aspect of the enemy's crimes against humanity, i.e., the intentional, systematic and massive destruction of innocent human lives."

I fully agree with this conclusion. I also agree with the conclusion that the Empire of Japan was a huge evil, and that the use of the atomic bombs, even though it was to fight against it, was a "war crime" and a "crime against humanity." This is because it is a thought that should be the starting point for our pursuit of a "nuclear-free world." If we affirm the value and logic that nuclear weapons are necessary to counter "evil," then nuclear weapons will be considered necessary forever by creating "evil," and the possession of nuclear weapons that presupposes their use will be justified.

The United States once considered the Soviet Union, then North Korea, Iran, Iraq, etc. the "axis of evil", and further treated international terrorist groups as the greatest evil. Currently it regards China, Russia, North Korea, Iran, etc. as "authoritarian states", treating them like the greatest evil.

Recognizing the possession of nuclear weapons in order to counter "evil" means that nuclear weapons will continue to exist, so the danger of nuclear weapon use cannot be eliminated. This is because nuclear weapons are not only expected to be used intentionally, but there is also a risk of being used by accidents or miscalculations. Some think "Let the flood come after I die" and there is no one who does not make mistakes, and there are no machines that do not break down.[20]

As long as nuclear weapons exist, it is fundamentally impossible to eliminate the risk of a "catastrophic humanitarian consequences."[21]

Therefore, the Treaty on the Prohibition of Nuclear Weapons states that "The States Parties to this Treaty are deeply concerned about the catastrophic humanitarian consequences that would result from any use of nuclear weapons", and that "to completely eliminate such weapons remains the only way to guarantee that nuclear weapons are never used again under any circumstances".

Here is one insight into how to think about the relationship between nuclear weapons and human society, and some cases of non-intentional nuclear weapon use.

1) The relationship between nuclear weapons and human society

German philosopher Günther Anders (1902-1992) pointed out in 1960 that "We humans have gone from a mortal species to an 'endangered species'." The reason is that humans had nuclear weapons and used them.

As I understand his argument, if nuclear weapons are used, everyone will suffer equally. This is of course a tragedy. But the greater tragedy is that most people do not care about the tragedy that nuclear weapons will bring, and most people are completely unaware of it. Why is this so? It is because they think it is not their business.

Behind this is the fact that the dangers that threaten us are not those that threaten me personally. Therefore, the threat does not threaten anyone personally. So it doesn't concern me personally. There is a conviction that I don't need to feel personally anxious or outraged. Even if it is a threat to us, it is a delusion that it is not a personal threat if it is not a threat to me alone.

This is certainly a serious point. If we do not subjectively recognize the danger of human extinction that exists objectively, we may feel at ease.

---

20 Here, it is used in the meaning of "whether it becomes a field or a mountain later." We must not forget that there was a president who thought, "I would rather destroy the Earth than be ruled by communists."

21 2010 NPT Review Conference Final Document, p.12.

Günter Anders says. If there were a lookout where you could watch without being exposed to radiation, you could watch it as an observer without getting your hands dirty, but there is no such place. Nonetheless, people mutter, "We'll all die then". They do not deny the danger, but they also do not resist.

Günter Anders warned that since Hiroshima was bombed on August 6, 1945, we entered an atomic age, in which not only "modern peace" but also the "age of humanity", in which there were times of war and peace, would disappear. He proposed ways to overcome this situation.[22]

In Japan, there is a senryu poem (haiku) that says, "With nuclear weapons, we join the endangered species".[23]

2) Accidents related to the use of nuclear weapons[24]

(1) On January 18, 2018, the Hawaii Emergency Management Agency announced, "A ballistic missile threat is headed toward Hawaii. Seek shelter near you. This is not a drill."

(2) In January 1995, Russian military detected an unidentified missile heading towards Russia in Norwegian airspace. Russia's nuclear briefcase was activated. The missile was a Norwegian research rocket. Norway had notified Russia of the launch, but the information had not reached the appropriate authorities. An innocent experiment to observe the aurora borealis in the Arctic had an unexpected outcome.

(3) On September 26, 1983, a Soviet early warning satellite showed that five nuclear missiles had been launched from the United States. This was actually a false caused by sunlight reflecting off the top of clouds. Under normal circumstances, this would have been a situation requiring an immediate retaliatory strike. However, the officer on

---

22 Günter Anders, Takayoshi Aoki (trans.), *The Nuclear Threat: An In-depth Study of the Nuclear Age*, Hosei University Press, 2016.

23 Winner of the 2019 Mainichi Shimbun Omnicide Willow Award. The word "omnicide" is used to refer to the killing of all people by nuclear weapons. It means to kill everyone by nuclear weapons. John Somerville, Shingo Shibata et al. (trans.), *Philosophy and Ethics in the Nuclear Age*, Aoki Shoten, 1980.

24 Okubo Ken-ichi, *The Looming Nuclear War Crisis and Us*, Akebi Shobo, 2022.

duty, Stanislav Petrov, judged that this was a malfunction and did not launch a retaliatory strike. At the last minute, this prevented a nuclear war from breaking out.

(4) On November 7 of the same year, NATO began map exercises, including nuclear attack training by the U.S. military. Mistaking this as a real war preparation, the Soviet Union put the air forces of East Germany and Poland on alert (preparing for a nuclear attack). The exercise ended four days later. This was the moment when the United States and the Soviet Union came closest to nuclear war since the Cuban Missile Crisis.

(5) On June 3, 1980, the president's national security advisor was about to report to President Carter that there was a real attack, but fortunately, at the last minute it was discovered to be a false alarm. The information was that a Soviet submarine had launched 220 missiles at the United States. When asked for confirmation, it was 2,200. Brzezinski did not wake up his wife, because he thought that the United States was about to be completely destroyed. The third contact said that it was a false report. The cause was a defect in the computer chip.

(6) On November 9, 1979, the early warning system turned red. It looked like a large-scale surprise attack by the Soviet Union. It could not be determined whether the cause was a human error, a computer error, or both.

(7) In 1960, the ballistic missile early warning system was put into operation at Thule Air Base in Greenland. The computer of the North American Aerospace Defense Command issued an alarm that the United States was being attacked. The reflected radar signal from the moon was the cause of the false alarm.

(8) On June 19, 1959, a Nike missile was mistakenly launched in Okinawa.

7. What Would History Have Been Like If There Had Been No Use of Atomic Bombs?

Dr. Lee raises doubts about the discourse that is held by many Koreans, that the atomic bombings contributed to the "legitimate goals" of hastening the independence of Korea and ending the suffering of Koreans, and preventing the Soviet Union from occupying and communizing the Korean peninsula.

This is a question that raises the issue of whether the justice of achieving those "legitimate goals" can offset the sacrifice and suffering of Hiroshima and Nagasaki. It is something to think about before weighing what the atomic bombings brought to Koreans against the sacrifice and suffering of those two cities. The argument that the atomic bombings were necessary for Korean independence and the prevention of Soviet occupation is a historical hypothesis that implies "excessive simplicity." It is undeniable that the independence of Korea from Japanese colonial rule was somewhat accelerated by the atomic bombings, but the liberation from Japanese colonial rule is not Korean independence.

Both the idea that Korea would have been even more unfortunate without the atomic bombings, and the opposite idea, are considered to be historical hypotheses. It is clear that the U.S. atomic bombings brought "a reality that no one wanted to imagine" to the Korean peninsula. The cause is attributed to Truman's use of the atomic bombs without communicating with Stalin.

I am not familiar with the specific thoughts that Koreans have about the atomic bombings. However, I am aware that the discourse that Korea was liberated from colonial rule by Japan's defeat is commonly accepted. If it cannot be denied that the defeat was the cause of the liberation from colonialism, and if it cannot be denied that the atomic bombings were one of the reasons for Japan's defeat, then the logic that "the atomic bombs liberate Korea from colonial rule" would be established, so it would not be possible to say that the discourse is wrong.

What Dr. Lee is questioning is that liberation from colonial rule does not mean the independence of Korea. He says that the dropping of the atomic bomb should not be justified on the grounds that it was for the liberation of the Korean people from their suffering, and that before doing so, it must first be examined whether the Korean people have achieved independence and whether they have been liberated from their suffering.

I would like to consider the question of Japan's independence and the suffering of the Japanese people in light of Dr. Lee's question about the independence of Korea and the suffering of the Korean people.

After the occupation by the Allied Powers, the Japan-US Security Treaty was concluded in conjunction with the entry into force of the peace treaty and Japan's dependence on the United States was institutionalized, and that state of affairs continues to this day. That state is a "voluntary dependence" rather than a forced dependence. Japan's ruling party prioritizes the "Japan-U.S. alliance". Even in the opposition, there are few parties that advocate the abolition of the Japan-US Security Treaty. When Japan regained its independence, then-Prime Minister Yoshida Shigeru made a political decision to choose the free world camp and rely on the "dominance of nuclear and the dollar." That is still continuing.

To add to that, it is said that the command of the Japanese Self-Defense Forces is held by the U.S. military. I would like to confirm that the country's greatest violent device is under the control of another country.

Here is the reality that the only country bombed by nuclear weapons seeks to preserve its security and independence by relying on nuclear weapons of the only country to use them in combat. In the current situation, Japan pursues a policy to encircle China jointly with the United States, which has turned to hostility toward China, increasing the Self-Defense Forces's ability to attack enemy bases. Japan also seeks to reinforce national defense power and extended nuclear deterrence.

It would be of little use to discuss historical hypotheses. What we need is to resist ignoring the dangers of nuclear weapons, looking away from the suffering of the "comfort women" and "forced laborers" and shortsightedly operating the government under the guise of being forward-looking. In other words, it is the escape from the political situation in which we fail to recognize the danger that nuclear weapons could destroy human society and fail to consider the most tragic victims of colonial rule.

Then, let us consider the escape from this situation in light of Dr. Lee's argument.

8. East Asian Division System and Hiroshima and Nagasaki

Dr. Lee defines the international order in East Asia as the "Great Division System in East Asia." He declares that it is a relationship in which the three dimensional tensions between the Japan-U.S. alliance and China—geopolitical tensions, tensions caused by the heterogeneity of political and social systems and ideology, and historical and psychological tensions are mutually deepening and mutually supporting. And he argues that the phenomenon of "Japan that refuses to truly reflect" is a structural problem of this order, and that the Japan-U.S. alliance laid the psychological foundation for the alliance by offsetting the original sin of the Japanese attack on Pearl Harbor and the United States' atomic bombings. He argues that the Japan-U.S. alliance is established on an equation of the payment for historical wrongdoing and suffering.

I think Dr. Lee's point is accurate when looking at the following Japan-U.S. Joint Leaders' Statement (2021): "Our historic partnership is essential to the safety and prosperity of both our peoples. Forged in the wake of strife, the Alliance has become a bedrock to each of our nations. The world has changed many times over; our ties have pulled tighter." Here, the Japan-U.S. alliance "orged in the wake of strife" is said to be "essential to the security and prosperity of both countries" and strong enough to be unaffected by "changes in the world."

Moreover, Dr. Lee argues that from the perspective of its alliance, the United States exempted Japan from the need for historical reflection. On the other hand, the gap in historical understanding among China, South Korea, and Japan remains parallel. He argues that one of the fundamental problems in advancing towards a peaceful East Asia is to break the mental circuit of historical and psychological tension. He reasons further that the "Great Division System in East Asia" is a tragedy and danger not only for all of East Asian society, but also for the world and humanity as a whole.

I share this critical stance. It is true that the Japan-US alliance is a major key to the future of East Asia. If the dissolution of the "Great Division System in East Asia" depends on how the Japan-U.S. alliance changes, it is impossible without change to the U.S. alliance policy. The Japanese ruling class is fundamentally dependent on the "nuclear and the dollar" of the United States, so if the U.S. government changes, Japan will change. Of course, there are forces in Japan that are possessed by the ghost of the Great Japanese Empire, which rejects even superficial reflection, so we should not underestimate them, but they will not seriously defy the United States.

Moreover if we want to change the American government, we must start by changing American civil society. Because the American people believe in democracy, if American citizens change, the American government can also change.

So what should we start with? It is to get them to understand nuclear weapons correctly. That is not impossible. As I mentioned earlier, there were "high-ranking officials" who opposed the atomic bombing at the time of the atomic bombing.

Here, I will introduce anti-nuclear movements in the United States other than the earlier remarks of Oliver Stone and others.

Current situation of anti-nuclear in the United States

(1) Will humanity end nuclear weapons, or will nuclear weapons end humanity?[25]

On January 30, 2019, Democratic Senator Elizabeth Warren and Democratic Representative Adam Smith introduced a bill to prohibit the First-Use of nuclear weapons. Smith was elected chairman of the House Armed Services Committee and wants to completely revise the Nuclear Posture Review (NPR). On April 11, 2019, a resolution was proposed in the U.S. House of Representatives urging the president to

---

25 The Russell-Einstein Manifesto (1955) states, "Keep your humanity in mind and forget everything else. If you can do this, the road is open to a new paradise. If you cannot, you face the risk of total death," calling for the avoidance of nuclear war and the peaceful resolution of conflicts.

accept the nuclear weapons prohibition treaty. One of the proposers, Congressman Jim McGovern said, "Nuclear war threatens the survival of humanity. In the end, the question is whether humanity will end nuclear weapons, or nuclear weapons will end humanity."[26]

(2) On August 7, 2020, The New York Times published an article about Setsuko Thurlow, a survivor of the atomic bombing who lives in Canada, under the title "After 'Hell on Earth', Decades Working for Peace", along with a photo of a child survivor of the atomic bombing who had severe burns on her face. Nothing like this has happened in 75 years. The paper said, "The United States remains the only country to have used nuclear weapons in combat. It seems as though the United States is plunging into a new nuclear arms race with Russia and China without having learned the lessons of the last one. 75th Anniversary of Hiroshima is a good time to revive serious public concern about nuclear weapons." (NYT, "The World Can Still Be Destroyed in a Flash", August 6,2020) This change did not happen suddenly, but is the result of an accumulation of discussions since 2015 on four issues: "the right or wrong of the president's decision, alternatives to the atomic bomb, moral consequences, and whether the invasion of Japan could have been avoided". Afterwards, a change began in the direction of not only presenting the pros and cons of the atomic bomb, but also conveying the horrors suffered by the victims.[27]

(3) It appears that a turning point is coming in the United States' view of nuclear weapons. In American society, there is a growing questioning of what the atomic bombings brought, whether they can be justified, and whether they are ethically and morally permissible. People are also making an effort to see through the government's lies and to enlighten themselves. The recognition of the "unbearable pain and

---

26 Tadaaki Kawada, "Challenges and Prospects for the 75th Anniversary of the A-bombing", *Avant-garde* (August 2019), 2019.
27 Yasuhiro Inoue et al., *How the World Understands Hiroshima: Reports from 55 Countries and Regions on the 75th Anniversary of the Atomic Bombing*, Chuokoron Shinsha, 2021.

damage" and "catastrophic humanitarian consequences" caused by the atomic bombings is spreading, and the widely held belief that "the atomic bombs saved many lives" is being exposed as a hoax. The "veil of ignorance" of the American people is being lifted.

(4) The United States is the only country to have used nuclear weapons. A change in the United States' view of nuclear weapons would be an extremely important step towards a nuclear-free world. It is important to note that there is the anti-nuclear movement in the United States, and People should unite with that movement.

(5) If the anti-nuclear movement by South Korean civil society has an impact in the United States, it will lead to a change in the view of nuclear weapons on the part of the United States civil society and then to a change in the Japanese government. Of course, such change will not happen overnight, but it is an essential activity for the abolition of nuclear weapons.

(6) In May of this year, the "G7 Leaders Hiroshima Vision on Nuclear Disarmament" was issued at the G7 hosted by Japan. This vision mentions "nuclear disarmament" but not "nuclear abolition." This is because it regards nuclear weapons as indispensable for national security, stating that "nuclear weapons, for as long as they exist, should serve defensive purposes, deter aggression and prevent war and coercion". This "Vision" contains demands on Russia, China, North Korea, etc., but does not mention at all what they will do to achieve nuclear disarmament. The Treaty on the prohibition of nuclear weapons (TPNW), as well as NPT Article 6 [28], are not mentioned. It is a truly selfish, useless, and even harmful vision.

---

28 Provides for an early cessation of the nuclear arms race, a reduction in nuclear arsenals, and a commitment to negotiate a treaty on complete arms reduction. Note that the advisory opinion of the International Court of Justice also includes the conclusion of negotiations.

However, they are also trying to continue the non-use of nuclear weapons. This is because they cannot deny that "the devastation would be visited upon all mankind by a nuclear war".[29]

The only effective way to avoid nuclear war is the abolition of nuclear weapons. This is a logic that anyone can understand, and it is also confirmed in the nuclear weapons ban treaty.[30] Nevertheless, they are clinging to nuclear weapons.

(7)   In the end, our task is to overcome the dominance of the "nuclear deterrence theorists" who argue for the necessity and usefulness of nuclear weapons. This is the only way for us to escape from the "endangered species." The unity of the world's survivors and anti-nuclear peace forces is required. I sincerely pray that today's meeting will be a help in this regard.

---

29 A term used in the preamble of the Nuclear Nonproliferation Treaty (NPT); all G7 members are signatories to the NPT.
30 The Treaty on the Prohibition of Nuclear Weapons states that the complete elimination of nuclear weapons is the only way to guarantee that they will never be used again.

韓国人被爆者にとっての原爆投下の軍事的・政治的意味
― 日本の反核法律家の視点から ―

大久保賢一

日本反核法律家協会会長

核兵器廃絶を求める個人的動機

1)「人影の石」[1]になりたくないという恐怖。
2) 核兵器によって、全ての人の過去も現在も未来も奪われる理不尽に対する怒り。
3)「核と人類は共存できない」という信念。
4) 速やかに核兵器をなくしたいという希望。

私に与えられたテーマ

　私に与えられたテーマは、韓国人被爆者にとっての原爆投下の軍事的・政治的意味を、日本の反核法律家としてどのように考えるかということである。核兵器問題は全人類的課題である。だから、国籍などにかかわって考えることは、むしろ避けなければいけないのかもしれない。けれども、当時は「外地人」としてではあるが「日本人」とされながら、原爆被害を受けたにもかかわらず、救済と支援の枠外に置かれてきた朝鮮の人たちが存在することは事実であるのだから、その「特殊性」に着目することも必要であろう。

1　広島市への原子爆弾投下の際に、銀行の開店前に石段に座っていた人が被爆し、その際に原爆の熱線がその周りの石段の表面を白く焼いて人の影の部分が残ったと考えられている。今年5月21日、ウクライナのゼレンスキー大統領がG7に参加した際の又じ　アの冒頭は、「親愛なる日本国民の皆さん。平和を大切にする世界の皆さん。私は『人影の石』となる危機に陥った国から来た」と始まっている。「ウクライナ人が勇敢でなければ、ウクライナがあった所に人影の石だけが残っていたかもしれない」ともしている。

　換言すれば、核兵器廃絶は「生きとし生きるものすべての悲願」(日弁連1992年総会決議)ではあるが、その悲願達成のためにも、朝鮮人被爆者問題の歴史的な特殊性を視野に置く必要があるということである。なぜなら、植民地支配をしていた大日本帝国への原爆投下は、植民地支配を受けていた朝鮮の民衆も被爆者としているからである。それは、植民地支配の被害者が原爆被害者になるという二重の被害を受けていることを意味している。そのことを真剣に検討することは、支配する側にいた人間としての義務だと考えている。

　そこで、ここでは、李三星先生の発表に沿う形で、いくつかのコメントを試みることとしたい。李先生の発表は包括的かつ緻密なものであるから、私があれこれのコメントすることは私の能力を超えるところであるが、課された任務を果たすこととしたい。

　* 国名の表記は、大韓民国は韓国、朝鮮民主主義人民共和国は北朝鮮、アメリカ合衆国は米国、中華人民共和国は中国とする。

1. 広島-長崎への原爆投下と朝鮮半島

　李先生は、朝鮮戦争において、米国が核兵器を使用する計画を持っていたことを指摘している。私もこの指摘は重要であると考える。朝鮮戦争は現在も終結していないからである。朝鮮戦争が終結していないことを無視して、北朝鮮の核やミサイルの放棄を求めることは、北朝鮮に対して一方的な「武装解除」を求めることであって、北朝鮮との関係で全く説得力がないだけではなく、むしろ敵愾心を煽るだけであろう。最初に核兵器使用を計画したのは米国であり、核による威嚇は現在も継続していることを忘れてはならない。北朝鮮に核廃絶を求めるのであれば、求める側も核兵器依存を止めなければ公平を欠くであろう。以下、いくつかコメントをしておく。

1) マッカーサーの原爆使用計画

　1950年当時、ダグラス・マッカーサーは「30発から50発の原爆を満州の頚状部に投下すれば、10日以内に勝利できる」、そうすれば「少なくとも60年間は北から朝鮮を侵攻する余地がなくなる」としていた。[2] 広島と長崎への原爆投下の最終決定者であった

2　ジョセフ・ガーソン著、原水爆禁止日本協議会(日本原水協)訳、『帝国と核兵器』、新日本出版社、2007年。

当時の米国大統領トルーマンは「アメリカの所有するいかなる兵器も使われうる」と核兵器使用をほのめかしていた(1950年11月30日)。トルーマンとマッカーサーの思惑は重なっていたのである。けれども、翌年4月、トルーマンはマッカーサーを解任している。その解任理由は「マッカーサーが無鉄砲に核兵器の使用を望んだからではなく、それが確実に使われるとの確信をトルーマンにもたせたからだ」とされている[3]。沖縄・嘉手納に核兵器を集結させていたトルーマンが、その使用をためらったのは、当時の英仏首脳が、もし朝鮮半島で原爆が使用されれば、ソ連が西側に原爆を使用する可能性があるとの危惧を表明したからだといわれている[4]。結局、マッカーサーは解任され、核兵器使用はなかったけれど、その危険性が消滅しているわけではない。朝鮮戦争は終結していないからである。

　当時は、北朝鮮はもとより、中国も核兵器を保有していなかった。ソ連も核実験を成功させたばかりであった。けれども、現在は違う。中国も北朝鮮も核兵器を保有している。米国が「満州の頚状部」で使用するだけではなく、朝鮮半島全体、さらには米中間の核応酬まで想定されるのである。そのことは、李先生が指摘するとおりである。韓国の尹政権は対北朝鮮政策を大きく転換し、対決姿勢を強め、それと呼応するように北朝鮮も核兵器先制使用政策を採用しているからである。加えて、米中、米ロの対立も厳しさを増している。今回のG7会合でもそのことは顕著である。朝鮮半島をめぐる核兵器使用の危機は高まっている。

2）マッカーサーの反共主義

　ところで、マッカーサーは「現在生きている人で、私ほど戦争とそれが引き起こす破壊を経験した者はいないだろう。原子爆弾の完成で、私の戦争を嫌悪する気持ちは当然のことながら最高に高まっていた」と述懐している。[5]　その彼も「北からの侵攻」阻止のために核兵器の大量使用を考えていたのである。「北からの侵攻」阻止とはソ連と樹立されたばかりの中華人民共和国の脅威との対抗を意味している。

　マッカーサーは反共主義者であることを自認していた。その理由は、共産主義は独裁であり無神論だということにあった。マッカーサーのその信条は、当時も今も、米国社会を覆っている「アカに支配されるくらいなら死んだほうがましだ」という心象風景と

3　同上

4　水本和美、「被爆地の訴えは核軍縮を促進したか」、『平和をめぐる14の論点』、法律文化社、2018年 所収。

5　ダグラス・マッカーサー著、津島一夫訳、『マッカーサー大戦回顧録』、中公文庫、2014年。

共通している。当時、この風潮は、思想・良心の自由など全く無視するマッカーシズムといわれる反共産主義の嵐をもたらしていた(「赤狩り」)。そういう時代背景のもとで、原子爆弾の威力を知り、戦争を嫌悪していたはずのマッカーサーも、朝鮮半島での核兵器使用を画策していたのである。反共主義は核兵器使用の動機を形成することに着目しておきたい。

3) 朝鮮半島での現在の核兵器使用危機

現在、米国の核科学者たちは、終末まで９０秒としている[6]。グテーレス国連事務総長も核戦争の危機を指摘している[7]。昨年のＮＰＴ再検討会議でもそのことは共通認識とされている[8]。その発生の場所は、ウクライナ、台湾海峡などと合わせて、朝鮮半島も想定されている。その背景には、ロシアの核兵器使用の威嚇にとどまらず、米国などによって展開される「民主主義国家」と「権威主義国家」の対立、民主主義や法の支配という「普遍的価値」を共有しない国家(中国、ロシア、北朝鮮、イラン)の排除などの排他的一国主義がある。国際社会の分断である。

日本政府は北朝鮮を国家承認していないことを忘れてはならない。

核戦争の危機が迫っている今、原爆投下の実相を検証することは私たちの未来のために不可欠な作業である。

2. 広島・長崎への原爆投下と人間的犠牲

李先生は、広島・長崎での原爆投下の犠牲者の数について触れている。たしかに、その正確な数を把握することは困難であろう。けれども、その営みは継続されている。その一端を紹介しておく。

6　米国科学者同盟の「終末時計」。

7　彼は事あるごとにその危険性を強調している。例えば、昨年のＮＰＴ再検討会議で、「人類は、広島と長崎の惨禍によって刻み込まれた訓を忘れ去る危機に瀕しています。国々は、私たちの地球にふさわしくない破滅的な兵器を備蓄し、数千億ドルを支出し、誤った安全保障を追求しています。今日、人類は、1つの誤解、1つの判断ミスで核により壊滅する瀬戸際に立っています」とスピーチしている。

8　合意文書は、ロシアの反対で成立しなかったが、核兵器使用の危険性が高まっていることについての認識に反対意見は述べられていない。

1) 原爆投下による死亡率

(1) 広島と長崎への原爆投下による死亡率について触れる。依拠するのは広島市立大学平和研究所の水本和実氏の研究である[9]。水本氏は、原爆被害の危険性を雄弁に物語る数字として被災地域における死亡率をあげている。広島市の死者数は、1945年12月末日までに約14万人±1万人、長崎市は約7万4千人。1944年2月時点での広島市の人口は33万6483人、長崎市は27万63人であるから、その死亡率は、広島市が41.6±3％、長崎市が27.4％だというのである。水本氏は、広島市の「原爆による社会的被害の状況を死亡率の観点から考察すれば、40％以上の高い死亡率になる。この数値は、歴史上他に類を見ない高い値であり、原子爆弾の非人間性、特異性を推測するのは容易である」という広島市の見解に賛意を示している。私もそのとおりだと思う。その地域の40％の人が5か月以内に死んでしまうというのは異常であることは間違いないからである。参考のために触れておくと、東京大空襲での東京都区域の死者数は9万5374人である。1944年2月の同区域の人口は665万7620人なので、死亡率は1.4％とされている[10]。

(2) もちろん、このような数字はあくまでも統計である。けれども、その背後にかけがえのない一人ひとりの人生があったことは間違いない。私は、ここで「一人の死は悲劇である。しかし、100万人の死は統計である」という言葉を想起しておきたい[11]。死者100万人という統計の背後には、100万人分の一人ひとりの悲劇があることを忘れたくないからである。その上で、当時の朝鮮人被爆者の数を確認しておく。

(3) これは、日本反核法律家協会が、この数年間、「朝鮮半島の非核化のために」をテーマにして連続して開催してきた意見交換会における金鎮湖・広島県朝鮮人被爆者協議会会長の報告によるものである（『反核法律家』114号・2023年春号）。

9　水本和実、『核軍縮と広島・長崎』、『核軍縮不拡散の法律と政治』、信山社、2008年 所収。
10　同上。これは経済安定本部の数字である。
11　「1人の死は悲劇だが、100万人の死は統計上の数字に過ぎない」はアイヒマンの言葉だともスターリンの言葉だともいわれて いる。チャーチルは10万人としているようである。

- 1945年8月当時の朝鮮半島出身者の数は全国で236万人以上。広島市内に5万ないし5万3千人。
- 2008年在朝被爆者の実態。被爆者総数1911名。内死亡者1529名。生存者広島出身281名。長崎101名。その後、約45%の方が死亡。
- 2010年の韓国政府の調査によれば、広島における朝鮮人被爆者5万人の内死亡者3万人。長崎では2万人、内死亡者1万人。

2) 在外被爆者に対する差別

(1) 日本国内法での被爆者援護

日本国内法に「原子爆弾被爆者に対する援護に関する法律」(被爆者援護法・1994年)がある。この法律は、「原子爆弾の投下の結果として生じた放射能に起因する健康被害が他の戦争被害とは異なる特殊の被害であることにかんがみ、高齢化の進行している被爆者に対する保健、医療及び福祉にわたる総合的な援護対策を講ずる」として制定されている。この法律によって、被爆者が定義され、被爆者に対する「援護対策」が一定とられている。けれども、その対策が十分ではないことは、被爆者が提起してきた累次の裁判で明らかにされている(「原爆症認定集団訴訟」)・(「ノーモア・ヒバクシャ訴訟」)。ちなみに、被爆者とは、① 原爆投下時に市内にいた人。② 2週間以内に爆心地付近 (2キロ圏内)に入った人。③ 救援活動にかかわった人。④ これらの人の胎児とされている。

(2) けれども、日本政府は、この法律(原爆医療法も含めて)を在外被爆者に適用しようとはせず、在外被爆者の裁判闘争(孫振斗裁判・郭貴勲裁判など)を経て、現在は、在外被爆者にも適用されている。「どこにいても被爆者は被爆者」という思想と運動の成果である。先駆者たちに敬意を表明したい。

(3) 北朝鮮にも被爆者がいるけれど、この法律が適用されることはない。日本政府は「重要な人道上の問題」とはしているけれど、国交がないため「援護対策」を申請するルートがないからである。「手帳が欲しければ中国領事館・大使館に行って申請しろ」ということである(金報告)。植民地支配・朝鮮戦争・南北対立などが、被爆者支援という場面でも、大きな壁となっている。被爆者全体に対する救済は決して十分ではないが、被爆者の中でも救済の程度が異なっていることも確認しておきたい。

(4) なお、被爆者(実験被爆者も含む)の救済は、核兵器禁止条約6条でも規定されている重要課題である。被害者支援および環境修復のための会期間の非公式作業部会が設置されている。議長国はカザフスタンとキリバスである。日韓両国政府は、核兵器禁止条約について否定的であるが、国際社会はこのような進展を見せているのである。核兵器禁止条約はその普遍化を規定している (12条)。

3. 米国の対日原爆使用決定の過程と動機

李先生は、米国の原爆使用決定の過程と動機について、包括的な報告をしている。屋上屋を重ねることになるかもしれないけれど、少しコメントしておく。

1) 原爆投下にかかわるトルーマンの声明と回顧録

(1) 1945年8月6日の声明

「16時間前、広島に爆弾一発を投下した。その爆弾はTNT火薬2万トン以上の威力をもつ。日本はパールハーバーにおいて戦争を開始した。彼らは、何倍もの報復をこうむった。この爆弾によって、今や我々は新たな革命的破壊力を加え、わが軍隊の破壊力をさらに一層強化した。それは原子爆弾である。宇宙に存在する基本的な力を利用したものである。太陽のエネルギー源になっている力が、極東に戦争をもたらした者に対して放たれたのである。ポツダムでの最後通告は、全面戦争から日本国民を救うためであった。彼らの指導者は、それを拒否した。もし、彼らが我々の条件を受け入れなければ、空からの破滅の弾雨が降り注ぐものと覚悟すべきであり、それは、この地上でかつて経験したことのないものとなるであろう。」

ここで語られていることは、原子爆弾は「太陽のエネルギー源」になっている「革命的破壊力」を持つものだということ。投下の動機は、パールハーバー攻撃に対する報復であること。「極東に戦争をもたらした者」に対する攻撃であること。「日本国民を救うため」であることなどである。

(2) トルーマンは、1945年8月9日の「ポツダム会談に関するアメリカ国民へのラジオ報告」では「われわれは、戦争の苦悶を早く終わらせるために、何千万ものアメリカの若者の生命を救うために原爆を使用した」としている。

(3)　更に、1955年の『回顧録』では、「敵本土に上陸し屈服させれば、50万人の米国民の生命を犠牲にする。それを避けるための原爆投下だ」とも書いている。
トルーマンは、人数は不揃いだが、原爆投下はより犠牲を少ない形で戦争を終結させたという「原爆人命救済説(救助論)」を展開しているのである。

(4)　結局、米国は、原爆投下について、日本の真珠湾奇襲や植民地支配や侵略行為に対する報復という言説とあわせて、戦争早期終結と人命尊重という理由で原爆投下を正当化しているのである。これが、アメリカの伝統的「原爆観」である。

(5)　この見解は、原子爆弾という「革命的破壊力」を持つ大量破壊兵器が、戦闘員と非戦闘員の区別などないままに残虐に殺傷し、その生活基盤を根底から破壊したことなどは棚上げしている。もちろん、現在まで原爆症に苦しむ人がいることや二世三世問題なども完全に無視されている。原爆被害の特殊性の一つに、戦争が終わっても戦争被害が新たに発生することがあることを忘れてはならない。原爆投下は、市民を標的とした大量無差別虐殺であり、国際人道法に違反するという核兵器禁止条約の原爆観とは対極にある見解である。

(6)　トルーマンは、原爆が「かつて地上に存在したことのない威力」を持っていることを承知しながら、原爆を投下し、その投下を正当化していることを忘れてはならない。けれども、原爆投下について、当時の米国政府や軍の高官の中には、このような正当化論に対する異論も存在していたのである。米国の世論も決して一枚岩ではなかったのである。このことは、米国の国内世論に働きかける上で、重要な事実である。

２) 原爆投下正当化論に対する批判

(1)　トルーマン大統領付参謀長であったウィリアム・リーヒ提督 (1950年)。
「日本はすでに敗北しており降伏する用意ができていた。広島と長崎に野蛮な兵器を使用したことは日本に対するわが国の戦争に何ら貢献していない。はじめてこの兵器を使用した国家となったことで、われわれの道徳水準は暗黒時代の野蛮人レベルに堕した。」

(2)　アイゼンハワー大統領の国務長官となるジョン・フォード・ダレス (1945年)。
「仮に、敬虔なキリスト教国家であるわが国が、このような核エネルギー使用が人倫に悖っていないと考えるならば、他の国の人々も同じような考えに走

るだろう。核兵器は通常兵器の一種と見なされるようになり、人類が突如として破滅する道が開かれるに違いない。」

(3) ヘンリー・スティムソン国務長官(1947年)。
「第2次世界大戦終盤におけるこの重大な戦闘行為によって、われわれは戦争とは即ち死であるという決定的な証拠を目の前につきつけられた。20世紀において、戦争はあらゆる側面でますます野蛮で、破壊的で、唾棄すべきものとなった。人類は核エネルギーを手に入れたことで、今や自分たちを破滅させる能力を手に入れてしまった。」

(4) 彼ら「要人」は、核兵器について「人倫に悖る」、「唾棄すべきもの」とするだけではなく、「人類を破滅させるもの」としていることに注目しておきたい。しかも、リーヒ参謀長は「日本はすでに敗北しており降伏する用意ができていた」として、原爆使用の軍事的必要性も否定しているのである。

(5) 以上は、米国の映画監督オリバー・ストーンと歴史学者ピーター・カズニックの『オリバー・ストーンが語るもう一つのアメリカ史』(早川書房・2013年)からの引用である。二人は、原爆が戦争終結につながったという誤った信念を抱いてきたアメリカ人の85％は、原爆使用を是認している。しかし、アメリカ国民の大半が知らされていなかったのは、当時の米軍最高指導者の多くが原爆投下は軍事的には不必要であるか、道徳的には非難されるべき行為ととらえていた事実だったとしている。軍事的に不必要であるだけではなく、非道徳的兵器ということになれば、米国市民もそれを容認しないであろうという言説である。

(6) もちろん、戦争に勝利するために核兵器が必要であったとしても、それが戦闘において使用が許される兵器かどうかは、別の論点である。軍事的必要性があっても使用してはならない兵器があることは、当時、既に、戦争法(国際人道法)において「戦闘の手段は無制限ではない」という法理(ハーグ第4条約陸戦規則第22条)として確立していたことを忘れてはならない。

(7) 原爆が「かつて地上に存在したことのない威力」とされるのは、戦闘員と非戦闘員、軍事用施設と民生用施設を区別することなく大規模な殺傷と破壊を可能とすることを意味しているからである。原爆がそのような威力を持っていることは、開発者も使用者も承知していたのであるから、そのような兵器は使用してはならなかったのである。

(8) 原爆開発の経過や原爆使用の動機いかんにかかわらず、原爆投下は「人倫に悖る」、「唾棄すべきもの」とするだけではなく、「人類を破滅させるもの」であるがゆえに、使用されるべき兵器ではなかったことを、当時、米国の軍や政府の高官も認識していたことを確認しておきたい。

(9) にもかかわらず、いまだに、核兵器保有の必要性や有用性がまことしやかに語られ、「人類を破滅させる」危険性が解消されていないのである。核抑止論という「存在する最も危険な集団的誤謬」[12]であり「核のレトリック」[13]である。この「論理」をどう克服するかが問われている。そのことは確認した上で、ここでは原爆投下と戦争終結の因果関係について考えてみたい。

4. 原爆と戦争終結の歴史的因果関係

李先生は、原爆投下が日本の降伏を引き出す上でどのような役割を果たしたのかは、原爆投下の軍事的·政治的意味を論ずる際の最も決定的な問題であるとしている。その上で、多くの歴史的事実を提示して論を進めている。私には、この事実に基づく論理展開を全体としてコメントする能力はない。そこで、以下の二つの文書を提示し、私の役割を果たすことにしたい(いずれも口語訳)。

1) 原爆投下直後の政府抗議文 (1945年8月10日)

「米国が今回使用した爆弾は、無差別かつ残虐性において使用を禁止されている毒ガスその他の兵器をはるかに凌駕している。米国は国際法及人道の根本原則を無視して広範囲に帝国の諸都市に対して無差別爆撃を実施してきたが、今や新規にしてかつ従来のいかなる兵器、投射物にも比し得ざる無差別性、残虐性を有する本件爆弾を使用せるは人類文化に対する新なる罪悪である。帝国政府は自らの名において、かつ全人類および

12　1980年国連事務総長報告書、『核兵器の包括的研究』は、核抑止論について、国家が安全保障のために核兵器使用を不可欠の要素とする理論は、国連憲章の理念である「法をとおしての平和」と両立しがたいとして、このように評価していた。

13　2022年第1回核兵器禁止条約締約国会議「ジュネーブ宣言」は、核抑止論は「核のレトリック」だとしている。核抑止論は、核兵器が実際に使用されるという威嚇、即ち無数の命、社会、国家を破壊し、地球規模の壊滅的な結末をもたらす危険性にもとづいており、その誤りをこれまで以上に浮き彫りにしている、というのである。

文明の名において米国政府を糾弾する。合わせて、即時このような非人道的兵器の使用を放棄すべきことを厳重に要求する。」

2) 天皇の敗戦詔書 (1945年8月15日)

「敵は新たに残虐な爆弾(原子爆弾)を使用して、罪のない人々を殺傷し、その被害ははかり知れない。それでもなお交戦を継続すれば、わが民族の滅亡を招くだけでなく、それから引き続いて人類文明をも破壊することになってしまうだろう。そのような事態になったとしたら、私はどうしてわが子ともいえる多くの国民を守り、皇祖皇宗の神霊に謝罪することができようか。これが、政府にポツダム宣言に応じるようにさせた理由である。」

3) 評価

大日本帝国の支配層は、原爆が無差別で残虐な兵器であることを承知していたし、「人類文化に対する新たなる罪悪」、「人類の文明を破壊させる」とまで言っていたのである。他方、天皇は敗戦の理由を原爆のせいにしているのである。そこには、真珠湾奇襲についても、他国を植民地支配し、侵略したことについても何の反省もない。日本の敗戦を原爆のせいにすることによって、全ての失敗や判断の誤りを隠蔽しようとしたのである。何とも小賢しい無責任な態度である。

付言しておくと、「原爆やソ連の参戦はある意味天祐である。国内情勢で戦を止めるということを出さなくて済む」[14]とか「原爆は『真の神風』であり、日本を更なる国辱や死から救ってくれた」という言説も存在しているようである。[15]

原爆投下が日本の敗戦に影響を与えなかったということはないであろう。けれども、それが決定的であったかどうかは論者により評価が分かれるようである。私は、日本の敗戦の決定的理由は、その発想の無謀さにあったと考えている。武力で他国を侵略し、植民地支配を展開し、彼我の民衆に塗炭の苦しみを与え続けながら、自らの欲望を実現できると考えることの無謀さである。そもそも、暴力で他国や他国の民衆を支配し続けることは不可能である。それは、世界史が証明している。

---

14 アンドリュー・ロッター、『原爆の世界史』(ミネルヴァ書房、2022年)は、米内光政(海軍大将・内閣総理大臣)の終戦直前の言葉として紹介している。

15 同書は、「戦後、囁かれた冗談」として紹介している。

人は、自身の生命の維持と新しい生命の創出のために、その生を営んでいる。暴力による支配はその生そのものに対する挑戦である。人は、その挑戦を退けながら、知恵を絞り、歴史を刻んできたのである。だから、ヒトという種は存続してきたのであろう。

ソ連はナチスドイツと「大祖国戦争」を戦った。ベトナムは「自由と独立ほど尊いものはない」として米国との戦いに勝利した。現在、ウクライナで同様のたたかいが展開されている。いずれも大きな犠牲を払っている。

ところで、私はウクライナ政府と人民に「武器を置け」とは言えない。ロシアにお土産を差し出せば、ロシアは撤退するかもしれない。戦闘を継続するよりも死傷者は少ないかもしれない。強制移住もレイプも止まるかもしれない。原発の占領も解除されるかもしれない。戦闘が継続すれば、ロシアは核兵器使用の威嚇から実戦使用に至るかもしれない。それは人類社会の滅亡をもたらすかもしれない。「核の時代」というのはそういう危険を内包しているのである。

その危険性があっても、ウクライナの民衆が闘いを続けるというのであれば、私は「武器を置け」とは言えない。彼らに正義があるからである。けれども、彼らが「武器を置く」というのであれば、決して反対はしないし、罵るようなこともしない。決めるのは彼らだからである。

5. 戦略爆撃と戦争犯罪とその絶頂としての原爆

李先生は次のように問題提起をしている。戦争をしている間も自ら人間であることを意識する限り、道徳性の問題は回避できない。では、「戦争における道徳性」というものの要は何か。戦争においても道徳性の最低ラインは、非武装の人間集団に対する殺傷行為を排除する問題にほかならない。戦争に直接関与していない非武装の民間人に対する攻撃は「戦争犯罪」規定の基本的前提だろう。

私もこの見解に同意する。その上で、次のようなコメントをしたい。

原爆投下についての日本政府の声明は「新規にしてかつ従来のいかなる兵器、投射物にも比し得ざる無差別性、残虐性を有する本件爆弾を使用せるは人類文化に対する新なる罪悪」としていたことは先に述べた。けれども、日本政府は、「原爆裁判」[16]におい

---

16 被爆者が、「人類の経験した最大の残虐行為によって被った原告らの損害に対して、深くして高き法の探求と原爆の本質に対する審理を行い、その請求を認容していただきたい」として訴えた裁判。

て、原爆投下を国際法上違法とはしなかった。[17] この日本政府の見解は現在も維持されている。「罪悪」ではあるが「違法」ではないというのである。

また、米国高官も道徳について語っていたが、米国政府は、原爆投下について反省も謝罪もしていない。核兵器廃絶を訴えてノーベル平和賞を受領したオバマ元米国大統領も同様である[18]。米国政府は、原爆投下について、違法どころか反省していないのである。

このように、原爆投下が「戦争犯罪」であるかどうかについて見解の違いは存在しているのである。

李先生は、東京裁判で、裁判所は日本の戦争犯罪を「戦場だけでなく、自宅、病院、孤児院、工場、野原で、若者や高齢者や、健康な人や病人に対しても、男女も子どもも問わずに、ほしいままに行った人間生命の大量破壊」とした。そうだとするなら、米国は戦争犯罪を犯さなかったのか？ と問いかけている。

先生は、原爆投下は「戦争犯罪」だったと結論しているのである。私もその結論に同意する。

けれども、投下された側の日本政府も投下した側の米国政府も「戦争犯罪」だとはしていないのである。極めつけの「戦争犯罪」であるはずの原爆投下について、加害国・被害国政府ともに犯罪とは認めていないのである。歴史の皮肉とでもいえる矛盾がここにある。

両国政府が「戦争犯罪」と認めないのは、両国とも核兵器を国家安全保障上必要かつ有用なものと位置付けているからである。彼らも、違法な武器を使用することはできないと考えているので、どうしても、原爆投下を法の世界において禁止されていないことにしなければならないのである。けれども、原爆使用の倫理上あるいは道徳上の評価を問われれば、肯定評価はできないので、オバマ元米国大統領や岸田文雄日本国首相のように、遠い未来ではあるけれど「核なき世界を求める」というポーズを取るのである。[19] 私は、これは偽善だと思っている。

17　被告国は、「当時交戦国として新型爆弾の使用の放棄を求めたが、それは、新型爆弾の使用が戦時国際法の原則および人道の根本原則無視したものであったからである。併し、交戦国という立場を離れて客観的に眺めると、原子兵器の使用が国際法上違法であると断定されているわけではない」としている(https://www.hankaku-j.org)。

18　2016年の広島でのオバマ演説は「71年前、ある晴れた雲一つない朝、死が空から落ち、世界が変わりました」で始まっている。彼は、自分が生きている間には「核なき世界」は実現しないかもとしている。岸田首相も同様である。

19　5月20日、バイデン米国大統領は、広島原爆資料館で次のような記帳をしている。「世界から核兵器を最終的に、そして、永久になくせる日に向けて、共に進んでいきましょう」。彼も、核兵器はなくすとしているのである。ただし、「核のボタン」を持ち歩いている。

6. 原爆使用の正当性の問題を捉える視点

李先生は、次のように言う。

> 「いくら巨大な悪だとしても、それを懲らしめるという名目でその社会の都市に対して、その都市の数十万の非武装の民間人を目標物にして、原爆を使って大量殺戮する行為は反人道的犯罪に当たることは明らかだ。帝国日本はもちろん巨悪だった。20万から30万に達する南京の非武装民間人を大量殺戮した南京虐殺、731部隊の生体実験と万人坑、日本軍「慰安婦」、強制動員による死の労役など、無数の反人道的犯罪の大工廠であったことは明らかだった。にもかかわらず、巨悪を懲らしめて戦争終結を早めるという名目で広島と長崎の数十万の非武装民間人を殺戮した米国の原爆投下も戦争犯罪であり反人道的犯罪と規定せざるを得ない。」

私はこの結論に無留保で賛成する。大日本帝国が巨悪であったことにも、それとの対抗ためとはいえ、原爆を使用したことは「戦争犯罪」であり「人道に対する罪」だという結論にも同意する。それは、私たちが「核なき世界」を希求する上での原点とされるべき思想だからである。もし「巨悪」と対抗するために核兵器は必要であるとの価値と論理を肯定すれば、「巨悪」を作り出すことによって永久に核兵器は必要とされ、その使用を前提とする保有が合理化されるからである。

米国は、かつてはソ連を、次いで、北朝鮮、イラン、イラクなどを「悪の枢軸」とし、さらには国際テロリスト集団を、そして、現在は中国、ロシア、北朝鮮、イランなどを「権威主義国家」として巨悪扱いしている。

「巨悪」との対抗ということで核兵器の保有を承認することは、核兵器が存在し続けることになるので、核兵器使用の危険性を排除することはできない。核兵器は意図的な使用が想定され続けるだけではなく、事故や誤算によっても使用される恐れがあるからである。「わが亡き後に洪水は来たれ」[20]と考える人はいるし、間違いを犯さない人間はいないし、壊れない機械はないからである。

核兵器が存在し続ける限り「壊滅的人道上の結末」[21]が発生する危険性を解消することは、原理的に不可能なのである。

20　ここでは、「後は野となれ山となれ」という意味で使用している。「赤に支配されるくらいなら地球の滅亡を選ぶ」と考える大統領もいたことを忘れてはならない。

21　核兵器禁止条約の文言であるが、既に2010年のNPT再検討会議の合意文書の中で使用されている。

だから、核兵器禁止条約は「核兵器のいかなる使用もそれがもたらす壊滅的な人道上の帰結を深く憂慮し、核兵器が完全に廃絶されることが、核兵器が決して再び使用されないことを保証する唯一の方法」であるとしているのである。

ここでは、核兵器と人類社会の関係をどう考えるのかということについての一つの見識と意図的ではない核兵器使用のケースを紹介しておく。

1) 核兵器と人類社会の関係

ドイツの哲学者ギュンター・アンダース（1902年～1992年）は、1960年に「われわれは死を免れぬ種族＝人類という状態から、『絶滅危惧種』の状態へと移ってしまった」と指摘していた。その理由は、人間が核兵器を持ち、それを使用したからである。

彼の主張を私なりに理解すると、核兵器が使用されれば、すべての人が同じように悲惨な目にあうことになる。これはもちろん悲劇である。けれども、更なる悲劇は、ほとんどの人が核のもたらす悲劇を気にしておらず、大半の人々は全く気が付いていないことだ。なぜ、そうなってしまうかというと、私には関係ないことだと思っているからだ。その背景には、われわれが脅かされている危険は、私を個人的に脅かしているのものではない。したがって、その脅威は個人的には誰も脅かしていない。だから、それは私個人には関係がない。私が個人的に不安を覚えたり憤慨する必要はない、という思い込みがある。われわれの脅威であっても、私だけの脅威でなければ、私個人の脅威ではないと錯覚するというのである。

これは、確かに深刻な指摘である。人類絶滅の危険性が客観的に存在しているにもかかわらず、主観的には認識しないとすれば、お気楽といえばお気楽である。

そして、ギュンターは言う。放射線を浴びない展望台があれば、そこから傍観者として手を汚さず眺めていればいいかもしれないけれど、そんな場所はない。にもかかわらず、人は「そのときには皆一緒にくたばるわけだ」とつぶやいて、危険があることを否定しないが、抵抗もしないのである、と。

ギュンターは、1945年8月6日の広島以降、「現代の平和」が消滅するだけではなく、戦争が起こり平和の時代があった「人類の時代」も消滅する原子力時代に入ったことを警告し、その事態を乗り越えるための提案をしているのである[22]。

そして、日本では「核持って絶滅危惧種仲間入り」という川柳が詠まれている[23]。

22　ギュンター・アンダース著、青木隆嘉訳、『核の脅威—原子力時代についての徹底的考察』(法政大学出版局　2016年)。

23　拙著『迫り来る核戦争の危機と私たち』(あけび書房、2022年)。

2) 核兵器使用にかかわる事故[24]

(1) 2018年1月18日 ハワイ緊急事態管理庁「弾道ミサイルの脅威がハワイに向かっています。近くのシェルターを探してください。これは訓練ではありません。」

(2) 1995年1月 ロシア軍が、ロシアに向かってくる未確認のミサイルをノルウェー上空に発見。ロシアの核ブリーフケースが作動。ミサイルはノルウェーの研究ロケットだった。ノルウェーはソ連に発射を通告したが、情報がしかるべきところに届いていなかった。北極のオーロラを観測する無害の科学実験が予期せぬ結果になった。

(3) 1983年9月26日 ソ連の早期警戒衛
星は米国から5発の核ミサイルが発射されたと示した。雲の先端で反射した日光に衛星が騙されたものだった。本来なら、即反撃の状況だったが、当直の将校は、これは誤作動に違いないと判断して、反撃は行わず、核戦争はすんでのところで回避された。

(4) 同年11月7日、NATOは、米軍による核攻撃訓練を含む図上演習を開始。ソ連はこれをリアルな戦争準備と誤解して、東ドイツとポーランドの空軍に警戒態勢(核攻撃の準備)をとらせた。4日後に演習は終了。「キューバ危機」以来、米ソが最も核戦争に近づいた瞬間。

(5) 1980年6月3日　国家安全保障大統領補佐官がカーター大統領にまで本当の攻撃だと報告を上げかけたが、ギリギリのところで、幸運にも誤警報と発覚した。ソ連の潜水艦が220発のミサイルを米国に向けて発射との情報。確認を求めたら、2200発とのこと。ブレジンスキーは妻を起こさなかった。米国は全滅するだろうから。3度目に連絡は、誤報とのこと。コンピューターのチップの欠陥が原因。

(6) 1979年11月9日 早期警戒システムが赤色点灯。ソ連の大規模な奇襲攻撃の様相。原因が人的ミスかコンピューターのミスか両方か決められない。

(7) 1960年 グリーンランドのチューレ空軍基地　弾道ミサイル早期警戒システムが運用された。北米航空宇宙防衛司令部のコンピューターが、米国が攻撃されているとの警報発令。月に反射したレーダー信号が誤警報の原因。

24　拙著『迫り来る核戦争の危機と私たち』(あけび書房、2022年)。

(8)　１９５９年6月19日　沖縄 ナイキミサイルの誤発射。

7．原爆使用を排除した際の歴史の行方に関する認識

　　李先生は、多くの韓国人が抱いている原爆投下が朝鮮の独立を早めて朝鮮人の苦痛を終わらせた、ソ連が朝鮮半島を占領して共産化するのを妨げたという「正当な目標」に寄与したという言説に疑義を呈している。

　　その「正当な目標」の実現という正義と広島・長崎の犠牲と苦痛とを相殺できるのか、原爆投下が韓国人にもたらしたものと両都市の犠牲と苦痛とを天秤にかける前に、考えることがあるのではないかという問題提起である。朝鮮の独立とソ連の占領の阻止という価値のために原爆投下が必要だったというのは「過度な単純性」を内包した歴史的仮定ではないかというのである。原爆投下で、日本の植民地支配からの朝鮮の独立が多少早まったということは否定しがたいけれど、日本の植民地支配からの解放が朝鮮の独立ではないというのである。

　　原爆投下がなかったら、韓国の運命はさらに不幸になったという考えも、その反対の考えも、全て歴史的仮定法だとされている。明らかなことは、米国の原爆投下は、朝鮮半島に「誰も想像したくなかった現実」をもたらしたことだとしている。トルーマンが、スターリンとの意思疎通を欠いたままに原爆使用したことにその原因を求めている。

　　私は、韓国人が原爆投下にどのような考えを持っているのかについて詳しいことは知らない。けれども、日本の敗戦で朝鮮が植民地支配から解放されたという言説が通用しているということは承知している。敗戦が植民地解放の原因になっていることを否定できず、かつ、原爆投下が日本の敗戦の理由の一つであることを否定できないとすれば、「原爆が植民地支配を解放した」という論理が成り立つことになるので、その言説を間違いということはできないであろう。

　　李先生が問いかけているのは、植民地からの解放が朝鮮の独立を意味していないということである。先生は朝鮮人の苦痛からの解放のためということで原爆投下を正当化してはならないということを大前提としつつ、その前に検討すべきこととして、朝鮮人はいまだ独立を成し遂げず、苦痛から解放されていないのではないかと問いかけているのであろう。

　　私は、この朝鮮の独立と朝鮮人の苦痛という先生の問いかけに、日本の独立と日本人の苦痛という問いかけを重ね合わせてみたいと思う。連合国の占領の後、講和条約が発効しても併せて日米安全保障条約が締結され、米国への従属が制度化され、その状態は

現在も継続している。そして、その状態は強いられた従属というよりも「自発的従属」である。日本の政権与党は「日米同盟」最優先である。野党にあっても、日米安全保障条約解消を主張する政党は少ない。独立を回復した時、当時の吉田茂首相は、自由主義陣営を選択し「核とドルの支配」に依存するという政治決断を行った。それが、現在も継続しているのである。付言しておくと、日本の自衛隊の指揮権は米軍にあるとされている。国家の最大の暴力装置が他国に握られていることを確認しておきたい。

唯一の戦争被爆国が唯一の原爆使用国の核に依存してその安全と独立を保全するという現実がここにある。のみならず、現状では、中国敵視にかじを切った米国と共同して、対中国包囲網を形成するための政策を遂行しているのである。そして、自衛隊の敵基地攻撃強化のみならず、国を挙げての防衛力の強化と拡大核抑止の強化が図られている。

歴史的仮定をあれこれ議論しても実りは少ないであろう。私たちに求められていることは、核兵器の危険性を無視し、「慰安婦」や「徴用工」の苦痛から目を背け、「未来志向」という口実の近視眼的政権運営に対する対抗である。換言すれば、核兵器が人類社会を滅亡させるかもしれないという危険性に対する認識や植民地支配の最も凄惨な被害者に対する配慮が欠落している政治状況からの脱出である。

そこで次に、李先生の論述に従って、この状態からの脱出について検討するとにしよう。

8. 東アジアの大分断体制の閉鎖回路と広島·長崎

李先生は、東アジアの国際秩序を「東アジアの大分断体制」と定義している。その内実は、日米同盟と中国大陸との間の三次元の緊張―地政学的緊張、政治社会体制と理念の異質性による緊張、歴史心理的緊張―が相互に深化し相互に支え合う関係だというのである。そして、「真の反省を拒否する日本」という現象は、この秩序の構造的問題であり、日米同盟は、日本の真珠湾攻撃という原罪と米国の原爆投下とを相殺して同盟の心理的基礎を築いた。歴史的加害と苦痛の相換方程式の上に日米同盟が成り立っているのだとしている。

先生のこの指摘は、例えば、2021年の日米首脳声明の「日米両国の歴史的なパートナーシップは、両国の国民の安全と繁栄にとって不可欠である。争いの後に結ばれた日米同盟は、日米両国にとっての基盤となった。世界は幾度も変化したが、我々の絆はより固く結ばれた」などという文言を見れば、正鵠を射ているように思われる。ここでは、「争いの後に結ばれた」日米同盟は「両国の国民の安全と繁栄にとって不可欠」な「世界の変化」に影響を受けない強固なものだとされているからである。

　更に、先生は、米国はこの同盟を通じて日本の歴史的反省の必要性を免責した。他方では、中国や韓国と日本との間の歴史認識の隔たりは平行線のままだ。平和な東アジアへと進むための根本的課題の一つは、歴史心理的緊張という精神的閉鎖回路を解き放つことだとしている。そして、「東アジアの大分断体制」は、東アジア社会のすべてにかかわるだけではなく、世界と人類全体にとっても悲劇であり危険であるとしている。

　私もこの問題意識は共有する。東アジアの未来にとって、日米同盟が大きなカギとなることはそのとおりだからである。「東アジアの大分断体制」の解消は、日米同盟の在り方にかかっているとすれば、それは、米国政府の変化なくしてありえないことである。日本の支配層は「米国の核とドル」に依存することが大前提なのだから、米国政府が変われば日本は変わることになるのである。もちろん、日本には「うわべだけの反省」ですら拒否する大日本帝国の亡霊に憑りつかれた勢力が存在するので、それを侮ってはならないけれど、米国に本気で逆らいはしないであろう。

　そして、米国政府を変えるということは、米国の市民社会を変えることから始めなければならないことになる。米国民は民主主義を信奉しているはずだから米国市民が変われば米国政府は変わることになる。では何から始めるか。核兵器への正しい理解をしてもらうことである。そのことは決して不可能ではない。そもそも、原爆投下時に、原爆投下に反対していた「高官」がいたことは先に紹介したとおりである。

　ここでは、先のオリバー・ストーンたちの言説以外の米国における反核の動きを紹介しておくことにする。

現在の米国の反核にかかわる状況

(1)　人類が核兵器を終わらせるのか、核兵器が人類を終わらせるのか[25]
　　　2019年1月30日、民主党のエリザベス・ウォーレン上院議員とアダム・スミス下院議員が、核兵器先制不使用法案を提出した。スミス議員は、下院軍事委員会の議長に選出され、「核態勢見直し」（NPR）を全面的にやり直したいとしている。同年4月11日、アメリカの下院で、大統領に対して核兵器禁止条約を受け入れるよう求める決議案が提案された。その提案者の一人ジム・マクガバン議員は、「核戦争は人類の生存を脅かす。結局、問われているのは、人類が核

25　「ラッセル・アインシュタイン宣言」（1955年）は、「あなたがたの人間性を心に止め、そしてその他のことを忘れよ。もしそれができるならば、道は新しい楽園へ心からでもありている。もしてきないならば、あなたがたのまえには全面的な死の危険が横たわっている」として、核戦争の回避と紛争の平和的解決を呼びかけている。

兵器を終わらせるのか、核兵器が人類を終わらせるのかということだ」としている。[26]

(2)　ニューヨークタイムズは、2020年8月7日の紙面に、カナダ在住の被爆者サーロー節子さんの記事「地上の地獄。そして、何十年にわたる平和活動」と顔に酷いやけどをした被爆幼児の写真を掲載した。75年間このようなことはなかった。同紙は、「アメリカは実戦で核兵器を使った唯一の国であり続けている。その教訓を学ぶことなくロシアと中国との核兵器競争へと突入しているかのようである。広島の75周年記念は核兵器に関する深刻な社会的懸念をよみがえらせるいい機会だ」としている。そして、この変化は突然起きたものではなく、「大統領決定の是非」、「原爆の代替手段」、「道徳的結果」、「日本侵攻が避けられた」という四議題についての2015年からの議論の積み上げがあり、原爆についての賛否両論の提示だけではなく、被爆者の惨状を伝える方向に変化し始めていた、というのである。[27]

(3)　米国における原爆観に転機が訪れているようである。アメリカ社会でも、原爆投下が何をもたらしたのか、原爆投下は正当化できるのか、倫理的・道徳的に許されるのかという問いかけが行われ、政府の嘘を見破り、自らの蒙を啓いていく努力が行われているようである。原爆投下がもたらした「容認しがたい苦痛と被害」や「壊滅的人道上の結末」についての認識が広がり、広く信じられていた「原爆は多くの人命を救った」という言説がフェイクであることが暴露されてきているのである。米国の人々の「無知のヴェール」が剝がれているのであろう。

(4)　唯一の原爆使用国である米国の「核兵器観」が転換することは「核なき世界」実現のための極めて重要な一歩となるであろう。米国にも反核運動は存在していることに着目し、それとの連帯が求められている。

(5)　韓国の市民社会による反核運動が米国での影響を発揮することによって、米国の市民社会の核兵器観に変化が生ずるとすれば、それは米国政府の核兵器観の転換につながり、更には日本政府の変化に繫がることになるであろう。もちろん、このような変化が一朝一夕に生ずることはないであろうが、核兵器を廃絶するためには不可欠な営みである。

26　川田忠明、『被爆75年に向けた課題と展望』(『前衛』、2019年8月号)。

27　井上泰浩他、『世界は広島をどう理解しているか—原爆七五年の五五ヵ国・地域の報道』、中央公論新社、2021年。

(6) 本年５月、日本が主催したG7において「核軍縮に関するＧ７首脳広島ビジョン」が発出された。このビジョンでは「核軍縮」は語られているけれど「核廃絶」は語られていない。「核兵器は、防衛目的のために役割を果たし、侵略を抑止し、戦争・威圧を防止する」として、核兵器を国家安全保障のために不可欠のものとしているからである。そして、ロシア、中国、北朝鮮などへの注文は書かれているけれど、自分たちが核軍縮のために何をするのかは何も触れられていない。核兵器禁止条約はもとよりNPT６条[28]についても触れられたていない。何とも身勝手で無益というよりも有害なビジョンである。

けれども彼らも、核兵器の不使用は継続しようとしている。彼らも「核戦争が全人類に惨害をもたらす」[29]ことを否定できないからである。

核戦争を避けるための唯一の効果的な方法は核兵器廃絶である。これは誰にでも理解できる論理であるし、核兵器禁止条約でも確認されていることである。[30]にもかかわらず、彼らは核兵器に固執しているのである。

(7) 結局、私たちの課題は、この核兵器の必要性や有用性を主張する「核抑止論者」たちの支配を乗り越えることである。それこそが、私たちが「絶滅危惧種」から脱却する唯一の方策である。全世界の被爆者と反核平和勢力の団結が求められている。今日の会議がその一助となることを心から祈っている。

---

28 核軍拡競争の早期の停止、核軍備の縮小、完全な軍備縮小に関する条約の交渉の約束を規定。なお、国際司法裁判所の勧告的意見は交渉の完結も含むとしている。

29 核不拡散条約(NPT)前文の用語。G7のメンバーはいずれもＮＰＴの加盟国である。

30 核兵器禁止条約は「核兵器が完全に廃絶されることが、核兵器が決して再び使用されないことを保証する唯一の方法」としている。

주제 1 질의응답

> 발표자-토론자 간 토론과 청중들의 질의에 대한 응답은 교정을
> 최소로 하고 최대한 실제 표현을 살렸다. 외국 발표자들의 발언은
> 발표자의 언어(영어·일어)와 한글 번역본을 함께 실었다. 여기에
> 다 싣지 못한 질의와 응답들도 있었다.

사회자 김경인 연구원
먼저 발제를 하신 이삼성 교수님의 얘기를 듣겠습니다.

발표자 이삼성 교수
두 분 선생님의 토론 말씀 잘 들었고, 대단히 감사합니다. 제가 미처 언급하지 못했던 것들을 지적해 주신 부분이 많습니다. 우선 오동석 선생님께서 (발표문의) 역사적 사실에 대한 인식과 판단에 있어 가해자인 미국과 일본 쪽 역사학계의 주류로 생각되는 역사적 연구들을 기초로 우리가 인식을 하는 것이 충분한 것인가 제기하셨는데, 저 역시 충분하지는 않다고 생각합니다. 그러나 진리라는 것이 미국의 진리가 따로 있고 일본의 진리가 따로 있고 한국의 진리가 따로 있는 것이 아니기에 저는 미국의 (원폭 투하) 결정 과정과 동기를, 그리고 일본은 일본의 항복이 왜 늦어졌는가에 대한 자신들의 자료에 기초한 상당히 중요한 연구들, 합리적이고 충분히 진실하다고 생각되는 미국과 일본에서 축적된 연구들을 존중하는 입장에 있습니다.

그리고 지적해 주신 많은 것 중에서 부족하다고 제기하셨던 국제사법재판소의 1996년 권고적 의견 관련 부분은 최종 원고에서 보완했다는 말씀을 드립니다. 원고를 참고해 주시면 고맙겠습니다. 그리고 자기방어 차원에서 원폭을 사용하는 것에 대해서 그 당시 1996년 국제사법재판소의 판단이 7대 7로 갈렸습니다. 그런데 재판장이 속한 쪽이 자기방어를 위해 국가가 원폭을 사용하는 것에 대해서 (그 적법성을) 결론 내릴 수 없다고 한 것인데요.

저는 이렇게 생각을 합니다. 자기방어의 경우에도 국가가 원폭을 사용해서는 안 된다고 하는 쪽, 그 입장에서 반대 의견을 제출한 스허부딘 판사는 칼둔의 "법이 존재하는 이유는 문명을 보존하기 위해서다"라고 한 말을 인용하면서, 자기방어를 위해 국가의 생존을 위해서 원폭을 사용하는 경우에 대해서는 (그 적법성에 대한) 결론을 내릴 수 없다는 것이 당시 ICJ의 판단이었다고 한다면

원폭을 자기방어를 위해 사용한다는 국가들은 결국 문명 자체를 파괴하는 것이며, 결국 휴머니티 그 자체를 파괴하는 것이라고 이야기를 했습니다.

그런데 저는 그 부분을 두 가지 점에서 보완한다고 생각한다면, 국가가 생존의 위협에 처했다고 하더라도 그건 국가의 소멸이지 그 사회 전체 인민의 소멸은 아니고 그 사회 전체 문명의 소멸은 아닙니다. 그러니까 국가의 소멸과 그 사회의 소멸을 우리는 구별해야 한다고 생각합니다. 예를 들어 북한 정권이 북한 체제에 대한 자기 보존을 위해 원폭을 사용하는 것은 정당화될 수 없다고 생각합니다. 1962년 쿠바 미사일 위기 때 미국이 공습하겠다고 위협했을 때 카스트로는 새벽에 소련대사관에 가서 눈물로 흐루시초프에게 호소했습니다. "지금 핵무기를 사용해서 미국을 날려 버리자고요." 그런데 카스트로 정권이 망하는 것하고 쿠바 사회, 쿠바 인민, 쿠바 문명이 소멸하는 것은 다른 것이잖아요. 그런 점에 대해서 생각해 볼 필요가 있다고 봅니다.

또한 원폭이라는 무기의 성격상 하나를 사용하게 되면 그것이 순식간에 수백 개의 사용으로 연결될 수 있습니다. 실제로 1950년대, 60년대 미국의 핵무기 사용 계획에 따르면 비밀문서 해제에서 밝혀진 것처럼 유라시아 대륙 전체에 대해서 미국이 사용하려고 했던 핵무기의 숫자가 수천 개였습니다. 글자 그대로 인류의 문명을, 지구 문명을 다 파괴할 수 있는 것이죠. 그렇기 때문에 핵무기는 자기방어의 경우에도 정당화될 수 없다, 특히 국가를 주체로 했을 때 그렇다고 생각합니다.

그리고 오쿠보 선생님께서 여러 가지 좋은 말씀을 해주셨습니다. 제 발표를 많이 보완해 주는 지적들이었습니다. 그래서 제가 특별히 반문할 것은 없다고 생각되고 지적해 주신 것에 대해서 고맙게 생각합니다. 그리고 제가 가장 중요하게 생각하는 것은 우리 한국 사회 안에서 핵무기주의를 극복하는 것입니다. 핵무기를 안보와 번영과 행복을 지키는 수단으로 간주하며 그것에 의존하는 정책을 바꿀 수 있도록 노력해야 합니다. 이러한 노력이 일본에서도 가장 우선되어야 한다고 생각합니다. 그래야 미국의 여론과 사회와 정책을 바꿔 나갈 수 있는 힘이 생긴다고 생각합니다. 감사합니다.

사회자 김경인 연구원
오동석 교수님의 질문에 대한 답변과 의문 사항에 대한 이삼성 교수님의 답변이 있으셨고, 이어서 오쿠보 변호사님의 토론에 감사 말씀을 더하셨는데요. 혹시 오쿠보 변호사님 질문이나 말씀 있으신 가요?

토론자 오쿠보 변호사
韓国の人たちが原爆あるいは原爆投下についてどのような考えを持ってるのかっていうことについて、私は詳しくは承知していないんですね。例えば日本の中でも、その原爆が良くないものだ、と、なくさなければいけないんだっていう、そのことは共有されてるわけですけれども、例えばこの前のG7で発表された、広島ビジョン、この中でもですね、核が使用されない状態は維持しなければいけないけれども、核兵器をなくすのは全ての国家の安全が確保された時なんだと、核兵器は自国の安全のために有用なんだって、この議論が

あるんですね。そうすると、私たちは、核兵器をなくすっていうことは共通するけど、いつなくすんだって、こういう問題に逢着するだろうと思ってるんです。で、それは韓国の方たちもそうだし、我々もそうなんですね。

つまり、現在、核兵器国あるいは核兵器に依存している国家は、核兵器は国家の安全のために必要不可欠だと、そして国家の安全、独立、これがあって初めて国民の命と財産を守れるんだと、だから核兵器はあなたたちのためのものなんだって、こういう論理ですよね。そして一方では、あの核戦争はやってはならない、核戦争には勝者はない、こう言ってるわけですよ。そうすると、私たちは、韓国の人たちも私たちもどういう選択をするのかということだと思っているのです。

核兵器が使われれば、それこそ全人類的な惨害が起きる。これはNPT、つまり核兵器国も加盟している条約の前文にある考えなんですね。人類が滅びてしまうような兵器をなくすということは、これは当たり前のことなんじゃないでしょうか。だれも勝者はない戦争をやってはいけない。それを核兵器がもたらすのであるならば、核兵器をなくすということが論理的な姿勢になると思うんですね。核兵器禁止条約は、そういう論理に立っている。つまり核抑止論は取らない、それを捨てるんだっていう議論ですね。そうすると、私たちは韓国で、日本で運動していく時に、核兵器が必要だって思わされている人たちとどのような議論をしていくか、それが求められているんじゃないか。私は、核兵器が使われれば人類が滅びてしまう、人類社会がなくなってしまう、あなたはそんなものに依存するんですか。それでいいんですか。っていう、そこの問いかけが必要なんじゃないかな、そんなふうに思っています。

한국인들이 원폭 혹은 원폭 투하에 대해 어떤 생각을 가지고 있는지에 대해서는 자세히 모릅니다. 예를 들어 일본 국내에서도 '원폭은 나쁜 것이다, 없애야 한다'와 같은 생각은 공유되고 있습니다. 가령 엊그제 G7에서 발표된 '히로시마 비전'에서도 "핵이 사용되지 않는 상태는 유지되어야 하지만, 핵무기를 없애는 것은 전 세계 국가의 안전이 확보되었을 때다"라며 핵무기가 자국의 안전을 위해 유용하다 등의 논의가 있었습니다. 그렇다면 핵무기를 없애야 한다는 것은 같은 입장이지만, 언제 없앨 것인가 하는 문제에 봉착하게 됩니다. 그것은 한국 분들도 그렇고, 우리 일본인도 그렇게 생각합니다.

즉, 현재 핵무기 보유국 혹은 핵무기에 의존하고 있는 국가들(일본·한국 등 미국의 핵동맹국)은 "핵무기가 국가의 안전을 위해 필요불가결하다, 그리고 국가의 안전, 독립, 이것이 유지될 때 비로소 국민의 생명과 재산을 지킬 수 있다, 그러니까 핵무기는 여러분을 위한 것이다" 이런 논리를 펼칩니다. 그리고 한편으로는 "핵전쟁은 안 된다, 핵전쟁의 승자는 없다"고 말합니다. 그럼 한국인들과 일본인들도 어떤 선택을 할 것인가 하는 생각을 하게 됩니다.

핵무기가 사용된다면 그야말로 전 인류적 참상이 발생합니다. 이것은 NPT, 즉 핵무기 국가도 가맹국으로 되어 있는 조약의 전문에 나와 있는 생각입니다. 인류가 멸망할 수 있는 무기를 없앤다는 것은 당연한 것 아닙니까? 아무도 승자일 수 없는 전쟁은 하면 안 된다. 그것을 핵무기가 초래하는 것이라면 핵무기를 없애는 것이 논리적인 자세가 아닐까 생각합니다. 핵무기금지조약은 이런 논리에 입각합니다. 즉 '핵억지론을 안 쓰겠다, 그것을 버리겠다'는 논리입니다. 그렇다면 한국에서, 일본에서 핵무기가 필요하다고 세뇌된 사람들도 설득할 수 있는 논리와 운동이 요구되고 있는 게 아닐까요? 저는 "핵무기가 사용된다면 인류는 멸망하고 인류 사회는 사라지고 말 것이다. 당신은 그런 것에 의존하고 싶은가? 정말 그래도 된다고 생각하는가?"라는 문제제기가 필요하다고 생각합니다.

사회자 김경인 연구원
질문의 요지는 핵무기 폐기 문제에 대해서, 그리고 핵무장에 대해서 한국 사회가 어떻게 인식하고 있는가입니다. 이삼성 교수님께서 대답을 해주실 수 있을까요?

발표자 이삼성 교수
핵에 의존하는 안보는 결국 군비증강, 군사과학, 또 미사일 방어 이런 것에 의존해서 핵의 위협을 관리하면서 핵무기를 통해 또한 안보를 확보할 수 있다, 이런 관점이잖아요. 그 대안은 정치적 해결을 통해 추구할 수밖에 없고, 거기에는 평화체제를 구성하기 위한 다양한 노력이 필요합니다. 그 중심에 한반도에서는 평화협정, 동아시아 차원에서는 다자적인 군비 통제, 미·러 관계나 미·중 관계에서도 역시 군축이나 핵 군비 통제를 위한 노력이 있어야 합니다. 그래서 한반도와 대만해협에서 일정한 평화체제를 구축해야 하고, 그러한 정치적 해결을 통해서 군비증강을 통해 안보를 추구하는, 그래서 서로를 더 깊은 안보 딜레마의 수렁으로 빠져들게 하는 것에 대한 대안을 추구해야 한다고 봅니다. 정치적 해결의 가장 중심에 평화체제와 평화협정의 문제가 있다고 생각합니다.

제가 원고에서 보완하지 못했던 부분을 추가로 말씀드리고 싶은 게 있습니다. 히로시마와 나가사키에 대한 원폭 사용을 원고에서는 주로 반인도적 범죄의 차원에서 말씀드렸고, 제노사이드 문제를 언급하긴 했습니다만 굉장히 최소한에 그쳤습니다. 그래서 그 부분을 덧붙이고 싶습니다. 각주 177에 인용한 벤자민 리버만은 90년대 이후 국제법정에서 적용될 수 있는 제노사이드의 개념을 두 가지로 들고 있습니다. 하나는 어떤 특정한 집단 전체를 대상으로 한 대량살육 작전, 또 하나는 어떤 지역 안에 있는 특정한 집단의 구성원 전체를 대상으로 하는 대량학살을 얘기합니다. 보스니아 스레브레니차에서 8천여 명을 학살한 에스닉 클린징(Ethnic Cleansing, 인종청소)으로 알려진 그 행동에 대해서 구 유고슬라비아 국제형사재판소는 어떤 지역 안에 있는 특정한 집단에 대해 그 구성원 전체를 파괴하는 것을 대량학살이라고 설명했습니다.

그렇다면 1945년 미국의 원폭 투하는 히로시마·나가사키라는 특정한 지역 안에 있는 구성원 전체를 남녀노소 가리지 않고, 민간인과 군인을 가리지 않고 대량학살한 것으로서 구 유고 법정에서 적용한 제노사이드 개념을 적용할 수 있다고 봅니다. 그리고 라파엘 렘킨이 1945~1946년 뉘른베르크 군사법정에서 제노사이드 개념을 적용하자고 했을 때 그 취지는 1945년 전쟁 중에, 그리고 그전에 이루어진 제노사이드적 대량학살에 대한 단죄를 염두에 둔 것입니다. 그것은 시간적 소급이 가능한 개념이기 때문에 우리도 검토할 필요가 있다는 말씀을 드리고 싶습니다.

사회자 김경인 연구원
세 분 선생님의 질의응답과 추가 말씀이 있었습니다. 여러분이 가지고 계신 자료집을 통해 많은 참고가 되리라 생각합니다. 청중 질문을 받겠습니다.

청중 질의 이기은
이기은입니다. 이삼성 교수님께 질문 있습니다. 발표문 4절 5항 부분인데, 교수님께서는 원폭 투하와 소련 참전이라는 외부적 이중 쇼크에 의해 일왕이 항복을 결단한 것으로 쓰고 있습니다. 그런데 이 부분이 자칫 일왕의 성단(?)으로 전쟁을 조기에 종결할 수 있었다고 읽힐 우려가 있다고 봅니다. 하지만 당시 전쟁으로 인해 생활고에 시달리던 일본의 민심은 결사항전을 외친 군국주의 세력과 그리고 전쟁 책임이 있는 일왕에 대한 분노가 고조되고 있었기 때문에 일왕이 항복을 결단하는 데 있어서 외부적 요인만이 아니라 일본 민중의 내부적 요인도 함께 고려해야 하지 않을까요? 그래야 일왕을 평화주의자로 둔갑시킨 성단의 기만성을 드러낼 수 있다고 생각합니다. 이에 대한 교수님의 생각을 듣고 싶습니다.

발표자 이삼성 교수
천황의 항복 결단을 추동해 낸 좀 더 넓은 의미의 압력들의 출처에 대해서 말씀을 주셨는데요, 일본 민중들에게 그런 의식이 확산되고 있었던 시점이라고 저도 생각을 합니다. 우리는 일본 천황의 전쟁 책임을 생각해야 합니다. 그런데 천황이 군부의 꼭두각시에 불과했다는 학계의 시각이 있는 건 사실입니다. 전쟁을 일으킨 천황의 책임을 최소화하려는 그런 시각입니다. 그런데 사실은 그게 아니고 천황이 분명 정신적 권위가 있었기 때문에 전쟁을 막을 의지가 있었다면 전쟁을 막는 게 가능했다는 시각도 있습니다. 그래서 결국 일본 지도층 안에서의 항복 결정 과정에서 천황이 수행한 일정한 역할 때문에 천황의 '성단'으로 평화가 앞당겨졌다는 결론도 가능하게 되는 거죠. 민중의 압박이라는 요인을 전체적인 맥락에서 어떻게 평가할 것인가는 별개의 문제입니다만, 일본 지도층 안에서의 정책 결정 과정에서 천황이 수행한 역할에 대해서는 학계에서 기본적으로 컨센서스가 있다고 생각합니다. 우리가 그 부분을 부정하기는 어렵다고 봅니다.

청중 질의 이태재
한국의 원폭 피해자 2세로 원폭후손회 회장인 이태재입니다. 오쿠보 선생님께 여쭙고자 합니다. 1·2차 세계대전의 결말 중에 독일의 히틀러는 자살을 통해서 책임을 졌습니다. 일본은 태평양전쟁 이후에 지금까지 자신이 일으킨 전쟁에 대해 책임을 지는 표현을 하지도 않고 있고, 책임지는 사람도 없습니다. 제 생각에는 태평양전쟁에 대해 천황이 자결을 통해 책임을 졌어야 했고, 천황 제도가 종결됐어야 했다고 생각합니다. 그런데 지금 태평양전쟁을 일으킨 국가가 히로시마·나가사키 원폭 투하로 인해 세계 유일의 원폭 피해 국가로 되었는데, 이에 대해서 어떻게 생각하십니까? 또 다른 하나는 전범국인 일본의 피해자들이 미국에 원폭 투하의 책임을 제기하기에는 설득력이 부족하다고 보고 한국 원폭 피해자들의 이름으로 미국에 책임을 묻는 것은 설득력이 있다고 보는데, 그 부분에 대해서도 여쭙고 싶습니다.

토론자 오쿠보 변호사

ありがとうございます。非常に大きな問題だと思うんですね。二つとも。まず天皇の戦争責任ということについての私の考えですけれども、あの一、大日本帝国は万世一系の天皇がこれを統治するということになったわけで、これはあの植民地支配であれ、侵略であれ、それは天皇に責任があるのは明だと私は思います。ただ問題はなぜ天皇は戦犯として裁かれなかったか、それは一つは日本政府が徹底的に抵抗したという事と、マッカーサーが天皇を利用して日本の占領を進めていくと、こういう戦略の中で天皇制度の存続が起きたんだろうという風に考えています。

で、原爆との関係で言いますと、私の資料の中にも書いて置きましたけれども、いわゆる終戦詔書の中にこんな一節があるんですね。これは、あの、口語訳なんですけれども、「敵は新たに残虐な爆弾を使用して、罪のない人々を殺傷し、その被害は計り知れない。それでもなお交戦を継続すれば、わが民族の滅亡を招くだけではなくて、それから引き続いて、人類文明をも破壊することになってしまうだろう。そのような事態になったとしたら、私はどうして我が子ともいえる多くの国民を守り、皇祖皇宗の神霊に謝罪することができようか。これが政府にポツダム宣言に応じるようにさせた理由である。」こういう風に詔書に書かれてるんですね。で、ここで見られるのは、敵が、つまり米軍が残虐な兵器を使ったんだと。だから、もしこのまま行けば、日本国民だけではなくて、人類社会も破滅してしまうかもしれない、だから戦争をやめろって言ったんだ。こういう論理なんですね。私ははっきり言って、まやかしだと思ってます。

当時、日本政府の支配層、天皇も含めてですけれども、原爆が無差別で残虐な兵器だということは承知していたわけです。というのは、人類文化に対する挑戦だったというところまで言っているわけですよね。で、そのせいにして、日本政府、大日本帝国があちこちでいろんなことを、残虐行為をやってきた。それはトルーマンに指摘させれば、真珠湾攻撃をしただろう、それから植民支配をしただろう、ひどいことやってきただろう。これらをですね、原爆のせいにして全部流しちゃってるわけです。私がそういう日本政府の敗戦の理由として原爆を使ったということが、全ての失敗や判断の誤りを隠蔽しようとした小賢しくて無責任な態度だっていう風に考えています。

韓国の市民社会が、アメリカ政府を相手に相手に,原爆投下が韓国の人々に何をもたらした

のか、それをですね、あのー、正式な裁判あるいは民衆法廷として提起していくっていうことは本当に大事なことだという風に思っています。なぜかというと、この先ほど報告の中でも申し上げましたけれども、韓国の人たちは植民地支配を受けていたということと、原爆被害を受けたというこの2つの被害にあっているわけですね。トルーマンのその原爆投下直後の演説の中では、あたかも植民地支配をなくすため、つまり朝鮮の方たちを解放するために原爆を使ったような言い方してるわけですね。

私は、その言い方が本当にそうなのか、それは違うだろうっていうことを言えるのが、私は、あの韓国の被爆者の方たちであるし、韓国の市民社会であるというですね、そういう意味からすると、日本社会や日本の被爆者とは違う主張をする、そしてそれはアメリカの市民社会に訴えかけていく非常に大きな要素になるんじゃないか。そういう観点からして、私は、この運動は本当に大きくしていただきたい、できるサポートはしていきたい、そんな風に思います。

감사합니다. 두 가지 다 아주 중요한 문제라고 생각합니다. 먼저 천황의 전쟁 책임에 대해서는 제 개인 생각입니다만, 대일본제국은 만세일계의 천황이 통치한다고 되어 있었으니까, 식민지 지배가 됐든 침략전쟁이 됐든 천황에게 책임이 있다는 것은 분명하다고 생각합니다. 다만 '왜 천황은 전범으로서 재판받지 않는가?' 하는 문제인데요. 첫째는 일본 정부가 이에 대해 철저하게 저항했기 때문이고, 둘째는 맥아더가 천황을 이용해서 일본 점령을 추진하겠다는 전략 속에서 천황제도의 존속이 이뤄졌기 때문이라고 생각합니다.

원폭 문제와 관련해서는 이른바 패전칙어(일왕의 항복문서) 안에 이런 구절이 있습니다. 이것은 구어체인데요, "적은 새로운 잔학한 폭탄을 사용해서 죄 없는 사람들을 살상하고 그 피해가 막대하다. 그럼에도 교전을 계속하면 우선 우리 민족의 멸망을 초래할 뿐 아니라, 인류 문명을 파괴하고 말 것이다. 그와 같은 사태가 발생한다면, 나는 어떻게 자식과 같은 수많은 국민을 지키고 황조들의 신령 앞에 사죄할 수 있겠는가? 이것이 정부로 하여금 포츠담 선언에 응하게 한 이유다." 이렇게 패전칙어에 적혀 있습니다. 여기서 알 수 있듯이 적이, 즉 미군이 잔혹한 무기를 사용했다, 그러니 만일 이대로 간다면 일본 국민뿐만 아니라 인류 사회도 파멸되고 말지 모른다, 그러므로 전쟁을 그만두라고 했던 것이다, 이런 논리인 겁니다. 그러나 저는 확실히 속임수라고 생각합니다.

당시 일본 정부의 지배층, 천황도 포함된 지배층은 원폭이 무차별적이고 잔학한 무기라는 것을 잘 알고 있었습니다. 그것은 인류 문화에 대한 도전이었다고까지 말하는 데서 알 수 있습니다. 사실 일본 정부, 대일본제국은 여기저기서 무수히 많은 잔학 행위를 해왔습니다. 트루먼이 "진주만을 공격했다, 그리고 식민지 지배를 했다, 무서운 짓을 했다"고 지적하기도 했습니다. 그런데 일본 정부가 저지른 이 모든 잔학 행위를 원폭을 핑계 삼아 전부 없었던 일로 해버린 겁니다. 일본 정부가 패전의 이유로 원폭을 드는 것은, 모든 실패와 판단착오를 은폐하려고 한 치사하고 무책임한 태도였다고 저는 생각합니다.

두 번째 질문에 대해 말씀드리자면, 한국의 시민사회가 미국 정부를 상대로 원폭 투하의 책임을 묻고 원폭이 한국인들에게 어떤 결과를 가져왔는지, 그것을 정식 재판 혹은 민중법정을 통해 제기한다는 것은 정말 중요한 일이라고 생각합니다. 왜냐하면 한국인들은 식민지 지배라는 피해와 원폭 피해라는 두 가지 피해를 입었기 때문입니다. 트루먼이 원폭 투하 직후에 한 연설에서 마치 식민지 지배를 끝내기 위해, 즉 조선인들을 해방시키기 위해 원폭을 사용했다는 식으로 말했는데, '그것은 진실이 아니다'라고 말할 수 있는 사람들이 한국의 피폭자 분들이고 한국의 시민사회라고 생각합니다. 그런 의미에서 보면, 일본 사회나 일본의 피폭자가 제기할 때와는 다른, 미국의 시민사회에 호소할 수 있는 상당히 중요한 요소가 되지 않겠는가 생각하고, 저는 이 원폭국제민중법정 운동이 앞으로 더욱 확장해 나가길 바라고 지원도 하고자 합니다.

사회자 김경인 연구원
이삼성 교수께서 천황의 책임에 대해서 추가 설명을 하시겠다고 합니다.

발표자 이삼성 교수
아까 이태재 선생님께서 질문해 주신 내용에 대해서 말씀드리겠습니다. 일본 학계에서는 천황이 패전 후에 전쟁 도발에 대한 책임이 아니라 패전에 대한 책임을 생각하면서 스스로 퇴위를 결심하는 제스처를 취한 사례가 네 차례 있었습니다. 그런데 그중에서 세 차례를 맥아더 사령부가 묵살하거나 만류했습니다. 그래서 상징적인 형태로만 천황제가 지속되게 되었다고 하는 연구가 있습니다.

청중 질의 최봉태
한국인의 관점에서 미국에 원폭 투하 책임을 묻는 것의 특수성이 있는데요. 그런 차원에서 보면 원폭 투하로 인해 전쟁이 빨리 끝났다, 조기 종결되었다, 혹은 우리가 빨리 해방되었다, 혹은 많은 사람들의 생명이 구제되었다는 인식은 문제가 있다고 봅니다. 왜냐면 원폭으로 우리가 빨리 해방되고 사람의 생명을 구제한 영향이 있었다고 하면 이 폭탄을 정의의 폭탄으로 생각하는 사람들이 많게 되고, 미국의 책임을 묻는 것은 굉장히 어려운 작업이 되기 때문입니다.

오쿠보 변호사님이 지적한 것과 같이 전쟁 당시에 핵심적인 역할을 했던 윌리엄 리히 제독은 핵무기가 일본과의 전쟁에 아무런 기여도 하지 못했다고 이야기하거든요. 그러면 핵무기가 전쟁을 빨리 끝낸 것에 대해서도 영향이 없었고, 자기들의 피해를 줄이는 데도 영향이 없었다는 얘기인 것이죠. 원폭 투하 국가의 참모장이 인정을 하는데 한국인들이 원폭으로 조기 해방이 되었다, 혹은 무고한 희생이 줄어들었다, 이렇게 인식하는 것은 상당히 위험하지 않나 생각합니다. 그런 사상의 배경에는 핵무기가 안보상 필요하다는 논리를 깔고 있다고 생각되는데, 핵무기를 사용함으로써 오히려 전쟁 종결이 더 지연됐다고 봅니다. 원폭이 전쟁을 조기에 종결시켰다는 것은 터무니없는 논리이며 핵무기를 정당화하려는 배경에서 주장되는 논리라는 점을 규명하는 게 필요하다고 생각합니다.

청중 질의 임병언

임병언입니다. 미국에 원폭 투하의 책임을 묻는 데 장애 중 하나가 주권면제라고 들었습니다. 이에 대한 설명을 듣고 싶습니다.

토론자 오동석 교수

국제법 질서가 원래 원칙으로는, 각 국가가 주권을 가지고 있는 독립성이 있기 때문에 다른 나라가 그 책임을 추궁할 수 없다는 점에서 주권면제 논리가 출발했다고 생각합니다. 하지만 2차 세계대전은 물론이고, 그 이전부터 제국주의적 국가들이 식민지에 가서 했던 부분들에 대해 최근에 다시 회복적 정의의 관점에서 사죄를 하는 일들이 일어나고 있습니다. 그렇다고 한다면 법이 기반하고 있는 정의라든지 보편적 인권이라는 것이 제대로 자리를 잡으려고 한다면, 주권의 경우에도 인권의 관점과 보편적 정의의 관점에서 책임을 물을 수 있어야 된다고 생각을 합니다. 다만 현재의 국제법 질서가 강대국 위주로 형성되어 왔기 때문에, 약소국이나 주권을 잃었던 식민지 국가들의 인민들이 정의적 관점에서 배·보상이나 사죄를 제대로 받지 못하고 있다고 생각을 합니다. 원폭 투하에 대해 미국에 문제를 제기함으로써 그것이 근거하고 있는 역사적 배경은 물론이고, 법리적 관점에서도 새로이 이 문제를 어떻게 풀어 갈 것인가를 제기하는 것이고, 인류의 평화적·공동체적 관점에서 해소해 나가야 가능하다고 생각합니다.

미국이 당시에 과연 자기방어를 위해 원폭 투하를 했는가 하면 그건 전혀 아니라고 이삼성 교수님도 말씀을 하신 것 같습니다. 규범적으로는 물론이지만 현실적으로도 조기종결론에 대해 비판이 있었는데요. 결국 다섯 가지로 정리하신 그런 수정주의적인 입장들을 평범한 시민의 관점에서 생각해 보면 경제적 이익이라든가 아니면 미국의 힘을 보여줌으로써 전후 지배 체제를 확고히 하려는 데 미국의 의도가 있었던 것이라고 일단은 의심할 수 있을 것 같습니다. 또 그 이후에 실질적으로 핵무기를 보유한 국가들이 하는 행태라든지, 그리고 핵무기를 갖지 않은 나라들이 계속해서 핵무기 개발을 추구하는 것의 가장 큰 원인이 원폭 투하를 통해서 그 위력을 보여준 것에 있었던 것이고, 그것이 인류의 멸망을 가져올 수 있음에도 불구하고 각 국가들의 무분별한 핵무기 개발과 경쟁을 평화의 이름으로, 평화와 절대 양립할 수 없는 핵무기를 가지고 평화의 담론을 형성하고 있다는 것이 우리가 처한 현 상황입니다. 그런 부분에 있어서 우리가 (민중)법정이라는 형식을 취함으로써 근거해야 되는 법리적인 측면은 있지만, 그 법리적인 측면이 보편적인 정의 위에 서 있는지를 끊임없이 질문하면서 법리 구성을 해나가야지만 이 문제가 풀릴 수 있을 것이고 이 문제를 다루는 의미가 그렇기 때문에 매우 중요하다고 봅니다.

그래서 '민중' 법정이라는 말에서 표현되는 것처럼 그동안 핍박받고 식민지 통치 하에 있었고 인권을 침해당했던 모든 전 세계의 민중이 함께해서 이 문제를 풀어 가야지만, 새로운 공동체적 가능성을 모색해 볼 수 있는 길이 열릴 것이라고 생각합니다.

발표자 이삼성 교수

지금 미국도, 한국도, 일본도 핵동맹을 강화하는 쪽으로 논의들을 하고 있습니다. 미국은 핵 선제사용 옵션을 한 번도 폐기한 일이 없습니다. 미국의 핵태세 검토보고서(NPR)를 보면 오바마 행정부 때인 2010년 NPR, 2018년 트럼프 행정부가 내놓은 NPR, 그리고 2022년 작년에 바이든 행정부가 내놓은 NPR 전부 다 핵을 미국 안보의 기축으로 간주하고 있고, 핵 선제사용 옵션을 유지할 구실들을 구체적으로 명시하고 있습니다. 특히 트럼프 행정부 때는 더 구체적이었고 굉장히 광범위했습니다. 바이든 행정부에 들어와서 조금 축소하고 절제하는 모습을 보이기는 합니다만, 여전히 오바마 행정부 때보다는 좀 더 광범위한 핵 선제사용 옵션을 정당화하고 있습니다.

그런 가운데 핵 확장억제를 더욱더 확대하는 상황이고, 또 핵을 사용할 수 있는 자유를 유지하면서, 핵으로부터 자신들을 지키기 위한 방법을 정치적 해결이 아니라, 협상이나 군축을 통해서가 아니라, 미사일 방어라는 군사과학에 의존하는 첨단 군비 경쟁을 통해서 추구하는 모습을 그대로 보이고 있죠. 이렇게 해서 동아시아 대분단체제에서 미·일 동맹과 중국 대륙 사이에 정치적 해결의 가능성은 날이 갈수록 좁아지면서 그로 인해 희생되는 가장 중요한 가치 중 하나가 시시각각으로 우리의 세계, 인류 전체, 인류 문명 자체를 압박해 오고 있는 지구 환경 위기에 대한 해결인데, 이에 대해 가장 책임이 크고 또 가장 큰 결정력을 가진 두 사회가 만나서 대화하고 그 문제를 공동으로 풀어 나갈 수 있는 시간을 계속해서 낭비하고 있습니다. 그래서 시민운동 차원에서도 그렇고 인식을 공유하는 노력들을 통해서 핵억제론이 과연 누구를 위한 것이냐라고 하는 지구 문명과 지구 환경이라고 하는 차원에서 우리가 싸워 나갈 수 있다는 생각을 해봅니다.

사회자 김경인 연구원

질문해 주신 청중 분들과 답변해 주신 발표자 분들께 감사드립니다.

2

1945년 당시 조약국제법으로 본 히로시마·나가사키 핵무기 투하의 불법성

The illegality of the United States atomic bombings of Hiroshima and Nagasaki from the perspective of conventional international law as of 1945

1945年当時の条約、国際法から見た広島·長崎への
核兵器投下の違法性

- 발표자　　**에릭 데이비드** Eric David
　　　　　　브뤼셀자유대학교 명예교수
　　　　　　Professor Emeritus of Brussels University

- 토론자　　**정태욱** Chung Taiuk
　　　　　　인하대학교 법학전문대학원 교수
　　　　　　Professor of Inha University Law School

- 토론자　　**최봉태** Choi Bongtae
　　　　　　대한변협 일제피해자인권특별위원장, 변호사
　　　　　　Chairman of the Special Committee on Human Rights for Victims
　　　　　　of Japanese colonial period of the Korean Bar Association

1945년 당시 조약국제법으로 본
히로시마·나가사키 핵무기 투하의 불법성

에릭 데이비드
브뤼셀자유대학교 명예교수

1. 발표 제목과 관련해 말한다면 1945년 당시에는 전시에 핵무기 그 자체의 사용을 금지한 명시적 표현이 전혀 없었다는 것은 매우 분명한 사실이다. 그러나 이것은 당시 시행 중인 조약국제법이 히로시마와 나가사키 원폭 투하에 적용되지 않는다는 의미는 아니다. 핵무기 사용을 금지하는 명시적인 규칙이 없기는 하지만 히로시마와 나가사키 원폭 투하의 유죄를 입증하는 4가지 부류의 조약국제법 규칙이 있다.

   - 민간인 공격 금지 (I)
   - 불필요한 고통을 주도록 고안된 무기나 물질의 사용 금지 (II)
   - 화학무기의 사용 금지 (III)
   - 인도법 및 공공 양심에 반하는 전투 수단의 사용 금지 (IV)

I. 민간인 공격 금지

2. 상기하자면, 1868년의 상트페테르부르크 선언은 다음과 같이 표명한다.

"국가가 전시에 달성하기 위해 노력해야 할 유일한 합법적 목적은 적의 군대를 약화시키는 것이다."[1] (필자 강조)

달리 말해 전쟁의 유일한 합법적 목표가 적의 군대를 약화시키는 것이라면 민간인에 대한 군사작전은 불법이라는 결론이 나온다.

민간인에 대한 공격 금지 규칙은 일찍이 1863년의 리버 코드Lieber Code ('전장에서 미정부군을 위한 지침'으로 링컨이 내린 일반명령 : 역주)에서 나타났지만, 이에 대해서는 내 발표가 1945년 당시의 조약국제법에 국한되기 때문에 여기서 다루지는 않는다.

그럼에도 불구하고 금지 법원은 헤이그 제4협약(1907년)에서 찾을 수 있는데, 헤이그 협약 부속 육전 법 및 관습에 관한 규정 25조는 다음과 같이 금지한다.

어떤 수단에 의해서든 방어되지 않은 도시, 촌락, 주택 또는 건물에 대한 공격 또는 포격은 금지된다.

방어되지 않은 도시나 촌락 공격 금지는 민간인에 대한 공격 금지를 함의한다.

3. 따라서 문제는 히로시마와 나가사키가 1945년 8월의 시점에서 군사 목표물로 여겨질 수 있는가다. 히로시마와 나가사키의 원폭 투하를 다룬 위키피디아의 설명(게시)[2]에 따르면 원폭 투하 지지자들은 다음과 같이 주장하였다.

- 히로시마에는 일본 제국 육군 제2군 5사단 사령부 본부가 위치하였다.
- 4만 명의 장병이 히로시마에 거주하였다.
- 히로시마는 통신의 중심지이자 수많은 설비가 위치한 곳이었다.
- 나가사키에는 특히 대포나 군사 장비, 선박을 만드는 많은 공장들이 있었다.

---

1 Text in *International Humanitarian Law Code 2013*, ed. by E. David, Fr. Tulkens and D. Vandermeersch, Bruxelles, Bruylant, 2013, p.71.
2 https://fr.wikipedia.org/wiki/D%C3%A9bat_sur_les_bombardements_d%27Hiroshima_et_de_Nagasaki#cite_note-ref140-119

4. 법적 관점에서 볼 때, 위에 언급된 요소들이 103,000~220,000명[3](대부분이 민간인이고 그 가운데는 한국인 "약 5,000~8000명"[4]이 포함되어 있다)을 죽인 원폭 투하를 정당화할 수 있을까? 본 토론회의 주최측이 발표자에게 전달한 자료에 따르면, 한국인 피해자의 수는 사망자가 40,000~50,000명, 그리고 피폭된 생존자가 23,000~43,000명으로 훨씬 더 많았다.[5]

정확한 피해자 수가 몇 명이든, 민간인 공격 금지를 감안한다면, 위 질문에 대한 답은 분명하게 "아니다"인 것으로 보이지만 1945년의 조약국제법이, 예를 들어 1977년의 제네바 협약 제1 의정서 제51조 5항 b에서 표현된 것과 같은 비례성 규칙을 포함하지 않았다는 것 또한 사실이다. 위 제네바 협약 제1 의정서의 해당 조항은 다음과 같은 공격을 금지하고 있다.

> "소기의 구체적이고 직접적인 군사적 이익에 비해서 과도한 우발적인 민간인 생명의 손실을 초래할 것으로 예상되는 공격"

이러한 결함이 있지만 당시 시행 중인 다른 법적인 금지는 히로시마와 나가사키의 원폭 투하가 불법이었다고 결론을 내릴 수 있게 해준다.

II. 불필요한 고통을 야기하기 위해 고안된 무기나 물질의 사용 금지

5. 이 금지 또한 1868년의 상트페테르부르크 선언과 1907년의 헤이그 제4협약 부속 육전 규정에서 보인다. 전자(상트페테르부르크 선언)는 "최대한 많은 수(주력)의 전투원을 무력화하는 (것으로 충분한)" 전쟁의 목적이 "전투 능력을 상실한 부상자의 고통을 불필요하게 증대시키거나, 죽음을 피할 수 없게 하는 무기의 사용에 의해서 도를

---

3 *Ibid.*

4 https://en.wikipedia.org/wiki/Atomic_bombings_of_Hiroshima_and_Nagasaki

5 https://www.redcross.or.kr/business/atomicbomb_support.do; http://www.mohw.go.kr/upload/viewer/skin/doc.html?fn=1556067071681_20190424095111.pdf&rs=/upload/viewer/result/202305/; https://www.joongang.co.kr/article/22885385#home

넘게 된다"(전문 3 및 4 단락)고 표명하고 있다. 같은 방식으로 후자(헤이그 제4협약 부속 육전 규정)는 23조에서 다음과 같이 규정한다. :

e) "불필요한 고통을 야기하는 무기, 발사체 또는 물질을 사용하는 것은 특별히 금지된다."

6. 핵폭탄이 상트페테르부르크 선언의 기준 ─ 죽음을 피할 수 없게 하는 ─ 을 충족 시킨다는 것은 아주 분명하다. 물론 동시대의 국제법에 의해서는 금지되지 않는 소위 '스마트한' 무기의 시대에 이런 정밀무기들이 표적을 결코 빗나가지 않고 표 적 안이나 표적 상에 있는 사람을 죽일 수 있으므로 혹자는 "죽음을 피할 수 없게 하는 무기"의 기준이 사용 금지로 이어진다고 주장하는 것이 이치에 맞을지 의아 해 할 수 있다.

7. 다른 한편으로 핵무기가 전쟁이 종료된 뒤에도 계속해서 오랫동안 사람들을 죽게 하 므로 핵무기가 불필요한 고통을 야기한다는 기준을 충족시킨다는 것은 의문의 여지 가 없다.[6] 폭격 당시에 전리방사선에 노출된 사람들은 유방암, 피부암, 결장암, 후 두암 등과 같은 여러 가지 심각한 암에 걸렸다.[7] 그러한 질병은 전쟁이 끝난 뒤에 발생한 것이므로 이 질병들은 어떤 전쟁 명분에 의해서도 정당화될 수 없고, 따라 서 "불필요한 고통"에 해당된다.

핵무기 및 열핵무기의 사용금지에 관한 선언에서 유엔 총회는 다음과 같이 상기 한다.

"대량파괴무기의 사용은 불필요한 인간의 고통을 야기한다."(A/결의/1653, 1961.11.24., 55-20-26, 전문 3항)

같은 방식으로 도쿄지방법원은 잘 알려진 시모다 소송에서 1963년 다음과 같이 판 결하였다.

---

6 https://www.icrc.org/fr/doc/assets/files/2013/4132-1-nuclear-weapons-human-health-2013-fre.pdf
7 Ibid.

"히로시마와 나가사키 시의 원폭 투하가 수만 명의 시민들의 생명을 앗아갔으며 생존한 사람들 중에는 18년이 지난 지금까지도 방사능 영향 때문에 그들의 생명이 여전히 위태롭다는 것은 유감스럽지만 분명한 사실이다. 이런 의미에서 원자폭탄에 의해서 초래된 고통이 독이나 독가스에 의해서 야기된 고통보다 크다고 말해도 지나치지 않다. 정말 원자폭탄을 투하하는 행위는 불필요한 고통의 야기를 금지하는 전쟁법의 기본 원칙에 반하는 것으로 간주될 수 있다."[8]

III. 화학무기의 사용 금지

8. 화학무기는 독성을 통해서 의도적인 죽음 또는 해를 야기하기 위해 사용되는 화학적 수단이다.[9] 달리 말해 오직 살아 있는 물질에만 영향을 주는 무기다. 이런 정의에 근거하면 핵무기의 폭풍 및 열의 효과가 불활성 물질에 영향을 주기 때문에, 일견 핵무기는 화학무기가 아닌 것처럼 보인다. 그러나 핵무기에서 방출되는 방사선은 모든 살아 있는 물질에 대해 독성 효과를 가지며 핵무기에서 방출된 방사선은 그 자체로 위에서 정의된 대로 화학무기의 한 형태다.

9. 1995년, ICJ(국제사법재판소)가 WHO(세계보건기구)와 유엔 총회로부터 '핵무기의 위협 또는 사용의 적법성'에 관한 권고적 의견을 요청받은 데 따른 심리 중에 솔로몬 제도는 핵무기의 사용은 화학무기에 관한 법률 문서, 특히 1925년의 「질식성, 독성 또는 기타 가스 및 세균학적 전쟁 수단의 전시 사용을 금지하는 제네바 의정서」에 따라 금지된다고 변론하였다. 이 변론의 논거는 무엇보다도 1954년 10월의 파리협정에서 사용된 원자무기에 관한 정의에 근거하고 있다. 이 파리협정의 군비통제에 관한 제3의정서의 부속서 2는 원자무기를 다음과 같이 정의하고 있다.

"방사성 동위원소를 포함하고 있는, 또는 포함하거나 이용하도록 고안된 모든 무기 또는 핵연료의 폭발이나 기타 통제되지 않는 핵변환에 의하거나 핵연료나 방사성 동위원소의

---

8 도쿄지방재판소, 1963. 12. 7, ILR, 32, 634.
9 OPCW의 정의, https://www.opcw.org/our-work/what-chemical-weapon.

방사능에 의해 대량파괴나 대량살상, 대량중독이 가능한 모든 무기."[10] (필자 강조)

그러나 ICJ는 다음과 같이 솔로몬 제도의 주장을 일축했다.

"헤이그 제4협약 부속 육전 규정은 독 또는 독이 든 무기의 의미를 정의하고 있지 않으며 이 문제에 관해 다른 해석이 존재한다. 1925년 제네바 의정서 또한 '유사한 물질 또는 장치' 라는 용어의 의미를 특정하지 않는다. 이 용어들은 국가 관행 속에서 통상적인 의미로 중독 시키거나 질식시키는 것이 주되거나 유일한 목적인 무기에 적용되는 것으로 이해되어 왔다. 이런 관행은 명확하며, 또 이들 법률 문서의 체약국들은 독이나 독이 든 무기나 그와 유사한 물질이나 장치가 핵무기에 적용되는 것으로 간주하지 않았다."[11] (ICJ의 핵무기 위협 또는 사용의 합법성에 관한 권고적 의견 55항

10. ICJ의 논거는 전혀 설득력이 없다:

- 1925년 의정서가 물론 당시에 아직 존재하지 않았던 핵무기를 다루지 않았다는 것은 논쟁의 여지가 없지만 다른 한편으로 '주된 효과'(중독과 질식)의 기준을 핵무기의 주요 효과 중 하나인 방사능에 적용하는 것을 배제하는 것은 아니다;

- 앞에서 지적한 대로 방사능은 일종의 대량중독으로 설명할 수 있다;

- 국가 관행은 ICJ가 앞서 말한 것과 반대로 명시적으로 핵무기의 중독 효과를 언급한다. 앞서 인용한 1961년 11월의 유엔 총회 결의 1653(XVI)을 떠올리는 것으로 충분하다. 그 전문은 다음과 같이 상기한다.

"대량파괴무기의 사용은 불필요한 인간의 고통을 야기하며, 인도법과 국제법 원칙에 반하는 것으로, 1868년 상트페테르부르크 선언, 1874년 브뤼셀 회의 선언, 1899년과 1907년의 헤이그 평화회의 협약, 또한 국가의 다수가 여전히 체약국인 1925년의 제네바 의정서 등과 같은 국제 선언과 구속력 있는 협정에 의해 지난 시기에 금지되었다."[12] (세 번째 단락, 필자 강조)

---

10 https://avalon.law.yale.edu/20th_century/we005.asp의 글 중에서.
11 *Legality of the Threat or Use of Nuclear Weapons, Advisory Opinion*, 1.C.J. *Reports 1996*, p. 248 ; § 55.
12 다른 이유에서 Eric David, *Principes de droit des conflits armés, Bruxelles*, Bruylant, 2018, 6th ed., §§ 2.183 ff., 좀 더 구체적으로는 § 2.189 참조.

- 1925년 의정서가 "중독시키거나 질식시키는 것이 주되거나 유일한 효과인 무기"에만 적용된다는 주장은 1925년 의정서 — 이 의정서는 그런 류의 말은 어떤 것도 하고 있지 않다 — 의 예비 작업을 살펴봐도 확인되지 않는다.[13]

- 더욱이 1925년 의정서는 "질식가스, 독가스, 기타 가스의 전시 사용"뿐만 아니라 "**모든 유사한** 액체, 물질 또는 장치"(전문 첫 번째 단락, 필자 강조)에도 적용된다.

이것이 1945년 히로시마와 나가사키 원폭 투하가 가스나 독의 사용을 금지하는 조약 규칙을 위반했다고 확신을 가지고 말할 수 있는 이유다.

IV. 인도법 및 공공 양심에 반하는 전투 수단의 사용 금지

11. 이 금지의 법원은 전쟁의 법과 관습에 관한 1907년 헤이그 제4협약 전문에 있는 다음과 같은 램버몬트Lambermont[14]/마르텐스Martens[15] 조항에서 보인다.

> "보다 완비된 전쟁법에 관한 법전이 제정되기까지는 체약국은 그들이 채택한 규칙에 포함되지 아니한 경우에 주민 및 교전자가 문명국 간에 수립된 관례, 인도의 법칙 및 공공 양심의 명령으로부터 유래하는 국제법 원칙의 보호 및 지배 하에 있음을 선언하는 것이 타당하다고 생각하며"(8번째 단락)

'인도법'에 대한 언급이 이미 유엔 총회 결의 1653(XVI)에 나타난다는 사실 또한 핵무기의 사용이 이들 인도법에 위배된다는 사실과 관계없이 맨해튼 프로젝트(최초의 원자폭탄 개발)에 참여한 학자들이 프랑크 보고서와 질라드 청원으로 알려진 글에서 이들 원자폭탄 사용에 반대했던 것은 의미가 있다.

---

13 SdN, *Actes de la Conférence pour le contrôle du commerce international des armes et munitions et des matériels de guerre*, Genève, 4 mai-17 juin 1925, pp.13, 161-163, 370-371, 535-549, 603-604, 745-747, 752, 787-789.
14 우귀스트 램버몹트(Auguote Lambermont)는 벨기에 외교관으로 마르텐스에 앞서 해당 조항을 최초로 성안한 사람으로 알려져 있다(역주).
15 조항의 이름에 관해서는 *Ibid*, §§ 1.18 f ; 그 밖의 전개에 관해서는 DAVID, E., op. cit., loc. cit. 참조.

12. 제임스 프랭크는 독일 물리학자로, 1934년에 미국으로 망명해 맨해튼 프로젝트에 적극적으로 참가했다. 그는 미국이 일본을 상대로 원자폭탄을 사용하지 않도록 권고하는 보고서에 1945년 6월에 서명한 저명한 물리학자들의 위원회를 이끌었다. 이 보고서는 6월 12일 한 정치위원회(스팀슨이 의장을 맡고 있는 잠정위원회로 대통령에게 핵에너지 관련 사안에 대해 자문하기 위해 설립)에 전달되었다. 이 보고서는 원자력의 발견은 언제까지나 비밀로 남아 있지 않을 것이고, 원자폭탄은 핵 군비 경쟁을 야기할 것임을 단언했다. 그러나 잠정위원회는 이 보고서를 트루먼에게 전달하지 않았는데, 그것은 그들이 "원자폭탄을 사용하는 것 말고 달리 방도가 없다"[16]고 생각했기 때문이다.

13. 레오 질라드는 1938년 미국으로 망명한 헝가리·독일·미국계 물리학자였다. 그는 1933년 핵 연쇄 반응을 착상했으며, 1939년에 아인슈타인과 함께 루스벨트에게 핵 연쇄 반응의 이론적 개념을 실제 방식으로 실행해 보도록 강력하게 권유하는 편지를 보냈다. 이것이 1945년 7월 16일 뉴멕시코 알라모고르도에서 1차 원자폭탄 폭발로 나타난 것이며, 이를 실행한 것이 바로 맨해튼 프로젝트다. 다음날 레오 질라드는 70명의 과학자가 서명한 청원을 트루먼에게 보냈는데, 그에게 일본을 상대로 원자폭탄을 사용하지 말 것을 요구했다. 이 청원은 이 폭탄의 가공할 파괴력과 그 파괴력이 미래에 미치게 될 위험에 대해 밝히고 있다. 이 청원은 다음과 같다.

> "이 전쟁 뒤에 경쟁 국가들의 통제되지 않은 이들 새로운 파괴 수단의 소유가 허용되는 상황이 세계에서 전개된다면 다른 국가들의 도시는 물론이고 미국의 도시들도 갑작스런 절멸의 끊임없는 위험에 놓일 것이다. 미국은 도덕적이든 물질적이든 가리지 않고 모든 자원을 동원해 이 같은 세계 상황의 도래를 막아야 할 것이다. 이런 세계 상황의 방지는 현재 미국의 엄숙한 책임으로, 이 책임은 원자력 분야에서 미국이 선두에 서 있는 결과로 지게 된 것이다."[17]

---

16 https://en.wikipedia.org/wiki/Franck_Report
17 https://en.wikipedia.org/wiki/Szil%C3%A1rd_petition

사실 편지(청원)는 트루먼에게 즉각 전달되지 않았다. 이 편지는 제임스 번스(뒤에 미국무장관)에게 갔는데, 번스는 트루먼과 가까웠지만 불행히도 "청원의 생각에 전혀 공감하지 않았다."[18]

14. 그럼에도 불구하고 프랭크 보고서와 질라드 청원은 비록 그 글의 논거가 인도적이기보다는 정치적(핵 확산의 위험과 미국이 장래 핵무기의 표적이 될 위험성)이라 할지라도 램버몬트/마르텐스 조항이 "공공 양심의 명령"이라고 부르는 바를 대변한다. 더욱이 원자폭탄이 일본에 야기한 파괴 정도를 살펴보면 원폭 투하가 "인도법 또 공공 양심의 명령"을 위반했다는 것을 부인할 수 없다.

15. 결론적으로 우리는 히로시마와 나가사키 원폭 투하가 1945년 당시에 민간인 공격, 불필요한 고통을 야기하도록 고안된 무기 또는 물질의 사용, 인도법과 공공의 양심에 반하는 화학무기 및 전투 수단의 사용을 금지하는 국제조약 규칙을 위반한 것이라고 단언할 수 있다.

---

18 *Ibid.*

The (Il)legality of the United States Atomic Bombings of Hiroshima and Nagasaki from the Perspective of Conventional International Law as of 1945

Eric David

Em. Prof. of Public International Law,
Free University of Brussels

1. With regard to the title of this presentation, it is quite clear that in 1945, there was not the slightest text prohibiting expressly the use of nuclear weapons as such in time of war. This does not mean, however, that the conventional international law in force at the time did not apply to the bombings of Hiroshima and Nagasaki. Absent an explicit rule forbidding the use of nuclear weapons, there were four classes of international conventional rules leading to a condemnation of the Hiroshima and Nagasaki bombings:

    – the prohibition to attack the civilian population (I);
    – the prohibition to use arms or material calculated to cause unnecessary suffering (II);
    – the prohibition to use chemical weapons (III);
    – the prohibition to use means of warfare which would violate laws of humanity and public conscience (IV).

I. The Prohibition of Attacks against the Civilian Population

2. As a reminder, the 1868 St.-Petersburg Declaration stated:

    "That the only legitimate object which States should endeavour to accomplish during war is to *weaken the military forces* of the enemy"[1] (emphasis added)

In other words, if the only legitimate goal of the war is to weaken the military forces of the enemy, it follows that military operations against the civilian population are unlawful.

The rule already appeared in the Lieber Code in 1863 (Art. 22, f.) but this will not be dealt with here since the presentation confines to "conventional international law as of 1945".

The source of the prohibition can nevertheless also be found in the 4th 1907 Hague Convention of which the regulation annexed to the Convention prohibits

"the attack or bombardment, by whatever means, of towns, villages, dwellings or buildings which are undefended" (Art. 25).

The prohibition to attack undefended towns and villages implies the prohibition to attack the civilian population.

3. Thus, the question is whether Hiroshima and Nagasaki could be considered as military objectives in August 1945. According to the Wikipedia notice dedicated to the Hiroshima and Nagasaki bombings[2], the supporters of the bombings argued that:

- Hiroshima was the siege of the headquarters of the 5th division of the 2nd Japanese army;
- 40 000 soldiers were settled in the town;
- Hiroshima was a communication hub and a place where numerous plants were located;

---

1 Text in *International Humanitarian Law Code 2013*, ed. by E. David, Fr. Tulkens and D. Vandermeersch, Bruxelles, Bruylant, 2013, p 71

2 https://fr.wikipedia.org/wiki/D%C3%A9bat_sur_les_bombardements_d%27Hiroshima_et_de_Nagasaki#cite_note-ref140-119.

- there were also in Nagasaki many factories which produced, among others, artillery, military equipment, ships.

4. From a legal point of view, did these elements justify bombings which killed between 103 000 and 220 000 persons[3], mostly civilians, and among them "about 5,000–8,000 Koreans"[4]? According to figures coming from sources forwarded to this author by the organisers of the present Conference, the number of Korean victims was much higher: from 40 000 to 50,000 dead and from 23,000 to 43,000 survivors exposed to radiations.[5]

Whatever the exact number of victims, considering the prohibition to attack civilians, the answer to the above question seems to be clearly "No" but it is also true that the 1945 international conventional law did not include a proportionality rule such as the one expressed, for example, in Art. 51, § 5, b, of the 1st 1977 Additional Protocol which forbids attacks

"expected to cause incidental loss of civilian life (…) which would be excessive in relation to the concrete and direct military advantage anticipated".

In spite of this deficiency, other legal prohibitions in force at the time enable to conclude that the Hiroshima and Nagasaki bombings were unlawful (hereunder).

---

3   *Ibid.*
4   https://en.wikipedia.org/wiki/Atomic_bombings_of_Hiroshima_and_Nagasaki
5   https://www.redcross.or.kr/business/atomicbomb_support.do; http://www.mohw.go.kr/upload/viewer/skin/doc.html?fn=1556067071681_20190424095111.pdf&rs=/upload/viewer/result/202305/;https://www.joongang.co.kr/article/22885385#home

II. The Prohibition to Use Arms or Material Calculated to Cause Unnecessary Suffering

5. This prohibition also appears in the 1868 St.-Petersburg Declaration and in the 1907 Hague regulation. The former states that the purpose of the war "to disable the greatest possible number of men" "would be exceeded by the employment of arms which uselessly aggravate the sufferings of disabled men, or render their death inevitable" (preamble, 3rd and 4th para). In a similar way, Art. 23 of the latter provides:

    > "(…) it is especially forbidden
    >
    > (…)
    >
    > e) to employ arms, projectiles or material calculated to cause unnecessary suffering;
    >
    > (…) "

6. It is quite clear that nuclear bombs fulfil the criterion of the St.-Petersburg Declaration: they render death inevitable. Of course, at the age of the so-called "smart" weapons which are not prohibited by contemporaneous international law, one can wonder if it makes sense to assert that the criterion "of arms which (…) render their death inevitable" leads to the prohibition to use such weapons since these precision weapons never miss their target and kill all the persons who are in or on the target.

7. On the other hand, it is not dubious that nuclear weapons fulfil the criterion to cause unnecessary suffering since they continue to kill people long after the end of the war[6]: the persons exposed to ionizing radiations at the time of the bombing developed various serious cancers such as breast, skin, colon, larynx cancers, etc…[7] Since such diseases follow the end of the war, they cannot find any war justification and therefore they are "unnecessary sufferings".

---

6   https://www.icrc.org/fr/doc/assets/files/2013/4132-1-nuclear-weapons-human-health-2013-fre.pdf
7   *Ibid.*

In its Declaration on the prohibition of the use of nuclear and thermo-nuclear weapons, the UNGA recalls

"that the use of weapons of mass destruction [causes] unnecessary human suffering" (A/RES/1653, 24 Nov. 1961, 55-20-26, preamble, 3rd para)

In the same way, the Tokyo district court observed in the well-known *Shimoda* case, in 1963:

"It is indeed a fact to be regretted that the atomic bombing of the cities of Hiroshima and Nagasaki took away the lives of tens of thousands of citizens, and that among those who have survived are those whose lives are still imperilled owing to its radioactive effects even now after eighteen years. In this sense it is not too much to say that the sufferings brought about by the atomic bomb are greater than those caused by poisons and poisonous gases; indeed, the act of dropping this bomb may be regarded as contrary to the fundamental principle of the law of the war which prohibits the causing of unnecessary suffering."[8]

III. The Prohibition to Use Chemical Weapons

8. A chemical weapon is a chemical means used to cause intentional death or harm through its toxic properties[9]; in other words, it is a weapon which only affects living material. On the basis of this definition, at first sight, a nuclear weapon does not look like a chemical weapon because its effects of blast and heat affect inert material. However, the radiations emitted by a nuclear weapon have toxic effects on any living material and as such they are a form of chemical weapon as defined above.

---

8 District Crt. of Tokyo, Dec. 7, 1963, ILR, 32, 634.

9 Definition of the OPCW, https://www.opcw.org/our-work/what-chemical-weapon.

9. In 1995, during the procedure before the ICJ on the requests from the WHO and the G.A of the UN on the *Legality of the Threat or Use of Nuclear Weapons*, the Solomon Islands pleaded that the use of these weapons was forbidden by instruments on chemical weapons and, in particular, by the 1925 Geneva Protocol prohibiting the Use of Asphyxiating, Poisonous or Other Gases, and of Bacteriological Methods of Warfare. The reasoning was based, among others, on the definition of atomic weapons, a definition used in the Paris Agreements of 23 October 1954. In these Agreements, Annex II of Protocol n° III on the Control of Armaments defines an atomic weapon.

"as any weapon which contains, or is designed to contain or utilise nuclear fuel or radioactive isotopes and which, by explosion or other uncontrolled nuclear transformation of the nuclear fuel, or by radioactivity of the nuclear fuel or radioactive isotopes, is capable of mass destruction, mass injury or *mass poisoning*" (emphasis added).[10]

However, the ICJ dismissed the argument by saying simply

"the Regulations annexed to the Hague Convention IV do not define what is to be understood by 'poison or poisoned weapons' and that different interpretations exist on the issue. Nor does the 1925 Protocol specify the meaning to be given to the term 'analogous materials or devices'. The terms have been understood, in the practice of States, in their ordinary sense as covering weapons whose prime, or even exclusive, effect is to poison or asphyxiate. This practice is clear, and the parties to those instruments have not treated them as referring to nuclear weapons."[11]

---

10 Text in https://avalon.law.yale.edu/20th_century/we005.asp.
11 *Legality of the Threat or Use of Nuclear Weapons, Advisory Opinion, I.C.J. Reports 1996*, p.248 ; § 55.

10. The argument is far from convincing:

  – if it is undisputable that the 1925 Protocol did not address, of course, the nuclear weapons which did not yet exist at the time, on the other hand, the criterion of the "prime effect" (poisoning and asphyxiating) does not exclude its application to one of the main effects of the nuclear weapons: their radioactivity;

  – as pointed out above, the radioactivity is described as a kind of mass poisoning;

  – the practice of States, contrary to what the Court said (above), expressly refers to the poisoning effect of the nuclear weapons: it is sufficient to think of Resolution 1653 (XVI) of 28 Nov. 1961 quoted above; its Preamble recalls that

  "the use of weapons of mass destruction, causing unnecessary human suffering, was in the past prohibited, as being contrary to the laws of humanity, and to the principles of international law, by international declarations and binding agreements, such as the Declaration of St. Petersburg of 1868, the Declaration of the Brussels Conference of 1874, the Conventions of The Hague Peace Conferences of 1899 and 1907, and the *Geneva Protocol of 1925*, to which the majority of nations are still parties" (3rd para) (emphasis added),[12]

  – claiming that the 1925 Protocol only covers "weapons whose prime, or even exclusive, effect is to poison or asphyxiate" is not confirmed by the preparatory work of the Protocol which says nothing of the sort[13];

  – moreover, the 1925 Protocol covers not only "the use in war of asphyxiating, poisonous or other gases" but also "all *analogous* liquid, materials or devices" (preamble, 1st para) (emphasis added).

---

12 For other reasons, DAVID, E., *Principes de droit des conflits armés*, Bruxelles, Bruylant, 2018, 6th ed., §§ 2.183 ff. more specific., § 2.189.

13 SdN, *Actes de la Conférence pour le contrôle du commerce international des armes et munitions et des matériels de guerre*, Genève, 4 mai-17 juin 1925, pp.13, 161-163, 370-371, 535-549, 603-604, 745-747, 752, 787-789.

That is the reason why it can be said with certainty that the Hiroshima and Nagasaki bombings violated, in 1945 conventional rules prohibiting the use of gas or poison.

IV. The Prohibition to Use Means of Warfare Which Would Violate Laws of Humanity and Public Conscience

11. The source of the prohibition appears in the Lambermont/Martens[14] clause in the Preamble of the 1907 4th Hague Convention Respecting the Laws and Customs of War which reads:

> "Until a more complete code of the laws of war has been issued, the High Contracting Parties deem it expedient to declare that, in cases not included in the Regulations adopted by them, the inhabitants and the belligerents remain under the protection and the rule of the principles of the law of nations, as they result from the usages established among civilized peoples, from the laws of humanity, and the dictates of the public conscience" (8th para)

Irrespective of the fact that the reference to the "laws of humanity" already appears in Resolution 1653 (XVI) (*supra* § 7) and that the use of nuclear weapons would violate these laws, it is significant that scholars who worked on the Manhattan Project (the development of the first atomic bombs) expressed their opposition to the use of these bombs in texts known as the Franck Report and the Szilard Petition.

12. James Franck, a German physicist, exiled in the U.S. in 1934 and actively implicated in the Manhattan Project, led a committee of prominent physicists who signed in June 1945 a report recommending that the U.S. do not use an atomic bomb against Japan. The report was transmitted on 12 June 1945 to a political committee known as the Interim

---

14 About the name of the clause, *ibid.*, §§ 1.18 f; other development in DAVID, E., op. cit., loc. cit.

Committee chaired by Henry Stimson in order to advise Truman on issues pertaining to nuclear energy. The report stated that the atomic discoveries would not remain secret indefinitely and that the bomb would cause a nuclear arm race. However, the Interim Committee did not transmit the report to Truman since they considered that "there was no alternative to the use of the bomb".[15]

13.   Leo Szilard was a Hungarian-German-American physicist who also exiled in the U.S. in 1938. He conceived in 1933 the nuclear chain reaction and wrote with Einstein, in 1939, a letter strongly encouraging Roosevelt to implement in a practical way the theoretical ideas of the nuclear chain reaction. It was the Manhattan Project which led to the 1st explosion of an atomic bomb in Alomogordo (New Mexico) on 16 July 1945. On the day after, Leo Szilard sent to Truman a petition signed by 70 scientists and asking him not to use the atomic bomb against Japan. The petition stated the fantastic power of destruction of this bomb and the danger it represented in the future. The petitions said namely:

> "If after this war a situation is allowed to develop in the world which permits rival powers to be in uncontrolled possession of these new means of destruction, the cities of the United States as well as the cities of other nations will be in continuous danger of sudden annihilation. All the resources of the United States, moral and material, may have to be mobilized to prevent the advent of such a world situation. Its prevention is at present the solemn responsibility of the United States – singled out by virtue of her lead in the field of atomic power." [16]

In fact, the letter did not reach immediately Truman; the letter was given to James F. Byrnes (the future Secretary of State), who was close to Truman but, unfortunately, Byrnes "was not sympathetic to the idea at all".[17]

---

15 https://en.wikipedia.org/wiki/Franck_Report
16 https://en.wikipedia.org/wiki/Szil%C3%A1rd_petition
17 *Ibid.*

14. Be that as it may, the Franck Report and the Szilard Petition represent what the Lambermont/Martens clause names "the dictates of the public conscience" even if the reasoning behind these texts was more political than humanitarian (the danger of nuclear proliferation and the risk of the U.S. to become the target of these weapons in the future). Furthermore, when we observe the extent of the destructions caused by the atomic bombs in Japan, it cannot be denied that the bombings violated "the laws of humanity, and the dictates of the public conscience".

15. In conclusion, we can assert that the Hiroshima and Nagasaki bombings violated in 1945 conventional international rules prohibiting attacks against the civilian population, the use of arms or material calculated to cause unnecessary suffering, the use of chemical weapons and means of warfare which would violate laws of humanity and public conscience.

1945年当時の条約国際法からみた
米国の広島・長崎への原爆投下の違法性

エリック・デービッド

ベルギーブリュッセル自由大学名誉教授

1. この報告のタイトルについて、1945年当時、戦争時に核兵器を使用することを明確に禁止する文章は全く存在しなかったことは明らかである。しかし、このことは、広島と長崎への原爆投下に、当時有効であった通常の国際条約法が適用されなかったことを意味しない。核兵器の使用を禁止すると明示する規則はないが、広島・長崎への原爆投下を有罪にする国際条約法の規則は4つに分けて見られる：

   – 民間人への攻撃禁止
   – 不必要な苦痛を与えることが意図された兵器あるいは物質の使用禁止
   – 化学兵器を使用することの禁止
   – 人道法および公共の良心に反する戦闘手段の使用禁止

I. 民間人への攻撃の禁止

2. 想起すると1868年のサンクトペテルブルク宣言には、次のように記されている：

   「戦争中に国家が達成するために努めるべき唯一の正当な目的は**敵の軍の軍事力を弱めることである**」[1]（太字は著者強調）

---

1 Text in *International Humanitarian Law Code 2013*, ed. E. David, Fr. Tulkens and D. Vandermeersch, Bruxelles, Bruylant, 2013, p. 71.

すなわち、戦争の唯一の正当な目的が敵の軍事力を弱めることであるならば、民間人に対する軍事作戦は違法であるということになる。

この規則は、1863年のリーバー法典にすでに現れている（第 22 条 f.）が、ここでは'1945年時点の当時の条約法'に限定して説明するため、この点については扱わない。

しかし、この禁止の法源は、1907年のハーグ陸戦条約にも見出すことができ、この条約に付属する規則では、次のように禁止されている。

> 「無防守都市、村落、住宅又は建物は如何なる手段に依るもこれを攻撃又は砲撃することを禁止する。」(第25条)

無防備な都市や村への攻撃の禁止は、民間人への攻撃の禁止を意味する。

3. したがって、1945年8月に広島と長崎を軍事目標と見なすことができるかどうかが問題となる。広島と長崎の原爆投下を詳述したウィキペディアの説明[2] によると、原爆投下の支持者は、原爆投下は軍事的目的であると次のように主張した。

   - 広島には日本第二軍第五師団の本部が位置していた。
   - 広島には40,000人の兵士が定住していた。
   - 広島は通信の要所であり、多くの工場が位置していた。
   - 特に長崎では多くの工場が大砲、軍事装備、船舶などを生産していた。

4. 法的観点からみて、これらの要素は、ほとんどが民間人であった103,000人から220,000人[3]（そのうち約5,000人〜8,000人が朝鮮人/韓国人[4]）を殺害した原爆投下を正当化できるだろうか。この会議の主催側が筆者に転送してきた情報源での数字によると、朝鮮人/韓国人犠牲者の数は、はるかに多く、死者4万人から5万人、被爆者2万3000人から4万3000人だという[5]。犠牲者の数がなんであれ民間人への攻撃禁止を考慮したら、上記の質問への回答は当然'ノー'であるべきと思われる。但し1945

2　https://fr.wikipedia.org/wiki/D%C3%A9bat_sur_les_bombardements_d%27Hiroshima_et_de_Nagasaki#cite_note-ref140-119

3　上同.

4　https://en.wikipedia.org/wiki/Atomic_bombings_of_Hiroshima_and_Nagasaki

5　https://www.redcross.or.kr/business/atomicbomb_support.do; http://www.mohw.go.kr/upload/viewer/skin/doc.html?fn=1556067071681_20190424095111.pdf&rs=/upload/viewer/result/202305/; https://www.joongang.co.kr/article/22885385#home

年の条約国際法には均衡性（proportionality）の規則が含まれていなかったことも事実であり、例えば1977年第1追加議定書の第51条第5項bは以下のような攻撃を禁ずると示している。

> 「予想される具体的かつ直接的な軍事的利益との比較において、巻き添えによる民間人の死亡（…）を過度に引き起こすことが予想される攻撃」

このような欠陥にもかかわらず、当時有効であった他の法的禁止事項により、広島・長崎への原爆投下は違法であったと結論づけることができる（以下で記述）。

II. 不必要な苦痛を与えることが意図された兵器あるいは物質の使用禁止

5. この禁止事項は、1868年のサンクトペテルブルク宣言と1907年のハーグ陸戦規則にも記載されている。前者は、「できるだけ多数の者を戦闘外におけば（足りる）」戦争の目的は「戦争外におかれた者の苦痛を無益に増大し又はその死を不可避ならしめる兵器の使用は、この目的の範囲を越える」（前文、第3、4段落）と述べている。同様に、後者の第23条は、次のように規定している：

> 「不必要な苦痛を与えることが意図された兵器、投射物あるいは物質の使用は特に禁止される」

6. 核爆弾が、「死を不可避ならしめる」というサンクトペテルブルク宣言の基準を満たしていることは明らかである。もちろん、現時代の国際法で禁止されていない、いわゆる'スマート兵器の時代'には、これらの精密兵器は決して標的を外さず、標的の中や上にいるすべての人を殺すので、「死を不可避ならしめる兵器」という基準が使用禁止につながるという主張の理屈に疑問に思う人もいるだろう。

7. 一方、核兵器は、戦争が終わった後も人を殺し続けるので、不必要な苦痛を与えるという基準を満たしていることは疑わしいものではない[6]。原爆投下時に電離放射線を浴びた人々に、乳がん、皮膚がん、大腸がん、喉頭がんなど、さまざまな深刻

---

6 https://www.icrc.org/fr/doc/assets/files/2013/4132-1-nuclear-weapons-human-health-2013-fre.pdf

ながんが発症した[7]。このような病気は、戦争が終わった後のことなので、戦争を正当化することはできず、したがって、「不必要な苦痛」である。

国連総会は、核兵器および熱核兵器の使用の禁止に関する宣言の中で、次のことを想起している。

「大量破壊兵器の使用は不必要な人間の苦痛を引き起こす」(A/RES/1653, 24 Nov. 1961, 55-20-26, 前文, 3項)

同じように、よく知られている下田事件でも、1963年に東京地裁はこう判決している：

「広島・長崎への原爆投下により、数万人の市民の生命が奪われたことは誠に遺憾であり、また、生存者の中には、18年を経た現在においても、その放射能の影響により、生命を脅かされている者がいることは事実である。この意味で、原爆のもたらす苦痛は、毒物や毒ガスのもたらす苦痛よりも大きいといっても過言ではなく、原爆投下行為は、不必要な苦痛を与えることを禁じた戦争法の基本原則に反すると考えることができる。[8]」

III. 化学兵器の使用禁止

8. 化学兵器とは、その毒性によって意図的な死や害をもたらすために使用される化学的手段である[9]。言い換えれば、生物にのみ影響を与える武器である。この定義に基づけば、核兵器は、その爆風と熱の効果が不活性物質に作用するため、一見すると化学兵器には見えない。しかし、核兵器から放出される放射線は、あらゆる生物に有害な影響を与えるため、上記で定義された化学兵器の一種である。

9. 1995年、WHOと国連総会から「核兵器の威嚇または使用の適法性」への勧告的意見を要請されたICJ(国際司法裁判所) の審理中、ソロモン諸島は、化学兵器に関する文書、特に、「窒息性ガス、毒性ガスまたはその他のガスの使用および細菌学的戦法を禁止する」1925年のジュネーブガス議定書で、これらの兵器の使用が禁止されていると訴

---

7 上同.
8 東京地方裁判所、1963年12月7日、*ILR*, 32, 634。
9 OPCW の定義、https://www.opcw.org/our-work/what-chemical-weapo.n。

えた。その根拠は、特に1954年10月23日のパリ協定より引用された原子兵器の定義に基づくものであった。この協定で軍備統制に関する第3議定書の付属書2は核兵器を「核燃料または放射性同位元素を含み、またはそれを含んで利用するように設計され、核燃料の爆発またはその他の制御不能な核変化により、または核燃料や放射性同位元素の放射能により、大量破壊、大量傷害または**大量中毒**を引き起こせる兵器」[10]であると定義している。(太字著者強調)

しかし、ICJ(国際司法裁判所)は、この論拠を次のように簡単に退けた。

「ハーグ陸戦条約に附属する規則は、'毒物又は毒を施した兵器'の意味を定義しておらず、この問題に関して異なる解釈が存在する。また、1925年ジュネーブガス議定書も'類似の材料または装置'という用語の意味を特定していない。この用語は、各国の慣行において、通常、中毒または窒息させることを主たる効果、あるいは排他的な効果とする兵器として理解されてきた。この慣行は明らかであり、これらの条約の締約国は、この用語を核兵器を言及するものとして扱っていない。」[11]
(核兵器の威嚇または使用の適法性に関するICJの勧告的意見55項)

10. この議論は説得力をまったく欠けている:

– 1925年ガス議定書が当時まだ存在していなかった核兵器を対象としていないことは議論の余地がないとしても、他方で、「主要な効果」(中毒および窒息)という基準は、核兵器の主要な効果の一つである放射能への適用を排除するものではないのである;

– 前述のように、放射能は一種の集団中毒であるとされている;

– 裁判所が述べたこと(上記)に反して, 各国の慣行は, 核兵器の中毒効果を明示的に言及している:上記で引用した1961年11月28日の決議1653(XVI)を考えれば十分である。前文はこう想起している。

「不必要に人間の苦痛を引き起こす大量破壊兵器の使用は、過去より人道法および国際法の原則に反するものとして、1868年のサンクトペテルブルク宣言、1874年のブリュッセル会議宣言、1899年と1907年のハーグ陸戦条約、1925年の

---

10 文中 https://avalon.law.yale.edu/20th_century/we005.asp.
11 *Legality of the Threat or Use of Nuclear Weapons, Advisory Opinion, 1.C.J. Reports 1996*, p. 248 ; § 55.

ジュネーブガス議定書などの国際宣言および拘束力のある協定によって禁止されており、現在でも大多数の国が締約している。」（第3段落）（太字著者強調）[12]

- 1925年ガス議定書が「中毒または窒息させることを主要な、あるいは排他的な効果とする兵器」のみを対象としている – ガス議定書はこの種のことを何も述べていない – という主張は議定書の全文などで確認されていない[13]。

- さらに、1925 年ガス議定書は「窒息性ガス、毒性ガスまたはこれらに類するガスの戦争における使用」だけでなく、「**すべての類似**の液体物質または考案を戦争に使用する」（前文、第1段落）（太字著者強調）についても対象としている。

このため広島・長崎への原爆投下が、1945年当時、ガスや毒物の使用を禁止する条約規則に違反したと断言できるのである。

IV. 人道法および公共の良心に反する戦争手段を使用することの禁止

11. この禁止事項の法源は1907年の陸戦の法規慣例に関する条約の前文にあるランバーモント[14]／マルテンス条項で[15]次のようなものである。

「一層完備した戦争法規に関する法典が制定されるまで締約国は、採択された規則に含まれない場合においても住民及び交戦国は、文明諸国民の間で確立された慣習、人道法及び公共の良心の命令から生じる国際法の原則の保護及び支配の下に立つことを確認することにより、適当であると認める」（第8段落）。

国連総会の決議1653（XVI）において、すでに'人道法'への言及があり、核兵器の使用がこれらの法律に違反するという事実とは無関係に、マンハッタン計画（最初の原子爆弾の開発）に携わった学者たちが、'フランク報告'や'シラード請願書'と呼ばれる文章で、この爆弾の使用に反対を表明したことは重要である。

---

12 他の理由から、DAVID. E. *Principes de droit des conflits armés*、Bruxelles、Bruylant、2018、6th ed.、§2.183 ff.、more specific、§2.189。

13 SdN, *Actes de la Conférence pour contrôle du commerce international des armes et munitions et des matériels de guerre*, Genève, 4 mai-17 juin 1925, pp. 13, 161-163, 370-371, 535-549, 603-604, 745-747, 752, 787-789。

14 オーギュスト・ランバーモント(Auguste Lambermont)はベルギーの外交官でマルテンスに先立ち該当の条項を最初に成案した人と知られている(訳者注)。

15 同書、§1.18 f; その他の展開については、DAVID, E., op. cit。

12. 1934年に米国に亡命し、マンハッタン計画に積極的に関与したドイツの物理学者ジェームス・フランクは著名な物理学者の委員会を率いて、1945年6月に、米国が日本に対して原子爆弾を使用しないことを勧告する報告書に署名した。この報告書は、1945年6月12日、核エネルギーに関する問題についてトルーマンに助言するため、ヘンリー・スティムソンが議長を務める政治委員会（Interim Committee、暫定委員会：訳者）に提出された。報告書は、原子力の発見がいつまでも秘密にされることはなく、原子爆弾は核軍拡競争を引き起こすと述べている。しかし、政治委員会は「原爆使用以外の対案はない」と考え、トルーマンに報告書を伝達しなかった[16]。

13. レオ・シラードは、ハンガリー生まれのドイツ・アメリカの物理学者で1938年に米国に亡命した人物でもある。1933年に核連鎖反応を考案し、1939年にはアインシュタインとともに、核連鎖反応の理論的アイデアを実用化するようルーズベルトに強く勧める書簡を送った。1945年7月16日、アロモゴード（ニューメキシコ州）で原子爆弾が初めて爆発したのは、このマンハッタン計画によるものだった。その翌日、レオ・シラードは、70人の科学者が署名した、日本に対する原子爆弾の不使用を求める請願書をトルーマンに送った。この請願書には、この原爆の恐ろしい破壊力と、それが将来もたらす危険性が書かれていた。請願書は次のように書かれていた。

> 「もしこの戦争の後、競争国がこの新しい破壊手段を無制限に所有することが許される状況が世界で広がるならば、米国の都市はもちろん、他国の都市も突然の絶滅の危険にさらされ続けることになるだろう。このような世界情勢の到来を阻止するために、米国は道徳的であれ、物質的であれ、あらゆる資源を動員しなければならない。絶滅を防止するアメリカの責任は厳重であり、それは現在、アメリカが原子力の分野をリードしているということから選抜されたのである。」[17]

実際、この手紙は直ちにトルーマンに届いたわけではなく、トルーマンの側近ジェームズ・F・バーンズ（後の国務長官）に渡されたが、残念ながらバーンズは「この考えにまったく共感しなかった」[18]。

---

16 https://en.wikipedia.org/wiki/Franck_Report
17 https://en.wikipedia.org/wiki/Szil%C3%A1rdpetition
18 上同.

14. それにもかかわらず、フランク報告書とシラードの請願書は、ランバーモント／マルテンス条項でいう「公共の良心の命令」であり、たとえこれらの文章の背景が人道的というより政治的なもの（核拡散の危険性と将来アメリカがこれらの兵器の標的になる危険性）であったとしても、その命令を表している。さらに、日本における原爆の破壊の程度を見れば、原爆投下が「人道法および公共の良心の命令」に違反したことに否定することはできない。

15. 結論として、広島・長崎への原爆投下は、1945年当時、民間人に対する攻撃、不必要な苦痛を与えることが意図された兵器又は物質の使用、化学兵器の使用、人道法と公共の良心に反する戦争手段の使用を禁止する国際条約規則を違反していたと断言することができる。

1945년 당시 조약국제법으로 본
히로시마·나가사키 원폭 투하의 불법성에 관한 토론

정태욱
인하대학교 법학전문대학원 교수

1. 머리말

발표자는 1945년 당시의 국제조약법에 기초하여 히로시마·나가사키 원폭 투하의 불법성에 대하여 간명하게 잘 정리해 주었습니다. 발표자는 민간인과 전투원의 구분, 불필요한 고통 금지, 마르텐스 조항(인도와 공공 양심)이라는 국제인도법의 원칙을 제시하고 항목별로 각각 관련된 국제조약법에 따라 히로시마·나가사키 원폭 투하의 불법성을 논증하였습니다. 화학무기금지조약도 추가로 원용하였습니다.

저는 기본적으로 발표자의 논의가 타당하다고 생각하고 지지합니다. 다만, 토론자로서 몇 가지 추가적 보충을 시도해 보겠습니다. 첫째는 구체적인 내용들에 대한 것이고, 둘째는 원폭 투하의 군사적 필요성에 관한 근본적 문제에 관한 것입니다.

2. 관련 조약국제법

1) 1907년 육전에서의 법과 관습에 관한 헤이그 협약(헤이그 제4협약) 및 부속 규정

발표자는 히로시마·나가사키 원폭 투하는 시민에 대한 공격으로 불법이라고 하였습니다. 그리고 헤이그 제4협약(1907) 부속 규정 제25조 무방호 상태의 도시, 마을,

주거단지에 대한 폭격 금지 조항(The attack or bombardment, by whatever means, of towns, villages, dwellings, or buildings which are undefended is prohibited)을 원용하였습니다.

저는 같은 맥락에서 헤이그 제4협약(1907) 부속 규정 제27조 "포위와 포격을 함에 있어 종교, 예술, 과학, 자선 목적, 역사 유적, 병원에 이용되는 건물, 그리고 환자나 부상을 입은 자들이 수용되어 있는 장소 등은 그것들이 군사적 목적으로 이용되지 않는 한 그 보호를 위한 가능한 한 필요한 모든 조치들이 취해져야 한다"도 원용할 수 있다고 생각합니다.

당시 히로시마·나가사키 원폭 투하는 아무런 사전 경고도 없이 실행되었고, 인구 밀도가 높은 도시에 투하되었습니다. 히로시마의 경우 당시 90% 이상의 의사와 간호사들이 사망하거나 부상당하였다고 합니다.[1] 히로시마에서 군인들은 2만여 명이 사망하였지만, 민간인은 7만~12만 명이 사망한 것으로 추정됩니다. 나가사키에서는 전체 사망자 수가 6만 명에서 8만 명으로 추산되며, 군수물자 공장의 근로자들도 다수 사망하였지만, 역시 대부분은 일반 시민들입니다.[2]

2) 1923년의 공전空戰에 관한 헤이그 조약 초안(Draft Rules of Aerial Warfare, The Hague, February 1923)

같은 맥락에서 비록 최종 채택되지는 않았지만, 1923년의 공전에 관한 헤이그 조약 초안도 참조할 수 있을 것입니다.

동 조약 초안 제22조는 민간인들에 대한 공중폭격을 금지하고 있으며, 제24조는 군사적 목표물military objective이란 개념을 사용하여 군사적 성질이 아닌 대상에 대한 폭격을 금지하고 있으며, 육상 전투와 인접한 지역the immediate neighborhood of the

---

1 영문 위키백과, "Atomic bombings of Hiroshima and Nagasaki", https://en.wikipedia.org/wiki/Atomic_bombings_of_Hiroshima_and_Nagasaki#Bombing_of_Hiroshima, 2023. 5. 23. 최종 방문.

2 영문 위키피디아에는 미쓰비시 군수공장 7,500명 근로자 가운데 6,200명이 사망하였고, 다른 군수물자 공장에서도 24,000명이 사망했다고 서술하고 있다. 그러나 나가사키 시장의 보고에 따르면 미쓰비시 군수 공장 사망자가 2,273명, 미쓰비시 철강 공장 사망자가 1,019명, 미쓰비시 전자회사 공장에서 262명, 미쓰비시 선박 공장에서 1,815명 등이 사망한 것으로 보고되어 있다(나가사키 원폭 희생자를 위한 국립평화기념관, "나가사키 원폭 피해 기록", https://www.peace-nagasaki.go.jp/abombrecords/b020202.html, 2023. 5. 23. 최종 방문). 물론 또 다른 군수물자 사업장에서의 사망자들도 있지만, 전체 사망자 규모가 위키피디아 서술 내용과는 현격한 차이가 있다.

operations of land forces에 대하여는 민간 지역에 위험을 초래하는 폭격도 가능하지만 그것은 그 지역의 군사적 시설의 중요성이 충분히 인정될 경우에 한한다고 규정하고 있습니다.[3]

히로시마·나가사키에 대한 원폭 투하는 민간인을 포함한 공중폭격이며, 육상작전과 인접한 지역이 아닌 후방의 도심에 대한 폭격이었다는 점에서 이 헤이그 조약 초안을 정면으로 위반한 것이라고 할 것입니다.

3) 국제연맹 총회 결의 "전시 공중폭격으로부터 민간인 보호"(Protection of Civilian Populations Against Bombing From the Air in Case of War, General Assembly, League of Nations, September 30, 1938)

아울러 국제연맹의 공중폭격 관련 결의도 거론될 수 있을 것입니다. 국제연맹은 공중폭격에 대한 국제법적 규율에 대하여 다음과 같은 지침을 선포하였습니다.

(1) 민간인에 대한 의도적 폭격은 불법이다.
(2) 공습 목표물은 정당한 군사적 대상이어야 하며, 식별 가능한 것이어야 한다.
(3) 어떤 정당한 군사적 대상에 대한 공격일지라도 목표물 인근 민간인들에게 부주의하게 폭격해서는 안 된다.

물론 국제연맹 총회의 결의는 회원 국가들에게 구속력을 가지진 못하지만, 그 결의는 만장일치일 경우에만 채택될 수 있다는 점에서 당시 국제사회에서의 공감 수준

---

3 동 조약 초안의 전문은 다음과 같다.
제22조 민간인들에 대한 테러, 군사적 성질이 아닌 사유재산의 파괴, 비전투원들에게 타격을 가하는 공중폭격은 금지된다.
제24조 제1항 공중폭격은 오직 군사적 대상, 즉 그 파괴와 손상이 공격자 측에 특정한 군사적 이득이 되는 대상을 목표로 할 때만 정당하다. 제2항 그 공중폭격은 오로지 다음과 같은 대상을 목표로 할 때만 정당하다: 군부대; 군사작전; 군사시설 혹은 무기고; 무기, 화약 또는 특정한 군수물자 생산에 이용되는 중요하고 널리 알려진 주요한 공장들; 군사적 목적을 위해 사용되는 통신선 혹은 교통 노선. 제3항 육상 군사 작전 바로 인근에 있지 않은 도시, 읍·면, 마을, 주거지 혹은 건물에 대한 폭격은 금지된다. 제2항에 규정된 군사 목표물이 민간인 거주 지역과 밀접하게 위치하여 민간인들에 대한 폭격을 피할 수 없는 경우라면 공중폭격은 자제되어야 한다. 제4항 육상 군사 작전 바로 인근에 위치한 도시, 읍·면, 마을, 주거지 혹은 건물에 대한 폭격은 그것이 그로 인해 야기될 민간인들에 대한 위험을 감안해도 충분히 정당화될 수 있는 만큼 중요한 군사적 요충지라는 합리적 추정이 있다면 정당화될 수 있다.

을 보여준다고 생각합니다.

히로시마·나가사키 원폭 투하는 군사적 목표물에 대한 타격이 아니라 다수 시민 거주 도시에 대한 의도적 폭격이었습니다. 당시 원폭 투하 대상지는 대도시들로 선정되었습니다. 최초 목표에는 교토도 포함되어 있었습니다. 또한 원폭 투하는 도시 전체에 최대한의 피해를 줄 수 있는 고도에서 폭발하도록 기획되었습니다. 애초에 무차별적 타격을 의도한 것입니다. 일본에 최대한의 공포와 충격을 가하여 조기 종전의 효과를 노린 것입니다. 민간인 보호가 아니라 민간인 피해의 극대화를 노린 것입니다. 따라서 이는 민간인 보호를 규정한 상기 국제연맹 결의에 정면으로 반한다고 할 것입니다.

4) 도쿄 시모다 판결(下田事件)

발표자는 도쿄 시모다下田 재판도 언급하였습니다. 주지하듯이 이 판결은 원폭 투하에 대한 최초의 사법적 판단이었으며, 더욱이 이번 토론의 주제와 같은, 당시 실행 중인 국제법적 관점에서 원폭 투하의 불법성을 인정한 판결이라는 점에서 중요합니다. 시모다 판결은 그 판시 이유를 국제인도법의 두 원칙, 즉 전투원과 민간인의 구분 원칙, 그리고 불필요한 가해 금지의 원칙에 두고 있습니다.

전투원과 민간인의 구분에 대하여는 1907년 헤이그 제4협약 및 부속 규정 그리고 1907년 헤이그 제9협약 전시 해군의 포격에 관한 협약Convention concerning Bombardment by Naval Forces in Time of War, Hague, 1907에서 무방호 지역 폭격 금지 원칙, 그리고 앞서 보았던 공중폭격에 대한 헤이그 조약 초안(1923)도 원용하고 있습니다. 재판부는 이 공중폭격에 대한 조약 초안이 비록 채택되지는 않았지만 법학도들은 동 초안을 권위적인 준거로 학습하고 있으며, 몇몇 국가들은 자국의 규범으로 실행하고 있다고 말하고 있습니다. 그리하여 그 조약 초안에 규정된 민간인과 전투원의 구분이라는 원칙은 이미 당시 국제법의 구성 부분이 되었다고 보고 있습니다.

시모다 사건 재판부는 불필요한 가해 금지 원칙에 관하여는 발표자가 원용한 1925년의 생화학무기 금지에 관한 제네바 의정서1925 Protocol for the Prohibition of the Use in War of Asphyxiating, Poisonous or other Gases and of Bacteriological Methods of Warfare: Geneva Protocol와 더불어 1907년 헤이그 제4협약 부속 규정 제23조 독이나 유독성 무기poison or poisoned weapons 사용 금지 조항을 제시했습니다. 시모다 재판부는 비록 생화학무기와 방사능을 동일하게 적용할지에 대한 논란은 있을 수 있지만, 원폭 투하는 수십 년간 지속되는 방사능의 유해성을 감안할 때, 불필요한 과도한 가해를 금지하는 국제조약법 원칙에 반하는 것으로 보고 있습니다.

5) 국제사법재판소의 권고적 의견(The Advisory Opinion of International Court of Justice)

주지하듯이 국제사법재판소ICJ는 핵무기의 위협 혹은 사용의 합법성에 대하여 권고 의견을 제시한 바 있습니다. 국제사법재판소는 관련한 여러 논점들을 광범위하게 검토하였지만, 결과적으로는 매우 혼돈스러운 입장을 보여주었습니다. 발표자도 독성 무기 사용 금지의 논점과 관련하여 동 재판소의 입장을 비판해 주었습니다.

토론자 역시 국제사법재판소의 권고적 의견에 대한 비판을 추가하고 싶습니다. 동 재판소는 1899년 제2차 헤이그 선언Declaration concerning the Prohibition of the Use of Projectiles with the Sole Object to Spread Asphyxiating Poisonous Gases, 1907년 헤이그 제4협약Hague Convention, IV 혹은 1925년 제네바 의정서Geneva Protocol 등에서 핵무기에 대한 구체적인 금지 규정은 찾을 수 없다고 말하고 있습니다.

또한 동 재판소는 민간인과 전투원 구별, 불필요하고 가중된 가해의 금지, 마르텐스 조항(인도와 공공 양심)이 오래전부터 국제인도법의 원칙으로 발전해 왔으며, 핵무기의 사용이 그와 양립하기는 어렵다고 보면서도, 결국 핵무기 사용이 반드시 그에 위배된다고 확실한 결론을 내릴 수는 없다고 말하고 있습니다.

이러한 국제사법재판소의 입장은 원리적으로는 핵무기의 위법성을 긍정하면서 구체적인 법 적용에서는 위법성을 판단하지 않는 모순되고 기이한 입장이라고 생각합니다.

3. 군사적 필요성(military necessity)

발표자가 크게 다루지 않은 군사적 필요성에 대하여 보충하고자 합니다. 저도 발표자와 마찬가지로 1945년 당시 국제인도법 조약들의 관점에서 볼 때 히로시마·나가사키의 원폭 투하는 국제법에 반한다고 생각합니다. 그러나 그에 대하여 군사적 필요성을 내세우며 원폭 투하를 정당화하는 반론이 있을 수 있습니다.

주지하듯이 국제인도법은 군사적 필요성과 인도주의라는 두 축으로 구성되어 있습니다. 따라서 인도주의의 대원칙인 민간인 보호, 과도한 가해 금지의 원칙 등이 존중되어야 하지만, 그것은 절대적인 것이 아니라 군사적 필요성과 비교 형량되어야 한다는 입장이 있을 수 있습니다. 즉 군사적 필요성에 따라 불가피한 경우, 또 그러한 공격으로 얻을 수 있는 군사적 이점이 그로 인해 야기되는 피해보다 클 경우, 폭격이 정당화될 수도 있다는 것입니다.

우리의 주제인 원폭 투하와 관련하여 전방이 아닌 후방에 대한 공습, 즉 '전략적 폭격', 특히 이른바 '민간인들에게 공포를 확산시키는to spread terror among the civilian population' 공습의 문제를 생각해 볼 수 있겠습니다. 현대 국제인도법의 견지에서 이는 정당화될 수 없으며, 전쟁 범죄를 구성한다는 것이 일반적인 입장이라고 생각합니다.[4] 그러나 문제는 1945년 당시의 관점이라고 하겠습니다.

1949년에 인도주의 원칙들이 더욱 강화된 제네바 협약이 채택되었으며, 1977년 제네바 협약 제1추가의정서에서는 '근본적 인권fundamental human rights'이라는 표현도 사용되고 민간인 보호와 인권 보장의 원칙이 확립되었습니다. 이제 군사적 필요성은 오직 인도적 원칙이 허용하는 공간에서만 작동하는 것으로 보아야 한다고 생각합니다. 하지만 1945년 당시에는 어떻게 보아야 할지 다툼이 있을 수 있다고 생각합니다.

전통적으로 전쟁에서는 인도주의보다 전쟁의 논리, 즉 Kriegsraison이 우세했습니다. 전쟁에서 승리라는 목적은 수단을 정당화했습니다. 특히 제2차 세계대전의 양상은 이른바 'total war'라는 말이 나올 정도로 잔혹했습니다. 앞서 보았던 것처럼 일반 국민

---

4 Yoram Dinstein, *The Conduct of Hostilities under the Law of International Armed Conflict*, 2nd ed., Cambridge: Cambridge University Press, 2010, pp.117-118, 125-126.

들에게 공포를 야기함으로써 승리를 앞당기기 위한 무차별적 폭격이 만연했습니다. 유럽에서는 독일 나치가 영국 런던과 네덜란드 로테르담에 무차별적 공습을 가했으며, 연합군은 독일 드레스덴을 초토화했습니다. 아시아에서 일본은 중·일 전쟁 중, 충칭 등에 무차별 폭격을 가했습니다. 미군 역시 원폭 투하 전에 이미 무자비한 도쿄 공습을 자행했습니다. 이러한 무차별적 공습은 군부대·군수공장 등 군사적 목표는 물론이고 교통, 통신, 산업, 사회기반시설, 나아가 일반 주민들까지 대상으로 했습니다. 상대의 전쟁 수행 능력을 파괴하고. 나아가 전쟁 수행 의지를 꺾고자 자행된 것입니다. 히로시마·나가사키 원폭 투하는 그러한 '전략적 폭격'의 정점에 있다고 생각합니다.

히로시마·나가사키 원폭 투하에 대한 최종 결정권자인 트루먼은 원자탄을 기존의 다른 포탄과 질적으로 구분하여 생각하지 않았습니다. 그는 전쟁을 보다 일찍 종결하기 위해, 군사적 필요를 위해 다른 포탄보다 더 큰 포탄을 사용했을 뿐이라고 말했습니다. 지금도 여전히 많은 사람들은 그것이 군사적 필요에 따른 적절한 전략적 선택이었다고 생각하고 있습니다. 즉 원폭 투하로 인해 태평양전쟁의 종전을 앞당길 수 있었으며, 그해 11월로 예정된 상륙작전으로 야기될 수 있었던 인명 피해를 오히려 줄일 수 있었다고 말합니다.

이와 같은 입장에서는 히로시마·나가사키 원폭 투하가 당시 국제인도법 조약에 위반되지 않을뿐더러, 설사 그에 위반되는 행위라고 할지라도 '정당화 사유' 내지 '면책 사유'가 될 수 있다고 주장할 수 있을 것입니다.

따라서 저는 끝으로, 히로시마·나가사키 원폭 투하가 과연 군사적 필요성의 원리에 비추어 타당한 것이었는지 살펴보고자 합니다.

국제조약법상 군사적 필요성의 원리를 별도로 설명한 조항은 없지만, 1945년 당시 유효한 법으로는 1907년 헤이그 제4협약 부속 규정 제23조에서 그러한 표현을 볼 수 있습니다. "적국의 재산을 파괴하거나 몰수하는 것은 그것이 전쟁의 필요necessities of war에 반드시imperatively 요구되지 않는 한 금지된다."

오늘날 군사적 필요성의 원리는 보통 '불필요한 가해 금지 원칙'과 '비례성의 원칙'으로 설명됩니다. 그러나 저는 1945년 이전 군사적 관점이 우선시되던 때를 상정하며 그 의미를 생각해 보겠습니다. 전쟁의 필요를 위해 imperatively하게 요구되는 군사 작전이란 무엇을 의미할까? 저는 이를 목적에서의 정당성, 그리고 수단에서의 적절성으로 이해할 수 있다고 생각합니다. 즉, 그 군사작전이 해당 전쟁에서 군사적 이점을 가져오는 데에 긴요하게 필요한 것이어야 하며, 또 그 군사작전은 군사적 목표 달성을 위해 최대한 적절한 수단으로 수행되어야 한다는 뜻으로 해석할 수 있다고 생각합니다. 아래에서 이 부분을 좀 더 자세히 설명해 보겠습니다.

첫째, 군사적 목적에서의 정당성이란 그 군사적 행동이 해당 전쟁에서 상대의 군사력에 대한 타격이어야 하고, 공격하는 측에 군사적 이점을 주는 것을 의미한다고 생각합니다. 따라서 해당 전쟁에서 긴요하게 필요하지는 않은, 다른 국제정치적 전선에서의 이점을 노리는 타격은 군사적 목표에서의 필요성에 부합하지 않는다고 보아야 할 것입니다. 그리고 상대의 군사적 역량을 파괴하는 타격이 아니라 살상을 위한 살상, 혹은 복수를 위한 잔인한 공격 등도 군사적 목적에 긴요한 필요한 행동이라고 보기 어려울 것입니다.

둘째, 수단에서의 적절성이란 그 군사 행동이 군사적 목적을 달성하는 데에 효과적이면서 다른 군사적으로 불필요한 피해는 최소화해야 함을 의미한다고 생각합니다. 따라서 군사적 목적 달성과 관계없거나 혹은 그 목표 달성을 초과하는 불필요한 피해를 야기하는 수단은 가능한 한 회피되어야 할 것입니다. 물론 군사적 목적을 달성하기 위한 여러 수단들이 존재할 경우, 교전자의 판단의 재량margin of appreciation은 인정되어야 할 것입니다. 하지만, 군사적 목적에 직결되지 않는 과도한 피해를 야기하는 수단은 회피되어야 할 것입니다. 이와 관련하여 현대 국제인도법은 "군사적 이점보다 민간인 피해가 더 크다면 그 타격은 허용될 수 없다"는 '비례의 원칙'을 제시하고 있습니다. 그러나 1945년 당시에는 민간인 피해와 군사적 이점을 비교하는 관점은 아직 통용되지 않았다고 생각합니다. 대신 불필요한 피해 방지의 원칙이 적용될 수 있었다고 생각합니다. 즉 동일한 군사적 목표 달성을 위한 여러 방법이 있을 경우, 그 가운데 과도한 피해를 야기하는 방법은 회피해야 한다는 원칙을 생각할 수 있겠습니다.

이와 같이 생각할 때, 과연 히로시마·나가사키 원폭 투하에 대하여 군사적 필요성이 긍정될 수 있을까요?

기존의 전통적인 입장은 그 원폭 투하의 군사적 필요성을 긍정할 것으로 생각됩니다. 대략 다음과 같이 서술될 수 있다고 생각합니다: 그 원폭 투하는 태평양전쟁에서 일본의 항복, 즉 군사적 승리를 위한 군사행동이었으며, 당시 다른 군사작전들에 비하여 일본의 항복을 조기에 이끌어낸 효과적인 수단이었다. 교토(애초의 목표 도시 리스트에 포함되어 있었음)나 도쿄 등 더 큰 대도시를 택하지 않고 단지 두 발의 원폭 투하로 목적을 달성할 수 있도록 했다는 점에서 과도한 피해를 피한 군사작전이었으며, 일본 상륙 작전에 수반될 수 있는 더 큰 인명 피해를 줄인 적절한 군사적 수단이었다. 일본은 포츠담선언의 최후통첩에서 '즉각적이며 완전한 파괴'를 경고받았음에도 불구하고 그것을 묵살했으며, 따라서 미국의 원폭 투하는 부득이하고 정당한 군사적 공격이었다.

그러나 저는 이러한 전통적인 견해는 유지되기 어렵다고 생각합니다. 그에 대하여 오래전부터 비판적인 입장이 개진되어 왔습니다. 일찍이 1965년 러시아의 가르 알페로비츠Gar Alperovitz는 미국의 원폭 투하의 주목적은 일본과의 전쟁을 끝내기 위한 것이 아니라 전후 소련과의 대결을 위한 것이었다고 주장했습니다.[5] 그에 따르면 미국의 원폭 투하는 전후 도래할 세계 패권 경쟁에서 미국의 군사적 파괴력을 과시하기 위한 것이었다고 봅니다. 그렇다면 원폭 투하는 기본적으로 태평양전쟁에서의 군사적 목적을 위한 것이 아니라고 할 수 있습니다.

최근 일본의 하세가와長谷川毅: Hasegawa Tsuyoshi는 알페로비츠와는 다른 차원에서 히로시마·나가사키 원폭 투하는 일본의 항복을 이끌어내는 효과적인 방법이 아니었다고 주장하고 있습니다.[6] 하세가와는 일본 항복에서 보다 결정적인 요인은 소련의 참전, 그리고 일본 천황제의 유지 가능성이었다고 합니다. 일본은 당시 이미 전쟁에서 패배를 절감한 상태였고, 다만 천황제를 유지하는 조건으로 전쟁을 종결하고자 하였고, 당시 일본과 중립 조약을 체결했던 소련에게 마지막 중재를 기대했다고 합니다. 그러나 소련이 중립 조약을 깨고 남하를 개시하고 일본 본토의 점령도 가시화되면서 일본은 서둘러 항복 선언을 하게 되었다고 합니다.

하세가와는 일본에 최후통첩을 알린 포츠담 선언의 경과에 주목했습니다. 포츠담 선언의 원래 초안은 태평양전쟁에 대한 소련의 참전을 확인하면서 일본의 천황제를 유지시키는 조건으로 일본에 항복을 요구하는 것이었다고 합니다. 그러나 원자탄 실험 성공 소식이 전해지면서 트루먼 대통령은 그 두 가지 사항을 빼고 일본에 무조건 항복

---

5 Gar Alperovitz, *Atomic Diplomacy: Hiroshima and Potsdam: The Use of the Atomic Bomb and the American Confrontation with Soviet Power*, New York: Simon & Schuster, 1965.
6 Hasegawa Tsuyoshi, *Racing the Enemy: Stalin, Truman, and the Surrender of Japan*, Cambridge, Massachusetts: Belknap Press, 2006.

을 요구했다고 합니다. 원자탄을 손에 넣음으로 해서 소련의 참전 전에 전쟁을 끝낼 수 있다고 생각했으며, 또 일본을 완전히 굴복시키는 승리를 거둘 수 있다고 생각했다는 것입니다.

하세가와는 히로시마·나가사키 원폭 투하에도 일본 정부는 반응을 보이지 않다가, 소련의 참전을 당하여 비로소 대본영 군사회의와 어전회의를 연 것에 주목합니다. 그리고 미 국무장관 제임스 번스가 급히 전해 온 이른바 '번스 노트Byrnes Note'의 중요성을 상기시켰습니다. 번스는 비록 일본 천황이 연합국 최고사령관에게 복종해야 하지만, 일본의 향후 정치체제는 일본인들이 스스로 결정할 수 있음을 확인해 주었습니다. 일본은 처음에는 번스 노트에 불쾌감을 보였지만, 소련에 의한 점령 위험이 가시화되면서 소련보다는 미국이 일본 천황제 유지에 우호적일 것으로 기대하고 포츠담 선언의 항복 조건을 수용했다는 것입니다.

하세가와는 포츠담 선언이 원래 초안대로 발표되었다면 일본은 항복을 선언했을 것이라고 봅니다. 그러나 미국은 그 대신 히로시마·나가사키 원자탄 투하라는 선택을 한 것입니다. 트루먼 대통령은 소련의 참전 전에 전쟁을 끝내기를 원했고, 일본에 대한 복수라는 미국인들의 감정을 만족시키고자 했다는 것입니다.[7] 그렇다면 그 원폭 투하는 군사적 목적을 위한 것이 아니라 국제 정치적 혹은 국내 정치적 목적을 위한 수단으로 활용되었다고 말할 수 있겠습니다.

포츠담 회담, 소련 참전, 일본 항복의 긴박한 순간들에서 미국·소련·일본 정치의 내막을 면밀하게 탐구한 하세가와의 연구는 설득력이 있습니다. 그뿐 아니라 히로시마·나가사키 원폭 투하가 군사적 필요성보다 정치적 필요성에 의해 실시되었다는 여러 연구들이 있습니다.[8]

---

7 이상의 내용은 Hibiki Yamaguchi, Fumihiko Yoshida, Radomir Compel, "What role did the atomic bombings of Hiroshima and Nagasaki and Soviet entry into the war play in Japan's decision to surrender in the Pacific War? Conversations with Tsuyoshi Hasegawa", *The Asia-Pacific Journal* (Japan Focus), Volume 17 Issue 18, Number 1, Sep. 15, 2019. 인터넷 문서 https://apjjf.org/2019/18/Yamaguchi-Yoshida-Compel.html (2023.5.24. 최종 방문)에서 요약한 것임.

8 필자가 참고한 몇 가지 연구를 나열하면, Barton J. Bernstein, "The Atomic Bombings Reconsidered", *Foreign Affairs*, Jan.-Feb., 1995, Vol. 74, No. 1, pp.135-152; Stanley Goldberg, "Racing to the Finish: The Decision to Bomb Hiroshima and Nagasaki", *The Journal of American-East Asian Relations*, Summer 1995, Vol. 4, No. 2, Special Issue — Above the Mushroom Clouds: Fiftieth Anniversary Perspectives, pp.117-128.

이러한 연구들을 보건대 히로시마·나가사키 원폭 투하가 불가피한 군사작전이었는지는 매우 의심스럽다고 생각합니다. 설사 그것이 불가피한 선택이었다고 해도 그 실행 방법 또한 적절하지 못했다고 생각합니다. 원폭 투하 계획 수립에 있어 일본에 대한 사전 경고가 필요하다는 견해도 있었습니다. 또 인구가 밀집한 지역이 아니라 먼저 인구가 희소한 지역에 투하해 일본이 그 파괴력을 실감케 해야 한다는 주장도 있었습니다. 그러나 이러한 대안들은 모두 무시되었습니다. 히로시마·나가사키 원폭 투하는 목적의 정당성도, 수단의 적절성도 인정하기 어렵습니다.

4. 맺음말

발표자가 잘 정리해 준 대로 히로시마·나가사키 원폭 투하는 당시 유효한 국제조약법의 기준에서도 국제인도법에 위반하는 행위였다고 생각합니다. 나아가 당시의 '군사적 필요성'의 관점에서도 정당화되기 어렵다고 생각합니다.

아울러 히로시마·나가사키 원폭 투하만이 아니라 제2차 세계대전 중에 연합국과 추축국 양측에서 자행한 무차별적 공습 등 여러 군사적 행동 또한 국제인도법에 반하는 것임도 기억해야 할 것이라고 생각합니다.

A Debate on the Illegality of
Atomic Bombings of Hiroshima and Nagasaki
under the Treaty International Law of 1945

Chung Taiuk
Professor of Inha University

1. Introduction

The presenter concisely illustrated the illegality of the atomic bombings of Hiroshima and Nagasaki based on conventional international law as of 1945.

He presented and analyzed the principles of international humanitarian law, such as the distinction between civilians and combatants, the prohibition of unnecessary suffering, and the Martens Clause (humanity and public conscience), and argued that the atomic bombings of Hiroshima-Nagasaki were illegal. He also based his arguments by citing the 1925 Geneva Protocol prohibiting chemical weapons.

I mainly agree with and support the presenter's analysis. But as a discussant, I will attempt to make some additional points. First, I will discuss specific details regarding the illegality of atomic bombings, and second, I will examine the fundamental problems in the military necessity argument.

2. The Relevant Treaties of International Humanitarian Law

1) Hague Convention (IV) Respecting the Laws and Customs of War on Land and Annexed Regulations

The presenter observes that the Hiroshima-Nagasaki bombings were illegal attacks on civilians. He bases his argument citing the 4th Hague Convention Regulation article 25 (the attack or bombardment, by whatever means, of towns, villages, dwellings, or buildings, which are undefended is prohibited).

I would also refer to Article 27 in the regulations annexed to the 1907 Hague Convention, "In sieges and bombardments all necessary steps must be taken to spare, as far as possible, buildings dedicated to religion, art, science, or charitable purposes, historic monuments, hospitals, and places where the sick and wounded are collected, provided that they are not being used at the time for military purposes."

The atomic bombings of Hiroshima and Nagasaki were carried out without warning and in densely populated cities. It is reported that more than 90% of doctors and nurses were killed or injured in Hiroshima.[1]

It is estimated that about 20,000 soldiers died, while somewhere between 70,000 and 120,000 civilians died in Hiroshima. In Nagasaki, the total number of deaths is estimated to be between 60,000 and 80,000. Numerous workers at military supply factories also died, but most of the casualties were ordinary citizens.[2]

2) Draft Rules of Aerial Warfare, The Hague, February 1923

In the same vein, I would also note the Draft Rules of Aerial Warfare 1923, although it was not finally adopted.

Art. 22 of the Draft Rules prohibits aerial bombardment of civilians, and Art. 24 prohibits aerial bombardment when directed at objects not of military nature by defining the concept of "military objective." Although Article 24 permits the bombardment of "the immediate neighborhood of the operations of land forces," stipulating the danger caused to the civilian population, it is

---

1 English Wikipedia, "Atomic bombings of Hiroshima and Nagasaki", https://en.wikipedia.org/wiki/Atomic_bombings_of_Hiroshima_and_Nagasaki#Bombing_of_Hiroshima, Last visited on 23 May 2023.

2 English Wikipedia states that 6,200 of 7,500 workers at Mitsubishi's munitions factories died, and 24,000 died at other munitions factories. However, according to the report of the mayor of Nagasaki, 2,273 people died at the Mitsubishi Military Plant, 1,019 people died at the Mitsubishi Steel Plant, 262 people died at the Mitsubishi Electric Corporation plant, and 1,815 people died at the Mitsubishi Ship Plant (National Peace Memorial Hall, "Nagasaki Atomic Bomb Victim Records", https://www.peace-nagasaki.go.jp/abombrecords/b020202.html, last visited on May 23, 2023). Of course, there are also deaths at other military supplies businesses, but the overall scale of deaths is significantly different from the Wikipedia description.

only legitimate if sufficient importance of "the military concentration" in the area is fully recognized.[3]

The atomic bombings of Hiroshima and Nagasaki directly violated the Draft Rules as they were aerial bombings of the civilian population-centered parts of the city. The bombings were in the rear, not at the front within the immediate range of ground forces.

3) General Assembly Resolution of the League of Nations, "Protection of Civilian Populations Against Bombing from the Air in Case of War"

Moreover, I would discuss the resolution of the League of Nations regarding aerial bombing. The resolution declared the following principles as providing the basis for subsequent regulation of aerial bombing under international law.

(1) The intentional bombing of civilian populations is illegal.

(2) Objectives aimed at from the air must be legitimate military objectives and must be identifiable.

(3) Any attack on legitimate military objectives must be carried out in such a way that civilian populations in the neighborhood are not bombed through negligence.

---

3 The relevant provisions of the Draft Rulels are as follows:

ARTICLE 22 : Aerial bombardment for the purpose of terrorizing the civilian population, of destroying or damaging private property not of military character, or of injuring non-combatants is prohibited.

ARTICLE 24 : (1) Aerial bombardment is legitimate only when directed at a military objective, that is to say, an object of which the destruction or injury would constitute a distinct military advantage to the belligerent. (2) Such bombardment is legitimate only when directed exclusively at the following objectives: military forces; military works; military establishments or depots; factories constituting important and well-known centres engaged in the manufacture of arms, ammunition or distinctively military supplies; lines of communication or transportation used for military purposes. (3) The bombardment of cities, towns, villages, dwellings or buildings not in the immediate neighborhood of the operations of land forces is prohibited. In cases where the objectives specified in paragraph 2 are so situated, that they cannot be bombarded without the indiscriminate bombardment of the civilian population, the aircraft must abstain from bombardment. (4) In the immediate neighborhood of the operations of land forces, the bombardment of cities, towns, villages, dwellings or buildings is legitimate provided that there exists a reasonable presumption that the military concentration is sufficiently important to justify such bombardment, having regard to the danger thus posed to the civilian population.

Although the resolution was not binding on member states, the unanimous resolution expressed a level of consensus felt by the international community at the time.

The atomic bombings of Hiroshima and Nagasaki were intentionally indiscriminate attacks on heavily civilian-populated cities, which were not legitimate military objectives. The areas proposed as targets were urban cities. Even Kyoto was on the original list of targets. The Bombings were designed to detonate at an altitude that would cause maximum destruction to the entire city. The bombings were intentionally indiscriminate to end the war early by producing the most effective psychological effects (fear and terror) on the Japanese Empire. It was aimed at maximizing civilian damage, not protecting civilians. Therefore, I would argue that the bombings directly contradicted the general assembly resolution of the League of Nations, which aimed to protect civilian populations.

4) Tokyo Shimoda Judgment

The presenter also refers to the Shimoda case, brought before the District Court of Tokyo. It is a well-known fact that the Shimoda case judgment was the first judicial decision on the use of nuclear weapons. Moreover, it is essential as the court determined that the bombings were illegal based on positive international law effective in 1945, which is the topic of today's forum. The judgment was based on two principles of international humanitarian law: the principle of distinction (between civilians and combatants) and the prohibition of unnecessary suffering.

The decision invoked the prohibition of indiscriminate bombings of undefended areas in the 4th Hague Convention and Regulations of 1907, the 9th Hague Convention concerning Bombardment by Naval Forces in Time of War, and the aforementioned Draft Rules of Aerial Warfare.

The judge argued that although the Draft Rules on aerial bombing had not been officially adopted, law students were learning it as an authoritative criterion, and some countries were implementing it as a national norm. Thus, the principle of distinction between civilians and combatants stipulated in the Draft Rules had already become a constituent part of international law at the time.

Regarding the principle of unnecessary suffering, the Shimoda Court invoked the prohibition of the use of poison or poisoned weapons in the Hague Convention IV (1907) and its annexed Regulations and the 1925 Geneva Protocol for the Prohibition of the Use in War of Asphyxiating, Poisonous or other Gases, and of Bacteriological Methods of Warfare, the latter which the presenter cites in his paper. Therefore, despite the controversy over whether the prohibition of chemical and biological weapons can be applied to nuclear weapons, given the radioactive damage that lasts for decades, the Court judged that the atomic bombings violated the principle of the conventional international law prohibiting unnecessary and excessive suffering.

5) The Advisory Opinion of International Court of Justice

It is well known that the ICJ issued its advisory opinion on The Legality of the Threat or Use of Nuclear Weapons. Although the ICJ has extensively reviewed the various issues involved, it gave an ambiguous answer, which the presenter also criticized in his examination of banning toxic weapons.

I would also like to add a critique of the advisory opinion. The court found that there are no treaty or customary rules which expressly prohibit the threat or use of nuclear weapons, for example, in the 2nd Declaration concerning the Prohibition of the Use of Projectiles with the Sole Object to Spread Asphyxiating Poisonous Gases (1899), the 4th Hague Convention (1907), and the Geneva Protocol (1925).

The court also confirmed that the principle of distinction between civilians and combatants, the prohibition of unnecessary suffering, and the Martens Clause have well been established as principles of the IHL, which is inherently incompatible with the use of nuclear weapons while failing to conclude that the threat or use of nuclear weapons violates IHL.

I view ICJ's ruling as contradictory and bizarre, considering that it affirms the illegality of nuclear weapons in principle but does not determine its illegality with specific legal applications.

3. Military Necessity

As a discussant, I aim to introduce an additional analysis not covered by the presenter, the issue of military necessity. Like the presenter, I believe that the atomic bombings of Hiroshima-Nagasaki violated international law as of 1945. However, some may attempt to justify the atomic bombings by citing 'military necessity.'

As is well known, international humanitarian law consists of two driving forces: military necessity and humanitarianism. Therefore, some may argue that the principles of humanitarianism, such as the protection of civilians and the prohibition of unnecessary suffering, are not absolute and should be weighed against military necessity. Such a position claims that the bombings may be justified if it was unavoidable by military necessity and if the military advantage outweighs the damage it can cause.

In relation to our topic, we can think of 'strategic bombings' in the rear, intended to spread terror among the civilian population. This is generally prohibited and, at no instance, can be justified under current International Humanitarian Law. Doing so would constitute a war crime.[4] But what about in 1945?

Humanitarian principles were further strengthened and adopted in the 1949 Geneva Conventions. And 1977 Additional Protocol I to the Geneva Conventions, using the expression "fundamental human rights," recognized and guaranteed the principles of protecting civilians and human rights. Today, it is well-accepted that military necessity cannot exceed the principles of humanitarian rule. However, this may be disputable from the perspective of conventional international law in 1945.

In traditional warfare, the logic of war, the so-called "Kriegsraison" doctrine, prevailed over humanitarianism. If the cause was just, any means to achieving that end was justified. World War II was so brutal to the point that it was called a 'total war.' As discussed earlier, indiscriminate bombings aimed to hasten victory by inducing fear in people. In Europe, German

---

4   Yoram Dinstein, *The Conduct of Hostilities under the Law of International Armed Conflict*, 2nd Ed., Cambridge: Cambridge University Press, 2010, pp.117-118, 125-126.

Nazis launched indiscriminate air raids on England and the Netherlands while Allied powers razed Dresden to the ground. In Asia, Japan carried out indiscriminate bombings of cities such as Chongqing (China) during the Sino-Japanese War. The U.S. military had already conducted a merciless air raid on Tokyo before the atomic bombings. These indiscriminate air strikes targeted not only military objectives such as military bases and munitions factories but also transportation, communication, industry, social infrastructure, and even the general population. I consider these "strategic bombings" culminated in the atomic bombings of Hiroshima and Nagasaki.

When Harry Truman authorized the bombings, he did not think the nature of the atomic bomb differed from other bombs. Instead, he felt a bigger bomb was necessary to end the war sooner. Even today, many think the bombings were necessary and strategically appropriate. They say that the atomic bombings hastened the end of the Pacific War and prevented human casualties in the planned land invasion of Japan that November.

From this position, some may argue that the atomic bombings did not violate conventional international humanitarian law; even if they did, they could be justified or excused under the necessity defense.

Therefore, I will examine the propriety of the Hiroshima-Nagasaki bombings by delving into the principle of military necessity.

Although no provision separately expresses the principle of military necessity in conventional international law, it is conveyed in Article 23 of the Annexed Regulations of the Hague Convention IV (1907), which existed as positive law in 1945: [It is forbidden] "to destroy or seize the enemy's property, unless such destruction or seizure be imperatively demanded by the necessities of war."

Today, military necessity is generally explained through 'the principle of prohibiting unnecessary suffering' and the 'principle of proportionality.' However, I will extrapolate the meaning of military necessity from pre-1945 perspectives when the military advantage was put first. What does an imperative military operation driven by the necessities of war mean? I argue that this should be understood through the legitimacy of a military goal and the propriety of the means of war. In other words, the military operation must be necessary to produce a military advantage in the war at hand and be carried out appropriately. Let me explain this in more detail.

First, I believe that a legitimate military purpose should only be aimed at weakening the enemy's military force in the process of gaining a military advantage. Therefore, strikes aimed at achieving a geopolitical advantage, which is not critically needed in the war at hand, do not qualify as a military necessity. And willful killing or retaliatory attacks, not aimed at weakening the opponent's military capability, are not actions of military necessity.

Second, I believe an appropriate means of warfare should effectively target military objectives while minimizing the enemy's unnecessary suffering. Therefore, means of warfare that can cause unnecessary suffering beyond achieving a legitimate military purpose should be avoided as much as possible. Of course, a margin of appreciation to belligerents must be acknowledged when there are several means of achieving military purposes. However, means of warfare that cause excessive damage that is not directly related to military purposes should be avoided. In this regard, modern International Humanitarian Law presents the 'principle of proportionality,' which states that strikes cannot be permitted if the civilian casualties outweigh the military advantage. But in 1945, I don't think the perspective of comparing civilian casualties to military advantage was established yet. Instead, I think the principle of 'avoiding unnecessary damage' could have been applied. Thus, it could be said that if there are several alternative ways to achieve the same military goal, the ones expected to cause excessive damage should be avoided.

Based on these factors, were the atomic bombings of Hiroshima and Nagasaki necessary?

Traditionalists have maintained that the atomic bombings were a military necessity. They would argue that the U.S. dropped atomic bombs to bring Japan's surrender in the Pacific War. It was more effective than other anticipated military operations at the time and aimed to bring the war to a close sooner. It avoided excessive damage by sparing larger cities like Kyoto (included in the initial target list) or Tokyo. It was an appropriate military measure, which was able to prevent greater loss of life if the U.S. had committed itself to a land invasion. Even though the ultimatum in the Potsdam Declaration warned Japan of "prompt and utter destruction," Japan ignored it, and therefore the U.S. atomic bombings were unavoidable and justifiable.

Such traditionalist viewpoints have long been criticized. Gar Alperovitz demonstrates in his writing that the US's decision to use the atomic bomb was aimed at having the upper hand in its competition with the Soviet Union.[5] According to Alperovitz, the U.S. sought to demonstrate its destructive military power to gain global influence and hegemony after the war. Then, I would argue that the principal purpose of the bombings was not to defeat Japan in the Pacific War.

More recently, Hasegawa Tsuyoshi (長谷川毅) argues that the Hiroshima-Nagasaki bombings were not an effective way to induce Japan's surrender.[6] Hasegawa argues that a more decisive factor in Japan's surrender was the Soviet's participation in the war and the viability of the Japanese emperor system. Japan was already defenseless then and wanted to end the war by preserving its emperor system. In addition, it was expecting a final mediation from the Soviet Union based on the neutrality treaty. However, when the Soviet Union declared war and began to move south, and its occupation of the Japanese main islands was imminent, Japan quickly surrendered.

Hasegawa traces the story of the Potsdam Declaration and its ultimatum to Japan. The original draft of the Potsdam Declaration was to confirm the Soviet Union's entry into the war and demand Japan's surrender on the condition that Japan retains its emperor. However, when the success of the atomic bomb testing was notified, Truman excluded those two points and demanded unconditional surrender from Japan. With the atomic bomb, Truman anticipated the war could end before the entry of the Soviet Union and that he could completely subdue Japan.

Hasegawa notes that the Japanese government did not respond to the bombings of Hiroshima and Nagasaki initially. It was only after the Soviet Union entered the war that the Supreme War Council and the imperial conference were held. And he recalls the importance of the so-called "Byrnes Note," which was urgently conveyed by U.S. Secretary of State James F. Byrnes. The note read that "the Japanese emperor should be subject to the

---

5 Gar Alperovitz, *Atomic Diplomacy: Hiroshima and Potsdam: The Use of the Atomic Bomb and the American Confrontation with Soviet Power*, New York: Simon & Schuster. 1965.
6 Hasegawa Tsuyoshi. *Racing the Enemy: Stalin, Truman, and the Surrender of Japan*, Cambridge, Massachusetts: Belknap Press, 2006.

control of the Supreme Commander of the Allied Powers, and as far as the Japanese future polity was concerned, it would be determined by the freely expressed will of the people." Despite Japan's initial displeasure with the Byrnes' note, it accepted the terms of the Potsdam Declaration as the danger of Soviet occupation seemed imminent. Japan anticipated that the United States would be more amicable in maintaining the Japanese emperor system than the Soviet Union.

Hasegawa believes that if the original draft of the Potsdam Declaration had been promulgated, Japan would have surrendered. However, the United States chose instead to drop atomic bombs on Hiroshima and Nagasaki. Truman wanted to bring the war to an end before the Soviets entered the war and needed to satisfy America's desire for revenge against Japan.[7] Then, it can be said that the atomic bombings were geopolitical and domestic-political, not primarily military in purpose.

Hasegawa's research is convincing as it closely explores the inner workings of American, Soviet, and Japanese politics in the tense moments of the Potsdam Conference, the Soviet Union's participation in the war, and Japan's surrender. Additionally, several other studies suggest that the atomic bombings of Hiroshima and Nagasaki were carried out of political necessity rather than military necessity.[8]

Based on these studies, it is very doubtful whether the Hiroshima-Nagasaki atomic bombings were an unavoidable military operation. Even if it was an unavoidable choice, I don't think the operation method was appropriate. During the preparation phase of the atomic operation, some suggested that warning Japan before dropping the bomb would be necessary. There was also a proposal that the bomb should first be demonstrated in a sparsely

---

7   The above description can be found in Hibiki Yamaguchi, Fumihiko Yoshida, Radomir Compel, "What role did the atomic bombings of Hiroshima and Nagasaki and Soviet entry into the war play in Japan's decision to surrender in the Pacific War? Conversations with Tsuyoshi Hasegawa", *The Asia-Pacific Journal* (Japan Focus), Volume 17 Issue 18, Number 1, Sep. 15, 2019, Internet document https://apjjf.org/2019/18/Yamaguchi-Yoshida-Compel.html (last visit on May 24, 2023).

8   To list some of the studies I've been referenced, Barton J. Bernstein, "The Atomic Bombings Reconsidered", Foreign Affairs, Jan.-Feb., 1995, Vol. 74, No. 1, pp.135-152; Stanley Goldberg, "Racing to the Finish: The Decision to Bomb Hiroshima and Nagasaki", *The Journal of American-East Asian Relations*, Summer 1995, Vol. 4, No. 2, Special Issue — Above the Mushroom Clouds: Fiftieth Anniversary Perspectives, pp.117-128.

populated area rather than in a densely populated area to give Japan a chance to realize its destructive power. However, all these alternatives were ignored.

Therefore, it is difficult to admit the legitimacy of the military purpose of the bombings and the appropriateness of the means by which it was carried out.

4. Conclusion

As the presenter demonstrated well, I believe that the bombings of Hiroshima and Nagasaki violated international humanitarian law, even from the perspectives of conventional international law in force at the time. I think it is also difficult to justify it from the point of view of 'military necessity' as well.

At the same time, it should be remembered that not only the atomic bombings of Hiroshima and Nagasaki but also various military actions, such as indiscriminate air strikes by both the Allied and Axis powers during World War II, would be against international humanitarian law.

1945年当時の条約国際法からみた広島・長崎への 原爆投下の違法性についての討論

チョン・テウック

仁荷大学校教授

1. はじめに

　報告者は1945年当時の国際条約法に基づき、広島・長崎への原爆投下の違法性について簡明にまとめてくれました。

　報告者は民間人と戦闘員の区別、不必要な苦痛の禁止、マルテンス条項（人道と公共良心）という国際人道法の原則を提示し、それぞれの項目が関連している国際条約法に照らして広島・長崎への原爆投下の違法性について論じています。それに加えて、生物化学兵器禁止条約（「1925年ジュネーブ議定書」）も援用しました。

　私は基本的に報告者の報告内容が妥当だと思います。ただし、ディスカッションとして、いくつかのコメントと補足を述べたいと思います。第一に、具体的な内容についてです。第二に、原爆投下における軍事的必要性に関する根本的な問題についてです。

2. 関連する条約国際法

1) 1907年陸戦の法規慣例に関する条約・同付属陸戦の法規慣例に関する規則 （「ハーグ第4条約」陸戦規則）

　報告者は、広島・長崎への原爆投下は民間人に対する攻撃であり違法だと書きました。そしてハーグ第4協約(1907)付属陸戦規則第25条、つまり無防守の都市、村、住宅地に対する爆撃を禁止している条項（「The attack bombardment, by whatever means, of towns, villages, dwellings, or buildings which are undefended is prohibited」）を援用しました。

私は同じ文脈でハーグ第4条約（1907）陸戦規則の第27条「包囲と砲撃を行うに当たって宗教、芸術、科学、慈善目的、歴史遺跡、病院に利用される建物、そして患者や負傷者が収容されている場所などは、同時に軍事目的に利用されていない限り、これに対してなるべく損害を与えないよう、必要な一切の手段を取らなければならない」という条項も援用することができると思います。

当時広島・長崎への原爆投下は、事前警告も行われず実行され、人口密度の高い都市に投下されました。広島の場合、当時の90%以上の医師や看護師が死亡したり負傷したりしたそうです[1]。広島で、軍人は2万人余りが死亡しましたが、民間人は7万から12万人が死亡したと推定されています。長崎では死者が6万人から8万人と推算され、そのなかで軍事工場の労働者も多数死亡しましたが、やはり死者の大多数は一般市民です[2]。

2) 1923年空戦に関する規則案 (Draft Rules of Aerial Warfare, The Hague, February 1923)

なお、最終的に採択されてはなかったのですが、1923年「ハーグ空戦規則案」も参考することができるのではないでしょうか。同規則案の第22条は民間人への空爆を禁止し、第24条は「軍事目標(military objective)」という概念を使い、非軍事的対象に対する爆撃を禁止しており、「陸上での戦闘に隣接する地域(the immediate neighborhood of the operations of land forces)」においては民間の地域に対して危険を招きかねない爆撃が可能であるが、それはその地域の軍事施設の重要性が十分認められる場合に限ると規定しています[3]。

1　英語版ウィキペディア、"Atomic bombings of Hiroshima and Nagasaki", https://en.wikipedia.org/wiki/Atomic_bombings_of_Hiroshima_and_Nagasaki#Bombing_of_Hiroshima, 2023. 5. 23. 最終検索。

2　英語版ウィキペディアでは、三菱軍需工場の7,500人の労働者のうち6,200人が死亡し、他の軍需物資の工場においても24,000人が死亡したと書かれている。しかし、長崎市長の報告によると、三菱軍需工場の死亡者が2,273人、三菱鉄鋼工場の死亡者が1,019人、三菱電子会社の工場で262人、三菱造船工場で1,815人などが死亡したと報告されている(長崎原爆犠牲者のための国立平和祈念館、"長崎原爆の被害の記録"、https://www.peace-nagasaki.go.jp/abombrecords/b020202.html, 2023.5.23. 最終検索。勿論また他の軍需物資工場にての死亡者もいるが、全体的な死亡者の規模はウィキペディアの内容とは甚だしい差がある。

3　同規則案の前文は以下のようである。
第22条[非戦闘員当に対する爆撃の禁止]　民間人に対するテロ、軍事的性質を有しない私有財産の破壊、非戦闘員を損傷することを目的とする空中爆撃は禁止する。第24条の第1項、空中爆撃は、ただ軍事的目標、すなわち、その破壊と損傷が、攻撃者にとって特定の軍事的利益を与えるような目標に対して行われた場合に限り、適法となる。第2項、その空中爆撃はもっぱら次のような対象を目標とする場合だけに適法である。すなわち軍隊、軍事工作物、軍事建設物又は兵器庫、軍需品の製造に従事する重要な諸工場、軍事上の目的に使用される通信線又は交通路線。第3項、陸上軍隊の作戦行動の直近地域でない都市、町村、住宅又は建物への爆撃は、禁止する。第2項に掲げた軍事目標が、民間人の居住地と間近に位置し、民間人に対する爆撃を避けられない場合であれば、空中爆撃を避止すべきである。第4項、陸上軍隊の作戦行動の直近地

広島・長崎への原爆投下は、民間人を含む空爆であり、陸上での軍事作戦と隣接している地域ではなく後方の都市に対する爆撃であったという点からして、この「ハーグ空戦規則案」に正面から反していると言えるでしょう。

3) 国際連盟総会決議「戦時における空爆から民間人の保護」
(Protection of Civilian Populations Against Bombing From the Air in Case of War, General Assembly, League of Nations, September 30, 1938)

また、国際連盟の空爆に関する決議を取り上げることもできると思います。国際連盟は空爆に対する国際法の規制について次のような指針を宣言しました。

(1) 民間人に対する意図的な爆撃は違法である。
(2) 空襲の目標物は正当な軍事的対象でなければならず、識別可能なものでなければならない。
(3) いかなる正当な軍事的対象への攻撃であっても、攻撃目標付近の一般住民に対して不注意に爆撃されてはならない。

もちろん国際連盟総会の決議は加盟国に拘束力を持つことはできなかったが、決議そのものが満場一致でなければ採択できなかったという事情を考えれば、当時の国際社会における共感の程度が確認できると思います。

広島・長崎への原爆投下は、軍事的目標への攻撃ではなく、多数の市民が居住する都市に対する意図的な爆撃でした。当時、原爆投下の対象地は大都市が選ばれました。最初の目標には京都も含まれていました。また、原爆投下は、市全体に最大の被害を与えるために高度で爆発するよう考案されました。最初から無差別攻撃を意図したものでしょう。日本に最大の恐怖と衝撃を与え、「早期終戦」の効果を狙ったものです。民間人の保護ではなく、民間人被害の最大化を狙ったものです。したがって、それは民間人の保護を規定している上記の国際連盟決議に真っ向から反すると言えるでしょう。

域においては、都市、町村、住宅又は建物の爆撃は、爆撃により民間人に与える危険を考慮してもなお正当であると推定できるような論理的な理由がある場合に限り、適法とする。

4) 下田判決

　報告者は下田判決に言及しています。周知のとおり、この判決は原爆投下に対する最初の司法判断であり、また今回の会議のテーマと同じく、原爆投下の当時に実行していた国際法に基づいて原爆投下の違法性を認めた判決であるといる点から最も重要であります。下田判決はその判示の理由として国際人道法の2つの原則、つまり戦闘員と民間人の区別の原則、そして不必要な苦痛の禁止原則を挙げています。

　戦闘員と民間人の区別に関しては、1907年ハーグ第4条約及びその付属陸戦規則、それから1907年戦時海軍の砲撃に関する条約（Convention concerning Bombardment by Naval Forces in Time of War, Hague、「ハーグ第9条約」）から無防守地域への砲撃の禁止原則を援用し、また前述した「ハーグ空戦規則案」の条文をも援用しています。裁判所は、空戦規則案は最終的に採択されてはなかったとしても、法学徒は同規則案を権威ある準拠として学習しており、いくつかの国は自国の規範として実行していると述べています。それでその案に規定されている「民間人と戦闘員の区別」という原則はすでに当時の国際法の構成部分になっていたと裁判所は見ています。

　下田ケースで判決を下した裁判所は、不必要な苦痛の禁止原則に関しては、報告者が援用した1925年の生物化学兵器禁止に関するジュネーブ議定書(1925 Protocol for the Prohibition of the Use in War of Asphyxiating, Poisonous or other Gases, and of Bacteriological Methods of Warfare: Geneva Protocol)に加えて、1907年ハーグ第4条約付属陸戦規則の第23条「毒や毒性(poison or poisoned weapons)兵器の禁止条項」を提示しました。裁判所は、生物化学兵器と放射能に同一の適用が可能かどうかについては議論の余地があるが、原爆は投下後数十年間続く放射能の有害性を勘案すると、不必要かつ過度な加害を禁止する国際条約法の原則に反するものと見ています。

5) 国際裁判所(ICJ)の勧告的意見

　周知のように、国際司法裁判所は核兵器の威嚇あるいは使用の適法性について勧告的意見を出しました。同裁判所は広範囲に様々な論点を検討しましたが、結果的には非常に混乱する立場を示しました。報告者も毒性兵器の使用禁止に関する同裁判所の見方を批判しています。

　私も国際司法裁判所の勧告的意見に対する批判を付け加えたいと思います。同裁判所は、1899年のハーグ第2宣言(Declaration concerning the Prohibition of the Use of Projectiles with the Sole Object to Spread Asphyxiating Poisonous Gases)、1907年ハーグ

第4条約（Hague Convention、IV）、または1925年ジュネーブ議定書（Geneva Protocol）で核兵器に関する具体的な禁止規定は見当たらないと述べています。

また、同裁判所は民間人と戦闘員の区別、不必要で過度な苦痛の禁止、そしてマルテンス条項（人道と公共良心）が古くから国際人道法の原則として発展してきており、それらが核兵器の使用と両立することはできないと述べながらも、結局、核兵器の使用がそれらに反するという確実な結論を下すことはできないと言っています。

このような国際司法裁判所の結論は、原則としては核兵器が違法であるとしつつ、具体的な法の適用に至っては違法性を判断しないという矛盾的かつ奇妙な立場だと思います。

3. 軍事的必要性

報告者が重く扱っていない軍事的必要性に対して補充をしたいと思います。私は報告者と同じく、1945年当時の国際人道法の条約の観点から見て、広島・長崎への原爆投下は国際法に反すると思います。しかし、それに対して軍事的必要性を掲げ、その原爆投下を正当化する反論があり得ます。

周知のように、国際人道法は軍事的必要性と人道主義という二つの軸で構成されています。そのため人道主義の大原則である民間人の保護、過度な苦痛の禁止原則などが尊重されるべきだが、それは絶対的なものではなく、軍事的必要性と比較して査定しなければならないという観点なのです。つまり軍事的必要性によって避けられない場合、その攻撃で得られる軍事的利益がその攻撃によって引き起こされる被害よりも大きいとすれば、その爆撃が正当化されるということです。

本日の会議のテーマである原爆投下と関連して、戦線ではなく後方への空爆、いわゆる「戦略爆撃（strategic bombing）」、つまり「民間に恐怖を広めるための（to spread terror among the civilian population）」爆撃の問題が考えられます。現代の国際人道法の見地から、これは正当化できず、戦争犯罪に当たるというのが一般的な判断だと思います[4]。しかし、問題は1945年当時の観点なのです。

1949年、人道主義の諸原則を一層強化したジュネーブ条約が採択され、1977年にはジュネーブ条約第1追加議定書が「基本的人権（fundamental human rights）」という表現を使い、民間人の保護や人権の保障という原則が確立されました。その下で軍事的必要

4　Yoram Dinstein, *The Conduct of Hostilities under the Law of International Armed Conflict*, 2nd Ed., Cambridge: Cambridge University Press, 2010, pp.117-118, pp.125-126.

性という概念は、人道の原則によって許容される範囲内にのみ適用されると考えられています。しかし1945年当時はどうだったのでしょう。

　伝統的に戦争では、人道主義よりは戦争の論理、すなわち「Kriegsraison」が優勢でした。戦争において、勝利という目的は手段を正当化しました。特に第2次世界大戦は、いわゆる「Total War」という言葉が生まれたほど惨酷でした。前述したように一般国民に恐怖を与え、勝利を早めるために無差別爆撃が蔓延しました。ヨーロッパでは、ナチがイギリスのロンドンとオランダのロッテルダムへの無差別爆撃を行い、連合軍はドイツのドレスデンを焦土化したのです。アジアで、日本は日中戦争中に重慶への無差別爆撃を行いました。米軍もまた原爆投下の前にすでに無慈悲な東京大空襲を強行したのです。それらの無差別空爆は軍や軍需工場などの軍事目標だけでなく、交通、通信、産業一般、社会インフラ、さらには一般市民を攻撃の対象としていました。相手の戦争遂行能力を破壊し、戦争への意志をそぐために行われたものです。広島・長崎への原爆投下はそのような「戦略爆撃」のクライマックスであったと思います。

　広島・長崎への原爆投下に対する最終決定権を持っていたトルーマンは、原子爆弾に関して質的次元で、従来の爆弾と区別していなかったです。彼は、戦争をより早く終結するために、つまり軍事的必要上他の爆弾より大きな爆弾を使用しただけだと言いました。今でも多くの人は、それが軍事的必要に応じた適切な戦略的選択だったと考えています。つまり原爆投下によって太平洋戦争の終戦を早めることができ、1945年11月に予定されていた上陸作戦による人命の被害を減らすことができたということです。

　そのような考え方に基づくならば、広島・長崎への原爆投下が当時の国際人道法の条約に違反しないだけでなく、仮に国際人道法に違反する行為だとしても「正当化の理由」あるいは「免責の事由」が存在すると主張できるでしょう。

　したがって私は、広島・長崎への原爆投下が果たして軍事的必要性の論理に照らして妥当なものだったのかを検討したいと思います。

　国際条約法上、軍事的必要性の概念を別に説明していた条項はないが、1945年当時の有効な法規としては1907年ハーグ第4条約附属陸戦規則の第23条で次のような表現が見られます。「敵国の財産を破壊したり押収することは、それが戦争の必要上(necessities of war)必ず(imperatively)要求されない限り禁止される。」

　今日における軍事的必要性の論理は、通常「不必要な苦痛の禁止原則」と「均衡性の原則」で説明されています。しかし私は1945年以前、つまり軍事的観点が優先されていた時期を想定して、その意味を考えてみます。

　戦争の必要上、「imperatively＝余儀なく」求められる軍事作戦とは何を意味するのでしょうか。私はそれを目的の正当性、そして手段の適切性を通じて理解できると思いま

す。つまり、その軍事作戦が、当該戦争における軍事的利益を得る上で緊要に必要なものでなければならず、またその軍事作戦は軍事的目的を達成するために最大限に適切な手段を持って遂行されなければならないという意味だと思います。

次に、それをもっと詳しく説明してみたいです。

第一に、軍事的目的における正当性は、その軍事行動が当該戦争における相手の軍事力への攻撃でなければならず、攻撃側に軍事的利益を与えることを意味すると考えます。だから、当該戦争で緊要に必要ではない、他の国際政治面での利益を狙う攻撃は軍事的必要性に合わないとみるべきでしょう。そして相手の軍事力を破壊する攻撃ではなく、「殺傷のための殺傷」あるいは「復讐のための残忍な攻撃」なども軍事的目的に緊要に必要な行動とは考えにくいでしょう。

第二に、手段の適切性は、その軍事行動が軍事目的を達成する上で効果的でありながら不必要な被害は最小限に抑えるべきであるということだと思います。したがって、軍事的目的の達成に関係ない、あるいはその目標達成を超える不必要な被害をもたらす手段はなるべく避けるべきです。もちろん軍事的目的を達成するための様々な手段が存在する場合、交戦当事者の判断の余地(margin of appreciation)は認められなければなりません。しかし、軍事的目的に直結しない過度な被害をもたらす手段は避けるべきです。それに関連して、現代の国際人道法は「軍事的利益より民間人の被害が大きいとすればその攻撃は認められない」という均衡性の原則を提示しています。しかし1945年当時は民間人被害と軍事的利益を比較する観点はまだ通用していなかったと思われます。そのかわり、不必要な被害の防止という原則は適用されると思います。つまり同一の軍事的目的の達成のために複数の方法が存在する場合、そのなかで過度な被害をもたらす方法は避けるべきという原則が考えられます。

それでは、果たして広島・長崎への原爆投下に関して軍事的必要性は認められるでしょうか。

従来の伝統的な見方は原爆投下の軍事的必要性を肯定するでしょう。大まかに次のように述べられると思います。

「その原爆投下は太平洋戦争において日本の降伏、すなわち軍事的勝利のための軍事行動であり、当時の他の軍事作戦に比べて日本の早期降伏を引き出した効果的な手段だった。京都(最初のターゲットリストに含まれていた)や東京など、より大きな大都市を選ばず、たった2発の原爆を投下して目的を達成したという点で過度な被害を避けた軍事作戦であり、日本への上陸作戦に伴うより大きな人命被害を減らした適切な軍事手段であった。日本はポツダム宣言の最後通牒で「即時かつ完全な破壊」の警告を受けたにもかかわらず、それを黙殺し、したがって米国の原爆投下はやむを得ず正当な軍事的攻撃だった。」

　しかし、私はそのような伝統的な見解は持続しにくいと思います。その見解に対して、以前から批判的な研究が提起されてきました。1965年、ロシアのガル·アルペロヴィッツ(Gar Alperovitz、*Atomic Diplomacy: Hiroshima and Potsdam*) は、米国の原爆投下の主な目的は日本との戦争を終わらせるためではなく、戦後ソ連との対決に向けたものだったと主張しました[5]。彼によると、米国の原爆投下は戦後到来する世界覇権競争で米国の軍事的破壊力を誇示するためのものだったということです。それなら原爆投下は基本的に太平洋戦争での軍事的目的のためではないと言えます。

　一方、長谷川毅(Hasegawa Tsuyoshi、*Racing the Enemy: Stalin, Truman, and the Surrender of Japan*)は、アルペロビッツとは異なる視点から、広島·長崎への原爆投下は、日本の降伏を引き出す上で効果的な方法ではなかったと主張しています[6]。長谷川は日本の降伏におけるより決定的な要因はソ連の参戦、そして天皇制維持の可能性だったと指摘します。日本は当時、すでに敗戦を実感していて、ただ天皇制の維持という条件で戦争を終結させようとしており、日本と中立条約を締結していたソ連に最後の仲裁を期待していたそうです。しかしソ連が中立条約を破って対日戦争を開始し、日本本土の占領が可視化したことで、日本は急いで降伏宣言をすることになったということです。

　長谷川は日本に最後通牒を伝えたポツダム宣言の経緯に注目します。当初のポツダム宣言の草案は、太平洋戦争へのソ連の参戦を確認しながら、日本の天皇制を維持させる条件で日本に降伏を求めるものだったということです。しかしトルーマン大統領に原子爆弾実験の成功が知られ、その2つを除いて日本に無条件降伏を求めるようになったということです。原子爆弾を手に入れ、ソ連の参戦前に戦争を終わらせることができると考え、また日本を完全に屈服させ勝利を収めることができると考えたという話です。

　長谷川は、広島·長崎への原爆投下にもかかわらず、日本政府はポツダム宣言に反応を示さなかったが、ソ連の参戦により大本営軍事会議や御前会議を開いたことに注目します。そして彼は米国の国務長官バーンズが急きょ送ったいわゆる「バーンズノート(Byrnes Note)」の重要性を思い出させます。バーンズは、たとえ日本の天皇が連合国の最高司令官に服従しなければならないとしても、今後の日本の政治体制は日本人が自ら決定できることを確認しました。日本は最初は「バーンズノート」に不快感を示したが、ソ連による占領の危険性が迫り、ソ連より米国のほうが天皇制の維持に友好的だろうと期待し、ポツダム宣言の降伏条件を受け入れたという説明です。

5　Gar Alperovitz, *Atomic Diplomacy: Hiroshima and Potsdam: The Use of the Atomic Bomb and the American Confrontation with Soviet Power*, New York: Simon & Schuster, 1965.

6　Hasegawa Tsuyoshi, *Racing the Enemy: Stalin, Truman, and the Surrender of Japan*. Cambridge, Massachusetts: Belknap Press, 2006.

　長谷川は、ポツダム宣言が当初の草案通りに発表されたとすれば、日本は降伏しただろうと見ています。しかしその代わり、米国は広島・長崎への原子弾投下という選択をしたのです。トルーマン大統領はソ連の参戦前に戦争を終わらせたかったし、日本への復讐という米国の人々の感情を満足させようとしたということです[7]。このような経緯だと、その原爆投下は軍事的目的ではなく、国際政治あるいは国内政治の目的のための手段として活用されたと言えるでしょう。

　ポツダム会談、ソ連の参戦、日本の降伏という緊迫した歴史の瞬間の中で、米国、ソ連、日本などの政治の内幕を細かく探求した長谷川の研究は説得力があります。

　また、広島・長崎への原爆投下が軍事的必要性よりも政治的必要性によって実行されたという研究はそれ以外にも多いです[8]。

　以上のような研究を見ると、広島・長崎への原爆投下が不可避な軍事作戦だったかどうかは非常に疑わしいと思います。たとえそれが避けられない選択だったとしても、その実行方法も適切ではなかったと言えます。原爆投下の計画の樹立にあたって、日本に対する事前警告が必要だという声もありました。また人口の密集する地域ではなく、まずは人口の希少な地域に投下し、日本にその破壊力を実感させるべきだという主張もありました。しかし、これらの代替案はすべて無視されました。広島・長崎への原爆投下は目的の正当性も、手段の適切性も認められないものです。

4. 結びに

　報告者がまとめてくださったとおり、広島・長崎への原爆投下は当時の有効な条約国際法の基準に照らして国際人道法に違反する行為だと思います。さらに、当時の「軍事的必要性」の観点からも正当化し難いと考えます。

7　以上の内容は、Hibiki Yamaguchi, Fumihiko Yoshida, Radomir Compel, "What role did the atomic bombings of Hiroshima and Nagasaki and Soviet entry into the war play in Japan's decision to surrender in the Pacific War? Conversations with Tsuyoshi Hasegawa", The Asia-Pacific Journal(Japan Focus), Volume 17 Issue 18, Number 1, Sep. 15, 2019, ネット上の文書 https://apjjf.org/2019/18/Yamaguchi-Yoshida-Compel.html(2023. 5. 24. 最終検索)から纏めたのである。

8　拙者が参考にしたいくつかの研究を揚げると、Barton J. Bernstein, "The Atomic Bombings Reconsidered", *Foreign Affairs*, Jan.-Feb., 1995, Vol. 74, No.1, pp.135-152; Stanley Goldberg, "Racing to the Finish: The Decision to Bomb Hiroshima and Nagasaki", *The Journal of American-East Asian Relations*, Summer 1995, Vol. 4, No. 2, Special Issue—Above the Mushroom Clouds: Fiftieth Anniversary Perspectives, pp.117-128.

そして広島・長崎への原爆投下だけでなく、第二次世界大戦中に連合国と枢軸国の双方が犯した無差別空爆などの様々な軍事行動も国際人道法に反するものであることを覚えておくべきでしょう。

1945년 당시 조약국제법으로 본
히로시마·나가사키 원폭 투하의 불법성에 관한 토론문 요지

최봉태

대한변협 일제피해자인권특별위원장, 변호사

1. 먼저 에릭 데이비드 교수의 결론, 즉 1945년 당시 조약국제법으로 볼 때 히로시마와 나가사키에 핵무기를 투하한 것은 불법이라는 것에 찬성이며 동감이다. 2021년에 발효된 핵무기금지조약은 핵무기 사용만이 아니라 제조·보유 등에 대해서도 포괄적으로 금지하고 있다. 핵무기금지조약은 1945년 미국의 원폭 투하 이래 인류가 핵무기 사용을 불법화하고 핵무기를 전면 폐기함으로써 핵전쟁 참화를 막기 위한 인류 집단지성의 산물이다. 따라서 핵무기 사용이 위법이 아니라면 핵무기금지조약의 뿌리를 흔드는 것이다.

2. 데이비드 교수는 히로시마·나가사키 원폭 투하의 유죄를 입증하는 조약국제법 근거로 (1) 민간인 공격 금지, (2) 불필요한 고통을 주도록 고안된 무기나 물질의 사용 금지, (3) 화학무기의 사용 금지, (4) 인도법 및 공공 양심에 반하는 전투 수단의 사용 금지 등을 제시하고 있다.

   위 네 가지 근거 중 데이비드 교수는 상당부분을 할애하여 화학무기 사용 금지에 대해 주장하고 있는데, 핵무기가 방출하는 방사선은 모든 살아 있는 물질에 대해 독성 효과를 가지기 때문에 그 자체로 화학무기의 한 형태라고 보고 있다. 그 근거로 핵무기의 특성으로 "대량중독mass poisoning"을 명시한 1954년 파리협정의 군비

통제에 관한 제3의정서 부속서 2에 원자무기 정의 규정을 들고 있다. 명문 규정의 해석으로 충분히 논리적 설득력을 가지고 있다고 생각한다. 방사능의 중독성에 대한 실증적 연구나 역학조사 결과 등이 보완된다면 더 설득력을 가질 수 있을 것이라고 생각한다.

3. 아울러 데이비드 교수는 위 네 가지 근거 중 민간인 공격 금지와 관련해 헤이그 4협약(1907) 부속 육전 법 및 관습에 관한 규정 25조를 언급하면서, 발표문 4항에서 "1945년의 조약국제법이 예컨대 1977년 제네바 제1추가의정서 제51조 5항 b에서 표현된 것과 같은 비례성의 원칙을 포함하지 않(은)… 결함deficiency이 있"다고 쓰고 있다. 다시 말해 히로시마와 나가사키에 대한 원폭 투하로 얻은 '군사적 이익'과 103,000~200,000명에 달하는 '민간인 생명의 손실'을 비교할 때 1945년의 조약국제법은 비례성 원칙을 결여하고 있기 때문에, 예컨대 헤이그 4협약 육전 규정만을 근거로 해서는 1945년 원폭 투하의 위법성을 규명하기 어렵다는 입장인 것 같다. 이 부분은 1945년 원폭 투하의 불법성을 규명하는 중요한 근거를 포기하는 것이 될 수 있다는 점에서 특히 세심한 검토가 필요하다고 생각한다.

우선 1945년 당시의 조약국제법이, 예를 들어 1977년 제네바 제1추가의정서 제51조 5항 a, b에서 표현된 것과 같은 무차별 공격 금지, 특히 a에서 표현된 구별의 원칙과 b에서 표현된 구별의 원칙 및 비례성의 원칙을 상세하게 명시하고 있지 않다는 것은 사실이다. 그러나 이 같은 사실이 1945년 히로시마와 나가사키에 대한 원폭 투하의 위법성을 규명하는 데서 제한적이라고 할 수는 있어도 "결함"이라고 보는 것은 과도하다.

1907년 헤이그 4협약 부속 육전 규정은 민간인 공격 금지와 관련해 방어되지 않은 도시·촌락에 대한 공격을 금지한 25조, 폭격 시 지휘관의 사전 경고 의무를 규정한 26조, 전투(방어) 중 비군사적 용도의 민간시설·의료시설 등의 보호를 규정한 27조 등에서 구별의 원칙과 무차별 공격 금지를 반영하고 있다.

따라서 히로시마와 나가사키가 방어되지 않은 도시였는지 여부와 관계없이 히로시마와 나가사키에 대한 원폭 투하는 1907년 헤이그 4협약 부속 육전 규정 25조, 27조에 반영된 구별의 원칙과 무차별 공격 금지를 위반한 불법이라고 할 수 있다.

4. 에릭 데이비드 교수의 발표문 중 '불필요한 고통 금지 원칙'과 관련해서도 한 가지 의견을 제시하고자 한다. 발표문 5항은 불필요한 고통 금지 원칙을 1868년 상트페테르부르크 선언을 인용함으로써 전투원에게 적용하고 있다. 1996년 ICJ의 권고적 의견도 '불필요한 고통 금지 원칙'을 전투원에게 한정하고 있다. 그런데 발표문 7항에서는 민간인에 대해서도 적용하고 있으며 그 연장선상에서 시모다 판례Shimoda case를 인용하고 있다. 불필요한 고통 금지 원칙은 전투원에 대한 적용을 전제로 하는 것으로 이해되어 왔고, 민간인에게까지 확대 적용하는 것에는 보다 설득력 있는 추론이 전제되어야 할 것인데 데이비드 교수는 시모다 판례의 논리를 그대로 수용하는 듯한 바, 이 부분에 대한 보완이 필요할 것으로 보인다. 1996년 ICJ의 권고적 의견과 관련해 당시 스허부딘 재판관은 "도쿄지방법원은 불필요한 고통의 원칙이 전투원에게 야기되는 상해로 한정된다는 견해를 알지 못한 것 같다(the Court did not seem to be aware of a view that the principle of unnecessary suffering was restricted to injuries caused to combatants)"고 지적한 바 있다.

5. 끝으로 데이비드 교수는 한국인 원폭피해자 수에 대한 언급에서 5,000~8,000명 설을 채택하고 있는 것으로 보이나 이는 히로시마시에서 추산한 것으로 그 근거가 부족하고, 실제 나가사키 피해자 추정치(1,500~2,000명)조차 제외되어 있다. 따라서 한국인 원폭 피해자 수가 7만~10만 명으로 추산되는 여러 근거 자료에 대한 분석도 향후 요망이 된다. 아울러 핵무기금지조약 발효 이후 피해자 보호 규정과 관련하여 무엇이 가능할 것인가에 대한 데이비드 교수의 아이디어를 듣고 싶다. 또한 피해자 보호와 관련하여 부각되는 것은 정부의 책임 이외에 핵무기 제조 및 투하와 관련된 가해 기업들의 책임이므로, 이들에 대한 책임 추궁과 관련된 어떤 아이디어가 있는지 묻고 싶다.

A Debate on the Illegality of Atomic Bombings of Hiroshima and Nagasaki under the Treaty International Law of 1945

Choi Bongtae

Chairman of the Special Committee on Human Rights for Victims
of Japanese colonial period of the Korean Bar Association

1. I fully agree with Professor Eric David's conclusion that the atomic bombings of Hiroshima and Nagasaki were unlawful based on conventional international law as of 1945. The Treaty on the Prohibition of Nuclear Weapons (TPNW), which entered into force in 2021, bans not only the use but also the development and possession of nuclear weapons under international law. The TPNW is a historical product of humanity's collective action to eliminate the risk of a devastating nuclear war by banning and abolishing nuclear weapons altogether. Hence, TPNW would be meaningless if the use of nuclear weapons was not illegal.

2. Professor David bases his points on the illegality of the atomic bombings of Hiroshima and Nagasaki on four grounds: 1) the prohibition of attacking the civilian population, 2) the prohibition of using means and methods of warfare calculated to cause unnecessary suffering, 3) the prohibition of chemical weapons 4) and the prohibition of using the means of warfare against the laws of humanity and the public conscience.

    Of these four points, Professor David paid special attention to the prohibition of chemical weapons. He views nuclear weapons as one form of chemical weapon because the radiation emitted by a nuclear weapon have toxic effects on any living material. His argument builds on Annex II of Protocol III on the control of armaments in the Paris Agreements of 1954, emphasizing the "mass poisoning" in the definition of an atomic weapon. I find his analysis of the provisions reasonable and persuasive.

I think additional documentation of empirical research or epidemiological studies on the toxic effects of nuclear radiation would make his paper more compelling.

3. Professor David wrote in his presentation paper that there is a "deficiency" in the 1945 international conventional law as it did not include a proportionality rule such as the one expressed in the 1977 Additional Protocol article 51(5)(b). I understand his position as arguing that we cannot conclude the 1945 atomic bombings as unlawful solely based on the Regulations annexed to the Hague Convention IV because the 1945 conventional international law lacked a proportionality rule even if the loss of civilian lives (ranging from 103,000 to 200,000) were excessive compared to the "military advantage." If I have correctly understood the presenter's position, I may expand on his argument carefully, as it could mean giving up essential grounds to prove the unlawfulness of the 1945 atomic bombings.

I agree that the 1945 conventional international law did not clearly state the prohibition of indiscriminate attack, as expressed in the 1977 Additional Protocol Article 51, 5, a and b; the principle of distinction expressed in a) and the proportionality rule expressed in b). However, I also would not call this a deficiency in determining the illegality of the 1945 atomic bombings of Hiroshima and Nagasaki.

The regulations annexed to the Hague Convention IV reflects the prohibition to attack civilian population in undefended cities and towns (Article 25), the duty of commanders to warn the authorities (Article 26), the protection of non-military facilities and medical facilities during the war (Article 27), all of which are based on the principle of distinction and the prohibition of indiscriminate attacks.

Regardless of whether Hiroshima and Nagasaki were defended cities, the atomic bombings were unlawful for violating the principle of distinction and the prohibition of indiscriminate attacks, both reflected in Articles 25 and 27 of the Regulations annexed to the 1907 4th Hague Convention.

4. I would like to propose a point regarding the principle of the prohibition of unnecessary suffering. Based on the 1868 St. Petersburg Declaration, Professor David applied the principle of the prohibition of unnecessary suffering to the combatants (#5 in the paper). Yet, in #7, Professor David applied the same principle to the civilian population and cited the Shimoda case as an extension. Since the principle of the prohibition of unnecessary suffering is understood as only applicable to combatants, we need another persuasive analogy that enables its application to civilians. Professor David seems to accept the logic of the Shimoda case, which requires further investigation. Judge Shahabuddeen had addressed in his dissenting opinion regarding 1996 ICJ Advisory opinion, "the Court did not seem to be aware of a view that the principle of unnecessary suffering was restricted to injuries caused to combatants."

5. Finally, Professor David cites the number of Korean atomic bomb victims, estimated to be between 5,000 and 8,000. But this approximate number calculated by the city of Hiroshima is not based on a reliable measurement, and the paper failed to include the number of victims in Nagasaki (ranging from 1,500~2,000) estimated in the same source. Therefore, further review of other data sets, which estimate the number of Korean atomic bomb, is suggested. Furthermore, I would like to discuss what we can do about provisions on victim assistance under the TPNW. Lastly, from the perspective of protecting the A-bomb victims beyond the government's responsibility, I am interested in hearing Professor David's thoughts on holding the companies that played key roles in developing and dropping the atomic bombs accountable.

討論文の要旨

チェ・ボンテ

大韓弁護士協会
日帝被害者人権特別委員会委員長

1. まずエリック・デビッド教授の結論、すなわち1945年当時の条約国際法から見て、広島と長崎に核兵器を投下したことは不法だということには賛成であり同感だ。2021年に発効した核兵器禁止条約は、核兵器の使用だけでなく製造保有などについても包括的に禁止している。核兵器禁止条約は1945年の米国の原爆投下以来、人類が核兵器の使用を不法化し、核兵器を全面廃棄することで、核戦争の惨禍を防ぐための人類集団知性の産物だ。したがって、核兵器の使用が違法でなければ、核兵器禁止条約の根幹さえ揺るがすことになる。

2. デイビッド教授は広島・長崎原爆投下の有罪を立証する条約国際法の根拠として、1) 民間住民への攻撃禁止、2) 不必要な苦痛を与えるように考案された武器や物質の使用禁止、3) 化学兵器の使用禁止、4) 人道法及び公共良心に反する戦闘手段の使用禁止などを根拠としている。

   上記4つの根拠のうち、デイビッド教授は相当部分を割いて化学兵器の使用禁止について主張しているが、核兵器が放出する放射線はすべての生きた物質に対して毒性効果を持つため、それ自体が化学兵器の一形態だと見ている。その根拠として核兵器の特性の中で「大量中毒」を明示した1954年パリ協定の軍備統制に関する第3議定書付属書2に原子兵器定義規定を挙げている。 明文規定の解釈で十分論理的説得力を持っていると思う。放射能の中毒性に対する実証的研究や疫学調査結果などが補完されれば、より説得力を持つことができると思う。

3. なお、デービッド教授は、上記4つの根拠のうち民間住民攻撃禁止に関する第4次ハーグ4条約（1907年）附属陸戦法及び慣習に関する規定25条に言及し、発表文4項で「1945年の条約国際法が例えば1977年ジュネーブ第1追加議定書第51条5項b

で表現されたような比例性の規則を含まない… 「欠陥(deficiency)」があると書いている。言い換えれば、広島と長崎に対する原爆投下で得た「軍事的利得」と103,000~200,000に達する「民間人生命の損失」を比較すると、1945年の条約法は比例性規則を欠いているため、例えばハーグ4条約陸戦規定だけを根拠にしては1945年の核投下の違法性を究明することは難しいという立場のようだ。この部分は1945年原爆投下の不法性を究明する重要な根拠を放棄することになりうるという点で、特に細心の検討が必要だと思う。

まず、1945年当時の条約国際法が、例えば1977年ジュネーブ条約第1追加議定書第51条5項a、bで表現されたような無差別攻撃禁止特にaで表現された区別の原則とbで表現されたような区別の原則及び比例の原則を詳細に明示していないことは事実である。しかし、このような事実が1945年の広島と長崎に対する原爆投下の違法性を究明する上で制限的だとは言え、欠陥と見るのは行き過ぎだ。

1907年ハーグ第4条約付属陸戦規定は、民間住民への攻撃禁止関連25条「防御されない都市」「村落に対する攻撃を禁止」「26条で爆撃時の指揮官の事前警告の義務」「27条戦闘（防御）中の非軍事的用途の民間施設、医療施設などの保護」など区別の原則と無差別攻撃禁止を反映している。

したがって、広島と長崎が防御される都市だったかどうかに関係なく、広島長崎に対する原爆投下は1907年ハーグ4条約陸戦規定25条、27条に反映された区別の原則と無差別攻撃禁止に違反した不法といえる。

4. エリック·デヴィッド教授の発表文の中で、不必要な苦痛禁止原則と関連して一つ意見を提示したい。発表文5項は、不必要な苦痛禁止の原則を1868年のセント·ピーターズバーグ宣言を引用することで、戦闘員に適用している。1996年ICJの勧告的意見も「不必要な苦痛禁止の原則」を戦闘員に限定している。 ところが発表文7項では民間人に対しても適用しており、その延長線上で下田判例を引用している。不必要な苦痛禁止の原則は戦闘員に対する適用を前提としていると理解されてきたし、民間人にまで外縁を拡大適用することにはより説得力のある推論が前提にならなければならないが、デイビッド教授は下田判決の論理をそのまま受け入れるようであり、この部分に対する補完が必要だと見られる。1996年ICJの勧告的意見について、サハブディン裁判官は「東京地裁は不必要な苦痛の原則が戦闘員に引き起こされる傷害に限定されるという見解を知らなかったようだ」と指摘している。

5. 最後にデイビッド教授は韓国人原爆被害者数に対する言及で5000~8000人説を採択
   していると見られるが、これは広島市で推算するものでその根拠が足りず、実際長
   崎の推定数字（1500~2000人）さえ除外されている。 したがって、7万~10万人と推
   定される様々な根拠資料に対する分析も今後の要望になる。さらに、核兵器禁止条
   約発効後、被害者保護規定と関連して何が可能なのかについて、デイビッド教授の
   アイデアを聞きたい。また、被害者保護と関連して浮上しているのは、政府の責任
   以外に核兵器製造および投下関連の加害責任企業であり、彼らに対する責任追及と
   関連したどのようなアイデアがあるのか聞きたい。

주제 2 질의응답

발표자-토론자 간 토론과 청중들의 질의에 대한 응답은 교정을 최소로 하고 최대한 실제 표현을 살렸다. 외국 발표자들의 발언은 발표자의 언어(영어·일어)와 한글 번역본을 함께 실었다. 여기에 다 싣지 못한 질의와 응답들도 있었다.

사회자 권준희 교수
발표에 감사드립니다. 먼저 발제를 맡은 에릭 데이비드 교수의 토론을 듣겠습니다.

발표자 에릭 데이비드 교수
Madame Chair. Yes. I have not important answers to do so, these excellent discussions which have been made by my colleagues. I just would like to say that I quite agree with professor Chung Taiuk about the fact that there are other texts that I could mention, like article 27 of the Hague Regulations about the bombing of hospitals. It's something I forgot to do. I ask your excuse. What's interesting is the resolution of the League of nations of 1938.

It's quite interesting, but in fact, I did not really use this because I think it was more the problem of the application of customary international law. I would like to confine only on conventional international law. It's interesting when you refer to this analysis of this Professor Alperovitz, about what was the real goal of the bombings of Hiroshima and Nagasaki, which was a way to demonstrate their strengths towards the Soviet Union. And I would like to ask you a question. Is it based on American archives, this opinion, or is it just an opinion which is coming from the political analysis?

And you know because it's something which has already been said about the reason of the Dresden bombing. The Dresden bombing was a terrible and unlawful, violation of IHL. They didn't use atomic bomb, but napalm bombs, and it caused the deaths of more than 100,000 people, German people in Dresden. Dresden with furthermore, was a cultural town, a fantastic beautiful town. And it has already been said that in fact, the real goal of the bombing of Dresden was not so much the destruction of the railway station which was in Dresden, but a way to show to the Soviet Union the power of the Western armies. But I don't know if it's just a question I'm asking.

And concerning the second discussion, it's interesting that you asked me the question to know whether we could consider that the companies which collaborate to the construction of the bombs could also be considered as accountable for their use. Well, because it's question which in fact raises two questions. Do you mean, do you think of a kind of complicity of criminal complicity of companies? And so it raises the question to know whether these bombings could be considered as war crimes. This morning we already heard that for some speakers that these bombings were war crimes.

And I fully share this opinion, but from analytical philosophic and political point of view, but from a legal point of view, I am more reserved, because if you look at the Nuremberg Judgment, I just published a big book on the Nuremberg Judgment. And when you read, for instance, the reason why Goering, who was the real responsible of the bombings of towns like London, Coventry, Leicester, Rotterdam, which were bombings of cities and civilians, not one word in the final judgment, in the final condemnation of Goering about these bombings. Of course, it's such a hazard because the Allied did exactly the same and on a much more bigger scale in Germany and also in Japan. Let's not forget that. And you know that better than I that the bombing of Tokyo in March 1945, I think, caused immediately more death than Hiroshima and Nagasaki immediately. It was terrible because of these fire tempests which were caused by the use of incendive weapons, incendive bombs on Tokyo. So, it's unfortunately, I have to consider, I have to observe that unfortunately, in Nuremberg there was not one word about the criminality, the penal aspect of these bombings. And for reasons that everybody knows, Nuremberg both, it is true victor's justice. Quite clearly, it was a victor's justice. I think it was necessary to have this justice.

But you see, for instance, when Goering is condemned not only for his participation in the preparation of the aggression of Germany against other countries. When the judgment speaks about the war crimes which are attributed to Goering instead the bombings it's just because he was in favor of the forced labor of the people of the occupied countries. When they condemn Goering for crimes against humanity, it's not for the bombings. It was because Goering itself was in favor of the Final Solution against the Jews.

And it was said in the Judgment of Nuremberg. So you see, in fact, in Nuremberg there is I'm not afraid of saying that a kind of double standard. A kind of double standard, unfortunately, for the progress of IHL and we shall be obliged to wait for the 60s to 70s in order to see that bombings could also be considered as war crimes when they are not confined to military objectives. But it's something which is more recent and in 1945, unfortunately, I accept the idea that these bombings could be considered as war crimes and crimes against humanity, but from a philosophic and political point of view, from a moral point of view, but unfortunately not from a legal point of view. That are my reflections about the excellent analysis which has been made by my two colleagues here present in this panel.

나는 발표자들이 진행한 훌륭한 토론에 대해서 중요하게 대답을 할 만한 것이 없습니다. 병원 폭격에 관한 헤이그 협약 27조와 같은 다른 조항들을 언급할 수 있다는 정태욱 교수의 의견에 동의한다고 말하고 싶습니다. 그것은 제가 깜빡 놓친 것 같습니다. 양해를 구합니다. 흥미로운 것은 1938년 국제연맹 결의입니다.

상당히 흥미롭지만 나는 그 결의를 실제 언급하지 않았는데, 그 이유는 1938년 국제연맹 결의가 관습국제법 적용 문제에 더 가깝다고 생각하기 때문입니다. 제가 발표를 맡은 조약국제법의 관점에 국한하고 싶습니다. 정태욱 교수가 히로시마와 나가사키 폭격의 진정한 목적이 무엇이었는지에 관해서, 그것이 소련을 향해 미국의 강함을 보여주는 방법이었다는 알페로비츠 교수의 분석을 언급한 것은 흥미롭습니다. 질문이 있는데 그러한 의견은 미국 기록보관소에 근거한 것인가요? 아니면 정치적 분석에서 도출한 의견에 불과한 것인가요?

그것은 드레스덴 폭격의 이유에 대해 이미 언급된 바가 있기 때문입니다. 드레스덴 폭격은 끔찍하고 불법적이었으며, 국제인도법 위반이었습니다. 그들은 원자폭탄을 사용하지 않고 네이팜탄을 사용했으며, 그 폭격은 드레스덴에서 10만 명 이상의 독일인들의 죽음을 야기했습니다. 게다가 드레스덴은 문화적인 마을이었고, 환상적이고 아름다운 마을이었습니다. 그리고 사실 드레스덴 폭격의 진정한 목표는 드레스덴에 있던 기차역을 파괴하는 것이 아니라 소련에게 서방 군대의 힘을 보여주기 위한 방법이었다는 것을 이미 말했습니다. 이것이 내가 묻는 질문인지는 잘 모르겠네요.

그리고 두 번째 토론(최봉태 변호사)의 주제와 관련해, 당신이 원폭 제조에 협력한 기업들 또한 원폭 사용에 책임이 있다고 볼 수 있는지를 묻는 것은 흥미롭습니다. 사실 이 질문은 두 가지 의문점을 제기하기 때문입니다. 당신은 기업들이 일종의 범죄 공모에 가담했다고 생각하나요? 그리고 이 폭격이 전쟁범죄로 볼 수 있는지는 의문이 듭니다. 아침에 있었던 토론에서 몇몇 발표자들이 이 폭격이 전쟁범죄였다고 하는 것을 들었습니다.

저는 이 의견에 전적으로 동의합니다. 그러나 분석적·철학적·정치적 관점에서 그런 것이지, 법적 관점에서는 좀 유보적입니다. 왜냐하면 뉘른베르크 판결을 보면, 저는 최근 뉘른베르크 판결에 대한 방대한 내용의 책을 출판했는데, 예를 들어 괴링은 런던, 코번트리, 레스터, 로테르담 같은 도시와 시민들 폭격에 실질적인 책임이 있는데도 최종 판결문에서는 이러한 폭격에 대해 괴링을 유죄로 판결하는 내용은 한마디도 없습니다. 물론 연합군이 독일과 일본에서도 정확히 동일한 방식으로, 훨씬 더 큰 규모로 융단폭격을 했기 때문에 그것은 해악입니다. 그것을 잊어서는 안 됩니다. 그리고 1945년 3월에 있었던 도쿄 폭격이 히로시마와 나가사키보다 더 많은 사망자를 냈다는 것을 나보다 더 잘 알 것입니다. 도쿄 폭격은 연합군이 발화성 폭탄을 사용하여 발생한 화재폭풍 때문에 끔찍했습니다. 안타깝지만 뉘른베르크 재판에서 이 폭격의 범죄적·형사적 측면에 대해서는 한마디도 언급하지 않았다는 사실을 고려해야 합니다. 모두가 알고 있듯이 뉘른베르크는 분명히 승자의 정의였습니다. 그리고 나는 이 정의가 필요했다고 생각합니다.

하지만 보다시피, 예를 들어 괴링이 유죄 판결을 받은 것은 타국에 대한 독일의 침공 준비에 참여했기 때문만은 아닙니다. 재판부가 괴링에게 전쟁범죄에 대한 책임을 물을 때, 그것은 폭격이 아니라 그가 점령지 사람들에 대한 강제노역에 찬성했기 때문입니다. 괴링을 인도에 반한 죄로 처벌할 때는 폭격 때문이 아니었던 것입니다. 그것은 괴링이 유대인에 대한 최종 해결책을 지지했기 때문이었습니다.

그리고 이것은 뉘른베르크 재판에서도 언급되었습니다. 사실 뉘른베르크 재판에는 일종의 이중잣대가 있습니다. 불행히도 국제인도법 발전에 대한 일종의 이중 잣대입니다. 우리는 폭격이 군사적 목표로 한정되지 않았을 때 이것이 전쟁범죄로 간주될 수 있다는 것을 알기 위해서는 60~70년대를 기다려야만 했습니다. 하지만 이것은 최근의 일이며, 1945년에는 불행히도 이러한 폭격이 전쟁범죄와 인도에 반한 범죄로 간주될 수 있다는 생각을 받아들일 수 있지만, 이는 철학적·정치적·도덕적인 관점에서 가능하며, 법적인 관점에서는 불가능합니다. 이것이 두 토론자의 훌륭한 분석에 대한 나의 고찰입니다.

사회자 권준희 교수

So are you saying that the second, like, legal point of view, there is no condemnation of the killing civilian population.

그렇다면 법적 관점에서 민간인 살상에 대한 유죄 선고의 근거가 없다는 말인가요?

발표자 에릭 데이비드 교수

Through the bombings, as you see the conduct of the war was not really judged in Nuremberg. It was something which came later. And that's the reason why, for instance, a little bit like, I suppose, the future of this forum, of this tribunal, which is a kind of what we call a Russell tribunal. You know, that Russell tribunal in the 60s was made by Bertrand Rusell, the British philosopher, and the French writer Jean Paul Sartre. And it was against the Vietnam War because precisely they found that the public opinion did not say anything about the Vietnam War. And so they take this fantastic initiative to establish this opinion tribunal, which was an excellent idea. And I suppose it's a little bit the same idea for the organization of this meeting. I think it's important because, you see, when states do not react as they should react, it's important that public opinion. Take the seat of the states.

알다시피 폭격을 통한 전쟁 행위는 실제로 뉘른베르크에서 심판받지 않았습니다. 그것은 나중에 이루어진 것입니다. 그래서 예를 들어, 조금은 제가 추측하기에 이 포럼, 즉 민중법정의 미래는 어떤 면에서 러셀이 추진했던 민중법정과 약간 비슷하다고 할 수 있습니다. 러셀 법정은 1960년대에 영국의 철학자 버트란트 러셀과 프랑스의 작가 장 폴 사르트르에 의해 개최되었는데, 베트남 전쟁에 반대하는 목적으로 만들어졌습니다. 대중 여론이 베트남 전쟁에 대해 아무것도 말하지 않고 있다는 사실을 그들이 바로 알았기 때문이었습니다. 그래서 여론 법정을 만들기 위한 놀라운 계획에 착수했는데, 이는 훌륭한 아이디어였습니다. 이번 토론회를 조직한 것도 이와 다소 비슷한 아이디어가 있는 것 같습니다. 국가가 반응을 보여야만 하는데 그렇지 않을 때, 대중 여론이 국가의 자리를 대신하는 것은 중요하다고 생각합니다.

사회자 권준희 교수
정태욱 교수님께서 헤이그 4협약 육전 규정 27조가 빠진 부분에 대한 제기와 최봉태 변호사께서 원폭을 생산한 기업의 책임에 대한 질문에 답하셨습니다.

발표자 에릭 데이비드 교수
Sorry, just one thing I forgot to say. When I was answering about the question of Lawyer Choi Bongtae concerning the accountability of companies. I only spoke about the criminal aspect of their accountability. But of course, if the criminal aspect is more difficult to ensure because of what I said. On the other hand, the civil aspect of their accountability is quite clear. In my view, it's something very important. We often forget that a violation of the law has not only penal or criminal dimension, but there is also a civil dimension, the obligation of compensation, the obligation of reparation. And in this respect, I'm quite clear that, of course, these companies, if you know them, could be considered as having a responsibility and obligation to compensate.

잊고 놓친 부분이 있습니다. 최봉태 변호사의 (원폭 제조) 기업의 책임 문제에 대한 질문에 답변할 때, 나는 그들의 책임에 대한 범죄적 측면만 언급했습니다. 그러나 범죄적 측면은 내가 말한 이유 때문에 입증하기가 더 어려운 반면, 그들 책임의 민사적 측면은 상당히 명확하다고 할 수 있습니다.

이것은 매우 중요한 사안입니다. 우리는 자주 법 위반이 갖는 형사적·범죄적 차원뿐만 아니라 보상과 배상 의무와 같은 민사적 차원을 망각하는데, 이 점을 분명히 말하고 싶습니다. 당신이 이런 기업들을 알고 있다면, 그들이 보상과 배상의 책임과 의무를 갖고 있다고 볼 수 있다라고.

사회자 권준희 교수

Actually, Mr. Choi was talking about unnecessary suffering caused by the war. So then this unnecessary suffering is focused on combatants, not civilians. Could you clarify how can we see the unnecessary suffering? So it can be applied to the civilians or it just applied to combatants.

최 변호사는 불필요한 고통 금지 원칙에 대해 이야기하며, 이 원칙은 민간인이 아닌 전투원들에게 적용된다고 제기하고 있습니다. 교수님은 이 원칙이 민간인에게도 적용된다고 주장하시는 건가요?

발표자 에릭 데이비드 교수

Well, I would say what is valid for military affording, it's valid also for civilians. Of course, not only civilians cannot be, of course, a target in the conduct of hostilities. But if, furthermore, there are unnecessary sufferings, in a way, it doesn't have sense to speak about unnecessary sufferings for civilians because they can't be the target of the conduct of hostilities. So there's a reason why it's true that the main object of the prohibition of unnecessary sufferings was aimed at the combatants. But of course, the one does not exclude the other. That's what Judge Shahabuddeen said in his dissenting opinion, in the advisory opinion of the ICJ in 1996.

나는 군사적 적용/목적에 유효한 것은 민간인에게도 유효하다고 말하고 싶습니다. 물론 민간인은 적대 행위의 표적이 될 수 없습니다. 그런데 더 나아가서 불필요한 고통이 있다면 민간인은 적대 행위의 표적이 될 수 없기 때문에 어떻게 보면 민간인에 대한 불필요한 고통을 말하는 것은 이치에 닿지 않습니다. 그러니까 불필요한 고통 금지의 주된 대상이 전투원이라는 것은 근거가 있습니다. 하지만 하나는 다른 하나를 배제하지 않습니다. 스허부딘 판사는 1996년 ICJ의 권고적 의견에 대한 반대 의견에서 그렇게 말했습니다.

사회자 권준희 교수

So you're saying this, that if that is valid for combatants, it should be valid for civilians? So then based on what legal ground?

전투원들에게 유효하다면 민간인들에게도 유효해야 한다는 말인가요? 그럼 어떤 법적 근거에 바탕한 것입니까?

발표자 에릭 데이비드 교수

It's just a question of legal logic. Of common sense. The lawyer must have common sense.

그것은 단지 법적 논리의 문제일 뿐입니다. 상식에 관한 문제입니다. 법학자는 상식을 가져야만 합니다.

사회자 권준희 교수

선생님들 더 추가할 질문이 있으신가요?

토론자 정태욱 교수

에릭 교수님이 러시아 알페로비츠에 대해 제게 하신 얘기에 대해 답변을 좀 드리고 싶습니다. 저는 러시아 알페로비츠 연구를 인용하여 원폭 투하가 전쟁을 끝내기 위한 것이 아니라 미국이 전후 소련과의 경쟁을 위한 것이라고 소개했는데요, 에릭 데이비드 교수님은 그것에 대해서 어떤 구체적인 자료가 있느냐, 아카이브가 있느냐를 물어 보셨어요. 구체적인 자료를 제가 갖고 있지는 않습니다. 다만 당시 미 국무장관 번스가 전후 유럽에서의 미·소 경쟁, 특히 독일 문제에 있어서, 또 아시아도 마찬가지고, 소련에 대한 견제에 대해서 굉장히 강조를 많이 했습니다.

토론자 최봉태 변호사

저는 미국이 주장하는 원폭 투하의 필요성(정당성)과 관련해서 얘기하고 싶습니다. 한국 사회가 지금, 우리가 분단체제에 살고 있기 때문에 진실에 사실 접근하기가 어렵습니다. 하지만 핵을 사용한 사람들의 논리인 조기종결론(조기해방론)은 '인명을 살상하고 우리가 해방이 됐다'는 논리로 핵 사용자의 논리이지, 우리의 논리는 아니라고 생각합니다. 저는 이삼성 선생님이 발표한 논문에도 나오는 것처럼 미국이 핵무기를 사용함으로 인해서 결과적으로 한국의 분단이 초래됐다고 생각합니다. 당시 미국이 핵무기를 사용하지 않았다면, 또 만주 지역에서 일본군이 질서 있는 퇴각을 했다면, 소련이 다급하게 참전하며 한반도로 내려올 이유도 없다고 봅니다. 그렇기 때문에 저는 한국 사회에서 원폭 투하의 일부분의 정당성이라고 주장되고 있는 것들은 분단을 초래한 직접적인 원인이 핵무기였다는 것에 대해 공감대를 넓혀 간다면 극복할 수 있지 않겠나 생각합니다. 또 하나는 천황 부분인데, 미국이 천황의 퇴위를 막고 천황제를 유지한 이유가 전후의 일본을 통치하는 데 필요해서뿐 아니라 이 원폭 투하에 대한 책임 추궁을 면하기 위한 목적도 있지 않았는가 싶습니다.

사회자 권준희 교수

참가자들로부터 질문이나 의견을 듣고자 합니다.

청중 질의 이기훈

에릭 데이비드 교수님께 질문 있습니다. 교수님의 발표문은 '구별의 원칙'이 1977년 제네바협약 제1

추가의정서에 와서야 비로소 성문화된 것처럼 서술되어 있습니다. 하지만 1907년 헤이그 4협약 육전 규정 25, 27조에는 민간인 공격 금지 원칙, 즉 '구별의 원칙'이 성문화되어 있습니다. 1996년 핵무기의 위협 또는 사용의 적법성에 관한 ICJ의 권고적 의견도 이를 확인했습니다. 교수님께서 1907년 헤이그 4협약 육전 규정 25조와 관련해 발표문에 '구별의 원칙'을 명기하지 않으신 이유가 무엇인지 질문 드립니다.

발표자 에릭 데이비드 교수

Yes, I'm not sure that I missed the principle because the principle is in the heart of the St. Petersburg Declaration in 1868. So, it was not necessary to repeat something which was quite established in IHL. So that's the reason why I didn't mention, as I told you in the beginning, don't forget that I was asked to develop the question of the application of IHL in 1945. So, it's true that I didn't go into the rules which were adopted afterwards.

But of course, these rules in a way, you can say that rules which were adopted after 1945 were a repetition of which were already in the law of armed conflict through the St. Petersburg Declaration of 1868, through the Brussels Declaration of 1874, through the Hague Regulations of 1899 and 1907. And all these rules have in fact been repeated and developed after. But what is interesting, for instance, is the fact that in the 1949 Geneva Conventions you have not one word about the conduct of hostilities.

The 1949 Geneva Conventions only deal with the question of the persons who are in the power of the enemy. It means what we call the Geneva Law and not the Hague Law, because precisely in 1949, we are still too close to the Second World War, where the conduct of hostilities have not been respected at all. Certainly not by Germany or Japan, but also not by the Allied, and on a much more bigger scale than by Japan or Germany during the Second World War.

그 원칙은 1868년 상트페테르부르크 선언의 핵심이기 때문에 내가 그 원칙을 빠뜨렸는지는 확실하지 않습니다. 국제인도법에 이미 잘 정립된 내용을 반복할 필요가 없었습니다. 그것이 그 원칙을 언급하지 않은 이유입니다. 처음에 말했듯이, 내가 1945년 국제인도법(조약국제법)의 적용에 대한 문제를 다루도록 요청 받았다는 것을 기억해 주십시오. 따라서 1945년 이후에 채택된 규칙들에 대해서 다루지 않은 것이 사실입니다. 물론 1945년 이후에 채택된 규칙들은 1868년 상트페테르부르크 선언, 1874년 브뤼셀 선언, 1899년과 1907년의 헤이그 규정을 통해 이미 무력충돌법에 포함된 규칙들의 반복이라고 말할 수 있습니다. 이러한 규칙들은 모두 사실상 반복되고 후에 발전되어 왔습니다. 그러나 흥미로운 점은, 예를 들어 1949년 제네바 협약에는 적대 행위에 대해 단 한마디도 없다는 사실입니다.

1949년 제네바 협약은 적의 통제 아래 있는 사람들에 대한 문제만 다루고 있습니다. 우리가 헤이그 법이 아니라 제네바법이라고 부르는 것입니다. 왜냐하면 정확히 1949년은 2차 세계대전에서 아직 얼마 지나지 않은 때로 적대 행위가 전혀 고려되지 않았기 때문입니다. 확실히 독일이나 일본이 제2차 세계대전 동안 그러했지만, 동맹국 또한 그러한 점에서 일본이나 독일보다 훨씬 더 큰 규모로 그러했습니다.

청중 질의 박하영

I'd like to ask you one question. Professor David, you wrote in your paper that conventional international law in 1945 was deficient as it did not include proportionality rules. Please let me know if I misunderstood you, but are you saying that because of that deficiency, it would be difficult to conclude the 1945 A-bombings as illegal?

교수님께서는 발표문 4항에서 1945년 당시의 조약국제법은 '비례성 규칙'을 포함하지 않은 '결함'이 있다고 하셨습니다. 따라서 이런 결함 때문에 히로시마·나가사키 원폭 투하가 불법이라는 결론을 내리기 어렵다고 주장하시는 것인가요?

발표자 에릭 데이비드 교수

Yes, I think that the rule was not in the text. The text which were enforced at the time did not speak about that as the text that you have in article, I think, 51 of the first Additional Protocol, which is quite clear, and you have not a similar rule in 1945. But you can perfectly argue that in fact, the rule was in the logic of the war. And even you could say that when you go back to the St. Petersburg Declaration. You can say that when in the preamble of this declaration, it is stated that the only goal, the only legitimate goal of the war is to weaken the military forces.

You can say that it's solely. You know, it's very funny, because there is a French novel, which is called I translate the title from French to English : The Adventures of King Pozol. And King Pozol is the king of a little kingdom between France and Spain. It's a very little kingdom. And there is only one law in this country. And this law contains only two provisions, two articles for this little kingdom. And the first article is don't harm your neighbor, don't be harmful for your neighbor. And article two, this well understood, do all what you want.

And on the basis of these two provisions, the King Pozol gave justice under the branches of cherry trees because he loved cherries, but is sufficient with two articles he succeeds in doing the law. And it's a picture, it's an image that I love, because in fact, you know that today this room would not be enough if you should put in this room all the laws which exist in all countries of the world, where the law becomes much more sophisticated and complicated. But in fact, you could perfectly imagine the life without all these rules and just on the basis of these two provisions don't be harmful to your neighbor.

I say that it's not written in the text like it in the first additional protocol where it's very clearly expressed.

그렇습니다. 나는 그 규칙이 텍스트에 없었다고 생각합니다. 당시 시행 중이었던 텍스트는 제1 추가의정서 51조에 있는 것과 같이 명확하게 그 규칙에 대해 말하지 않았으며, 또한 1945년에는 유사한 규칙이 없었습니다. 그러나 전쟁의 논리 속에 그 규칙이 내포되어 있다고 주장할 수도 있습니다. 상 트페테르부르크 선언으로 돌아가 보면 이 선언의 전문에는 전쟁의 유일한 정당한 목표는 군사력을 약화시키는 것이라고 명시되어 있습니다. 그러니 당신처럼 말할 수도 있습니다.

매우 재미있는 프랑스 소설이 있는데, 그 프랑스어 제목을 영어로 번역하면 '포졸 왕의 모험'인데요, 포졸 왕은 프랑스와 스페인 사이에 위치한 매우 작은 왕국의 왕입니다. 이 나라에는 단 하나의 법만 있는데, 이 법에는 단 두 개의 조항이 포함되어 있습니다. 첫 번째 조항은 이웃에 해를 가하지 말라 는 것이고, 두 번째 조항은 원하는 대로 행동하라는 것입니다. 이 두 가지 조항을 기반으로 포졸 왕은 체리나무 아래서 재판을 열곤 했는데, 왜냐하면 그가 체리를 좋아했기 때문이죠. 하지만 이 두 가지 조항만으로도 그는 충분히 법을 집행할 수 있었습니다. 이것은 제가 좋아하는 그림인데, 사실 오늘날 세계의 모든 국가의 모든 법을 이 방 안에 넣으려면 공간이 부족할 것입니다. 법이 더욱 정교하고 복잡해졌기 때문이죠. 그러나 단지 이웃에게 해를 끼치지 말라는 이 두 가지 조항을 기반으로 한다면 이 모든 법들이 없이도 완벽한 삶을 상상할 수 있을 것입니다.

저는 비례성의 원칙이 매우 명확히 명시된 제1 추가의정서에서처럼 1945년의 텍스트에는 명시되어 있지 않았다고 봅니다.

청중 질의 박하영

For that answer, I would like to ask more question. Actually, the 1907 Hague Regulation on land warfare codified restrictions of means of warfare, the prohibition of unnecessary suffering and the principle of distinction. So the regulations also include rules limiting the necessity of war. So it is explicitly implementing the principle of proportionality to prevent excessive use of force and the rules of civilian lives under the pretext of military advantages. So therefore, I do not believe that there is a deficiency in 1945 conventional international law for not including proportionality rules. Furthermore, in this context, I believe that it is possible to conclude that 1945 a bombing is illegal. So what do you think of my argument?

교수님의 답변에 대해 추가 질문을 드리고 싶습니다. 1945년 당시 이미 관습국제법이자 조약국제법으로서의 1907년 헤이그 육전 협약 및 부속 육전 규정은 '해적 수단의 제한'(규정 22조), '불필요한 고통 금지 원칙'(23조 a, e항), '무차별 공격 금지 원칙'(25조, 27조), '전쟁의 필요성 제한'(28조) 등 군사적 필요성/이익(목적) 달성을 위한 (전투원에 대한) 과도한 무력 사용과 민간인의 생명 손실을 막기 위한 조치(비례성 원칙)를 명시적으로 구현하고 있고, 아울러 제1 추가의정서 35조 1항의 해적 수단 제한과 2항의 과도한 상해와 불필요한 고통을 초래하는 무기 사용 금지, 51조 5항 b의 무차별 공격 금지 등의 조항이 구현하려는 비례성 원칙을 앞서 구현하고 있습니다. 따라서 1945년 당시 조약국제법이 '비례성의 규칙'을 포함하고 있지 않기 때문에 히로시마와 나가사키 원폭 투하가 불법이라는 결론을 내리는 데 결함이 있다는 교수님의 주장은 근거가 없다고 생각합니다. 이에 대한 교수님의 의견을 듣고 싶습니다.

발표자 에릭 데이비드 교수

Yes. Article 22 reads I quote "the right of belligerent to adopt means of injuring the enemy is not unlimited." Of course you can interpret these texts as being a source of a proportionality rule. It's, I would say, your responsibility, your interpretation, your right to do so. But it's not what it is said explicitly. That's the reason why I prefer the text, of course, of the 1977 1st Additional Protocol.

Because when you are talking about the existence of a proportionality rule in article 22nd of the Hague Regulations, I think that you are stretching a little bit the meaning of this rule. That's only that of course you can use also the source. Why not? It is the privilege of the lawyers. They use words and with words you can do many things, but always you must use common sense. I like this expression. It was not mine, it was the expression of one of the former professors of international law professors at the Brussels University a lawyer must always use common sense.

So that's reason why not unlimited to say that not unlimited means the respect of opportunity. It's something that you can say why not? I accept.

헤이그 4협약 육전 규정 22조에서 비례성의 규칙의 존재에 대해 이야기할 때, 당신은 이 규칙의 의미를 조금 확대해석하고 있다고 생각합니다. 물론 당신은 이 근거를 사용할 수도 있습니다. 왜냐하면 이것은 법학자들의 특권입니다. 그들은 많은 단어들을 사용하며 그 단어들로 많은 것을 할 수 있습니다. 하지만 항상 상식을 사용해야 합니다. 나는 다음 표현을 좋아하는데, 이 표현은 내가 말한 것이 아니라 이전 브뤼셀대학 국제법 교수 중 한 명의 표현입니다. 법학자는 항상 상식을 사용해야 한다고…. 그래서 그것이 무제한이 아니라고 말하는 이유입니다. 무제한이 아니라는 것은 기회의 존중을 의미합니다. 당신은 그렇게 말할 수 있습니다. 왜 안 되겠습니까? 저는 수용합니다.

사회자 권준희 교수

추가 질문과 의견 제출을 원하시는 분들이 많은데요, 시간 관계상 이번 주제는 여기서 마무리되어야 할 것 같습니다. 토론회가 끝나고도 추가 토론할 기회가 있기를 바라며 주제 2 토론을 마치겠습니다.

3

1945년 당시 관습국제법으로 본 히로시마·나가사키 핵무기 투하의 불법성

The illegality of the United States atomic bombings of Hiroshima and Nagasaki from the perspective of customary international law as of 1945

1945年当時の慣習国際法から見た広島·長崎への核兵器投下の違法性

- **발표자**   **야마다 토시노리** Yamada Toshinori
  메이지대학교 국제법 겸임강사
  Lecturer of International Law, Meiji University

- **토론자**   **다니엘 리티커** Daniel Rietiker
  국제반핵법률가협회 공동회장, 로잔대학교 교수
  Co-president of International Association Of Lawyers
  Against Nuclear Arms, Professor of Lausanne University

1945년 당시 관습국제법으로 본 히로시마·나가사키 원폭 투하의 위법성에 대해

야마다 토시노리

메이지대학교 겸임강사
공익재단법인 정치경제연구소 주임연구원

시작하며

본고는 '1945년 당시의 관습국제법에 기반해 히로시마·나가사키에 대한 원폭 투하는 위법이었는가?'라는 질문에 답하는 것을 목적으로 한다.

그 과정에서 1963년 일본 도쿄지방법원이 내린 이른바 '시모다 판결'을 단서로 삼는다.[1] 이 판결은 일본의 국내 판결일 뿐이다. 그러나 국내 판결이라 할지라도 국제법상으로는 '법의 규칙들을 결정하기 위한 보조 수단'으로 자리 잡고 있다.[2] 또 시모다 판결은 이후 국제사법재판소ICJ의 판단, 즉 1996년 '핵무기에 관한 권고적 의견'(ICJ의 「핵무기 사용 또는 위협의 적법성에 관한 권고적 의견」 : 역주)을 포함해 국제법의 발전 과정에서 "적극적으로 자리매김"했으며 "그것을 촉진하는 역할"을 했다고 평가된다.[3]

---

1 「損害賠償請求併合訴訟事件」, 昭和 38年 12月 7日 東京地方裁判所判決, 『下級裁判所民事裁判例集』 14巻 12号 2435頁 참조. 본 판결의 영어 번역은 *The Japanese Annual of International Law*, No.8, 1964, p.212.
2 岩沢雄司, 『国際法』, 東京大学出版会, 2020, p.71 참조.
3 松井芳郎, 「国内裁判所と国際法の発展—原爆判決からICJ意見へ—」, 동 『国際社会における法の支配を目指して』, 信山社, 2021, p.56 참조.

특히 시모다 판결에서 히로시마·나가사키에 대한 원폭 투하 위법성을 이끈 적용법, 즉 군사 목표에 관한 구별 원칙과 불필요한 고통의 금지 원칙은 국제사법재판소도 핵무기 위협 또는 핵무기 사용의 적법성을 판단할 때 적용법으로 규정하고 있다.[4]

본고에서는 우선 몇 가지 전제적 고려사항들을 검토하고, 다음으로 위에서 언급한 두 가지 원칙에 비추어 미국의 일본 히로시마·나가사키에 대한 원폭 투하 행위(이하 '본건'이라고 부르는 경우가 있다)의 적법성과 위법성 조각 사유에 대해 검토한 후 결론을 기술하기로 한다.

Ⅰ. 전제적 문제의 검토

우선 첫째로, 시제법時祭法 : intertemporal law의 문제다. 법학 일반과 마찬가지로 국제법에서도 법률 불소급의 원칙이 존재한다.[5] 따라서 1945년 당시 사건의 적법성은 당시의 실정법에 비추어 판단하지 않으면 안 되며, 따라서 본고의 주제에 맞춰 여기서 말하는 관습국제법은 히로시마·나가사키에 대한 원폭 투하 당시의 관습국제법이라는 점을 분명히 해두고자 한다.

둘째, 관습국제법은 1920년 상설국제사법재판소PCIJ 규정에 따른다면 "법으로서 인정받은 일반 관행의 증거로서 국제 관습"이며, 이것은 1945년에 성립된 ICJ의 규정에도 이어지고 있으며 그 조문은 개정되지 않고 오늘날까지도 적용되고 있다. 따라서 1945년 당시 관습국제법의 정의는 오늘날과 마찬가지라고 말할 수 있다.

관습국제법의 성립 요건은 일반 관행과 법적 확신Opinio Juris이라는 것이 학설상의 통설이다.[6] 또한 본고는 본건에 대한 적용법으로서 관습국제법을 검토하는 것이기 때

---

4 *Legality of the Threat or Use of Nuclear Weapons, Advisory Opinion, I.C.J. Reports 1996*, pp.257-260, 261, paras. 78-87, 90.

5 Markus Kotzur, "Intertemporal Law", in Max Planck Encyclopedia of Public International Law [MPEPIL], last updated in April 2008, available at https://opil.ouplaw.com/display/10.1093/law:epil/9780199231690/law-9780199231690-e1433?rskey=vqjNCF&result=2&prd=MPIL(2023.3.21. 최종 방문).

6 유엔 국제법위원회가 2018년에 채택하고 같은 해 유엔총회 결의에서 채택된 「결의 73/203」의 첨부 문서인 「관습국제법의 식별에 관한 결론」의 결론 2 참조.

문에 조약 규정인 이른바 '총가입조항general participation clause or clausula si omnes'에 대해서는 검토를 생략한다.

셋째, 일본의 '침략전쟁'과 관련해 미·일 간에 전쟁법규가 평등하게 적용되어야 하는가의 문제가 있다.

이것은 국제연맹 규약 및 부전조약을 통해서 전쟁의 위법화가 진전되고 있었고 무력행사 금지가 확립되던 시점에서 특히 문제가 된다. 전쟁 혹은 무력행사 금지가 확립된 법 체계 하에서는 이론적으로 적대 행위는 침략국과 그 피해국 사이의 관계에서 존재하는 것으로 '불법 행위로부터 권리는 발생하지 않는다ex injuria jus non oritur'는 입장에 선다면 침략국에게 피해국과 동등한 권리·의무를 인정하는 종래의 전쟁법은 그 타당성의 기반을 잃게 되기 때문이다.

이러한 전쟁법의 차별 적용론은 학계에서 주장되었다.7 그러나 당시 국가 관행에서는 찾아볼 수 없었고, 당시 지배적인 학설에서도 전쟁법규의 평등한 적용은 지지를 받고 있었다.8 또한 태평양전쟁에서 미·일 양국 모두 전쟁법규의 평등 적용을 인정하고 있었다. 예를 들어, 미국은 개전 초기 일본에 대해 일본이 비준하지 않았던 1929년 제네바 포로협약의 상호주의적 적용을 (국제적십자위원회를 통해) 요구했고 일본은 필요한 수정을 가해mutatis mutandis 준용한다는 회신을 했다.9 전후 1949년의 제네바 협약과 1977년 2개의 제네바 협약 추가의정서에서도 무력충돌에서 법규의 평등 적용은 유지되고 있다.

넷째, 당시 '신무기'였던 핵무기(원자폭탄)에 적용될 법규는 존재하지 않았기에 합법이라는 주장이 존재한다. 실제로 '시모다 재판'에서는 이 부분이 쟁점이 되었다.10

당시 핵무기는 새로운 발명이었기 때문에 이것을 대상으로 삼는 개별 금지 규칙이

---

7 예를 들면 International Law Association, "The Effect of the Briand-Kellogg Pact of Paris in International Law", *Report of the 38th Conference Held in at Budapest in the Hungarian Academy of Science, September 6th to 10th, 1934* (1935) 참조.

8 Oppenheim, *International Law*, vol. 2, 5th ed., 1935, pp.181-182, and Oppenheim, International Law, vol. 2, 6th ed., 1940, pp.174-175.

9 藤田久一,「戦争法から人道法へ戦間期日本の実行」, 国際法学会 編,『日本と国際法の百年』第10巻 (三省堂, 2001) 수록. 미국 자신도 일본의 '침략'에 맞서 싸운다는 것을 명확히 하고 있었음에도(예를 들면「카이로 선언」) 일본과의 관계에서는 전쟁법규 적용을 인정했다(예를 들어 '아와마루(阿波丸) 사건'). 일본도 미국과의 저재을 '자위 전쟁'으로 자리매김했음에도(「米國及英國ニ對スル宣戰ノ詔書」) 1929년 세네바 포로조약을 준용한다 (mutanis mutandiṣ 적용)는 회답에서 볼 수 있는 것처럼 전쟁법 적용을 인정하고 있었다. 전후 도쿄재판 실행노 농레의 전쟁범죄'에 대해서는 평등 적용을 전제로 삼았다고 생각한다.

10 시모다 판결「이유」(3) 참조.

사전에 존재하지 않았던 것은 당연하다. 그러나 애초에 법이라는 것은 그 성립 후에 발생하는 특정 범주에 속하는 다양한 행위, 사건 및 현상 일반을 규제 대상으로 한다. 전쟁법도 전시 적대 행위라는 범주에 속하는 해적 방식methods of warfare 일반을 규제 대상으로 한다. 후술하는 것처럼 '해적 방식'으로써 항공기에서 폭탄을 투하하는 행위는 핵무기 발명 이전부터 국가 관행으로서 존재하고 있었고, 이것을 규율하는 원칙 또는 규칙은 존재하고 있다. 이러한 원칙과 규칙에 비추어 원폭 투하 행위의 적법성 여부를 검토하는 것은 충분히 가능하다.

실제로 시모다 판결에서는 "금지"에 대해서 "기존 국제 법규(관습국제법과 조약)의 해석 및 유추 적용이라는 관점에서 볼 때 당연히 금지되어 있다고 볼 수 있는 경우를 포함한다"고 하면서, 더 나아가 신무기에 대한 금지는 "국제법의 제 원칙"에 비추어 평가된다고 판시했다.[11] 또한 그 후 ICJ의 '핵무기에 관한 권고적 의견'에서도 핵무기에 대해 국제인도법IHL: International Humanitarian Law 원칙을 적용하는 것을 인정하고 있다.[12]

한편, 당시에 '해적 수단'으로 핵무기를 특정해 금지하는 개별적 규칙이 존재하지 않았다는 것은 사실이다. 그러나 후술하는 것처럼 해적 수단(무기)을 규제하는 '불필요한 고통의 금지'는 원칙으로 확립되어 있다. 이 원칙에 비추어 히로시마·나가사키에 투하된 원자폭탄을 평가하는 것은 가능하다. 실제로 시모다 판결은 '불필요한 고통의 금지'에 기반해 이미 금지되어 있는 독·독가스 무기와의 유추를 통해 원폭 투하가 불필요한 고통을 초래한다고 판시했다. 이것은 무기가 초래하는 고통의 '필요/불필요'에 관한 기준Merkmal으로서 독·독가스를 참조한 것이라고 이해할 수 있다.

이러한 원칙을 개별 행위에 적용하는 것을 인정하는 견해에 대해서는 원칙과 규칙을 구별하는 입장[13]에서 반론을 제기할 수도 있다. 즉, 법 주체의 구체적 행동을 규율할 수 있는 것은 규칙이며, 원칙은 규칙의 배후에 있는 것이기에 규칙의 존재 근거를 제시하는 원칙이 법 주체의 구체적 행동을 규율하지는 않는다는 입장이다. 이러한 입장에서

---

11 위와 같음.
12 *Legality of the Threat or Use of Nuclear Weapons, Advisory Opinion, I.C.J. Reports 1996* (이하 *ICJ Reports 1996*), pp.257-260, 261, paras. 78-87, 90. 또한 쇼는 핵무기에 대한 국제인도법의 일반적 적용은 의심의 여지가 없다고 말한다(Malcom N. Shaw, *International Law*, 5th ed., 2003, p.1066).
13 예를 들면 小寺彰(고테라 아키라), 『パラダイム国際法』, 有斐閣, 2004, p.29. Gerald Fitzmaurice, "The General Principles of International Law," *Recueil des cours*, 1957-II, pp.7-9.

본다면, 원칙은 직접적으로 미국의 구체적 행동(원폭 투하)을 규제하지 않든지, 적어도 그것을 적용하기 위한 구체적 요건을 결여하고 있기 때문에 제대로 적용할 수 없다는 것이다.

그러나 PCIJ와 ICJ는 개별 규칙이 부재할 경우에 그 배후에 있는 법 원칙을 원용해서 개별 사례에 맞춰 판단을 내려 왔다.[14] 또한 원칙과 규칙에 관해 앞에서 언급한 설명이 국제법의 모든 분야에서 타당한 것은 아니다.[15] 특히 전쟁법 혹은 국제인도법에서는 오래전부터 이른바 '마르텐스 조항'이라는 것이 존재하고 있었다.[16] 이 조항에 따르면, 관련 조약이라는 형태의 구체적 규칙이 존재하지 않더라도 무력분쟁 당사자는 "확립된 관습, 인도의 제 원칙 및 공공의 양심에서 유래하는 국제법의 제 원칙에 기반한 보호 및 지배 하에 놓인다"는 것이다. 1945년 당시에 이 마르텐스 조항을 포함한 1907년 헤이그 육전 협약이 관습국제법으로 생각될 수 있었다는 점에 유의하지 않으면 안 된다.[17]

ICJ는 1996년 핵무기에 관한 권고적 의견에서 마르텐스 조항을 "급속한 군사 기술 발전에 대처하는 효과적 수단an effective means of addressing the rapid evolution of military technology"이며 "이미 존재하는 관습법the pre-existing customary law"으로 설명하고 있다.[18] 따라서 전쟁법 혹은 국제인도법 원칙에 비춰 개별적 적대 행위의 적법성을 판단하는 것이 가능하다.

이처럼 마르텐스 조항은 특정 무기를 명시적으로 금지하는 특정한 규칙이 존재하지 않는 경우에 있어서도 전쟁법 혹은 국제인도법 원칙이 해당 무기를 규율하도록 하는 기능을 한다. 나아가 2017년 핵무기금지조약에서는 마르텐스 조항에 기반해 "핵무기의

---

14 小寺, 앞의 책, pp.31-38.

15 Rüdiger Wolfrum, "General International Law (Principles, Rules, and Standards)", in *Max Planck Encyclopedia of Public International Law*, 마지막 업데이트: 2010. 12., https://opil.ouplaw.com/display/10.1093/law:epil/9780199231690/law-9780199231690-e1408#law-9780199231690-e1408-div1-5에서 확인 가능(2023.3.25. 최종 방문).

16 Jochen von Bernstorff, "Martens Clause", in *Max Planck Encyclopedia of Public International Law*, 마지막 업데이트: 2009. 12., https://opil.ouplaw.com/display/10.1093/law:epil/9780199231690/law-9780199231690-e327?prd=OPIL#law-9780199231690-e327-div1-4에서 확인 가능(2023.4.19. 최종 방문).

17 松井芳郎, 「国内裁判所と国際法の発展―原爆判決からICJ意見へ―」, 『国際社会における法の支配を目指して』, 信山社, 2021, pp.49-51; Yoshiro Matsui, "The Historical Significance of the Shimoda Case Judgment, in View of the Evolution of International Humanitarian Law"(https://www.hankaku-j.org/data/jalana/150428/004.pdf, 2023.4.19. 최종 방문).

18 *ICJ Reports 1996*, pp.257, 259, paras. 78, 84.

어떠한 사용도 인도의 제 원칙 및 공공 양심의 명령에 반한다는 것을 재확인한다"(전문 11항)고 한 다음, "핵무기의 전면적 철폐 요청에 제시된 인도의 제 원칙을 추진함에 있어 공공 양심의 역할을 강조하고, 또한 그러하기에 유엔, 국제적십자·국제적신월 운동, 그 밖에 국제기구 및 지역기구, 비정부기구, 종교지도자, 의원들, 학술 연구자 및 피폭자들이 수행하고 있는 노력을 인식"(전문 24항)하고 있다. 전문 24항에서 강조하고 있는 공공 양심의 역할은 전문 11항과 함께 읽는다면 핵무기의 전면적 철폐 요청을 핵무기금지 규범으로 전환하는 기능을 하는 것이라고 말할 수 있다.

이상으로 전제적 사항들에 대한 검토를 마치고, 1945년 당시의 시점에서 앞서 말한 관습국제법의 두 가지 원칙에 대해 검토하기로 한다.

2. 적용법의 검토

1) 목표 구별의 원칙

당시에 공습을 규율하는 개별 조약 법규와 관습 법규가 존재했는지가 문제가 된다. 오늘날에도 의문이 제기되고 있다.[19] 분명히 전후 뉘른베르크 재판과 도쿄 재판에서 무차별 폭격을 근거로 소추·처벌한 사례가 없는데, 이것은 죄형법정주의의 관점에서 보면 명확한 개별 금지 규칙이 애매한 상황에서 당연하다고도 할 수 있다. 그렇다고 해서 이것이 공습을 규율하는 전쟁법의 원칙과 규칙이 존재하지 않음을 의미하진 않는다. 실제로 시모다 판결은 당시 존재한 원칙 및 규칙에 비추어서 판단하고 있다. 무방어 도시에 관한 군사목표주의와 무차별 공격 금지가 그것이다.[20]

애초에 해적 방식의 규제에 대해서는 19세기부터 조약 형성이 진행되어 왔다. 대표적인 것이 1907년 헤이그 육전 규정, 해전 협약(1907년의 헤이그 제9협약), 헤이그 공전空戰 규칙안이다.

---

19 예를 들어 Javier Guisández Gómez, "The Law of Air Warfare", in *International Review of the Red Cross*, no.323, 1998, pp.347-363 참조.

20 판결 이유 (5)~(10) 참조.

이 규정들에서는 방어 도시에 대한 무차별 공격이 허용되고, 무방어 도시에 대해서는 군사 목표에 대한 공격이 허용되고 있다. 그런데 방어 도시에서도 공격이 금지된 목표가 있다는 것에 주의할 필요가 있다(헤이그 육전 규정 제27조 참조). 다시 말해서, 방수 도시이든 무방어 도시이든 공격 목표를 식별하지 않는 무차별 공격은 금지되어 있었던 것이다. 더욱이 헤이그 육전 규정은 1945년 당시에는 관습법화되어 있었다고 할 수 있다.[21]

문제가 되는 것은, 우선 첫 번째로 이러한 규칙들이 공전에 적용되는가이고, 다음으로는 적용된다고 해도 공전이 일반화된 당시 국가 관행들로 인해 이 규칙들이 변화하지는 않았는가라는 문제다.

첫째, 공전에 대한 적용 문제다. 시모다 판결에서는 헤이그 공전 규칙을 중요시했는데, 현재 시점에서도 당시에 헤이그 공전 규칙이 관습법화되어 있었는지에 대해서는 의문이 존재한다.[22] 그러나 육전 규정은 앞서 언급했듯이 방어 도시이든 무방어 도시이든 무차별 공격을 금지하고 있고, 애당초 규제 대상인 전투 수단을 한정하고 있지 않는(예를 들면, 규정 제25조에서 "어떠한 수단에 의해서도by whatever means"라고 하고 있다) 점에 비춰본다면 공전 규칙에 의하지 않더라도 당시의 규정이 공습을 규율 대상으로 하고 있다는 것은 긍정할 수 있을 것이다. 또한 미·일 양국도 공전에 대한 국제법의 적용은 인정하고 있었다.[23] 덧붙여서, 육전 규정은 육군의 군대에 적용하는 것으로 되어 있는데(육전 협약 제1조), 히로시마·나가사키에 원폭을 투하한 미국의 제509혼성전대509th Composite Group는 육군에 소속되어 있었다.

둘째, 목표지역폭격target area bombardment과 융단폭격이라는 관행(전략폭격)이 일반화된 상황에 대한 평가다. 시모다 판결은 목표지역폭격의 합법성을 시사한다.[24] 그러나 당시의 상황을 검토한다면 그 적법성에 대해서는 의문이 남는다. 어느 쪽이든 간에 군

---

21 총가입조항을 이유로 하는 헤이그 육전 협약 비적용 문제에 대해서 뉘른베르크 국제군사재판소는 동 조약 규정의 관습법적 성격을 인정했다. 도쿄 재판에서도 같은 입장이 채택되었다. Philippe Gautier, "General Participation Clause (Clausula si omnes)", para. 5, 마지막 업데이트: 2006.4., *Max Planck Encyclopedias of International Law* 참조.

22 예를 들면 L. C. Green, "Aerial considerations in the law of armed conflict", in *Essays on the Modern Law of War*, 2nd ed., 1999, Transnational Publishers, Inc., p.580 참조.

23 후지타 히사카즈(藤田久一)는 미국과 일본이 상호간에 항의 성명을 발표함으로써 역으로 공중폭격에 관한 국제법 적용을 인정하게 되었다고 지적한다. 藤田久一, 「東京大空襲訴訟についての意見書-東京大空襲に適用される国際法」(甲C第34号証) Ⅲ4(3) 참조.

24 판결 이유, 2, (10).

사 목표와 민간 목표의 구별은 원칙으로 유지되고 있었고, 또한 무차별 폭격 그 자체는 비난의 대상이 되었으며 위법하다고 생각하고 있었다.[25]

이상과 같이 당시 존재하고 있었던 군사 목표에 관한 구별 원칙 및 무차별 폭격의 금지라는 규칙에 비추어 본다면 히로시마·나가사키에 대한 원폭 투하는 그에 반하는 것이었다고 할 수 있다.

당시에 히로시마와 나가사키에는 군사기지와 군수공장이 있었다. 그러나 시 지역의 극히 일부였다. 원폭 투하가 초래한 피해는 해당 시설과 그 주변에 한정되지 않고 도시 전체에 걸쳐 그 피해 범위가 확대되었다. 또한 희생자들도 전투원에 국한되지 않는다. 사상자 대다수는 민간인이었다.

이러한 피해 결과를 놓고 볼 때 원폭 투하는 무차별 폭격에 해당하며, 또한 구별의 원칙에 위배되는 것이었음이 명확하다.

2) 불필요한 고통의 금지

시모다 사건의 판결은 '해적 수단'을 금지하는 원칙으로서 불필요한 고통의 금지를 들었다.[26] 오늘날에는 '불필요한 고통의 금지'는 해적 수단뿐만 아니라 해적 방식을 금지하는 원칙 혹은 규칙으로 이해되고 있다.[27]

불필요한 고통의 금지 원칙은 1945년 당시 확립되어 있었다. ICJ는 이 금지를 "극히 초기 단계의at a very early stage" 것으로서 보고 있고, 실제로 이 금지에 근거해 개별 무기를 금지하는 조약이 오래전부터 존재하고 있다.[28] 이 금지 원칙을 본건에 적용하는 경우 해석상의 논점은 다음 세 가지다. 첫째, 개별 금지 조약이 존재하지 않음에도 불구하고 이 원칙만으로 무기(해적 수단)의 금지를 도출해 내는 것은 가능한가? 둘째, '필요/불필요'를 구분하는 기준은 무엇인가? 셋째, 이 금지 원칙에 의해 전투원만이 아니라 민

---

25 후지타, 의견서(앞의 주 23), III 3 참조.

26 판결 이유, 2, (11).

27 *ICJ Reports 1996*, p.257, para. 78; ICRC's Customary IHL Database, rule 70. https://ihl-databases.icrc.org/en/customary-ihl/v1/rule70에서 확인 가능(2023.5.3. 최종 방문).

28 *ICJ Reports 1996*, *ibid*. 또한, 이와 관련해서 문구상의 차이가 있는 것에 대해서는 黒﨑将広 외, 『防衛実務国際法』, 弘文堂, 2021, pp.390-391 참조.

간인도 보호되는가?

첫 번째 논점은 앞서 서술한 바 있는, 개별적으로 금지 규칙이 필요하다는 주장과 국가 관행의 문제다.[29] 또한 ICJ의 핵무기에 관한 권고적 의견도 개별적 금지를 통해 특정 무기 사용의 위법성이 형성되어 온 역사에 대해 언급하고 있다.[30] 나아가 개별적 금지 규칙이 없다고 하더라도 무기의 금지가 이뤄진다면 개별 금지 조약은 존재 의의를 잃게 된다고 얘기하기도 한다.[31]

그러나 실제로는 일반 원칙으로부터 금지를 도출해 내는 주장과 국가 관행이 존재한다.[32] 예를 들면, 시모다 사건은 유추로부터 금지를 이끌어내고 있다.[33] 또한 ICJ도 이 원칙을 포함한 제 원칙에 비추어 일반적 위법을 이끌어냈다.[34] 원래 개개의 금지 조약은 일정 범주에 해당하는 모든 무기를 범주적으로 금지하는 것을 취지로 한다. 이에 대해 본건의 검토 대상은 핵무기의 범주적 금지 내지 불법성의 확인이 아니라 히로시마·나가사키에 대한 원폭 투하라는 개별적 사용 예를 검토 대상으로 한다. 적어도 국제인도법에서는 앞서 말한 것처럼 일반 원칙에 비추어 개별적인 적대 행위의 적법성을 판단하는 것이 가능했다. 또한 국제인도법에서는 마르텐스 조항의 존재로 인해 명확한 금지 규칙이 부재하더라도 인도법의 기본 원칙을 원용하는 것이 지지된다. 게다가 전쟁범죄라는 개인의 형사 책임을 묻는 경우에는 죄형법정주의를 고려해 엄격하게 정의된 규정의 존재가 필요하며, 안이한 유추는 금지되지만 본건은 그러한 사례가 아니다.

둘째로 '불필요한 고통의 금지'와 관련된 필요성 기준의 사정査定 문제다. 이 문제의 경우, 시모다 판결에서는 기존의 금지 규정(예를 들면, 「제네바 독가스 의정서」)으로부터 유추를 했다. 즉, 히로시마·나가사키에서의 원폭은 독가스에 비해 "불필요한 고통"을 주었

---

29 예컨대 미국 등의 군사 매뉴얼과 핵무기에 관한 권고적 의견에서 프랑스와 러시아의 주장은 각국이 조약에 의거, 무기 금지를 선택한 경우에 한해 그 규칙에 따라 무기를 금지할 수 있다고 한다. 그러나 동 권고적 의견에서 다른 대부분의 국가들은 그러한 요건에 대해서는 표명을 하지 않았고 규칙 자체에 기반해 핵무기 영향의 합법성을 평가했다. J-M Henckaerts and L. Doswald-Beck (eds.), *Customary International Humanitarian Law*, Cambridge University Press, 2005, pp.242-243 참조.

30 *ICJ Reports 1996*, p.247, para. 52.

31 이와 관련해 핵무기금지조약(TPNW)은 핵무기 금지와 폐기에 관한 법적 갭의 존재를 주장하는 국가들이 추진한 조약이라는 것을 상기할 필요가 있다.

32 Henckaerts and Doswald-Beck, *supra* note 29, pp.242-243.

33 판결 이유, 2, (11) 참조.

34 *ICJ Reports 1996*, p.262, para. 95.

는지를 검토해 그 결과로서 히로시마·나가사키에 대한 원폭 투하는 이 원칙에 위반한다고 판단했다. 이러한 판단은 독·독가스·세균이 초래하는 효과와 피해를 "불필요한 고통"의 사정 기준으로 삼았다고 볼 수 있다.

또한 원폭을 독가스와 같은 범주에 포함하는 해석[35]도 존재하지만, 제2차 세계대전 직후부터 핵무기는 생물무기 및 화학무기와 마찬가지로 대량파괴무기로 분류되고는 있지만 각각 서로 다른 범주의 무기로서 인식되고 있다.[36] 현재는 생물무기, 화학무기, 그리고 핵무기에 대해서 각각의 개별 금지 조약이 성립되어 있다. 그러나 이 부분은 앞서 말한 것처럼 핵무기라는 범주의 문제이지 개별 원폭의 문제는 아니다.

이와 관련해 상트페테르부르크 선언에 의거해 불필요한 고통은 "전투력을 상실한 hors de combat" 전투원에 대해 추가적인 고통을 가하는 것으로 보는 해석이 존재한다.[37] 이에 따르면 히로시마·나가사키에 대한 원폭 투하는, 특히 그 방사선의 영향(특히, 암과 백혈병 등의 만발성晩發性 효과)을 봤을 때, "전투력을 상실한" 전투원에 대한 고통을(특히 전쟁 후에 더욱) 증대시키는 것이라고 주장한다.

다른 한편, 군사적 필요성military necessity과 사람에 대한 예기된 고통의 비례성을 기준으로 삼는 설이 있으며, 현재는 이것이 많은 국가들의 입장으로 보인다.[38] ICJ 의견 또한 이 견해를 시사하고 있다.[39] 시모다 판결도 "군사상 적절한 효과"에 대해 언급하고 있다.[40] 이러한 설에 따르면 히로시마와 나가사키 원폭 투하로 달성될 군사적 목적과 투하의 결과로 발생하게 될 피해와의 균형을 고려하게 되며, 전자가 후자보다 크면 클수록 후자의 고통은 불필요한 고통이 아닌 것이 된다.

원폭 투하에 의한 영향, 특히 전후에도 계속되는 방사선의 영향은 원폭 투하에 의

---

35 핵무기에 대한 권고적 의견에서 위러맨트리 판사(앞의 책, p.435)와 코로마 판사(앞의 책, p.580)는 독가스 금지 규칙이 핵무기에도 적용된다고 했다.

36 예를 들어 유엔 총회 제1호 결의에서는 핵무기(원자무기)를 여타의 대량파괴무기와 구별해 언급하고 있다. General Assembly Resolution 1(I), ESTABLISHMENT OF A COMMISSION TO DEAL WITH THE PROBLEM RAISED BY THE DISCOVERY OF ATOMIC ENERGY, 24 January 1946, https://undocs.org/en/A/RES/1(I)에서 확인 가능(2023. 3.30. 최종 방문).

37 예를 들어 藤田久一, 『核に立ち向かう国際法』, 法律文化社, 2011, pp.29-31 참조.

38 J-M Henckaerts and L. Doswald-Beck (eds.), *Customary International Humanitarian Law*, Cambridge University Press, 2005, p.240.

39 *ICJ Reports 1996*, paras. 77, 78.

40 판결 이유, 2, (11) 참조.

해 달성된 군사적 이익과 균형되는 것인지를 검토하게 된다. 앞서 말한 바와 같이 히로시마·나가사키에는 군대가 주둔해 있었으며 군수공장도 존재했다. 이것들의 파괴로 얻어지는 군사적 이익은 확실히 존재하지만 이들 여러 시설을 파괴하는 것은 당시 미군에게는 원폭 투하와 관계없이 가능한 행위였다(각지에서의 공습). 이러한 파괴로 인한 군사적 이익에 비해 히로시마 14만 명, 나가사키 7만 명의 사망자는 현격히 많다고 말할 수밖에 없다. 게다가 전후에도 지속적으로 발생하는 방사선 피해는 분명히 전자인 군사적 이익을 넘어서고 있다.[41]

다만, 원폭 투하로 "종전이 빨라졌다"라든지 전쟁이 계속되었다면 잃어버렸을 "인명을 구할 수 있었다"는 언설이 존재한다. 이 전쟁 조기 종결 및 인명 구조를 군사적 이익에 포함시킬 것인지의 여부에 대해서는 위법성 조각 사유 부분에서 상술하기로 한다.

세 번째로 이 불필요한 고통의 금지 원칙은 전투원만이 아니라 민간인도 보호하는 것인가. 시모다 판결에서는 "다수 시민들의 생명" 등을 언급함으로써 이 원칙이 민간인도 보호한다는 점을 시사하고 있다. 그러나 이 원칙은 일반적으로는 전투원을 보호하는 것으로 이해되고 있다. 이렇게 보면 시모다 판결이 불필요한 고통의 금지 원칙을 오해한 것일지도 모른다. 그러나 1996년 ICJ의 핵무기에 관한 권고적 의견에서도 이 원칙이 민간인까지도 그 대상으로 삼는다는 견해가 존재한다. 이 원칙이 보호하는 대상이 현재로서는 민간인에게까지 미치는지의 여부는 신중하게 검토해야 할 과제다.

다른 무엇보다도 히로시마·나가사키에 대한 원폭 투하의 경우에는 앞서 말한 것처럼 무차별 공격에 해당해 이미 위법이라는 점에 주목했으면 한다.

3) 예고(예방조치)에 대해서

전투 방식과 수단의 규제에 있어 당시의 전쟁법상 예고(예방조치)를 필요로 하는 규칙이 확립되어 있었는지는 불분명하다. 확실히 헤이그 4협약 육전 규정 26조나 해군포격 조약 6조에서는 사전예고를 의무화하고 있지만, 공전 규칙에는 관련 규정이 없다. 다수의 학설은 공전에서 전략폭격에 대한 사전예고는 불필요하다고 본다(전술폭격, 즉 벌어 드니

---

41 이 문제와 관련해서는 예를 들면, 일본 외무성의 위탁 연구인 「核兵器使用の多方面における影響に関する調査研究」 참조(https://www.mofa.go.jp/mofaj/dns/ac_d/page23_000872.html).

를 점령하려는 계획에서의 보조적 폭격일 때는 필요하다고 보았다). 또 헤이그 4협약 육전 규정 26조에서도 "습격을 제외한다except in cases of assault"고 되어 있고, 해군포격조약에서도 "군사적 필요상 부득이한 경우를 제외한If themilitary situation permits"고 되어 있어, 사전예고 의무 예외가 인정되고 있다. 설령 이런 예고 의무가 미군에게 적용되는 경우라 하더라도, 히로시마·나가사키에 대한 원폭 투하에서는 미군에 의한 예고는 이루어지지 않았다. 포츠담 선언이 사전예고에 해당한다는 주장이 있지만, 이 선언에서는 "신속 완전한 괴멸prompt and utter destruction"이라고만 언급할 뿐 원자폭탄에 대해서는 언급하지 않았다. 미군에 의한 모의폭탄(펌프킨 폭탄) 투하는 행해지고 있었지만, 이것은 경고를 목적으로 한 것이 아니었다.

3. 위법성 조각 사유 검토

히로시마·나가사키에 대한 원폭 투하는 군사 목표에 관한 구별 원칙에 비추어 보면 '무차별 폭격'에 해당하며, 위법이고 불필요한 고통의 금지 원칙에 비추어 보면 마찬가지로 전투원 및 민간인에게 전후에까지도 지속되는 불필요한 고통을 야기했기 때문에 위법이다.

그러나 여기서 위법성 조각 사유를 검토할 필요가 있다. 특히, '군사적 필요'에 의한 정당화와 복구(전시복구)에 의한 정당화의 문제다.

1) 군사적 필요

우선 "군사적 필요"란 '전쟁 그 자체에서 승리할 필요성'을 의미하지 않는다. 그와 같은 의미에서의 군사적 필요는 이른바 독일식 '전수이론戰數理論, Kriegsraison'[42]과 마찬가

---

[42] 이것은 19세기부터 제2차 세계대전까지의 기간에 독일에서 주장된 이론이다. 예를 들어 Carl Lueder, "Krieg und Kriegsrecht im Allgemeinen," Faranz von Holtzendroff (Hrsg.), *Handbuch des Voelkerrechts*, Bd IV, 1889, S. 254-257; Jesse Reeves, "The Neutralisation of Belgium and the Doctorin of Kriegsraison", *Michigan Law Review*, Vol. 13, 1914, pp.180-182 참조.

지로 전쟁법의 타당한 근거를 침식하는 것으로, 많은 논자들에 의해 부정되어 왔다.[43] 또한 전후 전쟁 재판에서도 부인되었다.[44]

단지 전쟁법규 중에는 '군사적 필요'를 언급하는 예가 있다. 예를 들면 관습법화된 헤이그 육전 규정의 제23조 (g)이며, 이 조항에서는 "전쟁의 필요상the necessities of war" 부득이한 경우를 제외하고 적의 재산을 파괴하거나 압수하는 것을 금지하고 있다. 이 경우, 여기에 규정하는 범위에서 파괴 행위가 허용된다. 다만, 동 육전 규정 제25조에서는 무방어 도시에 대한 공격은 금지되어 있으며, 여기에서는 '군사적 필요'에 따른 예외는 없다. 이와 같이 '군사적 필요성'은 정당한 군사 목적을 달성하기 위해 실제로 필요한 조치이며 전쟁법규에서 금지되어 있지 않은 것을 인정하는 것이다. 그리고 유일하게 정당한 군사 목적이란 "적국 군대의 약화"다.[45] 더불어 여기에서도 마르텐스 조항의 제약을 따르는 것에는 주의해야 한다.[46]

그러나 미국에서는 주로 히로시마·나가사키에 대한 원폭 투하는 전쟁의 조기종결을 가져왔고, 또 전쟁의 지속으로 인해 잃어버렸을 미군 병사(및 일본인)의 생명을 구했다는 언설이 유포되고 있다. 이러한 논의는 법적 차원에서 전쟁의 조기종결과 전쟁 지속으로 잃어버렸을 인명 구조는 '군사적 필요'에 해당하며, 따라서 (본래) 불법인 원폭 투하가 정당화된다는 주장을 시사한다. 이 문제를 검토할 필요가 있다.

첫째, 사실 관계의 문제로서 원폭 투하가 전쟁 종결을 결과했는가 여부이다. 실제로 일본이 포츠담 선언을 수락했을 당시 종전 조서에서 원폭을 언급하고 있다.[47] 그러나 역사 연구들을 기초로 본다면 일본의 포츠담 선언 수락 요인은 원폭 투하가 유일한

---

43 藤田, 앞의 책(주 37), pp.52-62.
44 뉘른베르크 미군 군사재판의 '인질 사건'에서는, 군사적 필요성이 점령자에 의한 무죄의 민간인 주민 살해를 허용하는 것은 아니라고 판시했다. United States Military Tribunal (Nuremberg), Case No. 47; Hostages Trial; Trial of Wilhelm List and Others; 8th Jul., 1947-19th Feb., 1948; The Judgment of the Tribunal; No (ix) The Plea of Military Necessity, in The United Nations War Crimes Commission, *Law Reports of Trials of War Criminals,* Vol. 8 (1949), p.66.
45 「상트페테르부르크 선언」 전문, 그리고 "군사적 필요성"은 HAW LAW PTOTECT IN WAR? (ICRC Case book), https://casebook.icrc.org/a_to_z/glossary/military-necessity에서 확인 가능(2023. 4.1. 최종 방문).
46 ICRC's Commentary to API, Article 35, para. 1406.
47 「大東亞戰爭終結ノ詔書」에서는「敵ハ新ニ殘虐ナル爆彈ヲ使用シテ頻ニ無辜ヲ殺傷シ慘害ノ及フ」라고 한다. Imperial Rescript, August 14, 1945, https://worldjpn.net/documents/texts/docs/19450814.O1E.html에서 확인 가능(2023.5. 3. 최종 방문).

결정적 요인은 아니다.[48]

둘째, 만약 원폭 투하로 일본이 패전을 받아들였다, 즉 미국이 승리했다고 했을 때는 어떨까? 원래 전쟁은 교전국들이 각자의 승리를 목표로 수행하는 것임은 당연하다. 그러나 전쟁법은 승리라는 목적 달성을 위해 모든 수단과 방법을 허용하는 것은 아니다. 여기에 "전쟁의 참화를 가능한 한 경감하기"(「상트페테르부르크 선언」 전문) 위해 일정한 제약을 부과하였다. 전쟁법 위반이 전쟁 승리라는 목적에 의해 정당화된다면 앞서 말한 '전수이론'과 마찬가지가 된다. 전쟁에서 이기기 위해서는 전투 방식·수단에 대해 어떠한 규제도 있을 수 없다는 것과 같아지기에 전쟁법의 타당성 기반은 상실된다. 전쟁 승리(종전)의 필요성을 전쟁법규(인도법) 위반의 정당화 사유로 삼는 것은 부당하다.

2) 복구

다음으로 복구reprisal에 의한 정당화를 검토한다. 원폭 투하를 일본의 진주만 공격과 포로 및 민간인 학대 행위에 대한 보복retaliation으로서 정당화하는 언설이 있기 때문이다. 예를 들면, 카이로 선언에서는 일본의 침략에 대한 제지와 처벌을 언급하고 있다.[49] 또한 진주만 공격(개전 절차에서의 하자) 등을 근거로 일본의 '침략'이 논해질 수는 있지만, 이 경우 개전법開戰法, jus ad bellum 상에서의 위법성에 대항하는 것은 원폭 투하가 아니라 미국에 의한 대일 전쟁 그 자체이며, 이것은 '자위'에 의해 정당화되는 것이다. 진주만을 가지고 원폭 투하를 정당화하는 것은 개전법과 전시국제법jus in bello을 혼동하는 것이다.

복구(전시복구)는 오래전부터 국제법의 실효성을 확보하는 제도로서 확립되어 있다. 복구는 상대의 위법 행위에 대해 그것을 중지시키는 것을 목적으로 행해지는, 본래 위법한 행위이기 때문에 엄격한 요건이 필요하다.[50]

---

48 롯터는 두 발의 원폭 투하에 더해 소련의 참전이 결정적 요인이라고 말한다(앤드류 J. 롯터, 『원폭의 세계사』, 미네르바 서방, 2022, pp.254-257; Andrew. J. Rotter, *Hiroshima: the world's bomb*, Oxford University Press, 2008, pp.217-220). 윌슨은 원폭 투하야말로 일본 항복의 이유라는 설을 부정한다(워드 윌슨, 『핵무기에 관한 다섯 가지 신화』, 법률문화사, 2016, pp.25-57. 후지타는 원폭 투하에 의한 조기 종전에 의문을 제기한다(藤田, 앞의 책(주 37), pp.52-62).

49 카이로 선언에서는 "3대 연합국은 일본의 침략을 억제하고 징벌하기 위해 이 전쟁을 벌이고 있습니다"라고 한다(영어 표현은 "The Three Great Allies are fighting this war to restrain and punish the aggression of Japan").

50 Matthias Ruffert, "Reprisals", in *Max Planck Encyclopedias of International Law*, 마지막 업데이트:

특히 중요한 요건은 비례성proportionality이다. 일본군의 대미 전쟁에서 전쟁법 위반에 대한 복구로서 원폭 투하는 정당화될 수 있는가?

태평양과 그 일대 국가들을 무대로 삼는 광범위한 범위에서 발생한 일본군에 의한 전쟁법 위반 행위와 원폭 투하로 초래된 피해를 비교하는 것은 사상자만을 두고는 어려울지도 모른다. 그러나 전후에 지속적으로 발생하고 있는 방사선 피해는 복구로서도 균형을 상실한 것이라고 말할 수 있다.

또 다른 요건, 즉 선행 위법 행위의 중지를 목적으로 삼는다는 점에서 본다면 원폭 투하는 그 요건을 충족하지 않는다. 미국 측에 일본의 위법 행위 중지를 목적으로 삼는다는 기록은 없기 때문이다.[51]

이 밖에 위법성 조각 사유로 동의가 검토될 수 있다. 확실히 대일평화조약 제19조에서 일본은 대미청구권을 포기하고 있다. 그러나 이는 청구권 처리에 관한 합의이지 청구권의 기점이 된 원인 행위의 적법성에 대한 판단까지 포함하고 있지는 않다. 또 원폭 투하 직후 일본 정부는 국제법에 비춰 원폭 투하의 위법성을 주장하는 항의문을 보내기도 했다.

더 나아가 ICJ가 시사한 "자위의 극단적 상황"에 따른 정당화도 검토해야 할지 모르지만, 당시의 전쟁 국면에서 볼 때 분명히 미군이 유리한 상황이었기 때문에 원폭 투하를 정당화하는 "자위의 극단적 상황"은 존재하지 않는다.

마치며

요약하면 1945년, 즉 히로시마·나가사키 원폭 투하 시점에서 교전 당사국인 일본과 미국 사이에는 전쟁법(전시국제법)이 평등하게 적용되어야 한다. 그러한 전쟁법 중에서도 군사 목표에 관한 구별 원칙과 불필요한 고통의 금지 원칙은 관습국제법으로 확립되어 있었다. 이들 원칙에 비추어 히로시마·나가사키 원폭 투하라는 개별 행위의 적법성을

2021.1., https://opil.ouplaw.com/display/10.1093/law:epil/9780199231690/law-9780199231690-e1771?rskey=Tju2F&result=1&prd=MPIL에서 확인 가능(2023. 5.3. 최종 방문).
51 藤田, 앞의 책(주 37), pp.52-62.

판단하는 것은 법적으로 가능하며, 이러한 원칙들에 비추어 볼 때 히로시마·나가사키에 대한 원폭 투하는 원폭의 무차별적 효과에 근거한다면 구별의 원칙에 위반되며, 전후 지속적으로 발생하는 방사선 피해는 '불필요한 고통' 금지에 반한다.

또한 그와 달리 전쟁의 조기종결이나 대량의 인명구조를 군사적 필요성으로서 정당화하는 것은 전쟁법의 존재 의의를 부정하는 것으로 인정할 수 없다. 또한 일본군에 의한 전쟁법 위반에 대한 복구 행위로서 원폭 투하를 정당화하는 것은 복구 요건을 충족하지 못해 인정할 수 없다.

따라서 1945년 당시 관습국제법에서 보면 히로시마·나가사키에 대한 원폭 투하는 불법이었다.

The Illegality of the Atomic Bombings of Hiroshima and Nagasaki from the Perspective of Customary International Law as of 1945

Yamada Toshinori

Lecturer of International Law, Meiji University
Senior Researcher, The Institute of Politics and Economy

Introduction

This paper aims to answer the question, "Was the atomic bombings of Hiroshima and Nagasaki illegal under customary international law in 1945?"

To this end, this paper takes as its starting point the Shimoda judgment by the Tokyo District Court in 1963.[1] Although the Shimoda judgement is a decision by the Japanese domestic court, domestic judgments are recognized as "subsidiary means for the determination of rules of law" under international law.[2] The Shimoda decision also has a "positive place" in the subsequent development of international law, including the 1996 advisory opinion on nuclear weapons by the International Court of Justice (ICJ), and is said to "have served to develop international law".[3]

In particular, the principles of distinction between civilian and military objects and the prohibition of unnecessary suffering, set forth in the Shimoda decision, which held the bombings of Hiroshima and Nagasaki unlawful, were also recognized by the ICJ as applicable in determining the legality of

---

1   See Decision of the Tokyo District Court, December 7, 1963, Case No. 2,914 (wa) of 1955 and Case No. 4,177 (wa) of 1957 (hereinafter referred to as the Shimoda Judgement), *The Japanese Annual of International Law*, No. 8, 1964, p. 212 [in English]. This is not an official translation. The original version is in *Kakyu Saibansho Minji Saibanreishu* (下級裁判所民事裁判例集), Vol. 14, No. 12, p.2435 [in Japanese].

2   See IWASAWA Yuji, *International Law* (国際法), 2020, p.71 [in Japanese].

3   See MATSUI Yoshiro, *Kokusai Shakai ni okeru Ho no Shihai wo mezashite* (国際社会における法の支配を目指して), 2021, p.56 [in Japanese].

the threat or the use of nuclear weapons.[4]

This paper first examines some premises, and then considers the legality of the U.S. atomic bombings on Hiroshima and Nagasaki (hereinafter referred to as the "atomic bombings") in light of the above two principles. In addition, after discussing the circumstances precluding wrongfulness, conclusion is drawn.

1. Examination of Premises

The first issue is the Intertemporal law. As in law in general, the principle of non-retroactivity exists in international law.[5]

Therefore, the legality of the events of 1945 must be judged in light of the positive law of the time, and in accordance with the theme of this paper, the customary international law should be clarified as the customary international law at the time of the atomic bombings on Hiroshima and Nagasaki.

Second, customary international law is defined as "international custom, as evidence of a general practice accepted as law" according to the Statute of the Permanent Court of International Justice of 1920, which was succeeded by the ICJ Statute enacted in 1945, and this provision is still applied today without amendment. Therefore, the definition of customary international law in 1945 remains the same today. According to the prevailing theory, the requirements for customary international law are general practice and Opinio Juris.[6]

Since this paper considers customary international law as the law applicable to the bombings, it will not discuss "general participation clause or clausula si omnes" which amounts to a treaty provision.

---

4 See *Legality of the Threat or Use of Nuclear Weapons, Advisory Opinion, I.C.J. Reports 1996*, pp.257-260, 261, paras. 78-87, 90.

5 See Markus Kotzur, "Intertemporal Law", in *Max Planck Encyclopedia of Public International Law [MPEPIL]*, last updated in April 2008, available at https://opil.ouplaw.com/display/10.1093/law:epil/9780199231690/law-9780199231690-e1433?rskey=vqjNCF&result=2&prd=MPIL, last visited on 21 March 2023.

6 See *Identification of customary international law*, Conclusion 2, adopted by the International Law Commission in 2018, which was taken note by the United Nations General Assembly in the same year.

Third, some may question whether the laws of war should apply equally to Japan and the U.S., considering that Japan had waged "wars of aggression."

This question needs to be clarified when war was in the process of being outlawed through the Covenant of the League of Nations and the Treaty for the Renunciation of War, and when the prohibition against the use of force was being established. Under a legal system in which the prohibition of war and the use of force had been established, hostilities theoretically existed in the relationship between the aggressor and its victim, and if one takes the position that "a right does not arise from wrongdoing" (ex injuria jus non oritur), the traditional laws of war equally applied to victim and aggressor would lose their validity.

The discriminatory application of the laws of war was argued in academic circles.[7] However, the discriminatory application was not seen in state practice of the time, and the prevailing theory of the time supported the equal application of the laws of war.[8] In the Pacific War, both the U.S. and Japan recognized the equal application of the laws of war. For example, at the beginning of the war, the U.S. requested Japan (through the International Law Commission of the Red Cross) to apply reciprocally the Geneva Convention of Prisoners of War of 1929, which Japan had not ratified, and Japan responded that it would apply the Convention with necessary changes (*mutatis mutandis*).[9] The postwar Geneva Conventions of 1949 and the two Additional Protocols of 1977 also maintain equal application to the parties of armed conflicts.

---

7 See for example International Law Association, "The Effect of the Briand-Kellogg Pact of Paris in International Law", *Report of the 38th Conference Held in at Budapest in the Hungarian Academy of Science, September 6th to 10th, 1934* (1935).

8 See Oppenheim, International Law, vol. 2, 5th ed., 1935, pp.181-182, and Oppenheim, *International Law*, vol. 2, 6th ed., 1940, pp.174-175.

9 See FUJITA Hisakazu, "Senso Ho kara Jindo Ho e: Senkan ki Nihon no Jikko (戦争法から人道法へ戦間期 日本の実行)", in *Nihon to Kokusai Ho no Hyakunen* (日本と国際法の百年), Japan Society of International Law, ed., vol. 10, 2001 [in Japanese]. The U.S. itself made it clear that it would fight 'the aggression of Japan' (1943 Cairo Declaration), but accepted the application of the laws of war in relation to Japan (e.g. the Awamaru Incident). Japan, too, regarded the war against the U.S. as a war of 'self-defence' ('Imperial Rescript, December 8, 1941), but accepted the application of the laws of war, as seen in its response to the 1929 Geneva Prisoners of War Convention as *mutatis mutandis*. The post-war implementation of the Tokyo Tribunal is also considered to have been based on the assumption of equal application with regard to 'conventional war crimes'.

Fourth, some argue that no laws and regulations apply to nuclear weapons (atomic bombs), as they were "new weapons" at the time, and are therefore legal. This was considered in the Shimoda Case.[10]

Nuclear weapons were a newly invented weapon then, so it is not surprising that no specific rules expressly prohibited them. However, once enacted, laws regulate various acts and events in general that belong to particular categories. The laws of war also regulate the methods of warfare in general, which belong to the category of wartime hostilities. As this paper will discuss below, dropping bombs from aircraft as a "method of warfare" existed as a state practice before the invention of nuclear weapons, and principles and rules of international law govern this practice. Based on these principles and rules, it is quite possible to examine whether or not atomic bombings was lawful.

In fact, the Shimoda decision held that "prohibition" includes "the case where the prohibition can be implied de plano from the interpretation and application by analogy of existing rules of international law (customary international law and treaties)". Further, it held that the prohibition of a new weapon is evaluated through "principles of international law".[11] The subsequent ICJ Advisory Opinion on Nuclear Weapons also recognized the application of the principles of international humanitarian law (IHL) to nuclear weapons.[12]

Although individual rules specifically prohibiting nuclear weapons as a "means of warfare" did not exist in 1945, the "prohibition of unnecessary suffering" was established as a principle. In light of this principle, it is possible to evaluate the atomic bombs dropped on Hiroshima and Nagasaki. Based on the prohibition of unnecessary suffering, as discussed below, the Shimoda decision held that the atomic bombings violated the principle of prohibition of unnecessary suffering by drawing an analogy between atomic bombings and poison and poison gas weapons, in which the latter were already prohibited. This refers to poison and poison gas as a standard for whether the suffering caused by weapons is "necessary or unnecessary".

---

10 See the Shimoda Judgement, in *The Japanese Annual of International Law*, No. 8, 1964, p.235.

11 *Ibid.*

12 See *Legality of the Threat or Use of Nuclear Weapons, Advisory Opinion, I.C.J. Reports 1996* (hereinafter as *ICJ Reports 1996*), pp.257-260, 261, paras. 78-87, 90.

From the standpoint of distinguishing between principles and rules, there may be objections to applying such principles to individual acts.[13] Such a position will argue that only rules can regulate the concrete conduct of legal entities, while principles do not regulate the concrete conduct of legal entities and merely provide the basis for the existence of the rules. According to this view, the principle does not directly regulate specific actions by the U.S. (i.e., the dropping of the atomic bombs), or at least it lacks specific requirements for its application, and thus cannot be properly applied. However, in the absence of specific rules, the PCJI and the ICJ have made judgments in individual cases, drawing on the legal principles behind those rules.[14] Moreover, the previous description of principles and rules does not apply to all areas of international law.[15] In particular, the so-called Martens Clause has long existed in the law of war and international humanitarian law.[16] According to the Martens Clause, even in the absence of specific rules in the form of relevant treaties, parties to an armed conflict "remain under the protection and the rule of the principles of international law derived from established custom, from the principles of humanity and from the dictates of the public conscience", and are subject to the control of such principles of international law. It should also be noted that in 1945, the 1907 Hague Land War Convention, including the Martens Clause, was considered customary international law.[17] Moreover, in its 1996 Nuclear Weapons Advisory Opinion,

---

13 KOTERA Akira, *Basic Structure of International Law* (パラダイム国際法), p. 29, 2004 [in Japanese], and Gerald Fitzmaurice, "The General Principles of International Law," *Recueil des cours*, 1957-II, pp.7-9.

14 See KOTERA, *ibid.*, pp.31-38.

15 Rüdiger Wolfrum, "General International Law (Principles, Rules, and Standards)", in *Max Planck Encyclopedia of Public International Law*, last updated: December 2010, available at https://opil.ouplaw.com/display/10.1093/law:epil/9780199231690/law-9780199231690-e1408#law-9780199231690-e1408-div1-5, last visited on March 25, 2023.

16 Jochen von Bernstorff, "Martens Clause", in *Max Planck Encyclopedia of Public International Law*, last updated: December 2009, available at https://opil.ouplaw.com/display/10.1093/law:epil/9780199231690/law-9780199231690-e327?prd=OPIL#law-9780199231690-e327-div1-4, last visited on April 19, 2023.

17 MATSUI Yoshiro(松井芳郎), "Kokunai Saibasho to Kokusaiho no Hatten(国内裁判所と国際法の発展), in *Kokusai Shakai ni okeru Ho no Shihai wo mezasite* (国際社会における法の支配を目指して), 2021, pp. 49-51 [in Japanese], ; MATUI Yoshiro, "The Historical Significance of the Shimoda Case Judgment, in View of the Evolution of International Humanitarian Law", available at https://www.hankaku-j.org/data/jalana/150428/004.pdf, last visited on April 19, 2023.

the ICJ described the Martens Clause as "an effective means of addressing the rapid evolution of military technology" and as "the pre-existing customary law".[18] Therefore, under the laws of war or IHL, it is possible to determine the legality of individual hostile acts in light of principles.

Thus, even in the absence of a specific rule expressly prohibiting a weapon, the Martens Clause functions to ensure that principles of the laws of war or international humanitarian law govern the weapon in question. In addition, the 2017 Treaty on the Prohibition of Nuclear Weapons, based on the Marten Clause, "[r]eaffirm[s] that any use of nuclear weapons would also be abhorrent to the principles of humanity and the dictates of public conscience"(Preambular Paragraph 11), and "[s]tress[es] the role of public conscience in the furthering of the principles of humanity as evidenced by the call for the total elimination of nuclear weapons, and recogniz[es] the efforts to that end undertaken by the United Nations, the International Red Cross and Red Crescent Movement, other international and regional organizations, non-governmental organizations, religious leaders, parliamentarians, academics and the hibakusha" (Preambular Paragraph 24). The role of public conscience stressed in PP 24, when read together with PP 11, may serve to transform the call for the total elimination of nuclear weapons into a nuclear weapons prohibition norm.

Now that this paper has finished examining the preliminary issues, it will examine the two principles in customary international law mentioned above, as they existed in 1945.

2. Examination of Applicable Laws

1) The principle of distinction

The question is whether there was any specific rules of treaty or customary law governing aerial bombings at the time. There is still doubt about this

---

18 *ICJ Reports 1996*, pp.257, 259, paras. 78, 84.

today.[19] Indeed, there were no cases of prosecution or punishment based on indiscriminate bombing in the postwar Nuremberg Trials or Tokyo Trials. From the principle *Nulla poena sine lege*, this is natural in a situation where specific prohibition rules are ambiguous. However, this does not mean that the principles and rules of the laws of war governing aerial bombardments did not exist. In fact, the Shimoda decision was rendered in light of the principle of military objectives in undefended cities (the principle of distinction) and the prohibition of indiscriminate attack, both of which existed at the time.[20]

The codification of treaties to regulate methods of warfare has been going on since the 19th century. Typical examples are the Hague Land Warfare Regulations annexed at the Hague Convention IV of 1907, the Naval Warfare Convention (the Hague Convention IX of 1907), and the Hague Rules of Aerial Warfare. In these regulations, indiscriminate attacks on defended cities are permitted, and attacks on military objectives in undefended cities are allowed. It should be noted that some targets are still prohibited even in defended cities (Article 27 of Hague Regulations of the Hague Convention IV). In other words, indiscriminate attacks without identifying the target of the attack were forbidden, regardless of whether the cities were defended.

The 1907 Hague Regulations on Land Warfare were accepted as customary law in 1945.[21]

First, we must ask whether these rules also apply to air warfare, and second, if they do, have they changed through state practice at the time when aerial bombardments were common?

Relating to the first question, the Shimoda decision focused on the Hague Rules on Aerial Warfare, but even today there are doubts about whether the said Rules had the status of customary law at that time.[22] However, because the Hague Land Warfare Regulations, as mentioned above, prohibit indiscriminate attacks, whether defended or undefended cities, and do not

---

19 *See e.g.* Javier Guisández Gómez, "The Law of Air Warfare", in *International Review of the Red Cross*, no. 323, 1998, pp.347-363.

20 See the Shimoda Judgement, *supra* note 10, pp.236-240.

21 See Philippe Gautier, "General Participation Clause (Clausula si omnes)", para. 5, last updated: April 2006, in *Max Planck Encyclopedias of International Law*.

22 *See e.g.* L.C. Green, "Aerial considerations in the law of armed conflict", in *Essays on the Modern Law of War*, 2nd ed., 1999, Transnational Publishers, Inc., p.580.

limit the means of combat regulated (for example, Regulation 25 states 'by whatever means'), it is possible to confirm that the rules at the time covered aerial bombardments, even without the Hague Rules of Aerial Warfare. In addition, the U.S. and Japan recognized the application of international law to air warfare.[23] It should be also noted that, although the Land Warfare Regulations apply to armed land forces (Article 1 of the Hague Convention IV), the 509th Composite Group, which dropped the atomic bombs on Hiroshima and Nagasaki, belonged to the U.S. Army.

Second is an assessment that strategic bombing practices such as target area bombardments or carpet bombings had been common at the time. The Shimoda decision suggests the legality of target area bombardments.[24] However, the legality of these methods remains questionable when the circumstances of the time are examined. However, the distinction between military and civilian objectives was maintained in principle, and indiscriminate bombing was condemned and considered illegal.[25]

In light of these principles and rules, the atomic bombings of Hiroshima and Nagasaki were in violation of the principle of distinction between military and civilian objects and the prohibition of indiscriminate attack, both of which were established at the time.

Although military bases and munitions factories certainly existed in Hiroshima and Nagasaki at the time, they were a minor part of each city. The damage caused by the atomic bombings was not limited to these facilities and their surrounding areas, but extended over the entire cities. The victims were not limited to combatants. Many of the dead and wounded were civilians.

Given the results of such damage, it is clear that the atomic bombings violated the principle of distinction and the prohibition of indiscriminate attack.

---

23 Each of the Japanese and U.S. governments had issued statements against the other, condemning the aerial bombardment by the other. See FUJITA Hisakazu, Written Opinion at lawsuits on the Great Tokyo Air Raid in Japan (東京大空襲訴訟についての意見書-東京大空襲に適用される国際法), III, 4, (3) [in Japanese].

24 See the Shimoda judgement, *supra* note 10, p.240.

25 See *supra* note 23, III, 3.

2) The prohibition of unnecessary suffering

The Shimoda decision cited the prohibition of unnecessary suffering as a principle prohibiting "means of warfare".[26] Today, "prohibition of unnecessary suffering" is understood as a principle or rule that prohibits not only means but also methods of warfare.[27]

The principle of the prohibition of unnecessary suffering was well established in 1945. The ICJ has referred to this prohibition as being "at a very early stage," and indeed long-standing treaties prohibit the use of certain weapons based on this prohibition.[28]

There are three interpretive issues in applying this principle of prohibition to this case. First, in the absence of a specific treaty prohibiting such weapons, can this principle alone lead to the ban of such weapons (means of warfare)? Second, what are the criteria for distinguishing "necessary/unnecessary"? Third, does this principle protect not only combatants but also civilians?

For the first question, some argue that a specific prohibition rule is required, such as the U.S. military manual or France or the Russian Federation.[29] The ICJ Advisory Opinion also recognizes individual bans have been shaped the history of the illegality of the use of certain weapons.[30] Furthermore, if weapons are banned without individual prohibition rules, individual prohibition treaties would lose their raison d'etre.[31]

In practice, however, there are also arguments and state practice that derive prohibition from this general principle.[32] For example, the Shimoda decision drew prohibition by analogy.[33] The ICJ also held that the general illegality of the use of nuclear weapons is derived from various principles, including this

---

26 See the Shimoda Judgement, *supra* note 10, pp.240-242.

27 *ICJ Reports 1996*, p. 257, para. 78; ICRC's Customary IHL Database, rule 70, available at https://ihl-databases.icrc.org/en/customary-ihl/v1/rule70, last visited on 3 May 2023.

28 *ICJ Reports 1996*, ibid.

29 See J-M Henckaerts and L. Doswald-Beck, (eds.), *Customary International Humanitarian Law*, Cambridge University Press, 2005, pp.242-243.

30 *ICJ Reports 1996*, p. 247, para. 52.

31 It should be remembered that the legal gap argument promoted the Treaty on the Prohibition of Nuclear Weapons.

32 Henckaerts and Doswald-Beck, *supra* note 29, pp.242-243.

33 See the Shimoda Judgement, *supra* note 10, pp.240-242.

general principle.[34] In the first place, the purpose of individual prohibition treaties is to prohibit all weapons that fall under a certain category. In contrast, the subject of this paper is not to confirm the categorical prohibition or illegality of nuclear weapons, but to examine the legality of the specific use of the atomic bombings of Hiroshima and Nagasaki. At least in IHL, as mentioned above, it has been possible to determine the legality of individual hostilities based on general principles. The Martens Clause in IHL also supports the use of fundamental principles of humanitarian law, even in the absence of a clear prohibition rule. In addition, a strictly defined law and regulation is required to hold an individual criminally responsible for war crimes, and easygoing analogy is prohibited, but this is not such a case.

Second is the issue of assessing the criteria for 'unnecessary' suffering.

On this issue, the Shimoda decision drew an analogy from existing prohibition provisions (e.g., The Geneva Protocol of 1925). In other words, it examined whether the atomic bombings of Hiroshima and Nagasaki caused "unnecessary suffering" by comparing their effects to those of poison gas. As a result, the court held that the atomic bombings of Hiroshima and Nagasaki violated the principle prohibiting unnecessary suffering. This judgment can be said to have used the effects and damage caused by poison, poison gas, and bacteria as the criteria for assessing "unnecessary suffering".

Some argue that atomic bombs should be included in the same category as poison gas.[35] Right after the end of World War II, nuclear weapons were classified as weapons of mass destruction, along with biological and chemical weapons, but nuclear weapons are recognized as a distinctive category apart from biological and chemical weapons.[36] Today, there are separate treaties banning biological weapons, chemical weapons, and nuclear weapons. However, as noted above, this is an issue for the category of nuclear weapons, not for specific atomic bombs.

---

34 *ICJ Reports 1996*, p.262, para. 95.

35 In the Nuclear Weapons Opinion, Judge Weeramantry (*ibid.*, p.435) and Judge Coroma (*ibid.*, p.580) arugued that the prohibition of poison gas applies to nuclear weapons.

36 See, e. g. General Assembly Resolution 1(I), ESTABLISHMENT OF A COMMISSION TO DEAL WITH THE PROBLEM RAISED BY THE DISCOVERY OF ATOMIC ENERGY, 24 January 1946, available at https://undocs.org/en/A/RES/1(I), last visied on 30 March 2023.

In this connection, there are those who, relying on the St. Petersburg Declaration of 1868, argue that unnecessary suffering means inflicting further suffering on combatants who are "hors de combat" (outside of combat).[37] According to this interpretation, the atomic bombings of Hiroshima and Nagasaki, especially in light of their radiation effects (especially late effects such as cancer and leukemia), are claimed to have increased the suffering of combatants "outside of combat" (especially even after the war).

On the other hand, there are those who argue that the criteria are a balance between military necessity and anticipated suffering to the population, and this is currently the position of many countries.[38] The ICJ Advisory Opinion also expresses this view.[39] The Shimoda decision also refers to "an appropriate military effect".[40] According to this theory, the balance between the military objective to be achieved by the atomic bombings of Hiroshima and Nagasaki and the damage resulting from the bombings is to be considered, and if the former is greater than the latter, the latter is not unnecessary suffering.

The effects of the atomic bombings, especially the radiation effects that followed the war, will be examined to see if they balance the military advantages of the atomic bombings. It is noted that troops were stationed in Hiroshima and Nagasaki, and munitions factories did exist there. While the U.S. could gain a military advantage by destroying these troops and factories, their destruction could be possible at the time, not by the atomic bombs but even aerial bombardments (see different ones in various locations in Japan). Compared to the military advantages gained from their destruction, the 140,000 dead in Hiroshima and 70,000 dead in Nagasaki must be considered a significantly large number. Moreover, the radiation damage that has continued to occur even after the war's end exceeds the U.S.'s military advantages.[41]

---

37 See, e. g. FUJITA Hisakazu, *Kaku ni Tachiimukau Kokusai Ho* (核に立ち向かう国際法), 2011, pp.29-31 [in Japanese].

38 See J-M Henckaerts and L. Doswald-Beck, (eds.), *Customary International Humanitarian Law*, Cambridge University Press, 2005, p.240.

39 *ICJ Reports 1996*, paras. 77, 78.

40 See the Shimoda Judgement, *supra* note 10, p.241.

41 See "Research Study on Impacts of the Use of Nuclear Weapons in Various Aspects", commissioned by the Ministry of Foreign Affairs of Japan in FY 2013 March 2014.

However, there exists a discourse that the atomic bombings hastened the end of the war or saved lives that would have been lost had the war continued. Whether to include this early ending of the war and saving lives as military advantages, this issue will be discussed in more detail in the section on the circumstances precluding wrongfulness.

Third, does this principle of prohibition of "unnecessary suffering" protect both combatants and civilians? The Shimoda case decision refers to "the lives of many civilians", suggesting that this principle also protects civilians. However, this principle is generally understood to protect combatants. In this respect, the Shimoda decision may have "misunderstood" the principle prohibiting "unnecessary suffering. However, even during proceedings at the ICJ on the legality of nuclear weapons, some judge argued that this principle also covers civilians. Whether the principle's protection now extends to civilians is an issue that should be carefully considered. It should be noted, however, that in the case of the atomic bombings of Hiroshima and Nagasaki, as mentioned above, the bombings were indiscriminate and were already illegal.

3) Precautions in attack

It is unclear whether there were established rules requiring precaution under the laws of war at the time in regulating the methods and means of warfare. Indeed, while Article 26 of the Land Warfare Regulations and Article 6 of the Naval Bombardment Convention require precautions, there is no such provision in the air warfare regulations. According to the majority of academic opinion, prior notice was not required for strategic bombing in air warfare (it was required for tactical bombing, i.e. auxiliary bombing with the intention of occupying defended cities). Article 26 of the Land Warfare Regulations also states that 'except in cases of assault', and the Naval Bombardment Convention also states that 'if the military situation permits', thus allowing exceptions to the obligation to give precautions. Even if the obligation to give precautions were to apply to the U.S. military, no warning was given by the U.S. military in the case of the atomic bombings of Hiroshima and Nagasaki. It has been argued that the Potsdam Declaration constitutes precautions, but the Declaration only refers to "prompt and utter destruction" and does not mention the atomic bombs.

Although the U.S. military dropped mock bombs (pumpkin bombs), they were not intended as a warning.

3. Examination of Circumstances Precluding Wrongfulness

The atomic bombings of Hiroshima and Nagasaki, in light of the principle of distinction between civilian and military objectives, constitute "indiscriminate attack" and are illegal, and in light of the principle of prohibition of unnecessary suffering, they were also illegal because they caused unnecessary suffering to combatants and civilians even after the war.

However, it is necessary here to examine the circumstances precluding wrongfulness, especially justification by "military necessity" and justification by reprisal (belligerent reprisal).

1) Military necessity

First, "military necessity" does not mean the necessity of winning the war itself. In this sense, "military necessity" is the same as the so-called German "Kriegsraison,"[42] which has been denied by many commentators as undermining the validity for the laws of war.[43] It has also been rejected by the postwar war crimes tribunals.[44]

However, some of the laws of war refer to "military necessity". An example is Article 23(g) of the Hague Regulations on Land Warfare, which

---

42 See, e. g., Carl Lueder, "Krieg und Kriegsrecht im Allgemeinen," in Faranz von Holtzendroff (Hrsg.), *Handbuch des Voelkerrechts*, Bd IV, 1889, S. 254-257; Jesse Reeves, " The Neutralisation of Belgium and the Doctorin of Kriegsraison", in *Michigan Law Review*, Vol. 13, 1914, pp.180-182.

43 See FUJITA, *supra* note 37, pp.52-62.

44 See United States Military Tribunal (Nuremberg), Case No. 47; Hostages Trial; Trial of Wilhelm List and Others; 8th Jul., 1947-19th Feb., 1948; The Judgment of the Tribunal; No (ix) The Plea of Military Necessity, in The United Nations War Crimes Commission, *Law Reports of Trials of War Criminals*, Vol. 8 (1949), p.66.

is said to have become customary law, which prohibits destroying or seizing enemy property except when "the necessities of war" make it unavoidable. In this case, destruction is permissible to the extent provided herein. However, Article 25 of the same Land Warfare Regulations prohibits attacks on undefended towns, with no exception for "military necessity." Thus, "military necessity" permits measures that are necessary to achieve a legitimate military purpose and are not prohibited by the laws of war. And the only legitimate military purpose is "to weaken the military forces of the enemy".[45] In addition, it should be noted that here too, it is subject to the constraints of the Martens Clause.[46]

However, mainly in the United States, there is a prevailing discourse that the atomic bombings of Hiroshima and Nagasaki brought an early end to the war and saved the lives of American (soldiers and Japanese people) who would have been lost if the war had continued. This argument suggests that, from a legal standpoint, the early termination of the war and the saving of lives that would have been lost if the war had continued constituted a "military necessity" and thus justified the (originally illegal) dropping of the atomic bombs. This issue needs to be examined.

First, the question is whether the atomic bombings ended the war. When Japan accepted the Potsdam Declaration, the Japanese Emperor's surrender decree referred to the atomic bomb.[47] However, historical research shows that the atomic bombings were not the only decisive factor in Japan's acceptance of the Potsdam Declaration.[48]

Second, what if, hypothetically, as a result of the atomic bombings Japan had accepted defeat, i.e. the U.S. had won the war? Initially, it is natural that each belligerent fights a war to achieve victory. However, the laws of war do not allow all means or methods to achieve the goal of victory. Certain restrictions were imposed thereon to "alleviat[e] as much as possible the calamities of

---

45 See the preamble of the St. Petersburg Declaration relating to Explosive Projectiles, 1868; "Military necessity" in HAW LAW PTOTECT IN WAR? (ICRC Case book) , available at https://casebook.icrc.org/a_to_z/glossary/military-necessity, last visited on April 1, 2023.

46 See ICRC's Commentary to API, Article 35, para. 1406.

47 See Imperial Rescript, August 14, 1945, available at https://worldjpn.net/documents/texts/docs/19450814.O1E.html, last visited on 3 May 2023.

48 See Andrew. J. Rotter, *Hiroshima : The World's Bomb*, Oxford University Press, 2008, pp.217-220.

war" (Preamble to the St. Petersburg Declaration). If the goal of winning the war justifies violations of the laws, it is the same as the "kriegsraison" theory. If the purpose of winning the war is placed above the laws of war, then it is as if there were no restrictions on the methods and means of combat, and the validity of the laws of war would be lost. The necessity of winning the war (ending the war) cannot be used to justify violating the laws of war.

2) Reprisals

Next, we will examine justification by reprisal. This is because there are discourses that justify the atomic bombings as retaliation for Japan's Pearl Harbor attack and abusive acts against POWs, civilians, and others. For example, the Cairo Declaration refers to the restraint and punishment of Japanese aggression.[49] In this case, however, the illegality of Japanese aggression under jus ad bellum is countered not by the atomic bombings, but by the U.S. war against Japan itself, which is justified by "self-defense." To explain the atomic bombings with Pearl Harbor is to confuse jus ad bellum with jus in bello.

Reprisals (belligerent reprisals) have long been established to ensure the effectiveness of international law. However, reprisals are inherently illegal acts committed to cause the cessation of an unlawful act by an opponent, and therefore strict requirements are necessary.[50]

An essential requirement is the principle of proportionality. For example, can the atomic bombings be justified as reprisal for the Japanese military's violation of the laws of war in the war against the U.S.?

It may be difficult to compare the damage caused by the atomic bombings with the damage caused by the violations of the laws of war by the Japanese military, which occurred over a vast area in the Pacific and neighboring countries, if one looks only at the damage from casualties. However, the

---

49 The Cairo Declaration stated that the Three Great Allies are fighting this war to restrain and punish the aggression of Japan.

50 See Matthias Ruffert, "Reprisals", in Max Planck Encyclopedias of International Law, last updated: January 2021, available at https://opil.ouplaw.com/display/10.1093/law:epil/9780199231690/law-9780199231690-e1771?rskey=TJiu2F&result=1&prd=MPIL, last visited on 3 May 2023.

radiation damage that has continued to occur in the postwar period is out of balance even as reprisal.

In terms of another requirement, namely that it was aimed at the cessation of prior illegal acts, the atomic bombings do not fulfill this requirement. This is because there is no record on the part of the United States that the aim was to stop Japan from committing illegal acts.[51]

In addition, consent is also considered a circumstance precluding wrongfulness. It is true that under Article 19 of the Treaty of Peace with Japan, Japan waived all claims against the United States. However, this agreement does not preclude a judgment on the legality of the atomic bombings. This is because it is an agreement on the handling of the claim, and does not also include a decision on the legality of the causal act on which the claim is based. Also, immediately after the atomic bombings, the Japanese government sent a diplomatic memorandum claiming the illegality of the atomic bombings under international law to the U.S. government.

Furthermore, the justification by "extreme circumstances of self-defense" suggested by the ICJ might be considered. However, given the war situation at the time, the U.S. forces had the advantage, and there were no "extreme circumstances of self-defense" that would justify the atomic bombings.

Conclusion

In short, in 1945, i.e., at the time of the atomic bombings of Hiroshima and Nagasaki, the laws of war (international laws of war) were to be applied equally to the two belligerents, Japan and the United States. At the time the principle of distinction and the principle of prohibition of unnecessary suffering were established as customary international law. In light of these principles, it is legally possible to determine the legality of the individual acts of dropping the atomic bombs on Hiroshima and Nagasaki. The atomic bombings of Hiroshima and Nagasaki, based on the indiscriminate effects of the bombs, violated the distinction principle, and based on the radiation

---

51 FUJITA, *supra* note 37, pp.52-62.

damage that continued to occur after the war, violated the prohibition of "unnecessary suffering".

It is not possible to justify the atomic bombings as a military necessity, such as the early end of the war or the saving of large numbers of lives. Such justification undermines the raison d'être of the laws of war. It is also impossible to justify the atomic bombings as acts of reprisals for the violation of the laws of war by the Japanese military, as they do not meet the requirement of reprisal.

Therefore, the atomic bombings of Hiroshima and Nagasaki were illegal under customary international law in 1945.

1945年当時の慣習国際法から見た
広島・長崎への原爆投下の違法性について

山田寿則

法学修士, 明治大学兼任講師
公益財団法人政治経済研究所主任研究員

はじめに

本稿は、「1945年当時の慣習国際法から見た広島・長崎への原爆投下は違法であったか？」という問いに答えることを目的とする。

それに際して、1963年に日本の東京地方裁判所が下したいわゆる下田判決を手がかりとする[1]。同判決は、日本の国内判決に過ぎない。しかし、国内判決であっても、国際法上は「法則決定の補助手段」として位置付けられている[2]。また、下田判決はその後の国際司法裁判所の判断、すなわち1996年の核兵器勧告的意見を含む国際法の発展の中に「積極的に位置づけられる」ものであり、「それを促進する役割」を果たしたと評される[3]。

とりわけ、この下田判決で示された、広島・長崎に対する原爆投下違法性を導いた適用法、つまり、軍事目標に関する区別原則と不必要な苦痛の禁止原則は、国際司法裁判所も核兵器による威嚇または核兵器の使用の適法性を判断する際の適用法としている[4]。

本稿では、まず、いくつかの前提問題を検討し、次に、前述の2つの原則に照らして、米国による日本の広島・長崎への原爆投下行為（以下、本件とよぶ場合がある）の適法性を検討し、加えて、違法性阻却事由について検討したのちに、結論を述べる。

---

1 「損害賠償請求併合訴訟事件」昭和38年12月7日東京地方裁判所判決『下級裁判所民事裁判例集』14巻12号2435頁参照。本判決の英訳は、The Japanese Annual of International Law、No.8、1964、p.212。

2 岩沢雄司、『国際法』東京大学出版会、2020年、71頁参照。

3 松井芳郎、「国内裁判所と国際法の発展—原爆判決からICJ意見へ—」、同『国際社会における法の支配を目指して』、信山社、2021年、56頁参照。

4 See Legality of the Threat or Use of Nuclear Weapons, Advisory Opinion, I.C.J. Reports 1996, pp.257-260, 261, paras. 78-87, 90.

1. 前提事項の検討

　まず、第一に「時際法」の問題である。法学一般と同じように、国際法においても法の不遡及の原則が存在する。[5]

　したがって、1945年当時の出来事の適法性は、当時の実定法に照らして判断しなければならず、本稿のテーマにそって言えば、明らかにすべき慣習国際法とは、広島・長崎への原爆投下当時の慣習国際法である。

　第2に、慣習国際法とは、1920年常設国際司法裁判所規程によれば「法として認められた一般慣行の証拠としての国際慣習」とされ、これは1945年に成立したICJ規程でも引き継がれており、この条文は改正されることなく今日でも適用されている。したがって、1945年当時の慣習国際法の定義は、今日と同一ものであるといえる。学説上の通説に従えば、慣習国際法の成立要件は、一般慣行と法的確信とされる。[6]

　なお、本稿は、本件への適用法として慣習国際法を検討することから、条約規定であるいわゆる「総加入条項」(general participation clause or clausula si omnes) については検討を省略する。

　第3に、日本による「侵略戦争」について、日米間に戦争法規は平等に適用されるかという問題がある。

　これは、国際連盟規約や不戦条約を通じて戦争の違法化が進み、武力行使の禁止が確立しつつあった当時において、特に問題となる。戦争ないしは武力行使の禁止が確立した法体系の下においては、理論上、敵対行為は侵略国とその犠牲国との関係に存在するのであって、「不法から法は生じない」(ex injuria jus non oritur) との立場にたてば、侵略国に犠牲国と同等の権利義務を認める従来の戦争法はその妥当基盤を失うからである。

　このような戦争法の差別適用論は学説上主張された[7]。しかし、当時の国家実行においては見られないし、当時の支配的学説でも、戦争法規の平等適用は支持されていた[8]。また、太平洋戦争においては、日米ともに、戦争法規の平等適用を認めていた。

5　See Markus Kotzur, "Intertemporal Law", in *Max Planck Encyclopedia of Public International Law* [MPEPIL], last updated in April 2008, available at https://opil.ouplaw.com/display/10.1093/law:epil/9780199231690/law-9780199231690-e1433?rskey=vqjNCF&result=2&prd=MPIL, last visited on 21 March 2023.

6　国連国際法委員会が2018年に採択し、同年国連総会が採択した決議73/203の添付文書となった「慣習国際法の同定に関する結論」結論2参照。

7　例えば、International Law Association, "The Effect of the Briand-Kellogg Pact of Paris in International Law", *Report of the 38th Conference Held in at Budapest in the Hungarian Academy of Science, September 6th to 10th, 1934*(1935) 参照。

8　Oppenheim, *International Law*, vol. 2, 5th ed., 1935, pp.181-182, and Oppenheim, *International Law*, vol. 2,

例えば、米国は開戦当初日本に対して、日本が批准していない1929年ジュネーブ捕虜条約の相互主義による適用を(赤十字国際法委員会を通じて)要請し、日本も必要な変更を加えて(mutatis mutandis)準用する旨回答した[9]。なお、戦後の1949年のジュネーブ諸条約や1977年の２つの追加議定書でも、武力紛争における平等適用は維持されている。

　第4に、当時「新兵器」であった核兵器(原子爆弾)に適用される法規は存在せず、合法であるとの主張が存在する。実際、下田事件では、このことが争点となった[10]。

　当時、核兵器は新発明の兵器であるから、これを対象とした個別の禁止規則が事前に存在しないのは当然である。しかし、そもそも法とは、その成立後に生じる特定範疇に属する様々な行為、事象一般を規制対象とする。戦争法もまた、戦時における敵対行為という範疇に属する害敵方法一般を規律対象とする。後述するように、「害敵方法」として航空機からの爆弾を投下する行為は、核兵器の発明以前から国家実行として存在し、これを規律する原則ないし規則は存在している。この原則ないし規則に照らして、原爆投下行為の適法性を検討することは十分可能である。

　実際、下田判決では、「禁止」とは、「既存の国際法規(慣習国際法と条約)の解釈及び類推適用からして当然禁止されているとみられる場合を含む」とし、さらに、新兵器の禁止は「国際法の諸原則」に照らして評価される、と判示した[11]。また、その後のICJ核兵器勧告的意見では、核兵器への国際人道法(IHL)の原則の適用を認めている[12]。

　他方、「害敵手段」としての核兵器を特定的に禁止する個別規則は、当時は存在しない。しかし、後述するように害敵手段(兵器)を規制する「不必要な苦痛の禁止」は原則として確立している。この原則に照らして、広島・長崎に投下された原子爆弾を評価することは可能である。実際、下田判決は、後述するように不必要な苦痛の禁止に基づき、すでに禁止されている毒・毒ガス兵器との類推から、原爆投下が不必要な苦痛をもたらすと判示した。これは、兵器がもたらす苦痛の「必要／不必要」に関する基準として、毒・毒ガスを参照したものと理解できる。

　　6th ed., 1940, p. 174-175.

9　藤田久一、「戦争法から人道法へ戦間期日本の実行」、国際法学会編、『日本と国際法の百年』第10巻(三省堂、2001年)所収参照。このほか、米国自身も、日本の「侵略」と戦うことを明らかにしていたが(例、カイロ宣言)、日本との関係では戦争法規の適用を認めた(例、阿波丸事件)。日本も、対米戦争を「自衛戦争」と位置付けていたが(「米國及英國ニ對スル宣戰ノ詔書」)、1929年ジュネーブ捕虜条約を「準用」する(apply mutanis mutandis)との回答にみられるように、戦争法の適用は認めていた。戦後の東京裁判の実行も、「通例の戦争犯罪」については平等適用を前提としたものと考えられる。

10　下田判決「理由」(三)参照。

11　同上。

12　See *Legality of the Threat or Use of Nuclear Weapons, Advisory Opinion, I.C.J. Reports 1996* (hereinafter as *ICJ Reports 1996*), pp. 257-260, 261, paras. 78-87, 90. また、ショーは、核兵器への国際人道法の一般的適用は疑いがないとする(Malcom N. Shaw, *International Law*, 5th ed., 2003, p.1066)。

　このような原則を個別の行為に適用することを認める見解に対しては、原則と規則を区別する立場[13]から反論があるかもしれない。すなわち、法主体の具体的行動を規律しうるのは規則であって、原則は規則の背後にあって規則の存在根拠を示すものであり、法主体の具体的行動を規律しない、とする立場である。この立場からすれば、原則は直接的には米国による具体的行動（原爆投下）を規律しないか、少なくとも適用に際しての具体的要件を欠いているから、適切に適用できないことになる。しかし、PCJIやICJは個別の規則が不在の場合に、その背後にある法原則を援用して、個別の事例につき判断を下してきている[14]。また、原則と規則に関する前記の説明が、国際法のすべての分野に妥当するわけではない[15]。特に、戦争法ないしは国際人道法においては、古くからいわゆるマルテンス条項が存在してきている[16]。同条項に従えば、関係諸条約という具体的な規則が存在しなくとも、武力紛争当事者は「確立された慣習、人道の諸原則及び公共の良心に由来する国際法の諸原則に基づく保護並びにこのような国際法の諸原則の支配の下に置かれる」のである。1945年当時、このマルテンス条項を含む1907年ハーグ陸戦条約は、慣習国際法と考えられていたことにも留意しなければならない[17]。ICJは、1996年の核兵器勧告的意見において、このマルテンス条項を「急速な軍事技術の発展に対処する効果的手段」(an effective means of addressing the rapid evolution of military technology)であって、「既存の慣習法」(the pre-existing customary law)であるとしている[18]。したがって、戦争法ないしはIHLにおいては、原則に照らして個別の敵対行為の適法性を判断することは可能である。

　このように、マルテンス条項は、特定兵器を明示的に禁止する特定的な規則が存在しない場合であっても、戦争法ないしは国際人道法の原則が当該兵器を規律することを確保するよう機能する。なお、2017年核兵器禁止条約では、マルテン条項を踏まえて

13　例えば、小寺彰、『パラダイム国際法』、有斐閣、2004年、29頁。Gerald Fitzmaurice, "The General Principles of International Law," *Recueil des cours*, 1957-II, pp.7-9。

14　小寺、前掲書、31-38頁参照。

15　Rüdiger Wolfrum, "General International Law (Principles, Rules, and Standards)", in *Max Planck Encyclopedia of Public International Law*, last updated:December 2010, available at https://opil.ouplaw.com/display/10.1093/law:epil/9780199231690/law-9780199231690-e1408#law-9780199231690-e1408-div1-5, last visited on March 25, 2023.

16　Jochen von Bernstorff, "Martens Clause", in *Max Planck Encyclopedia of Public International Law*, last updated:December 2009, available at https://opil.ouplaw.com/display/10.1093/law:epil/9780199231690/law-9780199231690-e327?prd=OPIL#law-9780199231690-e327-div1-4, last visited on April 19, 2023.

17　松井芳郎、「国内裁判所と国際法の発展—原爆判決からICJ意見へ—」、同『国際社会における法の支配を目指して』、信山社、2021年、49-51頁; Yoshiro Matsui, "The Historical Significance of the Shimoda Case Judgment, in View of the Evolution of International Humanitarian Law", available at https://www.hankaku-j.org/data/jalana/150428/004.pdf, last visited on April 19, 2023.

18　*ICJ Reports 1996*, pp. 257, 259, paras. 78, 84.

「核兵器のいかなる使用も人道の諸原則及び公共の良心の命令に反することを再確認し」(前文11項)たうえで、「核兵器の全面的な廃絶の要請に示された人道の諸原則の推進における公共の良心の役割を強調し、また、このために国際連合、国際赤十字・赤新月運動、その他の国際機関及び地域的機関、非政府機関、宗教指導者、議員、学術研究者並びにヒバクシャが行っている努力を認識し」ている (前文24項)。前文24項で強調されている公共の良心の役割は、前文11項と合わせて読む場合、核兵器の全面的な廃絶の要請を核兵器禁止規範に転換する機能を果たすものといえる。

　以上で前提事項の検討を終えて、次に、1945年当時において、前述した慣習国際法における2つの原則につき検討する。

2. 適用法の検討

1) 目標区別原則

　当時、空襲を規律する個別の条約法規や慣習法規は存在したかが問題となる。今日でも疑義が提起されている[19]。確かに、戦後のニュルンベルグ裁判や東京裁判において、無差別爆撃を根拠に訴追・処罰された例がないが、これは、罪刑法定主義の観点からすれば、明確な個別の禁止規則が曖昧である状況においては、当然とも言える。だが、これは、空襲を規律する戦争法の原則及び規則が存在しないことを意味してはいない。実際、下田判決は、当時存在した原則及び規則に照らして判断している。それは、無防守都市に関する軍事目標主義であり、無差別爆撃の禁止であった[20]。

　そもそも、害敵方法の規制については、19世紀から条約形成が進んできた。代表的なものが、1907年のハーグ陸戦規則、海戦条約(1907年の第9ハーグ条約)及びハーグ空戦規則案である。これらでは、防守都市への無差別攻撃が許容され、無防守都市における軍事目標への攻撃が許されている。なお、防守都市においてもなお攻撃が禁じられる目標があることに注意が必要である(ハーグ陸戦規則27条参照)。つまり、防守都市であれ無防守都市であれ、攻撃目標を識別しない無差別攻撃は禁止されていたのである。

19　例えば、Javier Guisández Gómez, "The Law of Air Warfare", in *International Review of the Red Cross*, no. 323, 1998, p.347–363 参照.

20　判決理由（五）～（一〇）参照。

　なお、ハーグ陸戦規則は、1945年当時においては慣習法化していたとみなされていた[21]。

　問題となるのは、まず、これらの規則が空戦に適用されるかであり、次に、適用されるとしても空襲が一般化した当時の国家実行を通じて、これら規則は変化したのではないかという問題である。

　第1に、空戦への適用である。下田判決では、ハーグ空戦規則を重視したが、現在でも当時における同規則の慣習法化には疑義が存在する[22]。しかし、陸戦規則が、前述したように、防守都市であれ無防守都市であれ、無差別攻撃を禁止しており、そもそもその規制対象である戦闘手段を限定していない（例えば、規則25条では「いかなる手段によるも」とある）点に照らせば、空戦規則によらずとも、当時の規則が空襲を規律対象としたことは肯定できよう。また、日米もまた、空戦への国際法の適用は認めていた[23]。なお、陸戦規則は陸軍の軍隊に適用されるものだが（陸戦条約1条）、広島・長崎に原爆を投下した米国の第509混成部隊は米国陸軍に属していた。

　第2に、目標区域爆撃や絨毯爆撃という実行（戦略爆撃）が一般化した現状の評価である。下田判決は、目標区域爆撃の合法性を示唆する[24]。だが、当時の状況を検討するとそれらの適法性ついては疑義が残る。しかし、いずれにせよ、軍事目標と民間人の目標の区別は原則として維持されており、また無差別爆撃それ自体は非難されており、違法と考えられていた[25]。

　このような当時存在していたと考えられる、軍事目標に関する区別原則及び無差別爆撃の禁止という規則に照らすならば、広島・長崎への原爆投下は、これに違反するものと言える。

　当時の広島市・長崎市には確かに軍事基地や軍需工場は存在していたが市域のごく一部であった。原爆投下による被害は、当該施設やその周辺地域にとどまらず、都市全体と言って良い範囲に及んでいるからである。また、被害者も、戦闘員にとどまらない。死傷者の多くは民間人であった。

21　総加入条項を理由としてハーグ陸戦条約の不適用問題について、ニュルンベルク国際軍事裁判所書は、同条約規定の慣習法性を認めた。東京裁判でも同様の立場が取られている。See Philippe Gautier, "General Participation Clause (Clausula si omnes)", para. 5, last updated: April 2006, in *Max Planck Encyclopedias of International Law*.

22　例えば、L. C. Green, "Aerial considerations in the law of armed conflict", in *Essays on the Modern Law of War*, 2nd ed., 1999, Transnational Publishers, Inc., p.580 参照.

23　藤田久一は、米国と日本が相互に抗議声明を出すことで、逆に、空爆に関する国際法の適用を認めていたことを指摘する（藤田久一「東京大空襲訴訟についての意見書　東京大空襲に適用される国際法」（甲C第34号証）Ⅲ4(3)参照）。

24　判決理由、二、（一〇）。

25　藤田、意見書（前掲註23）、Ⅲ3参照。

このような被害の結果から見れば、この原爆投下は、無差別爆撃に該当し、かつ区別原則に反するものであったことは明らかである。

2) 不必要な苦痛の禁止

下田事件判決は、「害敵手段」を禁止する原則として、不必要な苦痛の禁止を挙げた[26]。今日では、「不必要な苦痛の禁止」は害敵手段のみならず害敵方法を禁止する原則ないし規則と理解されている[27]。

不必要な苦痛の禁止原則は、1945年当時確立していた。ICJはこの禁止を「ごく初期の」(at a very early stage) ものからとしているし、実際、この禁止に基づき個別の兵器を禁止する条約が古くから存在している[28]。

この禁止原則を本件に適用する場合の解釈上の論点は以下の3点である。第1に、個別の禁止条約が不在であるにもかかわらず、この原則のみによって兵器（害敵手段）の禁止を導くことは可能か、第2に、「必要／不必要」を区別する基準は何か、第3に、この禁止原則によって戦闘員だけでなく民間人が保護されるか、である。

第1については、前述したが、個別に禁止規則が必要であるとする主張や国家実行がある[29]。また、ICJ意見も兵器それ自体の使用の違法性は、個別に禁止されることで形成されてきた歴史に言及している[30]。さらに、個別禁止規則がなくとも兵器の禁止がなされるなら、個別の禁止条約は存在意義を失うとも考えられる[31]。

しかし、実際には、この一般原則から禁止を導く主張と国家実行も存在する[32]。例えば、下田事件は類推から禁止を導いている。[33] また、ICJもこの原則を含む諸原則に照ら

26　判決理由、二、（一一）。

27　*ICJ Reports 1996*, p. 257, para. 78; ICRC's Customary IHL Database, rule 70, available at https://ihl-databases.icrc.org/en/customary-ihl/v1/rule70, last visited on 3 May 2023.

28　*ICJ Reports 1996*, *ibid.* なおこれに関して文言上の差異があることについて、黒﨑将広ほか『防衛実務国際法』弘文堂、2021年、390-391頁参照。

29　例えば、米国等の軍事マニュアルや核兵器勧告的意見でのフランスとロシア連邦の主張では、各国が条約によって兵器を禁止することを選択した場合にのみ、この規則によって兵器を禁止できるとする。しかし、同意見では、他のほとんどの国はそのような要件を表明せず、規則自体に基づいて核兵器の影響の合法性を評価した。See J-M Henckaerts and L. Doswald-Beck, (eds.), *Customary International Humanitarian Law*, Cambridge University Press, 2005, pp.242-243.

30　*ICJ Reports 1996*, p.247, para. 52.

31　これとの関連で、核兵器禁止条約 (TPNW)は、核兵器の禁止と廃絶に関する法的ギャップの存在を主張する諸国が推進した条約であることが想起される。

32　Henckaerts and Doswald-Beck, supra note 29, pp.242-243.

33　判決理由、二、（一一）参照。

して一般的違法を導いた[34]。そもそも、個々の禁止条約は、一定の範疇に該当する兵器をすべて、カテゴリカルに禁止することを趣旨とする。これに対して、本件の検討対象は、核兵器のカテゴリカルな禁止ないし違法性の確認ではなく、広島・長崎への原爆投下という個別の使用例を検討対象とする。少なくともIHLでは、前述したように、一般原則に照らして個別の敵対行為の適法性を判断することは可能とされてきた。また、IHLにおけるマルテンス条項の存在からも、明確な禁止規則の不在であっても、人道法の基本原則を援用することは支持される。加えて、戦争犯罪という個人の刑事責任を問う場合には、罪刑法定主義の考慮から、厳格に定義された法規の存在が必要とされ、安易な類推は禁止されるが、本件は、かかる事例ではない。

第2に「不必要な苦痛の禁止」に係る必要性の基準の査定問題である。

この問題につき、下田判決では、既存の禁止規定（例、毒ガス議定書）からの類推を行った。すなわち、広島・長崎での原爆は毒ガスに比べて「不必要な苦痛」を与えたかを検討し、その結果、広島・長崎への原爆投下は、同原則に違反するとした。この判断は、毒・毒ガス・細菌のもたらす効果・被害を「不必要な苦痛」の査定基準としたと言える。

なお、原爆を毒ガスと同じカテゴリーに含める解釈[35]も存在するが、第2次大戦直後から、核兵器は、生物兵器や化学兵器と同じ、大量破壊兵器と分類されてはいるが、それぞれ異なるカテゴリーの兵器として認識されている[36]。現在では、生物兵器、化学兵器および核兵器については、それぞれ別個の禁止条約が成立している。だがこの点は、前述したように、核兵器というカテゴリーの問題であって、個別の原爆の問題ではない。

これに関連して、サンクトペテルブルグ宣言に依拠して、不必要な苦痛とは「戦闘外」（hors de combat）におかれた戦闘員に対してさらに苦痛を与えることとする解釈が存在する[37]。これによれば、広島・長崎への原爆投下は、特にその放射線の効果（特に癌や白血病などの晩発性の効果）に照らして、「戦闘外」におかれた戦闘員に対する苦痛を（特に戦後においてもなお）増大させるものであると主張される。

34　*ICJ Reports 1996*, p.262, para. 95.

35　核兵器勧告的意見では、ウィーラマントリ判事（*ibid.*, p.435）やコロマ判事（*ibid.*, p.580）が毒ガスの禁止規則が核兵器にも適用されるとした。

36　例えば、国連総会の第1号決議では、核兵器（原子兵器）はその他の大量破壊兵器とは区別して言及されている。General Assembly Resolution 1(I), ESTABLISHMENT OF A COMMISSION TO DEAL WITH THE PROBLEM RAISED BY THE DISCOVERY OF ATOMIC ENERGY, 24 January 1946, available at https://undocs.org/en/A/RES/1(I), last visied on 30 March 2023 参照。

37　例えば、藤田久一、『核に立ち向かう国際法』、法律文化社、2011年、29-31頁参照。

　これに対して、軍事的必要性（military necessity）と人への予期される苦痛のバランスを基準とする説があり、現在ではこれが多くの国の立場だとされる[38]。ICJ意見もまた、この見解を示している[39]。下田事件判決も、「軍事上適切な効果」について言及している[40]。この説に従えば、広島・長崎への原爆投下によって達成される軍事目的と投下の結果生じた被害との均衡を考慮することとなり、前者が後者より大きければ、後者の苦痛は不必要な苦痛ではないことになる。

　原爆投下による影響、特に戦後に続く放射線の影響は、原爆投下によって達成された軍事的利益と均衡するものかが検討されることになる。広島・長崎には、前述したように、軍隊が駐留し、軍需工場も存在した。この破壊によって得られる軍事的利益は確かに存在するが、これら諸施設の破壊は、原爆投下によらずとも、当時の米軍には可能な行為であった（各地での空襲を想起せよ）。この破壊による得られる軍事的利益に比して、広島14万、長崎7万人の死者は格段に多いものと言わざるを得ない。まして、戦後に発生し続ける放射線被害は明らかに前者の軍事的利益を超えている[41]。

　ただし、原爆投下により終戦が早まったとか、戦争が継続していた場合に失われたはずの人命が救われたのだという言説が存在する。この戦争早期終結・人命救助を軍事的利益に含めるかどうかについては、この問題は、違法性阻却事由の項で詳述する。

　第3に、この「不必要な苦痛」の禁止原則は、戦闘員だけでなく民間人もまた保護するのだろうか？下田事件判決では、「多数の市民の生命」等に言及ており、この原則が民間人も保護していることを示唆している。しかし、この原則は一般に戦闘員を保護するものと理解されている。この点で、下田事件判決は、「不必要な苦痛」の禁止原則を「誤解」したのかもしれない。しかし、1996年の核兵器勧告的意見の際にも、この原則は民間人をも対象とするとの見解は存在している。この原則の保護する対象が、現在では民間人にも及ぶかどうかは慎重に検討すべき課題である。もっとも、広島・長崎への原爆投下の事例に関しては、前述したように無差別爆撃に該当し、すでに違法であることに注意しておきたい。

38　J-M Henckaerts and L. Doswald-Beck, (eds.), *Customary International Humanitarian Law*, Cambridge University Press, 2005, p.240 参照.

39　*ICJ Reports 1996*, paras. 77, 78.

40　判決理由、二、（一一）参照。

41　この点に関しては、例えば、日本外務省の委託研究「核兵器使用の多方面における影響に関する調査研究」を参照 (https://www.mofa.go.jp/mofaj/dns/ac_d/page23_000872.html)。

3) 予告(予防措置) について

戦闘方法・手段の規制において、当時の戦争法上、予告(予防措置)を必要とする規則が確立していたかは、不明である。確かに、陸戦規則26条や海軍砲撃条約6条は事前通告を義務付けるが、空戦法規には、かかる規定はない。学説の多数説では、空戦では戦略爆撃については事前通告は不要とされた(戦術爆撃、つまり防守都市を占領する企図での補助的な爆撃では、必要とされた)。また、陸戦規則26条でも「強襲を除く」(except in cases of assault)とされ、海軍砲撃条約でも「軍事上必要上已を得ざる場合を除く」(If the military situation permits)とされ、事前通告義務の例外が認められている。仮にかかる通告義務が米軍に適用される場合だとしても、広島・長崎への原爆投下において、米軍による予告はなされていない。ポツダム宣言が事前通告にあたるという主張があるが、同宣言では「迅速且完全なる壊滅」(prompt and utter destruction)とのみ言及し、原子爆弾には触れていない。

米軍による模擬爆弾(パンプキン)の投下は行われているが、これは予告を目的とはしていない。

3. 違法性阻却事由の検討

広島・長崎への原爆投下は、軍事目標に関する区別原則に照らせば、「無差別爆撃」に該当し、違法であり、不必要な苦痛の禁止の原則に照らせば、やはり、戦後においても不必要な苦痛を戦闘員および民間人に対してもたらすものであるから、違法である。

しかし、ここで違法性阻却事由を検討する必要がある。特に、「軍事的必要」(military necessity)による正当化と復仇(戦時復仇)による正当化である。

1) 軍事的必要

まず、「軍事的必要」とは、「戦争そのものに勝利する必要性」を意味しない。そのような意味での「軍事的必要」は、ドイツ的ないわゆる「戦数論」(Kriegsraison)42と同じ

42　これは、19世紀から第2次世界大戦までの間にドイツにとって主張された理論である。See, e. g., Carl Lueder, "Krieg und Kriegsrecht im Allgemeinen," in Faranz von Holtzendroff (Hrsg.), *Handbuch des Voelkerrechts*, Bd IV, 1889, S. 254-257; Jesse Reeves, " The Neutralisation of Belgium and the Doctorin

であって、戦争法の妥当する根拠を掘り崩すものとして、多くの論者によって否定されてきた[43]。また、戦後の戦争裁判でも否認されている[44]。

　ただし、戦争法規の中には、「軍事的必要」に言及するものがある。例えば、慣習法化しているとされるハーグ陸戦規則の第23条(g)であり、同条では、「戦争の必要上」やむをえない場合を除いて、敵の財産を破壊し又は押収することを禁止している。この場合、ここに規定する範囲で、破壊行為が許容される。ただし、同陸戦規則第25条では、無防守都市に対する攻撃は禁止されており、ここでは「軍事的必要」による例外はない。このように、「軍事的必要性」は、正当な軍事目的を達成するために実際に必要な措置であって、戦争法規で禁止されていないものを認めるものである。そして、唯一正当な軍事目的とは、「敵国の軍隊の弱体化」である[45]。加えて、ここでもマルテンス条項の制約に服することには注意しておきたい[46]。

　しかし、主に米国では、広島・長崎への原爆投下は戦争の早期終結をもたらしたものであり、また、戦争の継続によって失われるべき米兵（および日本人）の生命を救ったのだという言説が流布している。この言説は、法的には、戦争の早期終結および戦争継続で失われるべき人命の救助は「軍事的必要」に該当し、それ故に（本来）違法である原爆投下が正当化されるという主張を示唆している。この問題を検討する必要がある。

　第1に、事実問題として、原爆投下が戦争終結をもたらしたかどうかである。実際、日本がポツダム宣言を受諾した際の終戦の詔書では、原爆に言及している[47]。しかし、歴史研究からは、日本の同宣言受諾の要因は、原爆投下が唯一の決定的要因ではない[48]。

---

of Kriegsraison", in *Michigan Law Review*, Vol. 13, 1914, pp.180-182.

43　藤田、前掲書（註37）、52-62頁。

44　ニュルンベルグ米軍事裁判の「人質事件」では、軍事的必要性が占領者による無辜の民間人たる住民の殺害を許すものではないことを判示した。*United States Military Tribunal (Nuremberg), Case No. 47; Hostages Trial; Trial of Wilhelm List and Others; 8th Jul., 1947-19th Feb., 1948; The Judgment of the Tribunal; No (ix) The Plea of Military Necessity,* in The United Nations War Crimes Commission, *Law Reports of Trials of War Criminals,* Vol. 8 (1949), p.66.

45　サンクトペテルブルク宣言前文及び "Military necessity" in HAW LAW PTOTECT IN WAR? (ICRC Case book) , available at https://casebook.icrc.org/a_to_z/glossary/military-necessity, last visited on April 1, 2023.

46　ICRC's Commentary to API, Article 35, para. 1406.

47　「大東亞戦争終結ノ詔書」では、「敵ハ新ニ残虐ナル爆彈ヲ使用シテ頻ニ無辜ヲ殺傷シ惨害ノ及フ」とある。See Imperial Rescript, August 14, 1945, available at https://worldjpn.net/documents/texts/docs/19450814.O1E.html, last visited on 3 May 2023.

48　ロッターは、2発の原爆投下に加えて、ソ連参戦が決定的要因だとする（アンドリュー・J・ロッター、『原爆の世界史』、ミネルヴァ書房、2022年、254-257頁; Andrew. J. Rotter, *Hiroshima: The World's Bomb*, Oxford University Press, 2008, pp.217-220）。ウィルソンは、原爆投下こそが日本降伏の理由であるとの説を否定する（ウォード・ウィルソン、『核兵器をめぐる5つの神話』、法律文化社、2016年、25-57頁。藤田久一は、原爆投下による早期終戦に疑義を提起する（藤田、前掲書（註37）、52-62頁）。

第2に、仮に、原爆投下により日本が敗戦を受け入れた、つまり、米国が勝利したとした場合はどうだろう。そもそも戦争は交戦国がそれぞれ勝利を目指して行うものであることは当然である。だが戦争法は、その勝利という目的達成のためにあらゆる手段・方法を許容しているわけではない。そこに「戦争の惨禍をできる限り軽減する」(サンクト・ペテルブルク宣言前文) ために一定の制約を課した。戦争法の違反が戦争の勝利という目的によって正当化されるなら、前述した戦数論と同じことになる。戦争に勝つためには戦闘の方法・手段になんらの規制もないことと同じこととなり、戦争法の妥当基盤は失われてしまう。戦争勝利 (終戦) の必要性を戦争法規 (人道法) 違反の正当化事由とすることは失当である。

2) 復仇

次に、復仇による正当化を検討する。原爆投下を日本によるパール・パーバー攻撃や捕虜・民間人等に対する虐待行為への報復として正当化する言説があるからである。例えば、カイロ宣言では、日本の侵略への制止・処罰に言及している[49]。なお、パールハーバー攻撃(開戦手続の瑕疵) などを根拠に日本の「侵略」が論じられうるが、この場合、jus ad bellum上の違法に対抗するのは、原爆投下ではなく、米国による対日戦争そのものであり、これは「自衛」によって正当化されるものである。 パールハーバーをもって原爆投下を正当化するのは、jus ad bellumとjus in belloを混同するものである。

復仇 (戦時復仇) は、古くから国際法の実効性を確保する制度として確立している。復仇は、相手の違法行為に対して、これを中止させる目的を持って行われる本来違法な行為であるから、厳格な要件が必要である[50]。

特に重要な要件は、均衡性である。日本軍による対米戦争における戦争法違反への復仇として原爆投下は正当化できるだろうか？

太平洋と周辺諸国を舞台とする広大な範囲で生じた日本軍による戦争法違反行為と原爆投下でもたらされた被害とを比較することは、死傷者からのみ見た場合は、困難かもしれない。しかし、戦後に発生し続けている放射線被害は、復仇としても均衡を失していると言える。

---

49 カイロ宣言では、「三大同盟国は日本国の侵略を制止し且之を罰する為今次の戦争を為しつつあるものなり」とする (The Three Great Allies are fighting this war to restrain and punish the aggression of Japan)。

50 Matthias Ruffert, "Reprisals", in *Max Planck Encyclopedias of International Law*, last updated:January 2021, available at https://opil.ouplaw.com/display/10.1093/law:epil/9780199231690/law-9780199231690-e1771?rskey=TJiu2F&result=1&prd=MPIL, last visited on 3 May 2023.

　また、別の要件、つまり先行する違法行為の中止を目的としているという点からすれば、原爆投下は、この要件を満たしていない。米国側に、日本の違法行為の中止を目的としたという記録はないからである[51]。

　なお、このほかに、違法性阻却事由として同意が検討される。確かに、対日平和条約第19条において、日本は対米請求権を放棄している。しかしこれは請求権の処理に関する合意であって、請求権の基点となった原因行為の適法性についての判断をも含んでいるわけではない。また、原爆投下直後には、日本政府は国際法に照らして原爆投下の違法性を主張する抗議文を送付している。

　さらに、ICJが示唆した「自衛の極端な状況」による正当化も検討すべきかもしれないが、当時の戦局からすれば、明らかに米軍が有利なのであって、原爆投下を正当化する「自衛の極端な状況」は存在していない。

おわりに

　要するに、1945年、すなわち広島·長崎への原爆投下の時点においては、交戦当事国である日本と米国との間では戦争法（戦時国際法）は平等に適用されるべきものとされていた。その戦争法の中でも、軍事目標に関する区別原則と不必要な苦痛の禁止原則は、慣習国際法として確立していた。これら原則に照らして、広島·長崎への原爆投下という個別の行為の適法性を判断することは法的に可能であり、これらの原則に照らせば、広島·長崎への原爆投下は、その原爆の無差別的効果に基づけば、区別原則に違反するし、戦後において継続的に生じる放射線被害に基づき「不必要な苦痛」の禁止に反するものである。なお、これについては、戦争の早期終結や大量の人命救助を軍事的必要性として正当することは、戦争法の存在意義を否定するものであって、認めることはできない。また、日本軍による戦争法違反に対する復仇行為として正当化することは、復仇要件を満たしておらず認めることはできない。

　したがって、1945年当時の慣習国際法から見た広島·長崎への原爆投下は違法であった。

51　藤田、前掲書（註37）、52-62頁。

1945년 당시 관습국제법으로 본
히로시마·나가사키 원폭 투하의 불법성 토론문

다니엘 리티커
국제반핵법률가협회 공동회장, 로잔대학교 교수

시작하며

'1945년 당시 관습국제법으로 본 히로시마·나가사키 핵무기 투하의 불법성'에 관한 야마다 토시노리 선생의 탁월하고 충실하게 검토된 발표문에 대한 토론에 참여하게 되어 매우 영광스럽고 기쁘다. 나는 이 지점에서 미리 야마다 토시노리 선생의 주된 결론에 동의한다고 말할 수 있다. 그의 결론은 히로시마·나가사키 핵무기 투하가 1945년 8월 당시 확립되어 있던 관습국제법에 따라 불법이라는 것이다. 나는 또한 도쿄지법의 1963년 시모다 판결이 히로시마·나가사키 핵무기 투하의 불법성 논의의 진지한 출발점이 된다는 그의 의견에 동의한다. 또한 이번 논의를 위해 국제사법재판소ICJ 규정 38조 1항 b의 관습법 정의1를 이용할 수 있다고 생각한다. 이 조항은 상설국제사법재판소PCIJ 규정의 표현을 계승한 것이다.

나는 본 토론문에서 야마다 토시노리 선생의 몇 가지 논거에 대해 짧게 토론하고 추가로 몇 가지 내 의견을 밝히겠다.

---

1 "법으로 인정된 일반 관행의 증거로서의 국제관습(international custom, as evidence of a general practice accepted as law)".

1. 1945년 당시 핵무기 사용을 명시적으로 금지하는 관습 규칙의 부재

아주 이른 시기에 특정 무기의 사용이 특정 조약으로 제한되거나 금지되었는데, 이 특정 조약은 기존 관습법을 성문화한 것이거나 유사한 관습 규칙을 촉발시켰다. 1925년의 제네바 의정서[2]가 그러한 예다. 1945년 8월 당시에 핵무기 분야에서 그런 규칙이 존재했는가 하는 질문이 제기될 수 있다. 이 질문에 대한 답은 확실히 존재하지 않았다는 것이다. 핵무기는 1940년대 초 '맨해튼 프로젝트' 하에서 개념화되고, 제조되고, 시험되었으며, 첫 폭발은 1945년 7월 16일 뉴멕시코의 앨라모고도에서 행해졌다. 결과적으로 1945년 8월 히로시마와 나가사키 핵폭탄 투하 때까지는 법적 확신을 보여주는 국가 관행으로 핵무기 사용을 금지하는 새로운 관습 규칙이 수립되기에는 시간이 충분하지 않았다.

더욱이 그 당시에는 1949년 제네바 협약 제1 추가의정서의 39조(신무기)와 비견될 수 있는 규칙이 존재하지 않았다. 이 제39조는 다음과 같다. "신무기, 전투 수단 또는 방법의 연구·개발·획득 및 채택에 있어서 체약 당사국은 동 무기 및 전투 수단의 사용이 본 의정서 및 체약 당사국에게 적용 가능한 국제법의 다른 규칙에 의하여 금지되는지의 여부를 결정할 의무가 있다." 덧붙여 제네바 협약의 공통 조항 제1조와 유사한 규칙 또한 1945년 당시에는 존재하지 않았다. 이 조항은 체약국에 "**모든 경우에서 본 협약을 존중하고 본 협약의 존중을 보장할**" 의무를 부과한다.

그리고 거의 80년이 지난 오늘날에도 핵무기 사용을 금지하는 관습 규칙이 존재한다고 분명하게 주장할 수 있는 것도 아니다. 일단 핵무기금지조약TPNW이 압도적인 국가의 비준을 받았다면 그러한 규칙의 존재를 입증하기가 더 쉬울 것이다.

1945년 8월 당시 핵무기를 금지하는 명시적인 관습 규칙이 부재하다고 해서 이것이 히로시마와 나가사키 원폭 투하로 야기된 인도적 재앙을 제재하는 법 ─ 특히 국제인도법IHL에서 유래하는 ─ 이 존재하지 않았다는 것을 의미할까? 다른 말로 하면 우리는 금지되지 않은 것은 어떤 것이든 허용된다는 **로터스 원칙**[3]을 당연한 논리로 받아들여야

---

2 질식성, 독성 또는 기타 가스 및 세균학적 전쟁 수단의 전시 사용을 금지하는 제네바 의정서.
3 로터스 사건(프랑스 대 튀르키예), 상설국제사법재판소 판결 모음 시리즈 A No. 10, 1927년 9월 7일 : "국제법은 독립국가 간의 관계를 규율한다. 그러므로 국가들을 구속하는 법 규칙은 조약(conventions)에 표명된 국가 자신

할까? 시모다 판결은 로터스 원칙을 그 자체로 다음과 같이 재확인하였다.

> "물론 신무기의 사용은 국제법이 그것을 금지하지 않는 한 합법임은 당연하다."[4]

그리고 여전히 1996년의 핵무기 위협 또는 사용의 적법성에 관한 권고적 의견에서 국제사법재판소의 다수의 판사는 이 사안에 대해 법이 명확하지 않다는 의견이었으며, 다음과 같이 판결하였다.

> "핵무기의 위협 또는 사용을 명시적으로 승인한 관습국제법도 조약국제법도 존재하지 않는다; 핵무기의 위협 또는 사용 그 자체를 포괄적이고 보편적으로 금지하는 관습국제법도 조약국제법도 존재하지 않는다."[5]

그러나 국제인도법의 특정 분야에서 무력충돌 때 전투원과 민간인의 고통을 제한하기 위해서 국가들과 법 전문가들은 논리가 달라져야 하며, 특정한 형태의 무기를 금지하는 명시적인 규칙이 없다고 하더라도 이것이 이들 무기의 사용이 반드시 합법임을 의미하지는 않는다는 것을 예전부터 — 지금도 여전히 — 알고 있었다.

2. '마르텐스 조항' 관련성

국제법의 보다 넓은 원칙이 특정한 규칙의 기초를 이루며, 신무기의 사용이 이러한 기초가 되는 국제법 원칙들을 위반하면 그 신무기는 어떤 특정한 규칙이 존재하지 않아도 국제법을 위반하는 것이 된다.[6] 시모다 판결은 이를 다음과 같이 재확인했다.

들의 자유의지로부터 나온다. 또한 국가들을 구속하는 법 규칙은 법의 원칙을 표명하는 것으로 일반적으로 받아들여지고 공존하는 독립국가 간의 관계를 규율하기 위해서나 공동의 목표를 달성하기 위해서 수립된 관례(usages)에 의해 표명된 국가 자신들의 자유의지로부터 나온다. 따라서 국가들의 독립에 대한 제한은 상정될 수 없다."

4 시모다 판결문(영어본), 『일본 국제법 연보(J.A.I.L.)』, 1964, p.235.
5 ICJ 핵무기에 관한 권고적 의견의 실행 조항 2A 및 2B
6 리처드 포크, 「시모다 소송 : 히로시마와 나가사키 원폭 투하에 대한 법적 평가」, 『일본 국제법 연보(J.A.I.L.)』 59권, 1965, pp.759-793, 771.

"우리는 어떤 무기가 단지 신무기라는 이유만으로 적법하다고 여길 수 없으며, 신무기가 실정 국제법의 검토를 받아야 하는 것은 당연하다."[7]

이것은 '마르텐스 조항'의 관련성을 완전히 입증해 주는 경우다. 야마다 토시노리 선생은 핵무기의 맥락 속에서 이 마르텐스 조항의 관련성을 훌륭하게 설명하고 있다. 이 조항은 사실 '육전의 법과 관습에 관한 1907년 헤이그 협약 Ⅳ' 전문에서 처음으로 기술되었는데, 기존의 관습국제법을 성문화한 것이다. 따라서 이 조항은 1945년 8월의 원폭 투하와 직접 관련된다. 마르텐스 조항의 표현은 다음과 같다.

"보다 완비된 전쟁법에 관한 법전이 제정되기까지는 체약국은 그들이 채택한 규칙에 포함되지 아니한 경우에 주민 및 교전자가 문명국 간에 수립된 관례, 인도의 법칙 및 공공 양심의 명령으로부터 유래하는 국제법 원칙의 보호 및 지배하에 있음을 선언하는 것이 타당하다고 생각한다."

히로시마와 나가사키 원폭 투하 시나리오가 이 마르텐스 조항의 추론과 완벽하게 들어맞는다는 것은 분명하다. 히로시마와 나가사키에 투하된 두 발의 폭탄이 가져온 극단적인 물적 손실과 인간적 고통은 국제적십자위원회ICRC의 마르셀 주노드 박사가 쓴 기사(아래 발췌)에서 적절히 묘사되었다.[8] 그는 8월 6일 원폭 투하 뒤 히로시마에 맨 처음 도착한 외국인 의사였다.

"12시에 우리는 히로시마 상공을 비행했다. 우리는 전에 봤던 것과도 전혀 다른 현장을 목격했다. 도심은 손바닥처럼 평평하고 부드러운, 일종의 하얀 천 조각으로 보였다. 아무것도 남아 있지 않았다. 주택의 최소한의 흔적조차도 보이지 않았다. (…)

몇 초 뒤 도심의 거리와 정원에서 수천 명의 사람들이 강렬한 열파에 덮쳐져 파리처럼 죽었다. (…) 모든 개인 집, 창고 등은 마치 초자연적 힘에 의해 일소된 것처럼 사라졌다. 전차는 마치 무게가 없는 것처럼 들어올려져 몇 야드나 내던져졌다. 기차는 철로를 벗어났다. (…)"

---

7 『일본 국제법 연보(J.A.I.L.)』, 1964, p.236.
8 히로시마의 재앙 : 한 의사의 보고, ICRC의 마르셀 주노드 박사의 기사에서 발췌. 그는 1945년 8월 6일 원자폭탄 투하 뒤 히로시마에 외국인 의사로는 맨 처음 도착하여 일부 피해자들을 치료했다(The Hiroshima disaster - a doctor's account-ICRC).

마르텐스 조항은 특히 "인도법과 공공 양심의 명령"을 언급함으로써 명시적인 규정의 부재로 인해 초래된 규범적인 틈gap을 채우는 만큼 본 토론에 유의미하다는 것이 나의 견해다.[9] ICJ는 1996년 권고적 의견에서 "마르텐스 조항이 군사기술의 급속한 발전에 대처하는 효과적인 수단임이 입증되었다"[10]고 보았다.

3. 국제인도법의 일반 원칙

야마다 토시노리 선생은 당시 핵무기의 사용을 금지하거나 인정하는 관습국제법상의 명시적인 규칙이 없는 상태에서 마르텐스 조항에 더하여, 국제인도법의 일반 원칙에 의지해야 한다고 아주 설득력 있는 방식으로 설명한다. 이런 국제인도법의 원칙이 오늘날에는 핵무기금지조약 전문에 언급되어 있음을 지적하는 것이 또한 적절하다.

1) 구별의 원칙

무엇보다 먼저 야마다 토시노리 선생은 구별의 원칙을 언급한다. 이 구별의 원칙에 따르면 국가는 민간인들을 공격의 목표로 삼아서는 결코 안 되며, 따라서 민간 목표와 군사 목표를 구별할 수 없는 무기를 사용해서는 결코 안 된다.[11] 이 원칙은 1907년 헤이그 육전 규정[12] 제25조의 기초를 이루며, 1945년 당시 사실상 관습법으로 여겨졌다.[13] **시모다** 판결은 이 구별의 원칙에 기반하고 있는바, "방어되지 않는 도시에 대한 원폭 투하 행위는 맹목적인 공중폭격과 동일한 관점에서 바라보아야 하며, 당시 국제법을 위반하는 적대 행위다"[14]라고 판시했다.

---

9 다른 말로 하면 마르텐스 조항은 무력충돌과 관련된 국제법의 실정 규범과 자연법 사이의 연결을 제공한다(『마르텐스 조항과 무력충돌법』, IRRC, no. 317).

10 ICJ 권고적 의견 1996, 78항.

11 ICJ 권고적 의견 1996, 78항.

12 1907년 헤이그 협약(IV) 부속 육전 규정.

13 시모다 판결은 공중폭격이 육상에서 행해지기 때문에 육전을 규율하는 규칙이 유추적으로 적용될 수 있다는 것을 고려하여 1907년 헤이그 협약(IV)이 히로시마와 나가사키의 원폭 투하에도 적용할 수 있다고 판결했다(p.238).

14 『일본 국제법 연보(J.A.I.L.)』, 1964, p.239.

더욱이 1996년 ICJ의 권고적 의견에 따르면 "핵무기의 파괴력은 시간적으로나 공간적으로 억제될 수 없다."[15]

좀 더 명시적인 규칙은 구별의 원칙, 가령 오로지 의료 목적에서 배속된 의료 단위는 모든 상황에서 존중되고 보호되어야 한다는 규칙에서 유래한다. 이 규칙은 1907년 헤이그 육전 규정 27조에 있는 "병원과 상병자의 수용소"의 보호로 거슬러 올라가며, 따라서 히로시마와 나가사키의 원폭 투하에 적용할 수 있었다.[16] 앞에서 언급한 국제적 십자위원회의 마르셀 주노드 의사가 쓴 기사에 비추어 보면 히로시마와 나가사키 원폭 투하에 대한 이런 규칙(적용)의 타당성은 분명해진다.

> "이 응급 병원은 반파된 학교 안에 차려져 있다. 지붕에는 수많은 구멍이 나 있다. 이날 비가 쏟아지고 있었고 환자의 방 안으로 물이 뚝뚝 떨어졌다. 움직일 힘이 있는 사람들은 비바람이 들이치지 않는 귀퉁이에 몰려 있었고 그렇지 않은 사람들은 일종의 다다미 위에 누워 있었다. 이들은 죽어가고 있었다. (…)
>
> 의료는 초보적인 것들이고, 드레싱은 거친 천으로 되어 있다. 몇 개의 약병이 선반에 놓여 있다. 상해를 입은 사람들은 종종 상처 부위가 그대로 드러나 있고 수천 마리의 파리 떼가 상처에 달라붙어 있거나 주위를 윙윙거리며 날아다닌다. 모든 것이 믿을 수 없을 만큼 불결하다. 각각의 환자들은 여러 차례의 출혈을 동반한 방사선의 지연 효과delayed effects of radioactivity로 고통을 겪고 있다. 환자들은 일정한 간격을 두고 소량의 수혈이 필요하다. 그러나 헌혈자도 없고 혈액형의 수혈 적합성을 판단할 의사도 없다. 결과적으로 아무런 치료도 없다. (…)
>
> 한 일본인 의사가 나에게 천 명의 환자가 히로시마에 원폭이 투하된 재앙의 날에 들어왔다고 말했다. 이 가운데 600명이 거의 들어오자마자 죽었으며 병원 바로 인근 어딘가에 묻혔다. 현재 단지 200명만이 살아남아 있다. 검사를 시행할 장비도 없고 헌혈자도 죽거나 사라졌기 때문에 수혈도 못 한다. (…)"

마지막으로 주노드 박사는 원폭 투하가 히로시마의 의료기업(병원)에 끼친 영향에 주목했다. 300명의 의사 중 270명이 죽거나 부상당했다. 1,780명의 간호사 중 1,654명이

---

15 ICJ 권고적 의견 1996, 35항.
16 오늘날 그것은 제네바 협약 제1추가의정서 제12조는 물론이고 제1차 제네바 협약 19조 및 제4차 제네바 협약 18조에 의해 적용된다.

주제 3 토론문 _ 다니엘 리타커 | 487

죽거나 부상당했다.[17]

달리 말해 핵무기로 도시 전체를 공격하는 것은 그 무차별적인 영향이 잘 알려져 있는 것처럼 도시의 의료 단위에 대한 공격이 용인된다는 것을 의미하며, 이는 앞서 언급한 국제인도법 규칙에 반한다. 이 점에 관해 핵무기금지조약의 협상과 채택(2017.7.)을 이끈 "인도적 구상Humanitarian Initiative"이 핵무기의 파괴력 및 핵폭발 희생자 지원 불능의 새로운 증거를 제공했다는 것 또한 언급해 둘 만하다.[18]

2) 과도한 상해나 불필요한 고통을 가하는 것을 금지하는 원칙

더욱이 야마다 토시노리 선생은 핵무기 맥락에서 적의 전투원에 대해 과도한 상해나 불필요한 고통을 가하는 것을 금지한 원칙의 관련성을 매우 적절하게 강조한다. 이 원칙은 오늘날 제네바 협약 제1 추가의정서 35조 2항에 성문화되어 있다. 그러나 이미 1868년 채택된 상트페테르부르크 선언은 불필요한 고통을 야기하는 성질의 무기, 투사물, 물질의 사용을 금지하는 관습 규칙을 확인했다. 1907년 헤이그 육전 규정은 실제로 "불필요한 고통을 야기하도록 고안된 무기, 투사물, 물질"의 사용을 금지한다(23조 e항).

ICJ가 1996년에 판결한 것처럼 핵무기는 그 자체의 성질상, 막대한 양의 열과 에너지는 물론이고 장기간에 걸쳐 강력한 방사선을 방출한다. 더욱이 "이것들은 지구의 모든 문명과 생태계 전체를 파괴할 잠재력을 갖고 있다. 핵 폭발에 의해 방출된 방사선은 건강, 농업, 자연자원, 인구 변동 등 매우 광범한 영역에 걸쳐 영향을 끼친다. 나아가 핵무기의 사용은 미래 세대에 심각한 위험이 된다. 전리방사선은 장래의 환경, 식량과 해양생태계를 손상시키고 미래 세대에 유전적 결함과 질병을 야기할 잠재성을 갖고 있다. (…)"[19]

결과적으로 히로시마와 나가사키 원폭 투하는 과도한 상해 또는 불필요한 고통을 금지하는 원칙을 명백히 위반하였다. 이는 또한 시모다 판결의 시각view이기도 하다. 시모다 판결은 특히 1925년 제네바 의정서에 기술된 질식성 및 독성, 기타 가스의 전시

---

17 "히로시마의 재앙 : 한 의사의 보고"에서 인용.
18 특히 인도적 영향 회의(오슬로 나야릿과 빈에서 2013년과 2014년 각각 개최된 회의)에 제출된 새로운 연구 참조.
19 ICJ 권고적 의견 1996, 35항.

사용과의 비교에 근거하여 심리를 진행했는데, 이 의정서는 앞서 언급한 대로 사실상 관습법으로 여겨졌다. 도쿄지법은 다음과 같이 판결하였다.

> "원자폭탄이 가져다주는 고통은 독, 독가스 이상으로 극심하다고 말해도 과언이 아니다. 이런 잔학한 폭탄을 투하한 행위는 불필요한 고통을 주어서는 안 된다는 전쟁법의 기본 원칙을 위반한 것이라고 할 수 있다."[20]

3) 전투 수단의 방법 또는 수단을 선택할 권리가 무제한하지 않다는 원칙

야마다 토시노리 선생이 옳게 제시한 두 개의 원칙에 더해 나는 또한 분쟁 당사국이 전투의 방법 또는 수단을 선택할 권리가 무제한하지 않다는 원칙을 언급하고 싶다. 이 원칙은 아마도 가장 기본적이고 모든 것에 앞선 원칙이다. 이 원칙은 오늘날 제네바 협약 제1 추가의정서 35조 1항에 기술되어 있지만 오랜 역사를 갖고 있다. 그로티우스는 1625년에 출간된 그의 저작 『전쟁과 평화의 법*De jure belli ac pacis*』에서 *"temperamenta belli"*(moderation in conduct in war, 전쟁 행위의 절제 : 역주)의 필요성, 즉 사용될 수 있는 무기의 파괴력에 제한을 가할 필요성을 입증하였다.[21] 그 당시 유럽은 종종 '전면전'으로 여겨졌던 30년 전쟁의 공포 속에 빠져 있었다. 뒤에 이 원칙은 1907년 헤이그 육전 규정 22조에서 다음과 같이 기술되었다.

> "교전자가 해적 수단을 선택하는 권리는 무제한한 것이 아니다."

이 기본 규칙에 대해서는 예외가 없다. 그렇지 않다면 누구든지 자의적 행위 영역, 즉 법이 존재하지 않는 영역으로 의도하든 의도하지 않든 들어갈 것이다.[22] 물론 원칙의 실제 범위를 결정하는 것은 전혀 다른 문제다. 이 범위는 시대에 따라 달라질 수 있으며, 지배적인 관습과 조약에 달려 있다.

사실 많은 이론이 교전자의 전투 방법 또는 수단의 선택 권리가 무제한한 것은 아니

---

20 『일본 국제법 연보(J.A.I.L.)』, 1964, pp.241-242.
21 국제적십자위원회, 제네바 제1 추가의정서 35조에 대한 논평, 1383항.
22 국제적십자위원회, 위 자료 1385항.

라는 원칙의 타당성에 이의를 제기하는데, 특히 이른바 '전수이론Kriegsraison', '긴급피난 a state of necessity', 군사적 필요성, 복구reprisals의 권리가 그런 이론들에 해당한다. 야마다 토시노리 선생은, 앞서 논의되고 특히 마르텐스 조항에 의해 표명된 인도의 기본 원칙을 훼손하기 위해서 이런 이론들을 끌어들일 수 없는 이유를 아주 설득력 있게 논하고 있다.

전수이론에 대한 짧은 의견 : 이 이론은 "Kriegsraison geht vor Kriegsmanier"라는 격언에 의해 가장 잘 표명되는데, "전쟁의 필요성이 전쟁의 규칙에 우선한다"로 번역할 수 있다. 이 격언은 전장의 지휘관은 어떤 경우이건 당시 전쟁 상황의 요구에 따라서 전쟁 규칙을 존중할 것인지, 아니면 무시할 것인지를 자유롭게 결정할 수 있다는 것을 함의한다. 이렇게 족쇄 풀린 자유를 주면 분명히 법은 존재하지 않게 될 것이다.23 바로 이런 이유로 이 전수이론은 뉘른베르크 법정에서 비난받았다.24

'군사적 필요성' 이론은 이것이 문제의 규칙에 의해 명시적으로 허용되는 경우, 그리고 명시적으로 허용되는 경우에만 군 지휘관에게 얼마간의 판단의 자유를 준다.25 야마다 토시노리 선생은 적 재산의 파괴 또는 압류가 "전쟁의 필요성에 의해서 부득이하게 요구되는 경우가 아닌 한" 금지되는 1907년 헤이그 육전 규정의 23조 (g)를 지적한다. 그러나 이 개념은 언제나 계획된 작전의 성공을 보장하는 데 필수적인 조치에 한정된다. 더욱이 이 개념은 마르텐스 조항은 물론이고 잠재적으로 적용 가능한 국제법의 다른 규칙을 언제나 따라야 한다.26

마지막으로 "긴급피난a state of necessity"의 논거에 관하여, 진실은 ICJ가 1996년 핵무기에 관한 권고적 의견에서 "현재의 국제법 상태에 비추어, 또한 본 재판소가 파악할 수 있는 사실의 제 요소에 비추어 재판소는 핵무기의 위협 또는 사용이 **국가의 존립 자체가 위태로운** 자위의 극단적인 상황에서 합법인지 불법인지를 확정적으로 판결할 수 없다"27고 판시했다는 것이다. 그럼에도 불구하고 우리는 히로시마와 나가사키 원폭

23 국제적십자위원회 위 자료 1386항.
24 국제적십자위원회 위 자료.
25 국제적십자위원회 위 자료 1405항.
26 국제적십자위원회 위 자료 1406항.
27 ICJ 권고적 의견의 실행조항 E(필자 강조).

투하와 같은 구체적인 사실에 근거하지 않고 ICJ가 '추상적으로in abstracto' 판결하고 구체적인 시나리오, 즉 방어되지 않은 두 도시(히로시마와 나가사키)에 대한 맹목 폭격에 근거하지 않고 판결했다는 것을 명심할 필요가 있다. 다른 말로 하면 1996년 권고적 의견의 판결은 현재의 본 토론과는 직접적인 관련성이 없다. 다른 한편으로 핵무기금지조약의 전문에서는 핵무기의 "어떤" 사용도 무력충돌에 적용 가능한 국제법을 위반한다고 표명되고 있는바, 이를 상기하는 것은 흥미롭다.

4) 공격 시 예고의 원칙

야마다 토시노리 선생이 언급한 마지막 원칙은 공격 시 예고다. 그는 관습 규칙이 히로시마와 나가사키 원폭 투하 당시에 존재했었는지는 불확실하다고 여기고 있다. 나도 그의 의견에 동조하는 편이다. 이 규칙은 오늘날 제네바 제1 추가의정서 57조 1항에 성문화되어 있는데, 처음 보이는 것은 해군의 전시 포격에 관한 1907년 헤이그 협약(IX) 2조 3항에서다. 구체적인 상황을 감안한다면 이 헤이그 협약(IX)은 히로시마와 나가사키 원폭 투하에 적용되지 않는다. 그러나 육전의 법과 관습에 관한 1907년 헤이그 규정 26조에 의해 습격하는 경우를 제외하고는 포격을 시작하기 전에 "관계자에게 경고하기 위해 가능한 모든 수단을 다하여야 할" 공격 군대 지휘관의 의무는 존재했다. 야마다 토시노리 선생은 미국이 히로시마와 나가사키 원폭 투하를 시작하기 전에 그런 예고가 이뤄지지 않았다고 주장한다.

4. 1945년 8월 당시 핵무기 사용을 금지하는 국제법의 기타 영역, 특히 인권법은 어떻게 되어 있는가?

국제인도법이 핵무기 사용의 맥락에서 관련성이 있는 국제법의 유일한 부문은 아니다. ICJ는 또한 1996년 권고적 의견에서 개전법jus ad bellum, 환경법, 인권법을 언급했다. 이 모든 영역은 본 분석에서 좀 더 상세하게 검토될 가치가 있지만, 현실적인 이유로 나는 인권법에 관한 몇 가지 간단한 논평에 그친다.

생명권과 같은 기본권이 처음 국제법에 반영된 것은 1945년이었다.[28] 유엔 헌장은 1945년 6월 26일 샌프란시스코에서 채택됐으며 제2차 세계대전과 홀로코스트의 참화에 뒤이어, 그리고 대개는 이런 참화에 대응해서 1945년 10월 24일 발효되었다. 유엔 헌장 전문은 "기본적 인권과 인간의 존엄과 가치에 대한 신념을 재확인한다"[29]는 유엔 인민들의 결의를 알리고 있다. 1948년에는 세계인권선언이 채택되었으며, 3조에서 "모든 사람은 자기 생명을 지킬 권리, 자유를 누릴 권리, 그리고 자신의 안전을 지킬 권리가 있다"는 것을 확인하고 있다. 세계인권선언은 채택 당시에는 구속력이 없는 법적 문서였다. 그 선언의 많은 규정이 전부는 아니라고 하더라도 나중에 관습법이 되었다.[30]

ICJ는 1996년 권고적 의견에서 생명권—특히 시민적·정치적 권리에 관한 국제규약ICCPR 제6조에 담긴—은 전시라고 해서 적용이 중지되지 않는다고 판결했다.[31] 덧붙여 아주 최근에는 ICCPR을 이행하는 세계인권위원회가 생명권에 관한 일반논평 General Comment 제36호에서 핵무기와 관련해 다음과 같이 밝혔다.

"대량살상무기, 특히 핵무기는 그 효과가 무차별적이고 재앙적 규모로 인간 생명을 파괴하는 성질을 갖고 있어, 그 사용 위협 또는 사용은 **생명권의 존중과 양립될 수 없으며 국제법상 범죄에 해당할 수 있다.**"[32]

나는 다른 곳에서도 길게 설명한 바가 있는데, 핵무기의 어떤 사용도 의심할 바 없이 고문을 비롯한 비인간적이고 모멸적인 처우를 받지 않을 권리와 같은 다양한 인권들을, 강행규범을 포함해 광범위하게 침해한다.[33] ICJ의 위러맨트리 판사는 1996년 권고의견에 대한 납득할 수 있는 반대 투표를 하면서 인권과 존엄에 고무되어 다음과 같이 말했다.

---

28 스튜어트 케시-매슬렌, 『국제법상의 생명권 해설서』, 케임브리지대학 출판부, 2021, p.9.
29 전문 두 번째 문단.
30 케시-매슬렌, pp.9-10.
31 ICJ 권고적 의견 1996, 25항.
32 출처는 UN Doc. CCPR/C/GC/36(유엔 문서 기호). CCPR은 Covenant on Civil and Political Rights의 약사. 이 문서는 세계인권위원회의 124차 회기(2018년 8월 8일에서 11월 2일까지) 때 채택됨(필자 강조).
33 다니엘 리티커, 『군비통제의 인간화, 핵무기 없는 세계의 길을 닦는다』, Routledge, 2018.

"(…) 어떤 무기가 백만 명에서 십억 명의 사람들을 죽일 수 있는 잠재력을 갖고 있다면, WHO가 국제사법재판소에 말한 것처럼, 인간 생명은 어떤 문명에서나 받아들여지고 있는 인간 존엄과는 완전히 상반되는 하찮은 존재로 전락하고 만다. 어느 국가에 의한 그런 고의적인 행동은 어떤 상황에서도 그 국가가 세계 평화가 달려 있는 기본적인 인간 존엄을 존중한다고 인정한 것, 그리고 유엔의 모든 회원국의 입장에서 당연하게 받아들이는 기본적인 인간 존엄의 존중과 양립할 수 없다. (…)"

그러나 야마다 토시노리 선생이 적절히 상기시키고 있듯이, 불소급 원칙은 존중되어야 한다. 결과적으로 히로시마와 나가사키 핵무기 투하는 당시 적용 가능한 국제법에 비추어 평가되어야 한다. 앞에서 말한 대로 인권은 주로 제2차 세계대전과 홀로코스트의 잔학 행위에 대한 대응으로서, 1948년 세계인권선언의 채택은 인권이 새로운 단계로 발전하는 출발점이었다. 결과적으로 1945년 8월에는 히로시마와 나가사키 원폭 투하가 그 자체로 불법이라고 할 수 있는 현대적 의미의 생명권이 존재했다고 말할 수는 없다.

또한 이것은 1945년 당시에는 아직 사람이 행위 능력(법적 지위)을 갖는 국제법의 독립적인 주체로 여겨지지 않았다는 사실 때문이기도 하다. 이 점은 1963년의 *시모다* 판결이 히로시마와 나가사키 원폭 투하의 희생자들이 이런 불법적 행위로 인해 야기된 국제법 위반의 결과로서 국가배상을 청구할 자격을 갖는가 하는 문제의 맥락에서 다룬 바 있었다.

"개인은 구체적으로 조약에 의해 승인되지 않는 한 국제법의 권리 주체가 아니라고 이해하는 것이 타당하다."[34]

일반적인 결론

결론적으로 1945년 당시 히로시마와 나가사키에 대한 핵무기 사용을 금지하는 어떤 명시적인 법도 존재하지 않았다고 거듭 말할 수 있다. 그럼에도 야마다 토시노리 선생이 잘 설명하고 있듯이, 마르텐스 조항과 국제인도법의 일반 원칙—관련 조약에서

---

34 『일본 국제법 연보(J.A.I.L.)』, 1964, p.245.

유래하지만 사실상 관습법인—은 원폭 투하에 적용될 수 있으며, 결과적으로 원폭 투하는 당시 국제법상 불법이었다. 시모다 판결은 1963년에 언도되었지만, 의미가 큰 판례로 우리의 결론을 확인해 준다.

한편 인권법은 판결에 영향을 미치는 시기에 충분히 발전되지 못해 (1945년 당시 핵무기 투하의 불법성 여부를 결정하는 데 : 역주) 관련된 요소가 되지 못했다. 마지막으로, 국제법의 다른 규칙들 — 특히 개전법이나 환경법에서 유래하는 — 이 1945년 당시에 핵무기 사용을 제한 또는 금지했는지 여부는 추가적인 숙고와 연구를 할 가치가 있다.

The Illegality of the Atomic Bombings of Hiroshima and Nagasaki from the Perspective of Customary International Law at the Time of 1945
— A Discussion of Toshinori Yamada's paper —

Daniel Rietiker

Co-President of International Association of
Lawyers against Nuclear Arms (IALANA),
Professor of Lausanne University

Introductory Remarks

I am very honoured and happy to be invited to react to Toshinori Yamada's excellent and well reflected paper on the "Illegality of the Atomic Bombings of Hiroshima and Nagasaki from the Perspective of Customary International Law at the Time of 1945". I can already say at this point that I am sharing his main conclusion according to which the bombing of these two Japanese towns in August 1945 has been illegal under international customary law at it was established at that moment. I also agree that *the Shimoda Judgment* of the Tokyo District Court in 1963 serves as a serious starting point for the discussion. And I also think that, for the present discussion, we can use the definition of customary law in the sense of the ICJ Statute (Article 38 § 1 b) 1, that took over the wording of the Statute of the Permanent Court of International Justice.

In the present paper, I am briefly reacting to some of Toshinori's arguments and elaborating some additional thoughts.

---

1 "International Custom, as evidence of a general practice accepted as law."

I. Absence of a Customary Rule Specifically Prohibiting the Use of Nuclear Weapons in 1945

Very early, the use of specific weapons has been limited and prohibited by specific treaties, which either codified existing customary law or triggered a parallel customary rule. The 1925 Geneva Protocol[2] is such an example. The question can be raised whether in August 1945 such a rule existed in the field of nuclear weapons? The answer is clearly negative. Nuclear weapons have been conceptualized, manufactured and tested during the early 1940s under the "Manhattan Project" and the first explosion of such a bomb occurred in Alomogordo (New Mexico) on 16 July 1945. As a result, there was not enough time for the establishment of a new customary rule prohibiting their use by state practice expressing an *opinio juris* in this sense until the nuclear attacks on Hiroshima and Nagasaki occurred in August 1945.

Moreover, there was, at that moment, no rule in place that could be compared to Article 36 of Additional Protocol I to the 1949 Geneva Conventions, according to which, "in the study, development, acquisition or adoption of a new weapon, means or method of warfare, a High Contracting Party is under an obligation to determine whether its employment would, in some or all circumstances, be prohibited by this Protocol or by any other rule of international law applicable to the High Contracting Parties." In addition, an analogous rule to Common Article 1 to the Geneva Conventions, imposing on the States Parties the duty *"to respect and to ensure respect for the present Convention in all circumstances"*, did not exist neither in 1945.

And even today, almost 80 years later, it is far from evident to claim the existence of a customary rule prohibiting the use of nuclear weapons. Once the Treaty on the Prohibition of Nuclear Weapons (TPNW) having received an overwhelming number of ratifications, such a rule might be easier to prove.

In the absence of a specific customary rule prohibiting nuclear weapons in August 1945, does this mean that there was no law in place, in particular

---

2   Geneva Protocol for the Prohibition of the Use in War of Asphyxiating, Poisonous or Other Gases, and of Bacteriological Methods of Warfare.

deriving from international humanitarian law (IHL), sanctioning the humanitarian disaster caused by the bombing of Hiroshima and Nagasaki? In other words, are we in the logic of the Lotus principle, according to which everything that is not forbidden is allowed?[3] The *Shimoda* judgment actually reaffirmed this principle as such in the following terms:

> "Of course, it is right that the use of a new weapon is legal, as long as international law does not prohibit it."[4]

And still in 1996, in the Advisory Opinion on *the Legality of the Threat or Use Of Nuclear Weapons*, the majority of the Judges of the ICJ were of the opinion that the law is not clear on this issue, concluding that:

> "There is in neither customary nor conventional international law any specific authorization of the threat or use of nuclear weapons;
>
> There is in neither customary nor conventional international law any comprehensive and universal prohibition of the threat or use of nuclear weapons as such (…)"[5]

However, in the specific field of IHL, with the aim of limiting the suffering of combatants and the civil population in armed conflict, States and legal experts have been – and still are – aware that the logic must be another one and that, in the absence of a specific rule prohibiting a certain type of weapons, this does not mean that their use is necessarily legal.

---

3   *The Case of the S.S. "Lotus" (France v. Turkey)*, Collection of Judgments of the PCIJ, Series A No. 10, 7 September 1927: "International law governs relations between independent States. The rules of law binding upon States therefore emanate from their own free will as expressed in conventions or by usages generally accepted as expressing principles of law and established in order to regulate the relations between these co-existing independent communities or with a view to the achievement of common aims. *Restrictions upon the independence of States cannot therefore be presumed*" (p.18).

4   English version of the Judgment, see Japanese Annual of International Law (J.A.I.L.) for 1964, pp.212-252, at p.235.

5   Operative paragraph 2 A and B of the opinion.

2. The Relevance of the "Martens Clause"

Wider principles of international law underlie the specific rules and, if the use of a new weapon violates these principles, it violates international law without requiring any specific rule.[6] The *Shimoda* judgment reaffirmed this by considering that

> "we cannot regard a weapon as legal only because it is a new weapon and it is still right that a new weapon must be exposed to the examination of positive international law."[7]

That is where the "Martens Clause" demonstrates all its relevance. Toshinori explains well the relevance of this clause in the context of nuclear weapons. It was in fact enshrined for the first time in the preamble of the 1907 Hague Convention on the laws and customs of war on land (IV), which codified existing customary international law. It was therefore directly relevant for the bombings occurring in August 1945. Its wording is as follows:

> "Until a more complete code of the laws of war is issued, the High Contracting Parties think it right to declare that in cases not included in the Regulations adopted by them, populations and belligerents remain under the protection and empire of the principles of international law, as they result from the usages established between civilized nations, from the laws of humanity and the requirements of the public conscience."

It is obvious that the scenario of the bombing of the two Japanese towns fit perfectly into the logic of this clause. The extreme material loss and human suffering that caused the dropping of the two bombs on Hiroshima and Nagasaki can be adequately expressed by the following extracts from the

---

6 Richard A. Falk, The Shimoda Case: A Legal Appraisal of the Atomic Attacks upon Hiroshima and Nagasaki, AJIL, 1965, Vol. 59, pp.759-793, 771.

7 *J.A.I.L.*, 1964, p.236.

journal written by the ICRC's Doctor Marcel Junod, the first foreign doctor to reach Hiroshima after the atomic attack on 6 August:[8]

> "At twelve o'clock, we flew over Hiroshima. We... witnessed a site totally unlike anything we had ever seen before. The centre of the city was a sort of white patch, flattened and smooth like the palm of a hand. Nothing remained. The slightest trace of houses seemed to have disappeared. (...)
>
> In a few seconds ... thousands of human beings in the streets and gardens in the town centre, struck by a wave of intense heat, died like flies. (...) All private houses, warehouses, etc, disappeared as if swept away by a supernatural power. Trams were picked up and hurled yards away, as if they were weightless; trains were flung off the rails (...)."

It is my understanding that the Martens Clause, especially by referring to the "laws of humanity and the requirements of public conscience", is relevant for the present discussion insofar as it fills a normative gap caused by the absence of a specific regulation.[9] The ICJ in its 1996 Advisory Opinion considered that "it has proved to be an effective means of addressing the rapid evolution of military technology."[10]

3. General Principles of IHL

Toshinori explains in a very convincing manner that, in the absence of a specific rule under customary international law prohibiting or authorizing the use of nuclear weapons at that time, recourse must be made to general principles of IHL, in addition to the Martens Clause. It is also relevant to

---

8   The Hiroshima disaster — a doctor's account, Extracts from the journal written by the ICRC's Dr. Marcel Junod, the first foreign doctor to reach Hiroshima after the atom bomb attack on 6 August 1945, and to treat some of the victims: The Hiroshima disaster — a doctor's account — ICRC.

9   In other words, the Martens Clause provides a link between positive norms of international law relating to armed conflicts and natural law (Rupert Ticehurst, The Martens Clause and the Laws of Armed Conflict, IRRC, no. 317).

10   *ICJ Reports 1996*, § 78.

point out that these principles are today mentioned in the Preamble of the TPNW.

1) Principle of distinction

First of all, he refers to the principle of distinction, according to which States must never make civilians the object of attack and, therefore, never use weapons that are incapable of distinguishing between civilian military targets.[11] This principle is underlying in Article 25 of the 1907 Hague Regulations respecting the Laws and Customs of War on Land,[12] considered customary in nature in 1945.[13] The *Shimoda* judgment, based on this principle, held that "the act of atomic bombing and undefended city... should be regarded in the same light as a blind aerial bombardment; and it must be said to be a hostile act contrary to international law of the day."[14]

Moreover, according to the ICJ in 1996, "the destructive power of nuclear weapons cannot be contained in either space or time."[15]

More specific rules derive from the principle of distinction, for example the rule that medical units exclusively assigned to medical purposes must be respected and protected in all circumstances. This rule goes back to the protection of "hospitals and places where the sick and wounded are collected" in Article 27 of the Hague Regulations respecting the Laws and Customs of War on Land and was, therefore, applicable to the bombings of Hiroshima and Nagasaki.[16] In light of the above mentioned journal written by the ICRC doctor Marcel Junod, the relevance of this rule for these attacks becomes evident:

---

11 *ICJ Reports 1996*, § 78.

12 The Regulations are an Annex to the 1907 Hague Convention (IV).

13 The Shimoda judgement concluded that the 1907 Hague Convention (IV) was applicable to the bombings of Hiroshima and Nagasaki considering that the rules governing land warfare "analogically apply since the aerial bombardment is made on land." (p.238).

14 *J.A.I.L.*, 1964, p.239.

15 *ICJ Reports 1996*, § 35.

16 Today, it is also covered by Article 19 of the First Geneva Convention, Article 18 of the Fourth Geneva Convention as well as Article 12 of Additional Protocol No. 1.

This emergency hospital is in a half-demolished school. There are many holes in the roof. On that day, it was pouring with rain and water was dripping into the patients' rooms. Those who had the strength to move huddled in sheltered corners, while the others lay on some kind of pallets; these were the dying. (…)

The medical care is rudimentary; dressings are made of coarse cloth. A few jars of medicine are lying around on a shelf. The injured often have uncovered wounds and thousands of flies settle on them and buzz around. Everything is incredibly filthy. Several patients are suffering from the delayed effects of radioactivity with multiple haemorrhages. They need small blood transfusions at regular intervals; but there are no donors, no doctors to determine the compatibility of the blood groups; consequently, there is no treatment. (…)

One of the Japanese doctors told me that a thousand patients had been taken in on the day of the disaster: six hundred had died almost immediately and had been buried elsewhere, in the immediate vicinity of the hospital. At present, only two hundred remained. There were no blood transfusions because there was no equipment to carry out examinations and the donors had either died or disappeared. (…)

Finally, Dr. Junod noted the consequences of the bomb for Hiroshima's medical corp: out of 300 doctors, 270 died or were injured; out of 1,780 nurses, 1,654 perished or were injured.[17]

In other words, bombing entire towns with nuclear weapons, of which the indiscriminate effect is well known, means that attacks against medical units are accepted, which runs contrary to the above mentioned IHL rules. It is also noteworthy to mention, in this regard, that the "Humanitarian Initiative" that led to the negotiations and adoption of the TPNW in July 2017 brought upon new evidence for the destructive power of nuclear weapons and for the inability to assist victims of nuclear explosions.[18]

---

17 The Hiroshima disaster – a doctor's account, cited above.
18 See, among others, the new research presented at the Humanitarian Impact Conferences in Oslo, Nayarit and Vienna, held in 2013 and 2014.

2) Principle prohibiting to inflict superfluous injury or unnecessary suffering

Moreover, Toshinori stresses very pertinently the relevance for the context of nuclear weapons of the principle according to which it is forbidden to inflict on the enemy combatants superfluous injury or unnecessary suffering, a principle that is today codified in Article 35 § 2 of Additional Protocol No. 1. But already the "St. Petersburg Declaration" adopted in 1868, confirmed the customary rule according to which the use of arms, projectiles and material of a nature to cause unnecessary suffering is prohibited. The 1907 Hague Regulations respecting the Laws and Customs of War on Land actually prohibit the use of "arms, projectiles, or material calculated to cause unnecessary suffering" (Article 23 e).

As the ICJ held in 1996, a nuclear weapon, by its very nature, not only releases immense quantities of heat and energy, but also powerful and prolonged radiation. Moreover, "[t]hey have the potential to destroy all civilization and the entire ecosystem of the planet. The radiation released by a nuclear explosion would affect health, agriculture, natural resources and demography over a very wide area. Further, the use of nuclear weapons would be a serious danger to future generations. Ionizing radiation has the potential to damage the future environment, food and marine ecosystem, and to cause genetic defects and illness in future generations (...)."[19]

As a result, the nuclear attacks against Hiroshima and Nagasaki clearly ran against the prohibition of superfluous injury or unnecessary suffering. This was also the view of the *Shimoda* judgment, which based its considerations on a comparison with the use in war of asphyxiating, poisonous and other gases, enshrined in particular in the 1925 Geneva Protocol, considered customary in nature as mentioned above. The Tokyo District Court held as follows:

> "It is not too much to say that the pain brought by the atomic bombs is severer than that from poison and poison-gas, and we can say that the act of dropping such a cruel bomb is contrary to the fundamental

---

19 *ICJ Reports 1996*, § 35.

principle of the laws of war that unnecessary pain must not be given."[20]

3) Principle according to which the right to choose methods or means of warfare is not unlimited

In addition to the two principles rightly put forward by Toshinori, I would also refer to the principle that the right of the Parties to a conflict to choose methods or means of warfare is not unlimited, which is probably the most basic, overarching principle. It is today enshrined in Article 35 § 1 of Additional Protocol No. 1, but has a long history. Grotius in his work *"De iure belli ac pacis"*, published in 1625, demonstrated the necessity of *"temperamenta belli"*, i.e. of imposing limitations on the destructive power of weapons to be used.[21] At that time, Europe was plunged in the horrors of the Thirty Years' War, which had often been considered as "total war". Later, it was enshrined in Article 22 of the 1907 Hague Regulations respecting the Laws and Customs of War on Land:

> "The right of belligerents to adopt means of injuring the enemy is not unlimited."

There are no exceptions to this fundamental rule. Otherwise, one would enter the realm of arbitrary behavior, i.e. an area where law does not exist, whether this was intended or not.[22] Of course, it is quite another matter to determine the actual scope of the principle, which may differ with the times, depending on the prevalent customs and treaties.

In fact, a number of different theories seek to contest the validity of the principle according to which the right of the belligerents to choose of methods or means of warfare is not unlimited, in particular the so-called "Kriegsraison", a "state of necessity", military necessity, or the right to reprisals. Toshinori very convincingly argues why these theories cannot be

---

20 *J.A.I.L.*, 1964, pp.241-242.
21 Commentary of Article 35 of Additional Protocol No. 1, ICRC, Paragraph 1383.
22 *Ibidem.*, paragraph 1385.

invoked to derogate from the fundamental principles of humanity, expressed, in particular by the Martens Clause, as discussed above.

A brief thought on *"Kriegsraison"*: This theory is best expressed by the maxim *"Kriegsraison geht vor Kriegsmanier"*, which can be translated into "the necessities of war take precedence over the rules of war", implying that the commander on the battlefield can freely decide in every case whether the rules will be respected or ignored, depending on the demands of the military situation at the time. It is obvious that, by granting such an unfettered freedom, the law would cease to exist.[23] It is for this reason that the theory was condemned in Nuremberg.[24]

The theory of "military necessity" gives military commanders some freedom of judgment if, and only if, this is explicitly provided for by the rule in question.[25] Toshinori points out to Article 23 (g) of the 1907 Hague Regulations respecting the Laws and Customs of War on Land, which prohibits the destruction or seizure of enemy property, unless such destruction or seizure "be imperatively demanded by the necessities of war." But the concept is always limited to measures which are essential to ensure the success of the planned operation; moreover, it is always subject to other rules of international law potentially applicable, as well as to the Martens Clause.[26]

Finally, regarding the argument of a "state of necessity", it is true that the ICJ, in its 1996 Advisory Opinion, held that "in view of the current state of international law, and of the elements of fact at its disposal, the Court cannot conclude definitively whether the threat or use of nuclear weapons would be lawful or unlawful in an extreme circumstance of self-defence, *in which the very survival of a State would be at stake."*[27] We have nevertheless to keep in mind that, contrary to the Hiroshima and Nagasaki bombings, the ICJ had to rule *in abstracto* and not based on a concrete scenario, namely the blind attacks against two undefended towns. In other words, the conclusions

---

23 *Ibidem.*, paragraph 1386.
24 *Ibidem.*
25 *Ibidem.*, paragraph 1405.
26 *Ibidem.*, paragraph 1406.
27 Operative paragraph E of the opinion (emphasis added).

of the 1996 Advisory Opinion are not directly relevant for the present discussion. It is interesting to recall, on the other hand, that the preamble of the TPNW observes that "any" use of nuclear weapons would be contrary to international law applicable in armed conflict.

4) Principle imposing precaution in attack

A last principle that Toshinori briefly mentions is precaution in attack. He considers is unclear whether a customary rule existed at the time of the bombings of Hiroshima and Nagasaki. I tend to agree with him. The rule is today codified in Article 57 § 1 of Additional Protocol No. 1 and was first set out in Article 2 § 3 of the 1907 Hague Convention (IX) concerning Bombardment by Naval Forces in Time of War. Considering the concrete circumstances, that treaty did not apply to the Hiroshima and Nagasaki bombings. However, there existed, by virtue of Article 26 of the 1907 Hague Regulations respecting the Laws and Customs of War on Land, the duty of the officer in command of an attacking force, before commencing a bombardment, to "do all in his power to warn the authorities", except in cases of assault. Toshinori argues that such a warning has not been given before the United States commenced the attacks against the two Japanese towns.

4. Other Domains of International Law Prohibiting the Use of Nuclear Weapons in August 1945, in Particular Human Rights Law?

IHL is not the only branch of international law that is relevant in the context of the use of nuclear weapons. The ICJ, in its Advisory Opinion of 1996, also referred to *jus ad bellum*, environmental law and human rights law. All these domains would be worth being examined more in details in the present analysis, but for practical reasons, I limit myself to some brief remarks on human rights law.

It was in 1945 when fundamental rights, such as the right to life, were first reflected in international law.[28] The UN Charter was adopted in San Francisco on 26 June 1945 and entered into force on 24 October 1945, following, and predominantly, in response to the ravages of World War II and the Holocaust. Its preamble acknowledges the determination of the peoples of the UN "to reaffirm faith in fundamental human rights...(and) in the dignity and worth of the human person."[29] In 1948, the Universal Declaration of Human Rights (UDHR) was adopted, of which Article 3 affirms that "everyone has the right to life, liberty and security of person." At the moment of adoption, the UDHR was a non-binding instrument. Many of its provisions, if not all, became customary law only later.[30]

In its Advisory Opinion rendered in 1996, the ICJ held that the right to life, enshrined inter alia in Article 6 of the 1966 International Covenant on Civil and Political Rights (ICCPR), does not cease to exist in times of war.[31] In addition, quite recently, the Human Rights Committee, implementing the ICCPR, stated what follows in the context of nuclear weapons in its General Comment No. 36 on the Right to Life:

> "The threat or use of weapons of mass destruction, in particular nuclear weapons, which are indiscriminate in effect and are of a nature to cause destruction of human life on a catastrophic scale, *is incompatible with respect for the right to life* and may amount to a crime under international law."[32]

I have extensively explained elsewhere that any use of nuclear weapons would doubtlessly violate various human rights on a massive scale, including peremptory norms of international law, such as the right not to be subject to inhuman and degrading treatment, including torture.[33] Judge Weeramantry,

---

28 Stuart Casey-Maslen, *The Right to Life under International Law, An Interpretative Manual*, Cambridge University Press, 2021, p.9.
29 Second preambular paragraph.
30 Casey-Maslen, cited above, pp.9-10.
31 *ICJ Reports 1996*, § 25.
32 UN Doc. CCPR/C/GC/36, adopted by the Committee at its 124th session (8 October–2 November 2018); emphasis added.
33 Daniel Rietiker, *Humanization of Arms Control, Paving the Way for a World Free of Nuclear Weapons*, Routledge, 2018.

in his convincing dissenting vote on the 1996 Advisory Opinion, used language inspired by human rights and dignity :

> " (…) when a weapon has the potential to kill between one million and one billion people, as WHO has told the Court, human life becomes reduced to a level of worthlessness that totally belies human dignity, as understood in any culture. Such a deliberate action by a State is, in any circumstances whatsoever, incompatible with a recognition by it of that respect for basic human dignity on which would world peace depend, and respect for which is assumed on the part of all Member States of the United Nations (…)."

However, as Toshinori pertinently recalls, the principle of non-retroactivity must be respected. As a result, the bombing of Hiroshima and Nagasaki must be assessed in the light of the international law applicable at that time. As it has been said above, human rights are largely a reaction to the atrocities of World War II and the Holocaust, with the adoption of the UDHR in 1948 as a starting point of this new development. As a result, it cannot be said that, in August 1945, there existed a right to life in the modern sense, which would, as such, have rendered the bombings of the two Japanese towns illegal.

This is also due to the fact that, in 1945, the human being was not yet considered an own subject of international law possessing legal capacity, as has been recalled in the Shimoda case, delivered in 1968, in the context of the question whether the victims of the Hiroshima and Nagasaki bombings were entitled to seek compensation as a consequence of the violation of international law caused by these illegal acts:

> "It is proper to understand that individuals are not the subject of rights in international law, unless it is concretely recognized by treaties."[34]

---

34 *J.A.I.L.*, 1964, p.245.

General Conclusions

In terms of conclusions, it can be reiterated that no specific prohibition existed in 1945 that would have prohibited the use of nuclear weapons against the towns of Hiroshima and Nagasaki. As Toshinori eloquently explained, the Martens Clause and the general principles of IHL deriving from the relevant treaties, but customary in nature too, were nevertheless applicable to the bombings and, as a result, rendered them illegal under international law of that period. The *Shimoda* judgment, delivered in 1963, constitutes a significant precedent and confirms our conclusions.

Human rights law, on the other hand, was not developed enough at the material time in order to be a relevant factor. Finally, the question whether other rules of international law, deriving in particular from jus ad bellum or environmental law, limited or prohibited the use of nuclear weapons in 1945, would deserve further reflexion and research.

1945年当時の慣習国際法から見た広島・長崎への原爆投下の違法性

− 山田寿則氏の論考への討論 −

ダニエル・リエチカー

ローザンヌ大学教授
国際反核法律家協会(IALANA)共同会長

はじめに

このたびは、山田寿則氏の「1945年当時の慣習国際法法から見た広島・長崎への原爆投下の違法性」という優れた論考の議論に参加させていただき、大変光栄に思う。最初に、1945年8月の日本の2つの市への原爆投下は、その時点で確立されていた慣習国際法上違法であるという彼の主要な結論を共有している。また、1963年の東京地裁の下田判決が、この議論にとって重大な出発点であることにも同意する。そして、今回の議論では、常設国際司法裁判所規定の文言を引き継いだICJ規定（第38条第1項b）に基づく慣習法の定義[1]を用いることができるとも考えている。

本論文では、寿則さんの論考のいくつかの点について簡単に意見を述べ、いくつかの追加的な考えを述べたい。

I. 1945年当時、核兵器の使用を具体的に禁止する慣習的ルールは存在しなかった

非常に早い時期から、特定の兵器の使用は特定の条約によって制限され、禁止されてきた。この条約は既存の慣習法を成文化するか、並行する慣習ルールをもたらすものであった。1925年のジュネーブ議定書[2]はそのような例である。1945年8月、核兵器

1　法律として認められた一般的慣行の証拠としての国際慣習(international custom, as evidence of a general practice accepted as law).

2　「窒息性ガス、毒性ガス又はこれらに類するガス及び細菌学的手段の戦争における使用の禁止に関する議定書」

の分野でこのようなルールが存在したのかという疑問がわく。答えは、明らかにノーである。核兵器は、1940年代初頭の「マンハッタン計画」の下で構想、製造、実験され、1945年7月16日にアロモゴード（ニューメキシコ州）で最初の爆発実験が行われた。その結果、1945年8月に広島・長崎への核攻撃が起こるまで、「オプティノ・ジュリス」（法的確信）を表明する国家の実践によって、その使用を禁止する新しい慣習的ルールを確立するのに十分な時間がなかった。

さらに、1949年ジュネーブ条約第1追加議定書第39条によれば、「新しい兵器、戦争の手段若しくは、方法の研究、開発、取得又は採用に当たっては、その使用が、若干の場合又はすべての場合に、この議定書又は当該締約国に適用される国際法の他の規則によって、禁止されているかいないかを決定する義務を負う」とされているが、これに匹敵する規則は、その時点では存在しなかった。さらに、締約国に「すべての場合においてこの条約を尊重し、かつその尊重を保証する」義務を課すジュネーブ諸条約共通第1条に類似する規則は、1945年当時も存在しなかった。

そして、80年近くたった今でも、核兵器の使用を禁止する慣習的なルールの存在を主張することは、事実に程遠い。核兵器禁止条約（TPNW）が圧倒的な数の批准を得れば、そのようなルールの証明は容易になるのかもしれない。

1945年8月に核兵器を禁止する特定の慣習的ルールが存在しない場合、これは、特に国際人道法（IHL）に由来する、広島・長崎への原爆投下による人道的被害を制裁する法律は存在しなかったということを意味するだろうか？ つまり、「禁止されていないものはすべて許される」というロータス原理の論理に陥っているのだろうか[3]。下田判決は、実はこのような原理を次のような言葉で再確認している：

> 「もちろん、国際法が禁止していない限り、新兵器の使用は合法であることは正しい。」[4]

そして、やはり1996年、「核兵器の威嚇または使用の合法性に関する勧告的意見」において、ICJの裁判官の大多数は、この問題について法律は明確ではないという意見で、次のように結論付けている。

3　ロータス事件(フランス対テュルキエ)、常設国際司法裁判所の判決集シリーズ A No.10、1927年9月7日：「国際法は独立国家間の関係を規律する。従って、諸国は拘束する法規則は条約(conventions)に表明された国の自らの自由意思から生まれる。また、諸国を拘束する法規則は、法律の原則を表明するものであり、一般的に受け入れられ、共存する独立国家間の関係を規律するためか、共同の目標を果たすために樹立した慣例(usages)によって表明された国の自らの自由意思から出る。従って、諸国の独立に対する制限は想定できるはずがない。」
4　下田判決文(英語本)、『日本国際法の年報(J.A.I.L.)』、1964年、p.235。

「核兵器の威嚇や使用に関して具体的な許可を与えるものは、慣習法にも国際法にも存在しない：核兵器の威嚇や使用を包括的かつ普遍的に禁止するものも、慣習法にも国際法にもない（...）」[5]。

しかし、武力紛争における戦闘員および市民・住民の苦痛を制限することを目的とするIHLの特定の分野において、国家および法律の専門家は、論理は別のものであっても、ある種の兵器を禁止する特定の規則がない場合、その使用が必ずしも合法であることを意味するものではないことを認識してきたし、今もそうである。

2. 「マルテンス条項」の妥当性

具体的なルールの根底には国際法の広範な原則があり、新兵器の使用がこの原則に違反する場合、具体的なルールを必要としなくても国際法に違反する[6]。下田判決は、次のように考察して、このことを再確認している。

「新兵器だからといって、その兵器を合法とみなすことはできない。新兵器が実定国際法の審査にさらされなければならないのは、やはり正しいことだ」[7]。

そこで、「マルテンス条項」がすべての関連性を示している。核兵器の文脈におけるこの条項の妥当性について、寿則さんはよく説明している。マルテンス条項は、既存の慣習国際法を成文化した「陸戦の法規慣例に関するハーグ条約（IV）」（1907年）の前文で初めて明記されたものである。したがって、1945年8月に発生した爆撃に直接関係するものであった。その文言は次の通りである：

「一層完備した戦争法規に関する法典が制定されるまで締約国は、採択された規則に含まれない場合においても住民及び交戦国は、文明諸国民の間で確立された慣習、人道の法則及び公共の良心の命令から生じる国際法の原則の保護及び支配の下に立つことを確認することにより、適当であると認める」。

---

5 ICJ核兵器に関する勧告意見の実行条項 2A及び2B。
6 リチャードフォーク、「下田訴訟：広島と長崎への現場句読かに対する法的評価」、『日本国際法の年報（J.A.I.L.）』、1965年、59巻、pp.759-793, 771。
7 『日本国際法の年報』（J.A.I.L.）』、1964年、p.236。

　日本の2つの市への原爆投下のシナリオが、この条項の論理に完全に合致することは明らかである。広島と長崎に2つの爆弾が落とされたことによる極度の物質的損失と人的苦痛は、8月6日の原爆攻撃後、最初に広島に到着した国際赤十字委員会（ICRC）の医師マルセル・ジュノー博士の書いた日誌が十分に明らかにしている[8]。以下抜粋する：

> 「12時、私たちは広島の上空を飛行した。私たちは…今まで見たこともないような光景を目の当たりにした。街の中心部は、手のひらのように平たく滑らかになった、一種の白い平地になっていた。何も残っていない。ほんのわずかな家屋の痕跡さえ、消えてしまったようだった。（…）

> 数秒のうちに… 市の中心部の通りや庭にいた何千人もの人間が、強烈な熱線に焼かれ、ハエのように死んでいった。（…）すべての民家、倉庫などは、超自然的な力に押し流されるように消えてしまった。路面電車は拾い上げられ、まるで無重力であるかのように数メートル先まで投げ飛ばされ、列車は線路から弾き飛ばされた（…）。」

　マルテンス条項は、特に「人道の法則と公共の良心の命令」に言及することで、特定の規則が存在しないことによって生じる規範的ギャップを埋めるという点で、今回の議論に関連していると私は理解している[9]。ICJは1996年の勧告的意見で、「軍事技術の急速な進化に対処する有効な手段であることが証明された[10]」と考察している。

3. 国際人道法の一般原則

　当時、核兵器の使用を禁止または許可する国際慣習法上の特定のルールがない場合、マルテンス条項に加え、IHLの一般原則に頼らざるを得ないことを、寿則さんは非常に説得力のある説明をしている。また、これらの原則が今日、TPNWの前文で言及されていることも重要である。

8　「広島の災厄：ある医師の報告」、ICRCのマルシェルジュノド博士の記事から抜粋。彼は1945年8月6日の原爆投下後、外国人の医師としては一番はじめに広島に到着し、一部の被害者たちを治療した。: The Hiroshima disaster – a doctor's account – ICRC。

9　言い換えれば、マルテンス条項は、武力衝突に関する国際法の実情規範と自然法の間を繋がりを提供する。『マルテンス条項と武力衝突法』、IRRC, no. 317。

10　ICJ 勧告意見、1996、78項。

1) 区別の原則

　まず、区別の原則についてであるが、それによれば、国家は決して民間人を攻撃の対象にしてはならず、したがって、民間施設と軍事目標を区別することができない兵器を使用してはならない[11]。この原則は、1907年のハーグ陸戦規則[12]第25条に基づくもので、1945年には慣習的なものとされている[13]。下田判決は、この原則に基づき、無防守都市に原爆を投下する行為は、(…) やみくもな空爆と同様に見なされるべきであり、当時の国際法に反する敵対行為と言わなければならない」[14]と判示している。

　さらに、1996年のICJ意見によれば、「核兵器の破壊力は、空間的にも時間的にも封じ込めることはできない」とされている[15]。

　より具体的な規則は区別の原則から派生したもので、例えば、医療目的にのみ割り当てられた医療ユニットは、あらゆる状況において尊重され保護されなければならないという規則である。この規則は、ハーグ陸戦規則第27条の「病院及び病人及び負傷者を収容する場所」の保護に適用され、したがって、広島と長崎の原爆投下にも適用された[16]。ICRCの医師マルセル・ジュノー博士が書いた上記の日誌に照らし合わせると、この規則が原爆の攻撃と関連することは明らかである:

> この救急病院は、半分損壊した学校の中にある。屋根にはたくさんの穴が開いている。その日は雨が降っていて、患者さんの部屋にも水が滴り落ちていた。動ける人は隅の方に身を寄せ、それ以外の人はパレットのようなものの上に横たわっている、それが死にゆく人たちである。(…)

> 医療は初歩的なもので、包帯は粗い布で作られている。薬の瓶が数個、棚の上に転がっている。負傷者はしばしば傷口が露出しており、たくさんのハエがその上に留まってブンブン飛び回っている。すべてが信じられないほど不潔なのだ。放射能による遅発性出血で苦しんでいる患者も何人かいる。定期的に少量の輸血が必要だが、ドナーもいなければ、血液型の適合性を調べる医者もいないので、治療ができない。(…)

11　ICJ 勧告意見、1996、78項。

12　1907年ハーグ協約(Ⅳ) 部属流転規定

13　下田判決は、空中爆撃が陸上において行われるため、陸戦を規律する規則が類推的に適用されるということを考慮し、1907年ハーグ協約(Ⅳ)が広島と長崎への原爆投下にも適用できると判決した (p.238)。

14　『日本国際法の年報』(J.A.I.L.)』、1964年、p.239。

15　ICJ 勧告意見、1996、35項。

16　今日、それはジュネーブ協約の第1追加議定書の12条は勿論、第1次ジュネーブ協約19条及び第4次ジュネーブ協約18条によって適用される。

ある日本人医師によると、被爆当日は1000人の患者が収容され、600人がすぐに亡くなり、病院の近くの別の場所に埋葬されたという。現在では、200人しか残っていない。検査機器もなく、ドナーも死亡または行方不明で、輸血はできない。(...)

最終的に、ジュノー博士はこう述べている。医師300人のうち270人が死傷、看護師1,780人のうち1,654人が死傷した[17]。

つまり、無差別殺傷の効果が知られている核兵器で町全体を爆撃することは、医療ユニットへの攻撃を容認することを意味し、上記のIHLの規則に反する。また、この点で、2017年7月にTPNWの交渉・採択に至った「人道的イニシアティブ」が、核兵器の破壊力や核爆発が起これば、被害者を支援できないことを示す新たな証拠をもたらしたことも特筆される[18]。

2) 過度の傷害や不必要な苦痛を与えることを禁ずる原則

さらに寿則さんは、敵の戦闘員に過度の傷害や不必要な苦痛を与えることを禁止する原則が、それは今日第1追加議定書35条2項に成文化されているものだが、核兵器の文脈と非常に適切な関連性を持つことを強調している。しかし、1868 年に採択された「サンクトペテルブルグ宣言」は、不必要な苦痛を与える性質を持つ兵器、投射物および物質の使用が禁止されているという慣習的ルールを既に確認していた。1907年のハーグ陸戦規則は、実際に「不必要な苦痛を与えるように計算された兵器、投射物又は物質」の使用を禁止している(第 23 条 e)。

1996年のICJ意見が示したように、核兵器はその性質上、膨大な量の熱とエネルギーを放出するだけでなく、強力で長時間の放射線を放出する。さらに、「核兵器は、地球上のすべての文明と生態系を破壊する可能性を持っている。核爆発によって放出される放射線は、非常に広範囲にわたって健康、農業、天然資源、人口動態に影響を与えるだろう。さらに、核兵器の使用は、将来の世代に深刻な危険をもたらすだろう。電離放射線は、将来の環境、食物、海洋生態系を破壊し、将来の世代に遺伝的欠陥や病気を引き起こす可能性がある。(...) 」[19]

---

17 「広島の災厄：ある医師の報告」から引用。
18 特に人道的影響会議(オスロ・ナヤリットとウィーンで2013年と2014年にそれぞれ開催された会議)に提出された新たな研究を参照。
19 ICJ勧告意見1996、35項。

結論として、広島と長崎に対する核攻撃は、明らかに過度な傷害や不必要な苦痛の禁止に反している。これは下田判決の見解でもあり、特に1925年のジュネーブ議定書に明記された窒息性ガス、毒ガスなどの戦争における使用との比較に基づき考察したもので、上記のように慣習的なものと考えられる。東京地裁は次のように判示した：

> 「原爆がもたらす痛みは、毒や毒ガスの痛みよりも激しいと言っても過言ではない。このような残虐な爆弾を投下する行為は、不必要な痛みを与えてはならないという戦争法の基本原則に反すると言える」[20]。

3) 戦争の方法または手段を選択する権利は無制限ではないとの原則

私は、寿則さんが正しく提示した2つの原則に加えて、紛争当事国が戦争の方法または手段を選択する権利は無制限ではないという原則にも言及する。この原則は、おそらく最も基本的で包括的な原則である。この原則は、今日、第1追加議定書の第35条第1項に明記されているが、長い歴史がある。グロティウスは、1625年に出版した著作「De iure belli ac pacis」の中で、「temperamenta belli」、すなわち、使用する兵器の破壊力に制限を課すことの必要性を示した[21]。当時、ヨーロッパは「30年戦争」の惨禍に見舞われており、しばしば「全面戦争」とも言われた。その後、1907年のハーグ陸戦規則第22条に明記された：

> 「交戦国が敵を傷つける手段を採用する権利は、無制限ではない」。

この基本的なルールに例外はない。そうでなければ、意図的であろうとなかろうと、恣意的な行動の領域、すなわち法の存在しない領域に入ってしまうからである[22]。もちろん、この原則の実際の範囲を決めるのは全く別の問題で、時代によって、普及している慣習や条約によって異なる場合がある。

実際、交戦国が戦争の方法や手段を選択する権利が無限ではないという原則、特にいわゆる「戦数論（Kriegsraison）」、「緊急状態（state of necessity）」、軍事的必要性、復仇（reprisal）の権利などの有効性を争う様々な理論が存在する。このような理論が、特にマルテンス条項に言われている人道の基本原則を逸脱するものであってはならない理由を、

20　『日本国際法の年報』(J.A.I.L.)』、1964年、pp.241-242。
21　国際赤十字委員会、ジュネーブ第1追加議定書35条に対する評論、1385項。
22　国際赤十字委員会、以上の資料、1385項。

寿則さんは非常に説得的に論じている。

「戦数論」についての簡単に考察する： この理論は、"Kriegsraison geht vor Kriegs-manier"という格言で最もよく表現されている。「戦争で必要なものは、戦争のルールより優先する」と訳され、戦場の指揮官は、その時の軍事状況の要求に応じて、ルールを尊重するか無視するかをあらゆる場合に自由に決定できることを意味している。このような自由を認めると、法律が存在しなくなることは明らかである[23]。ニュルンベルクでこの理論が非難されたのは、このためである[24]。

「軍事的必要性」の理論が軍司令官に判断の自由を与えるのは、それが問題になっている規則で明示的に規定されている場合だけである[25]。寿則さんは、1907年のハーグ陸戦規則第23条 (g)を挙げ、敵の財産の破壊や押収は、「戦争の必要性から緊急に要求される場合」を除いて禁止しているという。しかし、この概念は、常に、計画された作戦を成功させるための不可欠な措置に限定されている。さらに、マルテンス条項と同様に、常に、潜在的に適用可能な他の国際法の規則の適用を受けることになるのである[26]。

最後に、「緊急状態」の議論については、ICJが1996年の勧告的意見で、「国際法の現状及び自由に利用できる事実の要素を考慮すると、裁判所は、国家の生存が危機にさらされる自衛の極限状況において、核兵器の威嚇又は使用が合法であるか違法であるかを決定的に結論づけることはできない[27]」としたことは事実である。しかし、広島・長崎の原爆投下とは異なり、ICJは、無防守の2つの市に対するやみくもな攻撃という具体的なシナリオに基づくのではなく、抽象的に裁定しなければならなかったことに留意する必要がある。つまり、1996年の勧告的意見の結論は、今回の議論とは直接には関係ない。一方、TPNWの前文が、核兵器の「いかなる」使用も武力紛争に適用される国際法に反すると述べていることは興味深い。

4) 攻撃の予告措置の原則

寿則さんが取り上げた、最後の原則は、攻撃の予告措置である。彼は、広島・長崎への原爆投下時に慣習的なルールが存在したかどうかは不明であると考える。私は彼に同意したいと思う。このルールは、今日、第1追加議定書第57条第1項で成文化されてお

---

23 国際赤十字委員会、以上の資料、1386項。
24 国際赤十字委員会、以上の資料。
25 国際赤十字委員会、以上の資料、1405項。
26 国際赤十字委員会、以上の資料、1406項。
27 ICJ 勧告意見の実行条項 E(筆者強調)

り、戦時における海軍の砲撃に関する1907年ハーグ条約 (IX) 第2条第3項で初めて規定された。具体的な状況を考慮すると、この条約は広島と長崎の原爆投下には適用されなかった。しかし、1907年のハーグ陸戦規則第26条により、攻撃部隊の指揮官は砲撃を開始する前に、襲撃の場合を除き、「当局に警告するために全力を尽くす」義務が存在するのである。寿則さんは、米国が日本の2つの市に対する攻撃を開始する前に、そのような警告がなされなかったと主張している。

4. 1945年8月に核兵器の使用を禁止した国際法の他の領域、特に人権法？

核兵器使用の文脈で関連する国際法の分野は、IHLだけではない。ICJは1996年の勧告的意見で、開戦法(Jus ad bellum)、環境法、人権法にも言及している。これらの領域はすべて、今回の分析でより詳細に検討する価値があるが、実際的な理由から、私は人権法に関するいくつかの簡単な発言にとどめる。

生存権などの基本的人権が初めて国際法に反映されたのは、1945年である[28]。国連憲章は1945年6月26日にサンフランシスコで採択され、1945年10月24日に発効した。その前文は、「基本的人権... (および) 人間の尊厳と価値への信頼を再確認する」[29]という国連加盟国諸国民の決意を認めている。1948年、世界人権宣言(UDHR) が採択され、その第3条で「すべての人は、生命、自由及び身体の安全に対する権利を有する」と確認された。UDHRが採択された時点では、UDHRは拘束力のない文書であり、すべてではないにせよ、その条項の多くは、後に慣習法として定着した[30]。

ICJは、1996年の勧告的意見において、1966年の市民的及び政治的権利に関する国際規約(ICCPR) 第6条などに規定される生存権は、戦時においても消滅することはないとしている[31]。また、ごく最近、ICCPRを実施する人権委員会は、「生存権」に関する一般的意見第36号において、核兵器の文脈で以下のように述べた：

「大量破壊兵器、特に核兵器の威嚇又は使用は、その影響が無差別であり、かつ、破滅的な規模で人命の破壊を引き起こす性質を有するものであり、生存権の尊重と

---

28 スチュアート・ケシ-マスレン、『国際法上の生命権解説書』、ケンブリッジ大学出版部、2021、p.9。
29 前文の二番目の文壇。
30 以上のケシ-マスレン、pp.9-10。
31 ICJ 勧告意見、1996年、25項。

両立せず、国際法上の犯罪となるおそれがある」[32]。

核兵器の使用は、拷問を含む非人道的で屈辱的な扱いを受けない権利など、国際法の厳格な規範を含む様々な人権を大幅に侵害することに間違いないと、私は他の場所で広く説明してきた[33]。ウィーラマントリー判事は、1996年の勧告的意見に対して説得力のある反対票を投じ、人権と尊厳に触発された言葉を用いている：

> 「WHOが法廷に述べたように、ある兵器が100万人から10億人を殺す可能性があるとき、人間の命は、あらゆる文明による人間の尊厳への理解を完全に裏切る無価値なものになってしまう。国家によるこのような意図的な行動は、いかなる状況においても、世界平和が依拠し、すべての加盟国が前提としている基本的な人間の尊厳への認識及び尊重と相いれない（...）」。

しかし、寿則さんの指摘にあるように、不遡及の原則は尊重されなければならない。その結果、広島・長崎への原爆投下は、当時適用される国際法に照らして評価されなければならない。以上述べてきたように、人権は、1948年のUDHRの採択を起点として、第二次世界大戦とホロコーストの残虐行為に対する反動として、この新しい発展を遂げたところが大きい。その結果、1945年8月当時、近代的な意味での生存権が存在し、それが日本の2つの市への爆撃を違法とするものであったとは言い難い。

これは、1945年当時、人間はまだ法的能力を有する国際法の主体とはみなされていなかったという事実にも起因する。1963年の下田判決では、広島と長崎の原爆投下の犠牲者が、これらの違法行為による国際法違反の結果として補償を求める権利があるかという問題との関連で、以下のように回想されている：

> 「条約によって具体的に認められる場合を除き、国際法上、個人は権利の主体ではないと理解するのが適切である」[34]。

32　出典はUNDoc. CCPR/C/GC/36(国連文書記号)。CCPRは、Covenant on Civil and Political Rightsの略字。この文書は、世界人権委員会の124回目の会期（2018年8月8日から11月2日まで）で採択された（筆者強調）。

33　ダニエル・リティッカー、『軍備統制の人間化、核兵器のない世界の道を切り開く』、Routledge、2018。

34　『日本国際法年報(J.A.I.L.)』、1964年、p.245。

結論

　結論として、1945年当時、広島・長崎への核兵器使用を禁止するような具体的な禁止規定は存在しなかったことを改めて確認することができる。しかし、マルテンス条項や関連条約に由来する国際人道の一般原則は、それだけでなく、その性質上慣習法から見ても、原爆投下に適用され、結果として、当時の国際法上、違法とされた。1963年の下田判決は、重要な判例であり、我々の結論を裏付けるものである。

　一方、人権法は、関連する要因となるには、その重要な時期には十分に発展していなかった。最後に、1945年当時の核兵器の使用を、他の国際法のルール、特に開戦法（Jus ad bellum）や環境法に由来するルールで制限または禁止していたかどうかについては、さらなる考察と研究が必要であろう。

주제 3 질의응답

> 발표자-토론자 간 토론과 청중들의 질의에 대한 응답은 교정을
> 최소로 하고 최대한 실제 표현을 살렸다. 외국 발표자들의 발언은
> 발표자의 언어(영어·일어)와 한글 번역본을 함께 실었다. 여기에
> 다 싣지 못한 질의와 응답들도 있었다.

사회자 박하영 활동가

먼저 발제를 해주신 야마다 교수님께서 말씀하시겠습니다.

발표자 야마다 토시노리 교수

Thank you, Daniel. Very thoughtful and informative comment. Thank you. I agree with the Daniel's comment all. So in addition I would like to comment about the Martens clause. I skipped my part, skipped some sentences about the Martens clause in my paper. I would like to introduce that point here. I write about the Martens clause here in the top sentence.

"…even in the absence of a specific rule expressly prohibiting a weapon, the Martens clause functions to ensure that principles of the laws of war or international humanitarian law govern the weapon in question. In addition, the 2017 Treaty on the Prohibition of Nuclear Weapons (TPNW), in light of the Martens clause, "reaffirms that any use of nuclear weapons would also be abhorrent to the principles of humanity and the dictates of public conscience", and "stresses the role of public conscience in the furthering of the principles of humanity as evidenced by the call for the total elimination of nuclear weapons, and recognizes the efforts to that end undertaken by the United Nations, … the Hibakusha." And, the role of public conscience stressed in preamble paragraph 24, when read in conjunction with preamble paragraph 11, may be said to serve the function of transforming the call for the total elimination of nuclear weapons into a norm against nuclear weapons.

I wrote like this but this is today's history in 2023. As you know, in 1945, I think the Hague Convention number four became the customary law. But the Martens clause is in the preamble paragraph in the Hague Convention. As you know, generally, the preamble paragraph has no binding force. So it's just the instruction of interpretation. So if the 1907 Hague Convention become the customary law in 1945, What's about the effect of the Martens clause in 1945? This is my question. I want to ask you, Daniel, this point.

감사합니다, 다니엘 교수님. 매우 풍부하고 유익한 토론이었습니다. 저는 교수님의 토론에 모두 동의합니다. 추가로 마르텐스 조항에 관한 코멘트를 하고자 합니다. 발표문에서는 마르텐스 조항에 대한 일부 내용을 건너뛰었는데 이 점을 소개하고자 합니다. 저는 여기 가장 위 문장에서 마르텐스 조항에 대해서 기술했습니다.

"마르텐스 조항은 어떤 무기를 명시적으로 금지하는 특정한 규칙이 존재하지 않는 경우에서도 전쟁법 혹은 국제인도법 원칙이 해당 무기를 규율하도록 하는 기능을 한다. 나아가, 2017년 핵무기금지조약에서는 마르텐스 조항에 기반해 '핵무기의 어떠한 사용도 인도의 원칙과 공공 양심의 명령에 반한다는 것을 재확인'하며 '유엔의 핵무기의 전면적 철폐 요청에 제시된 인도의 제 원칙을 추진함에 있어 공공 양심의 역할을 강조하고, … 히바쿠샤가 수행한 그 목적을 위한 노력을 인식한다'. 그리고 전문 24항에서 강조하고 있는 공공 양심의 역할은, 전문 11항과 함께 읽는다면, 핵무기의 전면적 제거 요구를 핵무기 금지 규범으로 전환하는 기능을 하는 것이라고 말할 수 있습니다.

저는 이와 같이 기술했습니다. 그러나 이것은 2023년 오늘의 역사입니다. 아시다시피 1945년에 헤이그 4협약은 관습법이 되었다고 생각합니다. 하지만 마르텐스 조항은 헤이그 협약 전문에 있습니다. 아시는 것처럼 일반적으로 전문은 구속력이 없습니다. 그러니까 전문은 단지 해석에 대한 지침일 뿐입니다. 그래서 1907년 헤이그 협약이 1945년에 관습법이 되었다면, 1945년에 마르텐스 조항의 효력은 어떻게 되는 것일까요? 이것이 제 질문입니다. 저는 이 점을 다니엘 교수님에게 질문하고 싶습니다.

사회자 박하영 활동가
다니엘 교수님, 방금 야마다 교수님이 말씀하신 것에 대해서 답변해 주시겠습니까?

토론자 다니엘 리티커 교수
Yes, just to make sure that I understood correctly. So your question Toshinori was that in 1945, whether the Martens clause was a binding rule or not? Okay, this is exactly what we encountered this morning. There are different interpretations, I would say possible of that. It's true that it is only a preambular paragraph, which is not as such binding in a treaty, but it still shows the purpose of a treaty, the object and purpose of

a treaty which can be expressed, (I hope interpretation works) of a treaty. So I think it's still a very important part of the treaty.

And then of course, it's tough to say if in 1945 this was exactly a binding rule or it was just a wishful principle. But I think it has the factor of filling a gap. And since it has been there since 1907 and in a treaty which is called Customs and Law of war in 1907. So, it was already reflecting customary law, I think I would not be completely wrong to argue that in 1945 it has crystallized into a binding rule.

Moreover, in 1996 the court clearly said that it is an important tool for question of bombing or let's say for legality of international law when it comes to nuclear weapons, it doesn't refer to the 1945 bombings, but in abstract or it said it has been important in the field of nuclear weapons. So I think it's not too much of a jump to say that in 1945 already it would have been important.

네, 우선 제가 제대로 이해했는지 확인하겠습니다. 토시노리 교수님의 질문은 1945년에 마르텐스 조항이 구속력 있는 규칙이었는지 여부입니까? 알겠습니다. 이것은 바로 오늘 아침 우리가 직면한 문제입니다. 상이한 해석들이 있는데 저는 가능하다고 말씀드리겠습니다. 단지 전문일 뿐이고 조약에서 그렇게 구속력이 있지 않은 것은 사실이지만, 그것은 여전히 표명될 수 있는 조약의 목표와 목적을 보여줍니다. 저는 조약에 대한 해석이 가능하길 희망합니다. 그래서 그것은 여전히 조약의 매우 중요한 부분이라고 생각합니다.

물론 1945년에 그것(마르텐스 조항)이 정확히 구속력 있는 규칙이었는지, 아니면 그저 희망적인 원칙에 불과했는지 말하기는 어렵습니다. 하지만 제 생각에 그것은 갭(법적 공백)을 메우는 요소를 가지고 있습니다. 그리고 1907년에 전쟁의 관습과 법이라고 불리는 조약에서 명시되었고, 그것은 이미 관습법을 반영하고 있었기 때문에, 1945년에 구속력 있는 규칙으로 구체화되었다고 주장해도 전혀 틀리지 않을 것이라고 생각합니다.

더욱이 1996년 ICJ는 마르텐스 조항이 폭격 문제에 대한 중요한 방편이라고 분명하게 말했습니다. 국제법에서 핵무기의 위법성에 관해 말한 것이고, 1945년 원폭 투하를 가리킨 것은 아니지만 핵무기 분야에서 그것이 중요했다고 추상적으로 말했습니다. 그래서 1945년에 그것이 이미 중요했을 것이라고 말하는 게 그렇게 비약은 아니라고 생각합니다.

사회자 박하영 활동가
또 다른 쟁점은 없습니까? 야마다, 다니엘 교수님. 상호 간에 견해나 추가적인 쟁점이 있습니까?

토론자 다니엘 리티커 교수
No, I think I basically covered what I wanted to say in my paper, just checking if there's

something which I missed. But again, I think I skipped more or less what has been already said by Toshinori. I don't have anything to add on his paper directly.

없습니다. 저는 기본적으로 토론문에서 말하고자 하는 내용을 다룬 것 같습니다. 제가 놓친 내용이 있는지 확인한 것입니다. 다시 말하지만, 저는 토시노리가 말한 것을 거의 건너뛰었다고 생각합니다. 그의 발표문에 직접적으로 더할 것은 없습니다.

발표자 야마다 토시노리 교수
Thank you. Oh, I like to add some point about the precaution in the attack. I think that in 1945 the application of precaution become a customary law. I think I'm wondering that point because excuse me, this is just a complicated point. Let me speak in Japanese.

事前に攻撃の予告が必要かという点について、私の論文、ペーパーの中では、慣習法として確立していないんじゃないかということを書いたんですが、ダニエル先生からは、それについては、陸戦規則の26条の中に、類似の規定がありますよっていうご指摘がありました。で、なぜぼくがこの点について、慣習法化したということについて留保するのか、その理由を話します。

実は、陸戦規則26条には、通告を必要とするという規定はあるのですが、但し書き、つまり、例外を認める規定が含まれています。英文では、え"except in cases of assault, do all in his power to warn the authorities."という風に表現されていて、急襲(or 襲撃)の場合を除くと書いてあります。つまり、100パーセント、事前通告が必要であるという規則にはなっていないという点、これが1つの理由です。2つ目の理由は、当時の、学説の中でも、空襲については、事前通告が必要でないという主張が、存在していたという点です。要するに、事前通告してしまうと、撃墜される恐れがあるので、それは、飛行士にとっては自殺行為だと、認められないという考え方が強いということです。こういう点から、事前通告が必要かどうかということについては、もう少し、慎重な検討が必要だと、現時点では、私は考えています。もちろん、そのルールの問題とは別に、アメリカによる原爆投下についての、事前通告は存在していなかったというのが、少なくとも、日本の歴史研究の中では、共有されているという風に思います。パンプキン爆弾なんかの投下も行なわれていますけども、事前通告はないという理解です。私からは以上です。

감사합니다. 공격 시 예방조치에 관해 몇 가지 사항을 덧붙이고 싶습니다. 저는 1945년에 예방조치 적용이 관습법이 되었다고 생각합니다. 이 점이 궁금한데요, 양해를 부탁드리는데 복잡한 지점이라 일본어로 하도록 하겠습니다.

공격 이전에 사전예고가 필요하다는 점에 대해 제 발표에서는 관습법으로서 확립되어 있지 않다는 내용을 말씀드렸습니다. 그런데 다니엘 선생님께서 이에 대해 육전 규칙 26조에 유사한 규정이 있다고 지적하셨습니다. 이에 제가 왜 이와 관련한 관습법화에 대해 보류하고 있는지 그 이유를 말씀드리겠습니다.

사실 육전 규칙 26조에는 사전통보가 필요하다는 규정이 있는데, 단서에 예외를 인정한다는 규정이 내포되어 있습니다. 영문으로는 "except in cases of assault, do all in his power to warn the authorities"라는 식으로 표현되어 있어, 습격의 경우를 제외한다고 적혀 있습니다. 즉 100% 사전통보가 필요하다는 규칙은 아니라는 점, 이것이 한 가지 이유입니다. 두 번째 이유는 당시의 학설 중에도 공습의 경우 사전통고가 필요하지 않다는 주장이 존재했다는 점입니다. 요컨대 사전통고하면 격추당할 우려가 있으므로, 이것은 비행사 입장에서는 자살 행위라고 보고 인정할 수 없다는 사고방식이 강했던 것입니다. 이런 점에서 볼 때 사전통고가 필요한가 아닌가에 대해서는 좀 더 신중한 검토가 필요하다고, 현시점에서 저는 생각하고 있습니다. 물론 그 같은 규칙과는 별개로 미국의 원폭 투하에 대해서는 사전통고가 존재하지 않았다는 것이, 적어도 일본의 역사 연구에서는 공유되고 있습니다. 펌프키 폭탄 등의 투하도 있었습니다만, 사전통고는 없었다고 알고 있습니다. 이상입니다.

토론자 다니엘 리티커 교수

Yes, I can quickly reply to that one. As I hope I understood correctly, it was not so much to criticize Toshinori's point of view. I quite clearly agree with him. I just wanted to say that the principle is that I'll read my paper "The duty of the officer in command of an attacking force before commencing a bombardment is to do all in his power to warn the authorities except in cases of assault." So it's clear that it's not an absolute I completely agree with Toshinori, it's not an absolute duty. It is there, but it's a bit of wake when they arrived in this treaty to all in his power to bond towards, this is clear that it's not an absolute duty. So I just mentioned this in my paper without wanting to criticize too much his point of view.

네, 바로 답변할 수 있습니다. 제가 정확하게 이해했기를 바라는데요, 토시노리 교수의 관점을 비판하는 점은 그리 많지 않습니다. 그의 말에 전적으로 동의합니다. 그 원칙을 이야기하고 싶은데요, 제 토론문을 읽겠습니다. "포격을 시작하기 전에 공격 군대 지휘관의 의무는 습격하는 경우를 제외하고는 관계자에게 경고하기 위하여 가능한 모든 수단을 다하여야 한다는 것이다." 이것이 절대적인 것이 아니었음은 분명합니다. 저는 토시노리의 의견에 전적으로 동의합니다. 절대적인 의무가 아니었습니다. 이 조약이 체결될 당시에도 이 부분이 절대적인 의무가 아니라는 것은 분명합니다. 그래서 저는 그의 관점을 크게 비판하지 않고 토론문에서 그저 언급했던 것입니다.

사회자 박하영 활동가

다른 의견 없으시면 이제 청중들의 질문과 의견을 받도록 하겠습니다 청중들께서 토론에 적극적으로 참여해서 논평이나 의견을 제시해 주시면 감사하겠습니다. 패널들에게 질문하실 분은 손을 들어 주시고 지명받으신 후 질문해 주세요.

청중 의견 에릭 데이비드 교수

Sorry to take the floor again, but just about what Professor Toshinori said. He said that preamble is generally considered as a non-binding norm. I think it's quite disputable to say that because, in fact, preamble is a part of the treaty, and according to Article 26 of the Vienna Convention and the law of the treaties, the treaty must be applied, it is binding for all states parties, and the preamble is a part of the treaty. And if I take the advisory opinion of 1996, the court said exactly, sorry, just to read this extract of the opinion, where the court said there is no need for it to elaborate on the question of the applicability of Additional Protocol One, et cetera. It need only observed that while at the diplomatic conference there was no substantive rules, et cetera. I go further, and the court recalls that all states are bound by those rules in addition protocol one which when adopted were merely the expression of the pre-existing customary law, such as the Martens clause. I specify each time Martens/Lambermont clause, just to recall that the real author was not Martens, but it was Lambermont. Thank you.

다시 말씀드리게 되어 죄송합니다만, 토시노리 교수가 말씀하신 내용에 대해서 이야기하겠습니다. 교수님은 전문이 일반적으로 구속력이 없는 규범으로 간주된다고 말씀하셨는데, 이것은 아주 논쟁의 여지가 있다고 생각합니다. 왜냐하면 사실 전문은 조약의 일부로, 조약법에 관한 비엔나 협약 26조에 따르면, 조약은 반드시 적용되어야 하고 모든 조약 당사국에 대해서 구속력을 가지기 때문입니다. 1996년 ICJ의 권고적 의견을 보면, 재판소는 이렇게 분명히 판시하고 있습니다. 의견을 발췌해 읽겠습니다. "제1 추가의정서의 적용 가능성 문제에 대해서 상세히 설명할 필요는 없다. (…) 외교회의에서 실질적 규칙이 없었지만…", 더 읽자면 "재판소는 모든 국가가 제1 추가의정서에 포함된 규칙들에 구속되며, 그것은 채택될 때 단지 마르텐스 조항과 같은 기존 관습법을 표현한 것일 뿐이라는 것을 상기한다." 저는 마르텐스 조항의 실제 저자가 마르텐스가 아닌 램버몬트라는 것을 상기하고자 매번 마르텐스/램버몬트 조항이라고 이야기합니다. 고맙습니다.

발표자 야마다 토시노리 교수

Thank you so much, Professor Eric. マルテンス条項は、1949年の、ジュネーブ条約の中にも、本文に入ってますし、ご指摘のように1977年の追加議定書の中にも、本文の中に入っています。これは間違いありません。 私が問題にしているのは、1945年の時点で、どうかという問題です。で、マルテンス条項で、問題なるのは、その中に言及されている、公共の良心(public conscience)とか人道の法(laws of humanity)、これが慣習法化することによって、国際法の法源になるか、つまり、Subsidial(補助的な)Lawになるかという点です。

もしそういうことになれば、公共の良心が国際法を生み出すということになりますし、人道法、ローズオブヒューマニティが国際法を生み出すという画期的な、これは議論になるという風に思っていまして、これは僕も、あの、魅力的だっていうことを、思っていますが、それについて、実定法的に45年段階でどう考えるかってことは、私はもう少し検討したいなと思っています。マルテンス条項の位置づけについては、実にcontroversialな、その点で様々な意見があるということは僕もよく承知していますので、あの、エリック先生のご指摘をぼくも深めていきたいと思っていいます。

감사합니다, 에릭 교수님. 마르텐스 조항은 1949년 제네바 조약에서도 본문에 들어 있고, 말씀하신 대로 1977년 추가의정서에서도 본문 안에 들어 있습니다. 이것은 틀림없는 사실입니다. 제가 문제 삼고 있는 것은 거기에서 언급하고 있는 '공공의 양심'이라든가 '인도의 법' 등이 관습법화함으로써 국제법의 법원(法源)이 될 것인가, 즉 보조적인 법률이 될 것인가 하는 점입니다.

만약 그렇게 된다면 '공공의 양심'이 국제법을 낳게 되는 것이고, 인도법이 국제법을 낳게 된다는 획기적인 논의가 될 수 있다고 생각하므로, 이것은 저 역시 매력적이라고 생각하지만, 이에 대해 실정법적으로 1945년 시점에서 어떻게 바라볼 것인가 하는 문제는 좀 더 검토해 봐야 한다고 생각합니다. 마르텐스 조항의 입지에 대해서는 사실 다양한 논란의 여지가 있다는 걸 잘 알고 있기 때문에 에릭 선생님의 지적을 저 역시 깊이 있게 고려해 보고자 합니다.

청중 질의 오혜란

국제인도법에서 마르텐스 조항의 위상과 역할에 대해서 추가 질문을 드리고 싶습니다. 1996년 ICJ 권고적 의견에 반대 의견을 냈던 스허부딘 재판관은 마르텐스 조항이 기존의 조약법과 관습법 규칙을 단순히 상기시키는 역할을 하는 것이 아니라고 주장했습니다. 또한 마르텐스 조항에 명시된 '인도의 원칙'과 '공공 양심의 명령'이 법적 효력을 발휘해 군사적 행동을 직접적으로 통제할 수 있다고 지적했습니다. 다른 법규칙 없이 마르텐스 조항만으로도 핵무기와 같은 특정 무기를 규율할 수 있다는 것입니다. 이것은 교수님의 발표문과도, 다니엘 교수님의 토론문과 비교해도 차이가 있어 보입니다. 마르텐스 조항 그 자체로 핵무기 사용을 규율할 수 있는가에 대한 발표자의 견해를 묻고 싶습니다.

발표자 야마다 토시노리 교수

ありがとうございます。とても、大切な、論点を指摘していただきました。私のペーパーで書いたように、2017年の核兵器禁止条約の前文に、マルテンス条項への言及があります。あきらかに公共の良心や人道の法に照らして核兵器の使用は違反しているとこういっています。その範囲では、これは、もう間違いないと、確立していることだろうと思います。で、実定的に考えた場合に、1945年の段階で、マルテンス条項の機能はどこにあるかと、やまだ(私)は考えているかというと、核兵器を禁止する規則は当時なかった、でも、一般的に、戦闘の行為を規律

する原則は存在していた、すなわち、区別原則であるとか、不必要な苦痛の禁止です。で、この適用が、広島長崎への原爆投下にあると、つまり、その原則によって、原爆投下がカバーされるっていうことを支えるのがマルテンスクローズだという風に考えています。

で、そういう機能を1945年段階では明確に果たしているという事を申し上げます。で、そこから進んで、核兵器そのもの、あらゆる核兵器の使用を、実定法として禁止できているのか。マルテンスクローズやその中にある、公共の良心とか、あるいは、人道の法(ローズオブヒュマニティ)ですね、これが、核兵器そのものについて、禁止して、実定法上、違法なものとできているかというと、現段階で十分言えないだろうと思います。

核兵器禁止条約前文の中では、マルテンスクローズの問題と核兵器の使用はあらゆる人道の法違法だとは別のペラグラーフに書かれていて、役割が違うのではないかというのが僕の見解です。実定法ではない、社会的な規範として、核兵器を批難しているということは間違いなく言えるだろうというふうに考えています。

감사합니다. 아주 중요한 논점을 지적해 주셨습니다. 제 발표문에 나온 것처럼 2017년의 핵무기 금지조약 전문에 마르텐스 조항에 대한 언급이 있습니다. 확실히 공공의 양심이나 인도법에 비춰 볼 때 핵무기 사용은 위법이라고 나와 있습니다. 그 범위에서는 물론 틀림없다고 보고 있습니다. 그런데 실정법적으로 생각했을 때, 1945년 단계에서 마르텐스 조항의 기능은 어떠했는가? 제 생각을 말씀드리면 핵무기를 금지하는 규칙은 당시에는 없었다, 하지만 일반적으로 전투 행위를 규율하는 원칙은 존재했다는 것입니다. 즉 '구별의 원칙'이라든가 '불필요한 고통의 금지'라든가, 이러한 것들이 히로시마·나가사키 원폭 투하에 적용되느냐, 즉 이들 원칙으로 인해 원폭 투하가 커버된다는 것을 지지하는 것이 마르텐스 조항이라고 생각하고 있습니다.

그래서 그러한 기능을 1945년 단계에서는 명확하게 실현하고 있다는 것을 말씀드립니다. 그리고 거기서 더 나아가 핵무기와 그것의 사용을 실정법으로 금지할 수 있는가? 마르텐스 조항이나 그 안에 있는 '공공의 양심'이나 '인도법'이 핵무기 자체를 금지하고, 실정법상 위법한 것이라고 되어 있는가 하면, 현 단계에서는 충분히 그렇다고 말할 수는 없다고 생각합니다.

핵무기금지조약 전문에서는 마르텐스 조항의 문제와 핵무기 사용은 모든 인도법에 대한 위법이라는 것을 서로 다른 단락에서 언급하고 있어, 역할이 다른 게 아닌가 하는 것이 저의 견해입니다. 실정법은 아니지만 사회적 규범으로서 핵무기를 비난하는 것은 틀림없이 가능하다고 생각합니다.

사회자 박하영 활동가
감사합니다, 야마다 교수님. 같은 질문에 대해 다니엘 교수님의 생각은 어떠신가요?

토론자 다니엘 리티커 교수

Yes, thank you for giving me the floor again. I might be a bit more leaning towards position of giving the Martens clause normative effect like a positive law effect but only very subsidiary. I think we don't have to ask ourselves the questions if this would be enough to make the bombings of 1945 illegal because we have these other principles which are clearly violated. So for me the Martens clause is only, I would say a subsidiary means of invoking actually and it's hard to say if you make a claim in a tribunal only based on the Martens clause if this would be enough for the judges to find the illegality of nuclear weapons used in 1945. But we are in, I think, less shaky ground when we base ourselves on the IHL principles of distinction and unnecessary suffering to build a case.

네, 다시 한번 발언 기회를 주셔서 감사합니다. 저는 마르텐스 조항에 실정법과 같은 규범적 효력을 부여하되 그것은 다소 보조적일 뿐이라는 입장에 좀 더 치우쳐 있습니다. 마르텐스 조항이 1945년 원폭 투하를 불법으로 규정하기에 충분한지에 대해 질문할 필요는 없다고 생각하는데요, 왜냐하면 명백히 위배되는 다른 원칙들이 있기 때문입니다. 그래서 저는 마르텐스 조항이 실제로 발동될 수 있는 보조적 수단이라고 말하고 싶습니다. 만약 재판관들이 1945년 원폭 투하의 불법성을 판결할 때 마르텐스 조항으로 충분하다고 생각하여 오직 마르텐스 조항에 근거해서 법정에서 주장을 하기는 어렵습니다. 하지만 소송을 하기 위해 구별의 원칙, 불필요한 고통 금지의 원칙 등의 국제인도법 원칙에 기초한다면 더욱 견고한 기반에 설 수 있다고 생각합니다.

청중 의견 오쿠보 변호사

あの、日本の反核法律家協会の会長をやっている大久保です。お二人の、スピーチ、本当にありがとうございました。そして、2人の話の中に共通して出てきているのが、マルテンス条項ということと、それから、人道の原則、それから公共の良心、これに違反しないようにという、その言葉があります。教えていただきたいのは、その人道の原則と、それから、あれですね、公共の良心、これとですね、マルテンス条項、これは、私の理解では、その公共の良心とかあるいは人道の原則ですか、これらがマルテンス条項という形で発展したといいましょうかね、進歩したといいましょうか、そういう理解でいいのかどうか、それを教えてください。

それから、いずれにしても、マルテンス条項であれ、それから公共の良心、それから人道の原則、これに違反しないっていうことは、戦争そのものが前提になっているわけですね。戦争を前提とした上で 使ってはいけない武器があるんだ、こういう制約だと思っていますが、国際人道法というのはそういうための法律だと理解していいのか、それが2つ目の質問です。

そして、もしその戦争ということを前提とする限り、どうしてもその武器の制約っていうことであるならば、どの武器を使っていいかっていう、この議論が出てきてしまうと思うんです

ね。だとするならば、人道の原則ですとか、あるいは公共の良心というならば、戦争そのものを廃棄していく方向で 国際人道法は進歩すべきじゃないかと思うんですが、その点については二人はどのように考えておられるんでしょうか。その3点が私の質問です。

일본반핵법률가협회 회장을 맡고 있는 오쿠보입니다. 두 분의 말씀, 정말 감사합니다. 그리고 두 분의 이야기 속에 공통으로 나오는 이야기가 마르텐스 조항이라는 것, 그리고 인도의 원칙과 공공의 양심, 그것에 위반하지 않아야 한다는 말씀이 있습니다. 제가 궁금한 것은 그 인도의 원칙과 공공의 양심 그리고 마르텐스 조항은, 제가 이해하기로는 공공의 양심이나 인도의 원칙이 마르텐스 조항이라는 형태로 발전한 것이라고 해야 할까요, 진보한 것이라고 해야 할까요, 이렇게 이해해도 되는 것인지 어떤지 하는 것입니다.

그리고 마르텐스 조항이 됐든 공공의 양심이나 인도의 원칙 이런 것들을 위반하지 않아야 한다는 것은, 전쟁 자체가 전제되어 있는 거잖아요. 전쟁을 전제로 한 상태에서 사용해서는 안 될 무기가 있다는 식의 제약이라고 생각하는데, 국제인도법이 그런 것을 위한 법률이라고 이해하면 되는지, 이것이 두 번째 질문입니다.

그리고 만약 전쟁을 전제로 하는 한, 어찌 됐든 무기의 제약이라고 하면 어떤 무기를 사용하면 되는지 하는 논의가 이루어지게 되잖아요. 그렇다면 인도의 원칙이나 공공의 양심을 이야기한다면, 전쟁 자체를 폐기하는 방향으로 국제인도법은 진보해 나가야 한다고 생각하는데, 이에 대해 두 분은 어떻게 생각하시는지 듣고 싶습니다. 이것이 세 번째 질문입니다.

발표자 야마다 토시노리 교수
ご質問ありがとうございます。1点目、マルテンス条項が、どのように発展してきたかという点で、私の理解では、マルテンス条項 は、条約規定がない場合でも、慣習法や人道の法や公共の良心に従わなければいけないという、規範を示しているということだと思います。で、特に、公共の良心とか人道の法というのは、必ずしも、実定法では、ポジティブな法ではないものだと思います。比較的、自然(ナチュラル法)に近い概念ではないかと、当初、1907年段階では前文に置かれていた、49年ではジュネーブ条約では本文に入って、1977年では、やはり本文に入ってきた、そういう意味で、実定法の中に、自然法を受け入れるメカニズムのようなものが組み込まれているという風に、僕はみています。

しかしながら、先ほどダニエル先生が話したように、やはり、役割としては2次的なもので、実定法が存在していればそれに従うと、存在していない場合に、従わなければいけないルールというのを考えましょう。つまり、戦時において、取るべき手段が無制限ではないという考え方の表れだという風に思います。だからそういう意味では、マルテンスクローズの役割っていうのを、それだけ取り出して、議論するというのではなくて、むしろ既存の区別の原則とか不必要な苦痛の原則を強化していく重要な要素として考えるっていうのが、マルテンスクローズの上手な使い方ではないかという風に考えます。

2点目、使ってはいけないという話ですが、ちょっと難しいんですけども、不必要な苦痛の禁止という原則から、個別に使ってはいけない兵器が、条約によって禁止されてきたという歴史があります。先ほどの、午前中に話しがあった毒ガスもそうだと思いますし、最近ではクラスターとか、あるいは対人地雷、核兵器もそうだという風に思います。常に、不必要な苦痛という原則で、あらゆる兵器が禁止、使用の禁止が確立するかというと、そうではない。なぜかというと、それは必要な場合だったから使った、という議論は常に存在するからです。だから、100パーセント、兵器をカテコニカルに禁止するためには、禁止するための個別の条項が必要だという議論が常に唱えられてきたのが、人道の歴史、(武器の使用の)制限法の歴史だと思います。ま、そういう意味では、人道法の原則があって、それを個別具体的に条約化するための、それこそ、1人1人の取り組みが重要だ、ということになるのではないかという風に思いま。

3点目、戦争そのものを禁止する方向に進むべきではないか。それは、おっしゃる通りです。ただ、人道法だけでできるかっていうと、そうではないだろうと。すでに国連憲章の24項のように、戦争を禁止する、武力行使を禁止するための、大きなケースは進んできました。しかしながら、すぐにそれができるわけではない。なので、起きてしまっている戦争を、より非人道的なものにしないために、人道法っていうのは存在しているという風に考えます。戦争の廃絶ということに向かっては、先ほど言及したユスインベロ(IUS IN BELLO)とユスアドベルム("IUSAD BELLUM)両方の、法規を強化するというアプローチが必要なものだろうと思います。これで答えになるのかどうか。私から以上です。

질문에 감사드립니다. 첫 번째, 마르텐스 조항이 어떻게 발전해 왔는가 하는 점인데, 제가 이해하는 바로는 마르텐스 조항은 조약 규정이 없는 경우라도 관습법이나 인도법 또는 공공의 양심에 따르지 않으면 안 된다는 규범을 제시하고 있다고 생각합니다. 특히 공공의 양심이나 인도법은 실정법에서는 반드시 긍정적인 것은 아니라고 생각합니다. 비교적 자연법에 가까운 개념이 아닐까 생각합니다. 1907년 단계에서는 전문에 나와 있고, 1949년 제네바 조약에서는 본문에 들어 있고, 1977년에도 역시 본문에 들어 있는, 그런 의미에서 실정법 안에 자연법을 받아들이는 메커니즘 같은 것이 내포되어 있다는 식으로 저는 보고 있습니다. 하지만 앞서 다니엘 선생님이 말씀하신 것처럼 역시 역할로는 2차적인 것으로, 실정법이 존재하면 그에 따르고 존재하지 않을 경우에 따르지 않으면 안 될 규칙이라는 것을 생각해 보자, 즉 전시에 취해야 할 수단이 무제한은 아니라는 사고방식의 표출이라고 생각합니다. 그러므로 그런 의미에서 마르텐스 조항의 역할이란 것을, 그에 한해서만 논의할 것이 아니라 오히려 기존의 '구별의 원칙'이나 '불필요한 고통 금지의 원칙'을 강화해 갈 중요한 요소로서 생각하는 것이 마르텐스 조항의 유효한 사용 방법이 아닐까 생각합니다.

두 번째, 사용해서는 안 된다는 이야기인데, 좀 어려운 이야기지만 '불필요한 고통 금지의 원칙'에 기반해서 사용해서는 안 되는 무기가 개별적으로 조약을 통해 금지되어 온 역사가 있습니다. 앞서 오전 중에 이야기했던 독가스도 그렇고, 최근에는 집속탄이나 대인지뢰, 그리고 핵무기도 그렇다고 봅니다. 그렇다면 '불필요한 고통 금지의 원칙'으로 모든 무기의 사용 금지가 확립될 것인가 하면,

그렇지는 않습니다. 왜냐하면 그것은 '필요한 경우였으므로 사용했다'는 의견이 항상 존재하기 때문입니다. 그러므로 100% 무기를 카테고리화해서 금지하기 위해서는 금지하기 위한 개별 조항이 필요하다는 논의가 항상 제기되어 왔던 것이 '인도의 역사', '(무기 사용의) 제한법' 역사라고 생각합니다. 그런 의미에서 인도법의 원칙이 있고, 그것을 개별적으로 구체화하여 조약화하기 위한 그야말로 한 사람 한 사람의 노력이 중요하다고 생각합니다.

세 번째, 전쟁 그 자체를 금지하는 방향으로 나아가야 하지 않겠는가라고 말씀하셨는데, 맞습니다. 다만 인도법만으로 그것이 가능한가 하면, 그렇지는 않습니다. 이미 국제연합 헌장 2조 4항과 같이 전쟁을 금지하고 무력행사를 금지하기 위한 커다란 흐름은 진행되어 왔습니다. 하지만 그것이 금세 실현될 수 있는 것은 아닙니다. 그러므로 이미 일어난 전쟁을 보다 비인도적인 것으로 하지 않기 위해 인도법이라는 것이 존재한다고 저는 생각합니다. 전쟁의 근절을 위해서는 앞서 언급한 교전법(jus in bello)과 개전법(jus ad bellum), 이 두 법규를 강화해 나가는 접근이 필요하다고 봅니다. 이것으로 대답이 됐을지 모르겠습니다. 이상입니다.

사회자 박하영 활동가
답변 감사합니다. 다른 질문 받겠습니다.

청중 질의 조은숙
다니엘 교수님께 질문 있습니다. 교수님께서는 발표문에서 1945년 핵무기 사용의 적법성과 관련해 개전법에서 유래하는 국제법 규칙에 대한 연구를 할 필요성이 있다고 서술하셨습니다. 그런데 핵무기 사용의 금지 여부는 개전법이 아니라 전시국제법, 즉 교전법을 적용해 판단해야 된다고 봅니다. 이와 같은 맥락에서 극단적 자위 상황에서의 핵무기 사용의 합법성을 암시한 1996년 ICJ 권고적 의견도 많은 비판을 받아 왔습니다. 교수님께서 핵무기 사용과 관련해 개전법을 언급한 이유가 무엇인지, 또한 1945년 원폭 투하에 적용할 수 있는 '개전법에서 유래하는 국제법 규칙'이 무엇이 있는지 질문 드리고 싶습니다.

토론자 다니엘 리티커 교수
Thank you for the relevant question. I think the ICJ 1996 advisory opinion considers the legality or illegality of threat or use of nuclear weapons under different branches the IHL, human rights law, jus ad bellum and environmental law. And I thought without going further in this research so far we have discussed a lot on IHL in our papers and during the day. So just to be complete, it would be interesting to check what is out there in terms of international human rights law, environmental law, jus ad bellum just to make sure that this distinction is clear.

Jus in Bello is the law which prescribes what a soldier, what armies can do to their enemies and to civil population. And in terms of jus ad bellum, this would be more the question of is it right? Do we have just cause to go to war or to defend ourselves? And I did not study this for this paper. And as you said correctly, the 1996 advisory opinion makes it clear in that sense that jus in bello and jus ad bellum are somehow intertwined. So in order to respect jus ad bellum so the right to go to war or to then defend itself has to respect jus in bello as well. So maybe the question is very easy. Since we discovered today that jus in bello has probably not been complied with, the jus ad bellum issue would be rather easy.

관련 질문 감사합니다. 저는 ICJ 1996년 권고적 의견이 국제인도법, 인권법, 개전법, 그리고 환경법이라는 각이한 분야에서 핵무기 위협 또는 사용의 합법성이나 불법성을 고려한다고 생각합니다. 저는 이 연구에서 더 나아가지 않고 우리가 지금까지 발표문에서, 그리고 하루 종일 국제인도법에 관해 많은 논의를 했다고 생각합니다. 그래서 더 완전해지기 위해서 국제인권법, 환경법, 개전법의 측면에서 어떤 내용이 있는지 살펴보는 것이 흥미로울 것입니다. 이 구분을 명확히 해보겠습니다.

교전법은 군인이, 그리고 군대가 그들의 적군과 민간인에게 무엇을 할 수 있는지를 규정하는 법입니다. 개전법의 측면에서 이것은 정당한 것인가 하는 문제가 될 것입니다. 우리는 전쟁을 할 이유나 우리 자신을 방어할 이유가 있는가? 저는 토론문에서 이것을 연구하지는 않았습니다. 그리고 정확히 말씀하신 것처럼, 1996년 권고적 의견은 교전법과 개전법이 어떻게든 얽혀 있다는 점에서 이를 분명히 하고 있습니다. 따라서 개전법을 준수하기 위해서는, 전쟁을 하고 스스로를 방어할 권리를 준수하기 위해서는 마찬가지로 교전법을 준수해야 합니다. 그래서 아마도 이 질문은 매우 간단할 수 있습니다. 오늘날 우리가 교전법이 준수되지 않았다는 것을 발견했기 때문에 개전법 문제는 오히려 쉬울 것입니다.

사회자 박하영 활동가

감사합니다, 다니엘 교수님. 다른 질문 있으십니까?

청중 질의 이기훈

야마다 교수님께 질문하겠습니다. 1945년 당시에 4만 명의 군대가 주둔했고 군사적 시설이 존재했다고 해도 히로시마와 나가사키는 방어되지 않는 도시였고 전투가 수행되지 않는 무방어 도시였습니다. 더구나 원폭 투하는 당시 국제정치적 요구로 투하된 것이었습니다. 따라서 군사적 필요성과 이점이 없었다고 할 수 있습니다. 발표자께서는 발표문에서 일본군에 의한 전쟁법 위반 행위와 비교해 비례성의 관점으로 원폭 투하에 접근하신 것으로 보입니다. 하지만 제가 생각하기에 그런 주장은 '군사적 필요성'으로 전략폭격과 융단폭격을 정당화하고, 나아가 1945년 원폭 투하를 정당화하는 주장이 될 수도 있다고 생각합니다. 이에 대한 교수님의 견해는 무엇입니까?

발표자 야마다 토시노리 교수

ありがとうございます。大変に深い質問をしていただきました。とても嬉しく思います。私が言及した今の点は、軍事的必要性の話ではなくて、復仇リプライザル(reprisal)の話です。リプライザル(reprisal)の場合には、日本軍の違法行為と、バランスの取れたアメリカ側の違法行為であれば許されるという議論が成り立つということを、申し上げました。しかしながら、現実のその広島、長崎の被害というのを考えた時に、特に戦後に残る放射線被害を考えた時に、バランスを変えているという風に、私は結論しているわけです。

で、そういう意味では、一見すると、パールハーバーであるとか、日本軍の非人道的行為について容認するかのような議論に見えるかもしれませんが、結論としては、そういうところを退ける、という議論をしています。軍事的必要性の問題を議論しているのではなくて、復仇の問題を議論している、ということを確認しておきたいと思います。軍事的必要性の議論については、広島や長崎に存在していた軍事基地を破壊することによって得られる利益っていうのと、周辺に広がる被害をバランスさせないといけないので、明らかにここは、軍事的必要性の方が小さい、人道的被害のほうが大きい、という風に、私は考えています。もし、何か追加で、不明な点があれば、ご質問いただければと思います。

감사합니다. 상당히 깊이 있는 질문을 해주셔서 기쁘게 생각합니다. 제가 언급했던 지금의 논점은 군사적 필요성의 이야기가 아니라 복구 이야기입니다. 복구의 경우에는 일본군의 위법 행위와 균형이 맞는 미국 측의 위법 행위라면 용인된다는 논의가 성립된다는 것을 말씀드렸습니다. 하지만 현실적인 히로시마·나가사키의 피해를 생각했을 때, 특히 전후에까지 남아 있는 방사선 피해를 생각했을 때 균형이 깨졌다고 저는 결론짓고 있는 겁니다.

그런 의미에서 언뜻 보면 진주만 공격이나 일본군의 비인도적 행위를 용인하는 것 같은 의견으로 보일지 모르겠지만, 결론적으로는 그런 것을 물리치는 논의를 하고 있습니다. 군사적 필요성의 문제를 이야기하는 것이 아니라 복구의 문제를 이야기하고 있다는 점을 다시 확인해 두고 싶습니다. 군사적 필요성에 관한 논의에 대해서는, 히로시마나 나가사키에 있던 군사기지를 파괴함으로써 얻어지는 이익과 주변으로 확산되는 피해의 균형을 맞춰야 하므로, 이 지점은 명확히 군사적 필요성 쪽이 작고, 인도적 피해 쪽이 크다고 생각합니다. 만일 여전히 불분명한 점이 있다면 추가로 질문해 주시기 바랍니다.

사회자 박하영 활동가

감사합니다. 질문이 있으면 손을 들어 주세요.

청중 의견 김경인

두 분 발표와 토론 감사합니다. 저는 질문이 아니고 제가 지금 가지고 있는 과제를 여기 계신 여러분하고 공유하고 싶어서 말씀을 드립니다. 지금 우리가 준비하고 있는 민중법정은 한국원폭피해자가 원고이고, 피고는 미국입니다. 그리고 오늘 발표자들께서도 피해자 보호 규정이나 피해자 권리에 대해서 이야기를 하셨는데, 정작 발표된 내용에서 당시 피해자 수가 모두 추정치입니다. 그래서 3년 후에 있을 민중법정을 대비해서 원고 측 한국원폭피해자, 조선인 원폭 피해자의 수가 과연 어느 정도인가를 더 논리적인 추정치를 찾아가야 되는 게 숙제라고 생각합니다. 오늘 발표에서 제시해 주신 자료들은 일본과 미국에서 연구, 발표된 것이 많습니다. 말하자면 한국인 원폭 피해자에게는 가해자라고 할 수 있는 미국과 일본의 자료들이라는 의미입니다. 가해자 측이 제시한 자료가 우선적으로 제시된다는 건 형평성에 어긋난다고 생각합니다. 그래서 피해자 측, 일본인 원폭 피해자 그리고 한국인 원폭 피해자 측에서 제시하고 있는 추정치, 어차피 추정치인데 피해자 권리, 진실에 대한 권리들을 생각하고 피해자 보호 규정을 생각했을 때, 피해자가 주장하는 피해자 수나 규모에 대한 것이 우선적으로 제시되어야 한다고 생각합니다. 아쉽게도 오늘 이 자리에서는 그렇지 않아서 앞으로의 숙제로 삼고자 합니다.

그런 차원에서 제가 지금 가지고 있는 숫자를 공유하고 싶은데, 일본에 가면 히로시마·나가사키에 원폭 사망자 명부라는 게 있습니다. 거기에 원폭으로 인해 당시에 사망하셨든, 이후에 사망하셨든 돌아가신 분들의 명부가 있습니다. 그 수가 두 도시를 합해서 52만 6,117명입니다. 이게 2022년 8월 기준 수치입니다. 그리고 후생노동부가 2022년 3월 기준으로 발표한 생존자 원폭 피해자가 11만 8,539명입니다. 두 숫자를 합치면 일본 정부가 인정하는 원폭 1세 피폭자의 수라고 가늠해도 무리는 아닐 거라고 생각합니다. 그게 합하면 무려 64만 4천 명입니다. 이건 최소한의 수라고 생각합니다. 왜냐하면 피폭 수첩을 가지고 있는 원폭 피해자라고 인정하는 수만을 여기에 계산하고 있기 때문입니다. 그러나 이 숫자만으로도 미국이 제시하는 숫자나 일본이 제시하는 35만 명이라는 히로시마의 인구수, 20만 명이라는 나가사키의 인구수를 훨씬 초월하고 있습니다. 그건 미국이나 일본이 제시한 통계가 옳지 않다는 것, 틀릴 수도 있다는 것을 전제하고 있다고 봅니다. 그렇다면 새로운 진실을 찾아가야 하는 게 우리의 과제가 아닐까 생각합니다. 시모다 판결에서 원폭 피해자 원고 측에서 제시한 피폭자 수가 42만 명이 넘습니다. 한국원폭피해자협회에서 추정치로 제시하고 있는 것은 7만 명에서 10만 명인데, 이 숫자는 무턱대고 제시한 게 아니라 1945년 당시 일본 내무부 경보국에서 제시한 당시 히로시마와 나가사키 시에 거주하고 있던 조선인 인구수를 토대로 추정한 것입니다. 이런 논리적인 접근으로 좀 더 정확한 수치를 추정하자는 것이 국제민중법정에서 원고 측의 주장, 그리고 미국의 죄를 묻는 데 있어 아주 중요한 근거가 될 거라고 생각합니다.

사회자 박하영 활동가
한두 분 더 질문을 받을 수 있을 것 같습니다. 손을 들어 주세요.

청중 질의 오혜란
마르텐스 조항에 대한 이어지는 의견입니다. 저희는 1945년 미국의 핵 투하 책임을 묻는 민중법정을 추진하는 입장에서, 또 핵 없는 세상을 위한 평화운동의 입장에서 마르텐스 조항에 대한 기존 주류 국제법 학자들의 논리를 뛰어넘는, 그런 전향적인 법리가 필요한 상황이라고 생각합니다. 두 분 발표자께서 모두 구별의 원칙이나 불필요한 고통 금지의 원칙 등 기존 국제인도법의 원칙을 뒷받침하고, 종속되는 것으로 마르텐스 조항의 위상을 설명하셨는데, 핵무기는 인류와 지구와 공존할 수 없는 특성에 비추어 볼 때 인류의 공공 양심과 단연코 양립할 수 없는 무기라고 생각되기 때문에 1945년 미국의 원폭 사용의 위법성을 묻는 입장에서 두 분께서 어려운 과제겠지만 보다 진전된 법리를, 그리고 스허부딘 재판관이 이미 1996년에 마르텐스 조항과 관련해 제시한 입장을 발전적으로 이어 나가는 방향에서 이후 연구를 해주시기를 부탁드리고 싶습니다.

사회자 박하영 활동가
의견 감사합니다. 다른 질문 받겠습니다.

청중 질의 이대수
저는 한일반핵평화연대의 이대수라고 합니다. 야마다 선생님께 질문드리겠습니다. 지금 법적 책임의 초점을 NPT 사전회의에 배치하는 것으로 민중법정을 준비하고 있는데, 제 생각에는 그것도 필요한 일이겠습니다만 핵무기금지조약이 더 중요하다고 봅니다. 왜냐하면 핵무기금지조약은 2017년 ICAN 노벨평화상을 받을 정도로 민간 주도로 만든 운동의 결과이기 때문입니다. 올해 11월 말에서 12월 초에 걸쳐 뉴욕에서 개최되는 2차 당사국 회의가 있고, 작년에는 비엔나에서 1차 당사국 회의가 있었습니다. 이미 발효된 협약에 미국이나 한국, 일본 다 가입하지 않았지만 앞으로 이 민간 주도의 핵무기 금지 운동, 핵 없는 세상을 위한 것이 우리의 목표라면 그 일에 한편으로 초점을 가지고 접근해 가는 것이 필요한 것이 아닌가 생각을 합니다. 그래서 그 점에 관해 야마다 선생님의 말씀을 듣고 싶습니다.

발표자 야마다 토시노리 교수
ありがとうございます。今いただいたコメント、質問をまとめてお答えするという形にしたいなと思います。マルテンス条項に関して言うととても意味のある条項だとぼくは思っています 今後も深めていきたいと考えています。繰り返しになりますが、ただ、45年段階において、原爆投下が違法であったというのは、これは間違いないと思いますし、マルテンス条項も、その議論を支える1つになっているという風に僕は理解をしています。さらに、そこから進んで、どのような役割を、マルテンス条項が果たせるかということが、今後の検討の課題だろうと思います。それから、核兵器禁止条約の話と被害の話という話が出たので、1つ、言及をしておきたいと思います。

え。今の核兵器禁止条約には、核兵器を禁止する規定があるだけではありません。禁止条約の6条、7条に被害者救済、被害者援助と、それから国際協力が規定されています。この条約に入れば、この条約の国にいる被爆者は、この条約の仕組みの中で、援助を受けられるという仕組みです。で、実際に、カザフスタンは、核実験被害者を抱えていて、カザフスタンは、この条約の締約国になっています。したがって、この条約はすでに発効していますので、カザフスタ

ンの被害者救済の問題は、今、実際に条約の仕組みの中で、議論されつつあるというのが現実です。これは、ダニエル先生の話にも関わるんですが、今日、私たちは1945年の原爆投下に焦点を当てて議論してきました。しかし、被害は 現在存在している。被害者の受けた被害は果たして後遺症なのでしょうか。つまり、45年に起きた出来事を今でも引きずっているというだけなのでしょうか。

最近の日本の研究では、私の論文の中でも出て、ちょっと註の41番で引用してるんですか。すいません、英語の論文のなかには註をつけてないんですが。胎内で被爆した方の、この胎内を調べた場合、まだ放射線が出ていると。体の中に飛び込んだ放射線物質から、今でも遺伝子が破壊されているという研究結果が出ています。つまり、例えば、戦争に行って腕や足を失ったという人と被爆者はどう違うのか。僕はこう考えています。現在でも被爆者は攻撃を受けているという風に考えるべきではないか。

そして、被爆した後の生活や置かれた境遇というのは、それ自体が人権侵害なのではないかという問題なのです。45年の加害者と被害者だけで議論をすることで、この被害者の全体像を本当に私たちは理解しているのだろうかということを、考える必要があるんではないでしょうか。つまり、45年以降、被爆者は人権侵害を受け続けてきているという風に捉えることも大事じゃないかなと思うんですね。で、そういう観点からした場合、先ほど、ダニエル先生がおっしゃった、人権という枠組みの中でどうやって救済していけるのかってことを考えるという発想も大事なのではないかなと思います。

で、そうした場合に、例えば、1948年には、世界人権宣言が採択されています。そういう観点からするならば、戦争が終わった後、被害が放置されてきたということも、また、こういった人権条約や宣言によって、何らかの保護を受ける対象になるんじゃないかっていう議論ができるのではないかという風に思っています。これは、1つのアイデアですね。幅広く核被害というのを、考えていく必要があると思いますし、核兵器禁止条約の6条、7条、被爆者援護の議論は、今、これからスタートして、議論する最中です。そういう意味では、韓国の、えー、被爆者の方の声も、この議論の中に届けていただきたいなという風に、あの、私は思っています。以上です。

감사합니다. 지금 해주신 코멘트와 질문을 정리해서 답변하도록 하겠습니다. 마르텐스 조항에 관해서는 아주 의미 있는 조항이라고 저는 생각하고, 앞으로도 깊이 있게 연구해 나갈 생각입니다. 반복되는 말씀입니다만 1945년 단계에서 원폭 투하가 위법이었다는 것은 틀림없다고 생각하고, 마르텐스 조항도 이런 논의를 지지하는 하나의 요소가 된다고 저는 이해하고 있습니다. 더욱이 거기에서 더 나아가 어떤 역할을 마르텐스 조항이 해낼 수 있는가 하는 것이 앞으로 검토해야 할 과제라고 봅니다.

그리고 핵무기금지조약과 피해에 관한 이야기가 나왔기 때문에 한 가지 언급해 두고 싶은 말씀이 있습니다. 그것은 지금의 핵무기금지조약에는 핵무기를 금지하는 규정이 있을 뿐 아니라, 금지

조약의 6조와 7조에 피해자 구제, 피해자 원조, 그리고 국제협력이 규정되어 있습니다. 이 조약에 가입하면 이 조약국에 있는 피폭자는 이 조약의 구조 안에서 원조를 받을 수 있습니다. 실제로 핵실험 피해자가 있는 카자흐스탄은 이 조약의 체약국입니다. 따라서 이 조약은 이미 발효 중이므로, 카자흐스탄의 피해자 구제 문제는 현재 조약의 구조 안에서 논의되고 있습니다. 이것이 현실입니다. 이것은 다니엘 선생님의 말씀과도 연관이 있습니다만, 오늘 우리는 1945년의 원폭 투하에 초점을 두고 논의해 왔습니다. 하지만 피해는 현재도 존재하고 있습니다. 피해자가 입은 피해는 과연 후유증일까요? 요컨대 45년에 발생했던 사건을 지금까지 끌고 오고 있다고만 볼 일인가 하는 겁니다.

최근 일본의 한 연구에서는, 제 발표문 중에도 나오는데, 주석 41번에 인용하고 있습니다. 죄송합니다, 영문에는 주석을 달지 않았습니다만. 태내에서 피폭한 분의 태내를 조사한 결과, 여전히 방사선이 나오고 있다는 겁니다. 몸 안에 들어간 방사선 물질로 인해 지금까지도 유전자가 파괴되고 있다는 연구 결과가 나왔습니다. 예컨대 전쟁에 나가서 팔이나 다리를 잃은 사람과 피폭자는 어떻게 다른가? 저는 이런 생각을 해봅니다. 현재까지도 피해자는 공격을 받고 있다고 생각해야 하지 않을까요?

그리고 피폭한 후의 생활이나 처한 처지라는 것은, 그 자체가 인권침해가 아니겠는가 하는 문제입니다. 45년의 가해자와 피해자라는 관점만으로 논의를 함으로써, 이 피해자의 전체상을 우리가 정말 이해하고 있는가라는 점을 고려해야 할 필요가 있지 않을까요? 즉 45년 이후 피폭자는 인권침해를 지속적으로 받아 오고 있다고 보는 것도 중요하다고 생각합니다. 그런 관점에서 출발했을 때, 앞서 다니엘 선생님이 말씀하신 인권이라는 틀 안에서 어떻게 구제해 갈 것인가 하는 것을 생각하는 발상도 중요하다고 봅니다.

그렇게 했을 경우, 가령 1948년에 세계인권선언이 채택되었습니다. 이와 같은 관점에서 본다면, 전쟁이 끝난 이후 피해가 방치되어 왔다는 것 역시 이런 인권 조약이나 선언으로 인해 어떤 보호를 받을 대상이 되지 않겠는가 하는 논의가 성립되지 않을까 생각합니다. 이것은 하나의 아이디어입니다. 핵 피해라는 것을 폭넓게 생각할 필요가 있다고 보고, 핵무기금지조약의 6조와 7조, 피폭자 원호에 관한 논의는 이제 시작해서 한창 진행 중에 있습니다. 이런 시점에 한국의 피폭자 여러분의 목소리도 이 논의 안에 전달될 수 있기를 바랍니다. 이상입니다.

토론자 다니엘 리티커 교수

Yes, I think it's important already to start this discussion now. Maybe in the roundtable we'll come back to these different strategies, what could be applied. But just a quick reply to the Martens clause again. Seems to be that you could have done a conference on the Martens clause only probably so much to discuss. But it's a topic which is quite well discussed. And actually it happened that I have two articles, hard copies of the Martens clause academic articles, which I can give you later. So it's really a topic where you find quite a lot of material afterwards. It's more difficult to place it to the right moment 1945 but I think there is material around to research.

Yes. And then to the TPNW or the NPT. So the question this tribunal, a potential tribunal I'm not very familiar with the project so far. Should it be linked to the TPNW or to the NPT? I always tend to say, look, the people in the TPNW, they're already so much in favor of nuclear disarmament. Everybody's in favor of what you're doing. Maybe it's better to, if you are critical about nuclear weapons, to bring it to the NPT, to the people which are less open, open minded. But this is something you have to discuss and decide. But just to stress what he said, my colleague and friend Toshinori, his organization and our organization, IALANA international we are very active in the TPNW. We are following a working group which is have established on article six and seven on assistance to victims. And I think it would be a good idea for you groups to try to get into that as well.

It's complicated if I have time two minutes to read out article Six. It is very complicated. It's a legal challenge. That's why we are so interested also to help victims, but also because it's so challenging. So I just read out article six, which is the Victim Assistance clause. Something very new in nuclear weapons domain. Each state party shall with respect to individuals under its jurisdiction they start to be complicated. Respect to individuals under its jurisdictions Hibakusha from Korea from Japan under whose jurisdictions would they be? Who are affected by the use or testing of nuclear weapons in accordance with applicable international humanitarian law and human rights law adequately provide age and gender sensitive assistance without discrimination, including medical care, rehabilitation and psychological support, as well as provide for their social and economic inclusion. Of course, it's very complicated because neither Japan nor the US. Has ratified this treaty.

And South Korea? Neither, I guess. South Korea? Is it a member state? Yeah. No, neither South Korea. So it's very complicated. But we should not forget, and I'm very positive about everything. Article seven provides for cooperation clause, among other things, each state party in a position to do so shall provide assistance for the victims of the use or testing of nuclear weapons or other nuclear explosive devices. So it does not, from my point of view, does not mean that states parties would be able to help or would be willing to help through an international fund for providing money for victim also victims of non-state parties. It's something which surely be discussed in the working group. And then, of course, we have the problem of who is a victim, is a general second generation person victim also a victim in the sense of this clause. So there are many, many questions still open, but I think it's really the moment to jump in on the train because this is something very new and to bring in your ideas and thoughts. So I can only encourage your groups to try to get involved in this path.

네, 저는 이 논의를 지금 시작하는 것이 중요하다고 생각합니다. 라운드테이블에서 어떤 전략이 적용될 수 있는지에 대해 다시 논의할 수 있을 것입니다. 마르텐스 조항에 대해서 다시 간략히 답변하겠습니다. 마르텐스 조항만을 주제로 해도 컨퍼런스를 개최할 수 있을 것이고, 논의할 것이 상당히 있을 것입니다. 그러나 그것은 꽤나 잘 논의된 주제입니다. 저는 실제 마르텐스 조항에 대한 학술 기사 두 편을 가지고 있는데요, 나중에 소개해 드리겠습니다. 이후로도 상당히 많은 연구 자료를 찾을 수 있는 그런 주제입니다. 이것을 딱 1945년 시점에 배치하는 것은 더욱 어려울 수 있지만, 연구 자료가 있을 것으로 생각합니다.

TPNW나 NPT에 대해서 이야기하겠습니다. 이 잠재적인 법정에 대한 문제입니다. 저는 아직까지도 이 프로젝트(원폭국제민중법정)에 대해서 잘 알지 못합니다. TPNW나 NPT 중 어느 쪽과 연결되어야 할까요? 제가 항상 말하는 것처럼 TPNW에 있는 사람들은 이미 핵군축에 대해 매우 호의적입니다. 모두가 여러분들의 일에 대해서 호의적입니다. 만약 핵무기에 비판적 입장이라면, 이 문제를 NPT에, 덜 개방적인 사람들에게 가지고 가는 것이 나을 수도 있습니다. 하지만 이것은 토론하고 결정해야 할 사항입니다. 내 동료이자 친구인 토시노리 교수님이 방금 이야기한 것을 강조하자면, 그의 조직과 우리 조직인 국제반핵법률가협회는 TPNW에 매우 적극적으로 참가하고 있습니다. 우리는 피해자 지원에 대한 6조와 7조에 따라 설립된 워킹그룹을 이끌고 있습니다. 여러분의 그룹이 이 워킹그룹에 참여해 보는 것도 좋은 아이디어가 될 것 같습니다.

제가 2분간 시간을 들여 6조를 읽어 드리는 것은 복잡할 것 같습니다. 이것은 매우 복잡한 법적 도전입니다. 우리는 피해자를 지원하기 위해서뿐만 아니라 매우 도전적이기 때문에도 관심을 갖고 있습니다. 그래서 저는 방금 피해자 지원 조항인 6조를 읽었습니다. 이것은 핵무기 분야에서 매우 새로운 내용입니다. 각 당사국은 그들의 관할권 아래 있는 개인들과 관련하여 복잡해지고 있습니다. 한국과 일본의 피폭자는 누구의 관할권에 있는 것인가요? 적용 가능한 국제인도법과 인권법에 따라 핵무기 사용 또는 실험의 영향을 받은 사람은 의료, 재활, 심리적 지원을 포함해 연령과 성별에 맞는 지원을 차별 없이 충분하게 지원받고, 사회적·경제적 지원도 받습니다. 물론 일본과 미국 모두 이 조약을 비준하지 않았기 때문에 매우 복잡한 문제입니다.

한국은 어떻게 될까요? 아마도 아니겠지요. 한국은 TPNW 회원국인가요? 한국도 아닙니다. 그래서 정말 복잡합니다. 하지만 우리는 잊어서는 안 되며, 저는 모든 것에 매우 긍정적입니다. 7조는 협력 조항을 규정하고 있으며, 무엇보다 그렇게 할 수 있는 위치에 있는 각 당사국은 핵무기나 핵폭발 장치의 사용 또는 실험 피해자들에게 지원을 해주어야 합니다. 제 관점에서, 이것은 당사국이 국제기금을 통해 피해자들과 비당사국 피해자들에게 자금을 제공하기 위한 도움을 줄 수 있거나 기꺼이 도울 것이라는 것을 의미하지는 없습니다. 이것은 분명히 워킹그룹에서 논의되는 사항입니다. 물론 누가 피해자이며, 2세 피해자들도 이 조항에서 의미하는 피해자인지에 대한 문제가 있습니다. 여전히 많은 질문들이 남아 있지만, 정말로 참여할 때라고 생각합니다. 왜냐하면 이것은 아주 새로운 내용이며, 여러분의 아이디어와 생각을 불러오기 때문입니다. 그래서 저는 여러분의 그룹이 이 길에 참여하도록 격려할 수밖에 없습니다.

사회자 박하영 활동가

다니엘 교수님 감사합니다. 마지막 질문을 받고 토론을 마치겠습니다.

청중 질의 조은숙

발표자께서도, 토론자께서도 1963년 시모다 판결을 중심으로 논지를 전개하고 있습니다. 이미 여러 차례 언급된 것처럼 시모다 판결이 일부 긍정성을 가지고 있는 것은 분명합니다. 하지만 시모다 판결은 '군사적 필요성'을 절대화하거나 핵무기 자체에 대해서는 합법성을 시사하는 등 많은 문제점을 안고 있습니다. 이번 토론회가 핵무기 사용의 불법성에 초점을 맞추고 있다면 이 같은 시모다 판결의 문제점들에 대한 지적과 비판이 마땅히 이뤄져야 한다고 생각합니다. 그런데 발표문과 토론문에서는 그런 내용을 찾아볼 수 없습니다. 이에 대해서 교수님의 의견을 듣고 싶습니다.

발표자 야마다 토시노리 교수

ありがとうございます、下田判決の読み方は、ちょっと難しいところがあります。あの、英語に訳されているものもあるのですが、日本の専門家の中では、この英語の翻訳自体があまり適切ではないという評価もあります。下田判決の中で、軍事的必要性が認められているという風に、言及がこうありましたけれども、判決の中では、軍事的必要性があったとしても、という言い方が使われていて、正面から軍事的必要性を認めたかどうかについては、ちょっと疑問が残ります。日本語の読み方としては、むしろ軍事的必要性の議論があったとしても、広島長崎の原爆投下はそれを超える問題だという判断が出ているわけですね。

そういう軍事的必要性の議論というのは現在の国際法の中では、どうしても避けられない議論です。で、重要な点は、広島、長崎の原爆とは、今の、核兵器全体から比べれば、小規模なものだと言います、あれでも。においても、なお、軍事的必要性の議論を、要は、それだけの被害があるっていうことを認めているという点では、非常に重要な先例になっているという風に言えるのではないかと思います。

そういう意味じゃ下田事件での判断っていうのは、その後の、ICJの判決、アドバイザリー意見にも影響を与えているし、基本的な2つの原則ですね、区別原則と不必要な苦痛の禁止の原則っていうのを示しているという点では、とても価値があるという風に私は考えています。で、もし、下田判決後、難点、欠点があるとするならば、それはやはり 被害者の救済ということができなかったということだろうという風に思います。で、この点をどう乗り越えて行くのかが、今回の国際フォーラムの取り組みでも、考えていただけなければいけないのではないかなという風に考えています。えー、以上です。

감사합니다. 시모다 판결의 해석 방법은 다소 어려운 점이 있습니다. 영어로 번역된 것도 있습니다만, 일본의 전문가 중에는 이 영어 번역 자체가 그다지 적절하지 않다고 평가하는 의견도 있습니다. 시모다 판결에서 군사적 필요성이 인정되었다는 식으로 언급되고 있지만, 판결 안에서는 "군사적 필요성이 있었다 하더라도"라는 표현이 사용되고 있어, 정면으로 군사적 필요성을 인정하는지 어떤지에 대해서는 다소 의문이 남습니다. 일본어 해석 방법으로는 오히려 군사적 필요성 논의가 있다 하더라도 히로시마·나가사키 원폭 투하 그것을 뛰어넘는 문제라는 판단이 나와 있습니다. 그런 군사적 필요성 논의는 현재 국제법 안에서는 도저히 피할 수 없는 문제입니다. 중요한 것은 그럼에도 히로시마·나가사키에 투하된 원폭은 지금의 핵무기 전체에 비하면 소규모의 것이라고 말합니다. 그렇게 볼 때 군사적 필요성을 논하는 것은 그만큼의 피해가 있다는 것을 인정하고 있다는 점에서는 상당히 중요한 선례가 되었다고 말할 수 있지 않을까 생각합니다.

그런 의미에서 시모다 사건에서의 판단이란 그 후의 ICJ의 판결과 권고적 의견에도 영향을 미쳤고, 두 가지 기본 원칙, 즉 '구별의 원칙'과 '불필요한 고통 금지의 원칙'을 명시하고 있다는 점에서 큰 가치가 있다고 생각합니다. 만일 시모다 판결의 난점이랄까 결점이 있다고 한다면, 그것은 역시 피해자에 대한 구제가 이뤄지지 않았다는 것이라고 봅니다. 이 점을 어떻게 극복해 갈 것인가가 이번 국제포럼에서도 생각해 보아야 할 문제가 아닐까 생각합니다.

토론자 다니엘 리티커 교수

Just very briefly I agree basically what has just been said by Toshinori there's nothing much else and we have the ICJ advise your opinion nuclear weapons from 1996 and we have the Shimoda case, which is a national court, and it's even only a first instance court. So the literature is quite clear that it has limited impact. It's not a supreme court, it's a district court. So it has to be taken as it is. But it's better than nothing I would say. It is one of the two judgments which exist. It kind of admits military necessity, but I think this is a concept which exists in international law.

But as he said, I understood the case in the sense of it still can be illegal, the use of 1945 and of course disappointing because in the end, the plaintiffs, they lost their case because they tried to get some reparation. So that the ultimate aim. They were not succeeding. So kind of disappointing outcome. Of course I'm sharing this point of view.

매우 간략히 말씀드리면, 토시노리 교수님이 말씀하신 내용에 기본적으로 동의합니다. 달리 말할 것이 별로 없습니다. 1996년 핵무기 대한 ICJ의 권고적 의견도 있었고 시모다 판결도 있습니다. 시모다 판결은 국내 법원이며, 그것도 1심 법원입니다. 그래서 문헌들도 시모다 판결이 제한적인 영향이 있다고 분명히 밝히고 있습니다. 최고법원이 아니라 지방법원입니다. 이 자체로 받아들여야 합니다. 하지만 아무것도 없는 것보다는 낫다고 생각합니다. 시모다 판결은 존재하는 두 개의 판결 중

하나입니다. 시모다 판결이 어느 정도 군사적 필요성을 인정하지만 저는 그것이 국제법에 존재하는 개념이라고 생각합니다.

하지만 토시노리 교수님이 말했듯이, 저는 1945년 원폭 투하가 불법이라는 점에서 이 판결을 이해하고 있습니다. 물론 실망스러운 것은 결과적으로 원고들이 패소했다는 것입니다. 그들은 배상을 받으려 했지만 최종 목표를 달성하지 못했습니다. 따라서 매우 실망스러운 결과입니다. 물론 나는 이 견해를 공유합니다.

사회자 박하영 활동가
앞으로도 원폭국제민중법정에 대한 관심과 지지를 부탁드리며 주제 3 토론을 마치겠습니다. 감사합니다.

강우일
Kang Uil

· 일본 조치대학교 철학 학사, 동 대학원 철학 석사
· 로마 우르바노대학원 신학 석사
· 주교 서품(1986)
· 통합가톨릭대학교 초대 총장(1995~1999)
· 천주교 서울대교구 총대리 주교, 교구청장(2001~2002)
· 천주교 제주교구 교구장(2002~2020)
· 한국 천주교 주교회의 의장 주교(2008~2014)
· 제주 4·3 평화상 위원장(2014~현재)
· 성 프란치스코 평화센터 이사장(2016~2021)
· 한베평화재단 이사장(2016~현재)
· 한국통합사목센터 이사장 (2017~현재)

저서
· 『기억하라, 연대하라』(2014)
· 『강우일 주교와 함께 걷는 세상』(2012)
· 『강우일 주교와 함께 희망의 길을 걷다』(2017)
· 『숲길 단상』(2022)

심진태
Sim Jintae

· (사)한국원폭피해자협회 합천지부장(2001~현재)
· 경상남도 일제강점하강제동원피해진상규명실무위원회
  실무위원(2005)
· 9차 NPT(핵무기비확산조약) 재검토회의 참가(2015)
· 원폭피해자지원특별법 지원위원(2017)
· 세계원폭평화공원건립추진위원장(2018)

고영대
Ko Youngdae

· 평화와통일을여는사람들 공동대표
· 평화통일연구소 상임연구위원

저서
· 『사드 배치, 거짓과 진실』(2017)
· 『전환기 한미관계의 새판짜기』 1·2 (공저)
· 『전쟁과 분단을 끝내는 한반도 평화협정』(공저)

이삼성
Lee Samsung

· 고려대학교 정치외교학사
· 서울대학교 정치학 석사
· 예일대학교 정치학 박사
· 통일연구원 연구위원
· 가톨릭대학교 국제학부 교수(1997~2002)
· 한림대 정치행정학과 교수(1992~1997, 2003~2021)
· 한림대학교 정치행정학과 명예교수(2021~현재)

저서
· 『동아시아 대분단체제론』(2023)
· 『한반도의 전쟁과 평화: 핵무장 국가 북한과 세계의 선택』(2018)
· 『제국』(2014)
· 『동아시아의 전쟁과 평화 1, 2』(2009)
· 『세계와 미국: 20세기의 반성과 21세기의 전망』(2001)
· 『20세기의 문명과 야만: 전쟁과 평화, 그리고 인간의 비극에 관한 정치적 성찰』(1998)
· 『한반도 핵문제와 미국 외교』(1994)

오동석
Oh Dongseok

· 서울대학교 법학사, 동 대학원 석·박사
· 동국대학교(경주) 법정대학 교수(2000~2004)
· 아주대학교 법학전문대학원 교수(2004~현재)
· 진실·화해를위한과거사정리위원회 위원(2023~현재)
· 『민주법학』 편집위원장(2022~현재)

저서와 논문
· 『지구를 위한 법학』(공저, 2020)
· 『박정희 유신독재체제 청산』(공저, 2020)
· 「인류세에서 기본권론」, 『헌법재판연구』 9권 1호 (2022)
· 「지구법학 관점에서 한국 헌법의 해석론」, 『환경법과 정책』 26호 (2021)
· 「한국전쟁과 계엄법제」, 『민주법학』 43 (2010)
· 「특별법원에 대한 헌법 해석」, 『세계헌법연구』 14(2) (2008)
· 「국군의 외국 파견에 대한 헌법적 검토」, 『민주법학』 29 (2005)

오쿠보 겐이치
大久保賢一

· 일본 도호쿠대학교 법학부 졸업
· 법무부 인권옹호국 등 근무(1971)
· 일본변호사연합회 핵무기근절부회 부회장 역임
· 일본반핵법률가협회(日本反核法律家協会) 회장
· 핵무기근절 일본NGO연락회 공동대표(核兵器廃絶日本NGO連絡会
  共同代表)

저서

· 『迫りくる核戦争の危機と私たち』(2022)
· 『「核の時代」と戦争を終わらせるために』(2022)
· 『核兵器も戦争もない世界』を創る提案』(2021)
· 『核の時代』と憲法 9 条』(2019)
· 『今、どうして見伝えておきたいこと』(2013, 共著) ;
  한국어판 『생명을 살리는 반핵』(2015)

주제 2 발표

에릭 데이비드
Eric David

· 브뤼셀자유대학교(U.L.B.) 교수(1973~2009)
  국제 공법, 국제 형법 및 무력충돌법 등 강의
· 국제사법재판소에서 여러 국가들의 국제법 자문 역할
· 국제인도주의사실조사위원회(IHFFC) 위원(2007~2017)
· 팔레스타인 점령지(1982, 국제민주변호사협회 소속), 르완다(1996,
  국제엠네스티 소속), 필리핀(2009, Geneva Call 소속)에서
  국제인도법과 인권 존중에 대한 조사
· 국제법센터 회장(2003~2022)
· 브뤼셀자유대학교 명예교수(2009~현재)

저서

· *Principes de droit des conflits armés*, 6th edition, Bruylant,
  Brussels, 2019
· *Eléments de droit pénal international et européen*: 2 volumes,
  2018
· *Nuremberg: Droit de la force et force du droit*, 2022

정태욱
Chung Taiuk

- 서울대학교 법학과 졸업, 동 대학원 석·박사
- 영남대학교 법과대학 교수(1996~2005)
- 아주대학교 법과대학 교수(2005~2006)
- 한국법철학회 회장(2020~2021)
- 인하대학교 법과대학/법학전문대학원 교수(2006~현재)

저서와 논문
- 『자유주의 법철학』(2007)
- 『한반도 평화와 북한 인권』(2009)
- 『정치와 법치』(2022)
- 「서해 해상군사분계선 문제에 관한 휴전회담의 진행 경과」, 『동북아법 연구』 제16권 3호(2022)
- 「롤즈의 만민법과 한반도 평화와 인도주의 연합」, 『법철학연구』 제21권 1호(2018)
- 「한반도 평화협정 관련 논의의 전개과정과 시사점」, 『법학연구』 제19권 2호(2016)

최봉태
Choi Bongtae

- 서울대학교 법학과 졸업
- 일본 도쿄대학교 법학 석사
- 민주사회를위한변호사모임 대구지부 초대 지부장(2004)
- 일제강점하 강제동원피해 진상규명위원회 사무국장(2005~2006)
- 건강보험관리공단 고문변호사(2007~2009)
- 경상북도 독도수호 법률자문위원(2008~현재)
- 일제피해자공제조합 고문(2009~현재)
- 대한변호사협회 일제피해자인권특별위원회 위원장(2010~현재)
- 대구지방변호사회 독도위원회 위원장 및 위원(2011~현재)

저서와 논문
- 『인권법』(2006)
- 『일제강점하 강제동원 한국인 피해자들의 권리구제 현황과 쟁점』(2008)
- 「유기노동계약의 종료에 관한 일고찰」(1997)

주제 3 발표

야마다 토시노리
山田寿則

- 일본 메이지대학교 박사
- 메이지대학교 국제법 겸임강사
- 공익재단법인 정치경제연구소 주임연구원
- 국제반핵법률가협회 이사
- 일본반핵법률가협회 이사

저서

- 『核不拡散から核廃絶へ−軍縮国際法において信義誠実の義務とは何か (핵 비확산에서 핵 폐기까지−군축 국제법에서 신의성실 의무란 무엇인가)』(2010)
- 『核抑止の理論−国際法からの挑戦(핵억지이론 − 국제법으로부터의 도전)』(2011)
- 『現代に生きる国際法(현대에서 국제법의 의미)』(2022)
- 『核兵器禁止条約 逐条解説＆第1回締約国会合(핵무기금지조약 해설 및 제1차 조약 당사국회의)』 반핵법률가 별책(2023)

다니엘 리티커
Daniel Rietiker

- 스위스 취리히대학교 법학사
- 제네바 국제개발대학원 국제관계학 석사
- 스위스 로잔대학교 박사
- 유럽인권재판소 수석변호사(스위스 지부장) (2003~현재)
- 서포크대학교 법학전문대학원 겸임교수(2015~현재)
- 국제법협회 비확산 및 군축 위원회 위원(2013~현재)
- 하버드대학교 법학전문대학원 방문연구원(2014)
- 국제법 헤이그연감 편집위원회 위원(2016~현재)
- 유럽인권협약 평론 자문위원회 위원(2020~현재)
- 로잔대학교 겸임교수(2012~현재)
- 국제반핵법률가협회 공동회장 및 SAFNA(핵군축을 바라는 스위스 법률가들) 회장

저서

- *Humanization of Arms Control, Paving the Way for a World Free of Nuclear Weapons*, Routledge, 2018
- *Examples & Explanations for International Law* (Examples & Explanations Series), 3rd edition, 2023.

사회자

김경인
· 한·일 전문 번역가
· 전남대학교 일본문화연구센터 연구원
· 재난문학, 특히 '한·일의 원폭 문학'에 대한 연구

논문
· 「일본 원폭문학에 나타난 조선인 표상 연구」(한국일본어문학회)
· 「조선인 원폭 피해 관련 한일 원폭 문헌 및 예술문학의 데이터 구축과
  그 양상 고찰」(한국일본어교육학회)

권준희
· 문화인류학자
· 캘리포니아주립대학 새크라멘토 아시안스터디즈 부교수
· 초국적 이주, 보더랜드 발전사, 정치생태학, 인간의 고통과 기억에
  대한 연구와 수업
· 한반도(남북한), 중국, 일본에 대한 지역 연구

저서

· *Borderland Dreams: The Transnational Lives of Korean
  Chinese Workers* (출간 예정)

박하영
· 평화와통일을여는사람들 평화활동가

영어 번역 및 감수   고영대, 권준희, 김종희, 박기학, 이화연, 아가타 하운, 최성희

일어 번역 및 감수   고영대, 김경인, 김창원, 박근영, 박기학, 오현숙, 이준규,
                 이치바 준코, 조현중

1945년 미국의 핵무기 투하의 책임을 묻는

원폭국제민중법정
제1차 국제토론회 자료집

초판 1쇄 찍은날 2024년 1월 26일
초판 1쇄 펴낸날 2024년 1월 30일

엮은이 원폭국제민중법정 실행위원회·평화와통일을여는사람들

펴낸이 최윤정
펴낸곳 도서출판 나무와숲 | 등록 2001-000095
주 소 서울특별시 송파구 올림픽로 336 910호(방이동, 대우유토피아빌딩)
전 화 02-3474-1114 | 팩스 02-3474-1113 | e-mail : namuwasup@namuwasup.com

ISBN 978-89-93632-98-9   03360